Umwelt und Bildung

Gerhard Winkel

Umwelt und Bildung

Denk- und Praxisanregungen für eine ganzheitliche Natur- und Umwelterziehung

Kallmeyersche Verlagsbuchhandlung

CIP Einheitsaufnahme der Deutschen Bibliothek

Winkel, Gerhard :
Umwelt und Bildung : Denk- und Praxisanregungen für eine ganzheitliche Natur- und Umwelterziehung / Gerhard Winkel.
- Seelze : Kallmeyer, 1995
ISBN 3-7800-5261-X

Impressum

Gerhard Winkel. Umwelt und Bildung. Denk- und Praxisanregungen für eine ganzheitliche Natur- und Umwelterziehung

Herstellung: Hahn-Druckerei, Hannover, Printed in Germany

ISBN 3-7800-5261-X

Inhalt

Neben dem Inhaltsverzeichnis befinden sich Marginalien: Da die Praxisanregungen oft weitere Bereiche betreffen als die Eingliederung in die fortlaufende Kapitelfolge erkennen läßt, sind sie durch diese Marginalien gekennzeichnet. Das soll besagen, daß sie jeweils die bezeichneten Ausschnitte der Gesamtheit repräsentieren.

1

Vorwort und Lesehilfe

Niemand darf heute behaupten, die Gefährdung unseres Planeten sei plötzlich und unerwartet über uns hereingebrochen.

Die Ursachen des Waldsterbens sind z. B. seit der Mitte des vorigen Jahrhunderts bekannt, und wenn man die Schriften von Riehl, Roßmäßler aus dem letzten Drittel des vorigen Jahrhunderts liest oder die leidenschaftlichen Reichstagsreden von Wetekamp oder die Schriften von Conventz und Rudorf von der Jahrhundertwende, ist man verblüfft und betroffen, wie präzise die Entwicklung schon damals vorausgesehen wurde.

Lediglich das explosionsartige Anwachsen der Menschheit spielte damals noch keine Rolle. Nur drei von vielen Beispielen mögen genügen.

Als der „Drachenfels" bei Bonn 1826 verkauft wurde, sollte er komplett zu Straßenschotter verarbeitet werden. Naturschützer aus Köln und Bonn lieferten den Steinhauern eine regelrechte „Schlacht", die zur Folge hatte, daß der Drachenfels 1836 als erstes Naturdenkmal unter staatlichen Schutz gestellt wurde.

H. Riehl, 1823 – 97, schreibt: „Jahrhundertelang war es Sache des Fortschrittes, das Recht des Feldes eindeutig zu vertreten; jetzt ist es dagegen auch eine Sache des Fortschrittes, das Recht der Wildnis zu vertreten neben dem Recht des Ackerlandes".

L. Klages sagt auf dem ersten Freideutschen Jugendtag auf dem Hohen Meißner 1913: „Wir täuschten uns nicht, als wir den ‚Fortschritt' leerer Machtgelüste verdächtig fanden, und wir sehen, daß Methode im Wahnwitz der Zerstörung steckt. Unter den Vorwänden von ‚Nutzen', ‚wirtschaftlicher Entwicklung', ‚Kultur' geht er in Wahrheit auf Vernichtung des Lebens aus. Er trifft es in allen seinen Erscheinungsformen, rodet Wälder, streicht Tiergeschlechter, löscht die primitiven Völker aus, überklebt und verunstaltet mit dem Firnis des Industrialismus die Landschaft und entwürdigt, was er von Lebewesen noch überläßt, gleich dem Schlachtvieh zur bloßen Ware, zum vogelfreien Objekt ‚rationeller' Ausbeutung. In seinem Dienste steht die gesamte Technik und in deren Dienste wieder die weitaus größte Domäne der Wissenschaft. ...Kein Zweifel, wir stehen im Zeitalter des Unterganges der Seele." (Aus der Dokumentation 1913)

Die frühen Mahner um die Jahrhundertwende blieben praktisch bedeutungslos. R. Carson erst warf mit ihrem Buch „Der stumme Frühling" (1962) den Stein ins Wasser, dessen Wellen fast alle Ufer erreichten.

Ein Dutzend Jahre später schreckte der Bericht des Club of Rome, „Die Grenzen des Wachstums" (1974), sogar die ersten Politiker auf. Er schlug die Themen an, auf die wir uns wohl auf lange Zeit noch beziehen werden: das rapide Bevölkerungswachstum, die Folgen der Industrialisierung, das Abfallproblem, die Zerstörung der Lebensräume und die damit verbundene Artenausrottung sowie die Fragen der Welternährung. Schon damals bekannt, aber in der Folge erst hervorgetreten, ist die Klimafrage; für die Zukunft wird das Problem des Wärmeabfalls wohl noch zunehmende Bedeutung erlangen. Auch die Folgeberichte, der Bericht „Global 2000" (1992), der „Brundtland-Bericht"(1987), der Bericht „Zur Lage der Welt" (1992) haben eine einheitliche Tendenz: Unser Planet treibt fast ungebremst auf die Katastrophen zu. Man kann sie beschreiben als Hungerkatastrophen, Artenausrottung, Klimakatastrophen, Veränderung der gesamten Biosphäre, Verknappung der erneuerbaren und nicht erneuerbaren Rohstoffe. Diese Katastrophen müssen eintreten, wenn die Vermehrung der Art Mensch nicht gebremst und die Art unseres Wirtschaftens nicht radikal von der eher steinzeitlichen Ausbeutung der Ressourcen auf deren pflegliche Bewirtschaftung umgestellt wird. Das betrifft insbesondere das Verhalten der sogenannten Industrienationen (Altner 1991, Amery 1980, Beck 1986, Botkin 1979, Dahl 1979).

Die Veränderungen, die dies im Verhalten erfordert, sind nur mit denen der neolithischen Revolution vergleichbar, als aus Sammlern und Jägern Bauern und Gärtner wurden. Insbesondere für die Industrienationen ist radikales Umdenken angesagt: *Denken, Fühlen und Handeln, also Wissen, Gewissen und Tun müssen sich in die neuen Bedingungen einordnen lernen.*

Wie erreicht man diese Verhaltensänderungen?

Wir wissen es alle wohl nicht genau, weil die Vergangenheit für diese gewaltige Aufgabe keine Vorbilder hat. Wohl ahnen wir, daß die Empfehlungen von Tiflis (1979) hierfür nicht genügen, daß es nicht um „Lernziele" geht, sondern um einen „neuen Menschen". Noch sind die Erinnerungen an den infernalischen Menschen-Genozid in vielen von uns wach, da befinden wir uns mitten in einem Arten-Genozid. Wieder sitzen die Täter an Schreibtischen und agieren im Namen des Fortschrittes. Wieder sind die meisten Menschen wie gelähmt, obgleich die Daten diesmal öffentlich sind. Ich weiß, daß wir auf eine Art neuen Holocaust zutreiben, der alles Leben umfaßt. Um ihn aufzuhalten, kenne ich nur die Richtung der Lösung. Ich habe dieses Buch geschrieben, weil ich mithelfen möchte, unsern blauen Planeten für unsere Enkel bewohnbar zu erhalten.

Doch mußte eine Entscheidung getroffen werden: Sollten ein weiteres Mal die Sachverhalte dargestellt werden, Zahlen und Beziehungsgeflechte zwischen dem wirtschaftenden Menschen und dem Artenbestand? Oder sollte ein weiteres Mal die Frage aufgeworfen werden, wie in der Bevölkerung der notwendige Bewußtseinswandel herbeizuführen sei? Oder sollte die Grundfrage aufgegriffen werden, wie man denn endlich zum Handeln komme. In der Tat ändert sich das Bewußtsein in der Bevölkerung dank der vielen dafür werbenden Stellen. Aber es tut sich nichts oder fast nichts. Wie kommt das?

Hier möchte das vorliegende Buch nicht kritisch, sondern in des Wortes Bedeutung beispielhaft ansetzen. Wenn ich ein nicht unge-

Das muß die nächste Generation leisten. Wird sie es können?

fährliches Wort hier einmal unbefangen gebrauchen darf, so soll eine ganzheitliche Natur- und Umwelterziehung beschrieben werden, wie ich sie in 30 Praxisjahren erarbeitet und praktiziert habe. Es ist der Vorschlag zu einer handlungsorientierten Natur- und Umwelterziehung , die freimütig alle Fächergrenzen überschreitet. Die Notwendigkeit, dies durch beispielhafte Arbeitsvorschläge zu untermauern, erforderte den Verzicht auf die Zustandsbeschreibung und -analyse von Natur und Umwelt. Ich meine, daß zu diesem Bereich ausreichend Literatur vorliegt und die Fakten keiner neuen Auseinanderfaltung bedürfen.

Ich möchte mich auch nicht mit dem eigentlich unpassenden Begriff der Umwelterziehung auseinandersetzen, um ihn durch Mitwelterziehung oder Ökopädagogik zu ersetzen. Bei allen bisher vorgeschlagenen Begriffen habe ich Bedenken. Deshalb gebrauche ich unbefangen für das Gemeinte den Begriff Natur- und Umwelterziehung und verwende ihn synonym mit dem Terminus Umweltbildung.

Jeder Ansatz der Natur- und Umwelterziehung muß alle erziehungswirksamen Kräfte im Auge haben: Die Eltern, die Lehrerinnen und Lehrer, die Kinder selber, die verschiedenen Institutionen wie Vereine, Parteien, öffentliche Institutionen usw. Vom Mutterleib an spielen sie für den heranwachsenden Menschen eine unterschiedliche Rolle. Er ist eingebunden

- in die verschiedenen Bedürfnisse, die durch sein Lebensalter gegeben sind,
- in die Erwartungen und Haltungen, die eine Folge des historischen

Zeitpunktes sind, zu dem er bestimmte Entwicklungen durchläuft,
- in die Bedürfnisse und Erwartungen, die in ihm durch seine unterschiedlichen Einbindungen in größere oder kleinere Gruppen entstehen und
- in die jeweils ganz individuellen Bedürfnisse und Erwartungen.

Der Ausgangspunkt der folgenden Ausarbeitung ist der individuelle Lebenslauf, die Biographie, die handelnde Person, die sich freiwillig mit anderen zum gemeinsamen Handeln zusammenschließt. Die Institutionen sind insofern von Wichtigkeit, wie sie fördernd oder hemmend auf die Person einwirken.

Dieser Entscheidung lag folgende Einsicht zugrunde: Offenbar genügt die bisherige Behandlung des Themas Natur- und Umwelterziehung nicht. An Informationen herrscht kein Mangel. Ja, wir werden neben Katastrophenberichten mit Natur- und Umweltinformationen förmlich überschüttet. Aber das Verhalten eines Menschen ist nur zu einem Bruchteil von seinen Kenntnissen abhängig, es betrifft die Werte, Normen, das Gewissen, die Ethik und Moral des jeweiligen Menschen. Natürlich entwickeln auch sie sich nicht ohne Kenntnisse, aber im Handeln und Unterlassen, im Schützen und Bewahren wird jeder doch eher vom Gefühl gesteuert als vom Kopf, eher aus dem Herzen, wie es einmal im Bilde hieß, als aus dem Verstand.

Aus diesem Grunde steht in diesem Buch die Frage nach der Bildung von Werten und Normen ganz im Vordergrund. Bei diesen Prozessen kommt offenbar den Bereichen der künstlerischen Bildung und der Frage der religiösen Erziehung eine ganz besondere Bedeutung zu. Die Folge sind ungeschützte, sehr persönlich gefärbte Ansichten. Es genügt, sie als Argumentationsangebot zu verstehen. Ich möchte nicht Recht behalten, sondern dem Gespräch über Natur- und Umwelterziehung eine neue Richtung geben, neue Dimensionen eröffnen. Verhaltensänderungen sind nur zu haben, wenn wir nicht nur die Ökologie und die ökologische Bildung ins Auge fassen, sondern den ganzen Menschen und den ganzen Planeten

Eine solche planetarische Ethik wird zum Beispiel von Kleber 1993 vertreten: „Handele so, ...daß die Maxime deiner individuellen Handlung Maxime für alle Mitlebewesen sein kann." In diesem Gewande verbirgt sich der neue Gaia-Begriff von Lovelock (1991), der naturwissenschaftlich exakt darlegt, wie vernetzt auf unserem Planeten alles mit allem ist.

Heute wird sich die Wissenschaft mehr und mehr ihrer Einseitigkeit bewußt. Wissenschaften wie Ethologie, Informatik und Ökologie versuchen von sich aus, Ganzheiten neu zu finden, zu definieren und zu erforschen. Die Erkenntnis wächst, daß Ganzheit schlechthin das Charakteristikum des Lebens ist, wenn auch unterschiedliche Ganzheitsbegriffe gebraucht werden.

Ganz gewiß ist der gesamte Kosmos die umfassendste Ganzheit, in der alles von allem abhängt. Aber auch die viel kleineren Systemganzheiten der Ökologie wie Wald und See weisen die Merkmale einer Ganzheit auf. Selbst alle unsere Wissenschaften lassen sich als Einheit, als Ganzheit betrachten, die erst zusammen die Welt abbilden. Der Wunsch nach Ganzheit drückt gleichzeitig wohl meistens die Hoffnung aus, selber wieder ganz, wieder heil zu werden.

Das vorliegende Buch geht von der praktischen Ganzheit eines jeden Menschen in jedem Augenblick seiner Biographie aus und versucht, sich an drei Aussagen zu halten:

1. Jeder Mensch ist mit seinem Denken, Fühlen und Wollen in jedem Augenblick eine unaufhebbare Ganzheit.
2. Die Umwelt tritt jedem Menschen zunächst als Ganzheit gegenüber. Jede Analyse von Teilaspekten muß wenigstens der Tendenz nach in die Ganzheit zurückführen.
3. Jede Situation ist eine einmalige Ganzheit. In ihr treffen verschiedene Vergangenheiten zusammen und bewirken eine offene Zukunft.

Das ist der Tendenz nach eine auf den Menschen bezogene ganzheitliche Pädagogik. Die Ganzheit als solche ist das Ziel, das aber höchstens näherungsweise auf einer relativ niedrigen Ganzheitsebene erreichbar ist.

Für die Schule erweist sich deren zerhackte Zeitaufteilung allein schon als großes Hindernis ganzheitlichen Unterrichtes. Ferner sind die Lehrerinnen und Lehrer in zwei oder drei Fächern ausgebildet, als deren „Vertreter" sie sich fühlen und deren Rahmenrichtlinien ihre Konzepte bestimmen.

Seit 1961 habe ich mit dem „Schulbiologiezentrum Hannover" den Prototyp eines Umwelterziehungszentrums entwickelt. Die Bevorzugung der Analyse im Ausbildungsgang der Lehrer brachte die Mitarbeiter und mich auf den Gedanken, dies als Ausgangspunkt anzunehmen und ganzheitlichen Unterricht eher analysierend und konstruierend anzugehen als emotional und intuitiv. Dabei kam ein „paradoxes" Verfahren heraus, das den jeweiligen Fachlehrer zum Adressaten hatte. *Nach diesem Verfahren wird jedes Unterrichtsthema in der Planungsphase zunächst in sieben Feldern entfaltet. Diese sieben Felder sind:*

1. *Sinnliche Naturerfahrung*
2. *Spiel*
3. *Ästhetische Naturerfahrung, künstlerische Zugangsmöglichkeiten zum Thema*
4. *Praktische Nutzanwendung des Themas, pragmatische Inhalte*
5. *Messender, untersuchender, naturwissenschaftlicher Zugang zum Thema*
6. *Darstellungsmöglichkeiten des Themas*
7. *Gesellschaftlicher oder politischer Zugang zum Thema.*

Ob das Thema Apfel heißt, Mutation, Lebensgemeinschaft Wald oder anders, in einem ersten Zugang wird versucht, zu allen sieben Feldern möglichst viele handlungsbezogene Unterrichtsmöglichkeiten aufzulisten. Aus dieser Liste ergibt sich dann der praktische Unterrichtsvorschlag.

Dieser Unterrichtsvorschlag ließ auch eindeutig die Prioritäten erkennen, die ihn kennzeichneten. Das führte zu einer Defizitliste. Wurde die sinnliche Naturerfahrung ein- oder zweimal hintereinander vernachläßigt, mußte sie in der folgenden Unterrichtssequenz berücksichtigt werden. Das gilt natürlich für alle sieben Bereiche. Auf diese Weise konnte sogar der Fachlehrer so etwas wie einen ganzheitlichen Unterricht praktizieren und mußte nicht warten, bis er Übereinstimmung im Kollegium erzielt hatte. Es wird nicht behauptet, daß die Beachtung dieser sieben Aspekte Ganzheitsunterricht sei. Es wird nur behauptet, daß die Beachtung dieser Aspekte den Unterricht wesentlich ganzheitlicher als vorher machte. Das Verfahren ist auch nicht nur Theorie, sondern vielfach erprobt und diskutiert.

Der analytische Ansatz ganzheitlichen Unterrichtes wurde Anfang bis Mitte der achtziger Jahre entwickelt. Wer damit gearbeitet hat, erkennt leicht seine Metamorphose in diesem Buch: Aufgelöst wurden die Felder, die eher einen methodischen Zugriff zu ganzheitlichem Unterricht darstellen, wie Spiel, praktische Nutzanwendung und Darstellungsmöglichkeiten. Sie sind nicht unwichtig geworden, sondern nachfolgend den einzelnen Teilbereichen zugeordnet. Allem vorgeordnet wurde dagegen neu das wichtige Kapitel der Altersgemäßheit von Themen und Inhalten. Der Bereich der sinnlichen Naturerfahrung wurde lediglich ausgebaut. Ganz neu aufgenommen wurde auch der Aspekt der Religiosität. Er ist für die Bildung von Werten und Werthaltungen unabdingbar. Der Bereich des künstlerischen Zuganges ist breit in die Felder künstlerischer Tätigkeit auseinandergefaltet. Das gilt auch für den naturwissenschaftlichen Beitrag zu einer ganzheitlichen Natur- und Umwelterziehung. Was den gesellschaftlichen und politischen Zugang zu den Themen betrifft, so wurde durch die neue Benennung „Der Umgang mit den Konflikten“ eine Ausweitung vorgenommen, die von den Konflikten in der Person bis zu den Konflikten zwischen politischen Blöcken reicht.

Dieser Metamorphose von lange erprobten Inhalten sind in diesem Buch drei Kapitel vorgeordnet, die eine vertiefende Einführung bieten. Das erste Kapitel will so etwas wie die „Evolution des Ich-Gefühles“ darstellen. Nach meiner Überzeugung ist die Zukunft nur durch „handelnde Ichs “ zu gestalten, die sich freiwillig in Gemeinschaften zusammenschließen. Das führt sehr schnell auf die Tatsache völlig verschiedener nebeneinander bestehender Weltdeutungen und Denkstrukturen. Vier davon werden beschrieben und auch, wie sich Welt unter ihrer Gültigkeit verändert. Für keine Leitvorstellung kann die Wahrheit bewiesen werden. Deshalb wird als neuer Leitbegriff das allen Systemen zuzuordnende „Pflegerische“ vorgeschlagen und auf verschiedene Leitvorstellungen reflektiert. Diese drei Kapitel müssen nicht am Anfang gelesen werden. Jeder Leser mag in einem beliebigen Kapitel beginnen und von dieser Insel aus die anderen Teile erkunden.

Obgleich der nun folgende Abschnitt sicher völlig aus dem Rahmen einer üblichen Einleitung fällt, sollen durch ein paar Übungsaufgaben zum Thema Ganzheit die Verbindungen zwischen Theorie und Praxis auf Erwachsenenniveau beschrieben werden. Dabei fasse ich den Mut, Sie als Person anzusprechen.

Übungen zum Thema Ganzheit

Denken in Ganzheitsreihen.

Aus der Ökologie ist die Ganzheitsreihe Zelle, Organ, Organismus, Population, Art, Ökosystem, Lebensraum, Erde, Sonne bekannt. Jeder Begriff kennzeichnet eine eigene Ganzheit. Suchen Sie hierzu analoge Reihen, etwa: Zelle, Blatt, Zweig, Ast, Baum, Wald, Lebensraum oder Schriftzeichen, Wort, Satz, Absatz, Kapitel, Buch oder Stein, Mauer, Zimmer, Haus, Straße, Stadt; oder aber nehmen Sie beliebige konkrete Gegenstände oder Bezeichnungen wie Stein oder Frucht. Verfolgen Sie die Ganzheitsbegriffe in die kleineren und größeren Ganzheiten: Staub, Sand, Kies, Stein, Felsen, Gebirge, Erdrinde. Dies ist im Grunde eine intellektuelle Übung, aber sie kann deutlich machen, daß die meisten Dinge in eine solche Reihe zunehmender Komplexität eingebunden sind.

→ Konzentrationsübungen, meditative Elemente
→ Beiträge zum ökologischen Ganzheitsprinzip
→ Prinzip der Verfremdung
→ Vital- oder Lebenssinn, Zeitwahrnehmung
→ Menschwerdung durch Sprache und Sprechen

Sich Ganzheitsreihen vorstellen.

Betrachten Sie wie in einer meditativen Übung ein einzelnes Blatt. Nun denken Sie dieses Blatt konkret an einen Zweig, verbinden diesen in Ihrer Vorstellung mit einem Ast, dann mit einem Baum. Stellen Sie sich den Baum in einem Walde vor, diesen in einer Landschaft. Man hat mit dieser Übung nicht nur beim ersten Mal Schwierigkeiten. Sie bedarf einer mehrmaligen Wiederholung.

In einer weiteren Übung stellen Sie sich eine Sonnentaupflanze oder eine Salbeipflanze jeweils in ihrer Pflanzengesellschaft vor. Dazu gehört sogar eine bestimmte Landschaft, eine bestimmte Stimmung. Sie sollten deshalb dabei versuchen, auch sinnliche Vorstellungen in sich zu beleben wie Duft, die Geräuschkulisse.

Sich Zeitabläufe als Lebensganzheiten vorstellen.

Stellen Sie sich einen Radieschensamen vor, sein Keimen, sein Wachstum, seine weitere Lebensgeschichte; dies aber immer bildhaft, also anders als in der erstenAufgabe. Ihre Vorstellung kann auch das Leben eines Schmetterlings umfassen oder eines Marienkäfers. Eine gute Vorbereitung für diese Übung ist, sich die Ganzheit eines Tages mit allen Einzelheiten, vorwärts und danach rückwärts gedacht, zu vergegenwärtigen.

Der Sinn der vorstehenden Übungen liegt darin, Gesehenes in Gedachtes zu verwandeln, Gedachtes in Vorgestelltes, Vorgestelltes in Bilder, Teile in ein Ganzes einzuordnen, ein Größeres denkend in Kleineres zu verwandeln, aus der einfachen Nachricht oder Information eine Wahrnehmung zu machen. Diese Übung ist eine uralte Meditationsübung und wurde schon in griechischer Zeit gepflegt. Sie führt nicht nur zum ganzheitlichen Denken, sondern auch zur Beschäftigung mit dem Denkprozeß selbst.

Planen Sie einen konkreten Unterricht nach den sieben Feldern.

Wählen Sie z. B. das Thema „Apfel". Man kann ihn ertasten, riechen, schmecken, seine Schale beim Reiben hörbar machen; man kann sich ein Spiel ausdenken: von der Apfelblüte zum Apfel; man kann Äpfel malen, Gedichte vom Apfel schreiben und leicht auf 20 Themen kommen; man kann aus Äpfeln etwas Praktisches machen ... Es lassen sich leicht seitenweise Vorschläge zusammenstellen. Diese Vorschläge listen Sie auf, prüfen Durchführbarkeit und Dauer und bestimmen nun die Bereiche, die Sie beachtet haben und die sie nicht genügend beachtet haben.

Obgleich dieser konstruktivistische Ansatz zu größerer Ganzheitlichkeit auch in der Lage ist, die sinnliche und künstlerische Natur des Menschen zu erreichen, ist er auf die Schule und deren Struktur beschränkt und erreicht nicht die frühe Kindheit und das Alter. Insofern ist es ein partieller Hilfsansatz. Eine holzschnittartige Ganzheit scheint mir aber derzeit hilfreicher als die Aneinanderreihung überstrukturierter Teilheiten von Spezialisten.

Obgleich ich als Biologe tätig war, bin ich nicht so sehr von der Fachwissenschaft her, sondern eher von der Pädagogik motiviert. Die Biologie ist mir stets nur ein Mittel im Umgang mit jüngeren Menschen gewesen, ein Fachbereich allerdings, von dem ich mich zeitlebens besonders stark berührt fühlte. Aber als „Naturwissenschaftler" würde ich mich nicht bezeichnen wollen. Wohl habe ich das Glück gehabt, mich beim Aufbau des Schulbiologiezentrums Hannover sehr konkret und sehr intensiv in botanische oder zoologische Fragen einarbeiten zu müssen; aber ich habe auch zur Erhaltung meines Gleichgewichtes lebenslang musiziert und Gedichte und Geschichten geschrieben und mich mit religiösen Fragen beschäftigt. Diese Mitteilung muß wohl in der Einleitung stehen, um von vornherein deutlich zu machen, daß der gesamte geschilderte Ansatz auch persönliche Züge trägt. Öffentlichkeit entstand daraus, daß beim Aufbau und der Betreuung des Schulbiologiezentrums Hannover ja inzwischen über 30 Jahre lang alle Ideen täglich im Umgang mit Schülern und Lehrern getestet wurden, daß die Ausstrahlung auf die Bewegung der Natur- und Umwelterziehung wie eine fortdauernde Prüfung wirkten. Alle Angebote an die Öffentlichkeit, Eltern, Lehrerinnen, Lehrer und Kinder schlagen nur Wurzeln, wenn sie zeitgemäß sind, das richtige Klima schaffen und so etwas wie Zuwendung, Offenheit, Wahrhaftigkeit und vielleicht sogar Selbstpreisgabe spürbar werden lassen. Wir werden als Lehrer gefragt, ob wir uns an die Einsichten halten, die wir verkünden.

Dieses Buch geht auf Praxis und Erfahrung zurück, auf allen Ebenen auch auf die Praxis der Theoriebildung. Die Anbindung an Erfahrung wird dadurch belegt, daß über ein Drittel Praxisaufgaben sind. Aber sie sind anders gedacht als allgemein üblich. Wenn es richtig ist, daß jede Lehrerin, jeder Lehrer, jede Schülerin und jeder Schüler Person sind und jede Situation innerhalb der Biographie einmalig ist, so dürfen die Praxisaufgaben nicht als Rezepte blind gebraucht werden. In ihnen steckt eben auch persönliche, biographische Erfahrung. So können sie nicht mehr sein als ein Steinbruch, aus dem jeder zu einer konkreten Situation die Steine entnimmt, die er für sein individuelles Haus gebrauchen kann. Die Situation muß offen, flüssig, kreativ bleiben. Das ist schwer. Es mag wie beim Kochen anfangen: Das Kochbuch enthält die ersten Rezepte. Aber mit Rezepten läßt sich kein feiner Geschmack entwickeln. Ein richtiger Koch kocht als Könner mit profunder Kenntnis und gleichzeitig Phantasie. In diesem Sinn ist jede Aufgabe eher ein Denkanstoß für die Phantasie als ein abgeschlossenes Kochrezept. Eine Erziehungssituation ist immer etwas Intimes, Einmaliges, Kreatives, Offenes. Dies möchte das vorliegende Buch entwickeln helfen.

Das Besondere dieses Buches ist der Versuch der Zusammenschau mehrerer Bereiche. Das soll als Methode verstanden werden. Dabei stand ich vor einer derartigen Fülle von Theorie und Wissen, daß mir sicher leicht nachgewiesen werden kann, daß ich mich in dieser oder jener Einzelfrage geirrt habe und die neueste Literatur nicht aufgearbeitet ist. Damit kann ich leben. Jede Richtigstellung, die unter dem Erhalt der Zusammenschau erfolgt, würde ich begrüßen. Ich will nicht Recht haben, sondern eher eine neue Wegebautechnik begründen. Der neue Weg ist dabei das Ziel, und jeder weitere Wegebauarbeiter ist ein Gewinn.

Dennoch blieb ein großer Wunsch offen. Jede Situation ist komplex und eine Ganzheit, hieß es vorn. So fühlt jeder. Aber eine Darstellungsform, die das leisten kann, gibt es noch nicht, höchstens in der Gestalt von Märchen und Gedichten. Auch dieses Buch muß das Gleichzeitige in ein Nacheinander auflösen, in das Nacheinander der Altersdimensionalität, der Sinneswahrnehmungen, der religiösen Empfindungen, der Künste, der Naturwissenschaft, der Konfliktbewältigung. Alles Nachdenken darüber, ob und wie man die Gleichzeitigkeit der Befindlichkeit von Umwelt und Mensch in eine adäquate Darstellungsform bringen kann, hat kein Ergebnis gehabt. Dem Leser muß die Phantasie zugemutet werden, im Nacheinander die Ganzheit zu finden.[1]

Die Entstehung dieses Buches ist von vielen kritischen und tüchtigen Kolleginnen und Kollegen begleitet und gefördert. Wenige zu nennen, bedeutet viele andere zu übergehen. Aber ich bin mir in Dankbarkeit bewußt, daß ich vieles, was ich gelernt habe, Schülern, Schülerinnen, Freunden, Kolleginnen und Kollegen verdanke.

Ihnen gilt mein Dank; ihnen widme ich dieses Buch.

Hannover, im Februar 1995

[1] Die Marginalien, die den Aufgaben zugeordnet sind, sollen Ihnen dabei eine Hilfe sein.

2

Standortbestimmung

Denkbewegungen des Abendlandes unter besonderer Berücksichtigung des Ich-Bewußtseins

Aus allen möglichen Ländern strömen die Produkte für unseren Wohlstand zusammen: Kleider aus Indien oder Korea, Fotoapparate aus Japan, Dosenobst aus Taiwan, Gemüse aus Israel, Wein und Käse aus Frankreich.

Die Kaufhäuser sind der Treffpunkt der Welt. Wie in den Kaufhäusern geht es auch auf dem Markt der Welt-Anschauungen zu. Aus Japan und Indien strömen esoterische Botschaften und Botschafter in unser Land, die zur Lösung unserer Krise beitragen wollen. Andere versuchen es mit dem Weltverständnis der Indianer. Der Islam sendet seine Heilsbotschaften aus. Die christliche Botschaft tritt in immer anderen Gewändern auf. In der Wissenschaft werden Plato, Aristoteles oder die Scholastiker neu belebt, Spinoza oder Descartes werden neu interpretiert, wirklich: Es ist kaum möglich, sich in dem riesigen Warenhaus der Weltanschauungen, Sichtweisen und Menschenbilder zu informieren, geschweige denn zu entscheiden. Wie bestimmt man einigermaßen sicher und selbständig seinen Standort?

Koslowski (1989) reduziert die Grundfragen, die den Menschen seit je bewegen, auf vier: die Frage nach der Erklärung der Welt, der Selbstinterpretation des Menschen als leib-seelisches Wesen, der Bewältigung der menschlichen Kontingenzerfahrung (damit ist die lebenslange Identität gemeint) und der Motivierung sittlichen Handelns.

Ähnliche Formulierungen sind aus anderen philosophischen Systemen bekannt. (Kant: Was können wir wissen; was sollen wir tun; was dürfen wir glauben?)

In der Tat wurden die Menschen immer von den gleichen Grundfragen bewegt:

- Wer bin ich? Gibt es für mich eine Sinn- und Zielbestimmung, aus der ich mein Tun und Unterlassen begründen kann?
- Was ist unter dem Phänomen zu verstehen, das seit alters her mit dem Wort Geist bezeichnet wird? In welchem Verhältnis steht dieser zur Materie?
- Was hat es mit dem Erfahrungsbereich auf sich, der von den Menschen zu allen Zeiten mit dem Wort Gott bezeichnet wurde?
- Woher kommt der einzelne Mensch vor seiner Geburt? Wohin geht er mit seinem Tode?
- Woher kommt die Welt? Wodurch wird sie bewegt? Wohin geht sie? Hat die Entwicklung der Welt ein Ziel?

• Gibt es für den Menschen Handlungs- und Willensfreiheit, und wie kann er gut und böse unterscheiden lernen?
• Was ist das Schöne, das Gute, das Wahre, die Tugend usw.?
• Stimmt die Welt mit unseren Wahrnehmungen überein? Welche Beziehungen bestehen zwischen unseren Sinneswahrnehmungen, unserem Denken und der Wirklichkeit?
• Was und wer ist der Mensch inmitten aller anderen Lebewesen?
(bezüglich dieser Fragen vgl. Keiter 1966, Störig 1987)

Polarität und Komplementarität

Bilden wir in uns eine real existierende Welt ab? – Wird die Welt erst durch unsere Namensgebung existent? – Dieser Gegensatz hat ein paar Jahrhunderte lang den berühmten Universalienstreit des Mittelalters bestimmt (Meffert 1982, Riemeck 1985, Störig 1987). Die abweichend von unserm Sprachgebrauch so genannten Realisten meinten, die Begriffe und das Wesen (die Universalien) seien existent, bevor sie benannt würden, gleichsam als Ideen Gottes. Die Nominalisten dagegen traten dafür ein, daß die Existenz der Dinge erst eine Folge der Benennung, des Namens, des Denkens sei. Ein unversöhnliches, hartes Entweder – Oder trennte die Parteien. Die Kirche konnte sich nur für die von Plato ausgehende Denkrichtung des Realismus entscheiden und bekämpfte den Nominalismus mit allen nur denkbaren Maßnahmen. Abälard, durch seine zeitlose Liebesgeschichte viel bekannter als durch seine Rolle in diesem Streit, schlug eine Lösung vor, die auch für uns noch interessant ist. Er sagte: Die Universalien (das Wesen also) sind in den Dingen, für Gott sind sie vor den Dingen; für uns Menschen sind sie (als Begriffe) nach den Dingen.

Wenn Benesch 1981 zu Anfang seines tiefreligiösen Buches als Fragestellung formuliert: Sind Mineralstoffe reine Materie, oder sind sie geistiger Natur, und später sinngemäß: Entweder ist die Gestalt das Ursprüngliche oder das Atom..., so zeigt schon Abälard die Lösung.

Möglicherweise ist das Denken in Polaritäten falsch. Die moderne Physik hat uns aufs neue mit diesem Problem konfrontiert. Bei der Messung der Welle verliert der Experimentator die Meßbarkeit des Quants und umgekehrt. Welle und Korpuskel können nur alternativ, besser komplementär gedacht, gemessen und behandelt werden. Von diesem komplementären Denken spricht z. B. auch Lorenz (1975) für unser Erkennen. Komplementär heißt: in Vervollständigung zum Ganzen. Goethe hat entdeckt, daß wir im Rot immer Grün mitsehen, im Gelb das Blau. Sowohl in seiner Farbenlehre (Reprint 1979) wie in seiner Metamorphose der Pflanze (1790, Reprint 1966) versuchte er sich in dieser komplementären Betrachtung. Immer wieder betonte er, daß sich das Innen außen abbilde, zu einer für das Denken unauflösbaren Einheit. Das nannte er in seinen naturwissenschaftlichen Schriften das Phänomen. Schon Nikolaus von Kues stellte dieses Problem in der Mitte des 15.Jh. in seiner negativen Theologie dar (Meffert 1982). Er nannte das Phänomen den „Zusammenfall der Gegensätze", die coincidentia oppositorum. Heute wird allgemein akzeptiert, daß das Alles das Nichts bedingt, der Raum den Gegenraum, die Materie die Antimaterie, die Entropie die Negentropie. Das Denken in Gegensätzen kommt offenbar unserer Natur entgegen; es vereinfacht so vieles. Es ist sicher noch ein sehr langer Prozeß, bis wir komplementäres Denken auch nur in den Anfängen beherrschen. Bindung und Freiheit, Inhalt und Form sind immer nur das auseinandergefaltete Eine. Unsere Erde zeigt es anschaulich. Wohl können wir über ihre Pole allerlei sagen. Sind sie nicht dennoch miteinander verbunden und im Grunde nur reale Abstraktionen einer Ganzheit, damit man geordneter darüber sprechen kann?

Im Alltag ist das Denken in Polaritäten auch heute noch das normale. Dies hängt auch sicher mit der Struktur unseres Denkens zusammen, indem wir nicht zwei Variablen gleichzeitig denken können (vgl. Lorenz 1975, Vollmer 1987, v. Weizsäcker 1985, Heitler 1964, Kanitschneider 1991). Von unserer angeborenen Veranlagung her können wir nicht komplementär denken, sondern suchen immer wieder in Anlehnung an die Polaritäten Klarheit zu gewinnen. Komplementäres Denken wird sich erst in einem Übungsprozeß langsam entwickeln, und das ist eine Aufgabe, die in fast alle Lebensgebiete hineinragt.

Allgemeingültigkeit und Ausweitung des Evolutionsgedankens

Wenn man Evolution als zunehmende Differenzierung begreift, so ist die Evolution der Pflanzen und Tiere nur Teilaspekt einer viel größeren Evolution. In der Tat sprechen wir von der Evolution des Kosmos, über die heute recht genaue Vorstellungen existieren, die aber keinesfalls abgeschlossen sind. Überall im Kosmos entwickeln sich neue Zustände aus den alten, das Beständige ist überall die Veränderung.

Wir stehen wohl erst am Anfang des Verstehens und müssen das prozessuale wie das komplementäre Denken erst einüben. Jedermann wird zustimmen können, daß es eine Evolution der Technik gibt. Man kann beispielsweise die Evolution des Autos einigermaßen konkret nachvollziehen und dabei auch jene Erfindungen einordnen, die nicht die Hauptsache, den Verbrennungsmotor betreffen, sondern die Randbedingungen: Die Erfindung der Gangschaltung, des Anlassers, der Luftreifen bis hin zum Antiblockiersystem der Bremsen. Für unsere konkrete technische Welt ist der Gedanke der Evolution naheliegend und an konkreten Gegenständen festzumachen.

Die Evolution der Sprache ist schon viel schwerer nachzuvollziehen, weil dies ein Hineindenken und Hineinfühlen in längst vergangene Strukturen verlangt. Offenbar hat unser Denken selbst eine Evolution durchlaufen, vielleicht auch unser menschliches Fühlen. Gewiß denken wir anders als ein Mensch der Steinzeit oder des Mittelalters, aber die Rekonstruktion dieses Weges ist kaum möglich, weil nur konkrete Hinterlassenschaften erhalten bleiben und selbst schriftliche Äußerungen unterschiedlich zu interpretieren sind. Sogar die Vorstellung von Gott wandelt sich und bleibt dabei dennoch kontinuierlich real existent. Der Gedanke, daß das Evolutionsdenken auch auf die geistige Welt übertragen werden muß, ist heute unabweisbar. Evolution ist ein Wesenszug unserer Welt und gilt sowohl für den physischen wie geistigen Bereich. Das Gegenwärtige muß auf allen Gebieten als die lediglich gegenwärtige Gestalt eines allgemeinen Evolutionsprozesses angesehen werden, wobei hier zunächst offen bleiben muß, wie man diesen Prozeß interpretiert.

Nachfolgend wird der Versuch gemacht, die Befindlichkeit des je einzelnen Menschen in diesem Evolutionsprozeß holzschnittartig darzustellen. Dabei wird jene Instanz besonders in den Blickpunkt gerückt, die wir heute als das individuelle Ich bezeichnen. Das Selbst steht in unserem Kulturraum innerhalb der Selbstverwirklichung so sehr im Vordergrund, daß es Angelpunkt der Natur- und Umwelterziehung sein könnte. Seine Heraubildung im Verlaufe der Kulturentwicklung ist das Thema der folgenden Skizzen.

Denkbewegungen des Abendlandes

Urzeit: Ich und Umwelt bilden eine Einheit.

In der Urzeit bildeten Natur und Mensch, Ich und Wir noch eine untrennbare Erlebniseinheit. Geheimnisvolle Kräfte wurden personifiziert und durch Opfer und Rituale versöhnt. Der Verkehr mit der Welt des Geistes durch die Geister wurde dabei nach strengen Regeln praktiziert, oft über Schamanen, die diese Regeln handhaben konnten, oft unter Verwendung von bewußtseinserweiternden Drogen, die den Zugang zur anderen Welt erleichterten (vgl. Kühn 1952 und 1971, Hofer; Altner 1972, Müller-Karpe 1966, Eibl-Eibesfeld 1976).

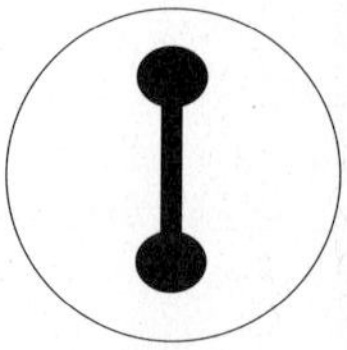
Ägpyten: Das Ich ahnt zwei Seinsebenen, seine Doppelnatur.

Erst seit der Zeit der Ägypter entstand die Welt als Doppelnatur. Sie bezieht sich einerseits auf die Welt als materielle und geistige Substanz, andererseits bildete sich ahnungsweise in den Menschen ein Ich als Gegenüber von Gott, Schicksal und Welt heraus. Allerdings ahnten die Ägypter diese Doppelnatur mehr, als daß sie diesen Gedanken schon entfalteten. So kam es zu einer Auffassung, daß die jenseitige Welt zu dieser in einem realen spiegelbildlichen Verhältnis steht. Es war eine einheitliche und den Menschen noch nicht spaltende Weltsicht (vgl. Wildung; Grimm 1979).

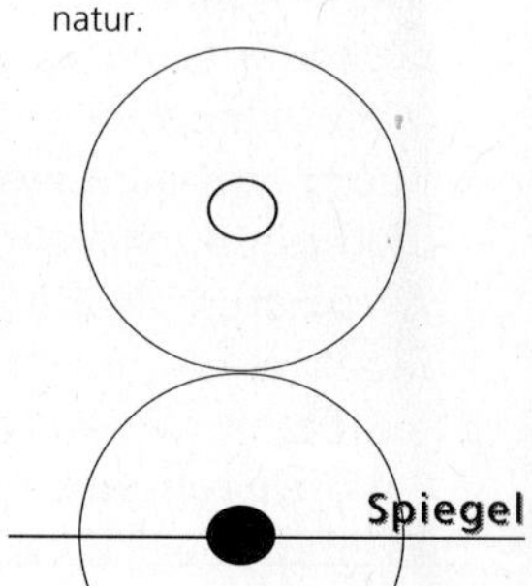

Plato: Ich und Welt haben eine Doppelnatur. Die physische Natur spiegelt das Reich der Ideen.

Mit der Entwicklung Griechenlands begann jene Entwicklung, die wir als einen in sich geschlossenen Evolutionsablauf bis in unsere Neuzeit verfolgen können und die unseren Kulturraum generell vom östlichen trennt.

Die gesamte griechische Kultur ist möglicherweise aus einer einmaligen Verbindung zwischen älteren Mysterienkulten mit herausragenden Persönlichkeiten zu begreifen, die dann Wissenschaft und Philosophie begründeten. Das Entstehen der Philosophie kann man als den Versuch empfinden, zu einem zusammenhängenden, dem Denken zugänglichen System zu kommen.

Nach Platos statischer Vorstellung steht der diesseitigen Welt die Welt der Ideen gegenüber. Der Mensch ist Wanderer zwischen der Welt des Konkreten, Besonderen, Speziellen, der Materie und der Welt des Allgemeinen, Umfassenden, Universellen. Das Hinwirken des Geistes in die Materie wird noch nicht als Prozeß beschrieben. Eher aus einer „naturwissenschaftlichen" Perspektive lehrt auch Aristoteles die Doppelnatur der Welt und des Menschen aus Idee (bei Aristoteles: Form) und Geist, Stoff und Materie. Aber er stellt sich Menschen als dreischichtige Wesen vor, mit einer „ernährenden Pflanzenseele", einer „empfindenden Tierseele", und einer „denkenden Menschenseele". Das Ziel der allgemeinen und individuellen Menschwerdung ist „der Leib als Werkzeug der Seele". Während der „Dichter" Plato den Sinnen mißtraut, haben diese für Aristoteles reale Bedeutung. Aus diesem Gegensatz geht der zentrale Streitpunkt des Mittelalters hervor, der Universalienstreit.

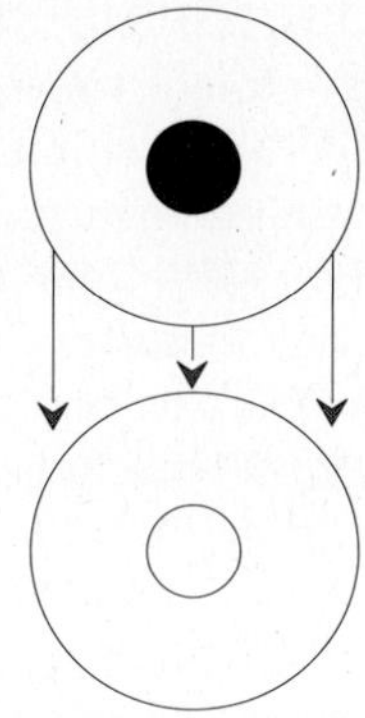

Aristoteles: Die Doppelnatur von Ich und Welt bleibt. Aus der Welt der Ideen wirken Formkräfte auf den Stoff, die Materie.

Im Konzil von Konstantinopel (869) ging es unter anderem um die Frage, ob der Mensch neben dem Leibe nur eine Seele oder zwei, nämlich eine niedere und eine höhere habe, ob er also zweigliederig oder dreigliederig zu denken sei. Unter machtpolitischen Aspekten wurde für die römisch-katholische Welt die Zweigliedrigkeit dogmatisiert, die Voraussetzung aller späteren dualistischen Weltbilder.

Der Universalienstreit beeinflußte die einfachen Leute zunächst nicht. Erst mit dem Beginn der Neuzeit, erst mit der Renaissance, erst mit der Erfindung des Buchdrucks, erst mit den Zweifeln an die alleinseligmachende Kirche im 15. Jahrhundert vollzog sich ein Evolutionsschub, der buchstäblich die bisher geschlossenen Kreise sprengte. Die Renaissance ist die Geburt des sich selbst fühlenden Menschen überhaupt, wie Jakob Burkhardt meinte. Das Denken verließ die Klöster. Die reale Welt wurde geboren. Noch bestimmte ein absolut herrschender Fürst den Glauben seiner Untertanen, aber in den Bauernkriegen kommt, wenn auch gewalttätig, ein neues Grundgefühl des Volkes zum Ausdruck.

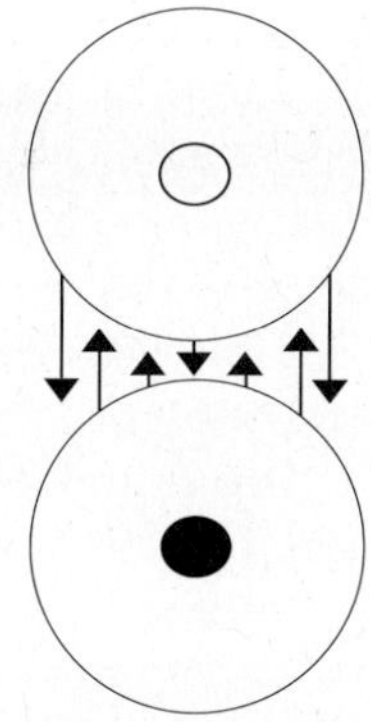

Universalienstreit: Hat die Wirklichkeit die Priorität oder die Idee?

Zwei Bereiche rückten zunehmend in den Mittelpunkt des Interesses: Das menschliche Ich, die Person, das Individuum und die Empirie, das Erfahrungswissen, vielleicht auch schon als Naturwissenschaft zu bezeichnen. Denken und Glauben gerieten in Konkurrenz. Die Umwelt wurde erst von jetzt an als beherrschbare und zu beherrschende Welt angesehen, der man ihre Geheimnisse entreißen kann und muß, die man überwinden muß. War im frühen und späten Mittelalter das Glück noch eine Geborgenheit in Gott, so wurde es von nun an diesseitiger, materialistischer, rationaler, weltlicher. Es brauchte nur etwa 400 Jahre, um dieses Grundgefühl so weit zu entfalten, daß die Existenz unseres Planeten bedroht ist.

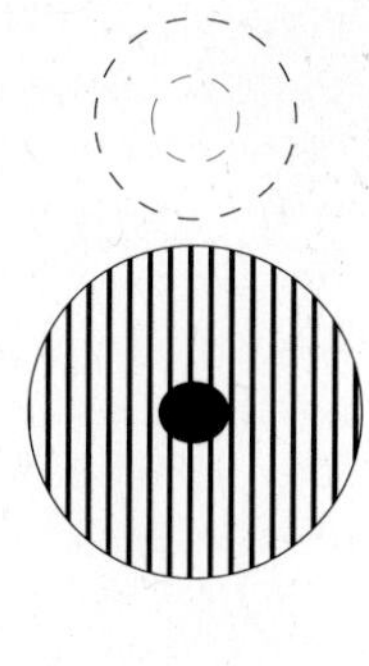

Renaissance, Neuzeit: Die Welt der Ideen verblaßt. Das Ich fühlt sich selber und wendet seine Aufmerksamkeit zunehmend auf die Umwelt.

Mit der Zeit der Aufklärung gewann das Grundgefühl der Personhaftigkeit jedes Menschen an Boden. J. J. Rousseau formulierte mit seinen Einsichten wohl am treffendsten auch das Empfinden der breiten Masse: Der Mensch ist von Natur aus gut, erst unter den Bedingungen dieser Gesellschaft entartet er. Durch Aufklärung, durch Vernunft, durch Anwendung des Denkens sollte es möglich werden, eine vollkommene Gesellschaft auszubilden. Zwei Ströme bildeten sich heraus: Der Idealismus, der den Menschen von seiner Idee her zu beschreiben versuchte (Schiller, Fichte, Schelling, Hegel), stellte einen Menschen in den Mittelpunkt, der sich durch seine Ich-Werdung frei in die Gesellschaft einfügt. Daraus ging dann in kritischer Weiterführung die zweite Denkrichtung hervor, die die Welt der Ideen völlig in Frage stellte, den Menschen als Produkt der Gesellschaft und Gott als Projektion menschlicher Wünsche, Sehnsüchte und Eigenschaften interpretierte (Feuerbach, Marx, Engels, Strauß).

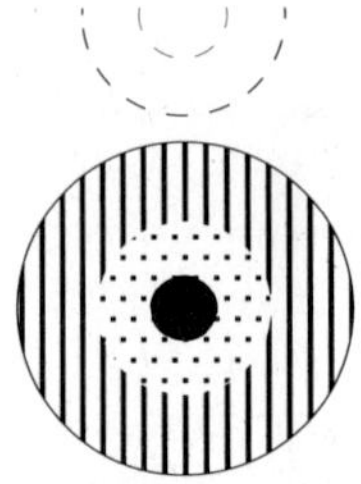

Aufklärung: Die Frage nach dem Wesen erlischt. Um das Ich legt sich als neue Schicht „die Gesellschaft", der Soziotop,

Ab Mitte des 19. Jahrhunderts verschärften sich die gesellschaftlichen Gegensätze zu Glaubenskriegen, der allgemeine Glaube an den Fortschritt war jedoch ungebrochen. Am Ende des 19. Jahrhunderts überstürzten sich die Ereignisse auf allen Gebieten, sei es bezüglich der Fortbewegung, der Kommunikation, der Medizin oder auch der Chemie und der Kriegstechnik. Dabei nistete sich als neues Grundgefühl die Angst in den Menschen ein. Die Überwindung der Angst, eines Phänomens, das naturwissenschaftlich nicht zu fassen war, rückte in den Mittelpunkt des Empfindens.

Die frühe Philosophie kreiste um die Begriffe Wesen und Idee. In der Renaissance kam das Erlebnis des eigenen Schicksals hinzu, in der Aufklärung das der Gesellschaft. Nun wurde die Angst und die Aufteilung des Bewußtseins in mindestens zwei Bereiche zum Pol des Philosophierens. Die Psychologie begann, die Theologie zu ersetzen.

Der erste Weltkrieg ließ alles zusammenstürzen, was schon im vorigen Jahrhundert nur noch Form war.

19. Jahrhundert: Das Ich-Bewußtsein spaltet sich in Bewußtsein und Unterbewußtsein. Ängste treten verstärkt auf.

Politisch war eine jahrtausendalte Geschichte an ihr vorläufiges Ende gekommen. In den Künsten hatte sich schon Ende des 19. Jh. Ähnliches ereignet. Der Expressionismus, später auch der Kubismus zerstörten das scheinbar unumstößliche Gesetz von Perspektive und Realität. In der Musik zerbrach die Vorherrschaft der Tonalität, von Dur und Moll. Die Zwölftonmusik und die Musik anderer Kulturräume drangen in die Konzertsäle ein. In der Literatur suchten die Schriftsteller nach neuen Ausdrucksmöglichkeiten der Sprache. Alles Alte kam auf den unerbittlichen Prüfstand eines neuen Lebensgefühls.

Bis in die Schule wirkte sich das aus: Die Reformpädagogik der Zwanziger Jahre entdeckte die schöpferischen Kräfte im Kinde, sprach dem Erlebnis und der Erfahrung eine große Bedeutung zu und versuchte, die Kinder so zu motivieren, daß sie eine bessere, friedliche Welt gestalten könnten. Diese Hoffnung ging im Inferno des zweiten Weltkriegs endgültig unter. Der Holocaust, die rücksichtslose Zerstörung Dresdens und der Abwurf der ersten Atombombe entspringen einem ähnlichen Denken, das Töten nicht mehr in seinem Leiden wahrnimmt, sondern nur noch in seinen abstrakten Zahlen. Innerhalb der christlichen Welt zog sich das Christentum weitgehend auf den Sonntag und die Feiern zu den wichtigsten Lebensabschnitten zurück. Die Menschheit kann inzwischen pünktlich zur Venus fliegen, neue Herzen und neue Nieren einsetzen, bisher ungeschaffene Pflanzen und Tiere schaffen, nicht aber ein friedliches Zusammenleben bewerkstelligen. Es ist alles individuell, aber gleichzeitig beliebig geworden.

Wir hören, daß weder die naturwissenschaftliche Betrachtungsweise noch eine andere den Wahrheitsbeweis antreten kann (Popper, Kuhn). In der Evolutionären Erkenntnistheorie (Vollmer) wird die Entwicklung von Sinnhaftigkeit gleichgesetzt mit „sinnvoll für das Überleben in der Evolution". Die Forschungen in der Psychologie, Geschichte, Ethnologie, Semantik und Linguistik relativieren die Wahrheit zur Wahrhaftigkeit und verlegen alle Probleme im Grunde genommen in die Sprache. Ihr Geist ist der Geist, der uns umgibt. Damit werden tatsächlich alle Kategorien pluralistisch. Jede Weltanschauungsgruppe erreicht über die Medien heute jeden Bürger. Dieser ist völlig verunsichert. Wie gefährlich ist das Waldsterben, kommt tatsächlich die Klimakatastrophe auf uns zu, wie wird man der Bevölkerungsexplosion Herr? Was früher „die da oben" regelten, müßte jeder einzelne eigentlich selbst in die Hand nehmen. Jeder einzelne muß die Existenzfragen beantworten: Wer bist du? Welchen Beitrag kannst Du und willst Du für den Fortbestand unserer Erde leisten?
Angesichts der realen Situation kann man schon Ängste haben!

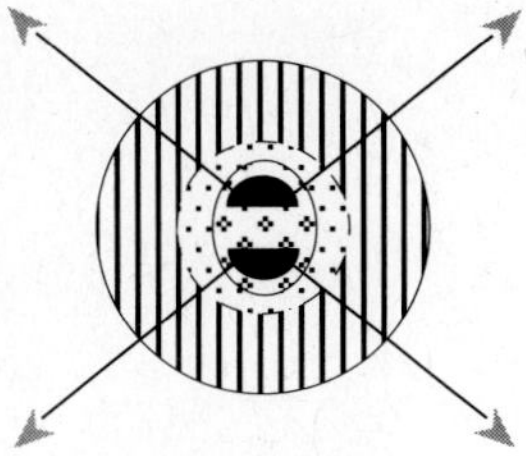

Jetztzeit: Jeder Bereich wirkt auf den anderen. Die Bereiche sind sehr offen. Die Welt entsteht erst durch die Sprache.

Das eigene Weltbild

Wenn die Situation so zutreffend beschrieben ist, muß ich als Verfasser dem Leser selbstverständlich die Grundzüge meines eigenen Denkens offenlegen. Wie sollten wir sonst in ein partnerschaftliches Gespräch kommen?

Sicherlich müßten autobiographische Ausführungen folgen über die Rolle meines Großvaters, meiner Biologielehrer, der das Naturstreunen zulassenden häuslichen Erziehung, der autodidaktischen Musikerziehung. Aber wichtiger sind namentlich bekannte Gewährsleute.

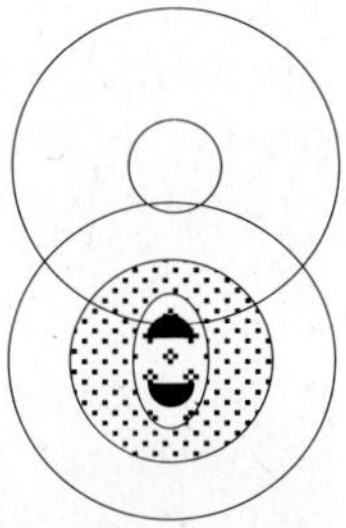

Die Vorstellung des Autors: Die Welt der Jetztzeit ist unauflösbar mit einer geistigen Welt verbunden.

Da sind zunächst von den großen Naturwissenschaftlern die Namen Darwin, Francé, Fabre, Thienemann, Lorenz und v. Frisch zu nennen. Viele Anregungen verdanke ich Goethes morphologischen Schriften, R. Steiner und seinen Schülern. Philosophisch verdanke ich viel Nikolaus von Kues und den Existenzphilosophen. Reibungspunkte waren lebenslang große Persönlichkeiten wie Haeckel und Bultmann ebenso wie Freud. C. G. Jung dagegen empfand ich als sehr hilfreich. Natürlich ist eine solche Aufzählung lückenhaft, aber sie mag eine Richtung andeuten.

Von Goethe stammt meine Einsicht, daß man die Welt nicht in zwei Welten zerteilen kann. Die Welt des Geistes, die Wesenswelt bildet sich unmittelbar in der realen, wirklichen, erkennbaren Welt ab. Die Äußerungen der erkennbaren Welt bilden das Innere ab. Dies kann man durch Ausbildung einer erkennenden Urteilskraft nachvollziehen, wozu die materialistische Forschung wichtige Teilaspekte liefert. Die Theorie entsteht danach nicht durch Addition der Forschungsergebnisse, sondern durch eine Art künstlerischem Prozeß. Dies hat eine an-

Darstellungsweise angeregt von Meffert.

Seine Kindheit ist uns Erwachsenen anvertraut. Wird er einmal pfleglich mit der Welt umgehen?

dere Qualität als die Addition. Dieses „Eins-und-Doppeltsein", dieses fortwährende Üben des komplementären Empfindens betrifft auch das Grundgefühl des Menschen. Er ist gleichzeitig Person und Individuum wie auch Glied der Gesellschaft, er ist gleichzeitig Unter- wie Überbewußtsein. Dieses Grundgefühl ist uns nicht angeboren. Es erfordert Übung. Das gilt auch für die Wahrnehmung der Ideenwelt. Wir haben als Menschen dafür von Natur aus keine Organe. Es ist aber möglich, durch Übungen dafür Wahrnehmungsorgane auszubilden. Das führt in die Bereiche der Meditation, der religiösen Übung, auch der Kunstausübung. Die ausschließliche Beschäftigung mit materialistischer Naturwissenschaft läßt (ohne Ausgleichstätigkeit) eine Wesenshälfte des Menschen verdorren.

Diese Erkenntnismethode enthält Erfahrungen der Romantik, der Mystik, östlicher Religionen, der modernen Physik und Philosophie. Ideen sind in diesem Zusammenhang etwas Reales, gleichermaßen wie die Empirie. Dabei wird die jahrtausendalte Idee von der Doppelnatur des Menschen anders als bei Freud als Wesenszug verstanden. Alles in der Welt geschieht demzufolge in Verantwortung vor der Welt des Geistes. Ideen sind damit mehr als Konkretionen der Sprache.

Die Verantwortung hat danach auch eine Doppelnatur: Wir tragen als Menschen nicht nur die Verantwortung für die Zukunft der realen, physischen Welt, sondern auch für den Fortbestand des Geistes.

Dieses Grundgefühl wird nicht von jedem Leser dieses Buches geteilt werden. Dazu hat er ein volles Recht. Aber der Redlichkeit halber muß die Haltung wenigstens skizziert werden.

3

Sichtweisen der Welt und des Menschen

Ihre Folgen und die Notwendigkeit eines übergreifenden Erziehungszieles für die Natur- und Umwelterziehung

Der menschengemachte, scheinbar unaufhaltsame Niedergang unserer Umwelt ist vielleicht die größte Herausforderung an die Menschheit seit der neolithischen Revolution. Niemand will diesen Niedergang, nur wenige arbeiten bewußt und bösartig daran, und dennoch ist global gesehen keine Umkehr des Prozesses in Sicht. Seitens der Wissenschaft, der Politik, der Erziehung konzentriert sich alles Bemühen auf die wichtigen Fragen unseres Tuns und Unterlassens. Wer gibt uns die richtige Anweisung? In der Vergangenheit hat der Mythos den Menschen gezähmt (Mann 1988[3]). Wir sind aber entmythologisiert (Bultmann), und die Naturwissenschaft ist jetzt auch bestrebt, ihre Arbeit zu entanthropomorphisieren (Vollmer; Mohr 1990). Einst führte Unwissenheit zur Verkarstung der Mittelmeerländer und zur Versalzung der Bewässerungsböden, heute sind wir alle bezüglich der wichtigsten Fakten Wissende. Aber die Bewertung der an sich unstrittigen Fakten verläuft auch heute noch völlig kontrovers und ist abhängig von der Weltanschauung und der Interessenlage, die fast immer im Nicht-Bewußten gegründet ist.

Jeder wird Beispiele nennen können. So führte z. B. auf einer Tagung über Umwelterziehung ein junger Mann sendungsbewußt aus, daß die Bewertung der Bevölkerungsexplosion durch die Öffentlichkeit ein einziger Skandal sei, ein fortgesetzter Mißbrauch von Macht und ein unverantwortlicher Eingriff in die Freiheit der Menschen. Anstatt Geburtenbeschränkung zu predigen, solle man die Besiedlung und Nutzung der anderen Planeten vorantreiben. Das sei heute technisch machbar und würde nicht mehr Geld kosten als die im Grunde sinnlosen Entwicklungsprojekte. Nicht Einschränkung der Technik, sondern Ausweitung sei seine Empfehlung. Diese Meinung untermauerte er mit vielen Zahlen und Graphiken. Selbst diese nahezu unumstrittene Frage war plötzlich in der Bewertung umstritten (La Rouche 1983).

Diesem Phänomen wendet sich der folgende Text zu. Ein Wissenschaftler würde ihn streng erkenntnistheoretisch entwickeln. Aber welcher Lehrer fällt, obgleich Entscheidungen ohne immanente Theorie eigentlich nicht möglich sind, seine unterrichtlichen Entscheidungen aus einer stets präsenten Erkenntnistheorie heraus? Die Entscheidungen entspringen eher Leitvorstellungen, Sichtweisen, Maximen, Haltungen und Gewohnheiten, also eher einem Zwischenbereich zwischen Lebenspraxis und Theorie. Auf dieser Ebene der Erkenntnispraxis, der Anwendungsorientiertheit bewegen sich die folgenden Ausführungen.

Bezüglich der Umweltzerstörung läßt sich trotz der engen Verflechtung zwischen Naturwissenschaft und Technik eine „Schuld der Wissenschaft" nicht nachweisen. Wohl läßt sich nachweisen, daß sich mit Hilfe der Naturwissenschaft keine Verhaltensanweisungen gewinnen lassen. Haltungen entspringen Leitvorstellungen, Weltanschauungen, „Denkmodellen", Sichtweisen, die ja auch immer ein bestimmtes Bild vom Menschen beinhalten. Alle Eltern, Lehrer, Verwaltungsmitarbeiter, Ärzte, Juristen, Politiker treffen ihre Entscheidungen unter Einwirkung ihrer persönlichen Erkenntnispraxis. Diese den Alltag der heutigen Lebenswirklichkeit bestimmenden Sichtweisen könnten entscheidend für das Schicksal der Welt werden. Nur wenigen ist bewußt, was Plato oder Descartes schrieben. Dennoch haben sie ihre Spuren in unserer Erkenntnispraxis hinterlassen.

Die Literatur soll vor allem benutzt werden, um jetzt vorhandene Leitvorstellungen zu strukturieren. Dazu werden vier Sichtweisen modellartig beschrieben. Die Auswahl gerade dieser Leitvorstellungen bezieht sich auf ihre Verbreitung in der gegenwärtigen Lebenswirklichkeit. Zwei der „Denkmodelle" (die in diesem Abschnitt verwendeten Ausdrücke dafür werden synonym gebraucht) durchziehen wie ein roter Faden unsere gesamte Kulturevolution. Die beiden anderen sind wesentlich jünger und traten erst im vorigen Jahrhundert in den Vordergrund. Sie wurden trotz ihrer Anlehnungsbedürftigkeit an andere Leitvorstellungen wegen ihrer starken Verbreitung aufgenommen.

Umgang mit unterschiedlichen Denkmodellen*

Im Gespräch stößt man immer wieder auf die Tatsache, daß der Gesprächspartner nicht in der Lage zu sein scheint, die Argumente aufzugreifen, die man ihm vorträgt. Immer wieder zieht er sich in die Festung seiner Weltanschauung zurück. Weit sichtbar nagelt er seine Argumente weiterhin an das Tor und erwartet ebenfalls, daß nicht er, sondern der Gesprächspartner endlich auf seine Argumente eingehen möge. Wieviele solcher Festungen gibt es? Geht man streng vor, sind sie nicht zu zählen. Jede ist aus den Trümmern vergangener Epochen mit dem Mörtel einer gegenwärtigen Lebensgeschichte gebaut. Dennoch lassen sich „Festungstypen" unterscheiden. Als besonders verbreitet erweisen sich gegenwärtig vier Typen:

1. Die Bewohner empfinden sich als in die Freiheit entlassen, als Menschen, in denen der göttliche Funke, das Licht Gottes, der Geist – oder wie man es sonst nennen mag – veranlagt und wirksam ist.
2. Die Bewohner verstehen sich als die durch Selbstorganisation der Materie entstandenen „Gehirntiere". Deren Eigenschaften lassen

---

*angeregt von Lauenstein 1976

sich genau so wie die der übrigen Natur materiell und kausalanalytisch erforschen und erklären.
3. Die Bewohner fühlen sich in ihrem Handeln und in ihrem Selbstverständnis durch und durch von der Umwelt und der Gesellschaft bestimmt. Dieser Tatsache ordnen sie die übrigen Tatsachen unter.
4. Die Bewohner verstehen sich gemeinsam mit der gesamten Natur als einheitliches nur den Gesetzen der Materie unterworfenes Evolutionsgeschehen. Für den Menschen werden von den meisten Vertretern besonders seine Instinkte und seine genetische Ausstattung beachtet.

Die Bewohner der beiden ersten Festungen sind komplette Gegensätze. Sie sind aber zwischen den Polen dennoch wie durch eine Achse verbunden, um die sich, mehr oder weniger entfernt, ihre Verbündeten ansiedeln. Jedes der beiden Weltbilder ist umfassend auf den Kosmos, das Belebte und Unbelebte gleichermaßen gerichtet. Aus jeder der beiden Positionen läßt sich ein vollständiges, universales Weltbild entwickeln.

Die Bewohner der dritten Festung, die die Umweltgebundenheit und die soziale Rolle des Menschen besonders betonen, schließen sich bezüglich der Problemkreise, die von ihrer Position nicht unmittelbar betroffen sind, meistens den Bewohnern der zweiten Festung an.

Der Menschentyp aus der vierten Festung, der insbesondere den Evolutionsgedanken vertritt und die genetische Veranlagung betont, kann mit den Bewohnern der ersten und zweiten Festung sympathisieren, je nachdem wie umfassend er den Evolutionsgedanken ansieht. Die meisten Bewohner vertreten aber eine materialistische Grundposition.

Um das Bild von den Festungen der Weltanschauungen noch weiter auszuführen, sei angemerkt, daß die ersten beiden die ältesten sind. Dabei ist heute die Festung zwei besonders bevorteilt und die volkreichste, weil sie riesige Komplexe für ihre Forschungsmethoden enthält, deren Ergebnisse sie unmittelbar in neuartige Technologien umsetzen kann. Die Bewohner argumentieren damit wie mit neuartigen Waffensystemen. Die Bewohner der Festungen drei und vier haben heute trotz ihrer Unvollständigkeit reichlich Zulauf, so daß ihre Heraussonderung vor allem durch die Anzahl ihrer Bewohner gerechtfertigt erscheint. Natürlich ist dies alles eine Vereinfachung. Das soll durch den Gebrauch des Bildes der Festung betont werden.

Außer diesen „Massenunterkünften" gibt es weitere wichtige Versuche, die Welt und den Menschen zu verstehen. Wirksam sind heute in der Öffentlichkeit außerdem

- unterschiedliche Ansätze, den Menschen von der Ökologie her einzuordnen;
- ebenfalls unterschiedliche Ansätze einer Interpretation des Menschen von seiner Existenz her;
- ganz verschiedene anthropologische und humanökologische Modellvorstellungen;

- allein auf die menschliche Sprache ausgerichtete Denkrichtungen;
- positivistische Anschauungen, die mit den materialistischen verwandt, aber nicht deckungsgleich sind;
- „wahrheitskritische“ Ansätze, die man als „Vorläufigkeitsmodelle“ bezeichnen könnte und schließlich
- der Denkansatz der evolutionären Erkenntnistheorie.

Diese Denkrichtungen spielen fast immer, zumindest modifizierend, eine Rolle für die ersten vier. Deshalb ist es eine idealtypische Aussage, daß man in der Lebenswirklichkeit diese vier Typen „klinisch rein“ vorfindet; niemand verkörpert eines der Modelle in reiner Form.

Vier Denkmodelle

Die Sichtweise, in der der Geist, die Idee, die Formkraft das Wesen der Dinge und auch das Wesen des Menschen bestimmt.
Wenngleich diese Denkweise heute gern vorwiegend historisierend betrachtet wird, war sie doch zeitlich und von der Bedeutung her die erste. Bis in die Neuzeit hat sie die Kulturgeschichte bestimmt und ist z. B. in den kirchlichen Institutionen noch heute bestimmend. Das Prinzip dieser Weltsicht wurde schon vorn am Universalienstreit des Mittelalters beschrieben, der über ein halbes Jahrtausend Theologie, Philosophie und Wissenschaft bestimmte. Dennoch waren beide Streitparteien damals durch einige Anschauungen miteinander verbunden. Danach wurden der Mensch und die Welt für beide Gruppen durch das Vorhandensein einer realen Geistigkeit bestimmt. Das ergab sich schon aus der von beiden Parteien nicht bezweifelten Tatsache, daß der Mensch als „Ebenbild Gottes“ geschaffen sei. Der Mensch ist das Ziel der Schöpfung, zwar nicht so, wie er ist, aber seiner Würde

Die Schöpfung ist sichtbar gewordener Geist, eine Tat Gottes. (Fresko aus dem Dom zu Gurk)

nach (Scotus). Thomas von Aquin sagt, er müsse an dieser Gottebenbildlichkeit selber aktiv mitarbeiten, wenn sie in Erscheinung treten solle. Aber jeder Mensch hat Anteil an den Schöpferkräften der Welt, an ihrer unabgeschlossenen Offenbarung, an der Welt der Ideen und Urbilder. Diese Denkweise postuliert einen Homo sapiens oder einen Homo religiosus.

Bei allen Religionen, die von dieser Leitvorstellung ausgingen, hat sich kaum eine Naturwissenschaft im modernen Sinne entwickelt. Diesem Denkmodell muß man wohl auch die Zeit des Idealismus und der Romantik zuordnen, die dann aber doch bedeutende Naturforscher hervorgebracht hat wie Oken, später Driesch, aber auch Goethe und in dessen Nachfolge die anthroposophischen Forschungsrichtungen. Wenn Teilhard de Chardin formuliert: „Das Ende der Welt: ein Umsturz des Gleichgewichts, der den endlich vollendeten Geist aus seiner materiellen Hülle löst, um ihn künftig mit seiner ganzen Schwere auf Gott-Omega ruhen zu lassen" (zitiert nach: Natur. Ein Lesebuch 1991), dann ist das nur ein Beispiel, daß das „Denkmodell", das von der Realität einer geistigen Welt ausgeht, auch heute noch wirksam ist und inzwischen bedeutende Naturforscher hat.

Hier muß erneut auf ein Problem hingewiesen werden, das an den fast vergessenen Universalienstreit erinnert. Geist und Materie fungieren in den meisten Diskussionen als die polaren Begriffe. Das erste bezeichnet aber eine Qualität, das zweite eine Quantität. Die Naturwissenschaft hat sich weitgehend auf das Denken in Quantitäten beschränkt und erklärt deshalb die Qualitäten Seele, Geist, Idee zur Aporie, also zu dem Grunde nach nicht erklärbaren Begriffen (Mohr 1990). Das „geistig Band" hat eben eine völlig andere „Natur" als das materielle. Aber selbst bei der materiellen Sichtweise gibt es Probleme. Denn inzwischen hat sich in der neuen Physik das Denken in Polaritäten und Kausalitäten für bestimmte Bereiche als falsch erwiesen. Der Denkende vernachlässigt den „polaren Partner" und müßte üben, beide gleichzeitig, komplementär zu denken. Das gilt für solche Polaritäten wie Geist – Materie; Subjekt – Objekt; Raum – Gegenraum; Materie – Antimaterie; Zeit – Ewigkeit aber auch Wellenlänge – Farbempfindung; Schwingung – Klangempfindung; Verhalten eines Lebewesens – chemische Struktur der Erbanlagen; Gedanke, Einfall, Idee – chemischer oder elektrischer Gehirnprozeß usw. Nach Niels Bohr gilt komplementäres Denken auch für das Leben und dessen chemo-physikalisches Verständnis. Aus dieser Richtung erhält das „Geist-Modell", wie es nachfolgend manchmal abgekürzt genannt werden wird, heute wieder regen Zulauf.

Im Zusammenhang mit der Technikwissenschaft, der Chemie und der Biologie begegnet man Vertretern dieser Sichtweise selten. Sie spielt dagegen in der Lebenswirklichkeit – vielleicht wegen der langsamen Veränderung von Traditionen – noch eine größere Rolle. Die Zuordnung von einzelnen Persönlichkeiten und Schulen unterbleibt, weil sie in Holzschnittart nicht zu leisten ist.

Die Sichtweise, nach der die Dinge der Welt und der Mensch allein durch die Materie und die sie auszeichnenden Gesetze bestimmt werden.

In seinem berühmten Streitgespräch über die Sterne gibt Galilei wohl seine eigene Meinung zu erkennen auf die Frage, wer denn außer Aristoteles Führer in den Wissenschaften sein solle. „Des Führers ... brauchen nur Blinde ... Wer aber Augen hat, körperliche und geistige, der nehme diese zum Führer"(Siderus nuntius, Reprint 1965). An anderer Stelle fordert er sinngemäß, die Natur nach Maß, Zahl und Gewicht zu erfassen und das, was so nicht erfaßbar ist, meßbar, zählbar und wägbar zu machen und mit Hilfe der Mathematik und ihrer Ausdrucksmöglichkeiten zu erfassen. Wenn man Galileis Schriften liest, spürt man, wie er darum ringt, seine neue Sichtweise mit der überkommenen kirchlichen in Einklang zu bringen. Galilei ist noch kein Materialist, noch weniger ein Positivist. Aber er ist für beide Haltungen Wegbereiter.

Das materialistische Weltverständnis ist schon in der Antike vorbereitet. Demokrit, Epikur und als deren Schüler Lukrez bereiteten das vor, was dann in der klassischen Physik Newtons allgemein sichtbar wurde. Dabei ist wenig bekannt, daß Newton zunächst intensiv alchimistisch geforscht hat, ehe er das neue, materialistische Weltmodell folgendermaßen beschrieb: „In Anbetracht dieser Zusammenhänge scheint es mir wahrscheinlich, daß Gott die Materie in festen, massiven, harten, undurchdringlichen, beweglichen Teilchen erschaffen hat ... Damit die Natur dauerhaft ist, dürfen daher die Veränderungen in den stofflichen Dingen nur die Trennungen und neuen Verbindungen und Bewegungen dieser permanenten Teilchen betreffen" (Kanitschneider 1991).

Zwar kommt Gott als Idee in der Formulierung noch vor; im Grunde steckt aber in diesem Satz das gesamte Programm der klassischen materialistischen Physik und Chemie, zu denen sich erst viel später die Biologie hinzugesellte.

Die sich aus dieser Haltung entwickelnden neuen Forschungsmethoden brachten große Erfolge. Charakteristisch für das Vorgehen ist ein Beispiel aus der Vererbungslehre. Natürlich wußte man schon sehr früh, daß Merkmale und Eigenschaften von Eltern auf die Kinder vererbt werden; aber man experimentierte immer auf ganze Pflanzen bezogen, also mit riesigen Merkmalskomplexen.

Erst als Mendel die Experimente auf ein Merkmalspaar reduzierte, gelang der Erkenntnisdurchbruch in die vorhandene Gesetzlichkeit. Die Reduktion auf Teilprobleme, deren experimentelles Handhaben in möglichst einfachen Wenn-dann-Beziehungen, deren Mathematisierung und anschließende Verknüpfung mit den schon vorliegenden Forschungsergebnissen samt der Forderung der Nachvollziehbarkeit jedes Experimentes sicherten dieser Methode ihre Vorherrschaft. Im Verlaufe der Zeit erhielt die technische Anwendbarkeit der Forschung zunehmend Bedeutung und ist heute Leitvorstellung. Neue Bakterienstämme zur Insulinproduktion, aber auch für die biologische

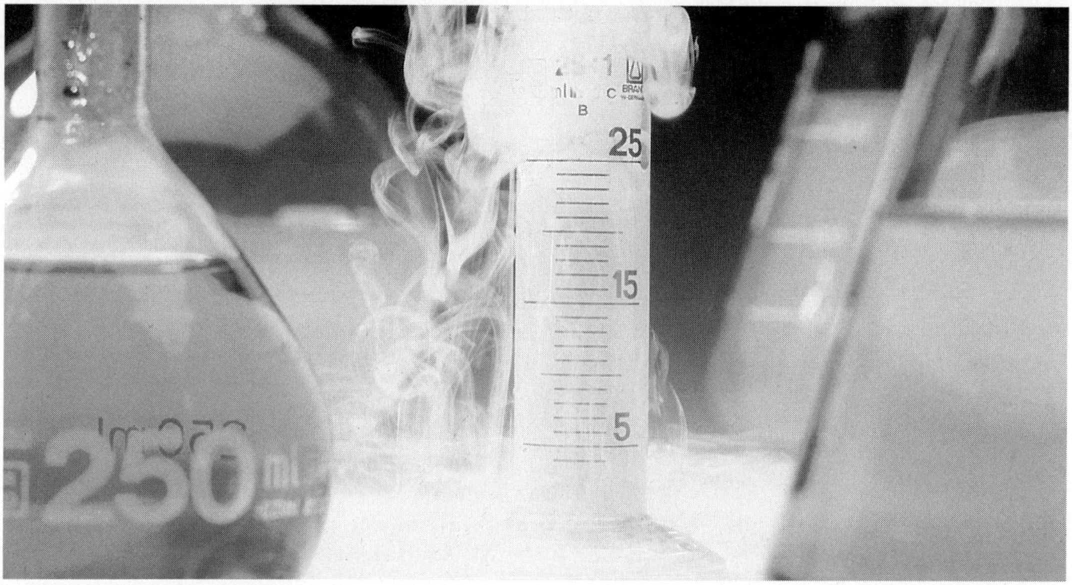

Die materialistische Denkweise führte zusammen mit der auf ihr gründenden Technik zu gewaltigen Erfolgen; Inbegriff ist das Labor.

Kriegsführung, die Herstellung neuer Pflanzen- und Tierarten sind bekannte Beispiele.

Das materialistische Weltbild griff als das erfolgreichste der bisherigen Wissenschaftsgeschichte auch auf ihm ursprünglich fremde Fachbereiche über, so Mitte des vorigen Jahrhunderts auf die Biologie und Soziologie, gegen Ende auf die Theologie und etwas später auf die Psychologie und Pädagogik. Um die Jahrhundertwende vollzog sich allerdings in der Physik eine Umwälzung, die einerseits 1921 in der Formulierung der Ungenauigkeitsrelation Heisenbergs ihren Höhepunkt fand, andererseits in der technischen Anwendung gleichzeitiger Forschungen zur Atombombe und zur Weltraumfahrt führte. Dennoch: Gerade die Physik, von der einmal das klassische materialistische Weltbild nach Galilei seinen Ausgang nahm, hat die Frage nach der Sichtweise der Welt wieder kräftig angestoßen.

Im Rahmen des materialistischen Denkens finden alle Dinge dieser Welt, also auch der Mensch, ihre Erklärung aus den Bedingungen des materiellen Seins. Die Dinge haben kein Wesen, keine Ziele im Sinne einer Idee – wohl aber im Sinne von Folgen, die sich aus dem kausalanalytischen Zusammenhang ergeben. Im Rahmen des „Geist-Modells" suchte man nach der „Ur"-Sache; das war Gott, die Idee. Im Rahmen des materialistischen Modells verwandelte sich die „Ur"-Sache in die Ursache, in Funktionszusammenhänge, in eine Bedingungsstruktur. Von ihr fordert man den Nachweis stofflicher oder energetischer Eigenschaften. Das ermöglicht, die gesamte Evolution der Welt als Spiel zu betrachten, das zwar nach bestimmten Regeln und Gesetzen verläuft, aber allein dem Zufall unterworfen ist. Was im ersten Modell Geist, Vernunft (dieser Begriff wird sehr vieldeutig gebraucht), das Schöne oder das Gute heißt, wird zu einer Folge hochkomplizierter und komplexer chemischer Reaktionen. Für viele Anhänger der materialistischen Sichtweise ist Leben insgesamt nicht mehr als ein chemo-physikalischer Prozeß, der verbleibende Rest eine Aporie (Mohr 1990). Die Denkweise, die vom Vorhandensein einer geistigen Welt ausgeht, hat Schritt für Schritt zurückweichen müssen, und man argumentiert gern, daß es nur unserm unvollständigen Wissen zuzuschreiben ist, wenn wir noch nicht wissen, wie sich Wellenlängen in Farbempfindungen verwandeln oder wie aus enzymatischen Prozessen Liebe, Haß oder Opferbereitschaft entstehen. Man kann den Menschen dieser Sichtweise als den „Regelkreis-Menschen", als Homo behaviour bezeichnen. Die Arbeitsmethoden, die ursprünglich für die „tote Welt" entwickelt wurden, werden in dieser Sichtweise auch auf die Lebewelt angewandt. Sie sind tatsächlich in jedem Beweisfall bevorteilt, der nur Phänomene zuläßt, die ein stoffliches Korrelat haben. Das gilt auch für die gesamte derzeitige Lebenswirklichkeit, in der diese Sichtweise wegen ihrer Erfolge für das Leben jedes einzelnen Menschen hochangesehen ist (Zu diesem Abschnitt wurden genutzt: Born 1966, Capra 1984, Haverbeck 1978, Lay 1984, Portmann 1974, v. Weizsäcker 1985 und 1988).

Die Sichtweise, in der Pflanzen und Tiere durch den Umweltbegriff, der Mensch durch die Gesellschaft und seine Sozialisation definiert sind

Trotz seiner großen Verbreitung ist diese Sichtweise von geringerer Eigenständigkeit als die vorigen. Man muß Rousseau zu den Vätern zählen. Für ihn ist alles gut, wie es aus den Händen des Schöpfers hervorgeht, und wird erst durch den Menschen, durch die Gesellschaft, verdorben.

Damit klingt ein Thema an, das insbesondere das Denken über den Menschen in eine neue Richtung lenkt. In der Regel neigen Anhänger dieser Denkweise zu einer materialistischen oder positivistischen Grundanschauung. A. Comte (1798 – 1857), der den Positivismus begründete, begründete auch die Soziologie als Wissenschaft. Er fand in allen historisch-kulturellen Erscheinungen drei Zustände: den theologischen, den metaphysischen und den wissenschaftlichen, positivistischen. Damit wurde die Geschichte zum Leitthema bei der Suche nach welterklärenden Leitvorstellungen (Störig 1987). Feuerbach, der auch in den Umkreis gehört, glaubte Gott als gewaltige Projektion des Menschen und seiner Wünsche entlarven zu können (Feuerbach 1845, Reprint 1913). Marx machte den arbeitenden Menschen zum Substrat seiner Philosophie. Die Arbeit wird „zum Wesen der Dinge".

Das eigentlich Wirksame ist neben der Materie dann das gesellschaftliche Sein. Wie das Leben, so das Denken: Das Sein prägt das Bewußtsein. Das ist etwas radikal Neues im Denken über die Welt. Die Umwelt wurde auf diese Weise zur bestimmenden Größe des Denkens. Hierzu gab es aus der Biologie Unterstützung. Lamarck hatte durch seine Evolutionstheorie erstmals auf die Bedeutung der Umwelt hingewiesen (Stripf 1989). Haeckel prägte 1866 als Namen für den „Haushalt der Natur" den Begriff Ökologie , durch den die Umwelt und ihre Lebensgemeinschaften ihrer biologischen Ökonomie nach betrachtet werden sollten. Besonders muß man jedoch auf Uexküll hinweisen, der den biologischen Umweltbegriff so präzisierte, daß er im Sinne einer allgemeinen Sichtweise wirksam werden konnte. Er unterschied 1921 zwischen der Merkwelt eines Lebewesens, worunter er dessen Spektrum der Sinnesorgane und Sinneswahrnehmungen verstand, und der Wirkwelt, mit der er das Spektrum der Handlungsmöglichkeiten und der Einflußnahme auf die Umwelt bezeichnete. Er kam zu dem Ergebnis, daß trotz gleicher Bühnenausstattung dieser Welt jedes Lebewesen gleichsam ein arteigenes Schauspiel mit eigener Rolle spiele. Diese Rollenauffassung von den Arten förderte natürlich die sehr ähnliche vom Rollenspiel des Menschen im Rahmen einer gesellschaftlichen Konstellation. Die Begriffe Umwelt und Milieu wurden denn auch zunächst als Synonyme gebraucht.

Im Rahmen des Umwelt- und Gesellschaftsmodells werden die nicht menschlichen Lebewesen von ihrer Umwelt her, der Mensch aus seinen Gesellschaftsbezügen interpretiert. Er spielt eine Rolle auf der Lebensbühne der jeweiligen Gesellschaft. Sein eigener Sozialisationsprozeß bestimmt vor allem sein Denken, Fühlen und Handeln, seine Ansichten von der Welt. Die Wissenschaft ist dieser Denkweise durch neue Fragestellungen verbunden.

Bestimmt die Gesellschaft unser Sein, unser Leben, Fühlen und Denken. Viele meinen es und wollen deshalb alles in der Welt durch gesellschaftliche Veränderungen gestalten.

Die gesellschaftliche Lebenswirklichkeit wird dann, mehr oder weniger verdeckt, gern unter dem Gesichtspunkt von Herrschaft und Unterdrückung betrachtet. Der Kampf ums Dasein führt unterschwellig

Regie. Nur indem Menschen diese Mechanismen durchschauen, können sie aus ihrer Rolle ausbrechen (Hierzu: Beck 1986, Breitenbrügger 1974, Eibl- Eibesfeld 1970 und 1988, Lorenz 1983, Vollmer 1987 und Winkel 1979 mit ausführlicher Literatur).

Die Religion, die Künste und Wissenschaften stellen sich unter dieser Sichtweise vor allem als Instrumente der Machtausübung dar. Dieser politische Gehalt, der auf der geschichtlichen Sichtweise gründet, mag dazu beitragen, daß sich diese Denkweise trotz ihrer großen Wirksamkeit und ihrem Bekenntnis zur Wissenschaftlichkeit nur schwer sauber fassen läßt. Sie ist in der biologischen Forschung sehr fruchtbar geworden, auch in den Kulturwissenschaften. Der Begriff Umwelt wird in den Gesellschaftswissenschaften mehr im Sinne von Umgebung, Milieu gebraucht. In der Biologie muß er jeweils definiert werden. Die Diskussion um den schwammigen Begriff „Umwelterziehung" zeigt eigentlich das ganze Dilemma, das in dem Wort Umwelt steckt.

Wollte man den Menschen mit dieser Sichtweise eine eigene Bezeichnung geben, so wäre es die des Homo socialis.

Die Sichtweise, nach der die Welt aus ihrer (materiellen) Evolution heraus erklärt wird, der Mensch aus seinen Veranlagungen und Instinkten

Darwin lag zu seiner Zeit gewissermaßen in der Luft. Wie kaum ein Forscher vor ihm hat er das Denken über die Welt beeinflußt. Sein Grundgedanke, daß die Umwelt ständig die Lebenstüchtigkeit der spontan auftretenden Veränderungen der Lebewesen prüfe und dann Selektion und Isolation zur Entstehung neuer Arten führe, wird heute fast wie ein wissenschaftliches Dogma behandelt. Dieser so fruchtbare Gedankengang wurde später als Evolutionsgedanke auf den ganzen Kosmos übertragen. Über die Ethologie fand er Anwendung auf das menschliche Verhalten und wird inzwischen auch wieder auf die Kulturgeschichte angewandt, wo er einmal entstanden ist (vergl. Kap. Evolution). Heute spricht man wie selbstverständlich von der Evolution des Pfluges, der Brotherstellung usw. Mutierende Gene sind der Rohstoff der Stammesgeschichte; Entdeckungen und Erfindungen sind der Rohstoff der gesamten weiteren Kulturevolution. Die Selektion verläuft dabei nach vergleichbaren Gesetzen. Es geht dabei einerseits um die Erklärung von Beharrung (durch Begriffe wie Veranlagung, Rolle gekennzeichnet) und andererseits von Entwicklung, Fortschritt (durch Begriffe wie Mutation, Entdeckung, Paradigmenwechsel beschrieben).

Wie schon gesagt, ist die Grundidee Darwins geeignet, auch auf die Kultur als Weitergabe erworbener Eigenschaften angewandt zu werden. Haeckel übernahm diese Aufgabe, indem er als Naturwissenschaftler freimütig in den „Kulturkampf" eingriff. Wenn Haeckel 1899 in den „Welträtseln" (Haeckel o. J.), seiner philosophischen Streitschrift, nach langen naturwissenschaftlichen Erörterungen kultureller und religiöser Erscheinungen Gott als „gasförmiges Wirbeltier" beschreibt, so mag man heute darüber lächeln. Damals war es von ungeheuerlicher Auswirkung auf viele noch dem traditionellen Denken verhaftete Zeitgenossen. Schließlich wurde das Dogma der Unfehlbarkeit des Papstes erst oder noch in diesen Jahren verkündet.

Indem Nietzsche alle bisherige Philosophie zertrümmerte und den „Übermenschen" verkündete, der es in dieser zertrümmerten Welt aushält, eine Welt ohne Gott und Moral, hatte er eher indirekten Anteil an der Ausprägung dieser Denkrichtung, die durch die Betonung der Wirksamkeit von Vererbung und Instinkt gekennzeichnet ist. Es gibt für dieses Denken Zeugnisse, die einem auch außerhalb des Nationalsozialismus den Atem stocken lassen. Ein paar Kostproben stammen von Spengler: „Denn der Mensch ist ein Raubtier". „Ideale sind Feigheiten". „Das Raubtier ist die höchste Form des freibeweglichen Lebens ... Es gibt dem Typus Mensch einen hohen Rang, daß er ein Raubtier ist". „Das Ziel des Menschen ist Herrschen". „Die Taktik seines (des Menschen) Lebens ist die eines prachtvollen, tapferen, listigen, grausamen Raubtiers. Er lebt angreifend, tötend und vernichtend. Er will Herr sein, seit es ihn gibt" (zitiert nach Sieferle 1991). Man soll nicht sagen, dies sei eine absurde Sichtweise! Zigmillionen haben unter seiner Geltung ihr Leben verloren, und man kann nicht sagen, daß die Ausländerdebatte der letzten Jahre in unserer Lebenswirklichkeit davon frei wäre...

Es gibt aber auch völlig andere Facetten in diesem Modell. So besitzen für Lorenz (Lorenz 1983) die subjektiven Erlebnisse den gleichen Grad von Realität wie alles, was in der Terminologie der Naturwissenschaft ausgedrückt werden kann. Er weist darauf hin, daß das Denken und die Wortsprache den Geist hätten wachsen lassen, aber hier-

Eineiige Zwillinge beweisen für viele die überragende Bedeutung des Erbgutes und führen zu einer bio-logisch geprägten Weltdeutung.

durch auch Verhältnisse entstanden wären, denen die genetische und instinktive Ausstattung der Menschen nicht mehr gewachsen sei. Lorenz ist übrigens einer der ersten Forscher, die sich im Rahmen der Biologie um die Entwicklung des komplementären Denkens bemühen.

Auch für G. Vollmer hat der Entwicklungsgedanke für Kosmos, Pflanzen und Tiere universelle Gültigkeit. Er gilt ebenso für das Verhalten, die Sprache, die Kultur. „Unser Erkenntnisapparat ist das Ergebnis der Evolution. Die subjektiven Erkenntnisstrukturen passen auf die Welt, weil sie sich im Laufe der Evolution in Anpassung an die reale Welt herausgebildet haben. Und sie stimmen mit den realen Strukturen (teilweise) überein, weil nur eine solche Übereinstimmung das Überleben ermöglichte" (Vollmer 1987).

Insgesamt werden unter dieser Sichtweise alle Lebewesen aus ihrem Genom definiert. Veranlagung, Vererbung und Instinktgefüge sind für die realen „Passungen" in diese Welt verantwortlich. Das determiniert auch unsere Erkenntnisstrukturen. Das Lebewesen Mensch ist gegenüber der Maus oder dem Pferd lediglich durch einige Besonderheiten ausgezeichnet, die bei den anderen Tieren nicht vorkommen: Feuergebrauch, Symbolfähigkeit, Abstraktionsvermögen, Sprache, Dauergeschlechtlichkeit, aufrechter Gang usw. In einigen Merkmalen ist der Mensch von anderen Lebewesen graduell, nicht aber prinzipiell unterschieden. Auch den Menschen kann man durch vorhandene oder fehlende Anlagen definieren. Innerhalb dieser Sichtweise macht das übermächtig entwickelte Gehirn im Zusammenwirken mit dem aufrechten Gang und der im Tierreich einmaligen Greifhand den Menschen zum Homo faber.

Die Beschreibung von Sachverhalten aus dem Innern der vier Sichtweisen

Erst wenn man versucht, Zusammenhänge gleichsam aus dem Innern der verschiedenen Denkweisen zu beschreiben, wird deutlich, welche Folgen das hat. Hierzu sollen drei Beispiele ausgeführt werden. In den Überschriften werden die Sichtweisen nur verkürzt gekennzeichnet.

Beispiel 1: Thema Gesundheit

Jemand leidet an indifferenten Verdauungsstörungen und muß einen Arzt aufsuchen. Zwar wird auch die Wahl des Arztes schon von der Erwartungshaltung des Patienten beeinflußt; das soll aber für die Darstellung außer acht bleiben.

Geistmodell

Der Arzt, der dieser Denkrichtung angehört, fragt zunächst, womit sich der Patient beschäftigt. Er fragt, ob er eine mechanische Tätigkeit habe, vor einem Computer sitze oder ob er irgendwie schöpferisch tätig sei. Er fragt ausführlich nach den Eßgewohnheiten, ob der Patient Blätter, Blüten, Früchte, Wurzeln und Gemüse in einem ausgewogenen Verhältnis esse. Auch nach dem Fleischkonsum fragt er, sogar nach den bevorzugten Tierarten. Dann läßt sich der Arzt genau den Tagesrhythmus des Patienten schildern, auch für die Beschwerden. Schließlich horcht er den Patienten ab, macht ausgiebig Klopfproben und ermittelt am Handpuls die Ausgewogenheit der verschiedenen Lebensprozesse. Er kommt zu folgendem Ergebnis: Das Kräftegleichgewicht dieser Prozesse sei teilweise gestört. Die Blutzufuhr im Bereich von Leber und Bauchspeicheldrüse sei zu gering; hier wolle er fördernd eingreifen, während im Enddarmbereich die Blutzufuhr zu dämpfen sei. Er wolle versuchen, das Kräftegleichgewicht durch Akupunktur herzustellen. Das sei in der Regel aber erst nach einigen Behandlungen zu erreichen. Zur Überbrückung soll der Patient in dieser Zeit Tabletten nehmen, die den Gallefluß anregen und die Ausschüttung der Bauchspeicheldrüse substituieren. Weiter übt der Arzt mit dem Patienten ein paar Konzentrationsübungen ein, die auf das Verdauungssystem gerichtet sind. Ausdrücklich bittet er um sechs Wochen Geduld. Es sei wohl möglich, die Symptome sofort auszuschalten, eine Heilung im Sinne einer geistig-körperlichen Ganzheit nehme aber Zeit in Anspruch. (Dies ist nur ein Beispiel von mehreren möglichen.)

Materiemodell

Nach gründlicher Anamnese schlägt dieser Arzt vor, als erstes den Magensaft zu untersuchen, da die Ultraschalluntersuchung keine Veränderung der Organe zeige. Nachdem auch die Blutuntersuchung von 18 Parametern abgeschlossen ist, ordnet er wegen eines bestimmten Enzymwertes eine umfangreiche Prüfung der Bauchspeicheldrüsenfunktion an. Als diese ohne Befund bleibt, empfiehlt er zum Ausschluß von Polypen oder Krebs, die im Anfangsstadium gelegentlich zum geschilderten Krankheitsbild führen, eine große Rektoskopie.

Nachdem alles dieses sorgfältig geschehen ist, muß er feststellen, daß die Untersuchungen so günstige Werte erbracht haben, daß organisch kein Befund vorliegt. Er schlägt vor, die offenbar schwach gestörten enzymatischen Prozesse durch ein Medikament zu substituieren. Damit müsse der Patient auf Dauer leben. Da aber alle Leber- und Blutwerte unterhalb der kritischen Grenze lägen, würden die Symptome auf nichts Ernsthaftes hinweisen. Wegen des Speiseplanes, vor allem wegen der Gasbildung, solle sich der Patient von der Sekretärin ein Merkblatt „Darmfreundliche Ernährung" geben lassen.

Umweltmodell, Gesellschaftsmodell

Nach einer allgemeinen Anamnese erhebt dieser Arzt einen kleinen Blutstatus, orientiert sich durch Befragung über Magensaft und Gallefluß des Patienten , und als diese Untersuchungen nichts Verwertbares ergeben, schlägt er vor, durch geeignete Fragen bis in die Kindheit des Patienten vorzustoßen. Er fragt intensiv nach dem Verlauf der Mahlzeiten in der Kindheit, ob von den Eltern Eßzwang ausgeübt wurde, ob der Patient viel genascht habe, wie heute sein Verhältnis zu Süßigkeiten sei und welches seine Lieblings- und Ekelgerichte seien. Er fragt auch nach den Kochgewohnheiten der Ehefrau und danach, wie nun die Eltern mit ihren eigenen Kindern bezüglich des Essens umgehen würden. Es sind zwei lange Gespräche, die er führt. Danach erklärt er dem Patienten, daß das, was vordergründig als Verdauungsstörung erscheine, psychisch verursacht und inzwischen organisch manifest geworden sei. Er würde dem Patienten deshalb ein autogenes Training vorschlagen. In der nächsten Woche beginne er einen neuen Kurs. Bis das aber Wirkung zeige, würde er dem Patienten zur Ausschaltung der Symptome ein paar Medikamente verschreiben.

Vererbungs- und Veranlagungsmodell

Der Arzt untersucht den Patienten zunächst äußerlich, dann mit Ultraschall, nimmt einen kleinen Blutstatus. Da dies nur wenig Verwertbares ergibt, stellt er intensiv Fragen, die die Eltern, Geschwister und Kinder betreffen. Gab es dort ähnliche Beschwerden? Welches war bei den verstorbenen Familienmitgliedern die Todesursache? Lassen sich familientypische Eßgewohnheiten feststellen? Tatsächlich ergibt eine genaue Auflistung, daß bestimmte Beschwerden in der Familie gehäuft zu verzeichnen sind. Damit klärt sich für den Arzt das Bild. Es handelt sich um eine genetisch bedingte allgemeine Schwäche des Verdauungssystems, deren Ursache wahrscheinlich eine zu enge Koppelung des vegetativen mit dem sympathischen Nervensystem ist. Das sei im Grunde nicht behebbar. Am besten solle der Patient sich auf diese Schwäche einstellen und seine Ernährung danach einrichten. Er würde ihm aber für jeden Anfallsfall sowohl einige Enzympräparate verschreiben wie auch ein Präparat, das bei Aufregung, die ja offenbar die Symptome fördere, ein wenig dämpfend wirke.

Beispiel 2: Eingriffe in die Umwelt

Warum eigentlich haben die Inder trotz intensiver Nutzung ihr Land nicht zerstört? Warum beginnt auch dort die Zerstörung um sich zu greifen, seitdem westliches Denken, westliche Technik und westliches Kapital wirksam werden? Offenbar hat sich das handlungsleitende Denken verändert. Wenn Pflanzen und Tiere ebenso beseelt gedacht werden wie der Mensch, und das Rad der Inkarnationen eines in das andere verwandeln kann, dann bändigt diese Anschauung den Beutemacher Mensch. Das gilt in vergleichbarer Form auch für die Indianer Nordamerikas, die das „Opfer der Natur an das Leben der Menschen" besonders stark empfanden. Das galt auch für das ursprüngliche Japan, das erst nach der Assimilation des Industriealismus zur „erfolgreichsten" Umweltzerstörungsnation des Westens wurde.

Wie beurteilen Vertreter der verschiedenen Denkweisen Themen des Natur- und Umweltschutzes? Es soll der Schilderung eine reale Diskussion mit dreißig Lehrern zugrunde gelegt werden, die im Juni 1991 vor Ort stattfand. Thema war die Erschließung der sogenannten karnischen Skiregion, einem Gebiet um das Naßfeld bei Hermagor in Österreich zwischen 1500 und 2000 Metern Höhe. Das Gebiet konnte durch Straßen erschlossen werden, Raum für Häuser und etwa 4000 Parkplätze war vorhanden oder konnte durch Geländebewegungen geschaffen werden.

Von November bis April fallen in dem Gebiet ca. 8,5 Meter Schnee. Geologisch treten Schichten vom Silur an (!) auf dem Naßfeld zutage.

Schülerarbeit „unsere Welt".

Botanisch ist es der Reliktstandort sowohl tertiärer (!) wie eiszeitlicher Arten. Inzwischen weist die Region etwa 2000 Betten auf samt Infrastruktur, etwa 50% der Flächen sind künstlich reliefiert. Fast alle Pisten sind wegen der dadurch möglichen Saisonverlängerung und Schneesicherheit mit fest installierten Schneekanonen ausgerüstet, zu deren Versorgung im Talboden ein Gewässer von etwa 200 Metern Durchmesser angelegt wurde. Im Winter ist das Naßfeld ausgebucht; der Sommerbetrieb erreicht keine nennenswerten Größenordnungen mehr. Es sind Statements wiedergegeben, die durchaus im Unterricht Verwendung finden könnten.

Geistmodell

Die hier vorgenommene Umgestaltung ist die Zerstörung eines einmaligen Zeugnisses der Schöpfung. Das ist Vergewaltigung, für die es weder ein Recht noch eine Entschuldigung gibt. Wenn ausschließlich der ökonomische Nutzen und der Profit die Gedanken bestimmen und die Landschaft nicht als geistiger Wert erfaßt wird, vergehen sich die Menschen gleichsam an sich selber. Der Wert der Arten z. B. ist ja nicht in Geld anzugeben. Er liegt schlicht in ihrem Gewordensein. Der Jahrmillionenprozeß gibt den Arten und der Landschaft ihre Würde. Es gibt keine plausible Erklärung für die Notwendigkeit der Umgestaltung, vor allem nicht um des sogenannten Sportes willen, der doch nur das Pistenrasen und das Geschäft meint. Die Wiederbesiedlung mit autochthonen Arten wird wenigstens Jahrhunderte dauern. Die ausgesäten Arten, völlig fremd in den Pflanzengesellschaften, werden durch Mineraldünger noch mühsam am Leben erhalten werden müssen, wenn der Skilauf als Sportart längst von anderen verdrängt worden ist. Jeder der Millionen Enziane, die hier wuchsen, war ein Geschenk der Schöpfung. Ihre Vernichtung hat – abgesehen von den ökologischen Problemen – unsere Menschenwürde auf das schwerste verletzt.

Materiemodell

Das Naßfeld ist in der Tat ein außergewöhnlicher Ort, an dem aus der Florengeschichte und Geologie Besonderes erhalten ist. Diese Einmaligkeit wollen wir durch unsere Maßnahmen breitesten Bevölkerungskreisen erschließen. Wir haben errechnet, daß die Umgestaltung der flachen Hanglagen und Talböden der Wulfenia (einziger Standort Europas) noch genügend Platz zum Überleben läßt. Wir hielten es für unabdingbar, den Skifahrern unfallsichere Hänge zu bieten, auch durch Trennung der Schwierigkeitsstufen. Weniger Skiunfälle bedeuten unmittelbar weniger Arbeitsausfall durch Krankheit und weniger Aufwand für die Krankenkassen. Mit unseren maschinellen Geländebewegungen haben wir eigentlich nichts anderes vollzogen, als zehntausend Jahre Naturentwicklung auf einen Sommer zusammenzudrängen. Und der See, den wir wegen der Kunstschneeversorgung für eine rentable Auslastung der Beherbergungsbetriebe anlegen mußten, wird demnächst mit Kleinbooten zu befahren sein und sicher eine neue Attraktion für die Sommergäste werden.

Wir haben uns im übrigen zu bedeutenden, aufwendigen Ausgleichsmaßnahmen verpflichtet. Einmal haben wir im Restgelände einen geologischen und botanischen Lehrpfad angelegt und über die staatlichen Auflagen hinaus, die wir alle erfüllt haben, haben wir jetzt beschlossen, von den unerwartet hohen Einnahmen aus den Kurtaxen eine Gärtnerei zu finanzieren, die die einheimischen Gebirgspflanzen, sowohl für die Auspflanzung im Gelände wie für den Verkauf an die Gäste heranzieht.

Umweltmodell, Gesellschaftsmodell

Für die karnische Region ist das Naßfeld-Projekt von großer Bedeutung. Einmal ist auf die rückläufige Arbeitszeit weiter Bevölkerungskreise hinzuweisen, für die Wandern, Freizeit, Sport eine sinnvolle Ausfüllung darstellen. Die Menschen suchen einen Ausgleich für ihre eintönige, mechanische Beschäftigung. Freizeitsport ist bei Güterabwägung höher zu bewerten als die paar seltenen Pflanzenarten, die ohnehin niemand kennt und für die ja ein paar Hänge freigehalten sind. Zwecks Erlernung von Freizeitverhalten haben wir für Jugendgruppen und Schulklassen am Rande der Saison kostengünstige Sonderprogramme eingerichtet. Wir wollen sie zu einem internationalen Jugendtreffen ausbauen. Im übrigen wollen auch die Menschen dieser Gegend an der allgemeinen Wohlstandsentwicklung teilhaben.

Die Entwicklung der karnischen Skiregion ist eine Art soziales Programm für das gesamte Gailtal. Nur durch solche Maßnahmen können die Menschen am Abwandern gehindert werden. Im übrigen ist darauf hinzuweisen, daß durch die Erschließung dieser Region andere Gebiete geschont werden können. Da die Gegend jetzt auch von Italien aus durch eine Paßstraße erschlossen ist, dient das ganze Vorhaben auch der Völkerverständigung.

Dies ist nur eine von vielen möglichen Argumentationsreihen. Wenn man z. B. eine Befragung zur Grundlage macht, wie teuer ein Skiurlaub ist und welche Bevölkerungsgruppen sich das leisten können, käme man aus der gesellschaftlichen Sichtweise zu einer Ablehnung des ganzen Projektes. Auch die Vertreter des Vererbungs- und Veranlagungsmodells urteilen wahrscheinlich anders als oben dargestellt.

Beispiel 3: Jemand hat eine kreative Idee

Es geht in diesem Beispiel um einen kleinen, manchmal unscheinbaren, alltäglichen, gelegentlich jedoch weltverändernden Vorgang: Jemand hat eine schöpferische Idee. Es soll dabei als gleichwertig gelten, ob jemandem ein Gedicht oder ein Musikstück einfällt, ob er als Lehrer die zündende Idee hat, wie er mit einem Schüler besser zurechtkommt, ob ihm als Naturwissenschaftler ein neuer Zusammenhang aufblitzt (Fulguration hat Lorenz das genannt), oder ob ihm als Koch ein neues Rezept einfällt. Es ist also der Vorgang gemeint, den man im gewöhnlichen Alltag etwas vage als Intuition, Inspiration oder als eine Idee oder einen schöpferischen Einfall haben bezeichnet.

Geistmodell

Von seiner Herkunft her hat jeder Mensch Anteil am Geist, in seiner Seele, in seinem Ich. Letztlich ist es ein Geheimnis, ob und wann ein Lichtstrahl aus dieser geistigen Welt in ihm aufblitzt. Er muß lediglich dafür offen sein, hinhorchen, wenn es auch offenbar eine Beziehung zwischen der vorhergehenden Arbeitsintensität und dem Einfall gibt.

Was wird das Wattenmeer jedem einzelnen bedeuten?

Manchmal kommt er wie eine Art Begnadung, manche Menschen können diesen Prozeß üben und willentlich herbeiführen. Immer ist solch ein Einfall mit dem Erlebnis einer Erkenntnis verbunden. Sie muß aber erst in eine allgemein verständliche Sprache übersetzt werden, das kann die Klangsprache, Formensprache oder Wortsprache sein. Das ist handwerkliche Arbeit und führt auch oft zu Übersetzungsfehlern.

Das Phänomen dieser schöpferischen Ideen ist nur durch unsere Teilhabe an einer geistigen Welt zu erklären.

Materiemodell

Es gibt keinen meßbaren Vorgang, der den Einfall kennzeichnet. Was als Intuition, Inspiration so geheimnisvoll und mystisch erscheint, geht nur auf die riesige Speicherkapazität unseres Computers Gehirn zurück. In ihm befinden sich Begriffe, Bilder, Handlungsmuster usw. Die unvorstellbar differenzierte Verdrahtung durch Millionen von Nervenbahnen ermöglicht nahezu unendlich viele Kombinationsmöglichkeiten. Aus dem Pool des Gespeicherten holt der Mensch im Augenblick des Einfalls auf Grund seiner momentanen Gefühlslage, seiner momentanen Wahrnehmungen, seines momentanen Denkens und auch ganz persönlicher Eigenheiten blitzschnell eine große Anzahl von Entwürfen hervor, prüft sie, verwirft sie oder nimmt sie an. Das alles verläuft unterhalb der Bewußtseinsschwelle. Das gesamte Material dieses Prozesses sind gespeicherte Engramme, die durch elektrische Impulse der Nervenbahnen aktiviert werden. Faszinierend daran ist tatsächlich der Reichtum der Kombinationsmöglichkeiten und die Ge-

schwindigkeit der Vorgänge, die bis heute von keinem Computer erreicht worden ist und vielleicht in Zukunft errreicht werden wird.

Zwei fast beliebige Situationen: Eine Nacktschnecke (links), eine Spinne im Moderholz (rechts). Die Denkweise (das Denkmodell) knüpft das Netz, mit dem die Antworten gefischt werden.

Gesellschaftsmodell, Umweltmodell

Die Sozialisationsphase eines Menschen bestimmt sein Denken, Fühlen, Wollen und Handeln. Nur innerhalb dieses weit zurückreichenden Erfahrungshorizontes kommen Einfälle zustande. Indem die Gesellschaft und in ihr eine spezifische Kulturgruppe mit Hilfe ihres Werte- und Normensystems das Kind zwang, seine egoistischen Veranlagungen und Instinkte zu unterdrücken, wurde ein komplizierter Sublimationsprozeß in Gang gesetzt, der lebenslang andauert. Das, was man Einfall oder Intuition nennt, wird zwar in diesem Wortsinn so persönlich erlebt, ist aber dennoch nur das Produkt aus der Auseinandersetzung zwischen Über-Ich, Ich und Es. Da diese Auseinandersetzung unterhalb der Bewußtseinsschwelle verläuft, wird das Überschreiten dieser Schwelle wie ein Blitz erlebt. Durch sorgfältige Analyse der psychischen Situation läßt sich die Struktur des Einfalls bloßlegen.

Instinktmodell, Vererbungsmodell

Beim Menschen wurden die Instinkte im Verlaufe der Evolution schwächer. Neben die biologische trat die kulturelle Evolution, die Weitergabe erworbener Eigenschaften. Fast alles, was im Menschen an Gedanken aufsteigt, speist sich aus der den Menschen durchflutenden Gefühlslage, Resten seiner tierlichen Herkunft und dem Sammelgut der bisherigen Kulturevolution der Menschheit. Das gilt natürlich nur im Prinzip, weil jedem Menschen im Grunde nur das Sammelgut seines Kulturraumes zur Verfügung steht. Der Einfall, die Intuition, ist entweder das Hinzufügen von etwas Neuem zu diesem Sammelgut oder das Aufleuchten einer bisher so nicht vorhandenen neuen Kombination. Vom Augenblick der Äußerung an kommt der Einfall auf den Prüfstand der kulturellen Evolution, die nach ähnlichen Prinzipien wie die biologische verläuft.

Die vorstehenden Beispiele zeigen, daß die verschiedenen Sichtweisen auf alles angewandt werden können, was sich begrifflich fassen läßt, und daß die Welt sich dabei stark verändert.

Licht z. B. ist nach Goethe die Auseinandersetzung zwischen den geistigen Prinzipien Licht und Finsternis (Goethe, Reprint 1979, Mikelskis 1990). Nach dem Materiemodell gehört die Erscheinung in den Bereich elektromagnetischer Wellen und jede Qualitätsfrage in den Bereich der Psychologie. Das Umweltmodell stellt vor allem die Zeichenbedeutung der Farben heraus (Farben der Macht, der Trauer, der Liebe), während sich das Evolutionsmodell vor allem mit der Frage der „Passung" der Lichtwahrnehmung in die Realität beschäftigt.

Sogar der Baum verändert durch die Sichtweisen seine Bedeutung (Höhler 1985). Wird im Geistmodell vor allem seine Urbildlichkeit hervorgehoben, so im Materiemodell vor allem die Tatsache, daß er ein sehr komplizierter Mechanismus der Selbstorganisation sei. Das gesellschaftliche Denken hebt vor allem den Gebrauchswert des Baumes für das Bauen und die Erholung hervor, die Umweltbetrachtung seine Rolle im Ökosystem Wald.

Auch Begriffe wie das Gute verändern sich durch die Sichtweisen. Im Geistmodell ist das Gute die umfassende, letzte Weltidee. Im Materiemodell kommt es eigentlich nur am Rande vor, weil zu ihm kein materielles Substrat gehört. Es gehört zu den Aporien, zu denen es aus der Naturwissenschaft grundsätzlich keinen Zugang gibt. Es wird aber als Phänomen nicht geleugnet, sondern eher als gesellschaftliche Konvention betrachtet. Das gilt auch für das Gesellschaftsmodell. Hier wird das Gute dem Fragenkreis der Methoden der Herrschaftssicherung zugeordnet. Im Instinktmodell ist es die Folge altruistischer Rahmenveranlagungen infolge der Symbolfähigkeit des Menschen.

Folgerungen

Zunächst muß festgestellt werden, daß die verschiedenen Sichtweisen niemals in reiner Form vertreten werden, sondern nur als Mischformen. Es ging ja auch vor allem um die Darstellung eines Grundsachverhaltes, der im nächsten Kapitel Ausgangspunkt für die Gewinnung eines Werte- und Normensystems werden soll. Drei Feststellungen sind wichtig:

1. Jede Sichtweise entwickelt ein eigenes Wertsystem, wobei auch der scheinbare Verzicht auf Werte in der Naturwissenschaft eine Bewertung darstellt.

2. Für keine Denkrichtung läßt sich die Position als wahr oder unwahr erweisen.
3. Verstehen kann man eine Sichtweise nur aus ihrem Innenraum.

Das sind keinesfalls neue Einsichten (vergl. Kuhn und Popper), aber sie müssen für die Natur- und Umwelterziehung fruchtbar gemacht werden. Helmut Kienzel (Kienzel 1977) findet für unsere Zielvorstellung folgende Formulierung: „Es ist eine Sache der Redlichkeit, dazu zu stehen, daß wir die Wirklichkeit nicht umschließen können, weder mit unserem Erkennen noch mit unserem Erleben, sondern daß die Wirklichkeit uns umschließt. Das beste , was wir tun können, ist, auf jede nur denkbare Weise mit dieser Wirklichkeit Kontakt aufzunehmen: mit unseren Sinnesorganen, mit unserem Denken, Fühlen, Hoffen und Vertrauen, mit unserer ganzen Existenz".

4

Das Pflegerische als übergreifendes Erziehungsziel

Keine der vorstehend genannten Sichtweisen kann den Wahrheitsbeweis antreten. Positiv ausgedrückt, enthält jede die Teilwahrheiten ihrer speziellen Fragestellungen. Wenn man das akzeptiert, taucht die bange Frage auf, ob wir mangels Konsensfähigkeit so lange mit Handeln warten müssen, bis wir durch große Katastrophen belehrt werden.

Weil dazu keine Zeit ist, müssen wir eine Leitidee entwickeln, die Menschen aller Weltanschauungsfestungen zusammenführt und motiviert. Diese Leitidee muß allen Menschen und allen Gesellschaften zugänglich sein. Sie müßte sich hinduistisch, islamisch, christlich und materialistisch interpretieren lassen, um nur einige Möglichkeiten zu nennen. Die Leitidee müßte gleichzeitig eine gewisse Nähe zu angeborenen wie lange in der Kultur verankerten Verhaltensweisen haben und für Kinder zu vereinfachen sein. Sie müßte gleichzeitig auf alle Teilbereiche der bedrohten Natur und Umwelt anzuwenden sein. Sind diese Erwartungen nicht wie die Quadratur des Kreises?

Zehn Jahre lang waren mir diese Bedingungen klar, und ich suchte intensiv nach einer übergreifenden Leitidee, bis mir 1976 unter einer Eisenbahnbrücke eigentlich ohne jeden Anlaß der Begriff des Pflegerischen durch den Kopf schoß. Ich prüfte auch diesen Begriff auf seine Tragfähigkeit und diskutierte ihn mit „befreundeten" und „gegnerischen" Weltanschauungsgruppen mit dem Ergebnis: Wer überhaupt bereit war, sich auf das Problem gemeinsamen Handelns bei unterschiedlicher Weltanschauung einzulassen, konnte mit dieser Leitvorstellung etwas anfangen.

Die eigene Skepsis weist in eine ganz andere Richtung: Haben sich nicht alle Ethik-Richtungen ins Parasitäre entwickelt, sobald sie Macht erhielten oder um die Macht kämpften? Welche schrecklichen Exzesse gab es im Christentum, im Kommunismus oder auch im kapitalistischen System! Bisher dominierte stets die Beutemacher-Veranlagung der Menschen, das egoistische Prinzip. Was wäre, wenn eine entschlossene Gruppe Amerys Vorschlag wirklich durchführte, das Industriesystem zwecks Erhaltung des Lebens zu zerstören und sich dabei militanter Mittel bediente? Aber das Pflegerische ist ein sanfter Begriff. Das ist ihm gelegentlich entgegengehalten worden. Mir scheint er gerade deswegen besonders geeignet: Schon vom Wort her kann er nicht gewaltsam durchgesetzt werden.

Das Pflegerische als Begriff

Man mag es kaum noch hören, wie die Bibelstelle aus Mose 1,28 „... füllet die Erde und machet sie euch untertan..." heute als willkommene Schuldzuweisung gegenüber Bibel und Christentum verwendet wird, ohne daß der wichtige Vorvers zitiert wird: „Gott schuf den Menschen nach seinem Bilde..." Wie kann der Mensch als Ebenbild Gottes als Zerstörer der Welt gedacht werden!? Und in der anderen Erzählung der Schöpfungsgeschichte, die bekanntlich erst später vom jüdischen Kulturkreis adaptiert wurde, steht es noch unmißverständlicher: „Und Gott der Herr nahm den Menschen und setzte ihn in einen Garten, daß er ihn bebaue und bewahre" (Züricher Bibel, Mose 2,15).

Das Wort bewahren ist sinngemäß auch mit schützen zu übersetzen; bebauen bedeutet auch kultivieren. Kultivieren stammt von „colere": pflegen, bebauen, ehren. Die Worte Kultur und Kultus gehen auf diesen Wortstamm zurück. Im Kultus wird religiöse Erfahrung gepflegt, im Kulturland die Ackerfähigkeit des Bodens, in der menschlichen Kultur jeweils eine Gesamtheit von Kunst, Technik, Sitten, Gebräuchen und Wissenschaft. Kultur und Kultus sind in ihren Ursprungsvorstellungen auf das engste miteinander verwandt, und beide berühren auch den Vorstellungsinhalt der Worte bebauen, pflegen, ehren. Das Pflegerische berührt danach eine sehr ursprüngliche religiöse Dimension.

Auch in der Wissenschaft kommt das Wort Pflege vor. Die Ethologie unterscheidet neben dem Beuteverhalten, Neugierverhalten, Komfortverhalten usw. ein Pflegeverhalten, sei es als Brutpflege oder Körperpflege. Auch für die Humanethologie ist das Pflegeverhalten noch stark von Instinkten beeinflußt. Das ergibt sich aus Untersuchungen der Jäger- und Beutemachervölker. Pflegeverhalten gegenüber Kindern und auch nahestehenden Erwachsenen wird von Gefühlen ausgelöst oder ist von ihnen begleitet. Darum läßt sich das angeborene Pflegeverhalten so leicht auf Tiere, vielleicht auch auf Pflanzen und Unbelebtes übertragen, jedenfalls viel leichter, als wenn es keine emotionale Grundlage gäbe.

Wissenschaft und Bibel benutzen beide das Wort pflegen. Das Grimmsche Wörterbuch (Bd. 13, 1984) enthält zum Wort Pflegen sieben Spalten. Rumpf (1991) zitiert daraus „nur die vermutete Region der Urbedeutung": „Zusammenfalten, einwickeln, verwickeln, wozu neigen und sich damit beschäftigen; ein gemeinsames, verbindliches, sorgliches, verantwortliches, geschäftiges und gewohntes Tun und Handeln". Übergeht man den Zusammenhang mit dem Falten und Einwickeln (lat. plicare), so wird die etwas kürzere, holzschnittartige Formulierung des etymologischen Wörterbuches (Duden 1963) sofort verständlich.

Danach ist *pflegen* ein altes, westgermanisches Wort, das in unserer Sprache in zweifachem Sinn auftritt: *„sich für etwas einsetzen, für etwas einstehen."* Diese Wortbedeutung finden wir wieder in der übernommenen *Pflicht* oder auch in der *Verpflichtung*, auch in der *Dienstpflicht*. Da das Wort ursprünglich stark gebeugt wurde, taucht es als abge-

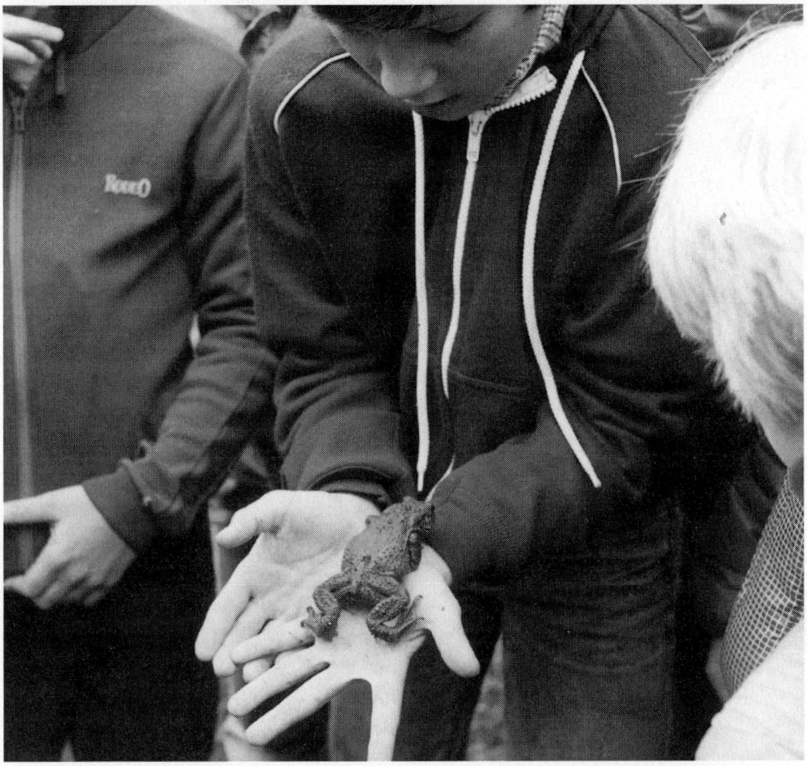

Das Aufnehmen einer Beziehung ist die Keimzelle des Pflegerischen.

schwächte Verpflichtung auch als *Gepflogenheit* auf, die in einer Angelegenheit allgemein gehandhabt wird.

Es bedeutet aber auch: *„sich mit etwas abgeben, etwas betreiben, gewohnt sein"*. Während das Wort *Gepflogenheit* beide Bedeutungsrichtungen verklammert, *pflegt man* in dieser Bedeutung Pflanzen, Tiere, Menschen, indem man *pfleglich* mit ihnen als ihr *Pfleger* umgeht. Das Wort *Verpflegung* ist aus dieser Bedeutung abgeleitet. Anstatt von einem Bewußtseinswandel zu sprechen, würde sich dieser etwas vordergründiger als ein Wandel der Gepflogenheiten darstellen lassen. *Indem man sich mit etwas abgibt (es pflegt) und dafür einsetzt (ihm pflichtig wird), verbindet man konkret beide Wortbedeutungen des Wortes pflegen.*

Dies meint der Begriff das Pflegerische, der auf den Artenbestand z. B. ebenso Anwendung finden kann wie auf die persönliche Gesundheit. Das Pflegerische meint also immer Umfassendes, nämlich den pfleglichen Umgang mit den Pflanzen und Tieren, den Landschaften und Ökosystemen, den Rohstoffen und Vorräten, der individuellen Gesundheit, dem sozialen Zusammenleben und den Kulturgütern. Will man es mit anderen Begriffen ausdrücken, umfaßt das Pflegerische die Solidarität mit allen Pflanzen, Tieren, Menschen und ihren jetzigen und zukünftigen Bedürfnissen. Das Pflegerische beschreibt in umfassendem Sinn eine Gesundheitserziehung mit dem Ziel des gesunden Menschen in einer gesunden Gesellschaft und einer intakten Umwelt. Das Pflegerische ist danach der Ratio zugänglich. Es kann aber durch seine Nähe zum Wortsinn „Ehren, Verehren", der über das lateinische colere zu Kultur und Kultus führte, auch in die Nähe der Erfahrungsweisen rücken, die mit dem Heiligen, Numinosen, dem Sinn, dem Weg nach innen zu tun haben. Und wenn jemand diese religiöse Dimension als Liebe bezeichnen will, wie das schon mehrfach geschehen ist, so ist das nur eine inhaltliche Ausfüllung, der sich das Pflegerische nicht in den Weg stellt. Denn die weitere Ausfüllung ist nicht eine Frage der Logik, sondern des Menschentyps, der sich mit dem Pflegerischen identifiziert.

In Kapitel 2 wurden verschiedene Denkweisen, Sichtweisen der Welt und die Tatsache beschrieben, daß jeder einzelne einer solchen Sichtweise folgt. Das muß insofern erweitert werden, als schon in jedem Einzelmenschen die beiden Gehirnhälften ein gegensätzliches Bild von der Welt entwerfen, also bildlich gesprochen miteinander "streiten". Die linke Gehirnhälfte ist der Sprache, der Logik, der Abstraktion, der Analyse, der Konstruktion, dem Technisch-Kognitiven zugewandt. Die rechte Gehirnhälfte ist eher der Phantasie, dem Affekt, dem Gefühl, dem Sensitiven, dem Musischen oder auch Religiösem zugewandt, also eher ganzheitlich ausgerichtet.

Ein großer Teil unserer Konflikte geht auf die unterschiedlichen Entwürfe in uns selber zurück. Es kann natürlich auch zur Dominanz einer Gehirnhälfte kommen, was im Grunde einer Sichtweise der Welt entspricht. Der ganze (heile) Mensch braucht bildlich gesprochen auch ein ganzes Gehirn und würde verkümmern, wenn er von der technisch-kognitiven Hälfte dominiert würde, wie es derzeit der Tendenz nach geschieht. Ganzheitliche Erziehung kann auch definiert werden als das Zulassen oder Ernstnehmen der Impulse beider Gehirnhälften für die Erziehungs- und Lebenswirklichkeit. Das bedeutet derzeit für die Praxis die Betonung des Künstlerischen, Meditativen, Emphatischen, Religiösen vor dem Definitorischen, Abstrakten, Kognitiven, Intellektuellen. Das ist als Akzentverschiebung gemeint, nicht als Ausschaltung der zweiten Gehirnhälfte.

Durch seine Nähe zur Kunst, zur Gestaltung, zur Phantasie ist das Pflegerische geeignet, beide Gehirnhälften in uns mit ihren unterschiedlichen Erfahrungsweisen der Welt anzusprechen und vielleicht sogar zu versöhnen.

Nicht nur beide Gehirnhälften können sich unter dieser Begrifflichkeit solidarisieren, auch die verschiedensten Denkansätze können es, weil der Begriff ja die Deutung durch unterschiedliche natur- oder geisteswissenschaftliche Anschauungen erlaubt und bei Einigkeit im Handeln sogar unterschiedliche religiöse oder philosophische Interpretationen zuläßt (vergl. S. 61ff). Die verschiedenen Weltanschauungen können in ihren Handlungen so einen gemeinsamen Nenner finden, die Ausprägung ihres eigenen Denkansatzes bleibt davon unberührt. Das entspricht der von H. Küng geforderten Weltethik, die heute als weltweite Aufgabe zwischen den Religionen ansteht. (Küng 1990)
Man stelle sich vor,

– daß weltweite Abrüstungsverhandlungen, Wirtschaftsgipfel zwi-

schen erster und dritter Welt, das Gespräch über Flüchtlinge oder die Ressourcen Luft und Wasser,
- daß Tarifkämpfe in der BRD oder Wahlauseinandersetzungen, die Diskussion um Tierhaltung, Hektarerträge, Wirtschaftswachstum und die Rolle des Geldes,
- daß im kommunalen Bereich der Straßenbau, kulturelle Maßnahmen, der Wohnungs- oder Schulbau oder
- daß im privaten Bereich die Ernährung, Konsumwünsche oder das Auto

von den jeweils Beteiligten unter der Leitidee des Pflegerischen bedacht würden (vergl. S. 65). Die politischen Parteien müßten den so unfruchtbaren Teil ihrer Parteilichkeit aufgeben, die politische Diskussion würde dann weniger Kontroversen bezüglich der Handlungsvorschläge aufweisen, dafür aber mehr Reichtum an Interpretation. Aus Streit könnte etwas mehr Wettstreit werden, aus Recht ein bißchen mehr Gerechtigkeit.

Es bleibt auch dann im Fortgang der Entwicklung Offenheit, Wagnis, Risiko, denn das Pflegerische schließt auch Irrtümer ein. Als Haltung könnte es zu einem verantwortlichen Umgang aller Partner mit unserer Welt beitragen. Der Satz: Der Mensch braucht die Natur, aber die Natur braucht den Menschen nicht, ist schlicht falsch: Gerade in der jetzigen Situation unseres Planeten kann nur der Mensch gesund pflegen, was er krank gemacht hat.

Das Pflegerische im Kontext ähnlicher Begriffe

Wenn ein neuer Begriff vorgeschlagen wird, sollte überprüft werden, welche Überschneidungen und Ähnlichkeiten es mit anderen Begriffen gibt, die vergleichbare Funktionen erfüllen. Heute favorisierte Begriffe wie Demokratie, Emanzipation oder Selbstverwirklichung geben für die Umweltproblematik nur wenig her, weil sie kaum eine Möglichkeit bieten, die Natur einzuschließen.

Umwelthygiene: Hygiene meint ursprünglich Gesundheitspflege, Gesundheitsfürsorge. Das Wort könnte in der Tat das zusammenfassen, was die Natur- und Umwelterziehung will. Der Begriff Hygiene ist jedoch weitgehend profanisiert und oberflächlich geworden (Hygieneartikel vom Kondom bis zur Seife), so daß es unmöglich ist, ihn im ursprünglichen Sinn zu beleben.

Gesundheit: Dieser Begriff bezeichnet den Zustand des körperlichen, seelischen und sozialen Wohlbefindens oder besser: das Vermögen, diesen Zustand aktiv zu bewahren oder wieder herzustellen. Meyer-Abich, der diesen Begriff vorschlägt, verweist dazu auf Plato, für den der Kosmos ein Lebewesen war (Meyer-Abich 1991). Er meint, daß für eine lebendige Erde die Gesundheit des Ganzen Richtschnur des Forschens, Tuns und Unterlassens werden müsse. Dann wäre die Natur nicht mehr ein Konglomerat der Ressourcen, sondern eine ganzheitlich zu pflegende. Dem Begriff Lebewesen folgend, umfaßt die Leitidee Gesundheit für Meyer-Abich auch kulturelle und geistige Phänomene und kann verschiedenen Weltbildern zugeordnet werden. In der Tat läßt sich mit dem Wunsch nach einer gesunden Erde das Gemeinte ausdrücken, indem die Erde mit ihren Arten, Landschaften, Vorräten so zu behandeln ist, daß alle Komponenten einen Gleichgewichtszustand finden (vgl. Lovelock, 1991).

Der Begriff Gesundheit grenzt also eng an das Pflegerische. Es ist nur zu bezweifeln, ob er für die Allgemeinheit begrifflich so ausgeweitet werden kann, daß z. B. Fragen des Rohstoffverbrauches in ihn einfließen können. Worte wie Gesundheit, Hygiene, echt, Natur, Kultur, Vernunft sind von ihrer Begriffsgeschichte her schon so vieldeutig mit Sinn gefüllt, daß Mißverständnisse vorprogrammiert sind.

Solidärität: Auch dieser Begriff ist mit dem Pflegerischen über weite Strecken deckungsgleich: Die Menschen solidarisieren sich mit der Erde, ihren Bewohnern und Vorräten. Das ist die gewünschte Parteinahme für die, die stumm sind. Die Geschichte des Begriffes enthält gleichzeitig ein kämpferisches Element.

Der Begriff ist geeignet zur leitenden Zielvorstellung zu werden, sobald man ihn auf den gesamten Organismus Erde ausdehnt. Das Wort beschreibt eine Haltung. Ihm fehlt die Handlungsanweisung, die im Begriff des Pflegerischen steckt. Die Solidarität mit der Erde deckt sich aber weitgehend mit dem Begriff des Pflegerischen.

Freiheit, Gleichheit, Brüderlichkeit: Unter dieser Begriffstrias wurde einmal ein neues Zeitalter eingeleitet, aber nur für den Menschen. Alle Ideologien, die aus diesem Impuls hervorgingen, vergaßen die Erde. Dennoch würden die drei Begriffe ganz präzise das Gemeinte treffen, wenn man sie auf die Pflanzen und Tiere, Landschaften, die ganze Schöpfung ausdehnen würde. Für diese ganze Schöpfung – der Begriff ist hier als Metapher gemeint – müssen wir als Menschen Freiheit, Gleichheit, Brüderlichkeit verwirklichen. Die Wucht der dazu anstehenden Revolution dürfte die französische übertreffen.

Leider ist deren Forderung mißbraucht worden und dadurch belastet. Aber sie trifft das Gemeinte präzise: Vermittels des Prinzips des Pflegerischen soll für alles im Verlaufe der Evolution Gewordene Freiheit und Gleichheit erreicht werden durch Brüderlichkeit und Solidarität.

Wildnis: Der Begriff ist von Trommer in die Diskussion eingeführt worden (Trommer 1992). Er bestimmt nach Trommer weitgehend die Naturerziehung in Nordamerika und wendet sich gegen die Gartenidee von Natur, damit auch gegen das Pflegerische.

Das Verwildern zur Natur ist das Ziel dieser Leitvorstellung, die sich vor allem auf den dichtenden Ökologie-Philosophen Thoreau stützt. Aber Amerika ist riesig groß, Europa ist dagegen winzig. Wohl kann man für die Landschaften als Entwicklungsziel „mehr Wildnis" übernehmen; es ist aber den Ausführungen Trommers (noch) nicht zu entnehmen, wie der Wildnisbegriff auf andere Lebensbereiche übertragen werden kann, z. B. den Umgang mit den Ressourcen.

Für die Landschaft ist die Leitidee Wildnis gut vorstellbar, als allgemeine Leitidee der Natur- und Umwelterziehung nicht.

Verantwortung: H. Jonas gab diesem Begriff eine neue Farbe (Jonas 1985), indem er angesichts des Zustandes unseres Planeten vor allem unsere Verantwortung für dessen Zukunft hervorhob. Diese Verantwortung für die Zukunft schließt die Arten, Ökosysteme, Gesundheit und Rohstoffe ein. Verantwortung kann auch weltanschaulich unterschiedlich interpretiert werden. Allein aus pädagogischen Gründen möchte ich den Begriff des Pflegerischen beibehalten wollen. Er ist relativ leicht zu vereinfachen und hat den Vorteil, daß er über pflegerisches Handeln schon verhältnismäßig jungen Kindern nahegebracht werden kann.

Verantwortung kann eigenverantwortlich im Grunde erst jenseits der Pubertät übernommen werden. Die große Nähe zwischen einer gelebten pflegerischen Haltung und einem gelebten Prinzip Verantwortung ist jedoch evident.

Schützen und Bewahren: Dieser Terminus ist historisch eng mit der Naturschutzbewegung verbunden. Schon im vorigen Jahrhundert wurde die Frage aufgeworfen, wovor die Natur denn zu schützen und zu bewahren sei (Schoenichen 1954, Rudorf; Conventz um 1900, Klages 1913). Die Antwort war: Vor den Menschen. Nun ist der Mensch in seinen Lebensgrundlagen inzwischen selber bedroht. Das brachte für diese Leitidee große Mißverständnisse. Außerdem ist sie zu defensiv, zu passiv. Es fehlt ihr jede Gestaltungsaufforderung. Sie bezeichnet gleichsam nur die Hälfte der zu lösenden Aufgabe und berührt sich auch nur in dieser Hälfte mit dem Pflegerischen.

Kooperation mit Natur, Partnerschaft: Dieser Begriff wurde von Suchantke (Suchantke 1993) vorgeschlagen, der meint, daß wir in ganz anderer Weise als die materielle Wissenschaft „auf die Natur hinhören" müßten. Er meint dabei ihren emotionalen Gehalt und eine geistig-realistische Auffassung aller Lebensprozesse im Sinne der Wortbedeutung. Mater-ie enthält für ihn noch den Wortstamm „Mutter". Er sei ursprünglich umfassend, lebenzeugend gemeint, habe also weit mehr als die tote Materie bezeichnet. Kooperation mit den beiden Naturen (Geist und physische Materie) der einen Natur würde unsere Bereitschaft zum Zuhören schärfen, andere Forschungen als die jetzt üblichen initiieren und die Menschen von selber bewegen, schonend und liebevoll mit ihrer Mutter Erde umzugehen. Die Zielvorstellung der Kooperation mit der Natur deckt sich über weite Strecken mit dem Pflegerischen.

Frieden: In der Tat geht es für den Planeten Erde um einen doppelten Frieden: Es ist der Frieden der Menschen untereinander und der Frieden mit der Natur. Dies erfordert das Ende des Eroberns, Unterwerfens, Beutemachens. Dieser Frieden würde den Zustand vorbereiten, von dem alle großen menschlichen Utopien berichten.

Er trifft also ins Schwarze: Aber ist er in der Vergangenheit nicht immer wieder mißbraucht worden? Wo sind Gruppen, die den Frieden wollen, indem sie nicht Rechte durchsetzen, sondern von ihren sogenannten Rechten etwas an andere abtreten? Wegen des Verschleißes und der Beliebigkeit des Wortes Frieden kann man es leider nicht benutzen (vgl. Calließ; Lob 1987/1988).

Bewahren der Schöpfung: Das Wort Schöpfung ist im islamisch-christlich-jüdischen Kulturkreis entstanden und meinte über Jahrtausende den einmaligen Schöpfungsakt Gottes. Heute wird dieses Leitziel vor allem in kirchlichen Kreisen für das Gemeinte verwendet. Jedoch drückt das Wort Bewahren zusammen mit dem Wort Schöpfung etwas sehr Statisches aus. Es macht im Rahmen christlicher Tradition Sinn, ist aber aus der Sicht anderer Denkmodelle höchstens als Metapher zu interpretieren.

Das Pflegerische: Es ist eine allgemeine Handlungsanweisung. Das Pflegerische läßt sich im Wort pflegen verbalisieren, als pfleglich adjektivieren. Es bezieht sich auf das Verhalten der Menschen untereinander, auf die Fürsorge für den Artenbestand, die Landschaften, die Rohstoffvorräte. Als Handlungsanweisung ist der Begriff als Maxime, Leitlinie, Grundwert zu verstehen. Er ist sanft, kann vertieft und vereinfacht werden. Er ist treffend und vor allem unverbraucht. Allerdings ist ihm zunächst eine gewisse Schwerfälligkeit zu eigen, die aber erfahrungsgemäß leicht zu überwinden ist. Vor allem ist er für alle Weltanschauungen zugänglich.

Nächstenliebe: Dieser ursprünglich christliche Begriff ist auf das engste mit dem Bibelwort „Metanoeite" verbunden, das Luther so mißverständlich mit „Tut Buße" übersetzt hat. Sinngemäß bedeutet es: „Ändert Euren Sinn, kehrt Euer Handeln um", was der Umweltslogan „Umdenken und Umschwenken" präzise meint.

Wenn die Nächstenliebe auf die Pflanzen und Tiere ausgedehnt wird und planetarische Dimensionen annimmt, ist sie identisch mit pflegerischem Verhalten. Mehr als die Evangelientexte steht die Geschichte des Christentums und ihrer Dogmen einer solchen Ausweitung des Leitzieles Nächstenliebe entgegen (Drewermann 1991, Riemeck 1985).

Ehrfurcht vor dem Leben: Dieser Terminus, der von A. Schweitzer um 1914 eingeführt wurde, deckt sich weitgehend mit dem Pflegerischen, dem Prinzip Verantwortung, der Solidarität. Alles Leben hat ein Recht auf Leben, ist Leben, das leben will, sagt Schweitzer. Diese Aussage ist keinesfalls überholt. Sie zielt auf das Grundgefühl ab, Leben wahrzunehmen und als gleichberechtigt zu erhalten. Schweitzers ethische Unbedingtheit enthält aber keine Grenzziehungen für „Schädlinge" oder Krankheitserreger. Auch werden die Ökosysteme, Landschaften und die Rohstoffe noch nicht in das Prinzip der Ehrfurcht eingeschlossen. Aus vielen Gründen war über Jahre in der öffentlichen Diskussion der Begriff Ehrfurcht belastet. Das ändert sich derzeit, so daß eine Weiterentwicklung des Begriffs der Ehrfurcht vor dem Leben in der öffentlichen Diskussion wichtig werden könnte, sich aber dann weitgehend mit dem Pflegerischen decken würde (Schweitzer 1986).

Ein Klassenausflug. Wird er den pflegerischen Umgang mit der Natur fördern?

Das Pflegerische aus der Sicht verschiedener Denkstile

Das Pflegerische in Denkstilen, die vom Primat des Geistes ausgehen

Das Pflegerische wird in verschiedenen Denkansätzen jeweils anders begründet. Für Denkrichtungen, denen das Bestehen einer geistigen Welt Realität ist, kann die Evolution nicht ein sinnloses, zufälliges, von blinden Naturgesetzen bestimmtes Geschehen sein. Sie hat einen Sinn, ein Ziel, der Mensch eine Aufgabe. Totes und Lebendes weisen auf den gleichen Schöpfer hin. Die Gottebenbildlichkeit des Menschen gibt jedem die gleiche Würde, allen Gleichberechtigung. Aus diesem Blickwinkel ist die Frage an die westliche Wohlstands-, Konsum- und Raubbaugesellschaft zu stellen, ob ihr Lebensstandard auf alle Erdbewohner zu übertragen ist, ohne die ökologische Stabilität der Erde zu zerstören. Offenbar ist das nicht möglich. Dann ist die zwingende ethische Forderung: Verzichten, Teilen, Abgeben um des Sinnes willen, der allem zugrunde liegt.

Das Pflegerische bezieht sich dann darauf abzugeben: Geld, Rohstoffe, Wissen, Soziales. Diese opferbereite Handlungsweise gründet auf der Erkenntnis, daß unser Wohlstand nicht nur unserer Schlauheit entsprungen ist, sondern auch der Opferbereitschaft der geistigen Welt, die sich ja doch nur in Formen und Gestalten der Materie ausdrücken kann. Für Menschen dieser Denkhaltung ist der jetzige Zustand der Welt nur ein Symptom für das Innenleben der Menschheit, für die Mißachtung des Geistes. Sowohl der Planet wie unser Leben sind uns nach dieser Auffassung im Grunde genommen nur geschenkt oder geliehen, damit wir am „göttlichen Plan" mitwirken. Die Erde wird in dieser Sichtweise als ein Organismus vorgestellt, dessen Leib, Seele und Geist gepflegt werden müssen, wenn sie am Leben bleiben soll. Sein Leben offenbart der Planet nicht nur in uns Menschen, sondern auch in den Pflanzen- und Tierpopulationen, in den Ökosystemen und Landschaften.

In dem Maße, in dem wir Einsicht in diese Zusammenhänge entwickeln, wächst uns die Aufgabe des Pflegerischen zu. Das Pflegerische ist nicht angeboren, es muß erlernt werden und bedarf der Übung. Es muß en-kulturiert werden. Das hat sogar kultische Dimensionen und könnte mithelfen, den geistigen Gehalt der Welt zu erkennen. Das Pflegerische ist aus dieser Sicht der Einsatz für den Sinn und das Ziel der Menschheit durch den Einzelmenschen. Naturwissenschaft und Technik können dafür nur als Instrumente dienen, für die Sinngebung liefern sie nur Teilwahrheiten (Benesch 1981, Böhm 1988, Henderson 1991, Meyer-Abich 1991, Suchantke 1993).

Das Pflegerische in Denkstilen, die vom Primat der Materie ausgehen

Die erfolgreichste Art im Verlauf der Evolution ist ohne Zweifel der Mensch. Es gibt praktisch kein Gebiet mehr, das von der Beeinflussung durch den Menschen ausgenommen wäre. Die Forschung hat inzwischen zahlreiche Prozesse erkannt, die das Gleichgewicht der Erde schädigen. Viele jedoch sind noch unbekannt, so daß mehr Forschung überlebenswichtig ist. Wenn man nicht ins Utopische vorstoßen will und die Besiedlung von Mond und Planeten ins Auge faßt, so ergibt sich bisher, daß unsere Erde ein endliches System ist mit folgenden Problemen:

1. Bestimmte Rohstoffvorräte sind begrenzt. Derzeit ist noch nicht abzusehen, ob es der Technik gelingen wird, sie rechtzeitig zu ersetzen.
2. Die Nahrungsmittelproduktion auf der Erde ist vom Energiefluß der Sonne abhängig. Selbst eine bessere Nutzung der Pflanzen durch den Menschen ergibt infolge der nicht veränderbaren Sonneneinstrahlung irgendwo eine Grenze für die Produktion von Biomasse. Ob diese für 15 oder 30 Milliarden Menschen ausreichen wird, kann nicht vorhergesagt werden.
3. Alle Prozesse hinterlassen Abfall. Technische Prozesse verbrauchen besonders viel Wasser, Luft und Rohstoffe. Die Rückführung dieser Rohstoffe in einen Kreislauf ist das Problem der Zukunft. Mögli-

cherweise werden Wasser, Boden und Luft, die weitgehend als kostenlose Regulationssysteme genutzt werden, schon jetzt überfordert.
4. Es scheint so zu sein, daß auch das Wettergeschehen durch das Wirtschaften des Menschen grundlegend beeinflußt werden kann.
5. Völlig ungelöst ist bisher das Problem des Wärmeabfalls. Alle technischen Prozesse hinterlassen ihn. Nach dem Entropiegesetz ist der Wärmeabfall nicht zu entsorgen und verstärkt bereits merklich den Treibhauseffekt.
6. Es müssen Instrumente entwickelt werden, die die Pflanzen- und Tierarten in die Nutzen-Kosten-Analyse einbeziehen. Ihr Wert als potentielle Nutz- oder Heilpflanzen ist bei den meisten noch unbekannt. Aus diesem Grunde müssen alle vorhandenen Arten geschützt und erhalten werden.

Zwar haben die Menschen bisher immer Lösungen für technisch lösbare Probleme gefunden, zwar kann man die Grenzen dafür noch nicht erkennen: Daß es aber unverrückbare Grenzen gibt, ist naturgesetzlich. Auf Grund der bisherigen Erkenntnisse und nach Einschätzung vieler Experten muß folgendes geschehen:
1. Die Bevölkerungsexplosion muß gebremst werden.
2. Bei allen größeren Maßnahmen sind sorgfältige Folgeabschätzungen vorzunehmen.
3. Wo irgend möglich, sind Kreislaufprozesse anzustreben.
4. Wo dies nicht möglich ist, sind die linearen Prozesse zu verlangsamen, um die Ressourcen besser auszunutzen.
5. Der Energieverbrauch darf nicht mehr steigen wie bisher und muß seine Struktur verändern.
6. Die Forschung ist zu intensivieren. Das betrifft sowohl die Grundlagenforschung wie technische Lösungen anstehender Probleme.
7. Für die belebte Welt sind großzügige Refugien zu schaffen, um ihren potentiellen Nutzen für die Zukunft zu erhalten.
8. Im Erziehungsprozeß müssen Verhaltensweisen angelegt werden, die für die zukünftigen Problemlösungen nützlich sind. Die Aufgabe des Pflegerischen wäre vor allem, die Abläufe durchschauen zu lehren und Gewohnheiten einzuüben (zum Beispiel: Göpfert 1988, Kleber 1993, Maedows 1974, Jungk 1983) .

Das Pflegerische in Denkstilen, die vom Primat des Gesellschaftlichen ausgehen

Es gibt bezüglich der Umweltprobleme keine nationalen Grenzen mehr. Pflanzen, Tiere, Menschen sitzen in einem gemeinsamen Boot. In diesem Boot gibt es allerdings sehr unterschiedliche Kabinen, was den Komfort anbelangt.

Diese gewaltigen Unterschiede zwischen Mensch und übriger Lebewelt sowie zwischen armen und reichen Menschen gilt es vor allem auszugleichen, wobei das Pflegerische am dringlichsten auf den unterprivilegierten Teil der Menschheit zu beziehen ist. Aber das Boot beherbergt gleichzeitig alle derzeit lebenden Arten. Jede von ihnen kann nur in einer artgemäßen Umwelt leben. Jede hat ein gleiches Recht auf Leben wie wir. Das Pflegerische bedeutet also vor allem, einen Ausgleich der Interessen zu finden. Diese Interessen müssen wir Menschen für die Pflanzen, Tiere und Ökosysteme politisch vertreten und durchsetzen, weil sie ihre Rechte nicht selber artikulieren können.

Offen ist dabei, wie wir den Ausgleich der Interessen definieren wollen. Ist z. B. für die Indianer des Tropischen Regenwaldes die Erhaltung ihrer Sammler- und Jäger-Kultur das Ziel, oder soll diese in eine modernere Lebensform verwandelt werden? Soll man in Indien das Kastenwesen stabilisieren helfen oder einen westlichen Individualismus entwickeln? Genügt für die Tier- und Pflanzenarten das Überleben in museumsähnlichen Schutzgebieten, gar in Zoos oder Botanischen Gärten, oder muß ein gewisser Prozentsatz der Erdoberfläche überhaupt tabuisiert werden, und wer kommt für die Kosten auf?

Die bisherige Zerstörung der Erde geht auf Interessengruppen zurück, denen es skrupellos um Macht und/ oder Gewinn ging. Das Pflegerische zielt auf einen einigermaßen stabilen, ausgeglichenen Weltzustand, in dem alle Lebewesen Lebensrecht haben und darauf vertrauen können, daß ihre Bedürfnisse beachtet werden.

Das Pflegerische in Denkstilen, die vom Primat des Biologischen ausgehen

Der Mensch hat sich in etwa 600 000 Generationen als Beutemacher und Wegwerfer entwickelt. Er läßt von Natur aus keine Verhaltensweisen erkennen, denen zufolge er schonend mit seiner Umwelt umgeht. Seine derzeitige Massenvermehrung ist in Verbindung mit seinem technischen Vermögen Ursache für den schlimmen Zustand der Umwelt. Soll er sich nicht als „Fehlkonstruktion der Natur" (Löbsack) erweisen, kann es nur darum gehen, sein Beutemacher- und Wegwerfverhalten kulturell zu zähmen. Eine vergleichbare Zähmung mußte schon einmal in der neolithischen Revolution beim Übergang in eine Ackerbaugesellschaft erfolgen. Das geschah, indem sich neue Wertvorstellungen, Symbole, Riten, Gebräuche um die Begriffstrias Haus, Hof und Heimat entwickelten. Die sich daraus entwickelnde Tradition war auf noch überschaubare Gemeinschaften ausgerichtet.

Die jetzige Menschengemeinschaft ist jedoch eine Weltgemeinschaft. Das Pflegerische besteht darin, für den neuen Umgang mit der Welt neue Werte, Symbole, Riten und Gebräuche zu finden. Das Pflegerische bezieht sich auf die wiederum revolutionäre Aufgabe der Zähmung der Menschen, der neuerlichen Sublimierung seiner Anlagen. Er könnte dies, weil für ihn Symbole Verhalten bestimmen können. Alle anderen Lebewesen dieses Planeten haben wenig veränderbare Lebensbedingungen. Sie können nur geringfügig ausweichen, wenn sich ihre Lebensbedingungen ändern. Nur wir Menschen können sowohl diesen Sachverhalt wie auch uns als Verursacher der Veränderungen erkennen. Gäbe es uns plötzlich nicht mehr, würden sich die Lebensbedingungen für die Tier- und Pflanzenwelt sehr rasch grundlegend verbessern. Das Pflegerische heißt eindeutig: Für viele Menschen ein menschenwürdiges Leben ermöglichen und gleichzeitig die Lebensräume für Pflanzen und Tiere erhalten oder wiederherstellen. Dabei muß auch die Frage mitgeklärt werden, wie der für uns Menschen zuträgliche Lebensraum beschaffen ist.

Der schonende Umgang mit Rohstoffen hat zum Ziel, einer möglichst großen Population von Menschen die Zukunft zu sichern. Das Pflegerische im Psychotop und Soziotop hat einen menschengemäßen Lebensraum zum Ziel.

Der Schutz der Pflanzen und Tiere ist zu fordern wegen des Lebensrechtes jeder Art, die die Evolution hervorgebracht hat, und vor allem, um die vorhandenen genetischen Ressourcen für die Züchtung, Heilmittelforschung und die künftige Evolution zu bewahren. Wir Menschen werden die Natur als Grundlage unseres Lebens auch weiterhin nötig haben. Das Pflegerische heißt, sie so wenig wie möglich stören, alle verzichtbaren Eingriffe unterlassen, Enklaven und Schutzräume schaffen. Die Natur braucht derzeit uns Menschen, damit sie Natur bleiben kann (Carson 1962, Global 2000, Lorenz 1983, v. Weizsäcker 1977, Suchantke 1993. Ältere Literatur in Winkel 1978)

Das Pflegerische in verschiedenen Bereichen der Umwelterziehung

Die Abgrenzung der nachfolgend aufgeführten Bereiche ist nicht die einzig mögliche Ordnung des gesamten Feldes. Wem eine andere Systematik der Natur- und Umwelterziehung näherliegt, der möge das Prinzip des Pflegerischen nach seiner Ordnung durchdenken.

Das Pflegerische im Bereich der Gesundheit

Unsere Gesundheit verhält sich wie jedes Biosystem. Man kann es lange belasten, es puffert zunächst die Belastung und kommt wieder ins Gleichgewicht. Wenn es aber umkippt, kündigt sich dies oft nicht vorher an, und das Geschehen ist häufig irreversibel. Gesundheit bezeichnet ein System, zu dessen Pflege man etwas tun oder unterlassen muß. Das gilt zunächst für jeden einzelnen; aber als Erwachsener trifft man auch Entscheidungen für die Gesundheit anderer.

Das Pflegerische im Rahmen der Gesundheit ist eigenverantwortliche Gesundheitspflege. Ein paar Beispiele: Jemand beschließt z. B. Vollwertkost zu essen, weil sie gegenüber der „Veredlungswirtschaft" von der gleichen Rohstoffproduktion ein Vielfaches an Menschen ernähren kann und außerdem gesünder ist. Das würde sogar die Krankenkosten erheblich senken. Dann muß man sich aber auch mit Anbau- und Produktionsmethoden auseinandersetzen, mit der Trophiereihe, muß Handelsklassen kritisch betrachten lernen, Zusatz- und Schönungsmitteln nachspüren, etwas über Ballaststoffe lernen, die Tricks der Werbung durchschauen und alles dies auch öffentlich machen. Diese Haltung

Jeder Einzelne ist für seine Gesundheit verantwortlich.

für sich durchzusetzen, ist schon schwer genug, sie gegen andere – gegen Eltern, Mitschüler, gegen den Grill- und Hähnchentrend – durchzuhalten, ist oft eine große Leistung, denn man muß sich häufig genug mit dem Vorwurf des Außenseitertums auseinandersetzen.

Zur Gesundheit gehört aber z. B. auch, daß man seinen Körper leistungsfähig macht und erhält. Im Rahmen einer pflegerischen Erziehungshaltung könnte man z. B. einen Allwetter-Wanderclub gründen, über die Beziehungen zwischen Mode, Gesundheit und Umweltzerstörung nachdenken und sich danach verhalten oder sich eine Haltung zu den öffentlichen Drogen Alkohol und Nikotin erarbeiten und in die Tat umsetzen. Richtschnur des Pflegerischen für den Gesundheitsbereich: Jeder einzelne ist für seine Gesundheit verantwortlich. Der Arzt ändert seine Rolle: Er ist dann eher Berater und Helfer im Zuge der eigenen Bemühungen als Reparateur von selbstverursachten Schäden.

Zwar betrifft das Pflegerische in der Gesundheit in allererster Linie die eigene Person; indem man sich aber für die Gesundheit anderer mitverantwortlich fühlt, kommt unmittelbar ein soziales Element hinzu. Nicht gemeint mit dem Pflegerischen ist übertriebene Krankheitsfurcht, gesundheitliche Besserwisserei, mangelnde Risikobereitschaft und fehlende Lebensfreude. Man kann Raubbau an der Natur, an den Vorräten und an der Gesundheit betreiben. Man kann aber auch zu allen Bereichen eine pflegerische Einstellung gewinnen. Das ist gemeint.

Das Pflegerische im psychischen Bereich

Man könnte diesen Bereich durchaus der allgemeinen Gesundheit zuordnen, die als körperliches, psychisches und soziales Wohlbefinden definiert wird. In der Tat gibt es enge Zusammenhänge zwischen den drei Feldern. Unsere psychische Gesundheit hängt z. B. von Geburt an auf das engste mit dem Tun und Unterlassen anderer Menschen zusammen. Insofern steckt in ihr immer eine soziale Komponente. Das Pflegerische im psychischen Bereich bedeutet, daß man bereit ist, von anderen Hilfe anzunehmen und anderen zu helfen. Da zur Entfaltung des Psychischen – früher nannte man es das Seelische – ein entspanntes emotionales Feld die beste Voraussetzung ist, bedeutet das Pflegerische in diesem Zusammenhang, beim Abbau von Konflikten zu helfen, Frieden zu stiften, Situationen zu entspannen. Damit ist nicht gemeint, das Leben mit einem Brei des Wohlwollens zu umhüllen, sondern in der Auseinandersetzung den Gegner nicht zu verletzen, bloßzustellen oder zu vernichten.

Unter dem Prinzip des Pflegerischen ist die Richtschnur des Handelns die Teilnahme am Schicksal der anderen, das Ergründen ihrer Haltung oder Meinung aus der Absicht zu helfen. Das ist keine Aufforderung zum Heucheln, sondern eine Aufforderung, die Wahrheit für die anderen so zu formulieren, daß noch Verständnis und Wohlwollen durchschimmern. Das gilt für Lebensschicksale, für Besonderheiten, Schwächen, Leistungen und erfordert die Entwicklung einer pädagogisch ausgerichteten Phantasie. Wäre sie in unserer Welt besser entwickelt, würde man Alte, Kranke, Unnormale unter weit stärkeren Gewissenskonflikten in Anstalten einweisen als jetzt. Wie leicht kommt bei diesen Menschen zum seelischen Kranksein eine weitere Kränkung hinzu.

Wir Menschen allein bedrohen die Natur und uns selbst. Es ist undenkbar, diesen Trend umzukehren, ohne die eigene seelische Gesundheit und die unserer Mitmenschen zu beachten. Kranke Seelen können nicht pfleglich mit der Umwelt umgehen. Eine kranke Innenwelt muß eine kranke Außenwelt im Gefolge haben. Viele empfinden die Umweltverschmutzung als Innenweltverschmutzung. Darum muß das Seelische, die Psyche, der Psychotop selbst in das Prinzip des Pflegerischen einbezogen werden.

Das Pflegerische im sozialen Umfeld

Lebensnotwendig gehört zu jedem von uns eine soziale Umwelt, der Soziotop. Jeder Mensch wird heimatlos, wenn er über lange Zeiträume allein ist oder in einer Masse als Anonymus leben muß. Der Soziotop ist wie der Psychotop oder Biotop zerstörbar und bedarf der Pflege.

Das Pflegerische meint in diesem Zusammenhang z. B. das Feiern von Festen innerhalb sozialer Zusammenhänge, etwa Familie, Nachbarschaft, Freundeskreis, Gruppe, Verein, Klasse, Schule.

Die Pflege des Sozialen liegt in der Begegnung, im gemeinsamen Tun und Erleben. Es kann sogar noch in Wettkämpfen vorkommen. Extrem vereinfacht kann man es mit dem Begriff „Geben und Nehmen lernen" umschreiben. Dabei ist das Geben-Lernen derzeit besonders wichtig. Dieses Geben ist das Hergeben von Zeit, Geld, Wissen, Gefühl usw. Es läßt sich leicht konkretisieren als Einsatz für Alte, Behinderte,

Gruppenspiele pflegen die sozialen Beziehungen.

Kranke, Arme, Verstoßene. Soziale Dienstleistungen, die freiwillig erbracht werden, sind Pflege des Soziotops. Dafür gibt es ein großes Betätigungsfeld. Es umfaßt Krankenhäuser, Altenheime, Randgruppen, den Umweltschutz, die Entwicklungshilfe. Wäre es nicht denkbar, daß Schüler ihre Gebäude und Grundstücke selber pflegen, eine schulinterne Schularbeitenhilfe organisieren oder versuchen, soziale Randgruppen zu integrieren? Es wird heute vorwiegend vom fehlenden Geld für viele Sozialaufgaben geredet. Welcher Trugschluß! Geld mag in Einzelfällen Wirkung zeigen, aber den Soziotop verbessert es kaum. Wie die Gesundheit jedes einzelnen Menschen zu seinem individuellen Leib gehört, so gibt es so etwas wie soziale Leiber, Gruppenleiber von befreundeten Menschen bis hin zur Menschheit.

Das Pflegerische bezieht sich auf die Gesundheit dieser gedachten sozialen Leiber, die von unterschiedlicher Größe und Struktur sind. Die kleinste Gruppe ist die Zweierbeziehung; über die Familie, die Berufsgruppe, die Nachbarschaft, das Dorf erweitert sich dies bis zur Nation und fast schon abstrakten Menschheit.

Gruppen sind für die Natur- und Umwelterziehung deswegen so wichtig, weil sie auch so etwas wie einen gemeinsamen Willen entfalten im Guten wie im Bösen.

Das Pflegerische gegenüber Kulturgütern

Der Mensch, sagt Gehlen, ist von Natur aus ein Kulturwesen. Dazu gehören seine Künste, die Religion, die Sitten und Gebräuche. Die Evolution des Menschen war in den letzten 10 000 Jahren keine körperliche mehr, sondern eine Evolution der Kultur. Diese wandelt sich zwar im Zeitenlauf, jeder Mensch scheint aber nur in Grenzen fähig, gegenüber seiner Lernphase grundlegende Veränderungen zu ertragen. Das Wegwerfen von Sitten, Gebräuchen, Traditionen gehört zu den Erscheinungen der Umweltzerstörung. Heute sind z. B. jahrtausendealte Handwerkertraditionen einfach abgelegt, vergessen. Alles kommt schließlich aus Fabriken und industriellen Fertigungsabläufen: Glas, Keramik, Brot, Wurst, Käse, Garn und Gewebe, Kleidung, Möbel, sogar Getreide, Obst und Gemüse. Jedoch läßt sich aus dem Verständnis des handwerklichen Vorlaufs die Gegenwart besser verstehen und ein Wertgefühl für die Dinge begründen. Das zielt auf die Notwendigkeit von Eigenerfahrung beim Backen, Weben, Töpfern usw. Der geschichtliche Prozeß, dessen Erleben und Erfahren so wichtig ist, wird auch zum Leben erweckt, wenn man z. B. seine Familiengeschichte oder die Ortsgeschichte erforscht, wenn man sich mit Kunstwerken der Vergangenheit und ihren Leitideen beschäftigt oder alte Musik übt oder gar einmal für eine Woche im Mittelalter lebt. Das pflegerische Prinzip hat im Bereich der Kulturgüter den Sinn, das kulturelle Kontinuum herzustellen. Eigene Tätigkeit ist sicher das beste Verfahren, sich in diesen Bereich hineinzufinden. Es gibt Schulen, die haben sich einem Heimatverein angeschlossen, in dem Tanz- oder Handwerkstraditionen gepflegt oder alte Haus- oder Ackergeräte vor der Vernichtung bewahrt werden.

Es gehört zum Wesen der Pflege kultureller Güter, daß sie langfristig angelegt ist. Aus dieser Pflege kann eine Haltung entstehen, die sich generell auf die Kultur auswirkt.

Nicht weil es alt ist, hat das Alte Bedeutung, oder weil es selten ist oder teuer, sondern weil es die Durchgangsstation zu etwas Neuem war, zu dem wir dazugehören. Das Pflegerische in bezug auf die Kulturgüter soll die gegenwärtige Identität stärken. Von daher macht es Sinn, jeden Menschen mit seiner kulturellen Vergangenheit zu verbinden.

Das Pflegerische gegenüber Rohstoffen und Rohstoffvorräten

Bislang hat die Menschheit die vorhandenen Rohstoffvorräte hemmungslos ausgebeutet. Ging an einem Ort etwas zu Ende, fanden sich neue Vorräte. Doch bereits nach etwa 150 Jahren industrieller Ausbeutung ist bei einigen Rohstoffen wie Öl, Kupfer und Phosphat ein Ende abzusehen, und auch bei den erneuerbaren Rohstoffen wie Luft, Wasser, Boden und Biomasse kündigen sich Grenzen an.

Dieses Wissen hat schon viele Bürger erreicht; Taten aber sind bislang kaum auszumachen. Unsere Nachkommen werden uns aber in 1000 oder 5000 Jahren danach beurteilen, was wir ihnen zum Leben, Verbrauchen und Wirtschaften übriggelassen haben. Was bedeutet das Pflegerische in diesem Zusammenhang?

Im Grunde heißt die schlichte Regel, alle Rohstoffe sparsam zu verwenden. Dennoch sind die Folgerungen einschneidend, denn es müssen unter dieser Perspektive die Modeabläufe extrem verlangsamt wer-

Das Prinzip des Pflegerischen wird am besten bei selbst verantworteten Arbeiten erfahren.

den, es müssen langlebige Güter produziert werden, nicht solche mit Sollbruchstelle, die Bürger müssen Möbel, Autos, Straßen aber auch Häuser und Kleider schonend um der Rohstoffe willen behandeln, die in ihnen stecken. Das gilt bis in den Alltag für den Verbrauch von Wasser und Energie. Jeder muß seine Möglichkeiten nutzen, um das Prinzip Sparsamkeit um der Rohstoffe willen durchzusetzen. Lange schon hätte der Bürger das Auto auf dem Markt erzwingen können, das nur noch 4 Liter auf 100 Kilometer verbraucht. Selbst im Schulalltag kann gespart werden. Warum können Papiere nicht beidseitig beschrieben werden, warum sammeln Schüler nicht planmäßig Buntmetalle?

Aller Rohstoffverbrauch bedeutet Energieverschleuderung, Kapitalverbrauch, Müllproduktion. Fast alle Rohstoffe könnten heute schon bei intelligenter Verwendung in einen Kreislaufprozeß eingespeist werden. Dies ist gegenüber dem Sparen von Rohstoffen aber nur die zweitbeste Lösung. Leider ist der Gesichtspunkt der Rohstoffsparsamkeit durch die Parole „Kampf dem Verderb", die einmal in den Dienst einer aggressiven Kriegspolitik gestellt war, bis heute belastet, was an der Richtigkeit nichts ändert. Nein, wir müssen heute an unsere Enkel und Urenkel denken und für sie die Rohstoffvorräte strecken, denn niemand kann heute den Bedarf von morgen oder gar übermorgen abschätzen. Das Pflegerische erstreckt sich also ganz wesentlich auf die Rohstoffe und Rohstoffvorräte.

Das Pflegerische gegenüber Arten und Ökosystemen

Dank der Öffentlichkeitsarbeit vieler Naturschutzverbände und der

Medien hat diese Aufgabe schon Wurzeln im Bewußtsein der meisten Bürger geschlagen. Es in Taten umzusetzen, macht dagegen große Mühe.

Die Tier- und Pflanzenarten, die Landschaften und die Ökosysteme sind wie wir selbst von der Evolution hervorgebracht worden. Alle haben gleiches Lebensrecht. Das meint ein Slogan wie „Freiheit, Gleichheit, Brüderlichkeit auch für die Natur!"

Um dies zu erreichen, kann man Enklaven, Schutzräume, Schutzzonen für die freie Natur schaffen, in denen der Mensch höchstens die Rahmenbedingungen absteckt, jede wirtschaftliche Nutzung aber untersagt. Dies wäre ein Anfang, kann aber nicht die endgültige Lösung sein, denn die Welt würde zweigeteilt in Nutzzonen und Museumsflächen.

Nein, das Ziel muß sein, so schonend mit weiten Teilen der Landschaft umzugehen, daß weitgehend wenigstens Halbnatur erhalten bleibt. Davon sind wir weit entfernt. Da Pflanzen und Tiere nur in dazu geeigneten Ökosystemen überleben können, muß die Halbnatur, wo immer möglich, damit angereichert werden. Das Pflegerische bedingt, daß alle Bürger (auch die späteren Juristen, Kaufleute, Theologen, Ärzte und nicht nur die paar Biologen) die Lebens- und Pflegebedingungen von Ökosystemen kennenlernen. Das können Schüler zunächst vor allem im Schulgelände lernen. Indem sie es pflegen und

Gemeinsames Stockbrotbacken ist gleichzeitig die Pflege einer alten Tradition wie (auch) Pflege des Sozialen.

ökologisch entwickeln helfen, leisten sie die für das Verständnis notwendigen Vorarbeiten. Später können sie sich außerhalb des Schulgeländes an Artenschutzmaßnahmen beteiligen, z. B für Solitärbienen, Fledermäuse, Vögel, oder sie können sich in Zusammenarbeit mit einem Zoo, Botanischen Garten, Museum oder einer Försterei bei der Betreuung, Erforschung oder Entwicklung eines Naturschutzgebietes oder Ökosystems beteiligen. Natürlich gehen auch uns die Arktis, die Wüsten, Regenwälder und Steppen etwas an. Hier muß sich das Pflegerische verbal oder politisch artikulieren. Der Verzicht auf Tropenhölzer ist bereits eine solche Aktion. Aber selbst unser Verbrauch an Kaffee, Tee, Ananas oder Bananen hat ja gewaltige Folgen für das Ökosystem der Tropen. Pflegerisches Verhalten bedingt auch die Frage nach den Folgen der eigenen Gewohnheiten. Es hat die weltweite Schonung und/oder Wiederherstellung von Ökosystemen mit allen Pflanzen- und Tierarten zum Ziel. Dabei müssen oft sehr komplexe Zusammenhänge analysiert werden, ehe sinnvoll gehandelt werden kann.

Die Anwendung des Pflegerischen in verschiedenen Aufgabenstellungen

Die Anwendung des Pflegerischen ist nicht ohne Phantasie möglich. Anstelle von Aufgaben, wie sie die folgenden Kapitel illustrieren, sollen sechs Geschichten erzählt werden, die alle im Schulgarten spielen, aber dennoch verschiedene Bereiche und Altersdimensionen für die Anwendung zum Ausdruck bringen.

1. „Ih, ein Wurm", rufen wie aus einem Munde die Vierjährigen, die der Erzieherin beim Umgraben helfen dürfen. Behäbig schlängelt sich ein fleischfarbener, riesiger Regenwurm auf dem Beet. Es ist eine ambivalente Situation, in der zunächst offen ist, ob Angst, Furcht oder Ekel die Oberhand gewinnen oder die Neugier in Zuneigung zum Tier verwandelt werden kann. Die Erzieherin hat diese oder eine ähnliche Situation erwartet. Behutsam legt sie den Wurm auf ihre Handfläche. Er krümmt und ringelt sich, strebt mit seinem spitzen Ende davon. „Das ist der Kopf", sagt sie, „wer möchte ihn streicheln?" Zuerst keiner. „Die sind giftig!", hat meine Oma gesagt. Dann traut sich ausgerechnet ein Mädchen, das sonst immer ganz scheu ist, den Wurm anzufassen. „Meine Mutter hat gesagt, daß jeder Regenwurm einen Groschen wert ist". Nachdem das Eis gebrochen ist, wagen es alle. „Wer mag ihn vorsichtig auf die Hand nehmen?" Es geht wie vorher. Schon muß die Erzieherin aufpassen, daß der Wurm vor lauter Begeisterung keinen Schaden nimmt. „Wir müssen ihn schützen, er trocknet sonst aus." Vorsichtig wird die Erde aufgegraben, der Wurm feierlich hineingetan und ein wenig lose Erde darübergegeben, damit er sich einen neuen Gang bohren kann.

→ psychische Gesundheit
→ Pflege sozialer Bezüge
→ Arten, Ökosysteme, Landschaften
→ Überkonfessionelle Religiosität
→ Natur beobachten, erforschen
→ Beiträge zur Konfliktverminderung, -vermeidung, -lösung

Die Kinder sind noch eine Woche später ganz erfüllt von ihrem Erlebnis mit dem Regenwurm. Abbau von Ängsten, Aufbau von Zuneigung zu allem, was genau so leben will wie wir, heißt ein wichtiges Thema vor der eigentlichen Schulzeit. Es ist gleichsam das Fundament aller Natur- und Umwelterziehung. Solche Grunderfahrungen mit dem Lebendigen können nicht durch Film oder Bild ersetzt werden.

Ein erwachsener Mensch muß jedoch das Beispiel geben, wie man Spinnen und Fröschen, Kröten und Schlangen, Bienen und Wespen wirklich liebevoll begegnet.

2. Ein Grundschulkollegium hat einen Schulgarten eingerichtet, sich dann entschlossen, daß jeder Viertkläßler, der es will, ein eigenes Stück Erde von 2 m² Größe als Pachtland bearbeiten darf. Das Argument: Die Grunderfahrung des Pflegerischen soll jeder Schüler als Person machen; sie darf nicht zu früh mit Gemeinschaftsproblemen befrachtet werden. 31 Beete sind entstanden, aber kaum eines ist dem anderen vergleichbar. Ein Schüler hat eine kleine Fichte aus dem Urlaub und Waldpflanzen mitgebracht. Ein zweiter hat einen Miniteich eingerichtet, ein dritter nur Radieschen und Schnittsalat ausgesät, zwischen denen verloren ein paar späte Tulpen blühen. Montagnachmittag ist freie Gartenarbeit; kein Schüler fehlt – außer Roland. Der hat wirklich Pech gehabt. Beim Spielen auf der Straße hat ihn ein Auto angefahren. Nun liegt er seit zwei Wochen im Krankenhaus. Aber sein Gärtchen ist in dieser Zeit verwahrlost. Die Eltern haben schließlich andere Sorgen. Die Wildkräuter haben die Radieschen überwuchert, die inzwischen zur Ernte anstehen. Der Lehrer spricht mit der Gruppe darüber, daß nun jemand für Roland einstehen müsse bei der Pflege seines Beetes. Günter und Tim melden sich, übernehmen tatsächlich die Pflege und sagen auch zu, daß sie Roland einmal in der Woche besuchen wollen. Das tun sie und nehmen Roland die ersten Radieschen von seinem Beet mit.

→ psychische Gesundheit
→ Pflege sozialer Bezüge
→ Arten, Ökosysteme, Landschaften

Eine heile Welt? Nein, eine ganz alltägliche Geschichte, die zeigt, daß auch das Pflegerische im sozialen Verhalten eingeübt werden muß.

3. In der Entenfangschule wird mit dem neuen Schuljahr ab Februar Schulgartenarbeit angeboten. Die Schüler sind begeistert. Können sie doch nun im Unterricht endlich tätig werden. Wegen Stundenplanschwierigkeiten mit Parallelklassen muß die Schulgartenarbeit des 6. Schülerjahrganges in die 5. und 6. Stunde verlegt werden. Das ist eine normale Organisationsentscheidung. Mit Begeisterung werden Beete angelegt, werden Spinat und Radieschen gesät, Salat und Kohlrabi gepflanzt. Die Schüler gehen sogar in den Pausen oft zu ihren Pflanzen. Ende Juni kommt das erste Sommerhoch; stickig liegt die Luft in den Klassen. Das erste Hitzefrei des Jahres; die 5. und 6. Stunde fallen aus. Jetzt heißt es „für etwas einstehen, mit dem man sich abgibt". Eine ganz alltägliche Konfliktsituation entsteht:

- Auch die Schüler der Schulgartenklasse möchten zum Baden.
- Der Lehrer möchte wie seine Kollegen auch nach Hause, vielleicht sogar, um seinen eigenen Hausgarten zu sprengen.

→ psychische Gesundheit
→ Arten, Ökosysteme, Landschaften
→ Naturwissenschaft im Lebensalltag, handwerkliche Betätigung
→ Konfliktträchtige Themen und Situationen

Der spannende Augenblick: Wird der Teich dicht sein?

– Die Pflanzen im Schulgarten müssen gehackt und gegossen werden; sie lassen die Köpfe hängen.

Abgesehen davon, daß man Pflanzen in der Mittagszeit eigentlich nicht begießen sollte, und das Gießen bei naturnaher Gartenbearbeitung (Mulchen) gänzlich entbehrlich ist, wird an diesem kleinen Beispiel deutlich, in welcher Konfliktlage wir uns bezüglich unserer Umwelt täglich befinden: Einzelne Menschen oder Gruppen haben Wünsche, Rechte, die mit den Bedürfnissen der Natur nicht zusammenzubringen sind. Weder der Salatkopf noch die Streuwiese können ihre Bedürfnisse artikulieren. Das kann nur der Mensch in Fürsorge für die Natur. Weil das nicht allgemeine Haltung ist, die ebenfalls in der Kindheit eingeübt werden muß, verschwinden Röhrichte und Regenwälder. Das Einstehen für die Pflanzen oder Tiere, für die man Verantwortung übernommen hat, ist gleichsam eine Vorübung für die große Aufgabe des Schutzes der Natur.

4. Klasse 7 will gemeinsam mit den Eltern ein Sommerfest feiern. Es soll eine Anerkennung dafür sein, daß so viele Eltern bei körperlich schweren Arbeiten im Schulgarten mitgeholfen haben. Die Schüler haben sich für das Fest mehr einfallen lassen als Girlanden aufzuhängen und Würstchen zu grillen. Sie haben z. B. viele Topfpflanzen herangezogen, die verlost werden sollen. Zum Essen gibt es Brot, das sie im neuen Feldbackofen selber gebacken haben, dazu einen geschmackvollen Kräuterquark. Eine Gruppe hat einen irischen Volkstanz eingeübt, eine andere das Spiel „Die Leiden des Salatkopfes". Zum ersten

→ psychische Gesundheit
→ Pflege sozialer Bezüge
→ Kultur und Tradition
→ Kunst als Ganzheitsprozeß und Beitrag zur Personwerdung
→ Beiträge zur Konfliktverminderung, -vermeidung, -lösung

Mal dürfen alle auf dem frisch eingesäten Rasen sitzen. Gegen eine kleine Gebühr können sich die Eltern einen Blumenstrauß von den Beeten schneiden. Höhepunkt des Festes soll ein Wettkampf zwischen Schülern und Lehrern werden: Anlegen eines Beetes und Aussäen. Das Finden von Regeln und Bewertungsmaßstäben war in der Klasse von heftigen Diskussionen begleitet.

Alles ist gut vorbereitet und kann entspannt ablaufen. Es sind sogar einige Fachlehrer der Einladung gefolgt. Am Rande des Festes kommt es zu vielen Begegnungen zwischen den Eltern der Klasse, Eltern und Lehrern und natürlich auch unter den Schülern. „Das war weit angenehmer als ein Elternsprechtag und hat viel mehr gebracht", meinte ein Vater.

Untersucht man das Ereignis, war es die Anwendung des Pflegerischen im Gesundheitsbereich, im psychischen Bereich und im sozialen. Solche und ähnliche Vorhaben oder Projekte helfen, die Haltung des Pflegerischen zu entwickeln.

5. Ein anderes Beispiel liegt zunächst sehr fern: der Artenschutz. Im Biologieunterricht der achten Klassen nennt die Lehrerin erschreckende Zahlen. 25 % der Blütenpflanzen der Welt soll es eines Tages nicht mehr geben. Und dann hat sie von Klein-Bienen, von Solitärbienen gesprochen, denen einfach ihre Wohnstätten verloren gegangen seien. Die Schüler sind von ihren Mitteilungen zunächst kaum mehr betroffen als vom Lehrsatz des Pythagoras. Es fällt ihnen schwer, den Arten-

Die Kräuterspirale ist gebaut und bepflanzt. Nun muß sie regelmäßig gepflegt werden.

reichtum als einen Schatz zu betrachten, den man sorgfältig hüten muß. Nur die Betroffenheit der Lehrerin, die sie mögen, veranlaßt sie zu der Frage, ob man da nichts tun könne. Doch, ist die Antwort, aber es erfordere ein gründliches Studium und viel Arbeit. Klasse und Lehrerin kommen überein, etwas für die Solitärbienen zu tun. Das Forschen beginnt. Ein Schüler wendet sich an den Entomologenverein, dessen Adresse er ausfindig gemacht hat. Das Museum wird eingeschaltet. Schließlich entdecken die Schüler sogar praktische Anleitungen und beschließen, eine Lehmwand für Mörtelbienen zu bauen. Das Unternehmen erhält immer mehr Spannung, als ein paar Schüler herausfinden müssen, wie der Lehmbewurf der alten Bauernhäuser hergestellt wurde. Andere basteln ein Fachwerk. Unter großer Beteiligung wird die Mörtelbienenwand an einer sonnigen Stelle im Schulgelände errichtet. Als sie trocken ist, bohren die Schüler nach Anweisung verschieden starke Löcher in den Lehm. Nun heißt es warten. Täglich gucken die Schüler. Nichts geschieht, nur Fliegen sonnen sich auf der warmen Wand. Der März vergeht, der April: keine Mörtelbienen. Die Enttäuschung ist groß. Im Mai plötzlich hat ein Schüler ein bienenähnliches Insekt vor einem Loch gesehen. Erst detektivische Überwachung zeigt, daß tatsächlich ein paar Löcher bewohnt sind. Die Schüler ahnen, daß Artenverdrängung und Wiederbesiedlung ganz still, ohne Sensation abläuft.
Ist das Pflegerische hier nicht auf vielen Feldern gleichzeitig wirksam?

→ psychische Gesundheit
→ Pflege sozialer Bezüge
→ Arten, Ökosysteme, Landschaften
→ Natur beobachten, erforschen
→ Naturwissenschaft im Lebensalltag, handwerkliche Betätigung

6. In einer Schule für Schwererziehbare haben sich die Lehrer entschieden, im Schulgarten sogar für die Fünfzehnjährigen noch Einzelbeete zu vergeben. Eifersüchtig wie Drittkläßler wachen sie über ihre heranwachsenden Schätze. Für die meisten reicht die Ausdauer gerade von der Aussaat bis zur Radieschenernte. Der Polizistendienst steht obenan; eher nebenbei wird auch ein bißchen beobachtet. Nun soll am 25. Mai der gemeinsame Erntetag stattfinden. Als die Schüler in den Garten stürmen, ist der Schrecken groß. Die Beete von Peter und Mustapha haben die Kaninchen unter ihre Pfoten genommen und völlig zerstört. Alle anderen sind eifrig bei der Ernte und merken nicht einmal, daß den beiden sogar ein paar Wuttränen die Augen anfeuchten. Dabei sind die beiden gar nicht zimperlich. Sie haben schon mehrere schwere Einbrüche hinter sich. Etwas Merkwürdiges geschieht – ohne den Lehrer. Einer legt von seiner Ernte zwei Radieschen auf das Beet von Peter und Mustapha, viele schließen sich an. „Nun nehmt schon!" sagt einer. Erst zieren sich die beiden, dann nehmen sie an.

→ psychische Gesundheit
→ Pflege sozialer Bezüge

Auch dies ist keine ausgedachte, sondern eine wahre Geschichte. Ohne feierliche Erklärungen wurde Geben und Nehmen geübt, Solidarität. Es war ein winziger Beitrag zur Heilung einer verletzten Seele, vielleicht auch zur Selbstheilung.

Die sechs kleinen Geschichten spielen im Schulgarten. Sie könnten auch ganz andere Bereiche zum Inhalt haben, die Rohstofffrage etwa oder den Müll oder die Mode. Das Pflegerische kann praktisch überall geübt werden.

In einer forsttauglichen, waldbrandsicheren Kochstelle wird Vollwertkost gekocht. Schüler, Eltern, Lehrer, Freunde und Verwandte begegnen sich zwanglos und intensiv.

Das große Schulfest. Pferde sind eine besondere Attraktion.

5

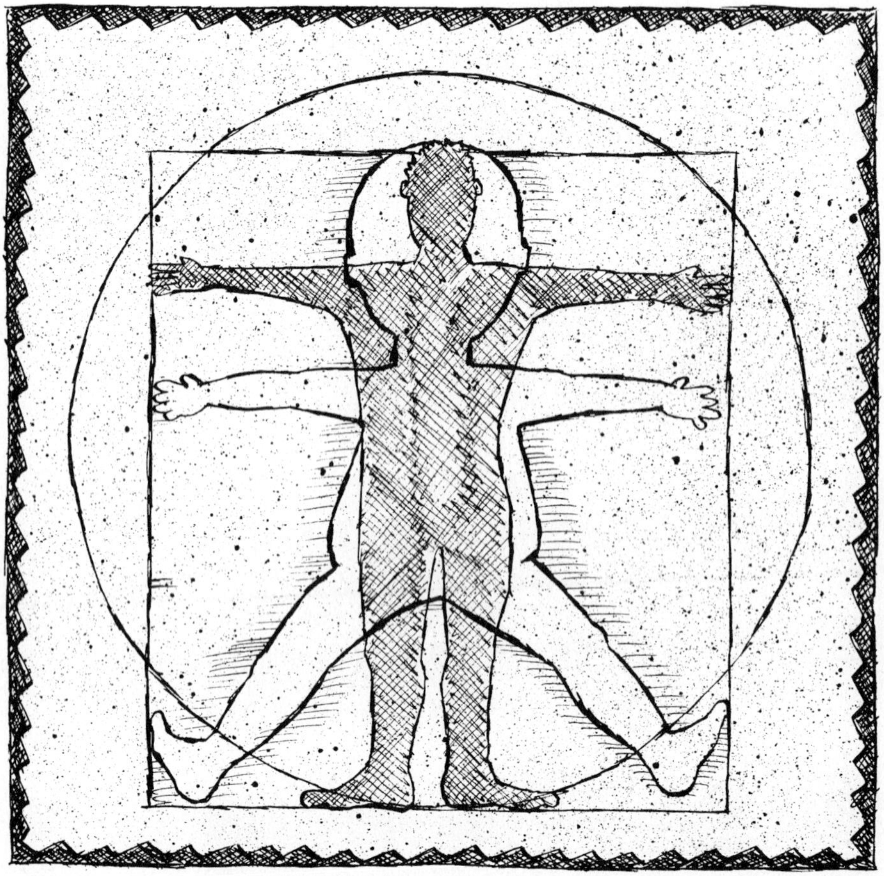

Altersphasen der Natur - und Umwelterziehung

Erziehung ist immer Beeinflussung auf ein Ziel hin. Umwelterziehung will die junge Generation so beeinflussen, daß ihre gegenwärtigen Handlungen immer auch das Wohlergehen der künftigen Generation im Auge haben, was die gesamte uns umgebende Welt einschließt.

Die Psychologie, die Anthropologie, die Erziehungswissenschaften, die Soziologie, sogar die Philosophie leisten je von ihrem Standpunkt aus Beiträge dazu, Erklärungen zu geben zum Zusammenhang zwischen Weltbild und Verhalten, zur Entstehung eines Umweltbewußtseins, zur Motivation und Auslösung von Handlungen, zum Zusammenhang zwischen Erlebnissen und Erfahrungen der Kindheit und den späteren Handlungen der Erwachsenen sowie zur Bedeutung religiöser, künstlerischer oder naturwissenschaftlicher Erfahrungen. Wer sich im Bereich der Umwelterziehung bewegt, muß freimütig die Ergebnisse dieser Fachbereiche nutzen, die die folgende Abbildung skizziert.

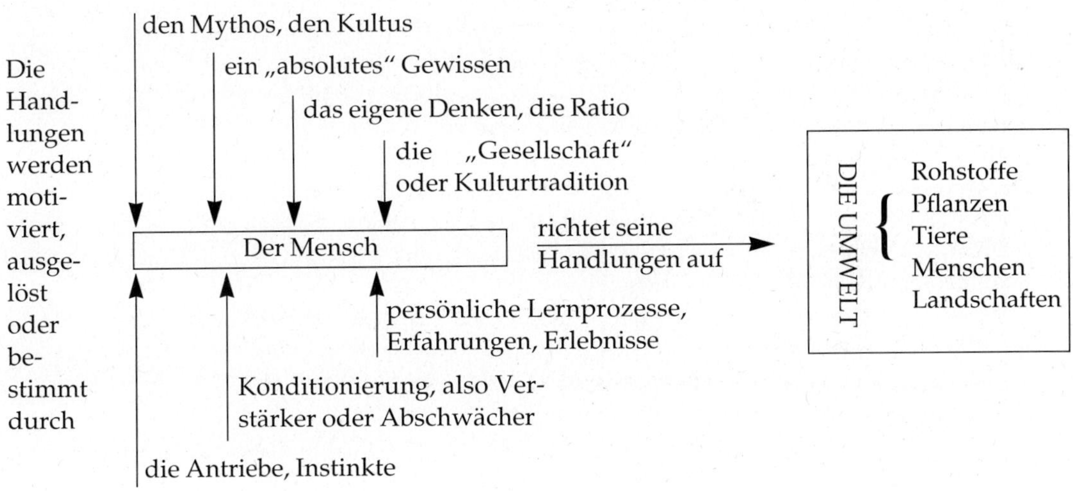

Sichtweisen in der Psychologie

Die Hoffnung, daß die Psychologie eindeutige Empfehlungen für die Erziehung oder Bildung geben könnte, erfüllt sich leider nicht. Auch sie unterliegt Sichtweisen, die sogar zu gegensätzlichen Empfehlungen führen können und sich grob in die „Denkmodelle" einordnen lassen, wie sie im dritten Kapitel beschrieben wurden. Den Handlungen von

Menschen liegen Motive zugrunde, die sich auf unterschiedliche Bereiche der Umwelt richten. Es gibt sicher Rückkopplungen, verstärkende oder abschwächende Motive aus dem Prozeß selber.
Die Sichtweisen, die vor allem die Triebenergie in den Mittelpunkt stellen, gehen auf Rousseaus revolutionären Roman „Emile" zurück. Emiles Erziehung besteht fast ausschließlich darin, ihm phasengerecht Erlebnisse und Erfahrungen zu vermitteln. Emile strebt seiner Natur gemäß danach, eine moralische Persönlichkeit zu werden. Die Erziehung besteht also nicht darin, das Richtige einzuüben und/oder zu lehren, sondern zunächst nur darin, daß sich die Sinne entwickeln und die Körperkräfte trainiert werden. Rousseaus Lehre ist eine Mischung zwischen den Vorstellungen einer „Selbstgestaltung aus einem inneren Gesetz heraus" und einem ersten Hervorbrechen einer modernen naturwissenschaftlichen Sichtweise.

Diese liegt der Psychologie von Freud zugrunde, die man grob in dem Satz zusammenfassen kann, daß sie den individuellen Konflikt der Antriebe und Instinkte mit den gesellschaftlichen Normen beschreibt. Freud (libidinöse Entwicklung), Adler (Streben nach Macht und Geltung) und Erikson (soziale Prozesse) begreifen Entwicklung als einen dynamischen Prozeß, der durch angeborene Triebe und erzieherische Außeneinflüsse angelegt wird. Die Prozesse werden modellhaft in phasenspezifischen Entwicklungsverläufen beschrieben.

Anders als Freud entwickelt Piaget seine Pespektiven für den Erziehungsprozeß nicht aus einem körperlichen Trieb, sondern aus einer Art Explorationsbedürfnis, also eher aus einem „Erkenntnistrieb". Die Entwicklung eines Kindes geht von Anfang an von einem handelnden Ich aus, das sich an der Welt erprobt. Das Verhalten gegenüber Dingen, die konkrete und verbale Exploration, das kognitive Element und das moralische Urteil entwickeln sich nach Piaget in einer beschreibbaren Reihenfolge. Schon gemachte Erfahrungen, Reifungsvorgänge und Umwelt führen zu immer neuen Herausforderungen, auf die die einzelne Person ganz individuell reagiert.

Ein ökologischer Ansatz wird von Bronfenbrenner (vgl. Oerter 1987) vertreten, nach dem Entwicklung nicht Reifung, sondern das Hineinwachsen von einem ökologischen System in das folgende ist. Im Rahmen der Sichtweisen mit einem sehr einseitigen Umweltbegriff ist Skinner und der Behaviorismus zu nennen. Skinner geht davon aus, daß man natürliche Abläufe durch „Verstärker" oder „Abschwächer" beeinflussen kann. Während bei Piaget jede Handlung Erprobung und Ausdruck einer unverwechselbaren Person ist, wird sie bei Skinner zum Instrument der Beeinflussung von Verhalten. Im amerikanischen Raum hat der Behaviorismus weite Ausbreitung gefunden. Bei uns kommt er in Lehrprogrammen, Kursen für Verhaltensanalyse und in Manager-Trainingskursen zum Einsatz. Umweltverhalten wäre nach dieser Methode relativ einfach zu konditionieren und setzte lediglich einen einheitlichen Willen der Gesellschaft voraus.

Aus eher geisteswissenschaftlicher, humanistischer Sichtweise wird das Phänomen Seele, Psyche nicht von außen, sondern von innen angegangen. Alle Schulen dieser Richtung verbindet, daß es ihnen um die Entwicklung des menschlichen Selbst geht und sie Werte, Gefühle, Hoffnungen, Wünsche, aber auch Kreativität als spezifisch menschliche Leistungen ernst nehmen. Das Ziel dieser Sichtweise ist die Entwicklung „des" Menschen, die Betonung seiner Würde, die Entwicklung seiner Potentiale.

Ich selber bin von der Wahrheit eines geisteswissenschaftlichen Modells überzeugt, wie es etwa Livegoed, v. Weizsäcker, Frankl darstellen. Das Organ, das das Fühlen, Denken, Wollen und Handeln steuert, wird Psyche, manchmal auch noch altertümlich Seele genannt. Sprache, Kunst, Religion und das Vorhandensein eines die Person steuernden Ich weisen aus, daß sich in uns Menschen eine Instanz betätigt, die uns von den Tieren unterscheidet. Diesen Überlegungen wird ein Zweischichtenmodell von der Psyche gerecht. Die eine Schicht ist der Tierheit in uns zugeordnet und als „Körperseele", „Tierseele", „Es-Seele", „Bedürfnis-Seele" in uns wirksam. Die zweite Schicht ist als „Geist-Seele", „das Selbst", „göttlicher Funken", „Instanz des Höheren Ich" auszumachen. Diese Schicht betätigt sich nicht naturgegeben und von selbst, sie muß willentlich und emotional entwickelt werden. Sie ist wohl angelegt; ihr Wachstum ist jedoch allein eine Aufgabe der Biographie und findet nicht naturnotwendig statt.

Zur Frage der Phaseneinteilung

Der heranwachsende Mensch ist in jedem Augenblick seiner Entwicklung eine Ganzheit und darf nicht aus Erwachsenensicht als Mängelwesen angesehen werden. Die Entwicklung erfolgt kontinuierlich, wobei sich die Geschwindigkeit ändert. Der Terminus Altersphasen suggeriert unter Umständen eine Entwicklung, die in Stufen abläuft. Das ist falsch. Die Beschreibung von Phasen ist identisch mit der Beschreibung von Schwerpunkten, wobei individuelle Entwicklungsgeschwindigkeiten und -möglichkeiten sowie die Geschlechtsbezogenheit einiger Entwicklungsmomente schwierig zu erfassen sind. Diese Sicht beachtet besonders die "historische Zeitsituation", in die ein Mensch hineingeboren ist und relativiert damit die „Altersinventare" wie sie z.B. Remplein (1957) und Gesell (1956) vorgestellt haben. Jeder Mensch ist Person, hat also eine individuelle Geschichte und deshalb individuelle Möglichkeiten in seiner Biographie entwickelt. Die zu beobachtenden Entwicklungen können auf dreierlei Art erklärt werden (nach Oerter; Montada 1987):

Reifung ist eine biologische Erklärung, die auf altersgemäße Übereinstimmungen abhebt wie Krabbeln, Laufen, Sprechen, Denkoperationen ausführen. Sie verweist darauf, daß diese Prozesse ohne Außenreize ausbleiben und es für viele Leistungen, z.B. für Spracherwerb, so etwas wie „sensible Phasen" gibt.

Sukzessive Konstruktion erklärt den Phasenablauf als logische Folge von Erfahrungen und Konstruktionsschritten. Bei dieser Erklärung geht es um eine „Erfahrungslogik". Nach diesem Muster gehen wir auch in

Kognitive Entwicklung (nach Piaget)	Phasen der Natur- und Umwelterziehung
bis 2 Jahre Sensumotorische Periode	bis 3; 6 (3 Jahre, 6 Mon.) Von der Umweltgeborgenheit bis zur ersten Ich-Findung
2 – 4 Jahre Vorbegriffiches Denken 4 – 7 Jahre Anschauliches Denken	ab 3; 7 Jahre; Klasse 1 Alter der Nachahmung, Autoritätsgläubigkeit, Magie bis zum Gestaltwandel
7 – 11 Jahre Konkret-logische Operationen	Klasse 2/3: Alter des lebendigen Mythos und der Autorität Klasse 4: Zwischenstufe Klasse 5/6: Alter der realen Zuwendung zur Umwelt
ab 12 Jahre Formal-logische Operationen	Klasse 7/8: Alter des Konflikts mit sich und Umwelt ab Klasse 9: Wirksamwerden des Ich in der Innenwelt für Mitwelt und Umwelt

der Schule vor, wenn wir vom Bekannten zum Neuen gehen.
Sozialisation erklärt die Entwicklung als sukzessive Übernahme kultureller und gesellschaftlicher Maßstäbe. Dieser Prozeß währt lebenslang, hat aber Altersnormen entwickelt, die von der Gesellschaft erzeugt und anderer Natur als die vorigen sind. Die Biographie ist nach dieser Auffassung eine Auseinandersetzung mit diesen Ansprüchen.

Die Altersphasen werden je nach psychologischer Schule unterschiedlich geschnitten. Für die nachfolgenden Ausführungen ist aus schulpraktischen Überlegungen weitgehend die Einteilung nach Klassenstufen statt der wissenschaftlich gerechtfertigten Altersklasseneinteilung herangezogen worden.

Aus der Schulpraxis ergibt sich, daß man das erste Schuljahr mit großer Berechtigung noch der Vorschulzeit als Übergangsphase zuordnen kann (Eingangsstufe). Die Klassen zwei und drei lassen sich gut zusammenfassen, während die Klasse vier bis sechs, die durchaus als Einheit behandelt werden könnten, aus Praxisgründen und wegen der Schulorganisation so aufgeteilt werden, daß die Klasse vier als „Übergangsjahr" abgetrennt wird. Von da an lassen sich Zweijahresschritte verantworten.
Jedes Kind dieser Welt beginnt seine Entwicklung in einer vergleichbaren Ausgangslage. Von da an prägt der Kulturraum die individuelle Entwicklung. Ich vertrete in dieser Arbeit außerdem den Stand-

punkt, daß jede Altersphase etwas Eigenständiges ist, und als eine übergeordnete Idee, daß jedes Kind in groben Zügen die gesamte Kulturentwicklung der Menschheit rekapituliert.

Welche Rolle wird die Natur im Leben dieser Kinder spielen?

Das Alter der Umweltgeborgenheit bis zur ersten Ich-Findung

Die erste Lebensphase führt das Kind aus dem Alter der völligen Abhängigkeit von Pflegepersonen bis zur ersten Ich-Findung, zum Wir-Bruch (früher: Trotzphase), wo es „ich" sagt und seinen eigenen Willen erlebt. Engelmayer 1966 prägte für die Abschnitte dieser Phase die Begriffe Säugling, Greifling, Kriechling, Gehling und betont in der Aufeinanderfolge insbesondere das Sich-Aufrichten als zentrales Entwicklungsereignis des Kindes neben dem Spracherwerb.

Nach Piaget kann das Kind im ersten Jahr seine Gefühle, noch nicht aber seine Gedanken ausdrücken. Zwischen dem 4. und 8. Monat beginnt die Unterscheidungsfähigkeit zwischen dem eigenen Ich und der Umwelt. Zwischen dem 8. und 12. Monat erkennt man die Handlungen als deutlich zielgerichtet. In dieser Phase ist das Kind ganz Sinnesorgan. Die Art des Umgangs und die empfangene Fürsorge und Zuwendung bestimmen, ob sich im Grundgefühl eher Urangst oder Urvertrauen durchsetzen.

Die Zeit von einem bis zweieinhalb Jahren ist besonders durch den Spracherwerb gekennzeichnet. Sprache ist Ausdruck eines „kollektiven Ich", wobei dieses Ich verschiedene Gruppengrößen wie Familie, Subkultur, Landschaft, Sprachgemeinschaft einschließt. Die eigentliche Sprachentwicklung besteht in der Identifikation von Dingen durch Lautsymbole.

Ist die Korrelation zwischen Ding und Wort zunächst ganz individuell und komplex, so wird sie immer differenzierter und dem Gruppenkonsens angepaßt. Wenn dem Einwort, das zweite zugeordnet wird, dem Subjekt also das Prädikat, ist der Weg betreten, auf dem Begriffe zu Denkinhalten und Denkinhalte zu Begriffen werden. Alle Gegenstände, die sprachlich erfaßt werden, werden zunächst als Ganzes, als Gestalt identifiziert und immer weiter aufgegliedert. Den Dingbegriffen wird zunächst Tätigkeit zugeordnet, später erst Zeitlichkeit (Livegoed 1976). Der Wortschatz beeinflußt die Wahrnehmung und das Denken. Die Sprache transportiert nicht nur Begriffe, sondern enthält auch Bewertungsmuster für die Gefühlswelt. Der Umgang der Pflegepersonen mit Natur und Kultur prägt sich tief in die Kinderseelen ein.

In einem dritten Stadium (früher: Trotzphase) bis zum Alter von ca. dreieinhalb Jahren tritt der Wille zwar sehr heftig, aber noch recht wenig zielgerichtet in Erscheinung. Mein und Dein werden von Bedeutung. Das Kind dehnt seinen Aktionsraum auf die reale Umwelt aus. In dieser Umwelt ist alles noch durch und durch beseelt. Beim Spiel verwandelt sich ein Klotz unmittelbar in eine Puppe und wieder zurück, ein Pappkarton in eine Eisenbahn. Die Kinder sind von ihrer Umwelt noch so wenig distanziert, daß sie unmittelbar „zwischen den Welten“ wechseln können.

Je nach Leitvorstellungen wird die Einflußnahme auf die kindliche Entwicklung anders aussehen, wenn eine gezielte Förderung notwendig ist.

Die Eltern, die Familie, Fremde können Fördergruppen bilden; die Förderung kann sich auf die Intelligenzleistung, das Sprachvermögen, soziales Verstehen und Handeln oder Umwelterkundung beziehen. Am erfolgreichsten erwiesen sich Förderprojekte, die in familienähnlichen Situationen Kinder verschiedener Altersstufen zusammenfaßten. Das gilt auch für die Sozialisation. Gerade in diesem Alter lassen sich Defizite (noch) ausgleichen, wobei sich auch wiederum gemischtaltrige Gruppen, wie sie etwa in den modernen Spielkreisen propagiert werden, als beste Lösung erwiesen haben.

Natur- und Umwelterziehung schon in diesem frühen Alter? Es ist vielleicht der wichtigste Lebensabschnitt überhaupt, weil für nahezu alles, was im späteren Leben Bedeutung erlangt (oder ignoriert wird), der Grund gelegt wird und weil alles, was in dieser Phase angelegt oder versäumt wird, tief ins Unterbewußtsein absinkt. Es meldet dann zwar lebenslang seine Ansprüche an, ist aber dem Bewußtsein fast kaum zugänglich. Es ist wohl nicht übertrieben zu sagen, daß in dieser Lebensphase die wichtigsten Entscheidungen für den Lebenslauf getroffen werden. Für die Natur- und Umwelterziehung ergeben sich daraus bedeutsame Konsequenzen.

Der Spracherwerb steht dabei obenan. Je individueller und erfahrungsreicher die Begriffe mit Vorstellungen gefüllt werden, desto reicher kann später das „Innenleben" werden. Reale und gleichzeitig phantasievolle Umwelterfahrungen können durch kein Medium ersetzt werden. Auch bei der Bildung von Werten heißt die Grundlage Nachahmung. Jedes weggeworfene Brot, jedes in den Mülleimer geworfene Alpenveilchen, jede totgeschlagene Wespe ist ein Beitrag zum späteren Wertgefühl eines Erwachsenen, wenn auch ein negativer. Deshalb gilt es, positive Handlungen zum Muster zu machen: Eine Biene, die sich in die Küche verflogen hat, muß herausgelassen, ein sich krümmender Regenwurm wieder eingegraben, eine Angst einflößende, „häßliche" Spinne am Leben gelassen werden. Das gilt auch gegenüber den Gaben der Natur. Ein ehrlich ausgesprochener Dank am Mittagstisch ist ein Stück Natur- und Umwelterziehung.

Kinder nehmen in diesem Alter Natur noch als Ganzheit auf. Daß sie gefährdet sein kann, ist für sie noch nicht erlebbar. Deshalb muß man sie in die Natur ganz eintauchen lassen. Verwilderte Flächen und Gärten sind dazu besser geeignet als gebaute Spielplätze. Der Phantasie genügt, wenn Naturmaterial bereitgestellt wird. Spielmaterial aus Metall und Kunststoff hat mit dem Fernsehen meistens gemeinsam, daß die Phantasie auf Schienen laufen muß. Das ist nicht altersgemäß.

Die Erwachsenen sind für dieses Alter buchstäblich Vorbilder für alles Verhalten. Sie dürfen deshalb einem Kinde auch ihre Gefühle zeigen: Einen Baum umarmen, einen Strauß ans Herz drücken, das erste Gemüse in eine kleine Familienfeier einbinden. Für die Natur- und Umwelterziehung ist das Zeigen von Gefühlen ebenso wichtig wie für die soziale Erziehung.

Alle Dinge sind für Kinder dieser Altersphase belebt. Wir dürfen sie noch nicht mit unserer Erwachsenenwelt konfrontieren, sondern müssen unsere Phantasie in Gang setzen, um Steine, Pflanzen, Tiere im Denkstil der Kinder zu beleben. Des weiteren ist der Angstabbau gegenüber Tieren, Pflanzen und Menschen eine weitere wichtige Aufgabe dieser Altersphase. Er ist besonders wichtig für den dritten Abschnitt dieser Phase und gilt insbesondere für fliegende Insekten und „häßliche" Tiere (vgl. ab Seite 115 und alle folgenden Aufgabensammlungen).

Das Alter der Nachahmung, der Autoritätsgläubigkeit und der Magie bis zum ersten Gestaltwandel (3–7 Jahre, bis einschließlich Klasse 1)

Die Schwierigkeit, Altersphasen abzugrenzen, zeigt schon, daß jede Entwicklung ein Kontinuum ist. Wenn diese Phase noch das erste Schuljahr einbezieht, so soll das vor allem darauf hinweisen, daß viele Kinder ihren Gestaltwandel erst in Klasse 1 abschließen und diese Klasse als Eingangsphase in das Schulleben verstanden werden kann. Was bedeutet Schule für den jungen Menschen?

Die Schule setzt den Menschen einem neuen Kommunikationsni-

veau aus. Den Lehrer hat es nicht mehr für sich wie Vater und Mutter. Ulrich (zitiert nach Oerter; Montada 1987) nennt als Bedingungen: Die Machtkonstellation, bei der der Schüler geringere Chancen als der Lehrer hat, sich auszudrücken oder das Geschehen zu beeinflussen, die Wissenskompetenz, bei der der Lehrer meist hoffnungslos überlegen ist und die Einseitigkeit der Kommunikationskanäle. So darf der Lehrer tadeln, der Schüler nicht.
Bezüglich des Einschulungstermins hat die Wissenschaft keine sicheren Kriterien gefunden, wann er liegen sollte.

Die Kindergartenphase

Die eigentliche „Kindergartenphase" reicht meist bis in das siebte Lebensjahr hinein. Sie ist gekennzeichnet von einer schöpferischen Phantasie, die aus der Innenwelt der Kinder aufsteigt und alle Dinge der Außenwelt damit überzieht. Es ist die Zeit des ungehemmten Spiels. Das Spiel ist gleichzeitig Arbeit und Schulung. Es ist eine Zeit der Märchen, voll hintergründiger Bildwahrheiten. Läßt man es zu, verkleiden sich die Kinder gern, schlüpfen fortwährend in andere Rollen und leben sie auch. In diesen Tätigkeiten, Erlebnissen und Erfahrungen entwickelt sich das Gewissen.

Märchen sind für die Kinder nicht grausam; sie sind nur unerbittlich konsequent als Spiegel eines absolut gültigen Gewissens. Die grenzenlose Phantasie wird von Erwachsenen oft fälschlich als Lüge gedeutet. Die Phantasie erübt hierbei den Umgang mit der Wahrheit. Das Leben ist überhaupt in diesem Alter voll von leichten Lösungen. Die Arme werden zu Flügeln, die das Kind überall hinführen; für arme Kinder kann die Mutti ja einfach Geld von der Sparkasse holen; wenn der Papi dem Hund sagt, er soll doch auf der anderen Straßenseite bleiben, dann gehorcht der auch.

Das rhythmische Element spielt für diese Phase eine herausragende Rolle. Das betrifft die Vorliebe für Reime und Lieder, aber auch wiederkehrende Gepflogenheiten beim Essen oder Zubettgehen.

Nach Auffassung einiger Psychologen kann schon in diesem Alter eine gezielte intellektuelle Bildung einsetzen. Gerade die Verschiebung des Begabungsbegriffes von der Anlage zur Förderung von Anlagen brachte die Vorschulprogramme hervor.

Nach Deuter (in Oerter; Montada 1987) scheint es so zu sein, daß besonders große Effekte erzielt werden, wenn sich die Programme sowohl Eltern wie Kindern zuwenden, was nahelegt, daß bei jeder Förderung die Verbesserung der sozialen Situation wichtiger ist als eine spezifische Förderung von Sprache, Intelligenz. Das ergibt sich auch aus anderen Forschungen (Barenboim 1977, Silbereisen in Oerter; Montada 1987), wenn auch noch nicht geklärt ist, wie denn die sozialen Verhaltensweisen entstehen. Deutungen beziehen sich auf Nachahmung, Leistungswahrnehmung, Mitgefühl usw. Als Erwachsene handeln wir im allgemeinen nach einem Schema (Script bei Silbereisen) und denken im Grunde nur bei neuen Situationen. Jedenfalls ist das Wissen um die Steuerbarkeit dieser Prozesse sehr lückenhaft. Es empfiehlt sich deshalb, die Bedeutsamkeit des Vorbildes so lange zu betonen, bis wir diesen Prozeß besser durchschauen.

Was die Altersgemäßheit von Angeboten angeht, so neigt unsere Zeit eher zu Verfrühungen als zu Verspätungen. Das gilt für den intellektuellen wie sozialen Bereich gleichermaßen. Sollte man nicht die Altersphasen voll auskosten? Wäre das nicht die beste Bedingung für das richtige Erwachsenwerden? Deshalb sollten wir in dieser Phase ausgiebig die Kinder die Dinge, die Natur und die Umwelt von innen her erfahren lassen; vielleicht können sie dann später unsere abstrakte, tote, erstarrte Welt besser ertragen.

Der Übergang zur Schulreife

Nach dem fünften Lebensjahr beschleunigt sich das Längenwachstum, die sogenannte Vorschulstreckung tritt ein. Die Fettpolster verschwinden, die Bewegungen verlieren den kleinkindhaften Charakter und werden geschmeidiger, das Kind wird insgesamt „anders". Körperlich wird der Abschnitt begleitet oder abgeschlossen vom Zahnwechsel der Schneidezähne. Viele Kinder haben die Streckungsphase schon beim Schuleintritt abgeschlossen, bei manchen füllt sie noch das erste Schuljahr ganz oder teilweise aus.

Auch in diesem Alter ist die Umwelt für die Kinder noch weitgehend mit ihrer Spielwelt identisch. Vielleicht kann man die Entwicklung so verdeutlichen, daß jetzt nicht mehr die Magie der Dinge, sondern das mythische Element im Vordergrund steht, sich aber zunehmend auch die Einsicht meldet, daß die Dinge einen realen Zusammenhang haben. Überwiegt im ersten Abschnitt dieser Phase die Tatsache, daß die Kinder die Außenwelt mit ihrer Innenwelt überziehen, so kommt es nun zu einem Gleichgewicht zwischen innen und außen. Das bewirkt, daß das Kind sich selber Aufgaben stellt: Es genügt ihm nicht mehr, Als-ob-Handlungen zu vollziehen. Es will wirklich Feuer machen, einen Nagel einschlagen, sich anziehen. Hier stößt es auf die turmhohe Überlegenheit der Erwachsenen. Das führt bei positivem emotionalen Bezug zu Gehorsam, zu einer unverrückbaren Anerkennung der Erwachsenenautorität. Man darf sie nutzen, um die Selbständigkeit zu stärken. Man erinnere sich, wie man selber in diesem Alter z. B. den Vater oder die Mutter, einen Schuster oder Straßenbahnführer bewundert hat und man es diesen einmal gleichtun wollte. Der Erwachsene ändert also in dieser Zeit seine Rolle. Ihm wird eine Vorbildfunktion förmlich angetragen. Dies hält bis ins dritte Schuljahr vor.

Der beschriebene Gleichgewichtszustand bewirkt, daß die Kinder in zwei Welten leben und aus einer in die andere wechseln. Deswegen vielleicht bevorzugen sie die freie Natur als Spielort. Ab Ende der Kindergartenzeit führen sie auch gern kleine Aufträge aus.

Schwerpunkte bleiben: Differenzierung der Sprache, Entwicklung der Gemütskräfte durch phantasiereiche, später auch nachahmende Spiele, das Akzeptieren des kindlichen Autoritätsbedürfnisses und Grundlegung eines differenzierten Gewissens. Alles Tun und Unterlassen quillt im späteren Leben eher aus dem Unbewußten als aus dem

Bewußten hervor. Die in diesem Alter gesäte Liebe zur Natur, die in diesem Alter begründete Ehrfurcht vor dem Lebendigen ergeben einen soliden Rahmen für das spätere Leben. Wenn wir heute gern das Wort „Umweltgewissen" gebrauchen, so ist dieses eher über Erlebnisse (Gefühl) als über Wissen (Intellekt) zu entwickeln. Unabweisbar werden wir uns in diesem Zusammenhang später der Frage zuwenden müssen, wie denn Fehlentwicklungen und biographische Störungen aufgearbeitet werden sollen.

Bezüglich der normalen Entwicklung ergeben sich für diese Phase folgende konkrete Hinweise zur Natur- und Umwelterziehung:
Erster Abschnitt
• Pflanzen und Tiere dürfen den Kindern noch als handelnde und fühlende Lebewesen begegnen. Das braucht nicht einmal an ein reales Tier oder eine reale Pflanze gebunden zu sein, sondern kann losgelöst vom Objekt im Zimmer geschehen. Begegnet das Kind dann dem Tier oder der Pflanze, überträgt es die „Wesenswahrnehmung" auf das Lebewesen. Die Befürchtung, dadurch einer anthropomorphen Naturauffassung Vorschub zu leisten, ist durch die Praxis widerlegt. – Die wichtigste Aufgabe ist vielleicht, Ängste abzubauen und Zuneigung zu stärken oder zu entwickeln. Hummeln, Bienen, Wespen, Spinnen, Regenwürmer, Kröten, die oft zunächst Ängste hervorrufen, müssen liebevoll als Mitgeschöpfe angenommen werden. Sehr oft muß der Erwachsene, der mit Kindern dieses Alters umgeht, diese Haltung erst für sich selbst entwickeln. Nur aus einer gefühlsmäßig warmen Zuwendung zu Pflanzen und Tieren kann eine warmherzige Naturbeobachtung hervorgehen.
• Die Kinder sollten ein Stück Natur zum Eintauchen und als Betätigungsfeld ihrer Phantasie erhalten. Es sollte gleichsam ein Stück Wildnis sein, in der sie sozusagen leben können wie im Paradies, aus dem sie dann unerbittlich am Ende dieser Phase vertrieben werden. Dieses Stück Natur ist im naturschützerischen Sinn ein Stück „Verbrauchsnatur". Es müßte für dieses Alter als verboten gelten, daß die Erwachsenen vorgeformte Spielangebote in diese Flächen einbringen, etwa Klettergerüste . Wohl können Sandecken, Baumstämme, Hütten in diesem Areal vorhanden sein.
• Die geliebten oder verehrten Autoritäten haben durch ihr Vorbild großen Anteil an der Einübung von Verhalten. Zwar durchschaut ein Kind noch nicht, daß Erwachsene oft anders reden als handeln, aber es fühlt dies, und auch das kann zur Bürde für den weiteren Lebenslauf werden.
Zweiter Abschnitt
• Alle Aufgaben des ersten Abschnittes bleiben gültig. Jetzt erst können die Kinder verstehen, daß Pflanzen und Tiere gefährdet sein können. Das darf aber nicht allgemein geschehen, sondern über konkrete Lebewesen, zu denen das Kind eine Beziehung hat: Das Amselnest auf dem Balkon, die Blume, um die es sich gekümmert hat, der Salatkopf, den es zum Essen gepflanzt hat.

• Auch die Gartenarbeit wird den Kindern jetzt zugänglich, aber eher in dem Sinne, daß sie Helfer der Erwachsenen sind und etwas abschneiden, halten, wegbringen oder Blumen begießen. Im Sinne einer Leistung sollte man sie noch nicht einsetzen, denn die Aufmerksamkeit wechselt immer noch zwischen Phantasie und Realität, Spiel und Wirklichkeit.
• Im Verlaufe des ersten Schuljahres werden unter Umständen bereits einige weitere Verhaltensweisen sichtbar, die aber im Abschnitt für das 2. und 3. Schuljahr besprochen werden sollen.

Das Alter des lebendigen Mythos und der Autorität (Klasse 2 und 3)

In diesem Alter haben die Körperkräfte stark zugenommen, die Streckungsphase ist abgeschlossen. Es stehen auch jetzt noch die Methoden des spielerischen, erprobenden Umganges mit den Dingen im Vordergrund. Wenn die Kinder eine gute Kindheit hatten, ist es eine Phase ruhiger Weiterentwicklung. Ihr Beginn ist noch durch die volle Zuwendung zum Märchen und zum Mythos ausgezeichnet. Das ändert sich dergestalt, daß wohl noch die Phantasie den Schwerpunkt der Erwartungen ausfüllt, daß aber die Vorliebe sich mehr und mehr Abenteuer- und Heldengeschichten zuwendet. Auch diese sind noch eine Art verwandelter Märchenwelt. Während der Lehrer im ersten Abschnitt dieser Phase die Kinder noch durch seine eigenen Interessen stark beeinflussen kann, erwacht zum Schluß zunehmend deren individuelles Interesse. Es bleibt aber an der Oberfläche des sinnesbezogenen Denkens, des Konkret-Anschaulichen. Das führt auch zur Eroberung der sinnlich- räumlichen Außenwelt. Dabei unterliegt die Autorität des Lehrers noch keinem Zweifel. Dies hat zur Folge, daß der Lehrer Kinder in eine vorgezogene Kognition locken kann. Sie folgen, weil sie den Lehrer lieben, verehren. Aber nicht Reproduktion sondern Produktion ist für die Entwicklung förderlich. Selbst intellektuelle Zusammenhänge sollten noch nachhaltig von Phantasie durchwoben sein.

Während jüngere Kinder jede moralische Haltung imitieren, entstehen in diesem Alter Vorformen individueller Moralität. Aus dem Zusammenstoß der eigenen Antriebe und des eigenen Willens mit der Welt bilden sich erste Haltungen zu gut und böse. Diesen Bereich kann man durch Erzählungen, Geschichten, vielleicht sogar Fabeln nähren, nicht aber durch moralische Ermahnungen („Man tut das nicht!").

Der Anfang dieser Phase ist also noch ganz durch das Märchen- und Mythenalter geprägt, in dem Eltern und Lehrer eine fast unzerstörbare Autorität genießen. In der Mitte der Phase wird die Hinwendung zur Realität größer. Dem hat aller Unterricht Rechnung zu tragen. Erst gegen Ende kommt ein großer Verselbständigungsdrang auf, die Hinwendung „zur Sache" wird möglich, die von da an mehr und mehr die Erziehungsfunktion übernimmt.

Das Leben in zwei Welten – der Phantasie und der Realität – legt nahe, daß Kinder dieses Alters noch nicht absichtlich mit dem Problem Umweltzerstörung konfrontiert werden sollten. Erwachsene sind im allgemeinen überlegene, verehrte Menschen. Wie muß sich die Tatsache in Kinderseelen auswirken, daß erwachsene Menschen Tiere ausrotten und die Natur kaputtmachen? Das soll nur nahelegen, daß man diese Problematik nicht aktiv ausbreiten sollte; wo sie den Kindern begegnet, muß man selbstverständlich eine altersgemäße Antwort finden.

In der Schule gibt es heute bereits in diesem Alter zahlreiche gestörte Kinder. Sie sind unruhig, kritisch- vorwitzig, oft schon intellektuell überwach, gegenüber allen altersgemäßen Angeboten dann aber seltsam dumpf und befangen. Sie sind schon „krank" (vgl. M. Schmitz, 1989). Nach eigenen Erfahrungen hilft hier kein Reden. Es helfen auch keine altersgemäßen Angebote. Man muß, so die Erfahrung, die Kinder sich körperlich in freier Natur „austoben" lassen. Erst wenn sie dann schmutzig, verschwitzt und abgearbeitet wieder zum Vorschein kommen, werden sie ansprechbar. Im Rahmen der Schule ist das weder leicht durchzuführen noch den Eltern klarzumachen. Ich habe viele Erfahrungen als Verantwortlicher für zwei Schullandheime und eine „Freiluftschule" für die Klassen 3 und 4 sammeln können: Toben, Matschen, Schreien, Untertauchen usw. erwiesen sich als ein- bis zweitägiger notwendiger Vorlauf für die Freilegung der altersgemäßen Individualität und als Vorbedingung für viele Schüler, altersgemäße Angebote anzunehmen.

Ein kleiner Garten ist für diese Altersstufe nützlich. Aber er wird doch noch vorwiegend von Lehrern und Eltern bewirtschaftet werden und kann noch nicht in die volle, alleinige Verantwortung der Kinder übergeben werden. Sie können mithelfen. Man kann und sollte ihre Wünsche bei Planung und Bewirtschaftung berücksichtigen. Aber ihre Ausdauer ist zumindest am Anfang und in der Mitte dieser Periode noch sehr wechselnd. Für die Arbeit sind Handgeräte, Gießkannen und Scheren die bevorzugten Gartengeräte, weniger Spaten, Harke und Hacke.

Folgende Gesichtspunkte sind für diese Altersphase in bezug auf die Natur- und Umwelterziehung wichtig:

- Pflanzen und Tiere sind am Anfang dieser Phase noch im menschlichen Sinn beseelt und dürfen in märchenhafter Form handeln und behandelt werden. Das geschieht am besten getrennt von der Realität. Als Fachbiologe muß man erst mühsam von den Kindern lernen, daß für sie das Leben in zwei Welten noch Wirklichkeit ist. Immer mehr soll dann das Märchenhafte zurück- und das Fühlbar- Sinnliche hervortreten. Naturerfahrung durch die Sinne sollte in der Folge bis Klasse 5 zum Schwerpunkt werden.
- Meist im 3. Schuljahr breitet sich wie eine Epidemie in den Klassen irgend eine Sammelleidenschaft aus. Man sollte sie dadurch fördern, daß man kleine Sammelhilfen gibt, etwa für Steine, Früchte, Blätter, Briefmarken usw. Für die Kinder ist am Anfang der Besitz wichtiger als seine Ordnung. Deshalb darf man ihnen auch keine Ordnung aufzwingen, aber man muß sie ermutigen, eine eigene Ordnung zu finden.

Leben in zwei Welten kennzeichnet die Altersphase bis Klasse 2 und 3.

• In Klasse 1 leben die Kinder noch ausschließlich im Jetzt und Hier. Nun beginnt das Zeitbewußtsein sich zu entwickeln. Dies ist zu unterstützen, indem Erlebnisse mit Prozessen verbunden werden. Das Aufziehen einer Schmetterlingsraupe bis zum fertigen Falter, das Begleiten einer Mäuseaufzucht oder einer Amselbrut, das Pflegen eines Salatkopfes bis zur Ernte haben neben dem Erlebniswert und dem fachlichen Gehalt eben diese Entwicklung des Zeitbewußtseins zum Inhalt. Es ist für die eigentliche Ökologie später von großer Bedeutung. Das Kind verbindet sich erlebend mit dem Prozeß. Die Störung an nur einer Stelle des Zeitablaufes kann das Ganze zerstören. In altersgemäßer Form können die Schüler dabei die Gefahren erleben, denen ein Lebewesen im Zeitverlauf ausgesetzt ist. Indem sie dies mit Zuneigung, Wünschen, Hoffen aber auch Enttäuschungen und Schmerz begleiten, nehmen sie vor der rationalen Begegnung mit dem Thema Fragestellungen in sich auf, die erst viel später wieder aufgegriffen werden, die aber in dieser Zeit noch am Gewissen mitbilden. Etwas überhöht ausgedrückt: Solche Erlebnisse können zu Schlüsselerfahrungen für das ganze Leben werden.

- Soziale Spiele bilden ebenso eine Besonderheit dieser Altersstufe wie „soziale Vorübungen". Man hat im Garten Radieschen geerntet, einen Salatkopf, einen Strauß gepflückt. Was tut man damit? Man kann es in Besitz nehmen oder verschenken. Geben und Nehmen sind zwei wichtige Grundpolaritäten menschlichen Verhaltens. Sie müssen erübt werden wie die körperliche Reinlichkeit. Geben und Nehmen spielt nicht nur für die sozialen Beziehungen eine Rolle, sondern auch für die „ökologische Moral" der Natur gegenüber. Innerhalb der unerschöpflich scheinenden Ressourcen entwickelte sich der Mensch als „Nehmer",

Zunehmend ersetzt die Realität die Phantasie. Der Lehrer genießt noch große Autorität.

als Beutemacher und Jäger. Aber heute geht das nicht mehr. Wir müssen der Natur gegenüber „Geber" werden, wir dürfen sie nicht weiter ausrauben. Das ist eine Haltung, die in unserem Naturprogramm nicht auszumachen ist. Man sollte dieses Geben und Nehmen nicht als Polarität auffassen, wie es naheliegt. Indem wir etwas geben (Geld, Wissen, Soziales, Zeit usw), nehmen wir auch (Dank, Zuneigung, Gefühle, Einsichten). Beide Handlungsweisen sollten als grundlegende Komplementarität entwickelt werden, als eine Art Einheit also, bei der man lernen muß, im Fühlen, Wollen, Denken und Handeln die jeweilige Ergänzung mitzuvollziehen. In dieser Altersstufe sollten Vorübungen zu diesem Thema aufgenommen werden: Wieviel Blumen darf ich nehmen, damit noch genug Samen gebildet werden, was muß ich dem Boden zurückgeben, wenn ich den Salatkopf entnehme. Soziale Vorübungen lassen sich später zu ökologischen Einsichten und vielleicht auch Haltungen entwickeln.

• Es gibt noch ein außerordentlich schwieriges Problem, das in diesem Alter angesprochen werden sollte. Es ist der Sachverhalt, den man als „Wettkampf um das Überleben" beschreiben kann. In der Natur lebt einer vom andern. Das ist Schöpfungsordnung, in die auch wir hineingestellt sind. Eine Eule tötet Mäuse, die doch so lieb und possierlich aussehen; eine Fliege wird im Spinnennetz nicht gerade „fachgerecht" getötet. Die Schüler sind bis zum 1. Schuljahr von den Lebewesen so wenig distanziert, daß sie die Vorgänge mit Ekel, Furcht, Sympathie und Parteinahme begleiten. Während man bei ihnen vor allem Angst abbauen muß, muß man in dieser Phase vorsichtig die Natur unserer „Schöpfungsordnung" thematisieren. Die Spinne kann nur Fliegen essen. Sie ist genau so „lieb" wie die Fliege. Auch Eule und Maus sind aufeinander angewiesen. Einer lebt vom anderen. Aber keiner nimmt mehr als er braucht, um zu leben. Auch das liegt in der Natur der Geschöpfe beschlossen. Auch wir Menschen können nur leben, indem wir anderes Leben zerstören, etwa Tiere schlachten, Pflanzen zerschneiden. Wir wissen darum und dürfen auch nicht mehr nehmen, als wir zum Leben benötigen. Es wird in dieser Altersperiode bekanntlich stark das Gewissen „geprägt", also auch das veranlagt, was Schweitzer die „Ehrfurcht vor dem Leben" nennt. Diese Haltung führt von der Spinne, die die Fliege tötet, zur Fliege, die mich ärgert, und die ich totschlagen kann oder zum Butterbrot, das ich einfach in den Papierkorb werfe ... . Insgesamt ist der Wettkampf um das Überleben ein Thema, das bis in die Reifezeit reicht. In dieser Altersphase muß dazu ein emotionaler Grund gelegt werden.

• Spranger nannte Heimat „das erlebte Wurzelgefühl". Das betrifft besonders diese Altersstufe. Der Aktionsradius der Schüler weitet sich jetzt aus. Das Schulgelände, das weitere Umfeld der Schule, des Schullandheimes usw. sind der Erkundungsraum. Auch diese Erkundung sollte durch eine produktive, handlungsbezogene Auseinandersetzung erfolgen. Forsythienzweige kann man abschneiden und treiben, Tulpen in der Vase und in Gärten beobachten, eine gefundene Raupe aufziehen. Man sollte durch intensives Eingehen auf den Jahrezeitengang das

Ab Klasse 4 macht sich großer Tatendrang bemerkbar, der sich ausleben muß.

Zeitbewußtsein üben. Veränderungen an Sonne und Mond werden erst jetzt der Beobachtung zugänglich. Dieser Prozeß der „Beheimatung" hat aber noch einen starken Anteil an Emotion, sinnlicher Erfahrung, Phantasie. Am Anfang dieser Altersperiode erzählt die Raupe noch ihre Lebensgeschichte, am Ende ist sie so weit „Objekt" geworden, daß sie konkret, sinnesbezogen, erklärend beobachtet werden kann.

- Gegen Ende des dritten Schuljahres gehören manche Schülerinnen und Schüler schon in die Alters- und Entwicklungsphase, die im nächsten Abschnitt beschrieben wird.

Die Zwischenphase der beginnenden realen Zuwendung zur Umwelt (Klasse 4)

Ab Mitte der 3. Klasse verändert sich das Spiel- und Freizeitverhalten der Schüler. In des Wortes buchstäblicher Bedeutung wachen sie auf. Jeder hat dabei „seine eigene Stunde". In Klasse 4 hat dieser Prozeß nahezu alle erreicht (die Mädchen eher als die Jungen) und läuft im Grunde kontinuierlich bis Klasse 6 weiter. Dennoch kommen in Klasse 5 so viele neue Momente hinzu, daß die Abtrennung einer eigenen Phase vertretbar ist.

Jetzt geht das Kinderreich verloren. Der junge Mensch ist nun nicht mehr in die Umwelt „eingewoben", er tritt ihr gegenüber. Dabei entstehen auch Gefühle der Einsamkeit und Ängste. Das ist aber der Preis dafür, daß jeder nun ein individuelles Interessenprofil ausbildet und sich vor diesem Hintergrund realistisch und pragmatisch der Welt zuwendet. Mit den persönlichen Vorlieben und Interessen wächst der Wille zum Durchhalten. Aber das hat noch Erprobungscharakter und ist nicht stabil, wie das ganze Lebensgefühl. Aber es hat zur Folge, daß Eltern und Lehrer einen Teil ihrer Autorität einbüßen. Sie werden vor dem Hintergrund der individuellen Vorlieben „bewertet". Verglichen mit der ätzenden pubertären Kritik, werden die Grenzen des Taktes aber noch eingehalten. Wenn Erwachsene verstehen, gerecht und sachlich zu sein, bleibt ihre Autorität noch erhalten.

Die Phantasiewelt verblaßt und wird zunehmend sogar abgelehnt. Aber alle Erklärungen sind noch bildhaft-intuitiv und nicht abstrakt-intellektuell. Deshalb bleibt der Zugang zur Natur durch Sinneserfahrungen möglich. Merkwürdigerweise erreicht das eidetische Gedächtnis in diesem Alter sein Maximum. Im gleichen Maße, wie jetzt der Lehrer als Autorität zurücktreten sollte, dürfen objektive, historische Autoritäten hervortreten: Naturforscher, Weltumsegler, Bergsteiger, Abenteurer lösen die unmittelbare Autorität, die Eltern und Lehrer hatten, ab.

Obgleich die Schülerinnen und Schüler schon ab Klasse 3 gern soziale Spiele durchführen, werden sie erst in Klasse 4 „sozial". Es ist eine Art „Herdensozialität", die manchmal geradezu archaische Formen annimmt. Wollte man diese Lebensphase durch ein Bild beschreiben, so könnte es durchaus das Bild von der Menschheit nach der Sintflut sein, als sich die ersten größeren Gemeinschaften bildeten, die Urtechniken des Ackerbaus, der Tierzucht, des Gartenbaus erfunden und prakti-

Budenbau ist eine der vielen Beschäftigungen, mit denen die Schüler ab Klasse 4 (3) die reale Welt erobern.

ziert wurden, und fast alle handwerklichen Urtechniken ihre entscheidende Entwicklung durchliefen. Dieses Bild beschreibt auch treffend den Erwartungshorizont der Schüler: Sie wollen wissen, wie man etwas macht, wie etwas funktioniert, welche Folgen konkrete Manipulationen haben, wieviel etwas kostet oder wert ist. Die Interessen verlagern sich also wohl auf eigenständiges Handeln, aber noch nicht auf das Ergründen abstrakter Gesetzlichkeiten. Das wird auch deutlich aus dem großen Vergnügen, das die Schüler an kleinen konkreten Experimenten haben.

Trotz dieser Wendung bleiben emotionale Begegnungen möglich. Die Gesichtspunkte, daß die Natur pflegebedürftig ist, die Entwicklung des Zeitbewußtseins, das Problem von Geben und Nehmen und die Vertiefung der Frage des „Wettkampfes um das Überleben" sollten auch in dieser Altersstufe weitergepflegt werden. Neu sind folgende Aspekte:

• In der Gestalt großer Tierschützer z. B. finden die Schüler Identifikationsmöglichkeiten. Albert Schweitzer oder Konrad Lorenz können z.B. für diese Altersstufe Vorbild werden, wobei nicht ihre Philosophie oder ihre wissenschaftliche Leistung das Thema ist, sondern ihr Einsatz für eine Sache.

• Keine Altersphase ist künstlerisch so kreativ wie diese. Ob es ums Malen geht oder das Schreiben von Geschichten oder Gedichten, ob um das Singen, Tanzen, Pantomime oder Rollenspiel: Die Phantasie der Schüler liegt noch so unmittelbar unter der Oberfläche, daß man geradezu künstlerische Produktionen als den Zugang zur Natur- und Umwelterziehung dieser Altersstufe kennzeichnen kann. Das versiegt gegen Ende des 6. Schuljahrs unter dem Ansturm der Vorpubertät weitgehend. Da aber alle Kunst irgendwie mit Religiosität zusammenhängt, kann man die religiöse Erziehung ab dieser Altersstufe durch künstlerische Betätigung anreichern (vgl. Kap. 8).

• Diese Altersphase ist die Phase der „Landnahme". Während die Schüler zumindest bis Mitte der Klasse 3 im Grunde nur Helfer im Garten waren, entsteht jetzt das Bedürfnis nach einem eigenen Garten. Das ist so ausgeprägt, daß Schüler ein eigenes Stück Land fast immer zunächst mit einem Zaun, einer Abgrenzung umgeben. Dieses Bedürfnis sollte man akzeptieren. Ein eigenes Beet entspricht dem Bedürfnis dieser Altersstufe. Es sollte eine Größe von 2- 8 qm haben. In voller Eigenverantwortung soll und will der Schüler nun die Folgen seiner Pflegemaßnahmen erfahren. Diese Erfahrung ist durch nichts zu ersetzen. Als Erwachsene haben wir es natürlich schwer, den für unser Empfinden so schrecklichen „Schulgarten- Friedhof" zu akzeptieren. Aber es geht um die Natur- und Umwelterfahrung der nächsten Generation. Die Erfahrung der Verantwortlichkeit für ein kleines Stück unserer Erde ist von derart grundsätzlichem Erziehungswert, daß sie nicht ausfallen darf.

In Klassen mit vielen gestörten Kindern und in Sonderschulen kann man über die Pflege eines eigenen Gartenbeetes bis Klasse 6, bei sozial schwer geschädigten Schülern sogar bis in die Oberstufe therapeutisch arbeiten. Lehrer, evtl. Eltern und Schüler sollten aber für die eigenen Beete doch Regeln absprechen: Darf man „Tannenbäume" pflanzen? Wieviele Arten passen auf ein Beet? Die Bearbeitung der Beete sollte mit Kleingeräten durchgeführt werden. Von Pflegewettbewerben jedoch wird dringend abgeraten; sie rufen allzuleicht ehrgeizige Eltern auf den Plan. Die Minigärten müssen einer unterrichtlichen Nutzung unterliegen. Bei Gelegenheit muß man auch Maßnahmen wie Säen, Jäten, Grubbern, Gießen, Ernten und Düngen thematisieren.

• Nicht überall ist die Pflege eines Beetes oder eigenen Gärtchens möglich. Die Erfahrungen, die die Pflege eines eigenen Gartens bringt, lassen sich auch bei der Pflege von Zimmerpflanzen und Heimtieren gewinnen. Zimmerpflanzen werden im 4. Schuljahr mit Begeisterung gesät, vermehrt, in Pflege genommen, umgetopft, getauscht. Auch hier ist individueller Besitz dem Klassenbesitz vorzuziehen. Hierüber gibt es allerdings unterschiedliche Erfahrungen. Auch Bohnen, Schnittlauch, andere Kräuter und sogar Tomaten lassen sich mit Erfolg im Topf heranziehen. Über die Pflegemaßnahmen, die für diese Altersstufe ganz pragmatisch im Vordergrund stehen sollten, ergeben sich Hinweise auf die Autökologie der Pflanzen, auf ihre Standorte und Lebensbedingungen. Vor diesem Hintergrund können sogar holzschnittartig Begriffe wie Steppe, Wüste, Tropischer Regenwald auftauchen – nicht um sie zu strukturieren, sondern um Pflegemaßnahmen zu begründen. Großen Erfolg haben meistens Projekte wie die Vermehrung von Pflanzen für ein Schulfest, einen Elternabend. Auch Klassen, die einen Schulgarten bewirtschaften, sind für Zimmerpflanzen zu begeistern.

• Die Haltung von Heimtieren erfordert eine viel stärkere Lenkung durch den Lehrer als die Haltung von Zimmerpflanzen. Im Grunde trägt der Lehrer noch allein die Verantwortung für jedes Tier. Es kann nicht auf der Basis von Versuch und Irrtum gepflegt werden. Geeignete Tierarten gibt es nur wenige. Aquarien, die auf den ersten Blick geeignet sind, verlieren schnell ihre Anziehungskraft. Die Haltung von Vögeln verbietet sich, weil sie zu scheu sind. Den spielerischen Umgang aber sollte man für diese Altersstufe zulassen, wobei die Verordnungslage über Tierhaltung in der Schule in den Bundesländern unterschiedlich ist.

Es bleiben eigentlich nur Kaninchen, Meerschweinchen, Rennmäuse und begrenzt Labormäuse. Allerdings muß man einkalkulieren, daß ein Kaninchen um 7 Jahre, ein Meerschweinchen 5 – 6 Jahre, eine Maus um 3 Jahre alt werden. Während dieser Zeit behält man die Verantwortung. Ein erfüllter Heimtier-Wunsch, das gilt auch für Hund und Katze, läßt ein „Keine-Lust-mehr-haben" nicht zu.

Insgesamt geht es in dieser Altersphase also um die Erprobung des pflegerischen Verhaltens. Der Pfleger bestimmt durch sein Verhalten den Ablauf der Prozesse, die er in seine Verantwortung genommen hat. Das ist eine buchstäblich grundlegende Erfahrung. Sie kann nicht durch Medien ersetzt, sondern muß erlebt und erfahren werden. Auch dies ist in ein Bild zu fassen, das auf die Römer zurückgeht. Sie unterschieden das bebaute Land, die cultura (von colere: pflegen) von der Wildnis, der natura. Dem Wortsinn entsprechend erfährt man die Pflegebedürftigkeit des Lebendigen eher in der menschengeprägten cultura, dem Garten, als in der Wildnis, der natura. Das mag der Grund sein, daß alle von mir erprobten Versuche, mit Schülern 4. Klassen ein Biotop zu pflegen, nicht erfolgreich waren. Die gewollte Struktur des Gartens leuchtet Kindern in diesem Alter offenbar noch leichter als pflegebedürftig ein als die naturnahe Struktur einer Wiese oder der „Wildnis".

Das Alter der realen Zuwendung zur Umwelt (Klasse 5 und 6)

Die sozialen Chancen sind in unserem Kulturraum weitgehend von der Schullaufbahn abhängig. Das erzeugt einerseits große Ängste; andererseits werden ihre Normen im allgemeinen akzeptiert, wenn es auch oft ein ganzes Leben dauert, bis die Schulerfahrungen „abgearbeitet" sind. Hildenschmidt zufolge (in Oerter; Montada 1987) sind alle Lenkungsmaßnahmen mehr oder weniger unwirksam. So vergrößert sich der Entwicklungsabstand bei Rückstellung vom Schuleintritt eher, als daß er dadurch verringert würde. Ebenso wirkt sich das Wiederholen einer Klasse in den meisten Fällen nicht förderlich auf die weitere Schullaufbahn aus; (das gilt für weiterführende Schulen abgeschwächt).

Da sich in jeder Schulform und jeder Klasse erneut ein breites Leistungsgefälle herausbildet, ist auch die Zuweisung in eine bestimmte Schulform auf das Ganze gesehen keine Verbesserung. Alles spricht für ein möglichst langes Zusammenlassen aller Begabungen. Die Forschungen sind eindeutig: eine innere Differenzierung verhindert, daß benachteiligte Schüler weiter benachteiligt werden.

Unabhängig von diesem einleitenden Exkurs beginnt mit Recht in Klasse 5 etwas Neues: Der Fachunterricht. Erst jetzt ist den Schülern ein Bezug „zur Sache" möglich, wobei der Bezug zu Personen noch stark bleibt. Man hat diese Phase gern als reife Kindheit bezeichnet. Das ist heute nur noch in Grenzen richtig. Einmal treten in dieser Phase schon gehäuft biographische Störungen auf, zum andern befinden sich viele Mädchen am Ende des 6. Schuljahrs schon in der Vorpubertät. Der ebenfalls kaum noch verwendete Ausdruck Robinsonalter beschreibt die richtige Tatsache, daß sich die Schüler dieses Alters besonders für eigene und fremde Abenteuer interessieren.

In diese Richtung zielt auch ihr Interesse für „Urtechniken" und Experimente, bei denen man „was sehen kann", bei den Jungen stärker ausgeprägt als bei den Mädchen. Für beide Geschlechter bleiben Geschichten interessant, bevorzugt von „Helden", Abenteurern und Menschen, die etwas Besonderes geleistet haben. Sie sind jetzt die eigentlichen Vorbilder. Auch die Stars aus Sport und Film können diese Rolle übernehmen. Aber auch soziale Fragestellungen werden virulent. Das äußert sich darin, daß die Gruppe das eigene Verhalten beeinflußt oder gar bestimmt. Allerdings stellte sich in soziographischen Untersuchungen heraus, daß es in der Gruppe wiederum bestimmte Vorbilder

Fachgerechte Gartenarbeit ist ein wichtiges Thema für die Klassen 5 und 6.

sind, die Einfluß haben. Aus diesen Gruppen entwickelt sich das für dieses Alter so typische „Spielrudel" (Oerter 1987, Engelmayer 1966). Es ist jedoch streng geschlechtsspezifisch. Die Gruppen, Cliquen sind voller Kraftüberschuß, was sich in Mutproben äußert: Klingelstreiche, Jux mit Passanten, Äpfel stehlen usw. Man kann diese Phase für die Natur- und Umwelterziehung nutzen, indem man Umwelt-Aktionsgruppen ins Leben ruft. Die Gruppentendenz kann andererseits zu Banden führen, deren Mitglieder ihre Mutproben dann in ausgesprochen kriminellen Handlungen ablegen (z. B. Kaufhausdiebstähle). Eine andere Äußerung der sozialen Fragestellungen zeigt sich in einer jetzt erwachenden und mit dem Alter stetig zunehmenden Kritiklust an den Erwachsenen.

Kann ein Lehrer in Klasse 5 im allgemeinen noch auf seine unwidersprochene Autorität bauen, wird er ab Klasse 6 unnachgiebig einer Bewertung seiner Qualitäten unterzogen. Das mag auch mit dem richtigen Empfinden der Schüler zusammenhängen, daß schon zu diesem Zeitpunkt die Weichen für die Zuteilung sozialer Chancen durch Zuordnung in bestimmte Bildungswege gestellt werden. Trotz dieser Empfindlichkeit für soziale Fragen ist die Erwartung der Schüler an die Schulfächer sehr groß. Leider wird der beginnende Fachunterricht heute meist nicht altersphasengemäß – handlungsorientiert, konkret, phänomenbezogen, in Gruppenarbeit, eigenverantwortlich – durchgeführt, sondern ist verbal, auf Grundbegriffe und Grundstrukturen ausgerichtet. Werden hierdurch die altersgemäßen Erwartungen der Schüler so frustriert, daß ihr Interesse an der Schule erlahmt und sie mehr und mehr in die sogenannte Freizeit ausweichen? Werden die Erwachsenen vielleicht dadurch zu ihrer falschen Haltung verführt, weil das Gedächtnis und die Lernfähigkeit gerade jetzt den absoluten Höhepunkt der gesamten Biographie erreichen?

Tatsächlich sind die Schüler zunehmend zu wirklichen Denkoperationen fähig, die zunächst zwar noch sinnlich-konkret sind, am Ende der Phase aber die Ebene abstrakter Denkoperationen erreichen. Das körperliche Wachstum verläuft bis zum Ende dieser Phase kontinuierlich, so daß Körperlichkeit und Bewegungen eine bestimmte Harmonie ausdrücken. Die körperliche Leistungsfähigkeit nimmt in dieser Phase so stark zu, daß man mit einem gewissen Recht von einer erwachsenen Kindheit sprechen könnte. Will man für die Biographie aller Menschen nur die markantesten Phasen unterscheiden, so muß man wohl die Zeit nach dem ersten Wir-Bruch (um 3;6) und dem zweiten Wir-Bruch hervorheben, die diese Phase beendet. Gerade weil in dieser Phase noch viele Kräfte der Kindheit unmittelbar wirksam sind, ist es noch einmal eine Prägungsphase. Erfahrungen, Erlebnisse, Haltungen, Werturteile, Vorlieben, die jetzt gelebt werden oder entstehen,

Schülergärten sind Betätigungsfelder. Sie dürfen im fachlichen Sinne etwas „unordentlich" aussehen.

gehen in der nächsten Phase nur scheinbar unter. Wenn sie mit positiven Gefühlswerten besetzt waren, tauchen sie jenseits von Klasse 8 in der dann schon selbstbestimmten Persönlichkeit direkt oder in verwandelter Form wieder auf. Diese Aussage stützt sich allerdings nur auf eigene Beobachtungen und nicht auf Forschungsergebnisse.

In dieser Periode wird jeder Versuch, Natur in Geschichten zu verwandeln, mit beißendem Spott belegt. Das gilt in Grenzen auch für emotionale Gruppenerlebnisse, nicht aber für individuelle. Das Gemüt wird Erwachsenen gegenüber scheu und verbirgt sich zunehmend unter der Oberfläche sachbezogener Interessen.

Trotzdem sollten Themen wie die Pflegebedürftigkeit der Natur, das eigene Eingreifen in den „Wettkampf um das Überleben", Übungen im Geben und Nehmen und zum Erfahren von Zeitverläufen weitergepflegt werden. Sie müssen jetzt aber nicht nur handelnd sondern auch argumentativ begleitet werden, verändern also ihre Struktur stark.

Alle Anregungen, aller Unterricht, alles Handeln sollten dennoch in dieser Phase erlebnis- und ichbezogen bleiben. Dies leuchtet vielleicht zunächst nicht ein. Erst wenn man sich bewußt macht, daß die Perioden, die besonders ichbetont sind, in Wirklichkeit Abgrenzungsphasen zwischen Ich und Welt darstellen, wird diese Empfehlung verständlich.

Welches sind die Schwerpunkte für die Natur- und Umwelterziehung dieser Altersphase? Etwas salopp könnte man es als „Bandenbildung für die Umwelt" und „Lebensnahes Erlernen der ökologischen Grundtechniken" zusammenfassen.

- Jetzt sind Umweltaktionen fällig: Bäume pflanzen, Krötenzäune aufstellen, ein Stück Heide entkusseln. Anders als in der folgenden Altersphase kommt es jetzt stark auf das Gemeinschaftserlebnis an. Die Zielsetzung heißt: Wir als Schüler können etwas für die Umwelt tun, am besten in Gemeinschaft. Bei diesen Unternehmungen hat man mit den Jungen dieses Alters wenig, mit den Mädchen gelegentlich Schwierigkeiten, weil sie biographisch oft schon „älter" sind als die Jungen. Das Hauptaugenmerk bei allen Aktionen muß sein, daß die Schüler durch und durch verstehen, was sie tun, und daß ihre Arbeit buchstäblich vollwertig ist.
- Eine besonders wichtige Rolle spielt für dieses Alter der Schulgarten. Die Schüler sind jetzt kräftig genug, um mit richtigen Gartengeräten hantieren zu können. Ihre Neigung zum Zusammenschluß legt nahe, den Garten in Gemeinschaft zu bearbeiten. Die Selbsterfahrung muß aber Unterrichtsgrundlage bleiben; es darf keine gärtnerische Lehre im Lehrbuchsinn angeboten werden. Dennoch sollten folgende Techniken in Verknüpfung mit der Praxis einigermaßen fachgerecht erlernt werden: Graben, Grubbern, Hacken, Mulchen, Gießen, Säen, Pikieren, Pflanzen, vegetatives Vermehren. Keine Arbeit darf im Trockenkurs gelernt werden, aber das Üben der richtigen Handgriffe gehört zum Unterricht. Die Klassen 5 und 6 sind für die Schulgartenarbeit nicht nur die geeignetsten Jahrgänge, sondern auch die wichtigsten. Für die Natur- und Umwelterziehung ist erstrebenswert, in dieser Altersphase

neben dem Biologieunterricht noch 2 Stunden Gartenarbeit oder einen Ersatz – etwa: Grundtechniken ökologischer Feldarbeit – planmäßig zu verankern (vgl. Winkel 1990).

Das Ziel der Gartenarbeit ist in dieser Altersphase eine gute, gesunde Ernte an Blumen, Obst und Gemüse. Die Begleitung des Jahreslaufes durch ein Protokoll ist unbedingt nötig. Eine Aufteilung in Sommer- und Winterarbeiten hat sich bewährt. Klassen mit vielen in der Entwicklung gestörten Schülern sind gelegentlich nicht zu einem Gemeinschaftsgarten zu motivieren. Für sie hat sich als therapeutische Maßnahme das Bewirtschaften von Einzelbeeten wie für das 4. Schuljahr beschrieben bewährt.

An dieser Stelle sollte ein Wort zum gärtnerischen Eindruck eines Schulgartens gesagt werden. Er darf weder mit der Elle des Hobbygärtners noch mit der des Berufsgärtners gemessen werden. Wir sollten den Anflug von Kinderzimmer-Unordnung als schulgartengemäß akzeptieren. Die Experimentierlust dieser Altersstufe läßt sich auch im Schulgarten pflegen, indem Keimversuche, Düngeversuche, Versuche mit definierten Kulturbedingungen, mit verschiedenen Sorten usw. durchgeführt werden. Die Mädchen haben daran gelegentlich nicht so viel Interesse wie die Jungen. Für sie sollte man z. B. das Binden von Blumensträußen zum Thema machen, was aber auch bei den Jungen sehr beliebt ist. Auch das Pressen von Pflanzen, das Sammeln von Saatgut sind notwendige Themen dieser Altersphase. Die konkrete Anwendbarkeit des erworbenen Wissens sollte die Themenauswahl bestimmen.

- Ist die Anlage eines Schulgartens nicht möglich, lassen sich fast

Jeder Schüler dieser Altersstufe sollte erlernen, wie man ein Aquarium fachgerecht einrichtet.

alle Schulgartenthemen auch im Rahmen einer intensiven Zimmergärtnerei darstellen. Man sollte die Schüler jetzt aber regelrecht in die Techniken der Zimmerpflanzengärtnerei einführen. Vermehrung, Anzucht, Erdmischungen für verschiedene Pflanzen, Umpflanzen, Schädlingsbekämpfung, Düngung usw. sind Themenbeispiele. Der Unterricht muß in Praxis eingebettet sein. Bewährt hat sich für einen solchen Kurs die gleichzeitige Einführung in autökologische Themen. Über die Gestalt der Pflanzen lassen sich Hinweise zum Standort und zu den Pflegebedingungen gewinnen.

• Pflichterfahrung sollte für diese Altersstufe die Einrichtung eines Aquariums sein, am besten eines „Heimataquariums", dessen Tiere nach 4-6 Wochen Pflegezeit wieder ausgesetzt werden. Auf der gleichen Linie liegt die Einrichtung von Terrarien, Insektarien und Käfigen für die Heimtierhaltung. Gleich, welche Einrichtung man bevorzugt oder welche sich aus einer Begegnung ergeben: Der fachgerechte Umgang mit den Tieren und die fachgerechte Pflege sind das Thema dieser Altersphase. Wie der Schulgarten in die konkrete Botanik einführt, so die Vivarien in eine konkrete Ethologie. Selbstverständlich dürfte sein, daß bei allen Aktionen die Naturschutzgesetze und die Gesetze zur Tierhaltung beachtet werden.

• Besteht weder die Möglichkeit einen Schulgarten einzurichten noch Zimmerpflanzen oder Vivarien zu pflegen, kann man in dieser Altersphase schon mit Erfolg in die einfachsten Grundtechniken ökologischer Arbeit einführen. Hierzu sucht man extrem artenarme Flächen mit wenig Gräsern von 8–10 m^2 Größe. Geeignet sind z. B. ein Trampelpfad durch einen Schuttplatz, das Fußstück einer Mauer, die Fugenflora einer gepflasterten Straße. Man kann auch eine Kiste von etwa 2 m^2 Größe herstellen, mit Erde (oder Sand usw.) füllen und beobachten, was sich innerhalb eines Jahres alles einstellt. Alle Flächen sollen mit dem Ziel bearbeitet werden, an ihnen einige Grundtechniken ökologischer Arbeit zu erlernen. Es sind z. B.: Pflanzen beschreiben, bestimmen, zeichnen, herbarisieren; das Messen von Luft- und Bodentemperaturen, einfache Bodenuntersuchungen wie Schlämmprobe und pH-Bestimmung; Feststellen der Besiedlungsdichte, Beschreiben der Sukzessionsfolge sowie das Aufstellen einfacher Statistiken und Zeichnen von Schaubildern. Auch diese Arbeit sollte als Gruppenarbeit in einem Buch zusammengefaßt werden. Das tun Schüler dieser Altersstufe gern (konkrete Hinweise z. B. in Winkel 1990).

Das Erlernen ökologischer Grundtechniken ist eine Ausweichempfehlung. Für das 5. und 6. Schuljahr würde der Garten als Schwerpunkt genügen, weil dann der eigentliche ökologische Lehrgang in der schwierigen Klasse 7 als etwas völlig Neues einsetzen könnte.

Das Alter des Konflikts mit sich und der Umwelt (Klasse 7 und 8)

Die Klassen 7 und 8 haben ein Gesicht, das sich eher durch den Zustand von Individuen als durch einen Gruppenzustand beschreiben läßt. Das rührt daher, daß in dieser Phase die Entwicklung zwischen Jungen und

Mädchen um ein bis anderthalb Jahre auseinanderklafft und der Unterschied zwischen einzelnen Individuen noch einmal um diese Zeitspanne. Da durch Sitzenbleiben usw. weitere Altersverschiebungen eingetreten sind, lassen fast alle Aussagen über diese Altersspanne Widerspruch zu. Stark (1976) setzt die Altersstufen folgendermaßen an:

Vorpubertät:	Mädchen	10 – 13	Klasse 5 – 7
	Jungen	12 – 14	Klasse 6 – 8
Pubertät:	Mädchen	13 – 15,6	Klasse 7 – 9
	Jungen	14 – 16	Klasse 8 – 10

Allein über diese Alters- und Klassenzuordnung ließe sich ein Kapitel füllen, weil als Kriterien unterschiedlich körperliche Merkmale, die sexuelle Reifung, psychische oder soziologische Zustandsbeschreibungen herangezogen werden, so daß der Tabelle nur der Wert eines allgemeinen Hinweises zukommt. In ihrer Biographie sind (nach Oerter; Montada 1987) die Retardierten bei diesen Prozessen ebenfalls leichter retardiert als die Akzelerierten, die eher zu Selbstsicherheit und Ich-Identität neigen. Während man früher fast einseitig das hormonelle Geschehen als Ursache für die Veränderungen ansah, neigt man heute dazu, der Selbstreflexion im Rahmen der Erwachsenen-Umwelt größere Bedeutung zuzugestehen. Dabei weisen die empirischen Befunde überhaupt nicht auf einen dramatischen, labilen Lebensabschnitt hin (Oerter; Montada 1987). Für eine Beurteilung kommt erschwerend hinzu, daß die Entwicklung zwischen männlichen Jugendlichen und weiblichen nicht nur zeitlich versetzt verläuft, sondern auch einen geschlechterspezifischen Verlauf nimmt.

Man kommt wohl der Wahrheit am nächsten, wenn man ab diesem Alter die individuelle Betrachtung der Persönlichkeit bevorzugt. Besonders bewegt die Jugendlichen jetzt die Tatsache, daß jeder als männliches oder weibliches Exemplar der Art Mensch mit allen Fragen, die damit verbunden sind, lebt. Diese Rolle wird allerdings schon in der Kindheit zunehmend erkannt. Am Anfang steht die Einsicht, daß das eigene Geschlecht unveränderbar ist und dies auch für alle anderen gilt. Erst ab 9 Jahren kann die Rolle der Geschlechter mit großem Wissen beschrieben werden (Oerter 1987). Bevor die Pubertät ihre Einflüsse „stofflich" geltend macht, ist die eigene Rolle erkannt, definiert und als unentrinnbar meist auch akzeptiert. Nachfolgend sollen wenigstens einige geschlechtsspezifische Unterschiede beschrieben werden, wobei die Ursachen nicht erörtert werden.

Die Mädchen treten oft schon in Klasse 5 oder 6 in die vorpubertäre Streckungsphase ein. Obgleich äußerlich jetzt immer klarer das „Formenmodell" des Erwachsenen hervortritt, entspricht dem die körperliche und die geistig-seelische Haltung noch nicht. Wie sollte sie auch! Alles wird etwas schlaksig und eckig (bei Jungen stärker als bei Mädchen). Man hat (bei Jungen und bei Mädchen) das Gefühl, die Individualitäten paßten in dieser Zeit nicht so ganz in ihre Kleider und ihre Haut. Fast alles, was im Verlaufe der Kindheit an sozialen und kulturellen Haltungen erworben wurde, ist plötzlich wie zugeschüttet. Ja, es kann vorkommen, daß Faulheit, Gehässigkeit, sogar Lüge und Diebstahl völlig unerwartet, meist aber nur vorübergehend auftauchen. Die Individuen grenzen sich voneinander ab, eine Art „Tuschelfreundschaft" beherrscht vorübergehend die Beziehungen. Ist ein solcher Umbruch nicht selbstverständlich? Schließlich stellt sich das endokrine System vollständig um, was im Verein mit einer erhöhten Selbstbeobachtung körperliche und seelische Labilität zur Folge haben muß. Viele junge Menschen sind diesem Ansturm nicht gewachsen. Sie gehen durch eine negative Phase, in der oft eher „Gegenwerte" ihren Alltag bestimmen. Dabei leiden sie darunter. Denn unterschwellig besteht ein großes Bedürfnis nach Zuwendung, Geborgenheit, Bindung. Dies ist Ausdruck für die Ambivalenz dieser Phase und kein Widerspruch zu tatsächlich auftretenden Gefühlen der Vereinsamung, Angst. Das alles wird oft überkompensiert. Dann sind Eltern sprachlos über die Verbalaggressionen ihrer Kinder, oder der Lehrer/die Lehrerin im Schullandheim können kein Auge zutun, weil die Mädchen um drei Uhr nachts immer noch tuscheln und die Betten wechseln.

Hier ist ein Einschub notwendig. Die Selbststeuerungskräfte werden in der Vorpubertät zunächst geschwächt, das Tagträumen verdeckt die Realität. Bei allem Interesse für das Geheimnis, das das Geschlechtliche umgibt, trennen sich die Geschlechter zunächst in zwei geschlechtsspezifische Gruppen. Das geht aber wohl mehr von den Jungen aus als von den Mädchen.

Die Lebensbedingungen, unter denen sich Pflanzen und Tiere zusammenfinden, bezeichnet man auch als Ökotop. Parallel dazu bezeichnet man die Gesamtheit der seelischen Lebensbedingungen des Menschen gern als Psychotop und die Gesamtheit der sozialen Lebensbedingungen als Soziotop. Beide ließen sich für die vorhergehenden Altersphasen wenigstens einigermaßen einheitlich beschreiben. In diesem Alter tritt jedoch die individuelle Entwicklung so stark in den Vordergrund, daß die Gemeinsamkeiten weniger hervortreten. Das geschieht bei den Mädchen früher als bei den Jungen – bei gleichzeitigem großen Interesse für Psychisches und Soziales. Tatsächlich tritt das Interesse an Menschen in dieser Zeit oft stärker hervor als das an sachlichen Zusammenhängen. Das gerade legt nahe, Arbeiten im Ökotop für diese Klassenstufen als „Therapie" einzusetzen.

Viele Jungen treten erst in Klasse 7 oder 8 in die Vorpubertät ein, was ebenfalls durch die Streckungsphase, eckige, schlaksige Bewegungen und das Hervortreten erster geschlechtsspezifischer Veränderungen wie Stimmbruch usw. gekennzeichnet ist. Zwar sind ihre Körperkräfte durchaus schon denen von Erwachsenen vergleichbar, aber die berühmte „Null-Bock-Stimmung" blockiert leicht alle Arbeitsmöglichkeiten. Auch die Jungen unterziehen Lehrer und Schule einer ätzenden Kritik. Die Jungen versinken vielleicht nicht so tief in den Strudel ihrer Gefühle wie die Mädchen, und das, was sich in der vorigen Phase und manchmal sogar noch in dieser als Spielrudel organisiert, wird jetzt oder später in Form von „Jungmännerbünden" fortgesetzt. Die Grup-

Beim Bau dieses Grillplatzes übernimmt die Sache die Rolle des Lehrers.

pe ist noch die eigentliche Heimat der männlichen Jugendlichen dieses Alters. Ihr entnehmen sie ihre Werte, Gefühle und Handlungsanweisungen. Wenn man die Zuneigung und das Vertrauen der Leitfiguren dieser Gruppe gewinnen kann, ergeben sich recht gute Arbeitsverhältnisse. Insgesamt werden aber häufig weder die Eltern noch die Schule dieser Altersstufe gerecht. Die Eltern erwarten weiterhin Gehorsam, die Schule führt in die Grundsachverhalte der Physiologie, Ethologie, Ökologie ein und setzt auf eine Erziehung durch Zensuren, was sie leistungsbezogen nennt. Dabei müßte sie sich mit den Jugendlichen handelnd verbünden. Den Jugendlichen würde ihre komplizierte Ich-Findung dadurch spürbar erleichtert. Natürlich neigen auch die Jungen zur Unzuverlässigkeit im bürgerlichen Sinne. Aber es wäre besser, eine Klasse würde zu einem Jugendbund für Umweltschutz, als daß Schüler in ein Kollektiv anonymer Kräfte, in die Fesseln religiöser Sekten, krimineller oder politischer Banden oder die Drogenszene gerieten.
Als Erzieher muß man erst mühsam lernen, daß die aus der Kindheit stammenden autoritären Bindungen zerfallen müssen – bei gleichzeitiger Sehnsucht nach Autorität. Aber ohne diesen zweiten Wir-Bruch bei gleichzeitiger Wir-Sehnsucht kann es einfach keine Genese der Persönlichkeit geben. Bei Jungen erfolgt diese Entwicklung mehr auf Sachen bezogen, bei Mädchen eher auf Personen. Das sollte man für die Praxis der Natur- und Umwelterziehung dieser Altersphase beachten. Ein Lehrer, der „begeistern" kann und der den Widerstand in die Auseinandersetzung mit der Aufgabe verlegen kann, findet bei beiden Gruppen Anerkennung. Die Schüler finden eben alles fade, was im altgewohnten Rahmen von Test und Hausaufgabe unterzubringen ist. Aus vielen Gesprächen mit Jugendlichen und Lehrern ziehe ich den

Schluß, daß die Natur- und Umwelterziehung für diese Altersphase völlig neue Wege finden muß. Die Unternehmungen dürfen nicht mehr nach Schule aussehen. Offene Projekte mit ernsthaften Aufgaben zur Erkenntnisgewinnung, tatsächlicher Einsatz für Schutzmaßnahmen, die Analyse von Konflikten oder auch die Bloßlegung der Rolle von Menschen im Naturgeschehen werden jetzt angenommen und zunehmend durchgehalten. Die Natur- und Umwelterziehung sollte jetzt eine Phase durchlaufen, in der konkrete, handwerkliche, sozialbezogene, selbstbestimmte Projekte wie nebenbei das nötige Wissen abwerfen. Nachfolgend werden ein paar Aufgabenbereiche angeführt, die sich für diese Altersphase bewährt haben (vgl. z. B. Kap. 6 –11). Als Negativaussage soll zuvor noch gesagt werden, daß der Schulgarten, der für die Vorphasen so empfohlen wurde, für diese Phase als gewohntes Unterrichtsfeld ebenfalls ausgeklammert werden sollte. Ausnahme wäre z. B. , wenn für ein 3.– 6. Schuljahr ein Garten neu eingerichtet werden müßte und hierbei viele körperliche und handwerkliche Arbeiten zu leisten wären.

• Im Schulgelände lassen sich mit Schülern dieses Alters gut kleinere Biotope einrichten: Feuchtbiotop, Wiese, Wallhecke, Mauer, Steinhügel usw. Das ist vor allem eine Arbeit für die männlichen Jugendlichen. Indem man die Dokumentation, die Gestaltung der Einweihungsfeiern, die Öffentlichkeitsarbeit usw. mit einbezieht, ergeben sich Arbeitsaufträge für alle.

• Manchmal gibt es in der Schulumgebung artenarme, verhältnismäßig gut überschaubare Biotope, wie etwa eine Kalksteinmauer, einen Kiefern- oder Fichtenwald, vielleicht sogar eine Düne oder ein kleines Moor. Diese Biotope eignen sich wegen ihrer Artenarmut besonders gut als Lernort für ökologische Feldarbeit. Die Schüler untersuchen hier die Licht- und Bodenverhältnisse, führen Bestandskartierungen durch, verschaffen sich einen Eindruck von der Gefährdung dieses Lebensraumes, entwickeln Pläne zur Anreicherung oder Verteidigung und versuchen, sie in die Tat umzusetzen, unterrichten die Schülerschaft, die Eltern, die Öffentlichkeit. Die Schüler werden dabei nicht nur fachliche Probleme bewältigen müssen, sondern auch auf Störungen und Zerstörungen in „ihrem" Areal stoßen. Diese Begegnung mit den Konflikten ist jetzt unbedingt wichtig. Eine wirkliche „Politisierung" dieser Konflikte ist aber wohl erst angemessen in der nächsten Altersstufe möglich. Die fachliche Arbeit und die Bildung einer „Verteidigungsgruppe" von Natur stehen für diese Altersphase im Vordergrund. Weibliche Jugendliche haben dabei manchmal Schwierigkeiten, so daß in der Empfehlung ein ungelöster Rest bleibt. Gute Erfahrungen liegen dagegen z. B. mit Ernährungsprojekten vor.

• Manchmal gibt es in der Nähe der Schule einen Wald, Park, Friedhof. Diese Gebiete können nicht vollständig erarbeitet werden. Auch hier sollte der Gedanke aufgegriffen werden: Erforschen und Helfen. Parallel zur Erforschung der Vogelwelt sollten die Brutgelegenheiten angereichert werden, parallel zur Erforschung der Hummelpopulation sollten Hummelwohnungen gebaut und angeboten werden. Das läßt sich erweitern durch den Bau von Sommerhöhlen für Fledermäuse, den Bau von Laichteichen, Wohnstätten für Solitärbienen usw. Leitidee ist, daß dem „Forschen" stets ein handwerkliches Handeln zugeordnet sein sollte. Auch hierbei werden Konflikte nicht ausbleiben, wird man Öffentlichkeit suchen. Das ist Teil des Programms dieser Phase.

- Auch im Schulgelände lassen sich viele Maßnahmen durchführen, die ökologische Feldarbeit mit handwerklicher Tätigkeit verbinden. So kann man z. B. verschiedene Böden in große Kästen einfüllen und die Besiedlung verfolgen, auf Asphalt kann man verschiedene Bodenhöhen aufbringen und auch wieder die Besiedlung verfolgen. Man kann auf kleine Parzellen genau definierte Wildsamenmischungen ausbringen und die gegenseitige Verdrängung beobachten. Es lassen sich auch im Schulgelände Maßnahmen zur Anreicherung von Vögeln, Schmetterlingen, Spinnen, Solitärbienen, Hummeln usw. durchführen. Doch gehört in diesen Bereich auch der Bau eines Feldbackofens und das Backen von Brot oder ähnliche Aktivitäten, wie sie im Schulgartenhandbuch beschrieben sind (Winkel 1990).

Insgesamt sollten die Jugendlichen dieses Alters nicht von Personen, sondern von den Sachen belehrt werden. Deshalb wird empfohlen, den Unterricht so weit wie irgend möglich mit handwerklichen Tätigkeiten zu verknüpfen: Backofen, Grillplatz, Schutzhütte, Bienenstand könnten solche Projekte heißen oder etwas bescheidener Benjes-Hecke, Nistkastenbau und Mörtelbienenwand (vgl. die folgenden Kap.). Der Phantasie sind kaum Grenzen gesetzt. Zwischen „Spaßmachen", die „Lust- verlieren" und „Durchhalten" muß wohl für jedes Projekt und für jede Arbeitsgruppe aufs neue die Grenzlinie gefunden werden.

Die beginnende Rolle des Ich in der Innenwelt für die Mitwelt und Umwelt (etwa ab Klasse 9)

Für die Selbstfindung und Selbstdeutung geben Dreher und Oerter (1985) folgende Reihenfolge an, die meinen eigenen Erfahrungen entspricht:

- 8 – 9jährige meinen, Erwachsensein beinhalte konkrete Handlungen und Kenntnisse wie Lesen und Schreiben.
- 10 –12jährige meinen, Erwachsensein bedeute, sich engagieren, persönliche Kosten investieren, etwas durchstehen und gute Entscheidungen treffen.
- 12 –14jährige betonen zusätzlich Selbstsicherheit, das Durchsetzen eigener Interessen gegenüber der sozialen und materiellen Umwelt.
- 14 –16jährige betonen vor allem die Wichtigkeit der Selbstkontrolle, Selbständigkeit, Willensausübung.
- In der Folge wird die Fähigkeit herausgestellt, daß man sich selber akzeptiere und andere das auch tun möchten. Das Leitmotiv wird Selbstreflexion.
- Noch später erfolgt die Reflexion über Ich und Mitwelt. Das Ich wird

mit dem Kulturraum, der Gesellschaft, der Gruppe in Beziehung gebracht. Diese Stufe wird nicht von allen erreicht.

Die Klassen setzen sich ab Klasse 9 aus einem Gemisch der letzten drei Selbstfindungsphasen zusammen; ein Schülerjahrgang umfaßt oft 3–4 Altersjahrgänge. Die pubertären Erscheinungen sind in hochentwickelten Gesellschaften intensiver als in einfachen, in den Städten wiederum intensiver als in traditionell fest gefügten Bevölkerungsgruppen, bei wachen, intelligenten Menschen wiederum intensiver als bei stumpfen, geistig weniger wachen Menschen. Das Erwachsenwerden, Selbstfindung und Selbstbestimmung können nur als Erprobung verschiedener Verhaltensweisen vor sich gehen. Das fordert unsere Aufmerksamkeit heraus, weil es Risiken für die weitere Biographie birgt, etwa durch Stichworte wie Alkohol, Drogen, Vandalismus gekennzeichnet. Untersuchungen (Silbereisen und Kastner in Oerter; Montada 1987) weisen darauf hin, daß Probleme durch ein Übermaß an Fremdbestimmung, beim Erleben von Sinnverlust, beim Widerspruch zwischen Lebensplan und Verwirklichungsmöglichkeiten und Verständigungsschwierigkeiten mit Gleichaltrigen verstärkt werden. Schule, Elternhaus und allgemeine Trends spielen weiterhin eine herausragende Rolle. Aus den Untersuchungen ergibt sich, daß nicht so sehr das allgemeine Klima die Jugendlichen widerstandsfähig macht wie der Einfluß im „virulenten" Augenblick.

Darauf ist unsere Schule überhaupt nicht eingestellt, denn es bedeutete, daß sie sich lebenswirklich auf die Jugendlichen einlassen müßte. Die Umwelterziehung, die ja lebenswerte Ziele und Sinn vermitteln kann, fände in dieser Altersphase ein gewaltiges Arbeitsfeld. Es ist leichter, Jugendliche handlungsbezogen und produktiv zu „immunisieren", als Schäden später durch teure Rehabilitationsmaßnahmen aufzufangen und zu reparieren.

Wenn alles gut geht, wenn also Lehrer, Eltern und der oder die Heranwachsende gut zusammengearbeitet haben, treten in dieser Phase aufbauende Persönlichkeitskräfte mehr und mehr hervor. Selbstverstehen und Selbstkritik wachsen.

Aber noch werden Halbheiten nicht toleriert. So verzweifeln die Jugendlichen mit Recht an den lauen Antworten unserer Gesellschaft. Sie neigen noch „zu einer einzigen Wahrheit". Die Erwachsenen kommen dabei nicht gut weg. Das ist solange nicht schlimm, wie diese Beurteilung nicht zu einem Ausscheiden aus der Gesellschaft führt, in die Drogenszene, in den Terrorismus oder ein anderes extremes Verhalten. Bei fast allen Menschen, die später außerhalb der Gesellschaft agieren, muß man Fehler in dieser Phase suchen. Buchstäblich alle menschlichen Einrichtungen müssen einer radikalen Hinterfragung standhalten: Freundschaft, Ehe, Familie, Schule, die Parteiendemokratie, das Grundgesetz. In dieser Phase steht Revolution gegen Beharrung. Es ist für die etablierte Generation unbequem, daß ihre Generationenerfahrung auf einen unerbittlichen Prüfstand kommt. Aber dies ist in Wirklichkeit der stärkste Motor für die Fortentwicklung unserer Kultur.

Im Verhältnis der Geschlechter zueinander ergeben sich ebenfalls

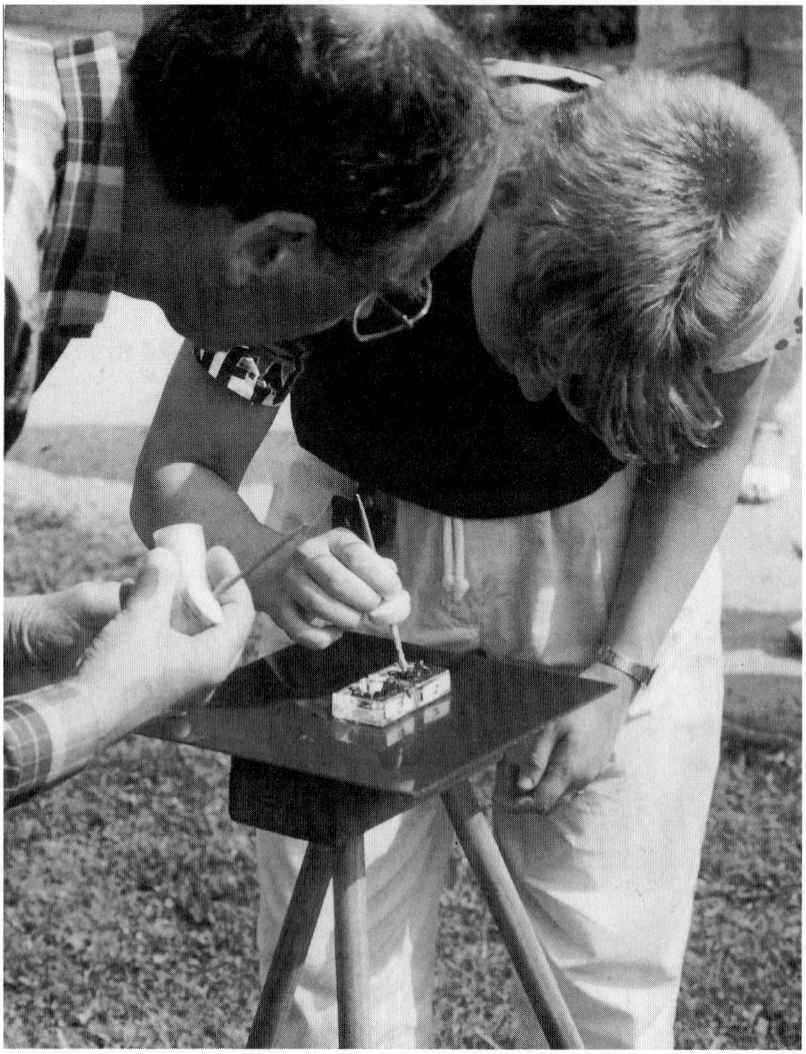

Am Futtertisch werden Bienen markiert: Beispiel einer naturwissenschaftlichen Feldarbeit ab Klasse 9 (8).

große Veränderungen. Aus einer Art Geselligkeitsbeziehung entwickeln sich mehr und mehr Ich-Du-Beziehungen. Das gilt auch für das gleiche Geschlecht. Entsprechend verringert sich die Zahl der Beziehungen zugunsten deren Intensität, wenn sie auch in dieser Phase noch häufiger wechseln als später. Dies gilt eher für männliche als für weibliche Jugendliche, die früher und intensiver als die Jungen auf das Erleben von Bindung ausgerichtet sind. Insgesamt ist aber bei allen Beschreibungen dieser Altersstufe Skepsis am Platze. Es könnte nämlich sein, daß solche Beschreibungen nur ein gewohntes oder erwartetes Rollenbild treffen und die Wirklichkeit gerade in einem Umbruch ist.

Trotz dieser Skepsis darf man für alle Jugendlichen dieses Alters festhalten:

- in dieser Altersphase entwickelt sich autonomes, selbstverantwortetes Handeln;

• in dieser Altersphase werden die jungen Menschen als Person konfliktfähig;
• in dieser Altersphase entwickeln sich dauerhafte Vorlieben und Neigungen, sowohl zu Inhalten wie Menschen;
• in dieser Altersphase durchschauen die Jugendlichen die Brüchigkeit der von den Erwachsenen vertretenen Ideologie;
• in dieser Altersphase entsteht oft das für eine längere Lebensspanne gültige Leitbild – im guten wie im bösen;
• in dieser Altersphase entstehen die ersten realistischen Lebenspläne;
• in dieser Altersphase wird die Biographie endgültig zur Autobiographie.

Wahrscheinlich ist das zentrale Problem des Umweltschutzes – die miteinander zusammenhängende Zerstörung von Psychotop, Soziotop und Ökotop – erst ab diesem Alter zu begreifen. Ohne einen radikalen Wandel in unserem Bewußtsein und Handeln, insbesondere in den Industrienationen, wird unser Planet nicht erhalten werden können. Das ist einfach zu formulieren, aber Lösungen, die alle akzeptieren, sind noch nicht in Sicht. Das Durchdenken der zentralen Konflikte ist eine Aufgabe dieser Altersphase. In jüngerem Alter waren wohl „Einübungen" möglich, aber keine „Grundsatzerörterungen". Das setzt voraus, daß richtiges Umweltverhalten dem Identitätsprogramm jedes einzelnen zugehören muß. Oerter definiert diese Identität als das Einmalige, Unverwechselbare der Person mit sich selbst und der Umgebung. Es ist an kognitive Fähigkeiten gebunden und heißt in der Psychologie „Selbstkonzept", „Selbstschema". Oerter (Oerter; Montada 87) stellt dafür fünf Aspekte heraus: das psychische Selbst, das soziale Selbst, das sexuelle Selbst, das Familien-Selbst und das problembewältigende Selbst. Das muß erweitert werden durch ein „Umwelt- oder Mitwelt-Selbst". Bei der Selbstfindung spielt der Literatur zufolge das Wertbild der Eltern und der Schule eine weit größere Rolle, als bisher angenommen wurde.

Um Identitätserfahrungen zu machen, gibt es viele gute Möglichkeiten, z. B. durch gleichzeitig praktische wie theoretische Projekte. Sie können sich beziehen auf z. B. Vollwertkost, Müll und Müllvermeidung, Luft und Luftverschmutzung, Wasser als gefährdeter Lebensstoff oder das Waldsterben. Jetzt gilt es, Konflikte herauszuarbeiten, sozial und politisch zu hinterfragen und für sich selber Entscheidungen zu treffen und im Sinne des Kapitels 10 zu „streiten".

Im Zuge des schulgärtnerisch-ökologisch ausgerichteten Curriculums sollte die Arbeit jetzt ganz in die freie Landschaft verlegt werden, indem die Schule sich ein „Patenbiotop" sucht, das die Schüler erforschen und gestalten können.

Auch ein Freilandlabor erfüllt diesen Dienst. Es gehört zum Programm, daß die Schüler die Konflikte hautnah erfahren, die ihre Maßnahmen begleiten. Das können Schäden durch streunende Hunde oder Katzen sein, durch Müllablagerung, die Inanspruchnahme von

Rechten, die geplante Maßnahmen verhindern, das Unverständnis von Öffentlichkeit, Behörden, politischen Gremien. Da kann Resignation aufkommen, Frust. Diese Realität ist für diese Altersphase lebenswichtig.

Stufen des Naturumganges: Spielerisch in Klasse 3 (oben), von fachgerechter Anleitung abhängig in Klasse 5 (6) (mitte), selbständig handelnd ab Klasse 9 (8).

Diese Anregung kann nur die Richtung angeben, denn die Interessen der Schüler und Lehrer und die Möglichkeiten müssen aufeinander abgestimmt werden. Es gibt dafür zahlreiche Beispiele: So haben Klassen schon einen großen Wald aufgeforstet, ein altes Umspannhäuschen zu einem Multi-Habitat umgebaut, täglich die Einleitungen eines Industriewerkes überwacht oder einen Stollen als Winterquartier für Fledermäuse gebaut, in einer Schule für Vollwertkost geworben. Der Erwerb von Basiswissen durch Feldforschung und Bucharbeit, die Entwicklung eines Arbeits- und Schutzplanes, das Durchhalten bei der Durchführung sind altersgemäße Ansprüche. Derzeit ist der Theorieanteil dieser Altersphase viel zu hoch.
Merkwürdigerweise würde vor dem Hintergrund solcher lebensnahen Arbeiten sogar das Theorieverständnis wachsen. Kann oder will man diesen Weg nicht gehen mit all seinen Beschwerden, die auch auf den Lehrer zukommen, so sollte im Schulgelände gezielt und umfangreich Artenschutz betrieben und dokumentiert werden.

Die jetzt angebahnte Entwicklung sollte sich in der Folge immer weiter und kontinuierlich entfalten. Leider verhindern immer wieder sogenannte „Leistungsansprüche"die Koppelung von praktischer und theoretischer Arbeit. In den gymnasialen „Leistungskursen" Ökologie ist das Ziel z. B. eher die Klausur zum Abschluß und die Bewertung als praxisnaher Naturschutz. Nur wenige Studenten berichten bei Gesprächen davon, daß sie Projekte durchgeführt hätten, in denen sowohl die ökologische wie die gesellschaftliche Wirklichkeit eine Rolle gespielt hätten. Zu Lasten der sogenannten Wissenschaftlichkeit sollte das praktische Leben in die Oberstufe der Gymnasien und Gesamtschulen Einzug halten. Das ist für die Biographie jedes einzelnen genau so wichtig wie für die Gesundheit unserer Gesellschaft, die darauf angewiesen ist, daß ihre spätere Elite lebensnahe Fragen kennt.

Einige Bemerkungen zur weiteren Biographie

Hier bricht die Phasenbeschreibung ab und bleibt unvollständig, denn die Biographie jedes Menschen läßt weitere Abschnitte erkennen. Diese Haltung durchzieht auch die Literatur.

Wenn man die Phasen nicht wie z. B. Livegoed nach Jahrsiebten einteilen will oder als Veränderung der sozialen Rollenzuweisungen oder Aktivitätsmuster, kommt man zu einem Modell wie es Erikson (1966 deutsch) beschreibt, in dem die Auseinandersetzung mit lebensalterstypischen Krisensituationen den Lebensfortgang bestimmt. Danach steht zunächst die Auseinandersetzung mit der Lebensarbeit im Mittelpunkt. Im mittleren Alter folgt die Auseinandersetzung mit der Folgegeneration, im höheren die mit dem eigenen Tod. Wenn es so etwas wie Universalien im Lebenslauf gibt, so kommen dabei die Umweltsorge, die Umweltfürsorge nicht oder noch nicht vor. Allerdings vollzieht sich Oerter/Montada zufolge (Oerter; Montada 1987) in der Betrachtung des menschlichen Lebenslaufes ein grundlegender Wandel. Er zeigt sich einmal darin, daß das Interesse der Psychologen kontinuierlich bis in die höheren Altersstufen reicht. Dabei ergab sich, daß die Wechselwirkung zwischen Person und Umwelt mit dem Alter zunimmt. Anstelle eines kausalen Denkens, das Begriffe wie Reifung, Begabung, Triebfolge in den Mittelpunkt stellte, wird komplementäres Denken, Denken in Wechselwirkungen gefordert. Die Forschung ringt hier um neue Forschungsansätze. Dennoch ist der derzeitige Wechsel der Betrachtungsweise verheißungsvoll, wonach bis zum Ende der Biographie jedes Ereignis eine Herausforderung an die Person ist. Die Entwicklungspsychologie ist offenbar auf dem Wege, Biographik zu werden, den Menschen „als Gestalter seiner Entwicklung " zu sehen (Oerter; Montada 1987).

Das Phänomen „Biographie" tritt derzeit vor allem im abendländischen Kulturkreis hervor und hängt sicher mit der Herausbildung des Ich zusammen. Das Wort Biographie kennzeichnet einmal, daß die individuelle Entwicklung davon abhängig ist, welche Nährböden (politisch, ökonomisch, ökologisch, sozial, philosophisch usw.) zum historischen Zeitpunkt der Geburt bereitstanden. Es kennzeichnet aber auch die Biographie als eine ganz persönliche Erlebnisform, als Ausdruck für den Grad der Bewußtheit des eigenen Lebens (Die Probleme der Kunstgattung Biographie müssen übergangen werden, siehe auch Unterricht Biologie 177/1992). Ein Bewußtsein von gegenwärtigen, vergangenen und vielleicht sogar zukünftigen Lebenbedingungen haben nur wir Menschen. Dieses Bewußtsein wechselt von Stunde zu Stunde seine Schwerpunkte. Jeder kennt das, wie er sich heute „unter der Last einer schweren Jugend" betrachtet und morgen „unter der fördernden Fürsorge eines Elternteiles, Freundes oder Lehrers". Immer ist die ganze Person offenbar viel umfassender als ihr gerade bewußt ist. Sie kann Objektivität nicht erreichen, immer bleibt ein subjektiver Rest. Die Wahrheit wird so eher zur „Suche in Wahrhaftigkeit".

Die „Autobiographie" überhöht und färbt jedes Menschenleben durch die Sinnfrage. Wer bist Du? Was hast Du getan und versäumt? Welches ist Dein biographischer Auftrag für das Leben? In diesem Sinne mündet die Pubertät in eine lebenslange Phase der Selbstgestaltung. Zu ihr gehören heute die drei großen Verantwortungen, denen sich jede Biographie stellen muß, der Verantwortung gegenüber sich selbst, gegenüber allen Mitmenschen dieser Welt und gegenüber der Erde mit allen Rohstoffen und den Tier- und Pflanzenarten.

An dieser dreifachen Verantwortung mitzugestalten, kennzeichnet den derzeitigen Paradigmenwechsel und das hochgesteckte, gleichzeitig utopische wie notwendige Ziel jeder individuellen Biographie. Für die Natur- und Umwelterziehung ist dieser Paradigmenwechsel bedeutsam, läßt er doch die Hoffnung zu, daß auch die schon ältere Generation die anstehenden Fragen ihres Verhaltens gegenüber Natur und Umwelt noch in ihren Problemhorizont existentiell einbeziehen wird.

Ein praktisches Beispiel zu den Altersphasen

Die Darstellung der Altersphasen muß zu der Frage führen, wie sich ein Inhalt für die verschiedenen Altersstufen konkret verändert. Für die Praxis ist dazu die Entwicklung der pädagogischen Phantasie notwendig, die dann aus dem gleichen komplexen Zusammenhang das für die Altersphase jeweils zuträgliche und wichtige herausholt und auch altersgemäß so aufbereitet, daß es eine Hilfe für die Biographie des oder der jungen Menschen werden kann.

Jedes Beispiel wäre zur Darstellung geeignet: Der Apfelbaum genauso wie das Anlegen eines Gartenbeetes, ein kleiner Bach oder Tümpel ebenso wie ein Fußballplatz. Die nachfolgend geschilderte Situation in der Landschaft, eine Waldlichtung, hat sich fast zufällig ergeben. Vom Methodischen her schien es günstig, die Veränderung in den Altersphasen zunächst an einem Einzelobjekt darzustellen und von der *Monographie* auszugehen. Erst in einem zweiten Durchgang wird die *ökologische Gesamtsituation* des Ortes ins Blickfeld gerückt.

Eigentlich hätten alle Gebiete der Ganzheit, wie sie zu Beginn dieses Buches beschrieben sind, die Struktur dieses Kapitels bestimmen müssen, auch hätte die Gliederung der Kapitel 7 bis 10 eingearbeitet werden können. Beides ist in den Aufgabenstellungen beachtet, aber nicht eigens herausgegliedert worden. Das Augenmerk sollte auf die Altersphasen konzentriert werden, die allein die Untergliederung dieses Kapitels bestimmen. In den Marginalien werden weitere Bezüge benannt.

Die Situation

Eine Schulklasse (Kindergartengruppe, Familie) durchwandert ein größeres Waldgebiet. Es besteht aus schönen, schlanken Buchen, die aber mit einigen Lärchen und Fichten untermischt sind. Solche Gebiete findet man öfter; diese Art der Bepflanzung entspricht einem forstlichen Ideal des vorigen Jahrhunderts.

Die Nadelbäume haben mit 100 Jahren, die Buchen mit 140 ihre Hiebreife erreicht und stehen zur Ernte an. An einem Hang ist schon ein größerer Kahlschlag erfolgt. Die Baumstümpfe haben ein Alter zwischen ein und zehn Jahren. Die Forstverwaltung hat ein paar Überhälter stehen lassen und sich für Naturverjüngung als Methode der Wiederbewaldung entschieden. Ein paar größere Bezirke davon sind vergattert. Von allen Seiten ertönt Vogelgesang. Die Sonne glänzt förmlich auf den Blättern. Ein durchgehender Summton erfüllt die Luft. Auf dem Waldboden erkennt man nur noch schwach die Treckerspuren und die Schleifspuren der Baumstämme. Das zu Haufen zusammengetragene Zweigwerk wird von vielen Trieben überrankt. Das Gebiet rührt durch sein überquellendes Leben das Gefühl an. Es ist ein Gebiet voller ökologischer Themen mit idealer Beziehung zum Umweltschutz. Ein paar sollen davon wenigstens aufgelistet werden:

- Welche Baumarten bilden hier den forstlichen Waldbestand?
- Was ist an dieser Stelle Naturwald?

- Aus welchen Beweggründen wurde einmal an dieser Stelle Mischwald gepflanzt?
- Was ist Naturverjüngung? Aus welchem Grund muß sie durch Gatter geschützt werden?
- Welche Rolle spielt eigentlich der Wildbestand im Zusammenhang mit dem Waldsterben?
- Wie entwickeln sich die Stubben der verschiedenen Baumarten im Verlaufe der Jahre?
- Wie unterscheidet sich die Besiedlung in der Umgebung der Stubben?
- Welche Fauna lebt in den Stubben?

Diese Aufzählung wäre über Seiten fortzuführen.

Dem Naturschützer wärmt es das Herz, was er an dieser paradiesischen Stelle alles zeigen kann und sagen möchte. Aber da sind Kinder, vierjährige, zehnjährige, fünfzehnjährige. Welche Aufgaben und Anregungen sind vom ganzheitlichen Gesichtspunkt für die jeweilige Altersgruppe die richtigen? Schüler und Lehrer gehen gemeinsam, in Gruppen oder auch allein einmal durch das Gelände. Jemand ruft: Hier liegen Pferdeäpfel mit Käfern dran. Andere interessieren sich für die Stubben, schließlich entdeckt jemand eine Ameisenstraße, auf der Hunderte von Ameisen sich bewegen. Was ist angemessen? Wo treffen die Interessen der Kinder und Jugendlichen mit denen der Erzieherin, des Erziehers, der Eltern oder Lehrer zusammen? Sollen Erfahrungen durch die Sinne angesprochen werden, soll gespielt werden, oder ist künstlerische Tätigkeit der richtige Einstieg?

Die Basis für den ersten Durchgang ist, daß sich das Interesse zunächst und spontan an den schwarzen Käfern festhakt, die allgemein stets Mistkäfer genannt werden. Es könnte sich an tausend anderen Phänomenen auch aus anderen Bereichen festhaken; der Mistkäfer ist schließlich kein Pflichtinhalt der Rahmenrichtlinien für die Natur- und Umwelterziehung. Er ist hier nur das Beispiel, an dem sich die pädagogische Phantasie des Lesers entzünden soll. Ganz gewiß dürfen die Aufgaben so nicht einfach übernommen werden, sie müssen aus jeder örtlichen Situation, aus jeder Klassensituation und jeder Lehrersituation neu entstehen und sehen am Ende vielleicht so ähnlich aus, sind aber niemals völlig identisch.

Monographisches Beispiel: Der Mistkäfer, Roßkäfer

Kurze Sachinformation: Die Gattung Mistkäfer oder Roßkäfer wird bei uns durch mehrere Arten vertreten. Alle graben unmittelbar unter dem Kot von Pferd, Kuh, Mensch Gänge von 50–80 cm Tiefe, legen einen Hohlraum an, schaffen den Kot hinein und legen an das Ende oder in Seitengänge je ein Ei, füllen mit Kot auf und pflegen ihre Larven dann nicht weiter. Beide Geschlechter arbeiten und graben viel mehr Nährstoffe ein, als die Larven benötigen. Diese sind gegen Trockenheit verhältnismäßig resistent. Die Eiablage erfolgt im Herbst vor dem Eintritt der Frühfröste. Infolge der großen Kotmengen leisten die Käfer unmittelbar einen Beitrag zur Bodenfruchtbarkeit. Ihre Anlockung ist durch Petroleum möglich. Die Beschäftigung mit der Tätigkeit der Käfer kann dazu führen, Kot als etwas Natürliches anzusehen.

Aus Reitter, Fauna Germanica (Reitter 1912), sind die folgenden Angaben entnommen:
Gemeiner Mistkäfer, Großer Roßkäfer (Geotropus sterconarius): *Er ist mit 2,5 cm Länge der größte der Sippe. Er ist überall verbreitet, oben von tiefschwarzer Farbe, an der Unterseite metallisch grün oder blau mit schwarzen Haaren. Die Flügel sind tief gefurcht, mit Punktfurchen. Die Käfer bauen einen Hauptschacht mit 20 cm langen Seitengängen. Die Entwicklungszeit beträgt 2–3 Jahre. Wie bei allen Roßkäfern ist die Unterseite häufig mit Milben besetzt.* **Frühlingsmistkäfer** (Geotropus vernalis): *Er ist nur 1,4 – 2 cm lang und schillert insgesamt meistens dunkelblau-violett. Er ist häufiger als der vorige. Die Schächte sind der Größe entsprechend wesentlich bescheidener als bei der vorigen Art. Schon ein Jahr nach der Eiablage schlüpfen die Käfer. Die Flügeldecken sind glatt oder fast glatt. Der Frühlingsmistkäfer ist in allen Wäldern verbreitet.* **Waldmistkäfer** (Geotropus silvaticus): *Die Flügeldecken sind schwach gefurcht, die Unterseite glänzt metallisch blau oder grün. Weiter sind auffällig: borstige Bauchhaare, schwarze Flügel mit bläulichen Seiten. Dieser Mistkäfer zeigt die höchste Befalldichte durch Milben. In der Literatur wird für unser Gebiet noch ein weiterer Roßkäfer* (Geotropus mutator) *beschrieben, der aber von den anderen nur schwer zu unterscheiden ist.*

Vorkindergartenzeit (bis etwa 3 – 4 Jahre)

1. Spracherwerb. Bei den ganz Kleinen zeigt der Erwachsene, daß der Mistkäfer einen Kopf, einen Mund, Beine, einen Bauch hat. Jedesmal, wenn ein Merkmal gefunden ist, sagt er: „Zeig mal deine Beine, deinen Bauch usw." Man kann natürlich auch genau umgekehrt vorgehen: Zeig doch mal deine Füße! Wo sind die vom Mistkäfer? ... Dieses Spielchen ist als Spielchen gemeint und darf sich keinesfalls zu einer intellektuellen Vokabelübung entwickeln.

→ psychische Gesundheit
→ Prinzip der Verfremdung
→ Menschwerdung durch Sprache und Sprechen
→ Natur beobachten, erforschen

2. Das Kind als Käfer. Die Begegnung mit einem Mistkäfer kann auch eine andere Richtung einschlagen: „Guck doch mal, der hat ganz andere Beine als du! Und als Mund hat er eine richtige kleine Kneifzange. Ich zeige sie dir! Und am Kopf hat er Fühler." Man wartet eine Weile und sagt dann: „Mach dir doch auch mal solche Fühler, wie der Käfer hat, und betaste damit den Boden!" Das Kind müht sich dann redlich, sich zu verkleiden und es dem Käfer gleichzutun und erlebt auf diese Weise seine anatomische Andersartigkeit.

→ psychische Gesundheit
→ Tanz und Pantomime
→ Natur beobachten, erforschen

3. Angstabbau. Das Kind findet einen Mistkäfer und fürchtet sich: „Komm", sagt der Erwachsene, „ich setze ihn auf einen Baumstubben, und wir schauen zu, was er macht." Gesagt, getan. Der Käfer strebt an den Rand des Baumstubbens, verharrt dort, die Fühler bewegen sich suchend. Jetzt kommt die eigentlich entscheidende Frage vom Kind oder vom Erwachsenen: „Er soll da nicht runterfallen, vielleicht tut er sich weh. Komm, wir setzen ihn auf den Waldboden, da ist er zuhause." Muß man es als Erwachsener tun, oder traut sich das Kind? Nachdem der Käfer auf dem Waldboden sitzt, verkriecht er sich sofort unter das Laub. „Sieh, da fühlt er sich wohler als im Sonnenlicht. Ich glaube, wir waren Käferretter."

→ psychische Gesundheit
→ Arten, Ökosysteme, Landschaften
→ Konfliktträchtige Themen und Situationen

4. Angstabbau. Der Erwachsene findet einen Mistkäfer: Er ruft das Kind, hält den Zeigefinger vor den Mund, um dem Kind zu bedeuten, es solle ganz leise sein. Dann faßt er es an die Hand und zeigt ihm, evtl. auch den anderen, den Käfer. „Guck mal, wie der geht! Tip-tap, tiptap. Willst du (wollt ihr) ihn mal genau sehen? Dann nehme ich ihn auf die Hand." Nach einiger Zeit: „Magst du ihn mal streicheln, anfassen, selbst auf deine Hand setzen?" Angenommen, das Kind traut sich, folgt nach einiger Zeit: „Komm, wir setzen ihn zurück". Nachdem das geschehen ist, sagt man vielleicht: „Jetzt krabbele mal wie ein Käfer zur Mama zurück und erzähle ihr, was wir gesehen haben".

→ psychische Gesundheit
→ Arten, Ökosysteme, Landschaften
→ Tanz und Pantomime

Kindergartenzeit bis einschließlich Klasse 1

1. Komm, lieber Käfer. Das Kind oder der Erwachsene entdecken einen Roßkäfer: Viele Kinder haben Angst und mögen ihn nicht sofort anfassen. Dann sagt der Erwachsene: „Komm, ich zeige dir, wie man solch einen Käfer richtig anfaßt. Sieh, man faßt ihn hier seitlich an den harten Flügeln an und nimmt ihn zwischen Daumen und Zeigefinger. Dann kann er sich nirgends festhalten oder beißen. Aber ich muß dir sagen, daß er sowieso nicht beißt. Man kann ihn auch auf die flache Hand setzen oder auf ein Stück Papier." Diese Verfahren werden nun in der genannten Reihenfolge durchgeführt. Leider ist es so, daß manche Erwachsene dabei selbst erst ihre eigene Scheu überwinden müssen.

→ psychische Gesundheit
→ Arten, Ökosysteme, Landschaften
→ Natur beobachten, erforschen

2. Rätselfrage. Kinder dieses Alters lieben Rätsel. Man spricht es, wenn man einen Mistkäfer gefunden hat:

Es ist schwarz wie ein Rabe, ist aber kein Rabe;
fliegt wie ein Vogel, ist aber kein Vogel;
wühlt wie ein Schwein, ist aber kein Schwein;
was ist das wohl, was kann das sein?
(aus Finnland, bei Floericke 1924)

→ Arten, Ökosysteme, Landschaften
→ Künstlerisches und Naturwissenschaft (alle Künste)

3. Ein neuer Kinderreim. Kinder haben in diesem Alter eine besonders gute Beziehung zu Reim und Rhythmus. Darin lassen sich sogar biologische Informationen verpacken, wenn man auf einen Roßkäfer trifft. Man spricht die Strophe mehrmals. Wie nebenbei lernen die Kinder sie samt ihrem biologischen Gehalt.

Schwarzer Käfer, wo du bist,
liegt auch meistens Pferdemist.
Es ist wahr, ich will nicht lügen:
Drin stehn deine Kinderwiegen.

→ Künstlerisches und Naturwissenschaft (alle Künste)

4. Man erzählt eine Geschichte. Vielleicht rollt man mit dem Wanderstock einen Pferdeapfel zur Seite und entdeckt dabei den Käfer. Dazu erfindet man spontan eine Geschichte, die hier für das Alter von etwa 5 Jahren formuliert worden ist.

Wie der Mistkäfer zu seinem Namen kam

→ Überkonfessionelle Religiosität
→ mythisches Denken
→ Künstlerisches und Naturwissenschaft (alle Künste)

Als der liebe Gott gemeinsam mit den Engeln die Tiere gemacht hatte, standen alle am Schluß dankbar und erwartungsvoll im Kreise. Was sollen wir essen, fragten sie?

Nun mußten die Engel ihnen auch noch die Nahrung zuweisen. Kuh und Pferd sollten Pflanzen essen, die Schmetterlingsraupen ebenso. Die Vögel bekamen die Samen. Weil bald Mangel daran herrschte, mußten einige Insekten essen, Adler und Wolf sogar Lämmer und Kaninchen, denn sie waren sehr groß. So verteilten die Engel alles, was sie geschaffen hatten noch einmal für andere Tiere zur Nahrung. Aber – es reichte nicht. Sie hatten sich bei der Schöpfung zu sehr ins Zeug gelegt.

Da hatte ein Engel einen Einfall, so daß sein Gesicht ganz hell aufstrahlte: Vielleicht waren manche Tiere ja mit toter Nahrung zufrieden. Nun konnten fast alle versorgt werden. Viele aßen von da an totes Laub, ernährten sich von Ästen, einige mußten sogar tote Tiere beerdigen und sich von ihnen ernähren.

Zuletzt blieben nur ein paar schwarzblaue Käfer übrig. Sie waren zu langsam im Denken und hatten nicht rechtzeitig „Hier" gerufen. Nun war guter Rat wirklich teuer, denn alle anderen hatten schon angefangen zu essen. Da hob das Pferd, das stolz in der Mitte des Kreises stand, seinen Schwanz und ließ zum ersten Mal einen großen Haufen seiner goldenen Roßäpfel fallen. Alle rümpften die Nase, aber keiner wollte sie wegmachen. Da krabbelten die Mistkäfer hin, buddelten mit ihren kräftigen Beinen einen tiefen Gang in die Erde und trugen alles hinein.

Da sagte der Engel, der dicht bei Ihnen stand: „Vielleicht können sie davon leben?" Die Käfer nickten vor lauter Eifer nur kurz, buddelten weiter, und der erste legte ein schönes, weißes Ei darauf. Seitdem leben sie so und werden von uns Mistkäfer genannt.

5. Man trifft auf einen krabbelnden Mistkäfer und erzählt vielleicht die folgende **Geschichte**:

→ Arten, Ökosysteme, Landschaften
→ Überkonfessionelle Religiosität
→ mythisches Denken
→ Künstlerisches und Naturwissenschaft (alle Künste)

Wie die Mistkäfer große Not hatten (auch für ca. 5 Jahre)

Guck mal, wie der kleine Kerl sich abmüht! Er sucht sicher etwas zu essen. Weißt du, früher gab es ja viel mehr Pferde als heute. Seitdem für die Arbeit im Walde so viele Trecker und Autos eingesetzt werden, leiden die Mistkäfer wirklich große Not. Sie müssen immer ganz weite Strecken zurücklegen, damit sie ein paar Pferdeäpfel finden.

Vor ein paar Jahren, als ich so alt war wie du jetzt, trugen sie ihre Sorge in der Versammlung der Tiere vor, die auch heute noch die Engel abhalten, weil sie ja die Tiere mitgeschaffen haben. „Wir können da nichts ändern", sagten die Engel, „gar nichts. Autos haben eben keine Verdauung. Wenn wir euch jetzt erlauben, Holz zu essen wie den anderen Käfern, kommt die ganze Schöpfungsordnung durcheinander." „Aber wir verhungern, es gibt uns bald nicht

mehr," sagten die Mistkäfer. „Gut," sagte ein Engel, „vielleicht können wir euch doch noch helfen".
Er hauchte die Käfer einfach mit seinem Engelatem an, und wie durch ein Zauberwort wurden die Fühler der Mistkäfer plötzlich doppelt lang. „Wie angenehm das hier riecht", sagten alle wie aus einem Munde. Sie haben ihre Nase nämlich in den Fühlern sitzen.
Als die Versammlung beendet war, begaben sich alle Mistkäfer auf einen gewaltigen Baumstubben, pumpten ihre Flügel auf und flogen schnurstracks zu ihrer Nahrung, den Pferdeäpfeln.
So einfach ist das, wenn Engel helfen. Aber nun dürfen die Pferde nicht mehr weniger werden, denn dann nützen den Mistkäfern auch ihre vergrößerten Fühler nichts mehr.

6. Wenn man auf Wagenspuren, ein Pferd oder auch nur seine „Hinterlassenschaften" stößt, kann man vielleicht die folgende **Geschichte** erzählen:

Das alte Pferd

Das alte Pferd stand geduldig im Walde und wartete auf das Beladen des Holzwagens. Es war ausgeschirrt und an eine lange Leine gebunden. Schon zweimal hatte es den Schwanz gehoben und seine goldenen Äpfel fallen lassen. Sie dampften in der Morgensonne. Da sah das Pferd, wie sich eine merkwürdige Prozession näherte.

Justin (7 J.) hat die Geschichte vom alten Pferd gemalt. Er hat nur ein halbes Pferd gemalt, weil er „das ganze nicht konnte".

Dreizehn schwarze Mistkäfer krochen auf das Pferd zu. Ob sie gefährlich waren? Ob es mit den Hufen darauftreten sollte? Während das Pferd noch nachdachte – es war infolge seines Alters schon etwas langsam im Denken – sah es, wie der erste Käfer stehenblieb, den rechten Fühler schwenkte und sagte: „Liebes Pferd! Wir danken dir! Wir verehren dich, weil du uns unser Leben ermöglichst." Das Pferd war völlig verdattert. Schließlich war es eher Prügel gewohnt als Lob und schon zufrieden, wenn es den Holzwagen ans Ziel schaffte. Es senkte den Kopf tief zur Erde. Da schwenkten alle 13 Käfer den rechten Fühler und winkten mit dem rechten oder linken Bein einen Gruß. „Wir können für dich nichts tun, aber wir wollen dir einmal sagen, daß dich das ganze Volk der Mistkäfer hoch verehrt." Dem alten Pferd wurde es ganz warm ums Herz. „Danke!" sagte es, „das tut mir am Ende meines Lebens sehr wohl." Da schwenkten die Käfer zur Seite. „An die Arbeit", sagte der Anführer, und die Käfer krochen unter die dampfenden Pferdeäpfel. Jedesmal, wenn das Pferd nun seinen Schwanz hob, mußte es an das Volk der Mistkäfer denken, und das brachte wirklich eine kleine Freude in sein anstrengendes Leben.

→ Arten, Ökosysteme, Landschaften
→ Überkonfessionelle Religiosität
→ mythisches Denken
→ Künstlerisches und Naturwissenschaft (alle Künste)

7. Man kann sich auch eine Begegnung zwischen Mistkäfer und Schmetterling denken. Die **Geschichte** könnte so gehen:

Ein Mistkäfer und ein Schmetterling saßen gemeinsam auf einem Haufen Roßäpfel. Du wirst es nicht glauben, aber es gibt wirklich Schmetterlinge, die gern auf Tiermist sitzen. Der Falter schillerte in feurigem Blau; der Käfer gab sich große Mühe, genauso zu schillern. Da kamen Menschen des Weges, so wie wir jetzt, Eltern mit zwei Kindern. Husch, war der Falter weg. Der Käfer dagegen schwitzte Blut und Wasser vor Angst. Aber niemand beachtete ihn. Da faßte er aus Freude einen Entschluß, was sehr lange dauerte. Er buddelte unter den Pferdeäpfeln einen armtiefen Gang; fast drei Tage brauchte er dazu. Nun fühlte er sich sicher und begann, den Mist nach unten zu holen und festzustampfen. Als er fertig war, legte er ein schönes weißes Ei darauf, ein Mistkäferei. Als er am anderen Tag etwas erschöpft von der Anstrengung die Sonne genoß, traf er wieder den Schmetterling. „Du mußt für deine Kinder eine Höhle bauen, darin sind sie sicher". Aber das wollte der Schmetterling nicht, dort war es ihm zu dunkel. Er schüttelte sich bei dem Gedanken und flog – husch – ins helle Sonnenlicht. Der Käfer schüttelte nur den Kopf über diesen Unverstand und fing an, eine neue Höhle zu buddeln.

→ Arten, Ökosysteme, Landschaften
→ Überkonfessionelle Religiosität
→ mythisches Denken
→ Künstlerisches und Naturwissenschaft (alle Künste)

8. Ein Bewegungsspiel. Käfer haben bekanntlich sechs Beine. Obgleich viele Kinder vor der Schulzeit noch nicht zählen können, können sie doch einen Dreierrhythmus erfassen. Nachdem man einem Käfer beim Krabbeln zugesehen hat, geht man auf die Knie und krabbelt langsam vorwärts und spricht: *eins*, zwei, drei, *vier*, fünf sechs. Arme und Beine der Kinder wollen sich diesem Takt kaum fügen; das Bewegungsspiel ist für sie schwer.

→ Gleichgewicht und Orientierung
→ Natur beobachten, erforschen

Klasse 2 und 3

1. Ein Rollenspiel. Wie bei allen Aufgaben ist die Voraussetzung, daß man auf einen Mistkäfer trifft und dieser das Interesse der Schüler erregt. Aus dieser Situation heraus kann man ein Spiel initiieren, etwa wie die Fliege auf einen Mistkäfer trifft. Man klärt, wer Fliege, wer Mistkäfer sein will. Nachdem sich die Kinder entschieden haben, beginnt das Spiel. „Ich liebe ja den Zucker über alles", sagt die Fliege, „aber hier im Walde ist keiner zu finden; höchstens Kinder vergessen mal etwas Süßes." „Nein, das mag ich nicht", entgegnet der Mistkäfer, „ich liebe das Deftige ...". Die Unterhaltung wird fortgesetzt. Aus der Unterhaltung entwickelt sich eine Handlung. Der Mistkäfer krabbelt z. B. unter den Pferdeapfel und arbeitet dort schwer; die Fliege sitzt lustig obendrauf und wird von einer Bachstelze weggeschnappt. Der Phantasie kann man freien Lauf lassen.

→ Natur beobachten, erforschen
→ Mit Sprache gestalten

Oder in einem anderen Spiel kommt ein Junge und ekelt sich vor dem Pferdeapfel und zerstört ihn mit einem Zweig. Da kommen die Mistkäfer, groß wie Schüler, und ziehen ihn zur Rechenschaft. Das dürfen sich die Schüler selbst ausdenken. Sie sind dabei oftmals viel phantasiereicher als die Erwachsenen. Das Spiel wird selbständig erdacht, ein oder zweimal geübt und dann der Klasse vorgespielt.

2. Modenschau der Mistkäfer. Die Anregung sich zu verkleiden, stößt in der Regel in dieser Altersphase noch auf große Begeisterung. So schlägt man vor, sich in einen Mistkäfer zu verkleiden.

→ Naturgegenstände künstlerisch nutzen

Als Material bietet man Pappe, Draht, Papier an. Da in dieser Altersphase der Wettkampf zunehmend Bedeutung erlangt, kann man das als Modenschau aufziehen. Anschließend werden die besten Kostüme mit kleinen Preisen ausgezeichnet. Den Arbeitsauftrag kann man in der Schule durchführen oder als Hausaufgabe. Dabei besteht die Gefahr, daß die Eltern durch ihre Mitwirkung die eigentliche Schülerinitiative und -kreativität verschütten.

3. Ein gemaltes Erlebnis. Zu Haus oder in der Klasse soll jeder ein eigenes Erlebnis mit einem Mistkäfer oder ein Erlebnis des Mistkäfers malen. Der Inhalt und die Darstellungsmittel werden für diese Aufgabe ganz den Schülern überlassen.

→ Bildende Kunst selber gestalten (in der Schule, Landschaft)
→ Natur beobachten, erforschen

4. Eine Anregung zur Fährtensuche. Die Mistkäfer können die Roßäpfel von weit her riechen. Darin sind sie uns überlegen; wir Menschen können das nicht. Aber wir können ein ähnliches Spiel spielen.

→ Prinzip der Verfremdung
→ Riechen

Dazu markiert der Lehrer in einem abgegrenzten Gebiet drei oder vier Baumstubben mit Parfüm. Die Schüler sollen jetzt zu Mistkäfern werden, die Waldlichtung überfliegen und die Duftmarken aufspüren. Wer einen markierten Stubben gefunden hat, darf als erster ein Ei auf den Stubben legen. Als Eier werden Ostereier, Bonbons verteilt. Dann überlegt man, was mit den abgelegten Eiern geschehen soll ...

5. Volkszählung. Man kommt oder bringt die Schüler auf das Thema, wieviele Mistkäfer wohl auf dieser Lichtung leben: Bei dieser Aktion dürfen alle mitmachen, die lernen wollen, wie man einen Käfer richtig anfaßt. Als erstes läßt man die Anzahl schätzen und notiert die Zahlen. Nun gehen die Schüler suchen. Man wundert sich, wieviele Käfer zusammenkommen. Sie werden in ein Glas gesammelt. Jeder muß sein Glas am Schluß vorzeigen. Nachdem gerechnet worden ist, werden die Käfer wieder am Fangort ausgesetzt. Durch dieses Verhalten soll Umgang mit der Natur eingeübt werden.

→ Arten, Ökosysteme, Landschaften
→ Natur beobachten, erforschen

6. Eine Mistkäferbiographie. Man versucht, vor Ort in eine Mistkäferröhre hineinzugucken. Meist findet man keine, und man kann sowieso nur schwer hineinsehen. Dann erzählt man das Folgende: Sieh mal meinen Arm an! So tief (bis zur Elle) hat der Käfer eine Höhle gegraben und seine Eier hineingelegt. Du bist jetzt 8 Jahre alt und in Klasse 2. Wenn du in Klasse 4 oder 5 und 11 Jahre alt bist, schlüpft erst der Käfer, der jetzt noch ein Ei ist. Du bist dann fast 10 cm größer geworden. Das ist so viel – man zeigt es – dann erst ist der neue Käfer fertig.

→ Arten, Ökosysteme, Landschaften
→ Vital- oder Lebenssinn, Zeitwahrnehmung
→ Natur beobachten, erforschen

7. Ein Unfall. Ein Käfer ist auf den Rücken gefallen. Kommt er allein wieder auf die Beine? Da die Käfer von selbst nur selten auf den Rücken fallen, ist es erlaubt, einen für kurze Zeit auf den Rücken zu legen und ihm zuzugucken. Wenn er das Umdrehen nicht allein schafft, muß man ihm unbedingt helfen.

→ Arten, Ökosysteme, Landschaften
→ Natur beobachten, erforschen

8. Ein Stück Mistkäferweg. Man geht mit der Lupe den Mistkäferweg, versetzt sich also in die Perspektive eines Roßkäfers. Dazu erhält jeder Schüler eine Lupe mit etwa 3facher Vergrößerung. Nun soll er genauso langsam wie ein Käfer auf dem Boden eine Strecke (von etwa 30 cm) zurücklegen, sich in den Käfer hineinversetzen und alles so erzählen, wie er es aus der Mistkäferperspektive gesehen hat.

→ Prinzip der Verfremdung
→ Sehen

Ein Teil der Schüler ist in dieser Altersphase noch für Geschichten und Aufgaben der vorigen Stufe empfänglich.

Klasse 4

Einige dieser Aufgaben sind schon am Ende der dritten Klasse durchführbar, einige werden noch in der fünftenKlasse angenommen.

1. Wir richten ein Mistkäferterrarium ein (auch noch Klasse 5). Man besorgt sich ein größeres u. U. nicht mehr wasserdichtes Aquarium, in das man fast bis unter den Rand Erde einfüllt. Man legt einige frische Pferdeäpfel hinein (!) und stellt das Aquarium nach draußen an eine geschützte Stelle. Schließlich setzt man einige Mistkäfer ein und deckt alles mit einer käferdichten Gaze ab. Mit größeren Schülern kann man sich dann durchaus überlegen, wie man das unterirdische Geschehen beobachtbar machen kann (bis Klasse 8).

→ Arten, Ökosysteme, Landschaften
→ Natur beobachten, erforschen
→ Naturwissenschaft im Lebensalltag, handwerkliche Betätigung

Hierzu müßte man einen Rahmen bauen, in den zwei Glasplatten im Abstand von ca. 20 mm eingeschoben werden, etwa 45–50 cm hoch.

Obenauf wird eine Arena gesetzt, in die Erde, Pferdemist und Käfer eingebracht werden können. Auch zwischen die Glasplatten wird Erde eingebracht, die Glasplatten müssen verdunkelt werden. Das Brutgeschehen kann dann wahrscheinlich beobachtet werden. Ich habe diese Aufgabe mit Regenwürmern, noch nicht aber mit Mistkäfern erprobt.

2. Ermitteln der Gesamtpopulation des Einzugsgebietes. Mistkäfer werden von Petroleum angelockt wie Katzen vom Baldrian. Das sollte erprobt und für eine Fangaktion genutzt werden, indem in einem nahegelegenen Waldstück einfache Fallen aufgestellt werden. Man locht Joghurtbecher am Boden, gibt zur Beschwerung ein oder zwei Kiesel hinein und zur Köderung einen kleinen Lappen, der vorher in Petroleum getränkt wurde. Diese Becher gräbt man randbündig in den Waldboden ein. Die Fallen müssen täglich kontrolliert werden. Die Tätigkeit selbst ist der eigentliche Arbeitsschwerpunkt, den man nun natürlich mit einer Aufgabenstellung verbinden muß: Zählen, Messen, Wiegen der Käfer, Artzugehörigkeit ermitteln usw.

→ Arten, Ökosysteme, Landschaften
→ Natur beobachten, erforschen
→ Naturwissenschaft im Lebensalltag, handwerkliche Betätigung
→ Beiträge zum ökologischen Ganzheitsprinzip

3. Milbenbefall. Mistkäfer werden stark von Milben befallen, so daß sich eine Untersuchung lohnt. Man sammelt mit der Klasse Mistkäfer und zählt die Anzahl der Milben auf der Bauchseite aus. Natürlich sollte man in Erfahrung bringen, was Milben sind und wie sie die Käfer schädigen. Damit sind die meisten Lehrer selbstverständlich überfordert. Deshalb sollte man diese Aufgabe zum Anlaß nehmen, sich mit dem nächsten Naturkundemuseum in Verbindung zu setzen.

→ Arten, Ökosysteme, Landschaften
→ Natur beobachten, erforschen
→ Naturwissenschaft im Lebensalltag, handwerkliche Betätigung

4. Monographie einer Roßkäferart. Man erarbeitet eine kleine Monographie z. B. des Großen Roßkäfers. Wie ist er gebaut, wie geht man mit ihm um, wie ist seine Entwicklung, welches ist sein Beruf im Walde? Eine solche Darstellung darf noch auf der Mitte zwischen Biologie und erzählter Geschichte angesiedelt sein. Die Beschaffung schülergemäßer Literatur ist das größte Problem dieser Anregung.

→ Arten, Ökosysteme, Landschaften
→ Mit Sprache gestalten
→ Natur beobachten, erforschen

5. Eigene Forschungsfragen. Man stellt einem Mistkäfer altersgemäße „Forscherfragen“: Was tut der Mistkäfer, wenn er auf glattem Papier laufen muß, wenn das Papier rauh ist, wenn man ihm ein Versteck anbietet, wenn er das Ende eines Stockes erreicht hat, wenn er auf Pferdemist trifft, wenn er auf dem Rücken liegt?

→ Arten, Ökosysteme, Landschaften
→ Natur beobachten, erforschen
→ Natur: Regeln finden, Theorien bilden und verstehen

6. Rückerinnerung. Man findet einen großen Roßkäfer und sagt: Dieser Käfer hier ist jetzt genau drei Jahre alt. Was haben wir gemacht, als er ein Ei war? Zur Erleichterung erinnern wir uns an einen markanten Zeitpunkt: Den Beginn der Sommerferien, Ostern, Muttertag. Jetzt gehen wir zurück: Was war im vorigen Jahr und was in den Jahren davor? Diese Übung ist für Schüler extrem schwer und fordert viel Konzentration. Sie ist eine Übung zur Entwicklung des Zeitbewußtseins.

→ Vital- oder Lebenssinn, Zeitwahrnehmung
→ Konzentrationsübungen, meditative Elemente

7. Insektenpantomime. Man verabredet mit den Schülern, welche Insekten als Pantomime dargestellt werden sollen, etwa Mistkäfer, Maikäfer, Wespe, Fliege, Mücke usw. Jede Schülerin und jeder Schüler muß sich für ein Insekt entscheiden. Sie müssen natürlich darüber lesen. Die Insekten werden dann vor der Klasse pantomimisch dargestellt, die anderen müssen jeweils erraten, welches Insekt gemeint war.

→ Arten, Ökosysteme, Landschaften
→ Tanz und Pantomime

8. Geschichten erfinden. Man schreibt mit den Schülern die Geschichte vom Tageslauf des Mistkäfers Brummelfranz. Alle Geschichten müssen vorgelesen werden. Dabei sollte nicht beurteilt werden, man sollte die Geschichten gleichsam wie ein Geschenk annehmen. Vielleicht lassen sie sich sogar in ein großes Buch mit vielen schönen Bildern einbinden.

→ Pflege sozialer Bezüge
→ Mit Sprache gestalten

Klasse 5 und 6

1. Bestimmungsübungen. Der Lehrer lernt gemeinsam mit den Schülern die wichtigsten Mistkäferarten voneinander zu unterscheiden. Hierzu erklärt er den Schülern z. B., man wolle heute mit einem „Mistkäferblick" durch den Wald gehen und gibt ihnen dazu eine vereinfachte Bestimmungstabelle der drei wichtigsten Arten in die Hand. Von jeder Art sammelt er selbst ein Belegexemplar, das wie alle anderen am Schluß wieder freigelassen wird. Natürlich geht er auch auf andere Beobachtungen ein. Ein Wort wie „Mistkäferblick" ist für diese Altersstufe noch von großer Faszination. Das Arbeitsergebnis kann sein: Eine Bestandsaufnahme, eine monographische Schilderung.

→ Natur beschreiben, ordnen
→ Natur beobachten, erforschen

2. Sachzeichnung. Jetzt ist es auch altersangemessen, vom Mistkäfer eine möglichst großformatige Sachzeichnung nach der Natur anfertigen zu lassen, von oben, von der Seite, von unten: Das Mistkäferportrait.

→ Künstlerisches und Naturwissenschaft (alle Künste)
→ Naturgegenstände künstlerisch nutzen

3. Käfercollage. Die Beschäftigung mit dem Mistkäfer führt dazu, daß die Schüler auch Bilder von anderen Käfern sammeln und eine große Käfercollage zusammenfügen. Wie nebenbei fällt bei dieser Tätigkeit eine Menge Sachinformation ab.

→ Naturgegenstände künstlerisch nutzen
→ Bildende Kunst selber gestalten (in der Schule, Landschaft)

4. Kontaktaufnahme zur Öffentlichkeit. Bei der Beschäftigung mit den Roßkäfern erfahren die Schüler selbstverständlich etwas über deren Notlage. Das ist die Form der altersangemessenen Information über ökologische Sachverhalte. Die Schüler beschließen daraufhin, sich Inserate auszudenken. Das beste oder die besten schicken sie mit einem bebilderten Brief an die nächste Forstverwaltung oder die zuständige Tageszeitung.

→ Arten, Ökosysteme, Landschaften
→ Konfliktträchtige Themen und Situationen
→ Mit Sprache gestalten

Klasse 7 und 8

Der monographische Ansatz hat seinen Schwerpunkt in den voraufgegangenen Altersphasen. Er wirft von dieser Altersphase an nur noch wenig ab. Das soll jeweils durch den Begriff Forschungsauftrag angedeutet werden, der eine aufgabenbezogene Ausweitung nahelegt.

1. Forschungsvorhaben Mistkäferbeobachtungskasten. Mistkäfer bauen bekanntlich Röhren bis ca. 50 cm Tiefe, in die sie Kot eintragen, auf dem sie ihre Eier ablegen. Um diesen Prozeß beobachtbar oder gar fotografierbar zu machen, soll eine Einrichtung ähnlich einem Regenwurmbeobachtungskasten gebaut werden.

→ Arten, Ökosysteme, Landschaften
→ Natur beobachten, erforschen
→ Naturwissenschaft im Lebensalltag, handwerkliche Betätigung

Sie muß enthalten: Zwei parallele Glasplatten, deren Abstand (um 20 mm) dennoch nicht genau bekannt ist, darüber eine Arena, in die Pferdemist eingefüllt werden kann und für die gesamte Einrichtung oder wenigstens für die Glasplatten evtl. eine Verdunkelungseinrichtung. Es ist nicht bekannt, welche Mistkäferart sich für solche Experimente am besten eignet. Der Forschungsauftrag muß durch Forschungsberichte, die etwa alle vier Wochen zu geben sind, am Leben erhalten werden.

→ Pflege sozialer Bezüge
→ Arten, Ökosysteme, Landschaften
→ Natur beobachten, erforschen
→ Naturwissenschaft im Lebensalltag, handwerkliche Betätigung
→ Beiträge zum ökologischen Ganzheitsprinzip
→ Konfliktträchtige Themen und Situationen

2. Aktionsvorhaben Anlage von Brutfeldern. Nach Absprache mit dem Forstamt und einem Unternehmen, in dem Pferdemist regelmäßig anfällt, werden planmäßig im Wald Brutfelder für Mistkäfer eingerichtet. Die Brutfelder werden kartographisch erfaßt, beobachtet, und es werden regelmäßig Beobachtungsberichte darüber an die Presse gegeben.

→ Arten, Ökosysteme, Landschaften
→ Natur beobachten, erforschen
→ Naturwissenschaft im Lebensalltag, handwerkliche Betätigung
→ Beiträge zum ökologischen Ganzheitsprinzip
→ Konfliktträchtige Themen und Situationen

3. Forschungsvorhaben zur Rolle der Mistkäfer. Es werden gewogene Mistmengen im Walde ausgebracht. Der Abbau dieser Mengen wird dokumentiert. Hierdurch kann erarbeitet werden, welche Rolle der Mistkäfer für die Bodenfruchtbarkeit hat. Gleichzeitig wird erlebt, daß Mist eigentlich etwas Natürliches ist. Dieser emotionale Gesichtspunkt ist auch noch für diese Altersphase relevant.

→ Pflege sozialer Bezüge
→ Arten, Ökosysteme, Landschaften
→ Natur beobachten, erforschen

4. Forschungsvorhaben Milbenbefall. Der Milbenbefall kann zum Thema werden. Hier müssen sich die Schüler mit einem Spezialisten, den sie ausfindig machen müssen, in Verbindung setzen. Sowohl die Techniken des Ablösens der Milben vom Käfer wie deren Artenkenntnis und Biologie gehören gewiß nicht mehr zu den Kenntnissen eines normalen Biologielehrers. Hier gehört es förmlich zum Unterrichtsziel, daß die Schüler Einsicht bekommen, wie unglaublich detailliert heute die Kenntnisse von der Natur sind. Das eigentliche Thema könnte sein, die Befallsdichte der einzelnen Arten oder in einzelnen Waldparzellen zu untersuchen.

→ psychische Gesundheit
→ Arten, Ökosysteme, Landschaften
→ Natur beobachten, erforschen
→ Beiträge zum ökologischen Ganzheitsprinzip
→ Konfliktträchtige Themen und Situationen

5. Forschungsvorhaben zum Nahrungsverhalten. Den Käfern werden im Freien verschiedene Kotarten angeboten: vom Pferd, Schaf, Rind, eventuell von der Ziege. Man beobachtet, wer die verschiedenen Mistarten nutzt und wie dies vor sich geht. Das stößt – zugegeben – zunächst auf Ekel. Dessen Überwindung ist aber ein Lernziel dieses Forschungsauftrages.

6. Arbeitsvorhaben zur Fortbewegung. Man schafft für die Käfer unterschiedliche Experimentiersituationen, z. B. auf Papier, Kies, Sand,

Laub usw. Dann legt man einen Käfer auf den Rücken und beobachtet, ob und wie er wieder auf die Beine kommt. Man kann auch nur die einfache Fortbewegung auf verschiedenen Materialien beobachten oder die Begegnung zweier Käfer.

→ Natur beobachten, erforschen
→ Natur: Regeln finden, Theorien bilden und verstehen

7. Forschungsvorhaben zu angeborenen Auslösern. Man bietet Mistkäfern Röhren mit verschiedenen Öffnungsweiten an und beobachtet, wie sie darauf reagieren. Die Röhren müssen innen rauh sein, das Plastikrohr muß also innen mit Kies beklebt werden. Ich habe hierzu noch keine Erfahrungen sammeln können.

→ Natur beobachten, erforschen
→ Natur: Regeln finden, Theorien bilden und verstehen

8. Sachzeichnung. Die zeichnerische Bewältigung der Käfer in Form einer Sachzeichnung ist erst jetzt möglich. Man zeichnet mit Bleistift, koloriert im nachhinein und versucht vor allem auch, Detailzeichnungen wie Bein, Beinansatz, Kiefer, Fühler unter Benutzung einer Lupe oder eines Binokulars festzuhalten. Die hergestellten Tafeln sollten öffentlich ausgestellt werden.

→ Naturgegenstände künstlerisch nutzen
→ Bildende Kunst selber gestalten (in der Schule, Landschaft)

Ab Klasse 9

1. Erforschen der Mistkäferpopulation in einem bestimmten Areal. Hierzu muß man sich zunächst mit der Forstbehörde abstimmen. Sodann muß man eine tierfreundliche Fangmethode entwickeln und einüben. Jede Methode, bei der Tiere getötet werden, ist für die Schule abzulehnen.

Zum Fang werden Fanggefäße von 5 l Inhalt vorgeschlagen. Jedes wird im Boden mit einem Loch zum Wasserablaufen versehen und mit Pferdemist als Köder bestückt. Die Käfer müssen sich unter etwas Laub verbergen können. Alle zwei bis drei Tage müssen die Fallen kontrolliert werden. Die Käfer werden herausgefangen, bestimmt und zunächst in einem Glas deponiert. Jeder Käfer wird auf Flügel oder Brustschild gekennzeichnet, etwa mit Korrekturlack. So weiß man, daß der Käfer schon einmal gefangen wurde. Die Fangperiode sollte 14 Tage betragen, kann aber mehrfach im Jahr wiederholt werden. Dann kennt man die Artenzusammensetzung zu verschiedenen Zeitpunkten.

→ Natur beobachten, erforschen
→ Naturwissenschaft im Lebensalltag, handwerkliche Betätigung
→ Beiträge zum ökologischen Ganzheitsprinzip

2. Man erforscht die Frage: **Warum ist uns der Mistkäfer eigentlich peinlich?** Man nimmt also die häufige Ablehnung dieses Tieres als ernstes Symptom für das Verhältnis des Menschen zur Natur und beginnt eine Art „Verhaltensforschung" an Menschen. Man befragt z. B. Passanten: Was denken Sie beim Wort Mistkäfer? Man hat einen Testkäfer bei sich, zeigt ihn und fragt: Mögen Sie den Käfer in die Hand nehmen? Warum nicht? Wenn der Passant ja sagt: Der hat aber schon im Mist gewühlt. Wenn er weiter ja sagt: Er hat aber Milben und Läuse (was nicht stimmt). Schließlich läßt man sich sagen, warum dem Passanten die Frage oder der Käfer peinlich ist. So wird das Verhalten Mistkäfern gegenüber zum Test für Umweltbewußtsein.

→ Pflege sozialer Bezüge
→ Arten, Ökosysteme, Landschaften
→ Menschwerdung durch Sprache und Sprechen
→ Naturwissenschaft im Lebensalltag, handwerkliche Betätigung

3. Öffentlichkeitsarbeit. Nach Absprache mit der Forstbehörde stellt man im Wald eine Informationstafel zum Thema Mistkäfer auf. Sie sollte eine Beschreibung der Arten und ihrer Bedeutung im Naturhaushalt enthalten und zur Schonung der Käfer aufrufen. Man kann sich auch überlegen, ob man in der Nähe der Tafel eine Köderstelle anlegt oder gar von einem gut genutzten Parkplatz aus eine Mistkäferführung anbietet.

→ Naturwissenschaft im Lebensalltag, handwerkliche Betätigung
→ Beiträge zum ökologischen Ganzheitsprinzip
→ Konfliktträchtige Themen und Situationen

4. Dungkäfer. Ausweitung des monographischen Themas auf ein allgemeines: Dungkäfer. Man untersucht verschiedene Arten von Dung in verschiedenen Altersstufen ihrer Zersetzung. Auch dies Thema kann noch einmal ausgeweitet werden, indem man Tiere einbezieht, die sich auf die Beseitigung von Tierkadavern spezialisiert haben. Damit hätte das Thema dann eine allgemeine ökologische Dimension erreicht, was in dieser Altersphase angemessen ist.

→ Arten, Ökosysteme, Landschaften
→ Natur beobachten, erforschen
→ Beiträge zum ökologischen Ganzheitsprinzip
→ Konfliktträchtige Themen und Situationen

5. Gedichte schreiben. Man kann den Mistkäfer in einem Gedicht ansprechen. Er ist dafür deswegen gut geeignet, weil er in jedem Fall Emotionen auslöst: durch die Farbe, die Behäbigkeit, Stummheit, den Drang zum Mist. Die Ergebnisse der Schüler darf man als Lehrer nur annehmen, nicht kritisieren, denn die Gedichte sind meistens „mit Herzblut" geschrieben.

→ Kunst als Ganzheitsprozeß und Beitrag zur Personwerdung
→ Mit Sprache gestalten

Ausgangspunkt: Die Lichtung als Ganzes

Die Gruppe oder Klasse trifft auf dasselbe Waldstück wie im vorigen Durchgang. Bei diesem rückte aber eine einzelne Tierart in den Mittelpunkt des unterrichtlichen Geschehens und wurde zum Brennglas für die einzelnen Altersphasen.

In diesem zweiten Durchgang geht es um die komplexe Situation, in der ganz unterschiedliche Inhalte Bedeutung für die Kinder, Schüler, Jugendlichen erlangen. Dies hängt mit den Interessenschwerpunkten der verschiedenen Altersphasen zusammen. Wenn sie nicht von selbst darauf aufmerksam werden, so reagieren sie doch eher mit Zustimmung oder gar Begeisterung auf altersadäquate Angebote als auf fernliegende. Dieses Zuhörenlernen auf die Bedürfnisse des jeweiligen Alters ist eine wichtige Vorbedingung für eine erfolgreiche Natur- und Umwelterziehung.

Vorkindergartenzeit

1. Eichenkönig und Buchenkönig. Die vielen Baumstümpfe locken die kleinen Kinder zu Mutproben. Man hilft ihnen beim Heraufsteigen. „Nun bist du König, mein Eichenkönig".

Diese Begriffe werden auch für die anderen Baumarten gebraucht (Buchenkönig, Lärchenkönig, Fichtenkönig usw.); vielleicht wird sogar gefragt, welcher König das Kind gerade ist. Dann läßt man es herunterspringen, zunächst mit Hilfe, dann auch ganz allein.

→ psychische Gesundheit
→ Pflege sozialer Bezüge

2. Balance halten. An der Seite der Lichtung liegt zusammengetragenes Stammholz. Die Kinder möchten balancieren. Dazu sind die verschiedenen Baumarten wegen ihrer Rinde unterschiedlich geeignet. Zunächst balancieren die Kinder mit Hilfe, später zunehmend allein. Man hebt sie hinauf und nennt sie „Buchenbalancierer" oder „Eichenbalancierer" oder denkt sich auch andere Namen aus, die immer ein wenig mit dem Gegenstand selbst, seiner Struktur und seinen Eigenschaften zu tun haben sollten.

→ psychische Gesundheit
→ Pflege sozialer Bezüge
→ Gleichgewicht und Orientierung

3. Verstecken in Baumhäusern. Man spielt auf der Lichtung Verstecken. Bei den ganz Kleinen muß das Finden auch ganz leicht sein, bei den Älteren schwerer. Nachher läßt man die Verstecke naiv benennen als Buchenlaube, Fichtenhaus, Brombeergebüsch. Das Spiel kann man erschweren, indem nur bestimmte Verstecke erlaubt oder verboten sind. So kann man ein Fichten- oder Brombeer-Versteck-Spiel spielen, bei dem die Merkmale nicht analysiert, sondern erlebt werden.

→ psychische Gesundheit
→ Pflege sozialer Bezüge

4. Die Puppenstube im Walde. Das Kind hat seine Puppe oder seinen Teddy dabei. Man schlägt ihm vor, dafür ein schönes Schlafzimmer (Stube, Garten) mit einem Bett zu bauen. Zunächst sucht man mit dem Kind einen schönen, geeigneten Platz mit Moos oder einen Platz in der Nische eines Baumstammes. Dann setzt man die Puppe oder den Teddy an die Seite auf einen Zuschauerplatz und macht sich an die Arbeit: „Als Bett nehme ich etwas Moos – holst du mir auch etwas Moos! – Als Bettpfosten nehme ich einen Buchenzweig – holst du mir auch einen Buchenzweig! Als Tisch nehme ich etwas Eichenrinde – suchst du mir vier Stühle aus Eichenrinde!" Immer hält man das Kind zur Hilfe an und benennt die Dinge genau. Aber auch die Vorschläge des Kindes werden angenommen. Am Schluß muß die ganze Wohnung natürlich von allen ausgiebig bewundert werden.

→ psychische Gesundheit
→ Pflege sozialer Bezüge
→ Menschwerdung durch Sprache und Sprechen

5. Schatzsuche. Man sammelt mit dem Kind oder den Kindern ein paar Dinge ein, um sie mit nach Haus zu nehmen. Das können Holzstückchen sein, Eicheln, Blumen, Zapfen, Federn. Zu Haus packt man die Schätze aus und verknüpft sie in der Erinnerung: Wo lag das, wer hat das gefunden? Warum ist es ein Schatz?

→ psychische Gesundheit
→ Vital- oder Lebenssinn, Zeitwahrnehmung
→ Gedankenwahrnehmung, Begriffs- und Vorstellungssinn
→ Konzentrationsübungen, meditative Elemente

6. Der Bau einer Schlafhöhle. Der Erwachsene baut aus den Zweigen, die auf der Lichtung überall herumliegen, eine Höhle für sich und das Kind (die Kinder). Dabei ist das Kind im Grunde genommen eher wahrnehmender Teilnehmer als Miterbauer. Wie selbstverständlich werden jedoch die verwendeten Zweige auch bei ihrem Namen genannt (die eigentliche Höhlenbauphase beginnt erst ab 5-7 Jahre.). Aber das Thema, daß man aus Material der Natur etwas bauen kann, sollte so früh wie irgend möglich aufgenommen werden. Ist der Bau fertig, zieht man in die Höhle mit dem Kinde richtig ein. Das Unternehmen darf ruhig eine ganze Stunde dauern. Vielleicht ist es sogar möglich,

→ psychische Gesundheit
→ Vital- oder Lebenssinn, Zeitwahrnehmung
→ kultische und rituelle Handlungen
→ Naturgegenstände künstlerisch nutzen

Freies Eintauchen in die Natur ohne Arbeitsauftrag ist noch ein wichtiges Thema der Primarstufe.

Mit den Händen sehen lernen ist gleichzeitig Spiel und Arbeit.

daß die Höhle zum Ort wird, an dem das Kind einen Mittagsschlaf hält und erlebt, wie Natur einhüllen kann.

7. Benennen üben. Spielerisch kann man das Erlernen der Sprache unterstützen. Dabei sind allgemeine Begriffe zunächst wichtiger als spezielle: Hol mir mal ein Blatt, einen Zweig, einen Ast. Zeig mir den Stamm, die Rinde. Das darf natürlich nicht so abstrakt geschehen, wie es hier steht. Man kann auch spezielle Dinge einführen, für die das Kind Interesse zeigt: Eicheln, Bucheckern, Himbeeren, Pilze. Sind die Dinge gefährlich, etwa wie die Beeren der Tollkirsche oder wie der Fliegenpilz, sollte man sie in dieser Altersphase möglichst umgehen, denn von „gefährlich" und „totgehen" kann man in dieser Altersphase den Kindern noch keine Vorstellung vermitteln.

→ psychische Gesundheit
→ Menschwerdung durch Sprache und Sprechen

8. Natur gestalten. Als Erwachsener stellt man für die Kinder etwas aus der Natur her. Oft stehen Binsen auf der Lichtung. Man flicht daraus einen Poggenstuhl, den man auch aufstellt, damit sich in der Nacht eine Pogge (Frosch) darin ausruhen kann. Es ist wohl auch vertretbar, aus Blättern oder Blüten einen Kranz zu flechten, den man dem Kinde feierlich aufsetzt. Wichtig ist, daß das Kind beim Flechten zusieht.

→ psychische Gesundheit
→ Pflege sozialer Bezüge
→ Naturgegenstände künstlerisch nutzen

9. Tierbegegnungen. Auf der Lichtung können einem begegnen: Mistkäfer, Ameisen, Weinbergschnecken, Nacktschnecken, Fliegen, Käfer, Schmetterlinge, Hundertfüßer, Spinnen, Asseln usw. Hier ist der Erwachsene gefordert. Er muß mit dem Kind ein Stück an das Tier heranrücken: Die Schnecken darf man auf die Fühler tippen, den Insekten muß man mit den Augen näher rücken, die Asseln läßt man vielleicht auf ein Papier oder ein Rindenstück krabbeln, den Regenwurm kann man in die Hand nehmen, Rollasseln ebenso. Der Auftrag für diese Stufe heißt Angstabbau, Zuneigung pflegen. Die Grundhaltung muß sein „Komm, liebe Spinne" oder „Heute streicheln wir den Baum" (Hoenisch; Niggemeier 1986). Der Erwachsene, der selbst Ängste hat, muß intensiv üben, sie zu überwinden.

→ psychische Gesundheit
→ Pflege sozialer Bezüge
→ Überkonfessionelle Religiosität
→ Natur beobachten, erforschen

10. Eine Natur-Geschichte. Beim Spielen entdecken die Kinder oder das Kind, daß ein Baumstumpf von Ameisen besiedelt ist. Man horcht gemeinsam angestrengt hin und berichtet, daß eine etwas erzählt: Sie sagt, daß der Baumstumpf ein großes Ameisenwohnhaus ist. Die Ameisen bauen darin; sie mauern, putzen, schaben. Sie haben richtige Kinderzimmer, Werkräume eingerichtet und sogar einen Thronsaal für die Königin. Sie bitten, daß man ihren Stumpf schonen möchte, nicht hineintreten oder darauf herumtreten möchte. Dann geriete ihr ganzes Volk in Panik. Diese Art der Begegnung wird erst gegen Ende der Altersphase angenommen.

→ Arten, Ökosysteme, Landschaften
→ Kunst als Ganzheitsprozeß und Beitrag zur Personwerdung
→ Menschwerdung durch Sprache und Sprechen

11. Eine Tierstraße. Man entdeckt eine Ameisenstraße: „Komm, wir legen uns mal vorsichtig an den Rand und gucken." Jetzt legt man sich hin und schaut dem Gewimmel zu, entdeckt, wie sie sich betasten, gemeinsam eine Raupe eintragen, Nadeln schleppen. Danach sagt man vielleicht: „Wir legen ihnen mal was auf ihre Straße, eine Eichel, ein Stück Brot, etwas Wurst." Wenn das Interesse daran erlahmt, sagt man z. B.: „Wollen wir einmal nachsehen, wohin die Straße führt?" Meist findet man dann das Nest oder in umgekehrter Richtung einen Baumstamm, auf den die Ameisen unentwegt hinaufklettern (um die Rindenläuse zu melken).

→ Arten, Ökosysteme, Landschaften
→ Natur beobachten, erforschen

12. Sammeln. Im Herbst sammelt man mit den Kindern bunte Blätter und Früchte. Dies Thema ist jedoch in einer höheren Altersphase ergiebiger, ebenso das Sammeln von Waldbeeren.

→ Naturgegenstände künstlerisch nutzen

Kindergartenzeit bis einschließlich Klasse 1

1. Kriegen oder Fangen spielen. Mit schnellem Blick sieht der Erwachsene, daß auf der Lichtung drei Arten von Stubben stehen: Buchenstubben, Eichenstubben und ganz wenige Lärchenstubben. Ein paar Kinder fangen an, Kriegen zu spielen. Der Erwachsene zeigt den Kindern ohne tiefschürfende Erklärung die verschiedenen Stubbenarten. „Wer auf einem Lärchenstubben steht, ist frei." Das Spiel beginnt. Mit Gewißheit erkennt jedes Kind später die drei Stubbenarten, vielleicht auch als lebende Bäume.

→ Pflege sozialer Bezüge

2. Verstecken. Ähnlich beliebt ist das Versteckenspielen. Hierzu muß man deutlich Grenzen abstecken und gegebenfalls auch ansagen, daß es verbotene Zonen gibt, etwa eine Schonung. Stehen im Spielareal noch viele Bäume, kann man das Spiel Anschleichen spielen. Dabei bewacht ein Kind einen Baum. Die anderen müssen sich unerkannt anschleichen. Die Nennung eines identifizierten Schülers heißt Ausscheiden. Der bewachte Baum muß die Mitte eines Kreises bilden. Da der Bewacher immer nur ein begrenztes Blickfeld übersehen kann, haben die Anschleicher echte Chancen. Zu Spielbeginn muß man 10 –15 m vom Baum entfernt z. B. einen „Heiligen Buchenbezirk" abgrenzen. Wer in diesen Bezirk als erster unerkannt eindringt, hat gewonnen.

→ Pflege sozialer Bezüge
→ kultische und rituelle Handlungen

3. Eine uralte Geschichte. Sonja pult aus Neugier die Rinde eines Baumstubbens ab. „Ih", schreit sie plötzlich. Unter der Rinde quellen ein paar Dutzend grauer Asseln hervor. Sie fürchtet sich offenbar.
Der Erwachsene nimmt sie einfach still auf den Schoß. „Ach", sagt er, „die Asseln können doch kein Sonnenlicht vertragen und fürchten sich davor. Das ist schon eine ganz alte Geschichte. Ich erzähl sie dir:

> „Als die Tiere vom lieben Gott gemacht wurden, mußte er ja alles, was er hatte, verteilen: Augen, Ohren, Zähne, Beine und sogar ein paar feste Panzer. Die Asseln waren ihm nun ganz klein geraten und hatten vor den anderen Tieren große Angst.
> Deshalb baten sie inständig zu ihrem Schutz um einen Panzer und viele Beine, damit sie schnell weglaufen konnten, wenn es gefährlich wurde. Sie erhielten das alles. Als er dann aber an die Verteilung

→ psychische Gesundheit
→ Arten, Ökosysteme, Landschaften
→ Überkonfessionelle Religiosität
→ mythisches Denken
→ Naturwissenschaft – allgemeine Bezüge

Bis Klasse 2 ist das Spielen in der Natur wichtiger als das Untersuchen.

der Augen ging, sagte der liebe Gott: ‚Nun seid nicht unbescheiden. Ich muß gerecht für alle sorgen. Sind eure Wünsche nicht erfüllt?‘ So mußten die Asseln auf richtige Augen und richtige Ohren verzichten und deshalb ins Dunkle ziehen."

Der Erwachsene wendet sich dann dem Kind zu : „Komm, wir gehen einmal hin und gucken ganz genau nach, und du sollst mir sagen, ob sie wenigstens einen Schwanz abbekommen haben."

→ Arten, Ökosysteme, Landschaften
→ Überkonfessionelle Religiosität
→ Natur beobachten, erforschen

4. Wie das Ameisenvolk an diesen Ort kam. Man trifft auf der Lichtung auf einen Ameisenhaufen oder auch auf einen von Ameisen bewohnten Baumstamm. Es ist für diese Altersphase noch völlig unwichtig, um welche der Arten (Formica rufa oder polyctena) es sich handelt. Man schaut einfach dem Treiben der Ameisen eine Weile zu und geht behutsam mit ihnen um. „Ich erzähle euch die Geschichte von der Ameisenkönigin. Wie alt bist du?"– „ 5 Jahre." –

„Genau vor 5 Jahren, als du geboren wurdest, flogen aus einem großen Ameisennest an einem warmen Sommertag lauter junge Königinnen in die Luft. Die Männchen kamen aus einem anderen Nest. Hoch oben in der Luft hielten sie Hochzeit. Diese Königin landete an diesem Baumstumpf. Dort warf sie ihre glitzernden Flügel ab, denn sie konnte sie nicht mehr gebrauchen und grub sich eine winzige Höhle. Dann legte sie ein paar Eier. Da eine Ameisenkönigin nicht selber fressen kann, mußte sie ihre Kinder aus ihren Körpervorräten ernähren. Ganz dünn wurde sie dabei. Erst als ihre ersten Kinder ausgeschlüpft waren, bekam sie Hilfe. Das dauerte fast ein ganzes Jahr. Nun ging es schneller. Die Arbeiterinnen sammelten Nahrung, holten Nadeln, bauten die vielen Kinderzimmer aus. Die

Königin lebt jetzt tatsächlich in einem eigenen Königinnenzimmer und legt nur noch Eier. Dürfen wir wohl in ihr Königinnenzimmer hineingucken? – Nein. – Dürfen wir wohl eine Ameise auf die Hand nehmen? – Nein, sie wehrt sich und beißt und spritzt ein Gift hinein."

Danach kann man ein wenig mit den Ameisen umgehen. Man läßt z. B. eine auf ein Papier krabbeln und sieht ihr genau zu. Oder man tut eine für kurze Zeit in ein Glasröhrchen und kann sie sogar durch eine Lupe betrachten. Oder man legt in die Ameisenstraße eine Fliege oder kleine Raupe. Wenn sie noch lebt, ist die Frage zu stellen, ob man das darf. Oder man zieht mit dem Finger einen Strich durch die Ameisenstraße (und löscht dabei die Duftspur, die Pheromspur) und beobachtet die auftretende Verwirrung. Oder man legt ein Tuch auf die Ameisenstraße, schüttelt die Ameisen nach einer Weile ab und riecht die eingespritzte Ameisensäure. Dies bitte wegen der Zerstörungsgefahr nicht an Ameisenhaufen ausprobieren. Insgesamt sollte man darauf achten, daß im Vordergrund der Begegnung mit den Ameisen eine Geschichte steht. Diese sollte sehr behutsam durch liebevolle, durchaus noch vermenschlichende Beobachtungen begleitet werden.

5. Warum die Tollkirsche so giftig ist. Auch von Pflanzen kann man Geschichten erzählen. Man findet z. B. eine Tollkirsche und möchte die Kinder abhalten, davon zu essen und erzählt: Früher waren im Walde alle Früchte eßbar, und die Tiere, Vögel und Menschen hatten genug davon. Aber dann gab es mit der Zeit immer mehr Menschen auf der Erde, und die Beeren wurden knapp für alle. Deshalb beauftragten die Menschen einen Jäger, der alle Vögel totschießen sollte, die von den Beeren des Waldes aßen. Das geschah. Überall im Walde knallte es, und der Vogelgesang wurde immer spärlicher. Die armen Vögel wußten überhaupt nicht, wie sie sich wehren sollten. Schließlich brachten sie ihren Kummer vor die Versammlung der Tiere. Da war guter Rat teuer. Weder Fuchs noch Wolf noch Löwe wußten Rat. Schließlich meldete sich der Rabe: Ganz weit im Norden würden noch einige Trolle wohnen, die sich auf das Brauen von Zaubertränken verstehen würden. Der Elch mußte das Problem den Trollen vortragen. Gleich wollten sie helfen und gaben dem Elch eine Flasche mit schwarzem Saft. Alle Pflanzen, die damit besprengt würden, wären von da an für die Menschen giftig. Der weise Rabe sollte das ausführen. Aber anstatt alles fein in kleinen Portionen zu verteilen, goß er in seinem Ärger über die Menschen alles auf eine einzige Pflanze, die damit tötlich giftig wurde. Wir nennen diese Pflanze heute Tollkirsche. Die Vögel können auch heute noch so viel davon essen, wie sie wollen. Auch uns verlocken die Beeren. Wer aber als Kind davon nur zwei Beeren ißt, muß sterben. Das ist gewißlich wahr. Aber die Himbeeren, die können wir essen, wir teilen sie uns weiter mit den Vögeln.

→ Arten, Ökosysteme, Landschaften
→ Überkonfessionelle Religiosität
→ mythisches Denken
→ Künstlerisches und Naturwissenschaft (alle Künste)

6. Motive für Kindergeschichten. Solche Geschichten kann man und sollte man sich fast beliebig viele ausdenken. Es ist jedoch im Grunde genommen besser, sie zu Haus zu erzählen, also vom unmittelbaren, realen Sinneseindruck abzulösen. Das Geschehen in der Natur wird dadurch auf die Ebene der Bildwahrheiten angehoben. Ein paar solcher Ideen für Geschichten:

- Wie der Weißdorn zu seinem Namen kam (Er mußte das Haus einer Prinzessin bewachen).
- Der Gallapfel und der Dichter (der die Tinte aus Galläpfeln zum Schreiben brauchte).
- Warum die Fichten ihr Harz absondern (sie hatten Mitleid mit den armen Leuten, die sich keine Wachskerzen kaufen konnten).
- Wie der Silberstamm der Buchen entstand (Ein König hatte einen Garten mit goldenen Apfelbäumen. Da kam ...).
- Warum der schlaue Fuchs keine Himbeeren ißt (Er hat die Befürchtung, daß es ihm genau so ergehen würde wie bei den Trauben).
- Warum so viele kleine Tiere unter der Erde leben (Sie müssen das Laub und die Zweige zerkauen, damit die Erde nicht so dick wird).

→ Arten, Ökosysteme, Landschaften
→ Überkonfessionelle Religiosität
→ mythisches Denken
→ Menschwerdung durch Sprache und Sprechen
→ Mit Sprache gestalten

7. Blinder Forscher. Gern machen die Kinder bei folgendem Spiel mit: Man verbindet einem die Augen mit einem Dreieckstuch. Man dreht das Kind, um ihm die Orientierung zu nehmen. Dann führt man es zu einem Baumstumpf oder markanten Baumstamm. Es erkundet als „Blinder" jetzt ausgiebig den Gegenstand. Nachdem man es zurückgeführt hat, soll es sehend den Gegenstand wiederfinden und dann auch beschreiben, was es gefühlt hat. Dieses Spiel kann man ab Ende dieser Phase in fast allen Altersstufen spielen, nicht aber in den Klassen 7 und 8. Da steht leicht Schabernack ins Haus. In höheren Klassen und bei Erwachsenen wird das Spiel wieder gern angenommen, allerdings dann als Partnerspiel.

→ psychische Gesundheit
→ Pflege sozialer Bezüge
→ Tasten und Fühlen
→ Sehen
→ Überkonfessionelle Religiosität

8. Suchspiel. Der Gruppenleiter will die Kinder mit der Lichtung vertraut machen. Das wird erleichtert, wenn man das Spielinteresse der Kinder nutzt. Angenommen, die Lichtung enthielte keine Nadelbäume, also auch keine Zapfen. Dann sucht man sich in der Nachbarschaft einen Vorrat und versteckt je nach Spiel 2, 5, 10 oder 20 an Orten, die sich später mit Worten eindeutig beschreiben lassen. Die werden gesucht. Dabei gibt es natürlich einen Gewinner. Er hat die Aufgabe wie alle anderen Finder, seinen Fundort für die anderen eindeutig zu beschreiben. Er darf die Zapfen (evtl. Joghurtbecher, Papierbälle usw.) für die nächste Runde verstecken.

→ Pflege sozialer Bezüge
→ Gleichgewicht und Orientierung
→ Konzentrationsübungen, meditative Elemente
→ Menschwerdung durch Sprache und Sprechen

9. Ein Stegreifspiel. Jedes Kind soll sich auf der Lichtung eine Bühne suchen. Das wird häufig ein Baumstubben sein. Für ihre Bühne sammeln die Kinder Figuren. Als Figuren nehmen sie etwa Steine, Früchte, Stöcke, Blätter. Dann geben sie ihren Figuren einen Namen und stellen sie auf ihrer Bühne zu einer Szene zusammen, zu der sie bei einem Rundgang durch die verschiedenen „Schauspielhäuser" eine kleine Geschichte erzählen. Manchmal klappt das nicht, weil den Kindern schon

→ psychische Gesundheit
→ Kultur und Tradition
→ Mit Sprache gestalten
→ Naturgegenstände künstlerisch nutzen

Horchen, was im Baum und auf dem Baum passiert.

ihre Phantasie abhanden gekommen oder sogar abgestorben ist. Dann muß der Erwachsene eine kleine Szene vorspielen. Vor dem Spiel gibt er den Gegenständen ihre Bedeutung: Dies ist die Kirche, der Bauernhof, das ist der Bauer, das Kind usw.

X **10. Das Gasthaus zum Schlemmer.** Der Erwachsene sucht sich einen üppig bewachsenen Baumstubben oder eine andere üppig bewachsene Stelle aus, versammelt die Gruppe und erzählt die Geschichte vom „Gasthaus zum Schlemmer". In dieser Geschichte können viele Tiere auftauchen: Ameisen, Blattläuse, Käfer, Asseln. Es kann auch ein Mensch auftauchen, der das Haus beschädigt. Der Sinn einer solchen Erzählung ist, daß Lebenszusammenhänge hier in Form einer Geschichte einen Zusammenhang gewinnen.

→ psychische Gesundheit
→ Menschwerdung durch Sprache und Sprechen
→ Mit Sprache gestalten
→ Natur beobachten, erforschen

11. Erinnere Dich! Man geht mit der ganzen Gruppe über die Lichtung. Jedes Kind darf sich einen Naturgegenstand aussuchen, den es bei sich trägt. Wenn es „hier oder jetzt" ruft, versteckt es den Gegenstand unter den Augen der übrigen Kinder. Nach einem Tag, einer Woche, einem Monat sucht man den Ort erneut auf und geht denselben Weg. Die Verstecke sollen wiedergefunden werden. Jedes Kind muß nur seinen eigenen Gegenstand wiederfinden oder schwieriger: Die Kinder dürfen auch die Verstecke anderer finden.

→ Vital- oder Lebenssinn, Zeitwahrnehmung
→ Konzentrationsübungen, meditative Elemente

am Anfang X **12. Wir erinnern uns.** Man geht mit den Kindern einen bestimmten Weg über die Lichtung und bleibt an 8–10 Stellen stehen, um den Kindern etwas zu zeigen, eine Galle, eine Rindenverformung, einen Keimling, Pilz, ein Moospolster. Diesen Weg geht man nach einer Woche, einem Monat, drei Monaten erneut und fordert nun die Kinder auf, an

→ Konzentrationsübungen, meditative Elemente
→ Vital- oder Lebenssinn, Zeitwahrnehmung (8)
→ Menschwerdung durch Sprache und Sprechen

jedem damals genannten Ort stehen zu bleiben und die Situation des vorigen Ausfluges in möglichst vielen Einzelheiten zu erzählen, evtl. sogar die Veränderungen zu beschreiben. Das Thema „Wir erinnern uns" ist eine Schulung der Gedächtniskraft und des Vorstellungsvermögens. Eine Abwandlung dieser Anregung ist, daß man mit der Gruppe einen Weg durch die Lichtung geht, dabei etwas erklärt und ein Kind nach einer Woche diese Führung wiederholen soll.

13. Sammeln und gestalten. Man sammelt im Herbst Früchte und bastelt aus ihnen Figuren, die zu einer Szene zusammengefügt werden sollen. Oder man sammelt Blätter, aus denen man schöne Verfärbungsreihen bildet. Oder man klebt aus Blättern phantasievolle Figuren. Diese Anregungen sind so allgemein bekannt, daß sie nur in Erinnerung gerufen, aber nicht weiter ausgeführt werden sollen.

→ Naturgegenstände künstlerisch nutzen

14. Anregungen zu künstlerischer Tätigkeit. In dieser Altersphase ist das rhythmische Gedächtnis besonders aktiv. Man pflückt z. B. einen Haselzweig oder Rotbuchenzweig und geht die Blattstellung mit den Füßen nach: links, rechts, links, rechts. Oder man findet Kreuzblütler, deren Blütenform man in Hüpfbewegungen verwandelt. Oder man schläft wie eine Blume ein.

→ harmonikale Beziehungen in der Natur
→ Tanz und Pantomime

Viel Spaß haben die Kinder auch am Sammeln von Reimwörtern. Baum: Schaum, Traum, kaum, Raum; Beere: Ehre, Lehre, Schere, kehre. Sogar das bekannte Spiel „Kein ... ohne ..." kommt am Ende dieser Altersphase an. Einer sagt: Kein Baum ohne Zweige. Ein anderer findet die Entsprechung: Kein Geiger ohne Geige. Er fährt z. B. fort: Keine Schnecke ohne Haus. Antwort: Kein Keller ohne Maus.

→ Mit Sprache gestalten

Klasse 2 und 3

1. Wünsche gestalten. Bis etwa zum 12. Lebensjahr können Kinder ihr Verhältnis zur Natur kaum in Worte fassen. Als Erwachsener möchte man sich aber darüber orientieren. Man fordert die Schüler auf, in einer Tüte so viel von ihrem Spielzeug mitzubringen, wie sie während einer längeren Wanderung tragen mögen. Auf der Lichtung läßt man jedes Kind einen Baumstubben wählen, auf dem es seinen Wunschspielplatz bauen soll. Wenn es damit fertig ist, soll es den Eltern, Mitschülern, dem Lehrer den Spielplatz zeigen und erklären. Aus den Ausführungen kann der Erwachsene entnehmen, welche Rolle die Natur im Leben jedes Kindes spielt. Dabei werden natürlich auch andere Konfliktsituationen deutlich. Sie sind aber nicht das Ziel der Tätigkeit. Insgesamt erlangt man eine intuitive Einsicht, welche Tätigkeiten im pädagogischen Sinne für jedes Kind angemessen sind. In der Hand eines Psychologen kann eine solche Tätigkeit zum Test werden, ein Lehrer darf sie nur allgemein nutzen. Im Klassenraum läßt sich das Bauen eines Wunschspielplatzes auch in einer Obststiege durchführen. Es hat sich auch als Vorarbeit für die Gestaltung eines Schulgartens bewährt. Auch das Malen eines Wunschbildes (wo ich spielen, leben möchte) im Anschluß an einen Waldspaziergang zielt in diese Richtung.

→ Kunst als Ganzheitsprozeß und Beitrag zur Personwerdung
→ Künstlerisches und Naturwissenschaft (alle Künste)
→ Konfliktträchtige Themen und Situationen

2. Die Lebensgeschichte eines Bettes. Günters Bett ist aus Kiefernholz. Auf der Lichtung steht der Stubben einer Kiefer, vielleicht ein Kiefernsämling, vielleicht auch ein großer Baum. Der Vater, die Mutter, die Lehrerin nehmen Günter an die Hand und erzählen die Geschichte von seinem Bett ganz ausführlich: Das beginnt mit der Schilderung, wie der Same runtergefallen ist, wie er keimte, was der Baum in seinen 95 Lebensjahren alles erlebt hat, wie er in zwei Minuten von Männern gefällt wurde, das Holz ins Sägewerk kam, zu Brettern geschnitten wurde, die ein Tischler oder eine Firma kaufte. Schließlich endet die Geschichte damit, wie das Bett gebaut wurde, die Eltern es kauften und er, Günter, nun in jeder Nacht zuhören kann, welche Geschichten die Bretter erzählen.

→ Rohstoffe, Vorräte Ressourcen
→ Vital- oder Lebenssinn, Zeitwahrnehmung
→ Menschwerdung durch Sprache und Sprechen
→ Naturgegenstände künstlerisch nutzen
→ Naturwissenschaft im Lebensalltag, handwerkliche Betätigung

3. Geschichte vom Wirtshaus zum Baumstubben. Der Lehrer zeigt auf einen besonders schönen oder großen Baumstubben und sagt: Ich zeige euch einmal das Wirtshaus zum Buchenstubben. Vorsichtig löst er die Rinde (er hat sich natürlich vorher orientiert) und stößt auf Ameisen, Käfer, Hundertfüßer, Asseln usw. „Eine Küche gibt es in diesem Wirtshaus nicht, alle Bewohner sind Selbstversorger. Aber Zimmer gibt es zuhauf. Die Asseln mögen ein Zimmer mit Balkon, die Ameisen wohnen am liebsten im Keller, die Käferlarven in einer kleinen Speisekammer." Man darf die Geschichte je nach Fund ruhig ausschmücken. „Wir gucken uns die Gäste einmal an." Man fängt vielleicht eines der Tiere, bringt es in ein Röhrchen oder legt es auf die Hand. Die Darstellung sollte immer die Mitte halten zwischen einer erzählten Geschichte und der biologischen Tatsache.

→ Arten, Ökosysteme, Landschaften
→ Mit Sprache gestalten
→ Natur beobachten, erforschen

Beim erkundenden Spielverhalten wird Natur bis zum 3. Schuljahr nicht geschont.

Ein guter Anlaß zum Erzählen ergibt sich, wenn ein Kind anfängt, aus Übermut oder Neugierde den Stubben zu zerlegen. Das darf nicht als Ungezogenheit gewertet werden, sondern entspricht an einem morschen Stubben einem ganz natürlichen Explorationsbedürfnis. Sobald eine Klasse in ihrem Interesse schon den "mythischen Rubikon" überschritten hat, bleibt zwar die Erzählform erhalten, aber die Inhalte werden fachbiologischer, etwa mit dem Ziel, daß die Schüler erkennen, wie aus dem Stubben wieder fruchtbarer Waldboden wird.

4. Adams unbekannte Aufgabe. Man spielt die meist unbekannte Geschichte von „Adam im Paradies". Man spricht mit den Schülern darüber, daß Adam und Eva im Paradies nicht nur nackt herumgelaufen sind, bis sie den verbotenen Apfel gepflückt haben, sondern daß sie auch allen Pflanzen und Tieren einen passenden Namen geben mußten. Auch das war Gottes Gebot. Das soll das Spiel sein. Dazu soll sich jeder Schüler bis zu drei Pflanzen aussuchen, genau ansehen, einen Namen für sie erfinden und die übrigen Schüler lehren, woran man die Pflanze wiedererkennt und warum sie so heißt. Alle gebrauchen für diesen Tag den erfundenen Namen. In der Schule, evtl. erst ein paar Tage später, werden die richtigen Namen zugeordnet. Es macht den Schülern großes Vergnügen, wenn über einen längeren Zeitraum nebeneinander beide Bezeichnungen beibehalten werden.

→ Gedankenwahrnehmung, Begriffs- und Vorstellungssinn
→ Überkonfessionelle Religiosität
→ Menschwerdung durch Sprache und Sprechen

5. Extreme sammeln. Schüler erhalten den Auftrag, sich auf der Lichtung eine Pflanzenart auszusuchen (außer Bäumen), von der sie nun das größte und kleinste Exemplar sammeln, das mit den größten Blättern und den kleinsten, den meisten und wenigsten Blüten, das verzweigteste und unverzweigteste. Naturwissenschaftlich würde man sagen, sie sollen die Bandbreite der Art – bezogen auf ausgewählte

→ Natur beschreiben, ordnen

Ein „Wirtshaus" zum Baumstubben.

Parameter – sammeln. Anschließend sollten die Pflanzen gepreßt werden. Macht man davon Fotokopien – eventuell verkleinert – kann jeder Schüler alle Arten bekommen.

6. Themen-Blumensträuße. Man stellt auf der Lichtung Blumensträuße unter einer bestimmten Themenstellung zusammen: Eßbare Pflanzen, giftige Pflanzen, holzige Pflanzen, krautige Pflanzen, Pflanzen mit Grasblättern oder auch Pflanzen, die in der Sonne, im Schatten, in einer Pfütze wachsen.

→ Künstlerisches und Naturwissenschaft (alle Künste)
→ Naturgegenstände künstlerisch nutzen

7. Das Vergehen der Baumstubben. Man bittet die Schüler, auf der Lichtung den ältesten Stubben zu suchen. Dann sollen sie den jüngsten suchen. Sie müssen also intuitiv ökologische Prozesse erfassen und nach ihnen Zeitkategorien bilden. Das gelingt in der Regel auch. Haben sie Interesse an dieser Frage, kann die Aufgabe erweitert werden, indem man eine Reihe von Stubben der gleichen Art in eine Alterungsreihenfolge einordnet. Die Schüler können sogar begründen, warum sie gerade diese oder jene Reihenfolge gewählt haben.

→ Natur beschreiben, ordnen
→ Natur beobachten, erforschen
→ Natur: Regeln finden, Theorien bilden und verstehen
→ Beiträge zum ökologischen Ganzheitsprinzip

8. Blindenspiel. Während die Schüler der vorigen Altersphase lediglich einen von ihnen betasteten Stubben oder Stamm wiederfinden sollten, kann man die Aufgabe jetzt erschweren. Sie tasten mit offenen Augen Buche, Eiche, Lärche ab, dann verbindet man ihnen die Augen und führt sie nun zu zehn verschiedenen, aber gut identifizierbaren Stubben oder Stämmen. Für jede richtig erkannte Art gibt es einen Punkt. Ob man die Bewertung ausbauen will, mag jeder Lehrer selbst entscheiden.

→ Pflege sozialer Bezüge
→ Prinzip der Verfremdung
→ Tasten und Fühlen
→ Sehen
→ Naturwissenschaft – allgemeine Bezüge

9. Der Ameisenweg. Jede Schülerin und jeder Schüler erhalten eine Lupe und sollen über eine Strecke von 20–30 cm den Ameisenweg gehen. Das bedeutet, daß jeder eine Strecke dieser Länge sucht, diese mehrmals langsam mit der Lupe abgeht, sich möglichst viele Dinge aus der Perspektive einer Ameise einprägt und dies alles nachher der Klasse in Worten schildert. (Bild S. 381)

→ psychische Gesundheit
→ Arten, Ökosysteme, Landschaften
→ Prinzip der Verfremdung
→ Sehen
→ Natur beschreiben, ordnen

10. Einmal anders durch die Röhre gucken. Isolierung bedeutet nicht immer nur Einengung. Sie kann auch Hervorhebung bedeuten. Man nimmt für jeden Schüler die Innenröhre einer Küchenrolle mit in den Wald. Die Schüler sollen durchgucken und das Ende eines Zweiges ins Bild nehmen. Nun sollen sie das ganze Verzweigungssystem rückwärts verfolgen, bis sie am Boden nicht mehr weiterkönnen.

Was zunächst nur wie ein Spiel erscheint, macht durchaus Sinn, weil das Phänomen Verzweigung hier unmittelbar im Nachvollzug erlebt werden kann. Die Wachstumsganzheit des Baumes wird so gleichsam rückwärts nachvollzogen. (Bild S. 185)

→ Prinzip der Verfremdung
→ Sehen
→ Konzentrationsübungen, meditative Elemente
→ Beiträge zum ökologischen Ganzheitsprinzip

11. Wohnstätten bauen. Oft liegen auf der Lichtung noch Äste und Zweige. Aus diesen baut man Häuser, Höhlen, Hütten, Unterkünfte,

Schlösser. Dazu darf nur totes Material verwendet werden. Lediglich der Gebrauch von Bindfaden wird erlaubt, den man „zufällig" mitgebracht hat. Mit etwas Werbung kann man die Schüler anregen, Eichenhöhlen, Buchenhöhlen oder Fichtenhöhlen zu bauen oder die Balken aus Eiche und das Dach aus Fichte zu machen. Auf der Erlebnisebene werden so Eigenschaften der Baumarten erfahren.

→ Naturgegenstände künstlerisch nutzen
→ Naturwissenschaft im Lebensalltag, handwerkliche Betätigung

12. Schätze sammeln. Wir Erwachsenen wissen leider oft nicht mehr, was Schätze für dieses Alter bedeuten. Jeder Schüler erhält einen kleinen Plastikbeutel und darf ihn mit „Schätzen des Waldes" füllen. Nur wer will, darf den anderen zum Schluß seine Schatztruhe zeigen. Natürlich dürfen keine lebenden Tiere gesammelt werden. Indem ein Schüler sagt, warum ein Gegenstand ein Schatz ist, werden viele biologische Phänomene deutlich.

→ psychische Gesundheit
→ Überkonfessionelle Religiosität

13. Hier sollen nur **einige bekannte handwerkliche Arbeiten** in Erinnerung gerufen werden:
- Man kann aus Früchten, Ästen, Blättern usw. Figuren bauen. → Naturgegenstände künstlerisch nutzen
- Legt man ein Blatt Papier auf Baumrinde, kann man diese mit einem Wachsmalblock abrubbeln und so ein Rindenbild erzeugen. Man kann auch gut von Rinde Gipsabdrücke herstellen und später einfärben. → Naturgegenstände künstlerisch nutzen
- Zwei tote Äste werden dergestalt eingekürzt, daß beim Anschlagen mit einem Holz ihre Klänge zueinander passen. → Musik gestalten
- Man kann Blätter in weichen Ton drücken und durch diese Abklatschtechnik abbilden. → Naturgegenstände künstlerisch nutzen
- Man kann die Blattadern mit Hilfe einer Druckerwalze (Linolwalze) direkt mit Druckfarbe oder sogar Stoffarbe einfärben und damit drucken. → Naturgegenstände künstlerisch nutzen
- Man pflückt von der Lichtung Blumen und verschenkt sie. → Pflege sozialer Bezüge → Naturgegenstände künstlerisch nutzen

14. Gestaltete Selbstprojektionen. Schüler dieser Altersstufe projizieren ihr Inneres bekanntlich noch gern in die Dinge hinein. Daraus ergeben sich viele Möglichkeiten der Verbindung von künstlerischer und biologischer Arbeit.

Malen: Unsere Klasse auf der Lichtung. Die Ameise Krabbelfix im Mooswald. Ein Reh kommt nachts zum Äsen auf unsere Lichtung. Der dicke Eichbaum paßt kaum auf mein Malblatt.

→ Bildende Kunst selber gestalten (in der Schule, Landschaft)

Geschichten erzählen: Vom Sepp, der zur Ameise werden konnte. Zwei fremde Ameisen begegnen sich auf einem Baumstubben. Mir hat eine Spinne (Schnecke, Assel) alle ihre Geheimnisse erzählt. In der Nacht haben sich die Bäume vom Besuch unserer Klasse auf der Lichtung erzählt.

→ Mit Sprache gestalten

Schauspiel, Rollenspiel: Spinne und Schnecke begegnen sich auf der Lichtung. Was der Pilz beim Gewitter erlebte (als Unterstand für die verängstigten Tiere). Das Gespräch der Drosseln nach unserm Besuch im Wald.

→ Mit Sprache gestalten

Tanz und Pantomime: Der Tanz der Ameisen um ihre Königin. Die

→ Tanz und Pantomime

Waldarbeiter fällen den alten Eichbaum. Das Morgenerwachen im Walde.

Musik: Man hängt trockene Äste oder Aststücke an einem Faden auf, schlägt sie an und vergleicht die Klänge. Mit dem Anschlagen kann man etwas verbinden: still sein, es darf geredet werden usw.. In Blechdosen werden Gegenstände aus dem Wald eingefüllt: Bucheckern, Eicheln, Kiesel vom Wege. Die so entstandenen Rasseln müssen natürlich auch praktisch verwendet werden. Man versucht, ein paar Vogelgesänge zu imitieren. Man beginnt mit Kuckuck und Taube, dann vielleicht Eichelhäher und Mäusebussard.

→ Musik gestalten

Klasse 4

1. Tinte aus Galläpfeln. Frische oder abgefallene Galläpfel werden zermust, mit etwas Wasser zu einem Brei verrührt und mit Eisenfeilspänen oder rostigen Nägeln versetzt. Jetzt bildet sich die schöne braune Gallustinte. Man gibt die Flüssigkeit ab. Die Tinte ist sofort gebrauchsfertig und garantiert dokumentenecht und wasserfest.

→ Naturwissenschaft im Lebensalltag, handwerkliche Betätigung

2. Eichelkaffee herstellen. Zur Herstellung von Kaffee verwendete man früher Gerste, die Wurzeln der Wegwarte oder Eicheln. Für einen Eichelkaffee sammelt man im Herbst Eicheln, entfernt die Schale, trocknet und röstet die kleingehackten Eicheln in einer Pfanne. Man darf sie nicht schwarz werden lassen; sie sind dann bitter. Diesen Kaffee mahlt man mit einer Handmühle oder in einer Küchenmaschine, nimmt einen Teelöffel pro Tasse, kurz aufkochen und mit etwas Zimt würzen.

→ körperliche Gesundheit
→ Schmecken
→ Naturwissenschaft im Lebensalltag, handwerkliche Betätigung

3. Pflanzenerde aus Stubbenmull. Um eine lockere Zimmerpflanzenerde herzustellen, sammelt man von vermoderten Baumstubben Mull. Diesen vermischt man im Verhältnis 1:2 bis 1:4 mit guter Gartenerde und gibt noch etwas organischen Dünger hinzu, etwa Hornspäne, Guano, Rizinusschrot. Bei der Herstellung und Verwendung geht man natürlich auf die Bedeutung des Mulls für die Pflanzen ein.

→ Rohstoffe, Vorräte Ressourcen
→ Naturwissenschaft im Lebensalltag, handwerkliche Betätigung

4. Jahresringe als Wachstumszeiger. Man zeigt den Schülern zunächst an einem Baumstamm die Jahresringe und wie eine Schicht Sommerholz und Winterholz zusammengehören. Dann wird man mit ihnen zum Detektiv: Breite Ringe sind gute, schmale schlechte Wachstumsjahre. Ungleichmäßige Dicken am Baumstamm bilden geradezu die Form der Baumkrone ab. Schmale Jahresringe zeigen oft, daß ein sehr kräftiger Baumnachbar das Wachstum behindert hat. Manchmal folgen auf viele extrem schmale Jahresringe plötzlich sehr breite: dann hat der Förster den Bestand ausgelichtet und den behindernden Nachbarn gefällt. Geht man von außen nach innen, kann man gut mit Nadeln sein eigenes Alter abstecken, das der Eltern, Großeltern ...

→ Vital- oder Lebenssinn, Zeitwahrnehmung
→ Natur beobachten, erforschen
→ Natur: Regeln finden, Theorien bilden und verstehen

5. Entwicklungsstadien von Pflanzen. Auf Lichtungen findet man sogar im Walde einjährige Pflanzen. Man sammelt ihre Entwicklungsstadien, die man nebeneinander legt, vom Keimling angefangen. Diese Aufgabe ist am besten an aufgerissenen Flächen durchführbar. Ein vergleichbares Thema mit Baumkeimlingen stößt ebenfalls meistens auf das Interesse der Schüler.

→ Vital- oder Lebenssinn, Zeitwahrnehmung
→ Natur beobachten, erforschen
→ Beiträge zum Evolutionsdenken

6. Verfremden von Pflanzen. Die Schüler sollen eine oder mehrere Pflanzen auf der Waldlichtung verfremden, indem sie z. B in einen Haselstrauch zehn Fehler einbauen. Diese Fehler sollen erkannt und benannt werden. Da dies ein Spiel bleiben soll, läßt es sich vielfältig abwandeln. Man kann die Fehler z. B. auf einen Weg verteilen, den jeder gehen muß, oder auf eine abgegrenzte Fläche. Am Anfang sollte die Aufgabe in Partnerarbeit durchgeführt werden, indem jeder einmal verfremden und einmal suchen muß. An Material benötigt man Zwirn, Tesafilm und Stecknadeln. Das Spiel übt gleichzeitig das analytische wie das ganzheitliche Wahrnehmen.

→ Prinzip der Verfremdung
→ Natur beschreiben, ordnen
→ Natur beobachten, erforschen

7. Phantasiepflanzen. Die Tätigkeit des Verfremdens läßt sich leicht ins Künstlerische ausweiten, indem die Schüler eine Phantasiepflanze zusammenbasteln, an der man die „Fälschungen" möglichst nicht erkennen soll. Der Erbauer muß aber angeben können, was er zur Verfremdung verwendet hat, der Sucher soll dies ebenfalls. Ein solches Spiel kann man auch an einem Baumstubben durchführen, der durch ein Tuch, einen Ast, andere Rinde verfremdet worden ist. In einer ersten Schwierigkeitsstufe soll der Sucher den vorher abgetasteten Stubben mit offenen Augen wiederfinden, in einer zweiten Stufe mit verbundenen Augen den eingebauten Fehler bezeichnen.

→ Prinzip der Verfremdung
→ Naturgegenstände künstlerisch nutzen
→ Naturwissenschaft – allgemeine Bezüge

8. Die Samenmengen von Pflanzen. Wenn auf der Lichtung Pflanzen fruchten (z. B. Weidenröschen), ermittelt man die Samenproduktion einer einzelnen Pflanze und einer bestimmten Fläche. Dazu müssen

→ Natur beobachten, erforschen
→ Beiträge zum Evolutionsdenken
→ Beiträge zum ökologischen Ganzheitsprinzip

Die Lebensgeschichte eines Zweiges bildet sich an den Verzweigungen und den Blattnarben ab.

die Schüler Schätzmethoden entwickeln (eine Kapsel zählen, Kapseln pro Stengel zählen, Stengel pro Pflanze ...). Die Ergebnisse sind so gewaltig, daß die Schüler an die Grenze ihrer Zahlenvorstellung gelangen.

9. Die Lebensgeschichte eines Zweiges. Jeder Zweig eines Baumes hat – über Jahre betrachtet – seine eigene Lebensgeschichte. Sie zu erkennen ist eine wirklich spannende Angelegenheit. Gut geeignet sind für diese Aufgabe Buche, Kirsche, Kastanie, weniger gut Esche, Ahorn, Eberesche, schlecht geeignet sind Eiche und Ulme. Man benötigt für jeden Schüler einen Zweig, am besten aus der unteren, beschatteten Region; die Spitzenzweige wachsen meist zu schnell, man müßte zu große Zweigstücke entnehmen.

→ Vital- oder Lebenssinn, Zeitwahrnehmung
→ Mit Sprache gestalten
→ Natur beobachten, erforschen
→ Beiträge zum Evolutionsdenken

Jeder Schüler muß zu Beginn lediglich lernen, daß die Knospenschuppen am Ast eine charakteristische Ringelung hinterlassen. Jede dieser Ringelzonen markiert den Beginn eines Jahrestriebes. Bei manchen Schattenzweigen liegen die Zuwächse nur 2–3 mm auseinander. Man beginnt mit der Untersuchung an der Zweigspitze und geht nun von Ringelzone zu Ringelzone zurück. Man trifft auf bemerkenswerte Situationen: Zweige von 5 cm Länge sind manchmal 20 Jahre alt. Nun rekonstruiert man die Lebensgeschichte des jeweiligen Zweiges, findet gute und schlechte Jahre, Verzweigungen usw. Bei Buchen kommt man in der Schattenregion in der Regel über 20 Jahre rückwärts. Sobald die Schüler sich betrachtend und messend mit ihrem Zweig auseinandergesetzt haben, sollten sie seine Geschichte erzählen oder, was sie nicht so gern tun, aufschreiben. Beim Erzählen kommen sogar sprachschwache Schüler zu guten Ergebnissen. Der Sinn dieser Aufgabenstellung ist, die Gestalt des Baumes als Wachstumsspur verstehen zu lernen und dabei anfänglich das zu erleben, was viel später mit „raum-zeitlichem Denken" bezeichnet wird.

10. Sich Zeitabläufe vorstellen. Hierzu sind weitere Übungen wichtig und möglich:

- Jeder berichtet, was gestern um diese Zeit war, was vorgestern ...
- Zeitwahrnehmung läßt sich auch gut an einem Fichtenstämmchen, einem „Tannenbaum" rückwärts üben, indem man die ja eindeutig sichtbaren Jahreszuwächse in Gedanken Jahr um Jahr abbaut, bis das Bäumchen gleichsam im Samen verschwindet ...
- Oder man findet im Wald auf der Lichtung kleine Ahornbäumchen oder eine andere Laubbaumart. Man markiert z. B. mit einem Faden die Ringelungszonen der Knospenschuppen, die sie bei jedem Jahreszuwachs hinterlassen haben. Dabei stößt man auf junge Bäume mit sehr unterschiedlichen Jahreszuwächsen. Mit einem Schild bezeichnet man das jeweilige Alter der Bäume und versucht auch, die Ursachen für die unterschiedliche Größe herauszubringen ...
- Man versucht sich vorzustellen, wie die Lichtung vor zwei Jahren ausgesehen hat und wie sie in zwei Jahren aussehen wird ...

→ Vital- oder Lebenssinn, Zeitwahrnehmung
→ Konzentrationsübungen, meditative Elemente
→ Konzentrationsübungen, meditative Elemente
→ Natur beobachten, erforschen
→ Beiträge zum Evolutionsdenken
→ Beiträge zum ökologischen Ganzheitsprinzip

Schüler beim Feuermachen - auf der Waldlichtung ist es verboten.

11. Ameisen-Beobachtung. Die Beschäftigung mit Waldameisen würde jetzt völlig anders verlaufen als in der vorigen Altersphase. Jetzt sollte man die Ameisen ganz realistisch durch eine Lupe beobachten. Man würde die Stämme herauszufinden versuchen, an denen sie hinauflaufen (um den Nektar der Rindenläuse zu ernten). Man würde die Straßen durch einen Fingerstrich oder eine Duftüberlagerung unterbrechen und beobachten, wie sich die Ameisen bei Unterbrechung ihrer Pheromspur verhalten. Man würde auf der Straße am Boden verschiedene Köder auslegen wie Brot, Fleisch, eine Fliege, eine Raupe und das Verhalten der Ameisen beobachten. Man würde auch versuchen, vom Nest ausgehend eine Skizze der verschiedenen Ameisenstraßen anzufertigen. Man würde sich mit dem Thema insgesamt im Sinne einer Monographie mit der Überschrift „Die Waldameise" beschäftigen. Dennoch ist es für diese Phase altersgemäß, das Beobachtete und das Wissen später in spielerischer Form darzustellen, etwa: Ein Stadthund ist an einen Ameisenhaufen geraten und völlig zerbissen worden. Nun treffen Förster und Hundebesitzer aufeinander ...

→ Arten, Ökosysteme, Landschaften
→ Natur beobachten, erforschen
→ Beiträge zum ökologischen Ganzheitsprinzip
→ Mit Sprache gestalten

12. Pantomime. Schüler dieser Zwischenphase stellen ihre Kenntnisse noch gern pantomimisch dar. Drei Beispiele:

- Die Schüler stellen das Leben eines Baumes dar. Es muß eine bestimmte Art sein. Sie stellen dar, wie die Baumsamen fallen, in der Erde ruhen, keimen, wachsen, ruhen, weiterwachsen und immer größer werden, wie sie sich im Winde biegen. Vielleicht wollen die Schüler auch darstellen, wie die Bäume Blätter bekommen und diese abfallen oder wie sie in einer Schonung stehen und ein Teil herausgeschlagen wird. Schließlich wird der Baum gefällt ...

→ Künstlerisches und Naturwissenschaft (alle Künste)
→ Tanz und Pantomime

- Ein anderes Thema wäre das Pflanzen eines Baumes. Hierfür müßte man allerdings einen Straßenbaum zum Thema machen, denn das Anlegen einer Schonung gibt für die Pantomime nicht viel her.
- Als kleine Darstellung, gleichsam als Einübung in die Pantomime, könnte man das Fällen eines Baumes wählen. Das hat für Schüler dieses Alters noch einen hohen emotionalen Gehalt, denn das Sterben-Müssen beginnt in dieser Altersphase Thema zu werden.

→ Künstlerisches und Naturwissenschaft (alle Künste)
→ Tanz und Pantomime

→ Rohstoffe, Vorräte Ressourcen
→ Überkonfessionelle Religiosität
→ Tanz und Pantomime

13. Reihenbildung von Naturvorgängen als Vorübung, Denkreihen zu bilden. Im Herbst sammelt man von den einzelnen Baumarten Blattverfärbungsreihen, bringt also von der Vorstellung her die Blattverfärbung in einen idealtypischen Regelverlauf. Diese Art der Vorübung ist wichtig für ein Denken in Zeitabläufen, das später in der Ökologie und für die Evolution benötigt wird.

→ Vital- oder Lebenssinn, Zeitwahrnehmung (8)
→ Beiträge zum Evolutionsdenken
→ Beiträge zum ökologischen Ganzheitsprinzip

14. Gedichte schreiben. Kinder dieses Alters dichten spontan und gern. Man kann also gut mit den Schülern Baum- und Waldgedichte schreiben. Entweder gibt man eine Zeile vor und läßt sie weiterschreiben, oder die Schüler dürfen frei ihre Gefühle niederlegen. Viele Kinder dieser Altersstufe meinen noch, beim Gedicht sei der Reim wichtig. Diese Haltung kann man verändern, indem man Gedichte in Prosa oder mit freiem Rhythmus, die gut gelungen sind, besonders hervorhebt. Insgesamt ist wichtig, daß die Gedichte angenommen und nicht kritisiert oder gar bewertet werden. Diese Aufgabe sollte mit älteren Schülern weitergepflegt werden.

→ Kunst als Ganzheitsprozeß und Beitrag zur Personwerdung
→ Mit Sprache gestalten

15. Auch **Buden bauen** Schüler in dieser Altersphase noch gern.

Ob aus dem Bauwerk eine Bude oder ein Waldungetüm wird, ist für die Baulust in diesem Alter gleichwertig.

16. Einen Baum als Erinnerungsmal pflanzen. Diese Altersstufe eignet sich besonders dazu, irgendwo einen Klassenbaum zu pflanzen. Wenn irgend möglich, sollte jede Klasse ein solches Identifikationssymbol haben, auch wenn sie bald auseinandergeht. Besonders geeignet sind Spitz- und Bergahorn, die sich mit Hilfe eines Försters überall leicht beschaffen lassen. Das Pflanzen dieses Baumes sollte wirklich ein feierlicher Akt sein, lebt doch der Baum vielleicht noch, wenn die Kinder dieser Klasse längst verstorben sind.

→ kultische und rituelle Handlungen
→ Naturwissenschaft im Lebensalltag, handwerkliche Betätigung

Klasse 5 und 6

1. Bewältigen von Darstellungsfragen. Man läßt die Besiedlung eines Baumstubbens der Lichtung zeichnen. Hierzu muß man sich zunächst entscheiden, ob man ihn realistisch oder abstrakt, in Aufsicht, Ansicht oder Schrägsicht zeichnen will. Sodann müssen evtl. Symbole entworfen und in die Zeichnung eingetragen werden. Wenn diese Aufgabe für die Schüler noch zu schwer ist, sollte man sich mit einer Teilfläche oder auch einer Bodenfläche von 50 cm x 50 cm begnügen. Die Aufgabe ist eine Vorarbeit für spätere ökologische Kartierungsarbeiten.

→ Künstlerisches und Naturwissenschaft (alle Künste)
→ Natur beschreiben, ordnen
→ Beiträge zum ökologischen Ganzheitsprinzip

2. Vereinfachte pflanzensoziologische Arterfassung. Man legt oder wirft auf der Lichtung einen Rahmen von 50 cm x 50 cm Größe aus. Alles, was innerhalb des Rahmens an Arten steht, soll nach Art und Zahl erfaßt werden. Zur Erfassung kann man zunächst einfach die jeweilige Anzahl der einzelnen Arten auszählen. Besser ist aber, wenn man von vornherein die von einer Pflanzenart bedeckte Fläche erfaßt. Hierfür zeichnet man das Quadrat in einem vernünftigen Maßstab auf ein Stück Papier und erfindet für die einzelnen Arten Symbole oder Signaturen. Es ist dabei wichtiger, daß die Schüler eigene Methoden erfinden, als daß sie in ein gängiges Verfahren der Ökologie eingearbeitet werden.

→ Natur beschreiben, ordnen
→ Natur beobachten, erforschen
→ Beiträge zum ökologischen Ganzheitsprinzip

3. Messen der Bodenverdichtung. Man wählt einen Trampelpfad, der durch die Lichtung führt oder eventuell eine Treckerspur. Vorbereitend stellt man in der Schule ein Bodendichte-Meßgerät her, indem man in einen Besenstiel senkrecht vom Ende aus ein Loch bohrt und in dieses einen sehr kräftigen Nagel hineinschlägt (etwa 4 mm x 150 mm). Durch die Lichtung legt man nun einen „Transsekt", der die Zonen weichen und harten Bodens umfaßt. Hierzu läßt man den Stab aus immer gleicher Höhe senkrecht zu Boden fallen. Die Eindringtiefe des Nagels wird dabei zum direkten Maß für die Bodenverdichtung. Längs der gefundenen Linie trägt man den gefundenen Pflanzenwuchs ein. Er wechselt mit der Bodendichte, wenn die Unterschiede bedeutsam sind. Die Auswahl eines solchen Transsektes muß vom Lehrer so vorbedacht werden, daß sich für die Schüler auch ein Ergebnis abzeichnet.

→ Natur beschreiben, ordnen
→ Natur beobachten, erforschen
→ Naturwissenschaft im Lebensalltag, handwerkliche Betätigung
→ Beiträge zum ökologischen Ganzheitsprinzip

4. Temperaturunterschiede als ökologischer Parameter. Man mißt die Vergleichstemperaturen zwischen einem Acker und der Waldlichtung. Hierzu benötigt man ein mechanisches oder elektrisches Bodenthermometer. Man mißt im Vergleich: Temperatur in 1m Höhe über dem Boden, direkt auf dem Boden, 5 cm unter der Oberfläche und in 20 cm Bodentiefe. Die Ausdehnung der Messung in das angrenzende Waldstück ist oft ergiebig. Das Ziel der Arbeit ist es, Meßtechniken zu erlernen und die Meßergebnisse zu vergleichen.

→ Natur beobachten, erforschen
→ Beiträge zum ökologischen Ganzheitsprinzip

5. Die Bodenreaktion als ökologischer Parameter. Mit Schülern dieses Alters kann man schon Messungen des pH-Wertes und Messungen mit einem Windmesser durchführen (wieder im Feld-Wald-Vergleich).

→ Natur beobachten, erforschen
→ Beiträge zum ökologischen Ganzheitsprinzip

6. Haltung einheimischer Tiere. In diesem Alter spielt die Tierhaltung und -pflege eine wichtige Rolle. Da heute mit Recht Frösche, Molche, Salamander usw. Schutz genießen, bleiben für die Pflege nur wenige Tiere übrig: Schnecken, Hundertfüßer, Asseln, Spinnen. Alle diese Lebewesen sollte man nur über einen sehr begrenzten Zeitraum in Pflege nehmen. Dabei kann das Verfahren nicht Versuch und Irrtum heißen; der Lehrer behält für die Pflegemaßnahmen die volle Verantwortung.

→ Arten, Ökosysteme, Landschaften
→ Naturwissenschaft im Lebensalltag, handwerkliche Betätigung
→ Beiträge zum ökologischen Ganzheitsprinzip
→ Konfliktträchtige Themen und Situationen

7. Bau einer Pflanzenpresse. Empfehlenswert ist ein Innenmaß von DIN-A4. Hierzu werden zwei Spanplatten (16 mm) an den Ecken mit Löchern von 6 mm durchbohrt. Sodann wird durch jedes Loch eine etwa 15 cm lange Schloßschraube gesteckt. Aus Wellpappe schneidet man Zwischenlagen in der Größe DIN-A4, ebenso beschafft man möglichst saugfähiges Papier dieser Größe. Die Pflanzen werden in Form gebracht, ausgebreitet und leicht angewelkt eingelegt, am folgenden Tag kontrolliert und korrigiert. Die Zwischenlagen sorgen für gute Durchlüftung. Für die Schloßschrauben besorgt man sich Flügelmuttern zur Arbeitserleichterung beim eigentlichen Pressen. Das Pressen ist nicht Selbstzweck, die Verwendung ist die Hauptsache. Die Schwierigkeitsstufen sind: einfach aufkleben, mit Folie kaschieren, Fotokopien herstellen. Die Verwendung reicht von: Herbar anlegen, Vergleichssammlungen anlegen zu Blattverfärbungen, Bandbreite der Blätter einer einzelnen Art, Schadbilder von Insekten. Mit großem Vergnügen stellen die Schüler dieses Alters aus dem gepreßten Material Geschenke her: Postkarten, Lampenschirme, Phantasiefiguren usw.

→ Natur im Lebensalltag, handwerkliche Betätigung (38)
→ Naturgegenstände künstlerisch nutzen
→ Beiträge zum ökologischen Ganzheitsprinzip

8. Namen trainieren. Für die Fünft- und Sechstkläßler ist die Erweiterung der Artenkenntnis wichtig und leicht. Das gilt besonders für Tiere, aber auch für Pflanzen. Die Art der Wiederholung, also der Festigung, entscheidet, ob die Namen für längere Zeit behalten werden. Man kann die Notwendigkeit des Trainings dem beim Sport an die Seite stellen. Hat man die manchmal etwas mühsame Einarbeitungsphase überwunden, wirkt sich das Trainieren der Namen und Begriffe meist sehr belebend auf den Unterricht aus.

→ Menschwerdung durch Sprache und Sprechen
→ Natur beschreiben, ordnen

Der Baumstubben kann zum Schreibtisch für ein Gedicht werden oder zum Untersuchungsobjekt der Jahresringe.

9. Baumjahresringe als Maßstab von Ereignissen. Das Verfahren wurde schon in der vorigen Altersphase geschildert. In dieser nimmt die Arbeit mehr und mehr geschichtlichen Charakter an, Zeitabläufe werden durch Nadeln mit Ereignisfähnchen dokumentiert. Immer noch sollten die Ereignisse dem unmittelbaren Erlebnisraum der Schüler entstammen.

→ Vital- oder Lebenssinn, Zeitwahrnehmung
→ Natur beobachten, erforschen
→ Natur: Regeln finden, Theorien bilden und verstehen

10. Erinnerungsübungen. Die in der vorigen Altersphase durchgeführten Erinnerungsübungen sollten jetzt mehr und mehr Realitätsbezug haben. Man geht z. B. während des Jahres 3–4mal den gleichen Weg zur und durch die Lichtung. Dabei bleibt man jedesmal an den gleichen Stationen stehen und wiederholt die Erlebnisse und Informationen der vorhergehenden Unterrichtsgänge. Neues wird sehr bewußt dazugestellt.

→ Vital- oder Lebenssinn, Zeitwahrnehmung
→ Konzentrationsübungen, meditative Elemente
→ Beiträge zum Evolutionsdenken

11. Spielhinweise. Auch in dieser Altersstufe sind neben den naturwissenschaftlichen Methoden noch viele andere Bearbeitungsformen eines Themas möglich. So werden noch gern Wahrnehmungsspiele und/oder Partnerspiele gespielt. Die Jungen bauen noch gern Buden, während das Interesse der Mädchen daran erlischt. Die Schüler schlüpfen noch gern in fremde Rollen, so daß Rollenspiele, besonders aber

→ psychische Gesundheit
→ Pflege sozialer Bezüge

Kasperlespiele gut möglich sind. Sie kommen insofern den Schülern entgegen, als diese sich dabei gleichsam unsichtbar machen. Im Sprachbereich schreiben die Schüler jetzt lieber Geschichten als Gedichte. In der Bildenden Kunst läßt die Spontaneität im allgemeinen nach und äußert sich z. B. eher in der Gestaltung von Kulissen für ein Kasperletheater als im unbeschwerten Malen phantasievoller Blätter.

Klasse 7 und 8

1. Forschungsvorhaben Wolfsspinne. Man findet auf Lichtungen häufig viele Wolfsspinnen mit Eipaketen. Nachdem man ihr Treiben eine Weile eher allgemein beobachtet hat, raubt man einer Spinne ihren Eikokon, legt ihn auf den Waldboden und beobachtet, wie sie ihn wiederfindet und an sich nimmt. Diese eher nebenbei anfallende Beobachtung macht man bei vorhandenem Schülerinteresse nun zu einer gezielten Beobachtungsaufgabe, die in Einzel- oder Gruppenarbeit gelöst werden kann. Die Schüler müssen dabei versprechen, daß die Spinnen das Eipaket am Schluß der Forschung zurückerhalten.

→ Arten, Ökosysteme, Landschaften
→ Natur beobachten, erforschen

2. Tonbandaufnahmen von Vogelstimmen. Waldlichtungen sind in der Regel voller Vogelstimmen. Man probiert deren Tonaufnahme zunächst mit einem einfachen Cassettenrecorder und einfachem Mikrophon. Dabei wird stets sehr schnell deutlich, daß die Aufnahmen voller Nebengeräusche sind und die Vögel zu leise.

Das gilt es zu verbessern. Die Schüler kommen sehr schnell darauf, daß man sich nach dem Modell einer Fernsehschüsselantenne z. B. aus Pappe einen Parabolspiegel herstellen kann, in dessen Brennpunkt das Mikrophon installiert wird. Nun hat man ein Richtmikrophon. Die handwerkliche Arbeit ist bei diesem Unternehmen mindestens ebenso wichtig wie der biologische Ertrag. Das ist ein Merkmal dieser Altersphase.

→ Künstlerisches und Naturwissenschaft (alle Künste)
→ Natur beobachten, erforschen
→ Naturwissenschaft im Lebensalltag, handwerkliche Betätigung

3. Geräuschrätsel. Mit einem Tonbandgerät lassen sich viele weitere altersspezifische Aufgaben durchführen. Die einfachste ist, für die Klasse Geräuschrätsel aus dem ausgewählten Gebiet herzustellen. Anspruchsvoller ist, wenn man die Schüler ein Waldgedicht aussuchen läßt, das sie anspricht, und dieses mit Geräuschen aus dem Walde unterlegt oder diese in Pausen einfügt. Wenn die Schüler das Ergebnis ihrer Arbeit vorspielen, brauchen sie als Person nicht in Erscheinung zu treten. Das ist für diese Altersphase wichtig.

→ Musik gestalten
→ Natur beobachten, erforschen
→ Mit Sprache gestalten

4. Fotodokumentation. Auch die Fotografie ist für dieses Alter schon eine geeignete Darstellungsform. Natürlich kann man in die Technik der Naturfotografie einführen; jedoch ist die Ausstattung dafür sehr teuer. Andere Themen, die jeder normalen Kamera zugänglich sind – z. B. Vergänglichkeit –, sind vielleicht ebenso wichtig. Hierzu stellt man die natürliche Vergänglichkeit der Baumstubben, die immer sofort neues Leben ermöglicht, der Vergänglichkeit technischer Produkte gegenüber. Wie und wo die Schüler die Vergleichsobjekte finden,

→ Rohstoffe, Vorräte Ressourcen
→ Naturgegenstände künstlerisch nutzen
→ Beiträge zum ökologischen Ganzheitsprinzip
→ Konfliktträchtige Themen und Situationen

arrangieren und fotografieren, ist eine untergeordnete Frage. Die Erfahrungen mit dieser Anregung legen nahe, daß die Schüler ganz von selbst auf die unterschiedlichen Strukturen kommen, die die Kreislaufprozesse der Natur von den linearen der Technik unterscheiden.

5. Die Zeigerwerte des Artenbestandes. Man notiert die Arten von einer beliebigen, nicht zu artenreichen Stelle der Lichtung. Es ist nicht schlimm, wenn einige Arten dabei fehlen. Nun werden in dem Buch „Pflanzenzeigerwerte für den Schulbereich" (Dorn; Pöhl o. J.) die sogenannten Zeigerwerte nachgeschlagen und zusammen mit den Arten untereinander notiert: Feuchtezahl, Lichtwert, Temperaturzahl, Reaktionswert (pH) und die Stickstoffzahl. In jeder Rubrik werden nun die Durchschnittswerte gebildet, die in einer ersten Annäherung die Standortverhältnisse beschreiben. Sollten die Schüler merken, daß man bei der Bewertung die Häufigkeit der Arten außer acht gelassen hat, muß man dafür eine Methode entwickeln (Winkel 1990).

→ Natur beschreiben, ordnen
→ Natur beobachten, erforschen
→ Beiträge zum ökologischen Ganzheitsprinzip

6. Naturschutzaktionen. Mit etwas Vorbereitung und Freizeitaufwand kann man sich an Pflanz- und Nistkastenaktionen beteiligen.

- Man faßt den Plan, die Lichtung mit geeigneten Nistgelegenheiten auszustatten. Hierzu muß man zunächst die potentiellen Brutarten in Erfahrung bringen und für diese geeignete Nistgelegenheiten schaffen. Das sind in der Regel für die Höhlenbrüter Höhlen, für die es genügend Bauanleitungen gibt und Reisighaufen oder zusammengebundene Astquirle für die Buschbrüter. Die Dokumentation der Arbeiten und des Erfolges sind ein wichtiges Arbeitselement dieser Altersphase.
  Natürlich muß man die Zusammenarbeit mit dem zuständigen Forstamt suchen. Die Freiheit, die die Schüler bei diesem Projekt gewinnen, ist für die Natur- und Umwelterziehung eine wichtige Erfahrung.
- Bei Vorhandensein eines Quellhorizontes oder von Grundwasser oder der Sammelmöglichkeit von Oberflächenwasser kann man am Rande der Lichtung ein kleines Feuchtgebiet bauen, das sich auf den Artenbestand günstig auswirkt. Diese Aktion lohnt sich nur, wenn das Feuchtgebiet auf Dauer erhalten bleiben kann.
- Die Schüler können der Forstbehörde z. B. bei Ameisenaktionen helfen, indem für die Ameisen ein Spechtschutz gebaut wird, Informationsschilder geschrieben oder Beobachtungen durchgeführt werden.

→ psychische Gesundheit
→ Pflege sozialer Bezüge
→ Arten, Ökosysteme, Landschaften
→ Natur beobachten, erforschen
→ Beiträge zum ökologischen Ganzheitsprinzip
→ Konfliktträchtige Themen und Situationen

7. Formicarien bauen und besetzen. Schützen und Beobachten vertragen sich oft nicht nebeneinander. Das sehen sogar Schüler ein. Da kann man manchmal auf einen Ersatz ausweichen. Stößt z. B. das Ameisenthema auf Interesse, so gießt man mit den Schülern Gipsformicarien (jeder Schüler!) und besetzt sie im Juli/August mit einer begatteten Königin der Arten Lasius niger oder flavus, von denen man an den Tagen des Hochzeitsfluges Tausende erwischen kann.

→ Natur beobachten, erforschen
→ Naturwissenschaft im Lebensalltag, handwerkliche Betätigung
→ Beiträge zum ökologischen Ganzheitsprinzip
→ Konfliktträchtige Themen und Situationen

Diese Baumwurzel ist ein Dokument des Bodenverlustes seit ihrer Keimung. Man kann sie aber auch künstlerisch als Blumengesteck gestalten.

Alle Formica-Arten sind geschützt und für eine Gipsnesthaltung nicht geeignet. Brutpflege, Leben im Nest usw. lassen sich bei den Lasius-Arten gut beobachten. Wichtig ist, daß Handwerkliches die eigentliche biologische Arbeit begleitet. Nach einer solchen Tätigkeit wird die Beschäftigung mit den großen Ameisenarten (Formica rufa und polyctena) erst richtig spannend. Eine gute Arbeitsanleitung veröffentlichte z. B. „Unterricht Biologie" in Heft 36/37.

→ psychische Gesundheit
→ Pflege sozialer Bezüge
→ Naturgegenstände künstlerisch nutzen

8. Blumengesteck aus Waldfunden. Aus den Fundstücken von einer Waldlichtung arrangiert man auf einem Eßteller ein Gesteck. Das Gesteck sollte ein Thema haben. Die Schüler wählen oft z. B. die Themen: Waldverschmutzung, Waldsterben, Waldschönheit, Waldboden, der Mooswald usw. Jeder Schüler sollte der Klasse etwas über sein Werk mitteilen: Was es sein soll, wie es dazu gekommen ist, was er bei der Herstellung gedacht und empfunden hat, was er den anderen durch sein Werk mitteilen will. Sowohl seine eigene Kritik wie die der Mitschüler sollte man nach Möglichkeit zurückhalten. Sehr erfreulich verlief immer, wenn sich Schüler (oder auch Lehrer) bei einem Neubeginn nicht mit ihrem Namen, sondern durch ein solches Werk vorstellten.

→ Prinzip der Verfremdung
→ Mit Sprache gestalten
→ Naturgegenstände künstlerisch nutzen

9. Marionetten aus Baumwurzeln. In diesem Alter äußern sich die Schüler nur ungern über ihr Innenleben. Das ist über einen Verfremdungseffekt viel leichter: Dazu kann z. B. das Waldschratspiel dienen. Man sucht kleine, bizarre Baumwurzeln und bastelt aus ihnen bewegliche Marionetten. Wurzelteile müssen abgesägt und bewegbar miteinander verbunden werden. Es genügt, wenn man Arme und Beine an einem einfachen Kreuz durch Nylonfäden befestigt; ein fünfter Faden kann für den Kopf vorgesehen werden. Zu diesen Figuren kann man ein Spiel in Ich-Form verfassen; die Schüler reagieren auf die totale Verfremdung durch große Offenheit.

10. Blindenspiele. Die Aufgaben mit verbundenen Augen, die für die Grundschule beschrieben wurden, werden für diese Altersstufe wieder attraktiv. Während aber bei den jüngeren Schülern die Durchführung das wichtigste war, wird es nun das Sprechen über die Empfindungen und Erfahrungen. Das gilt verstärkt für noch ältere Schüler. Der Spaß an diesen Spielen ist mit einer ambivalenten Haltung gekoppelt; diese gilt es zu nutzen, um die Darstellung der eigenen Innerlichkeit vorsichtig öffentlich machen zu lernen. Es kann bei diesen Spielen zu Beziehungserlebnissen kommen, sobald Jungen und Mädchen gemeinsam daran teilnehmen.

→ psychische Gesundheit
→ Pflege sozialer Bezüge
→ Prinzip der Verfremdung
→ Tasten und Fühlen

11. Spielideen. Objektbezogener sind Spiele wie: Mit Parfüm 3–5 Stubben auf der Lichtung markieren und diese erschnuppern lassen. Das führt dann nicht zu Beziehungen, sondern nur zu einem Gespräch über unsere Duftgesellschaft, die alles mit Kunstduft überzieht. Ähnliches gilt, wenn man eine Pflanze oder einen Naturausschnitt optisch verfremdet und Verfälschungen suchen läßt. Das führt auf dem Niveau der Schüler leicht zu einem Gespräch über die Gestaltwahrnehmung.

→ Prinzip der Verfremdung
→ Riechen

12. Anregungen für künstlerische Gestaltungen. Für die sprachliche Gestaltung ist eine Waldlichtung ebenso unerschöpflich wie für die Kunsterziehung.

Man schreibt Geschichten über einen Baum, erfindet Märchen, Legenden, die man später einem Vierjährigen erzählen will, versucht, die Stimmung der Lichtung zu beschreiben oder auch den Vogelgesang in Worte zu fassen. In Kapitel 9 ist das Thema Apfelbaum als Beispiel für die sprachliche Ausdrucksgestaltung entfaltet.

→ psychische Gesundheit
→ Mit Sprache gestalten

Man versucht, mit den Schülern alle Grüntöne nachzumischen, die man auf der Lichtung findet. Man stellt kleine Sachzeichnungen her. Hierzu bedient man sich der verschiedensten Techniken in Auswahl: Rötel, Blei, Kohle, Aquarell, getönte Bleistiftzeichnung usw. Man versucht, den Stimmungsgehalt der Lichtung farbig wiederzugeben. Hierbei ist es gleichwertig, ob die Schüler realitätsbezogen gestalten oder rein expressiv.

→ psychische Gesundheit
→ Naturgegenstände künstlerisch nutzen

Ab Klasse 9

1. Die Lichtung als Patenbiotop. In dieser Altersphase geht es eher um Projekte als um kleine Einzelthemen.

So kann man sich vorstellen, daß eine Schulklasse die vorn beschriebene Lichtung als Patenbiotop übernimmt. Das muß natürlich mit dem Förster abgesprochen werden. Als erstes müßte der Artenbestand aufgenommen werden. Das ist bei Blütenpflanzen zu bewältigen, bei Moosen und Flechten und der Fauna stößt es auf Schwierigkeiten, deren Überwindung meist nicht gelingt, ohne den Schülern den

→ Natur beschreiben, ordnen
→ Natur beobachten, erforschen
→ Naturwissenschaft im Lebensalltag, handwerkliche Betätigung
→ Beiträge zum ökologischen Ganzheitsprinzip

Spaß an ihrem Patenbiotop zu verderben. Hier ist also Vorsicht geboten. Besser gelingt die Dokumentation durch Fotos und Zeichnungen. Erst dann kann überlegt werden, was man zur Bereicherung des Biotops tun kann. Meist werden Überlegungen für folgende Artengruppen auftauchen: Fledermäuse (Sommerhöhlen), Höhlenbrüter (Nisthöhlen), Buschbrüter, Ameisen, Käfer (Aas für Totengräber, Kot für Dungkäfer), holzbewohnende Solitärbienen, Feuchtgebiet. Vor und während der Arbeit sollte die Dokumentation ausführlich erfolgen, der Kontakt zur Presse und Öffentlichkeit sollte hergestellt werden. Ziel der Arbeit könnte sein, dieses Patenbiotop mit seinen Problemen in einer Schulausstellung darzustellen, Führungen durch das Gebiet für die Öffentlichkeit anzubieten. Zur Dokumentation gehört auch die Darstellung der Konflikte: Sie reichen von Hunden bis zu den Behörden, von der eigenen Trägheit bis zu Mißverständnissen mit der Schule oder Mitschülern.

Landschaftserlebnis und Untersuchen verbinden sich zu einer Einheit.

Solch ein Patenbiotop kann die Schüler auch anregen, vom Thema her etwas abweichende Umweltausstellungen in der Schule durchzuführen, z. B.:

- Kunstbaum gegen Naturbaum
- Naturrecycling gegen Technikrecycling
- Eine Fotodokumentation zum Thema: Werden – Vergehen in der Natur und in technischen Prozessen. Hier würden z. B. Fotos von vergehenden Baumstubben, toten Tieren, Pflanzen, zerfallenden Fabriken, Häusern, Autowracks usw. gegenübergestellt.
- Selbst ein so gewagtes Thema wie der Vergleich eines Menschenfriedhofs mit einem Autofriedhof, das aber seitab liegt, läßt sich in dieser Altersphase erfolgreich realisieren.
- Natürlich lassen sich auch die naturwissenschaftlichen Erkenntnisse wie Assimilation, Produktion von Biomasse, Wohlfahrtswirkungen des Waldes in einer Ausstellung thematisieren.

→ Künstlerisches und Naturwissenschaft (alle Künste)
→ Konfliktträchtige Themen und Situationen
→ Beiträge zur Konfliktverminderung, -vermeidung, -lösung

2. Stubbenkartierung. Die Klasse führt eine Stubbenkartierung durch. Ziel ist die Erfassung des Regelverlaufes für jede Baumart, die Beschreibung der Stubben als Habitat für die einzelnen Arten (wobei man auf die Erhaltung achten sollte!).
Das Ergebnis könnte eine Stubbenkarte für ein bestimmtes kleines Gebiet samt einer ökologischen Bewertung sein.

→ Natur beobachten, erforschen
→ Beiträge zum ökologischen Ganzheitsprinzip

3. Forschung zur Bodenerosion. An den zutage liegenden Baumwurzeln läßt sich die Größe des Bodenabtrags ermitteln, der seit dem Keimen dieses Baumes vor sich gegangen ist. An Wegen und erodierenden Hängen kommt man leicht auf eine Größenordnung von 30 bis 40 cm. Aufgabe wäre, ein abgegrenztes Waldstück zu kartieren. Dazu muß man das Alter jedes Stammes schätzen. Als Meßstelle für den Bodenabtrag wählt man die Einmündung der obersten Wurzel in den Stamm. Diese Stelle entspricht der Grenze zwischen Hypokotyl und Wurzel beim Keimen, also der ursprünglichen Bodenoberfläche. (S. 152)

→ Kultur und Tradition
→ Natur beobachten, erforschen
→ Beiträge zum ökologischen Ganzheitsprinzip

4. Eine Meßreihe zur Bodenversauerung. Man untersucht auf der Lichtung, ob Symptome des Waldsterbens zu erkennen sind. Hierzu untersucht man die Schürzen der Stubben. Da das von den Bäumen am Stamm abgeleitete Wasser oft sehr viel Säure in den Boden eingetragen hat, kann man diese Bodenveränderung noch nach Jahren am Pflanzenwuchs und am pH-Wert erkennen. Man benötigt allerdings für diese Arbeit ein elektronisches pH-Meßgerät. Vom Stammfuß ausgehend, mißt man radial alle 10 bis 20 cm den pH-Wert in einer bestimmten Bodentiefe (5–10 cm). An der alten Regenablaufseite findet sich häufig eine deutliche Verschiebung der Säurewerte. Diese läßt sich meistens gut mit dem Pflanzenwuchs in Beziehung bringen.

→ Natur beobachten, erforschen
→ Naturwissenschaft im Lebensalltag, handwerkliche Betätigung
→ Beiträge zum ökologischen Ganzheitsprinzip

5. Etwas niederschreiben. Hat man guten Kontakt zur Klasse, verabredet man, direkt in der Lichtung eine Geschichte oder ein Gedicht zu schreiben. Dazu sucht sich jeder einen Platz. Tatsächlich entsteht aus der „Leere" oft Beeindruckendes. Der Lehrer darf nur helfen, wenn er es aus der Perspektive des jeweiligen Schülers fertigbringt. Die Schüler lesen sich ihre Werke vor und dürfen auch über die Erfahrungen sprechen. Der Lehrer darf höchstens helfen, etwas zu verdeutlichen, verständlicher zu machen, nicht aber eingreifen.

→ psychische Gesundheit
→ Kunst als Ganzheitsprozeß und Beitrag zur Personwerdung
→ Menschwerdung durch Sprache und Sprechen
→ Mit Sprache gestalten

6. Übung zum Thema „Verschiedene Welten". Jeder Schüler wählt auf der Lichtung eine Strecke zwischen 50 und 100 m Länge. Diese Strecke geht er mehrfach ab und sucht sich Gegenstände, Ereignisse oder Aufgaben oder auch nur Informationen, auf die er die Gruppe hinweisen will. Dies müssen keine biologischen Sachverhalte sein. Er geht den Weg mit der Gruppe, die meistens etwas verblüfft erkennt, daß jeder Mensch offenbar die Welt mit seinem persönlichen Netz abfischt und dies die Menschheit zwar bereichert, das Zusammenleben aber offenbar gelegentlich sehr erschwert.

→ Pflege sozialer Bezüge
→ Konfliktträchtige Themen und Situationen

7. Die Welt der Sinnesorgane. Jeder Schüler setzt sich an einen selbstgewählten Ort in der Lichtung. Hier soll er nur eine Minute lang allen Geräuschen zuhören, sie sich einprägen und anschließend alles aufschreiben. Im Anschluß daran soll er eine Minute lang ins Grün sehen, möglichst viele Differenzen in der Farbe wahrnehmen und auch diese für einen Bericht aufschreiben. Nachdem etwa zehn Berichte an Ort und Stelle vorgelesen sind, kann man mit den Schülern gut über die unterschiedlichen Wahrnehmungsqualitäten von Auge und Ohr sprechen. Die Schüler bringen heraus, daß es in der Wahrnehmungsweise antagonistische Organe sind.

→ Sehen
→ Hören und Klang- und Tonsinn

8. Konzentrationsübung, evtl. Meditationsübung. Im Stadium des Buchenaustriebs nimmt man für jeden Schüler einen (kleinen) Zweig mit in die Schule, der sich gerade im Entfaltungsstadium befindet. Jeder Schüler stellt den Zweig vor sich auf den Platz in Wasser. Fünf oder sechs Tage lang sollen die Schüler zu Beginn des Unterrichtes für drei Minuten ihren Zweig anschauen und die Veränderungen des letzten Tages wahrnehmen. Auf Wunsch kann darüber gesprochen werden. Viele ähnliche Themen bieten sich an. Sie kennzeichnen folgenden Grenzbereich: Wahrnehmen von Zeitabläufen, Konzentrationsübungen. Diese können sich im günstigsten Fall zu meditativen Übungen entwickeln.

→ psychische Gesundheit
→ Überkonfessionelle Religiosität
→ Konzentrationsübungen, meditative Elemente

Auch ein Trilobit, der ein paar hundert Millionen Jahre in der Erde ruhte, kann Anlaß zu einer Meditation werden.

9. Beispiele zum Fachbereich Kunst. Auch der Kunstunterricht kann sich der Lichtung annehmen. Themenbeispiele:

- Ein Werbeposter zum Ameisenschutz entwerfen;
- Ein Plakat über die Wohlfahrtswirkungen des Waldes entwerfen;
- Baumstrukturen zeichnen oder fotografieren (Rinde, Astansätze, Baumwunden);
- Beim Besuch eines Kunstmuseums thematisiert man bei Waldbildern den ökologischen Zustand, den sie darstellen;
- Pflanzen zeichnen.

→ psychische Gesundheit
→ Künstlerisches und Naturwissenschaft (alle Künste)
→ Bildende Kunst selber gestalten (in der Schule, Landschaft)

10. Beispiele zum Fachbereich Deutsch. Man greift das Thema im Deutschunterricht auf. Themenbeispiele:

- Man trägt Ausdrücke der Jäger- und Förstersprache zusammen.
- Man sammelt Sprichworte zum Thema Wald (Das Bäumchen biegt sich ...).
- Man sammelt Märchen, in denen der Wald eine zentrale Rolle spielt (Rotkäppchen, Hänsel und Gretel ...).
- Man erfindet mit den Schülern Metaphern (Eine Seele, so dunkel wie eine Fichtenschonung, in einen unbekannten Sachverhalt eine Schneise schlagen ...).
- Daneben bleibt natürlich der Bereich, Rollenspiele zu schreiben oder aufzuführen, Anzeigen aufzusetzen, Briefe zu entwerfen, Märchen und Geschichten zu schreiben oder sogar Gedichte.

→ Menschwerdung durch Sprache und Sprechen
→ Mit Sprache gestalten

6

Das Riechen
Der Vitalsinn
Das Sehen
Das Hören
Der Ich-Sinn
Der Wärmesinn

Die Sinnesausstattung des Menschen und ihre Beziehung zur Natur- und Umwelterziehung

Das Dilemma des Wortes Umwelt wird auch in diesem Kapitel deutlich. Denn unsere Sinne nehmen die Welt, die Umwelt nach innen, verwandeln Äußeres in Innerlichkeit, machen also Umweltbegegnung zur Innenweltbegegnung. Sie teilen aber auch Innerlichkeit der Umwelt mit: durch Blick, Wort oder ein anderes Handeln. Die nachfolgenden Ausführungen sind von der Hoffnung getragen, daß durch eine differenzierte Bildung der Sinne eine Innenwelterziehung oder Mitwelterziehung erleichtert und unterstützt wird.

Die Wahrnehmung durch unsere Sinne ist „von nicht ableitbarer Gewißheit und Unbezweifelbarkeit" (Hensel 1989). Sie ist das unmittelbar Gegebene. Insofern ist sie immer original – auch individuell – und bedarf zu ihrer Erklärung als Qualität nicht der Physik, Chemie oder Physiologie, denn sie selbst ist das Phänomen. Unsere Sprache hat dafür ein erhellendes Sprachspiel zur Hand: Ich habe etwas im Sinn, in den Sinnen, etwas hat Sinn, macht Sinn. In dieser Doppelbedeutung gehört die Wahrnehmung als Für-Wahr-Nehmung zu den Grundprinzipien des Erkennens.

Alle Sinneswahrnehmungen sind Gegenwart. Schon nach Sekunden werden sie zu Erinnerungen und Vorstellungen. Jedes Sinnesorgan bildet dabei unterschiedliche Qualitäten der Welt ab, wobei sich z. B. die Qualität Rot nicht definieren oder logisch ableiten läßt. Die Qualität verbinden wir dabei mit einer Bedeutung. Dabei können verschiedene Sinnesqualitäten in einem Ding gleichzeitig zusammentreffen; etwa rot, weich und schwer: das nennen wir dann z. B. Ton.

Aristoteles unterschied 5 Sinnesbereiche, die moderne Sinneslehre 7–9, Steiner beispielsweise 12. Er gliedert sie in Sinnesorgane, die dem Menschen Mitteilungen 1. über den eigenen Körper zuleiten, 2. über die umgebende Natur und 3. über andere Menschen. Alle Sinne bedürfen bis in die zuständigen Gehirnregionen der Ausbildung und Übung, deshalb kann man ohne Zweifel auch die dritte Gruppe gelten lassen. Den in dieser Gruppe ungewohnten Ich-Sinn haben Husserl und Scheler ähnlich wie Steiner beurteilt: Die Wahrnehmung eines fremden Ich ist so spontan und unmittelbar, daß ihr kein Analogieschluß zugrunde liegen kann. Die Sinneswahrnehmungen bilden an sich keine Einheit. Die Einheit der Wahrnehmungen stellt erst das Ich her. Auf dieses haben die Sinnesqualitäten gewiß Einfluß. Er läßt sich jedoch nicht präzise beschreiben. Die meisten Sinnesqualitäten haben eine ihren Wahrnehmungen zugehörende Kunst hervorgebracht: Das Sehen die Malerei, das Tasten die plastische Kunst, der Bewegungssinn Tanz und Pantomime, das Ohr mit seinen vielfältigen Sinnen Musik und Dichtung. In den Künsten dürften Vorstellungen, Erinnerungen, die Phantasie und der Wille wirksam werden. Obgleich über die chemischen und physikalischen Prozesse der Sinnesleistungen heute sehr viel bekannt ist, manches sogar technisch nachvollziehbar ist, bleibt ein unlösbarer Rest: Niemand weiß, wie sich ein elektrischer Impuls in die Empfindung Grün verwandelt (Heitler 1964). Im Zusammenhang mit der Natur- und Umwelterziehung interessiert vor allem, daß alles Wahrnehmen das Erleben einer individuellen Tätigkeit ist. Es hängt mit unserem Willen zusammen, ob wir gucken, glotzen, beobachten, spähen, schauen oder fühlen, tasten, streicheln oder fummeln.

Hier wird schon deutlich, daß das Ich, die Person, die Individualität dabei unterschiedlich beteiligt sind, beim Schmerz anders als beim Sehen, beim Kneifen anders als beim zärtlichen Streicheln. Unsere Wahrnehmung ist normalerweise eben nicht leer, sondern in der Regel immer auf etwas gerichtet und bildet mit den Dingen der Welt eine Einheit. In jedem Augenblick unterdrücken wir zahllose Aspekte unserer potentiellen Wahrnehmung. Die Tonbandaufnahme von Unterricht ist dafür ein Beispiel. Die Invarianz der Objekte, der Umwelt ist eine Leistung des Ich, der Person. So ist als erstes festzuhalten: Das Üben im Wahrnehmen bildet das Wahrnehmen selbst aus und verfeinert es. Dies ist im Grunde eine Differenzierung des Ich.

Diese Problematik etabliert das Thema Sinnesausstattung zwischen allen Wissenschaften. Jedes Sinnesorgan bildet nur bestimmte Aspekte der Welt ab, hat also seine Welt. Es wäre auf der einen Seite erhellend, wenn zu jedem Sinnesorgan eine sinnesspezifische Erkenntnistheorie entwickelt würde, wie es etwa Behrendt mit dem Hören versucht hat (Behrendt 1989). Wie von da aus dann aber der Bezug zur Ganzheit aller Sinne hergestellt werden kann, ist noch völlig offen. Kükelhaus weist darauf hin, daß eine zerstörte Sinneswelt über eine zerstörte Innenwelt zwangsläufig zu einer zerstörten Mitwelt und Umwelt führe (Kükelhaus 1982).

In der Tat ist unsere Sinneswelt heute gestört, indem von Geburt an unsere Sinne mit Ersatzwahrnehmungen betrogen werden. Die Mutterbrust ist zur Flasche geworden, das Tastbedürfnis wird mit Produkten aus Blech und Plastik abgespeist, Naturfasern sind durch Kunstfasern ersetzt, das Auge wird durch die Phantombilder von Film und Fernsehen gefesselt, das Ohr mit Tonkonserven gewaltiger Lautstärke beschallt, der Geschmack wird durch Süßstoffe und Produkte mit Geschmacksverstärkern betrogen, der Geruch wird in einen Einheitsbrei von Kunstdüften eingehüllt und für jede feinere Wahrnehmung betäubt. Selbst die Wahrnehmung unserer Fortbewegung wird durch Auto, Flugzeug und Eisenbahn fortwährend getäuscht. Eine ganze Industrie hat sich des Betruges unserer Sinne angenommen. Von hier aus versteht man, wenn Kükelhaus meint, die Künstlichkeit der Sinne sei Abtreibung des sinnlichen Menschen in uns, weil die Auseinandersetzung der Sinne mit der echten Welt unabdingbarer Teil der Entwicklung sei.

Diese Auseinandersetzung vollzieht sich im übrigen eher in den leisen Wahrnehmungsbereichen als in den lauten. Viele Autoren (z. B. Rumpf 1981, Dahl 1979, Lippitz 1991, Göpfert 1988) stimmen darin überein, daß die „Entsinnlichung" unseres Lebens dessen Wurzeln zum Faulen bringe. So macht z. B. Lippitz (Tagungsband Symposium 1991) darauf aufmerksam, daß alle Welterfahrung, die von einem einzigen Prinzip gesteuert würde, für Kinder tödlich sei und aus ihnen Maschinen mache.

Was ist ein Sinnesorgan, wieviele haben wir?

In einer materialistischen Wissenschaft sind die Sinnesorgane nur Rezeptoren, die Reize bestimmter Art codieren und an das Gehirn weiterleiten. Sie bilden zwar verschiedene Ausschnitte der Welt ab, sind aber im Prinzip gleichwertig. Hierfür findet E. Strauß (Strauß 1955) ein witziges Gegenbeispiel: Ich darf eine fremde, schöne Frau ansehen, anhören – sogar in Grenzen riechen. Aber wehe, wenn ich sie abtaste – was ja auch nur eine objektive Reizung meiner Sinnesorgane ist. Die Einengung auf meßbare Größen und die Ausblendung der Erlebnisqualitäten unserer Sinnesorgane kommt einer partiellen Umweltzerstörung gleich. Hier hat die Umwelterziehung etwas wieder gutzumachen, was seit Johannes Müller, Helmholtz und Du Bois-Raimond im vorigen Jahrhundert in der Wissenschaft zu einseitig gesehen wurde.

Anknüpfend an die Einleitung soll noch einmal die Frage gestellt werden: Ist unsere Wahrnehmung so, weil die Welt tatsächlich so ist, oder hat die Welt ihre Struktur gleichsam durch die Spezialisierung der menschlichen Sinnesorgane erhalten? Man denkt dabei sofort an das Sehen durch Facettenaugen bei Insekten, an das Wahrnehmen von Ultraschall durch Fledermäuse oder Ultraviolett durch Bienen. Man denkt an das großartige Beispiel v. Uexkülls von der Zecke, deren Wahrnehmungswelt nur aus den beiden Sinnesorganen für Buttersäure und Wärme besteht. Niemand kann daran zweifeln, daß die Welt reicher an Signalen ist, als die menschliche Sinnesausstattung abbilden kann. Dennoch scheint es so zu sein, daß wenigstens wir Menschen untereinander ähnlich wahrnehmen und diese Wahrnehmungen reale Ausschnitte der Welt abbilden, wenn auch nicht alle.

Hierzu sind Gegenmeinungen möglich und begründbar. Auch die Frage, ob unsere Sinnesorgane im Verlaufe der Evolution zufällig entstanden seien oder ob sich die Qualitäten Licht, Farbe, Ton ihr adäquates Sinnesorgan selbst geschaffen haben, wird kontrovers gesehen. Goethe z. B. sagt, daß das Licht selbst sich das Sehen erbildet habe (Goethe in Mikelskis 1990):

> „Wär nicht das Auge sonnenhaft,
> das Licht könnt es nicht erblicken."

So ähnlich, aber nur so ähnlich, sehen es z. B. Vollmer (Vollmer 1987) und Lorenz in der evolutionären Erkenntnistheorie. Dieser zufolge ist es ähnlich wie bei den Beziehungen zwischen Insekt und Blüte. Als Koevolution werden Eigenschaften genetisch fixiert. Die Spezies Mensch hat danach die für sie wichtigen Ausschnitte der Farbrealität im Verlaufe der Evolution in einem Sinnesorgan fixiert. Ultraviolett sehen wir deswegen nicht, weil unsere Evolution dafür kein Bedürfnis entwickelt hat. Dies ist eine deutliche Verschiebung gegenüber Goethe, der sozusagen das Wesen von Licht und Farbe zum Gestalter des Auges macht. Beide Anschauungen haben aber gemeinsam, daß sich in den Sinnesorganen Auge und Ohr z. B. reale Qualitäten dieser Welt abbilden. Im folgenden wird uns vor allem die Frage beschäftigen, wie die Sinne mit ihren Wahrnehmungen umgehen. Bezüglich der Anzahl unserer Sinnesorgane kann man drei Standpunkte vertreten:

1. Man definiert das Sinnesorgan als Meßfühler. Dies fordert konsequent, auch alles das als Sinnesorgan zu definieren, wo etwas gemessen wird und der Körper darauf eingeht. Das betrifft dann z. B. die Körpertemperatur, den Blutzuckergehalt, den Wassergehalt der Zellen, um nur einige grobe Meßbereiche zu nennen. Dann ist die Zahl der Sinnesorgane kaum zu zählen. Verlangt man bei einer Definition einschränkend, daß die Messungen wahrgenommen werden müssen, so gibt es viele aus dieser Gruppe, die sich als Hunger, Durst, Schlafbedürfnis melden und ähnlich unauffällig sind wie unser Gleichgewichtssinn. Man kennt heute Tausende Meßfühlermechanismen, von denen die meisten aber ohne den relativ groben Klingeldraht der Nerven auskommen. Die Meßfühlerdefinition jedenfalls führt zu keiner befriedigenden Zahlenaussage.

2. Man definiert das Sinnesorgan als Vermittlungsorgan zwischen Außenwelt und Innenwelt. Dann genügt es nicht, die physikalischen Gegebenheiten der Außenwelt zum Kriterium zu machen, dann muß man auch die Gegebenheiten der menschlichen Innenwelt in die Definition einbeziehen. Man muß dann z. B. so etwas wie ein allgemeines Befindlichkeitsgefühl, wie eine Ich-Du-Wahrnehmung, einen Sinn, der erkennt, daß Geräusche Sprachinhalte enthalten, in die Definition einbeziehen. Die Zahl der Sinnesorgane würde auch bei dieser Definition höher als Fünf liegen. Dem Menschen würde gleichzeitig eine Sonderrolle in der Evolution zugebilligt (vgl. Gessinger; v. Rahden 1989).

3. Schließlich kann man in die Definition einbeziehen, ob ein bestimmter Wahrnehmungsbereich eine eigene Gehirnregion als Korrelat aufweisen kann. So kann der Meßfühler Ohr bekanntlich weit mehr als Geräusche wahrnehmen. Er kann Geräusche von Sprache unterscheiden und diese wiederum verstehen, wenn es die gelernte Sprache ist. Im Gehirn lassen sich für diese Leistungen abgrenzbare Zentren unterscheiden (Brocasches Zentrum, Wernicksches Zentrum).

Selbst unser Ich-Bewußtsein läßt sich lokalisieren. Wenn Gall z. B. im vorigen Jahrhundert einen Ortssinn, einen Sprachsinn und einen Personensinn postulierte, so wäre für die Berechtigung derselben nach abgegrenzten Gehirnarealen zu fragen. Die Hirnforschung hat dazu heute so differenzierte Einsichten gewonnen, daß auch diese Definition nicht sauber durchzuhalten ist.

Man kann im Grunde zur Zahl der Sinnesorgane nur eine pragmatische Haltung einnehmen. Im folgenden wird von 12 Sinnesorganen ausgegangen. Diese Zahl fußt auf Lehren des vorigen Jahrhunderts, der Anthroposophie und auf aktuellen Diskussionen um Sprachentstehungstheorien (vgl. Gessinger; v. Rahden 1989).
Diskussionen mit Lehrern haben ebenfalls gezeigt, daß die Zahl der Sinnesorgane nicht objektiv zu definieren ist. Wem also die 12 Sinnesorgane, die nachfolgend beschrieben werden, nicht einleuchten, der möge die ungewohnten wenigstens als Metapher zulassen, die einen Wahrnehmungsraum bezeichnen, der durch die Beschreibung bewußt gemacht werden soll. Damit jeder sich zurechtfindet, vergleiche ich diese 12 Sinneskategorien mit der Sinnesphysiologie von Campenhausen (Campenhausen 1981).

	Steiner, Aeppli (1967) **Bezeichnungen**	Campenhausen **Entsprechungen**
Orientierung über die Innenwelt, die eigene Leiblichkeit	Vitalsinn, Lebenssinn	Keine direkte Entsprechung Zeitwahrnehmung im Rahmen der endogenen Rhythmik
	Gleichgewichtssinn	Schwerkraftsinn (Makulaorgan) Gleichgewichtssinn (Bogengänge)
	Tastsinn	Drucksinn, Schmerzsinn, Vibrationssinn, Beziehungssinn
	Eigenbewegungssinn	Wahrnehmungsfähigkeit der Körperstellung, Gliederstellung, Gegenkraft.
Orientierung über die Außenwelt, die äußere Natur	Sehen, Gesichtssinn	Sehen, Gesichtssinn
	Riechen	Riechen
	Schmecken	Schmecken
	Wärmesinn	Wärme- und Kältepunkte mit Vorbehalt
Orientierung über die Menschenwelt, Mitmenschlichkeit	Tonsinn, Klangsinn, Gehör	Gehör, Hörsinn
	Lautsinn, Wort- oder Sprachsinn	Zu diesen Sinnesorganen gibt es keine Entsprechung, weil für die Wahrnehmung keine Rezeptoren gefunden werden, wohl aber Hirnregionen zur Verarbeitung.
	Gedankensinn, Begriffssinn, Vorstellungssinn	
	Ich-Sinn	

Im Mittelpunkt der weiteren Ausführungen zu jedem Sinn sollen neben den Aufgabenbeispielen drei Fragen stehen:

1. Wie wirkt der jeweilige Sinn auf die Befindlichkeit der Menschen?
2. Mit welchen anderen Sinnen kommuniziert der Sinn?
3. Wie verhält sich der Sinn gegenüber der Umwelt?

Zur Komplexität der Sinneswahrnehmungen, Auslöschung und Verfremdung

In den sinnlichen Naturerfahrungen geht es vor allem um die Sinne Sehen, Riechen, Schmecken, Tasten und vielleicht das Hören. Wie komplex die Sinne jedoch zusammenwirken, zeigt das Beispiel, wie ein Salat mittags angerichtet wird. Da wird zunächst die Schale geholt: man fühlt die Glasur, die Muster, das Gewicht, achtet evtl. auch darauf, daß die Farbe der Schale zum Salat paßt. Dann schneidet man den Knoblauch, mischt Essig und Öl dazu: Fühlen, Sehen, Riechen, Tasten vermischen sich fortwährend. Das geschieht später auch beim Schneiden von Tomate, Gurke und Zwiebel. Bei ihr leidet man manchmal Qualen, was die Verbindung zur Befindlichkeit unterstreicht. Dies Beispiel läßt sich leicht durch andere erweitern oder ersetzen. Es soll zeigen, daß immer ein ganzer Sinnesmensch beteiligt ist und die Erziehung durch die Sinne wohl Schwerpunkte für einzelne Sinnesorgane setzen kann, im Grunde genommen aber immer der ganze Mensch beteiligt ist.

Die neueste Gehirnforschung hat gezeigt (Vollmer in Biologie Heute 1992), daß Gehirnzentren besonders dann aktiv sind, wenn der Mensch auf neue, ungewohnte Situationen trifft, für die noch keine Handlungsmuster vorliegen. Das deckt sich mit der alten Pädagogenmeinung, daß Neugier, Betroffenheit, Faszination, Teilnahme, Freude, Schmerz, Mitleid, Versuch und Irrtum die Antriebe sind, seine Gedanken, sein Verhalten, seine Gefühle neu zu ordnen. Die menschliche Biographie wächst offenbar in solchen Situationen besonders kräftig, so lange diese die Person nicht überfordern. Hierfür ist der Gesichtspunkt wichtig, die gewohnten Erfahrungsmuster gleichsam auszulöschen. Das kann dadurch geschehen, daß der Schüler gewohnte Erfahrungszusammenhänge unter einem völlig ungewohnten Aspekt erlebt: Er soll mit verbundenen Augen einen Gegenstand wie mit den Augen beschreiben, er soll dem Spiegelbild Anweisungen für einen Weg geben, er soll auf dem Rücken liegend, den Wald beschreiben... Es kommt wohl für uns Lehrer darauf an, daß wir Phantasie genug entwickeln, um den Schüler in solche Situationen hineinzustellen. Dabei ist die Fähigkeit, die Ungeborgenheit des Neuen auszuhalten, von Mensch zu Mensch verschieden.

Aber in diesen Erfahrungen entsteht Neues. Das deckt sich auch mit den Erfahrungen Piagets und ist von großer Bedeutung für die Natur- und Umwelterziehung, weil es leichter ist, neue Gewohnheiten mit neuartigen Erfahrungen zu verknüpfen als alte Gewohnheiten und Erlebnisformen zu verändern.

Der sinnliche Umgang mit der Natur kann so zum Versuch werden,

Behaglichkeit ist Pflege des Vitalsinnes und insbesondere für jüngere Kinder lebenswichtig.

die schädlichen Einflüsse unserer Zivilisation abzuschwächen. Dazu kann auch das beitragen, was hier Verfremdung genannt werden soll. Das Auge wird beispielsweise zum Tasten verfremdet, die Nähe durch ein Vergrößerungsglas, einer Birke wird das Blatt einer Buche angeheftet, jemand läßt sich so mit Laub überschütten, daß nur seine Augen frei bleiben, eine Gruppe geht als Blindengruppe durch den Wald usw. Bei allen Beispielen wird die alltägliche Erfahrungsweise verfremdet, wodurch – so die Hoffnung – neue Erfahrungsweisen, neue Kategorien, neue Ordnungen entstehen und die Erfahrungsstumpfheit unseres Alltags, die trotz aller Reizüberflutung eine Tatsache ist, zurückgedrängt wird. Nur Menschen mit lebendigen Sinnen können auch im Alltag kreativ sein und so viel soziale, pädagogische, ökologische Phantasie entfalten, wie zur Erhaltung unseres Planeten notwendig ist; die Erziehung des Sinnes durch die Sinne ist dazu einer von mehreren Wegen (Für die folgende Darstellung wurden durchgehend zu Rate gezogen: Aeppli 1967, Berendt 1989, Campenhausen 1981, Cornell 1977, Glas 1976, Haase 1976, Hensel 1989, Kahle 1979, Kükelhaus 1971 und 1982, Mörike, Betz, Mergenthaler 1989, Rumpf, 1981, Staudtke, 1989, Strauß 1978 und Schneider 1966).

Der Vital- oder Lebenssinn

Die naturwissenschaftliche Betrachtungsweise kennt diesen Sinn nicht, denn für ihn lassen sich keine Sinnesrezeptoren, nicht einmal ein begrenztes Gehirnareal ausfindig machen.

Der Vitalsinn gibt uns Auskunft über unsere komplexe körperlich-seelische Befindlichkeit. Sein Wahrnehmungsorgan ist der gegenwärtige Zustand des gesamten Körpers und aller Organe. Entsprechend hat er von allen Sinnen die dumpfeste Wahrnehmung. Er fühlt, indem der Mensch sich fühlt. Seine Empfindungen werden deshalb auch mit den Begriffen der allgemeinen Befindlichkeit belegt. Sie heißen z. B. Stimmung, Verstimmung, Unbehagen, Wohlbefinden, Glück, Niedergeschlagenheit, Trauer, Wut. Alle körperlichen Prozesse wie Verdauung, Zuckerstoffwechsel, Hormonausschüttungen usw. treten in diesem Sinn zu einem ganzheitlichen Lebensgefühl zusammen.

Der Lebenssinn regelt gleichsam die Gesamthomöostase eines Menschen. Die alte Lehre von den Temperamenten knüpft an dieses Sinnesorgan an. Vielleicht ist die Müdigkeit als eine Art Erschlaffung dieses Sinnes zu deuten. Während die Naturwissenschaft solche Erscheinungen mit hormonellen Abläufen oder Stoffwechselprozessen begründet oder in die Psyche verlegt, wird hier ein komplexes Sinnesorgan postuliert, das im Geschehen aller Zellen und Organe gründet. Noch heute fährt uns der Schreck in alle Glieder, wir empfinden Herzensangst oder Herzensfreude. Was ist das anders als der in der Sprache aufbewahrte Rest der alten Lehre, nach der das Herz das Wahrnehmungsorgan für diese ganzheitlichen Empfindungen war. Vielleicht wäre es gut, diesen Sinn wenigstens als Metapher ernst zu nehmen.

In den Bereich dieser ganzheitlichen Sinneswahrnehmung gehört auch das, was die Naturwissenschaft als endogenen Rhythmus, als angeborenen Zeitsinn bezeichnet, von dem man wohl weiß, daß ihm ein paar hundert physiologische Prozesse zugeordnet sind, von dem man aber (noch) keine nervösen oder stofflichen Korrelate kennt.

Beim Säugling und beim Kleinkind steht der Vitalsinn im Vordergrund aller Empfindungen. Dem stimmt auch die Tiefenpsychologie zu, indem sie besonders für diese Altersphase Liebe und Geborgenheit fordert. Der Vital- oder Lebenssinn strahlt fortwährend in das Gefühlsleben jedes Menschen aus. Deshalb ist es wichtig, ihn zu pflegen. Das geschieht z. B. durch menschliche Wärme, Geborgenheit oder Rhythmisierung der Lebensprozesse. Streß und maschinentaktige Lebensprozesse schädigen ihn. Das Gefühl und Gemüt, die ja für die Herausbildung von Werten und Normen so wichtig sind, hängen wohl unmittelbar mit diesem Gesamtgefühl zusammen. Aus alledem wird deutlich, daß dieser so sehr vage Lebenssinn ganz früh im Leben offen ist, daß er irgendwie mit dem Willensleben zusammenhängt und viele Schüler schon bei Schuleintritt gerade hier geschädigt sind. Wenn wir die Seufzer „Das macht mich krank", „Das nervt mich" einmal ernst nehmen, so sind das Hinweise, was wir in der Schule tun und unterlassen sollen. Ein gangbarer Heilungsweg wäre schülergemäßes autogenes Training oder Wort- und Bildmeditation. Ein dritter läge in der Stärkung des Selbst- und Fremdvertrauens.

Alle diese Wege führen aus einer übermäßigen Selbstbeobachtung heraus und helfen Ängste abzubauen, die heute durch Schlagworte wie Ozonloch, Waldsterben, Atomgefahr bei Schülern ausgelöst werden.

Die im folgenden und bei allen anderen Sinnen genannten Maßnahmen und Übungen sind aus pragmatischen Gründen in nur zwei Altersstufen eingeteilt: In eine Grundstufe, die noch die Klasse 6 einschließt und eine Oberstufe. Das vergröbert. Aber eine vollständige Aufgliederung in alle Altersphasen hätte den Text unlesbar werden lassen.

Maßnahmen und Übungen

Grundstufe

1. Die Komplexität dieses Sinnes hat zur Folge, daß eher ganzheitliche Maßnahmen als gezielte Übungen empfohlen werden. So sollte das Schulleben in der Grundschule strikt in den natürlichen endogenen Rhythmus eingeordnet werden. Das heißt, daß Leistungen nur in den Leistungshochzeiten von 9–12 und 15–17 Uhr gefordert werden dürfen und die übrigen Zeiten mit entspannenden Tätigkeiten wie Spielen, künstlerischen Aktivitäten ausgefüllt sein sollten (vgl. Winkel 1979).

2. Da viele Schüler schon durch ihre häuslichen Lebensumstände geschädigt sind, muß die Schule möglichst viele Maßnahmen am Behaglichkeitskriterium ausrichten. Diese Behaglichkeit muß in Klassen mit vielen gestörten Kindern regelrecht zum Leitprinzip werden, das der Lernleistung vorgeordnet ist. Das muß sehr behutsam geschehen, indem nicht der Lehrer die Kriterien der Behaglichkeit bestimmt, den Kindern also gleichsam überstülpt, sondern durch einfühlsame Beobachtung den Soziotop ernährt und dadurch entwickelt.

→ körperliche Gesundheit
→ Pflege sozialer Bezüge
→ Kultur und Tradition

3. In einer Schule, die es mit der Natur- und Umwelterziehung ernst meint, müssen alle Unterrichtsmaßnahmen, die die Befindlichkeit der Schüler im Auge haben, genau so ernst genommen werden, wie die intellektuellen. Dazu können z. B. gehören:

- gemeinsames Kochen, Essen, Schlafen, Feiern, Wandern, Klassenfahrten, Schullandheimaufenthalte ... ;
- sich als Schüler eine Leistung vornehmen, einem anderen dazu verhelfen und beide Male den Erfolg mit allen feiern ;...
- rhythmische Prozesse einführen: Zur täglich festen Zeit ein Lied singen, einen Morgenspruch sprechen, den Wochenverlauf und Tagesverlauf also rhythmisieren, Lernprozesse auch körperlich begleiten durch Stampfen, Klatschen, gemeinsam Frühstücken, Vergabe von Zeichen für subjektive Leistungen usw ;...
- sinnvolle Gewohnheiten herausbilden beim Begrüßen oder der Ausschmückung der Klasse als wohnlichen Aufenthaltsraum. Lange Jahre schien das Pestalozzi-Ideal der Klasse als Wohnstube überholt. Unter der Gültigkeit des Behaglichkeitskriteriums kehrt es in neuer Bedeutung zurück. Unter Umständen kann man sich (vorsichtig) um Sauberkeit und Bekleidung der Schüler kümmern usw.

→ körperliche Gesundheit
→ psychische Gesundheit
→ Pflege sozialer Bezüge
→ Kultur und Tradition
→ Überkonfessionelle Religiosität
→ kultische und rituelle Handlungen
→ Konzentrationsübungen, meditative Elemente
→ Kunst als Ganzheitsprozeß und Beitrag zur Personwerdung

4. Bis Klasse 4 sollte man viele soziale Kinderspiele spielen, z. B. Abzählreime, Reime mit Körperbewegungen, aber auch Gruppenspiele wie Räuber und Gendarm, Kriegen, vielleicht sogar Völkerball. Sogar ein großer Teil des Unterrichtes läßt sich bis Klasse 4 in spielerische Sozialformen verwandeln.

→ körperliche Gesundheit
→ psychische Gesundheit
→ Pflege sozialer Bezüge

Oberstufe (ab Klasse 7)
Hier setzen in den Schulen oft Hektik und Streß ein. Der Kampf um die Zensuren nimmt an Heftigkeit zu. Streß ist immer Ausdruck von Unbehaglichkeit. Nach Vester bedroht er geradezu das erfolgreiche Lernen und dämpft die Entwicklung des Willens. Auch in dieser Altersstufe müßte man heute vielfach wie in der Unterstufe therapeutisch wirksam werden. Aber auch Unterrichtsthemen werden für diese Altersstufe (vielleicht) wichtig.

1. Willenstraining. Man verabredet mit einer Gruppe, daß jeder Schüler in seinen Tageslauf regelmäßig über zwei Wochen alle drei Tage einen neuen kleinen Handlungsablauf (Gewohnheit) willentlich aufnimmt und beibehält. Es kann ein körperlicher, intellektueller oder tätiger sein. Nach zwei Wochen führt man ein Gespräch über den Erfolg, die Schwierigkeiten, die Veränderungen in der eigenen Befindlichkeit. Das muß vorsichtig geschehen und darf nicht zur Selbstbespiegelung geraten als Neuauflage eines endgültig überholten Tugendunterrichtes.
Als weitaus schwerere Aufgabe kann man mit der Gruppe verabreden, über zwei Wochen regelmäßig eine unbeliebte Handlung, deren Berechtigung man aber einsieht, durchzuführen. Davon findet jeder leicht genug.

→ körperliche Gesundheit
→ psychische Gesundheit
→ kultische und rituelle Handlungen
→ Konzentrationsübungen, meditative Elemente

2. Befindlichkeitstraining. Man übt im Sinne amerikanischer Optimismus-Therapie sich wohlzufühlen und leistungsfähig zu sein. Das ist eine Art Autosuggestion vermittels sprachlicher, stark emotional getönter Formulierungen, die durchaus wirksam sein kann. Behutsam muß man nach einiger Zeit darüber reden.

→ körperliche Gesundheit
→ psychische Gesundheit
→ Konzentrationsübungen, meditative Elemente

3. Körperliche Hilfsmaßnahmen. Der Vitalsinn korrespondiert eng mit dem Gleichgewichtssinn, der auch das Sich-Fühlen beeinflußt. Körperliche Bewegungsübungen wie Klettern, Balancieren, Springen, Tanzen, Jonglieren stärken gleichzeitig auch den Vitalsinn.

→ Gleichgewicht und Orientierung

4. Cornell-Übungen (Cornell 1972). Viele von Cornell vorgeschlagene und heute allgemein bekannte Übungen wie „Blinder Partner", „Blinde Raupe", „Vergraben im Laub" usw. kräftigen insbesondere das Wohlbefinden. Damit stärken sie in erster Linie den Vitalsinn.

→ psychische Gesundheit
→ Pflege sozialer Bezüge

5. Kükelhaus-Übungen (Kükelhaus 1971 u. 1982). Auch bei Kükelhaus findet man z. B. Balancierübungen auf der Kugel, auf einem Schwebebalken, Riechübungen, Übungen auf der Schaukel usw. Fast alles, was er in diesen sehr phantasievollen Übungen vorschlägt, entwickelt die Sinne und stärkt im Nebeneffekt die Befindlichkeit, den Vitalsinn.

→ psychische Gesundheit
→ Prinzip der Verfremdung

6. Wahrnehmen von Zeitabläufen. Schließlich kann man alle Übungen, die auf die Wahrnehmung von Zeitabläufen gerichtet sind, z. B. die Alterung einer Blüte, die Metamorphose einer Pflanze, die Beobachtung von Lebensabläufen bei Tier und Pflanze als Stärkung des Vitalsinnes ansehen. Diese Übungen, die man als Konzentrations- und Meditationsübungen einsetzen kann, wirken sich nach aller Erfahrung günstig auf die allgemeine Befindlichkeit aus. Dadurch kräftigen sie im Nebeneffekt den Vitalsinn.

→ psychische Gesundheit
→ Konzentrationsübungen, meditative Elemente

Alles in allem ergeben sich für den Vitalsinn kaum unmittelbare Förderungsmöglichkeiten. Die Förderung vollzieht sich eher durch die Beachtung der Bedingungen, unter denen Schule stattfindet oder als Nebeneffekt.

Der Gleichgewichts- und Orientierungssinn

Dieser Sinn hat in den drei Bogengängen des Ohres für das Gleichgewicht und dem Makulaorgan für die Schwerkraft körperlich nachweisbare Rezeptoren und führt auch für die Naturwissenschaft über die sprichwörtlichen 5 Sinne hinaus.

Eine Gruppe sucht ihr Gleichgewicht.

Beide Organe orientieren uns über die Senkrechte – bezogen auf den Erdmittelpunkt. Beide Sinneswahrnehmungen treten uns nicht ins Bewußtsein, sondern regulieren unsere Lage im Raum still und zuverlässig, es sei denn, sie würden durch Alkohol oder Drehbewegungen irritiert. Beide Sinne arbeiten eng mit dem Tastsinn und dem Sehsinn zusammen (Camphausen 1981, Mörike u. a. 1989, Aeppli 1967). Der Gleichgewichtssinn hat eine besondere Beziehung zu dem, was wir Bewußtsein nennen. Er beruhigt es, wenn alles in Ordnung ist, schreckt es aber normalerweise auf, wenn etwas mit dem Gleichgewicht nicht stimmt. Umgekehrt ist er an unser Bewußtsein gebunden: Ein Bewußtloser fällt um. Daß der Gleichgewichtssinn mit anderen Sinnen zusammenarbeitet, erkennt man z. B. daran, daß Piloten bei Höhenflügen Schwierigkeiten mit dem Gleichgewichtsgefühl haben, das ja bekanntlich auch im Zustand der Schwerelosigkeit völlig ausgeschaltet ist. Auf der Erde benötigt der Gleichgewichtssinn gewisse Stellzeiten, die aber derzeit noch nicht überfordert scheinen, wenn auch noch niemand wirklich weiß, ob und wie sich z. B. Fliegen und Autofahren langfristig auf diese Sinneswahrnehmungen auswirken werden.

In unserer Sprache hat der Begriff Gleichgewicht eine bemerkenswerte metaphorische Bedeutung. Unsere Gesundheit z. B. beschreiben wir als einen Gleichgewichtszustand, oder soziales Wohlbehagen ergibt sich aus dem Gleichgewicht zwischen Ich und Wir. Wir sprechen von Biosystemen, die sich im Gleichgewicht befinden und umkippen, also in eine Art Ohnmacht fallen. Überall bemerken wir labile Gleichgewichtszustände, die um einen Mittelwert pendeln und die wir gern als Fließgleichgewichte bezeichnen, weil es stets zeitliche Prozesse sind, die von einem idealen Wert ständig abweichen und ihn doch bezeichnen. Dies ständige Pendeln entspricht haargenau der Arbeitsweise unseres Gleichgewichtsorganes, das ja auch laufend den Körper veranlaßt, seine Lage nachzustellen. Beim Radfahren kann man das sehr gut beobachten oder auch beim Skilaufen.

Für die Umwelterziehung ist besonders wichtig, welche Qualitäten mit einer Sinneswahrnehmung zusammenhängen. Unser Gleichgewichtssinn wirkt besonders intensiv auf das Ich-Gefühl ein. Das ungestörte, persönliche Gleichgewicht hat offenbar im Bereich des Sich-Fühlens etwas mit dem Freiheitsgefühl zu tun, ohne daß genau zu definieren wäre wie. Ein Mensch, der den Kopf frei tragen kann, der mit sich, seiner sozialen Umwelt und der umgebenden Natur im Gleichgewicht ist, fühlt sich freier als jemand, der mit schamvoll gesenktem Kopf, von seinen Mitmenschen mißachtet, durch eine zerstörte Natur wandert.

Wer kennt das nicht? Die Uniformierung der Haltung während der Rekrutenausbildung wird von empfindsamen Menschen förmlich als Freiheitsberaubung erlebt. Alle Gleichgewichtswahrnehmungen bleiben als Wahrnehmungen des Innenlebens jedoch merkwürdig dumpf und allgemein. Wie deutlich aber Zusammenhänge bestehen, merkt man nur zu genau, wenn man einmal bewußt schreitet oder auf einem Balken balanciert oder im Gebirge über einen schmalen Felsengrat geht oder eine kretische Tempeltreppe hinaufgeht. Menschsein heißt sich aufrichten und im Gleichgewicht bleiben. Das ist so fest mit unserer Natur verbunden, daß man es nur schwer problematisieren kann.

Dennoch gibt es Stützen für die Hoffnung, daß intakte Gleichgewichte in der Natur harmonisierend auf die Menschen wirken, wie auch umgekehrt Menschen mit einem intakten gesundheitlichen, psychischen und sozialen Gleichgewicht Ungleichgewichte in der Natur leichter wahrnehmen und ordnen können als Menschen, deren Gleichgewicht gestört ist. Das ist Vermutung, Hoffnung, vielleicht auch nur Spekulation. Aber wir sollten unsere Aufmerksamkeit in Zukunft intensiver als bisher der Frage zuwenden, welche Zusammenhänge zwischen Gleichgewichtsübungen und -empfindungen beim Menschen und der Wahrnehmung von Ungleichgewichten in der Natur bestehen.

Außer Frage steht die Tatsache, daß Gleichgewichtsübungen für die Entwicklung der menschlichen Persönlichkeit von großem Wert sind. Wenn sie nur das brächten, hätten wir schon allen Anlaß, Gleichgewichtsübungen in das Repertoire unserer Natur- und Umwelterziehung aufzunehmen. Indem sie das „Selbst-Bewußtsein" stärken, helfen sie, Menschen heranzubilden, die die Umwelt „in Freiheit" zu ihrer Sache machen können (Aeppli 1967, Glas 1976, Kükelhaus 1971 und 1982, Strauß 1978).

Maßnahmen und Übungen

Grundstufe

1. Bauen mit Bauklötzen. Kleinere Kinder errichten gern Bauwerke aus Bauklötzen und werfen diese dann ebensogern wieder um. Hierbei erleben sie Ordnung und Unordnung, Gestalt und Ungestalt, Gleichgewicht und Ungleichgewicht. Diese Phase sollte jedes Kind

→ psychische Gesundheit
→ Beiträge zum ökologischen Ganzheitsprinzip

Hier müssen mehrere zusammenwirken, um einen Gleichgewichtszustand zu finden.

ausgiebig durchlaufen. Es ist eine Art der Projektion von Gleichgewicht auf die toten Dinge.

2. Balancierübung. Bei etwas älteren Kindern stehen Übungen im Mittelpunkt, den eigenen Körper ins Gleichgewicht zu bringen. Man balanciert etwa im Walde auf Baumstämmen, im Schulgelände auf Kantensteinen, wenn keiner zusieht auch auf stabilen Gartenzäunen, geht über Schwebebalken oder exakt längs eines Striches. Aber auch das Stehen auf einem Bein, das Üben von Kopfstand – später Handstand – sind wichtige Übungen. Bei allen Übungen sollte das Auge in die Ferne gerichtet sein, das ist erleichternd. Man wird bald bemerken, daß die Körperbewegungen der Schüler eleganter und selbstbewußter werden und sollte für diese Übungen auf dem Schulhof anregende Geräte aufstellen.

→ körperliche Gesundheit
→ psychische Gesundheit
→ Vital- oder Lebenssinn, Zeitwahrnehmung
→ Eigenbewegungssinn

3. Wanderwege ausnutzen. Bei Wanderungen, Schullandheimaufenthalten oder Spaziergängen wählt man bewußt Wege, die über Böschungen, Steinfelder, Felspartien, liegende Baumstämme führen. Hier können die Schüler auch die Arme als Balancierausgleich zu Hilfe nehmen.

→ körperliche Gesundheit
→ psychische Gesundheit
→ Eigenbewegungssinn

4. Balancierspiele. Man trägt Gegenstände im Gleichgewicht: ein Wassergefäß auf dem Kopf, jongliert mit einer Stange oder einem Ast, trägt einen einzigen Wassertropfen über eine längere Strecke; auch Spiele wie Eierlaufen, Schlittern auf einer Eisbahn usw. sind gute Gleichgewichtsübungen. Auch hier sollte eine Balancierstange benutzt werden dürfen.

→ körperliche Gesundheit
→ psychische Gesundheit
→ Eigenbewegungssinn

5. Labiles Gleichgewicht. Man bringt eine Wippe oder einen labilen Stein jeweils durch den eigenen Körper ins Gleichgewicht. Dazu kann man auch Holzplatten herrichten: Die Schwierigkeit wächst, wenn man sie zunächst auf einen rechteckigen Klotz, den man immer kleiner wählt, legt, schließlich auf eine Halbkugel. Bringt man den Auflagepunkt ekzentrisch an, erreicht man die höchste Schwierigkeitsstufe. Auch solche Geräte sollten auf jedem Schulhof stehen (nach Kükelhaus).

→ körperliche Gesundheit
→ psychische Gesundheit
→ Eigenbewegungssinn
→ Konzentrationsübungen, meditative Elemente

6. Stelzenlaufen und Einradfahren. Für die Klassen 3–6 sollte jede Schule einen Satz Stelzen besitzen und damit üben. Das ist beliebt und übt den Gleichgewichtssinn. Auch das Stelzenlaufen wird erleichtert, wenn man nicht auf den Boden, sondern in die Ferne blickt. Derzeit kommt das Einradfahren in Mode. Es ist eine empfehlenswerte Tätigkeit für den Gleichgewichtssinn. Leider ist die Anschaffung sehr teuer.

→ körperliche Gesundheit
→ psychische Gesundheit
→ Eigenbewegungssinn

Oberstufe (ab Klasse 7)

1. Gleichgewichte mit Farben bilden. Die Schüler erhalten je einen Satz Farbplättchen in zwei Farben. Diese sollen sie so auf einer Fläche verteilen, daß der Eindruck eines Farbgleichgewichtes entsteht. Diese Übung zielt auf eine Übertragung des Gleichgewichtsbegriffes ab.

→ Kunst als Ganzheitsprozeß und Beitrag zur Personwerdung

2. Ein graphisches Gleichgewicht herstellen. Der Lehrer zeichnet einen ungleichgewichtigen Baum. Das kann ein Halbbaum oder ein schiefer Baum sein. Die Schüler sollen seine fotokopierte Zeichnung so ergänzen, daß der Baum als gleichgewichtig empfunden wird. Dieses Thema kann man durch Hinzunahme von Farbe weiter komplizieren. Man nimmt z. B. aus einem beliebigen Bilddruck einen kleinen Teil heraus und läßt das Bild ins Gleichgewicht bringen.

→ Kunst als Ganzheitsprozeß und Beitrag zur Personwerdung
→ Beiträge zum ökologischen Ganzheitsprinzip

3. Gleichgewicht als Mittellage zwischen Extremen. Man läßt die Schüler zwischen ganz verschiedenen Extremen die Mitte finden: In der Musik z. B. zwischen laut und leise, schnell und langsam. Dazu kann man eine einzige Melodie mechanisch oder als Eigengestaltung verändern. Oder der Malerei entnimmt man ein Motiv, das als Strichzeichnung vervielfältigt wird und für dessen Kolorierung nun schreiende und sanfte Farben erprobt werden, bis ein Gleichgewicht gefunden ist. Auch zwischen Linie und Farbe lassen sich solche Gleichgewichte herstellen. Es geht allgemein darum, zwischen Extremen die Mitte zu finden, Extreme ins Gleichgewicht zu bringen, womit sich schon Aristoteles beschäftigt hat, indem er die Mitte suchte zwischen Extremen wie geizig und verschwenderisch (freigiebig), feige und tollkühn (mutig), faul und rastlos (arbeitsam).

→ Kunst als Ganzheitsprozeß und Beitrag zur Personwerdung
→ Beiträge zum ökologischen Ganzheitsprinzip

4. Gleichgewichte in der Natur. Gleichgewicht in der Natur ist eher ein fortdauernder Prozeß als ein Zustand. Solche Fließgleichgewichte lassen sich im Wettergeschehen (Auffüllen von Tiefdruckgebieten), in ökologischen Fließgleichgewichten oder bei der eigenen Gesundheit verhältnismäßig leicht erkennen. Man kommt dabei vom Gleichgewichtsbegriff ausgehend zum Ungleichgewicht.

→ Kunst als Ganzheitsprozeß und Beitrag zur Personwerdung
→ Beiträge zum ökologischen Ganzheitsprinzip

Unter dieser Perspektive betrachtet man Krankheit, soziale Prozesse, Wirtschaftsprozesse und fragt insbesondere danach, wodurch ein Gleichgewichtszustand entsteht.

Das Tasten

Zu den alten fünf Sinnen gehört das Tasten, auch Fühlen genannt. Es bezeichnet ein Mischorgan, eine Mehrfach-Sinneswahrnehmung, die hier unter dem Begriff Tasten zusammengefaßt wird. Die Lehrbuch-Physiologie soll als bekannt vorausgesetzt werden.

H. Kienzel (Kienzel 1991) vergleicht das Tasten mit dem Sehen und Hören und stellt heraus, daß diese beiden Sinne auf Distanz eingerichtet seien, das Sehen weiterhin auf Abstraktion. Das Tasten fühle sich dagegen gleichsam selbst. Es sei unmittelbar, nicht abstraktionsfähig und immer Teil einer Beziehung zur gefühlten Sache. Wenn man etwas nicht anfasse, fühle man es eben nicht. Fühlen setzt also immer Kontakt voraus, die Berührung, die Überwindung des Abstandes. Es ist jedoch nicht nur ein Organ des Eindrucks, sondern auch des unmittelbaren Ausdrucks, aber nur so lange, wie man nicht zupackt. Zupacken

Tastende Hände an einem Robinienstamm.

vernichtet das Fühlen. In diesem Sinne ist das Fühlen-Üben auch intensives Üben von Beziehung-Aufnehmen. Das Leben unter meiner Hand fühle ich unmittelbar, mit dem Auge kann ich es übersehen. Tasten und Fühlen stellen also eine merkwürdige, einmalige Beziehung zwischen unserem Innen und dem Außen her. Ich ertaste etwas: Dabei fühle ich es eigentlich innen, in mir. Die Empfindung stülpt sich dabei gleichzeitig nach außen und suggeriert mir, ich würde außen etwas wahrnehmen. Diese Verlagerung der Empfindung nach außen ist ein Merkmal des Tastens, das sich als Grenzsinn zwischen innen und außen beschreiben läßt. Darum ist es auch geeignet, Gefühle zu übertragen oder auszudrücken. Das Distanzorgan Auge hat da eine völlig andere Art (Aeppli 1967).

In den Diskussionen mit Lehrern um das Fühlen ergaben sich immer wieder Schwierigkeiten beim Verstehen der Tatsache, daß nicht die Gegenstände selbst erfühlt werden, sondern ihre Projektion auf die Haut, das Fühlen also ein Grenzflächensinn ist. Zwar liegen die erfühlten Strukturen außerhalb des Körpers, die Wahrnehmungen aber innen. Die Rezeptoren für Wärme, Druck, Bewegung (nicht aber Schmerz) werden nur durch Handlungen, Veränderungen in zeitlichen Prozessen in Tätigkeit gesetzt. Die Wirkung der Außenwelt auf die Haut wird wahrgenommen, nicht Wellenlängen wie beim Sehen oder Hören, sondern immer erlebte und erfahrene Strukturen oder Eigenschaften der Dinge. Das legt nahe, das Tasten in die Gruppe der Organe einzuordnen, die uns über unsere Innenwelt informieren. Diese Zuordnung wird nicht vom Aufbau der Sinneszellen abgeleitet, sondern von der Art der Wahrnehmung. Diese eher qualitative Zuordnung ist für die Natur- und Umwelterziehung aber erhellender als jede andere (Glas 1976). In diesem Zusammenhang muß auf eine Aussparung in diesem Buch hingewiesen werden: Den Bereich von Erotik und Sexualität. Ganzheitliche Natur- und Umwelterziehung ist sicher im Bereich des Soziotops auch Partnererziehung. Dabei würden Fühlen, Tasten, Streicheln, aber auch Riechen, Sehen und Hören eine große Rolle spielen. Das würde noch einmal auf die verschiedenen Altersstufen zu reflektieren sein, die einer altersphasengerechten Zärtlichkeit bedürfen. Dieser Problemkreis ist so umfassend und differenziert, daß sein völliges Fehlen im Rahmen der Natur- und Umwelterziehung empfehlenswerter schien als eine rudimentäre Einordnung.

Das Gefühl, wie wir es gern doppeldeutig nennen, ist der Sinn mit den meisten Ruhepausen. Seine Rezeptoren sind sehr unterschiedlich über den Körper verteilt. Auch haben die verschiedenen Fühlregionen eine unterschiedliche Beziehung zu uns selbst und zur Umwelt. Die nackten Fußsohlen korrespondieren mit dem Untergrund und unserer Fortbewegung. Die Beine sind nur dürftig ausgestattet. Auf den Fingerkuppen verdichten sich dann die Tastrezeptoren extrem. Hier werden neben Strukturen auch Bewegungsrichtungen unterschieden, eine enge Korrespondenz zum Sehen und Hören kann nachgewiesen werden. Und merkwürdig: Das Fühlen mit leichter Hand kann unmittelbar zum Streicheln werden, Eindruck zum Ausdruck. Schwere Arbeit dagegen macht die Hände gefühllos. Im Alter läßt die Fühlfähigkeit merkwürdigerweise nicht so nach wie Riechen, Hören und Sehen. Eine weitere herausgehobene Fühlzone sind die Lippen, die besonders auf heiß und kalt reagieren, ebenfalls aber wichtige Ausdrucksorgane für menschliche Beziehungen sind. Fuß, Fingerkuppen und Lippen sind die wichtigsten Fühlzonen (Campenhausen 1981, Mörike u. a. 1989), Fingerkuppen und Lippen wichtige soziale Mitteilungsorgane. Vor allem das Fingertasten bringt uns mit der nichtmenschlichen Natur in Kontakt.

Die Finger kommen mit der Schöpfung, ihren Strukturen und Formkräften direkt in Berührung. Sie nehmen sie eigentlich schon vor der Begriffsbildung, vor dem bewußten Denken wahr. Eine Metapher ist vielleicht hilfreich: Beim Tasten schlafen die Begriffe noch, wir überziehen die Dinge noch nicht mit uns selbst. (Dies hält einer strengen Logik nicht stand, denn auch das Fühlen setzt natürlich ein tätiges Ich voraus.) Es soll damit vor allem ausgedrückt werden, daß das Tasten unmittelbarer als die anderen Sinne in unsere Befindlichkeit einströmt. Insgesamt ist dieser Sinn, der oben schon als Grenzflächensinn charakterisiert wurde, ein erstaunliches Phänomen, indem er das, was unmittelbar außen ist, unmittelbar innen registriert. Tasterfahrungen eignen sich besonders gut zum Verfremden und wirken ohne begriffliches Bewußtmachen bis tief in das Unbewußte hinein.

Beim Säugling ist die Mundregion die wichtigste Tastregion. Noch vom Kleinkind werden alle Dinge zum Munde geführt. Aus diesem

Zusammenhang entstehen tatsächlich die ersten Begriffe; sie entstehen im wahrsten Wortsinn dadurch, daß sie einverleibt werden. Später wird alles angefaßt, abgegrabbelt, begriffen. In aller Vorsicht darf man wohl sagen, daß die Außenwelt durch diese Einverleibung die Ich-Bildung in Gang setzt. Bleibt es aber bei diesem Besitz ergreifenden Einverleiben durch Mund und Finger, transzendiert diese Sinneswahrnehmung nicht auf eine höhere Stufe. Das Üben des Tastsinnes ist immer ein Weg auf des Messers Schneide, ein Weg zwischen Egoismus und Ehrfurcht (Hensel 1989, Aeppli 1967). Für die Umwelterziehung sind Tastübungen von entscheidender Bedeutung. Sie müssen aber wegführen von dem, was *ich* fühle, zu dem, wie *es* sich anfühlt. Tasten heißt eigentlich, den Spuren der Schöpfung nachzugehen, diese nach innen zu holen. Insofern haben Tastübungen etwas mit Religiosität zu tun; sie können dieses Grundgefühl miternähren. Beim Tasten sollte man die Augen stets schließen. Dann werden die Hände leichter sehend, dann werden offenbar sehr alte Bewußtseinsschichten zugänglich.

Das alles legt nahe, daß man sich vor falschem Umgang mit diesem Sinn hüten muß. Falscher Umgang kann mehr Schaden als Nutzen stiften und anstelle der Religiosität das Beute-Machen fördern.

Maßnahmen und Übungen

Grundstufe

1. Tastübung. Jeder Schüler schließt die Augen oder verbindet sie mit einem Dreieckstuch. Nun kann man nahezu unendlich viele Dinge abtasten. Als besonders geeignet haben sich erwiesen: Zapfen, Früchte, Rinde, Blätter, Erde, Baumstubben, Moospolster, Tierfelle, Federn, usw. Die Schüler sollen nicht beschreiben, was sie dabei als Person erleben, sondern wie es sich anfühlt, also ihre Wahrnehmung in Worte fassen. Je älter sie bei dieser Übung sind, desto stärker ist darauf zu achten.

→ psychische Gesundheit
→ Überkonfessionelle Religiosität
→ Konzentrationsübungen, meditative Elemente
→ Menschwerdung durch Sprache und Sprechen

2. Tastspiel. Dies kann man zu einem Spiel gestalten: Man gibt Steine, Holzstücke, Früchte usw. in einen Eimer. Bei offenen Augen wird der Eimer im Kreis weitergegeben, und jeder wählt einen persönlichen Gegenstand, den er betasten, beriechen, evtl. auch behören darf. Dann kommen alle Gegenstände in den Eimer zurück, die Augen werden verbunden, der Eimer geht in die zweite Runde. Nun muß jeder „seinen" Gegenstand herausfühlen, in die Hand nehmen und später sehenden Auges sagen, ob und woran er ihn wiedererkannt hat.

→ psychische Gesundheit
→ Prinzip der Verfremdung
→ Menschwerdung durch Sprache und Sprechen

3. Mit nackten Sohlen die Welt erkunden. Ein Schüler wird mit verbundenen Augen einen Weg von etwa 50 m barfuß über verschiedene Oberflächen geführt: Sand, Kies, Steine, Rasen, Laubstreu, Torf, Gartenboden. Diese Oberflächen können durchaus als dauerhafter Fühlpfad im Schulgelände gestaltet sein. Die Aufgabe besteht darin, daß jeder Schüler mit offenen Augen seinen Weg genau wiederfindet und

→ Prinzip der Verfremdung
→ Konzentrationsübungen, meditative Elemente

Schülerin beim tastenden Erkunden eines Baumstammes.

beschreibt, wie sich die verschiedenen ertasteten Strukturen angefühlt haben.

4. Partnerspiel. Die Schüler bilden Zweiergruppen. Einem von beiden werden die Augen verbunden. Als Spielobjekte eignen sich besonders: Baumstubben, Baumveteranen, Gegenstände, die an einer Schnur aufgehängt sind, usw. Die Spielregel ist insofern einfach, als mit offenen Augen wiedergefunden werden oder beschrieben werden soll, was mit geschlossenen Augen ertastet wurde. Das Spiel kann leicht auf Blätter, Früchte, leblose Naturgegenstände (Muschelschalen, Schneckengehäuse) ausgedehnt werden.

→ Pflege sozialer Bezüge
→ Prinzip der Verfremdung

5. Gesichter fühlen. Nicht ohne Probleme, aber faszinierend, ist das folgende Spiel: Einem Schüler werden die Augen verbunden. Durch Tasten soll er ein bis drei Mitschüler erkennen und beschreiben. Er muß also einen gewohnten Augeneindruck in einen Tasteindruck übersetzen und in einen Begriff umsetzen. Probleme ergeben sich vor allem dann, wenn das Spiel ins Alberne oder Gehässige abgleitet.

→ Pflege sozialer Bezüge
→ Prinzip der Verfremdung

6. Zur Natur zärtlich sein. Warum eigentlich soll man nicht gelegentlich als Ausdruck der Zärtlichkeit einen Baum streicheln? Aus Furcht vor sexuellem Mißbrauch verbietet unsere Schule Zärtlichkeiten zwischen Lehrern und Schülern. Wie man diese Gefahr vermeiden kann und dem oft echten Bedürfnis der Schüler nach Nähe gerecht werden kann, ist eine Frage, zu der es in absehbarer Zeit keine Antwort geben wird. Aber auch die Natur benötigt zum Überleben unsere Gefühle. Und diese zu zeigen, ist Gott sei Dank erlaubt.

→ Arten, Ökosysteme, Landschaften
→ Überkonfessionelle Religiosität

Oberstufe

1. Erfahrungen in Sprache fassen. Die Anregungen der Grundstufe bleiben für die Oberstufe gültig. Dabei soll und kann aber schon mehr bewußt gemacht werden: Die Schüler sollen nun ihre Empfindungen bei den Übungen schildern. Diese sollen in der einfachsten Form ihre eigenen Erlebnisse betreffen. Zunehmend sollen sie sich aber auf die Qualität der Empfindungen richten, also auf den objektiven Gehalt. Das ist wirklich schwer und wird nicht in allen Klassen gelingen. Die Sprache sollte jetzt begrifflicher, objektiver als in der Grundstufe sein.

→ psychische Gesundheit
→ Menschwerdung durch Sprache und Sprechen

2. Verfremdungsübung. In dieser Altersstufe lassen sich eine ganze Reihe naturwissenschaftlicher Untersuchungen durch Tasten verfremden, wodurch sich das Interesse erhöht:

- Ausgewählte Pflanzen des Waldes werden ertastet. Gut geeignet sind ein Binsenhorst, eine dreikantige Segge, eine weiche Rasenschmiele, ein Fichtenkeimling, ein Zweig mit Bucheckern.
- Sogar Pflanzenfamilien kann man ertasten: Lippenblütler z. B. an der Blüte, dem Stengel, den Früchten; Doldenblütler am Blütenstand und dem meist gerieften Stengel; Korbblütler am Blütenstand. Die Aufgabe ist ausgesprochen schwer.
- Lebende Tiere sollte man im allgemeinen nicht ertasten, weil diese Art des Umganges zu viele Fachkenntnisse voraussetzt. Wohl aber kann man Schneckengehäuse, Muschelschalen, evtl. Skelette und Stopfpräparate nutzen.

→ Prinzip der Verfremdung
→ Überkonfessionelle Religiosität
→ Menschwerdung durch Sprache und Sprechen

3. Tastbegegnungen als Unterrichtseinstieg. Es hat sich herausgestellt, daß bis in die gymnasiale Oberstufe noch in fast alle Unterrichtsabläufe eine Tastphase eingebaut werden kann: z. B. beim Unterricht über den Waldboden, bei Wasseruntersuchungen, Fruchtformen, Blütenformen usw. Das Tasten hat dabei vor allem den Sinn, unser übermäßig bevorzugtes Auge ein wenig zurückzudrängen.

→ Prinzip der Verfremdung
→ Menschwerdung durch Sprache und Sprechen

6.5 Der Eigenbewegungssinn

Die Naturwissenschaft kann mit einem solchen Sinnesfeld so recht nichts anfangen. Für die Umwelterziehung jedoch ergibt es Veranlassung zu vielen vernünftigen Aufgabenstellungen. Die Naturwissenschaft hat das sogenannte Reafferenzprinzip entdeckt (v. Holst). Es besagt, daß in unserm Körper (und dem der Tiere) die Sinneswahrnehmungen und alle Reaktionen derart verrechnet werden, als ob die Eigenbewegung in jedem Augenblick weiter verfolgt würde. Nur dadurch fallen wir z. B. beim Gehen nicht um. Das heißt aber nicht mehr und nicht weniger, daß unsere Eigenbewegung sich in uns irgendwie abbildet, also wahrgenommen wird. Dies geschieht in bestimmten Zonen unseres Nervensystems. Faßt man diese Leistung als eine ganzheitliche Sinnesregion auf, so hat man einen ersten Eindruck von den Leistungen des Eigenbewegungssinnes (Aeppli 1967, Glas 1976, Campenhausen 1981).

Nun müssen die Bewegungen, die dieser Kontrolle unterliegen, auch hervorgerufen werden. Das tut der Wille. Er setzt den Körper in Bewegung. Das Auge, der Gleichgewichtssinn und auch andere Sinnesorgane nehmen die Veränderungen wahr. Der Bewegungssinn jedoch vollzieht sie als Ganzheit mit.

Die Naturwissenschaft kennt dies und die anderen Phänomene, hat aber mit einem eigenen Sinnesorgan Schwierigkeiten und spricht lieber von der Wahrnehmungsfähigkeit der Körperhaltung, der Gliederstellung, der Gegenkraft bei Muskeltätigkeit (Campenhausen 1981, Mörike u. a. 1989). Denn auch sie muß erklären, daß wir in jedem Augenblick wissen, ob wir sitzen, liegen oder stehen, gehen oder laufen und sagen können, ob wir den Arm im Augenblick gerade, gebeugt oder gestreckt halten. Dies alles kann deswegen nicht mit dem Reafferenzprinzip erklärt werden, weil wir die richtige Lagewahrnehmung auch bei völliger Ruhe haben. In diesem Zusammenhang muß auch

Das Blatt von Götterbaum und Ahorn. Ein gutes Beispiel, um Naturformen nachzuschreiten.

auf das Formensehen und die Gestaltwahrnehmung hingewiesen werden. Wir kennen beides am besten von den optischen Täuschungen her. Wenn man z. B. bedenkt, daß unsere Netzhaut zunächst nur ein gleichwertiges Chaos von Farbpunkten abbildet, wir dies aber sofort zu Buch, Schere, Telefon oder Zettelkasten ordnen, dann kann man das als Zusammenspiel verschiedener Regionen unserer cerebralen Organisation deuten oder als Denken. Man kann es aber zumindest in den Leistungen als Tätigkeit einer eigenen Sinnesregion ansehen, eben des Eigenbewegungssinnes, der alle diese Formen gleichsam als Bewegung abbildet, indem er sie nachvollzieht. In der zweiten Interpretation, die vor allem auf Qualitäten abhebt, wird deutlich, daß das Sehen der Formen etwas mit dem Willen zu tun hat. Jeder kennt diesen merkwürdigen Zustand vom strapaziösen Bergwandern, wo der Wille vollständig für die körperliche Leistung verbraucht wird: Dann verlieren merkwürdigerweise alle Seh- und Höreindrücke ihre Kontur und unser Interesse (vgl. hierzu Kahle 1979, Aeppli 1967 und Hensel 1989). Auch wenn der Bahnsteig abfährt, wird unser Bewegungssinn getäuscht.

Eine andere Beobachtung führt weiter: Bei Klavierspielern, Geigenspielern, bei Akrobaten oder auch Kunsthandwerkern spricht man vom Muskelgedächtnis, einem Gedächtnis also, das gleichzeitig komplex und rasch funktioniert und sozusagen von selbst abläuft. Dieser Name ist natürlich als Metapher zu verstehen. Er sagt aber, daß es Phänomene gibt, die nur schwer einzuordnen sind. All diese Tätigkeiten des Muskelgedächtnisses könnten als Erinnerungsleistungen des Eigenbewegungssinnes aufgefaßt werden. Zugegeben, man muß nicht unbedingt dafür einen eigenen Sinnesbereich postulieren. Dann müßte man die Phänomene jedoch anders erklären. Die Leistungen und Übungen verlieren aber durch unterschiedliche Auffassungen nicht an Gewicht, und die Beobachtung von Schülern, die diese Übungen durchführten, legt auch nahe, daß sie sich auf die Willensbildung auswirken. Säuglinge und Kleinkinder, deren Bewegungsbedürfnis extrem blockiert wurde, neigen ebenfalls zu Persönlichkeitsänderungen, die ihren Willen und ihr Freiheitsgefühl betreffen. Die tiefenpsychologische Literatur ist voll davon. Sogar das Sprechvermögen hat einen Zusammenhang mit der Bewegungsfreiheit in der ersten Kindheitsphase. Insgesamt scheint es so zu sein, daß all das, was hier unter dem Bewegungssinn zusammengefaßt wurde, sich eher komplex auf die Biographie auswirkt. Die Beziehungen zum Natur- und Umweltverhalten sind dadurch wohl eher mittelbar als unmittelbar.

Maßnahmen und Übungen

Grundstufe

1. Mathematische Formenkunde als Körpersprache. Wenn Strukturen Spuren der Schöpfung sind, so sind Formen ihre Gesten. Das kann gut an mathematischen Grundformen "erlebt" werden. Man geht mit den Kindern geometrische Formen wie gerade Linie, Schlangenlinie,

„Ecke", sogar „Punkt". Bei etwas älteren kommen Dreieck, Viereck, Sechseck, Kreis, Oval und Acht hinzu. Und warum sollte man mit Oberstufenschülern später eine Funktionsbeziehung oder eine Parabel eigentlich nicht schreiten, gehen, tanzen? So weit möglich, sollte man die Formen auch rückwärts gehen. Indem sie körperlich erlebt werden, werden sie erst voll gestalthaft.

→ Prinzip der Verfremdung
→ harmonikale Beziehungen in der Natur
→ Tanz und Pantomime

2. Zahlen als Körpersprache. Man übersetzt mathematische Beziehungen in Bewegung. Das sind im einfachsten Fall Reihen wie z. B. 1,2 oder 1, 2, 3. Wie die Dreierreihe lassen sich auch die Vierer- oder die weiteren Reihen gehen, tanzen, stampfen, klatschen. Dabei werden die abstrakten Beziehungen der Reihen in körperliche überführt. Wer es probiert hat, weiß, wie gern und mit welchem Gewinn Kinder das tun.

→ Prinzip der Verfremdung
→ harmonikale Beziehungen in der Natur
→ Tanz und Pantomime

3. Bewegungs- und Tanzspiele. Kinder tanzen gern. Früher waren unendlich viele Volkstänze, Reigenspiele und Bewegungsspiele im alltäglichen Gebrauch. Ihre Wiederbelebung würde den Schülern für ihren Lebensweg wahrscheinlich mehr helfen als der Rat, die abendlichen Fernsehsendungen zu besprechen. Die Spiele verkörpern oft so etwas wie archetypische Bildwahrheiten. Man merkt es daran, daß sie nach ihrer Neuentdeckung oft zu regelrechten Moden in einem Stadtteil werden.

→ Pflege sozialer Bezüge
→ Kunst als Ganzheitsprozeß und Beitrag zur Personwerdung
→ Tanz und Pantomime

4. Wissen in Pantomime verwandeln. Man versucht, Vorstellungen in Bilder und Bewegungen zu übertragen. Gern durchgeführte Beispiele sind z. B. : Wie ein Same in der Erde keimt, das Aufwachsen einer Buche, Fichte, die Erlebnisse der Bäume im Jahres- oder Tageslauf, das Erblühen einer Blüte, der herbstliche Blattfall. Das Bewegungserlebnis ist immer ein ganzkörperliches, die Vorstellung nur Sache des Gehirnes.

→ psychische Gesundheit
→ Kunst als Ganzheitsprozeß und Beitrag zur Personwerdung
→ Tanz und Pantomime

5. Blätter als Bewegungsgestalt darstellen. Mit guten Ergebnissen lassen sich auch Blattformen schreiten anstatt beschreiben, zum Beispiel Eiche, Ahorn oder Buche. Dabei wird die Aufmerksamkeit stark gefordert. Bei Vorübungen kann eine zarte Kreidemarkierung hilfreich sein. Das Übersetzen in großflächige Strichzeichnungen ist ebenfalls eine gute Übung des Bewegungssinnes und verlegt die Ausdrucksbewegung in die Hand.

→ Konzentrationsübungen, meditative Elemente
→ Kunst als Ganzheitsprozeß und Beitrag zur Personwerdung
→ Tanz und Pantomime

6. Eine Bewegung imitieren. Viel Spaß haben Schüler (auch noch in höheren Klassen) an folgendem Spiel: Ein Schüler bewegt sich, ein zweiter neben oder vor ihm. Er muß die Bewegungen des ersten möglichst zeitgleich nachvollziehen. Eine Weiterführung dieser Übung ist, daß ein Schüler sich nach Musik bewegt, also tanzt, und der zweite diese Bewegungen nachvollziehen muß. Dies läßt sich gut als Veranstaltung für die gesamte Klasse durchführen. Erst sehr viel später tritt als dritte Schwierigkeitsstufe die körperliche Ausdeutung von Musik hinzu.

→ Konzentrationsübungen, meditative Elemente
→ Tanz und Pantomime

7. Bewegungsimitation. Ein Schüler spielt vor der Klasse einen zusammenhängenden Bewegungsablauf. Er kann eine Bedeutung haben oder ohne Bedeutung sein. Ein zweiter Schüler oder die ganze Klasse sehen zu und spielen diesen Bewegungsablauf nach.

→ Prinzip der Verfremdung
→ Tanz und Pantomime

8. Pantomime. Ein Schüler denkt sich eine Pantomime aus. Die anderen müssen den gemeinten Inhalt erkennen und in Sprache fassen, die Körpersprache also in Worte übersetzen.

→ Tanz und Pantomime
→ Menschwerdung durch Sprache und Sprechen

Oberstufe

1. Pantomime. Alle Übungen der Grundstufe können beibehalten werden; sie werden lediglich stärker verbalisiert, versprachlicht, wie man so scheußlich sagt. So werden in den pantomimischen Darstellungen jetzt größere Zeitabschnitte bevorzugt, also inhaltliche Zusammenhänge. Beispiele sind: Die Darstellung eines Tageslaufes, eines Jahreslaufes der Bäume, ein Mensch kauft ein, eine Frau nähert sich einem Mann, ein Mann einer Frau, eine Pflanze im Jahreslauf usw. Die Pantomime kann einfach nachgespielt, in Worte gefaßt oder in der Gestaltung verbessert werden.

→ Kunst als Ganzheitsprozeß und Beitrag zur Personwerdung
→ Menschwerdung durch Sprache und Sprechen
→ Tanz und Pantomime

2. Bewegungsübungen im Sportunterricht. Für dieses Alter sollte man einen intensiven Kontakt zum Sportunterricht suchen. Warum kann man im Sportunterricht nicht Jazz oder Klassik tänzerisch improvisieren, Imitationsübungen, wie sie oben dargestellt sind, machen usw.? Für die Oberstufe kann man die Darstellungen durch sehr anspruchsvolle Themen erweitern, etwa den Vergleich zwischen Maschinenbewegung und Naturbewegung oder auch konkreter, den Vergleich zwischen Flugzeug und Vogel, Fisch und Schiff. Diese anspruchsvollen Themen eignen sich auch zu Schauvorstellungen im Rahmen von Schulveranstaltungen.

→ Kunst als Ganzheitsprozeß und Beitrag zur Personwerdung
→ Tanz und Pantomime

3. Bevorzugung von Unterricht, der Körperbewegung einschließt. Es soll nur darauf hingewiesen werden, daß Wandern, Gartenarbeit, Klettern am Fels den Bewegungssinn stark üben und in der Unterrichtsplanung präsent bleiben sollten. Dasselbe gilt von allen Handfertigkeiten. Da der Bewegungssinn heute mit Sicherheit zu kurz kommt, sollte man solche Themen, die unter Zuhilfenahme körperlicher Tätigkeiten bearbeitet werden können, bis Klasse 10 bevorzugen.

→ Vital- oder Lebenssinn, Zeitwahrnehmung
→ Kunst als Ganzheitsprozeß und Beitrag zur Personwerdung

Das spricht für Werkunterricht, Kunsttätigkeit, Gartenarbeit, praktische Arbeitsvorhaben. Bei Bevorzugung handwerklicher Tätigkeiten entwickelt sich die Biographie sicher harmonischer als unter einseitiger Nutzung von Denken und Gedächtnis. Wie man oft in den Diskos sieht, bricht sich das blockierte Bewegungsbedürfnis der Jugendlichen dort exstatisch Bahn. Dies ist eine Aufforderung an die Schule, das Bewegungsbedürfnis in ihr Programm einzubeziehen.

Das Sehen

Wenn man Menschen fragt, welches unser wichtigstes Sinnesorgan sei, nennen sie fast immer spontan das Auge, das Sehen. Nur eine sehr kleine Gruppe nennt das Ohr (Berendt 1989). Wir können es auch an uns selbst ablesen, wie wir ähnlich wertend auf einen Blinden und wie auf einen Tauben reagieren. Für Menschen, denen die anderen Sinne fehlen (Menschen etwa ohne Geruch und Geschmack), haben wir nicht einmal einen eigenen Begriff gefunden. Das Auge gehört nun zu jener Gruppe von Organen, die uns Kunde über die von uns entfernte Umwelt geben. Die Ethologie stellt heraus, daß wir Menschen ähnlich den Vögeln Augenwesen seien und meint damit, daß der größte Teil unserer Wahrnehmung und auch Kommunikation über das Sehen verlaufe. Der Geruch, bei vielen Säugern das wichtigste und feinste Organ, sei beim Menschen relativ schwach entwickelt.

Als wichtiges Argument dient dabei die Ansicht von der Evolution des Menschen: Er sei ursprünglich Bewohner der Steppen und lichten Waldgebiete gewesen; tatsächlich übertrifft unser Wahrnehmungsvermögen für verschiedene Grüns z. B. das aller anderen Lebewesen.

Unsere Zivilisation ist dieser Ansicht gefolgt. Fast alles läuft über das Auge. Die Reklame ist ein erstes Beispiel, alle darstellende Kunst ein zweites. Das Fernsehen hat sich förmlich unseres Lebens bemächtigt. Das Fotografieren ist ein lebenswichtiger Bestandteil unserer Kommunikation und Erinnerung. Der Verkehr wird auf der ganzen Welt optisch und nicht akustisch geregelt, und überall wird das Auge als das „königliche" Sinnesorgan beschrieben. Fast alle Meßgeräte werden optisch abgelesen. Mikroskop und Fernglas haben uns den Einblick in das Kleine und Große erschlossen. Die Schrift als epochale Erfindung der Menschheit bestätigt offenbar die überragende Bedeutung des Auges. Aber hat die Erfindung der Schrift nicht auch das Gedächtnis zurückgedrängt, indem sie geistiges Leben zeitlos machte und Soziales objektiv? (Kükelhaus 1971 und 1982, Strauß 1978). Es lohnt sich deshalb, das Sehen als Qualität zu betrachten.

So weist z. B. A. Staudte (Staudte 1984) darauf hin, daß das Sehen die Sinnesbezogenheit einer Wahrnehmung am leichtesten von allen Sinnen vergessen mache, es neige zur Abstraktion, weil es den eigenen Körper unberührt und unbeteiligt sein lasse. Hegel dagegen nannte gerade wegen der Unkörperlichkeit diesen Sinn den edelsten. Nun gibt es eine merkwürdige Tatsache: Will man im Fernsehen eine Person unkenntlich machen, verdeckt man ihre Augenpartie. Das sagt, daß das Auge ebensosehr ein Ausdrucksorgan unserer Individualität ist wie ein reines Registrierorgan von Sinneseindrücken. Wenn unser Sehsinn etwas wahrnimmt, so steigen mit dem Wahrnehmen gleichzeitig viele Eigenschaften der Dinge wieder empor, die einmal andere Sinnesorgane wahrgenommen haben, vor allem Geruch oder Geschmack. Der Sehsinn registriert also Neues, ist stark bei der Reproduktion von Vergangenem beteiligt und gibt Auskunft über unsere Innerlichkeit. Auch das Ohr kann Vergangenes reproduzieren, das Auge jedoch hat dabei faktisch bei den meisten Menschen die führende Rolle übernommen.

Entsprechend neigt es zum „Übersehen". Es fällt dem Sehen schwer, eine flächige Wahrnehmung zu erzeugen, weil es ständig als Kontrollorgan der Innerlichkeit fungiert. Vielleicht sollte man die Qualitätsfrage einmal ganz unvoreingenommen, naiv betrachten und in diesem Moment den Blick im Zimmer umherwandern lassen oder auch die gerade Anwesenden ins Auge fassen (vgl. Winkel 1993).

Was geschieht eigentlich bei diesem Ins-Auge-Fassen? Unsere Sprache entlarvt den Prozeß: Unser Ich geht sozusagen draußen spazieren. Es untersucht die Dinge, die Gesichter, tastet sie ab, überzieht sie vermittels aufsteigender Vorstellungen mit Sympathie oder Antipathie, mit Wünschen, mit Kritik. Das sind Vor-Urteile. Unser Ich lenkt seine Aufmerksamkeit dabei bereits verengt auf die Umwelt, sobald es Begriffe bildet, beobachtet oder auch schon bewertet.

Woher nehmen wir dabei die Maßstäbe? Natürlich aus uns selbst, aus unserer Veranlagung, augenblicklichen Gestimmtheit, unserer Biographie. Eben: Wir fassen den Augeneindruck sofort in die Fassung unserer Individualität. So konkurrieren wir als Menschen untereinander vermittels der Augen, ohne es jedoch auszusprechen. Nein, das Sehen ist ein aktives probeweises In-Besitz-Nehmen oder auch Ablehnen. Es ist eher kämpferisch und aggressiv als zurückhaltend zuhörend. Es ist im Grunde ein männliches Organ, wenn man männlich als Prinzip und nicht als Geschlechtszugehörigkeit auffaßt. Das Auge erobert ständig probeweise Ausschnitte der Umwelt und vernichtet andere Teile durch Übersehen.

So wird verständlich, daß es in China mit dem Yang-Prinzip, dem männlichen Prinzip identifiziert wurde (Berendt 1989, Glas 1976, Hensel 1989). Während im östlichen Kulturraum immer schon gesehen wurde, daß Einseitigkeit krank macht, das männliche Prinzip also durch das weibliche (Ying) zum Ausgleich gebracht werden muß, während im östlichen Kulturraum dafür Schulungspraktiken entwickelt wurden, gibt es solche Erkenntnisse in unserem Kulturraum nicht.

Die Erfindungen wie Buchdruck, Mikroskop, Fernrohr, Foto, Film und Fernsehen fördern vielleicht, ohne daß es in unser Bewußtsein tritt, ein aktives, zupackendes, auch männlich-rationales Verhalten der Natur und Umwelt gegenüber. Wer erst ein Jahr lang eine Lotosblume betrachtet, ehe er sie malt, wird sie wahrscheinlich nicht mehr pflücken. Dies alles ist mehr fragend als spekulativ gemeint und soll ausdrücklich eine persönliche Meinung sein. Aber jeder sollte wenigstens die Frage zulassen, ob diese einseitige Nutzung unseres Auges nicht verstärkend auf die Handlungen der Menschen eingewirkt hat, Natur zu erobern, zu besitzen, sich untertan zu machen und nur einseitig zu bewerten nach den Kategorien des äußeren Nutzens und Schadens (Berendt 1989, Capra 1984).

Wenn es zutrifft, was über die gewöhnliche Qualität des Sehens gesagt wurde, so darf nicht übersehen werden, daß wir, wenn wir es nur wollen, auch ein völlig anderes Sehen pflegen könnten: ein sanftes, zuhörendes, weibliches, soziales. Es wäre für die Natur- und Umwelterziehung von zentraler Bedeutung.

Aber aus Erfahrung darf gesagt werden, daß die Einübung selbst für uns Lehrer nicht von heute auf morgen gelingt. Alle Tastübungen, die das Auge ausschalten, arbeiten darauf hin. Aber sie sind noch nicht das Ziel. Das wäre – es läßt sich am einfachsten in einem fast paradoxen Bilde sagen – ein Sehen, das zuhören könnte. Das ist natürlich eine Leistung der Person, nicht des Auges, aber dennoch durch das Auge vermittelt.

Maßnahmen und Übungen

Allgemeine Hinweise

Da das Auge mehrere Qualitäten vermittelt, lassen sich auch qualitativ mehrere Aufgabenkomplexe voneinander unterscheiden. Den einen kann man als Differenzierung der Wahrnehmungsfähigkeit bezeichnen, den zweiten "als zuhörendes Sehen", den dritten als Aktivierung der Erinnerungsfähigkeit. Im einzelnen sind es

1. Übungen, die die Wahrnehmungsfähigkeit differenzieren. Dies sind Beobachtungsübungen, Konzentrationsübungen. Sie basieren auf dem Gedanken, daß man sieht, was man weiß und weiß, was man gesehen hat.

2. Übungen, die eher das Schauen, das zuhörende Sehen üben. Es sind im Grunde Meditationsübungen, die aus der Innerlichkeit Gedanken und Gefühle zum Erlebnis werden lassen. „Substanz muß Subjekt werden", schrieb F. Fischer (Fischer-Buck 1987).

Der Blick durch eine Papprröhre verengt den Blick, verfremdet dadurch das Sehen und ist eine gute Konzentrationsübung.

3. Übungen des wechselnden Sehens zwischen den vorstehenden Methoden. Das beginnt bei optischen Täuschungen, die in der Folge zu einem bewußten Wechsel der Sehqualitäten entwickelt werden können. Im Wechsel und wirklich bewußt scharfes und liebevolles Hinsehen üben ist eher eine Aufgabe für Lehrer als für Schüler. Aber eine solche Übung lohnt sich!

4. Übungen des Sich-Erinnerns. Es sind damit Übungen gemeint, bei denen mit dem Augeneindruck viele andere Sinneserinnerungen aufsteigen. Hier ist es günstig, wenn diese Übungen Gegenstände betreffen, denen möglichst viele Schüler schon begegnet sind.

5. Übungen, die den Sehsinn völlig ausschalten, sind im Grunde Initialphasen für ein anderes Sehen. Das Tasten und/oder Riechen ersetzen das Sehen, das Auge wird gleichsam durch diese Verfremdung degradiert und verliert seine Vorherrschaft (vgl. Hoenisch; Niggemeier 1986).

Grundstufe

1. Beobachtungsaufträge. Beobachtungsübungen lassen sich spielen: Ich sehe was, was du nicht siehst. Oder sie lassen sich auch als schlichte Beobachtungsaufträge formulieren. Eine sich immer weiter differenzierende Beobachtungsgenauigkeit ist das Ziel dieser Übungen.

→ Natur beobachten, erforschen

2. Erinnerungsübungen. Es hat sich eine Kombination dieser Aufgabe mit dem Übungsbereich 4 bewährt. Man beschreibt mit Worten ein Tier, eine Pflanze, einen Gegenstand. Die Schüler sollen den Namen sagen, sich erinnern. Da ihr eidetisches Gedächtnis bis Klasse 6 das des Erwachsenen bei weitem übertrifft, sind die Leistungen dabei enorm. In der Folge sollen die Schüler selbst die Dinge mit Worten beschreiben.

→ Prinzip der Verfremdung
→ Konzentrationsübungen, meditative Elemente

3. Schauen üben. Man kann schon in Klasse 2/3 allererste Meditationsübungen durchführen. Die Schüler wenden sich einer Pflanze zu, indem sie sie täglich etwa eine halbe Minute nur anschauen. Dieses Zuschauen kann auch einer Landschaft gelten. Man muß dabei still werden, darf nicht reden. Im Grunde genommen sollten Wanderungen in die Natur wenigstens ein oder zwei kurze Stillephasen des nicht begrifflichen Anschauens haben, das stärkt das sanfte Sehen. Diese Übung läßt sich nicht anordnen, sondern nur aus einer empfundenen Bereitschaft heraus entwickeln, aus einer offenen Situation.

→ psychische Gesundheit
→ Überkonfessionelle Religiosität
→ Konzentrationsübungen, meditative Elemente

4. Geschichten erfinden. Man erfindet in der Natur über die Dinge, die man sieht, oder die einem auffallen, Geschichten: Die Geschichte vom knorrigen Baumstamm, vom Baumstumpf, von der Wasserlache zwischen den Wurzeln. Indem das Gesehene mittels der Sprache in erlebnisnahe Vorstellungen verwandelt wird, wird es durch die künstlerische Tätigkeit sanfter als durch eine naturwissenschaftliche Beobachtung.

→ Kunst als Ganzheitsprozeß und Beitrag zur Personwerdung
→ Menschwerdung durch Sprache und Sprechen

5. Gestalt wahrnehmen und rekonstruieren. Man preßt von einer Pflanze Blätter und Blüten und baut aus der Erinnerung später die Pflanze wieder in ihrer ganzen Gestalt auf. Fehlende Teile wie etwa der Stengel werden durch Zeichnung ergänzt. Hier müssen Erinnerungen und Beobachtungen zusammenwirken und zu einem neuen Bild finden.

→ Künstlerisches und Naturwissenschaft (alle Künste)
→ Naturgegenstände künstlerisch nutzen
→ Natur beschreiben, ordnen

6. Künstlerische Tätigkeit erleichtert das Zuhören-Lernen. Für die Grundstufe haben sich eine ganze Reihe von Aufgaben bewährt wie:

- Man malt ein Tagebuch: Was meinen Augen in dieser Woche besonders aufgefallen ist.
- Man steckt Blumen und Pflanzen zu Sträußen. Dabei werden eher Qualitäten angeschaut als naturwissenschaftliche Phänomene.
- Man holt aus dem Wald ein kleines Stück Wald oder ein kleines Stück Wiese herein. Die Schüler dürfen es anreichern und umgestalten.
- Schüler basteln gern Figuren aus Früchten oder kleben Figuren aus Blättern. Indem sie die Naturformen einem Gestaltungsprinzip unterordnen, müssen sie den Formen nachspüren.
- Sehr gern pressen Schüler der Grundstufe Pflanzen. Indem sie damit Postkarten gestalten oder Lampenschirme bekleben, müssen sie der Formensprache nachgehen, was das zuhörende Sehen fördert.

→ Kunst als Ganzheitsprozeß und Beitrag zur Personwerdung
→ Naturgegenstände künstlerisch nutzen
→ Naturgegenstände künstlerisch nutzen
→ Naturgegenstände künstlerisch nutzen
→ Naturwissenschaft im Lebensalltag, handwerkliche Betätigung
→ Naturgegenstände künstlerisch nutzen

7. Verfremdungsübung. Von Knirsch (Knirsch; Krüger 1988) kommt die Anregung, die Natur durch einen Spiegel zu verfremden. Da wird rechts zu links, außerdem kommt die Natur dem Betrachter entgegen, wird herausgehoben. Das Spiegelbild kann man beschreiben, malen lassen. Abenteuerlich wird die Natur, wenn man sie durch einen Hohlspiegel betrachtet. Ähnliche Effekte lassen sich erzielen, wenn man durch einen Wassertropfen guckt, durch ein Prisma oder eine Konkav- oder Konvexlinse. Die auftretenden Verfremdungen lassen sich gut für die Erziehung des Sehens nutzen.

→ Prinzip der Verfremdung
→ Konzentrationsübungen, meditative Elemente

Oberstufe.

1. Wahrnehmen üben. Die Beobachtungsübungen müssen weitergeführt werden. Ihre Bedeutung reicht eigentlich über die ganze Lebenszeit. Es folgen nur ein paar Beispiele aus dem Lebensbereich Wald: Die Schüler sollen genau auf die Verteilung von Licht und Schatten achten, sie sollen Baumkronen vergleichen, Fraßspuren von Tieren an Blättern betrachten, Wildwechsel suchen, Spuren des fließenden Wassers verfolgen und alles dieses in Sprache fassen (Beispiele bei Erler 1992).

→ Künstlerisches und Naturwissenschaft (alle Künste)
→ Mit Sprache gestalten
→ Natur beobachten, erforschen

X **2. Verfremdungsauftrag.** Man begibt sich in eine verfremdende Situation: Die Schüler beobachten, auf dem Waldboden liegend, das Kronendach der Waldbäume; sie beschreiben den Wald aus der Wipfelregion eines Baumes, in den sie geklettert sind; sie gucken den Wald durch ein fiktives Schlüsselloch an; sie gehen im Wald eine bestimmte

→ Prinzip der Verfremdung
→ Künstlerisches und Naturwissenschaft (alle Künste)
→ Mit Sprache gestalten
→ Natur beschreiben, ordnen

Strecke mit den Augen eines Försters, eines Hundes, eines Malers. Alle Erfahrungen müssen in Sprache gefaßt werden (vgl. Buchumschlag).

3. Meditationsübung. Man kann in dieser Altersstufe erste Meditationsübungen machen. Sie dürfen aber nur wenige Minuten dauern und sollten an Dinge angeknüpft werden, die sich täglich verändern: eine Blüte, ein Knospenzweig. Auch emotional ansprechende Themen sind geeignet: ein totes Tier, ein Baumstumpf, ein Pflanzenbeet. Man sollte daraus keinen Unterricht machen, nur ab und zu darüber sprechen.

→ Überkonfessionelle Religiosität
→ Konzentrationsübungen, meditative Elemente

4. Sehen als Wahrnehmungsübung. Man benutzt für die Sehschulung den Effekt der Polarisierung, aus dem sich leicht ein sprachlicher Dialog ergibt. Einige Vorschläge:

- Man betrachtet gute Landschaftsmalerei – alte und/oder moderne – und geht hinterher in die reale Natur und beschreibt sie. Bildet man zwei Vergleichsgruppen, von denen die eine keine Bilder betrachtet hat, werden Wahrnehmungsunterschiede sehr deutlich hervortreten.
- Man verfährt ähnlich und betrachtet vorher Häuser, Straßen, Fabriken, also Technik, so wird sich auch hier das Vorurteil des Sehens herausstellen.
- Man betrachtet hintereinander heile Natur, heile Architektur, vergleicht die Eindrücke mit denen von zerstörter Natur und zerstörter Architektur und gibt seine Eindrücke wieder. Es ist ebenso ergiebig, die Eindrücke künstlerisch oder fotografisch darstellen zu lassen. Alle Aufgaben betreffen eigentlich nur mittelbar das Sehen, indem sie die Person als Ganzheit ansprechen. Dies ist eine Besonderheit, die in der Qualität des Sehens selbst begründet ist.

→ Künstlerisches und Naturwissenschaft (alle Künste)
→ Natur beschreiben, ordnen

→ Künstlerisches und Naturwissenschaft (alle Künste)
→ Natur beschreiben, ordnen

→ Konzentrationsübungen, meditative Elemente
→ Kunst als Ganzheitsprozeß und Beitrag zur Personwerdung
→ Natur beschreiben, ordnen

Das Riechen

Gegenüber anderen Lebewesen sind wir mit unserem Geruch nur sehr ärmlich ausgestattet. Im Alltag ist dieser Sinn nur schwach aktiviert. Erst wenn ihn etwas aufweckt, tritt er intensiver in Tätigkeit. Das rührt daher, daß der normale Atemstrom an den Riechgruben vorbeigeführt wird und diese erst beim Schnuppern und Schnüffeln mit Riechpartikeln gefüllt werden. Deshalb sagt Glas, der Atem sei der Lidschlag des Geruches (Glas 1976).

Der Geruch ist ein uraltes Erbe unserer Säugetiervorfahren und hängt besonders eng mit Befindlichkeitsgefühlen zusammen (Kükelhaus 1971 und 1982). Die Duftmoleküle sind in der Atemluft enthalten. Das Atmen ist unsere ursprünglichste und intimste soziale Kommunikation, die Luft ein soziales Medium. Beim Einatmen kommunizieren wir mit der Welt, allen Menschen, allen Tieren, allen Pflanzen. Betrachtet man das qualitativ, so holen wir durch dieses soziale Medium die Welt zur Verwandlung bis tief in unsere Innerlichkeit hinein.

Schüler im Duftgarten.

Dieser Vorgang bricht beim Riechen ab. Beim Schnüffeln nehmen wir die Luft nicht mehr ganz nach innen, sondern gleichsam nur an die Oberfläche des Innen. Es hat in diesem Zusammenhang sicher Bedeutung, daß das Riechhirn entwicklungsgeschichtlich mit unserem Großhirn zusammenhängt. Vergleicht man Hören und Riechen, so nehmen wir beim Hören nur noch Schwingungen ins Innere, beim Riechen dagegen Stoffliches. Kükelhaus unterscheidet sieben Grundgerüche, aus deren Mischung alle anderen entstehen: faulig, kampferartig, minzig, blumig, moschusartig, ätherisch, stechend (vgl. auch Hensel 1989 und Spitzer 1978). Im Wort Riechen klingt das alttestamentarische Wort ruah, ruach, Ruch, Rauch an, das auf eine uralte Sprachwurzel hinweist, die noch im Wort Weihrauch vorhanden ist. Es bedeutet so viel wie Gott, Geist, auch Wille. In vielen Religionen erscheint Gott in der Wolke, im Rauch. Für die Griechen war das Wort Pneuma identisch für Geist und Atem. Noch immer verstehen wir, wenn jemand „seinen Geist aushaucht", und in den gottesdienstlichen Handlungen fast aller Religionen wird das Heilige im Duftrauch erfahrbar. Im Duftrauch kommunizieren die Anwesenden untereinander und mit der Gottheit. Man ahnt ein weites Bedeutungsfeld für diesen Sinn (Martinetz u. a. 1989).

Was unsere Sprache durch die Metapher, „man kann sich nicht riechen", ausdrückt, hat natürlich die Industrie aufgenommen, indem sie eine unser ganzes Leben überformende Beschwichtigungsindustrie entwickelt hat. Vom Waschmittel bis zum WC-Reiniger werden wir mit Kunstdüften überzogen. In Japan wird sogar die Luft mancher Klimaanlagen mit Düften angereichert, um die Arbeitsleistung zu fördern. Dabei sind die Kunstdüfte für die Nase vermutlich das gleiche wie Plastik für das Tasten. Unsere Riechwelt ist vielleicht schon durch die brutale Stärke der Kunstdüfte vollständig vergröbert. Weniger Kunstduft würde unseren Nasen wahrscheinlich guttun, weil dadurch der soziale Charakter des Riechens – ein Duft kann von niemandem in Besitz genommen werden – wieder stärker geübt werden könnte. Sinneswahrnehmungen an den Grenzen der Wahrnehmbarkeit fördern die Wahrnehmungsfähigkeit, nicht die Allgegenwart der Sinnesreize. Das gilt für alle Sinnesorgane.

Interessant ist, daß auch der Geruch nur Differenzen wahrnimmt. Er gewöhnt sich an Gerüche viel schneller als andere Sinnesorgane an ihre Leistungen. Wohl deshalb riechen wir uns nicht selbst. Der Geruch hängt sicher mit unseren instinktiven Veranlagungen zusammen. Das von anregendem Duft begleitete Essen und Trinken stimuliert uns unmittelbar. Bei Ekelgerüchen dagegen können wir ein Essen um keinen Preis hinunterbringen. Einige Gerüche stimmen fast alle Menschen wohlwollend: Harz, Erde, die meisten Blumen. Andere Düfte unterliegen ausgesprochen einer persönlichen Erfahrung und Bewertung: Meer, Tang, Watt sind Beispiele. Wenn man sich mit dem Problem befaßt, entdeckt man zwischen Düften und Farbvorstellungen intensive Beziehungen. So ruft Pfefferminzöl beim Riechen kalte, blaugrüne Farbvorstellungen hervor, Thymianöl dagegen warme, sommerliche, rotgetönte. Modergeruch tendiert in der Vorstellung tatsächlich nach braun. Melissenöl und Zitronenöl rufen beim Riechen eher gelbe Farbvorstellungen wach. Diese Erfahrung kann man leicht an sich selbst oder in Gruppen machen. Im allgemeinen bilden sich durch Düfte Gefühle, die zwar wirksam sind, aber unterhalb der Bewußtseinsschwelle bleiben. Die Geruchswahrnehmungen erweisen sich wie so vieles andere als umweltgeschädigt. Niemand vermag präzise zu sagen, wie sich die Erzeugnisse der Kunstduftindustrie auf die Befindlichkeit der Menschen auswirken. Forschung auf diesem Gebiet wäre dringend angezeigt.

Maßnahmen und Übungen

Grundstufe

1. Riechübungen. Das wichtige Üben der Nase erfolgt durch schwache Gerüche. Man läßt Erde, Früchte, Blüten, Harze riechen. Das kann nach einiger Übung auch mit verbundenen Augen geschehen und als Spiel gespielt werden. Beschreiben, Wiedererkennen oder Auswählen führen zu den jeweils anzuwendenden Regeln. Man kann auch ätherische Öle – Lavendel, Rosmarin, Bergamottöl, Rosenöl – zur Übung verwenden. Am besten werden die Öle, mit Alkohol verdünnt, auf poröses Papier aufgetropft.

→ Prinzip der Verfremdung
→ Überkonfessionelle Religiosität

2. Duft als Erinnerung. Warum eigentlich sollte man nicht zu bestimmten Anlässen – etwa einem Geburtstag – ein Räucherstäbchen abbrennen oder etwas ätherisches Öl verdampfen? Der soziale Charakter der Duftwahrnehmung kann so zum Erlebnis werden. Man

→ Pflege sozialer Bezüge

wird dann in der Erinnerung einen Lavendelölgeburtstag von einem Zitronenölgeburtstag unterscheiden.

3. Duft und Bild. Grundschüler reagieren meist noch sehr spontan. Man verdünnt ein ätherisches Öl zur Hälfte mit Alkohol und tupft jedem Schüler einen Tropfen auf den Handrücken. Man läßt schnuppern und stellt die Aufgabe, zum Duft ein passendes Bild zu malen. Durch Austeilen verschiedener Düfte kommt man meistens auch zu sehr unterschiedlichen Bildern, deren Ähnlichkeit innerhalb der Duftgruppen zu besprechen ist.

→ Kunst als Ganzheitsprozeß und Beitrag zur Personwerdung

4. Dufträtsel. Man baut mit den Schülern Duft-Rätsel-Kästchen. In verschließbare (Blech-) Dosen füllt man Walderde, Lavendelfrüchte, Apfelsinenschale, Apfel- oder Bananenschale, Samen von Fenchel, Dill oder Kümmel, eine Vanillestange usw. und spielt mit den Schülern ein Schnupper-Quiz. Auch bei diesem Spiel kann man die Wahrnehmungen später in gemalte Bilder umsetzen.

→ Konzentrationsübungen, meditative Elemente

5. Legen einer Duftspur. Auf dem Schulrasen legt man mit Hilfe eines preiswerten ätherischen Öles (oder Parfums) eine Duftspur, indem man etwa alle 20 cm einen Tropfen auftupft. Die Schüler müssen die Duftorte finden und durch ein Stöckchen markieren. Die Markierung kann natürlich auch im Klassenraum oder auf einer Mauer erfolgen.

6. Duft- und Suchspiel. In einem Waldstück von 50 mal 50 m werden drei (bis 20) Bäume durch einen Duftklecks markiert. Der Ort (Wurzelhöhe, Hüfthöhe) sollte verabredet werden. Die Gruppe erhält die Aufgabe, die markierten Bäume zu finden.

Oberstufe

1. Allgemeiner Hinweis. Alle Übungen der Grundstufe können auch jetzt noch mit großem Erfolg durchgeführt werden. Es ändert sich vor allem die Bewußtseinslage. So können die Schüler in dieser Altersstufe über ihre Erfahrungen weitaus differenzierter als vorher sprechen und müssen das auch.

→ Menschwerdung durch Sprache und Sprechen

2. Düfte in Sprache übersetzen. Die Übersetzung von Duft in Farbe, die in der Grundstufe über Bilder erfolgte, kann jetzt sprachlich geschehen. Das kann sehr spannend werden, weil die Begriffe, durch die Düfte beschrieben werden, sehr individuell gefärbt sind.

→ Mit Sprache gestalten

3. Naturduft – Kunstduft. Man besorgt sich z. B. echte Vanille und vergleicht sie mit dem Duft von Vanillin. Man muß dazu nach naturidentischen Aromastoffen fragen, die im Handel erhältlich sind, z. B. Rumaroma, Apfelaroma, Kirscharoma, Himbeeraroma und je nach der Beschaffungsmöglichkeit vergleichen. Das gilt auch für Parfums aus Naturduft oder Kunstduft. Mit diesen liegen aber keine eigenen Unterrichtserfahrungen vor.

→ Mit Sprache gestalten

4. Bau einer Duftorgel. Bei Kükelhaus (Kükelhaus 1971 und 1982) gibt es Anleitungen zum Bau einer Duftorgel, die aus den sieben Grundgerüchen und ihren Mischgerüchen entwickelt wird. Die Arbeit ist aufwendig und nur von Oberstufenklassen zu leisten. Gute Erfahrungen liegen vor, solch ein Projekt in einer Schullandheimwoche durchzuführen. Es müssen dazu verschließbare, duftdichte Behälter gebaut werden, in die die Nase zum Riechen eintauchen kann. Der Duft wird auf Tücher aufgebracht.

→ Naturwissenschaft im Lebensalltag, handwerkliche Betätigung

5. Hautcreme oder Haarwasser herstellen. Man kann mit Schülern vom 7. Schuljahr an gut Hautcremes und Haarwasser selbst herstellen. Hierzu ist die Zusammenarbeit mit einem Apotheker empfehlenswert. Außer der Frage nach der Grundlage der Creme oder des Wassers und der Frage, ob Haltbarkeitsmittel verwendet werden sollen, müssen sich die Schüler natürlich für Duftrichtungen, etwa Lavendel, Rosmarin, Melisse, Zitrone, Rosenöl, usw. entscheiden. Die Frage, ob Naturstoffe oder sogenannte naturidentische Düfte, also Kunstdüfte, verwendet werden sollen, muß bei dieser Gelegenheit gewiß thematisiert und entschieden werden.

→ körperliche Gesundheit
→ Naturwissenschaft im Lebensalltag, handwerkliche Betätigung

Ganz allgemein sollte noch angefügt werden, daß das Riechen im Unterricht aller Schulstufen im Sinne einer multisensorischen Erfahrung stets eingesetzt werden sollte, wenn sich das zwanglos machen läßt. Pflanzen, Tiere, Stengel, Blüten, Erde und sogar Biotope sollten nicht nur betrachtet, sondern auch erschnüffelt werden.

Das Schmecken

Wir sagen: Ich bin sauer, verbittert, eine Erfahrung ist bitter, oder einen Säugling finden wir süß, manchmal hat uns etwas die Suppe versalzen. Alle unsere Geschmackswahrnehmungen tauchen als Qualitäten verbal geäußerter Empfindungen auf. Der Geschmack bedarf für das Schmecken der Feuchte, des Wassers als Lösungsmittel, wie der Geruch der Luft. Zwar schmeckt etwas salzig, bitter oder süß; dennoch nehmen wir selbst solche einseitigen Wahrnehmungen beim Ertasten durch die Lippen, die Zunge, den zugeordneten Geruch und den Augeneindruck immer als Ganzes wahr. Das ist wohl eine Eigenschaft aller Sinneswahrnehmungen. Die Qualität heiß oder kalt ist für dieses komplexe Schmecken ebenso wichtig, wie das Schmecken selbst. Wenn man die Bedeutung der vier eigentlichen Geschmacksqualitäten sauer, süß, salzig und bitter überprüft, kann man ihnen für die Lebensbewältigung so recht keine präzise Aufgabe zuordnen. Denn mit keiner Geschmacksempfindung ist Gefahr verbunden, mit dem Süßen vielleicht sogar etwas Angenehmes. Vielleicht reicht es, den Geschmack als eine Art Wurzelsinn aus dem Säugetiererbe zu begreifen, als einen Restbestand der Evolution. Gegen diese Deutung läßt sich anführen, daß alle Völker der Welt in ihrer Kochkunst eine wahre Orgie einer kombinierten Seh-, Riech- und Schmeckwahrnehmung entfalten. Über diesen Sachverhalt muß sicher im Rahmen der Natur- und Umwelterziehung noch weiter nachgedacht werden. Immerhin hilft uns auch hier die Sprache etwas weiter. An vielem, was wir den Schülern in der Schule anbieten, finden sie keinen Geschmack. In ihrer Bekleidung dagegen beweisen einige guten Geschmack. Und wir als Lehrer haben uns geradezu vorgenommen, die Schüler für den Umweltschutz zu motivieren, sie auf den Geschmack zu bringen. Was hier als Metapher sofort verständlich ist, den Geschmack für Bekleidung, bestimmte Kunststile, Verhaltensweisen zu entwickeln, steht aber in keinem sichtbaren Zusammenhang mit Übungen des Schmecksinnes selbst. Wie alle unsere Sinneswahrnehmungen, ist auch das Schmecken auf die in der Natur ursprünglich vorkommenden Schmeckqualitäten eingerichtet. Diese Wahrnehmung ist dadurch lange schon extrem überformt, als nur der Mensch gekochte Nahrung zu sich nimmt. Der Kulturkreis mit seinen Sitten und Gebräuchen hat also teil an unseren Schmeckempfindungen. Das Schmecken nimmt auf diese merkwürdige Weise am sozialen Leben teil. Unser Kulturraum vermeidet z. B. beim Würzen den lauten, feurigen Geschmack. Wie anders in Indien! Bei einem originalen indischen Gericht hat man das Gefühl, man würde glühende Kohlen verspeisen.

Die Gewürze sind jedoch Naturgewürze. Bei uns ging man diesen Weg nicht. Statt dessen wird heute fast jedes Nahrungsmittel mit Geschmacksverstärkern angereichert, eine Art Plastik-Geschmack. Es ist dies offenbar ein Ausdruck für die Verarmung an wirklicher Sinnlichkeit in unserer Besser-Schneller-Mehr-Kultur (Rumpf 1981). Anstatt

Das Schmecken läßt sich vor allem durch intensive Eigentätigkeit entwickeln.

den Geschmackssinn durch Geschmacksdifferenzierungen zu üben, wird er uniformiert, dadurch vielleicht geschädigt oder zerstört.

Natur- und Umwelterziehung in bezug auf das Schmecken bedeutet Kampf gegen die Markenprodukte, die ihre sogenannte gleichbleibende Qualität ja nur durch den Zusatz von Kunstprodukten erreichen. Muß denn heute jeder Apfel wie Golden Delicius schmecken?

Noch ein heißes Eisen muß beim Thema Schmecken angefaßt werden: der Zucker. Während vor der Erfindung des Rübenzuckers der tägliche Zuckerkonsum um 4 Gramm lag, hat er heute die 100-Gramm-Marke überschritten. Überall ist er versteckt: im marinierten Hering, in der Sauergurke, im Joghurt, sogar in der Wurst. Zucker erzeugt Hunger nach Zucker. Wer abends einmal eine Tafel Schokolade öffnet, weiß das. Zucker fördert viele Krankheiten. Daran soll hier nur erinnert werden. Umwelterziehung als Gesundheitserziehung bedeutet, in der Schule den Kampf gegen den Zuckerkonsum aufzunehmen.

Maßnahmen und Übungen

Grundstufe

Als Leitidee kann man formulieren: Die Schüler sollen auf den Naturgeschmack kommen. Insbesondere muß dem Zuckerkonsum der Kampf angesagt werden durch Verfeinerung der Geschmackswahrnehmungen. Dann kann man sogar einmal unterrichtlich erproben, wie Zucker alle anderen Geschmackswahrnehmungen zukleistert.

1. Baumknospen probieren. Sehr erfolgreich kann man im Frühjahr den Geschmack der austreibenden Baumknospen erkunden: den frischen Geschmack von Weißdorn, den Marzipangeschmack der Vogelbeere, den Bittergeschmack der Eiche usw. Giftig sind Eibe und Thuja, die man kennen und meiden muß.
Diese Schmeckübungen werden noch interessanter, wenn man sie einmal mit offener und einmal mit zugehaltener Nase durchführt. Schüler können sogar mit verbundenen Augen durch Schmecken Pflanzenarten erkennen lernen.

→ Natur beobachten, erforschen

2. Früchte schmecken. Im Sommer läßt sich diese Übung gut an Früchten durchführen, wobei man natürlich wiederum Giftfrüchte wie Tollkirsche, Lorbeerkirsche, Pfaffenhütchen usw. vermeiden muß. Die Unterrichtseinheit "Ausbildung zum Früchteschmecker" wird gern von den Schülern angenommen.

→ Natur beobachten, erforschen

3. Die Zuchtformen einer einzigen Art durch Schmecken unterscheiden. Diese Übung ist für alle Altersstufen attraktiv. Man besorgt sich ein möglichst großes Spektrum von Apfelsorten, Birnensorten, Erdbeersorten oder anderen Kulturfrüchten (z. B. Tomaten, Apfelsinen). Am besten werden kleine Stücke davon mit verbundenen Augen geprüft und beschrieben. Dabei erkennen die Schüler tatsächlich große

→ körperliche Gesundheit
→ Natur beschreiben, ordnen
→ Natur beobachten, erforschen

Unterschiede. Hierbei z. B. kann man einigen Schülern vor der Probe ein Stück Schokolade geben...

4. Die Geschmacksgestalt einer Pflanze erforschen. Eine zunächst unscheinbare Aufgabe besteht darin, unterschiedliche Bereiche einer Frucht oder eines Gemüses zu schmecken. Kohl ist dafür besonders geeignet. Von einem Markstammkohl probiert man z. B. junge, alte Blattspreiten, Blattrippen, die sorgfältig getrennten Zonen des Stammes. Diese Übung ist leicht auf einen Blumenkohl zu übertragen; auch die Fruchtzonen einer Melone oder Ananas ergeben sehr unterschiedlichen Geschmack. Man versucht, die „Geschmacksgestalt" der Pflanze zum Ausdruck zu bringen oder zusammenzusetzen.

→ Natur beschreiben, ordnen
→ Natur beobachten, erforschen

5. Wie Blätter schmecken. Blätter haben deutlich einen anderen Geschmack als Knospen, vor allem wenn man Heil- oder Gewürzpflanzen einbezieht. Über das einfache Schmecken hinaus hat sich für alle Altersphasen bewährt, aus Wildpflanzen Salate herzustellen: Hühnermiere, Brennessel, Löwenzahn oder Gundermann usw. sind im Frühjahr hierzu gut geeignet. Natürlich muß man die Arten sicher ansprechen können, um Giftpflanzen zu vermeiden. Für diese Tätigkeit gibt es heute zahlreiche gute Anleitungen, so daß sich eine differenzierte Artennennung erübrigt.

→ körperliche Gesundheit
→ Natur beobachten, erforschen

Oberstufe

1. Das Schmecken betrügen. Die Aufgaben der Grundstufe werden auch von älteren Schülern auf höherem Niveau noch gern durchgeführt. Neu kann die Manipulierbarkeit des Geschmackes hinzukommen. Man läßt jemanden eine 5 %ige Salzlösung schmecken, danach eine 0,1 %ige. Ein zweiter erhält die 0,1 % zu Anfang. Was ergibt sich? Eine andere Übung wäre das Schmecken unterschiedlicher Zuckerlösungen nacheinander. Oder das Schmecken von Süßstoffen.

→ körperliche Gesundheit
→ Natur beobachten, erforschen

2. Das Würzen lernen. Das Thema Würzen soll experimentell thematisiert werden. Dazu ist als Grundlage einfacher Magerquark gut geeignet, dem zunächst reine Gewürze einzeln, dann auch zwei oder drei gemischt, hinzugefügt werden. Die jeweils verwendete Quarkmenge sollte möglichst klein sein. Das Würzen-Lernen läßt sich zu einem vollständigen Kurs ausbreiten. Später sollte auch an Konserven geprüft werden, welche Inhaltsstoffe auf den Schildern deklariert sind, ob sie zum Verständnis nützlich sind und was sie über die Qualität wirklich aussagen.

→ körperliche Gesundheit
→ Pflege sozialer Bezüge

Der Wärmesinn

Wahrscheinlich wundert sich der aufmerksame Leser nicht so sehr über einen Wärmesinn als solchen als darüber, daß er an dieser Stelle steht. Dann erinnert man sich, daß für diesen Sinn ja in der Haut sogar Rezeptoren vorhanden sind, die gehäuft in den Fingerkuppen und im Mundraum nachgewiesen werden können. Man erinnert sich, daß diese Rezeptoren vergleichende Sinnesorgane sind, die vor allem Temperaturdifferenzen wahrnehmen können. Die Versuche, bei denen man die Hand erst in lauwarmes Wasser steckt und dann in kaltes und umgekehrt, beweisen es. Die Temperaturpunkte sind so fest in die Haut integriert und in ihrer Funktion so intensiv mit den anderen Hautsinnen verbunden, daß die Naturwissenschaft alle Hautsinne gern zusammenfaßt (Campenhausen 1981, Mörike u. a. 1989). Wie bisher so oft, soll die Sprache befragt werden. Die kennt ein warmes Gefühl der Zuneigung, ein heißes oder kaltes Herz. Selbst in der Tiefenpsychologie spricht man von der Gefühlswärme, die ein Säugling so nötig zum Gedeihen braucht. Und können uns Freude und Glück nicht tatsächlich erwärmen, kann es uns nicht heiß oder kalt über den Rücken laufen? Kann uns nicht das Feuer der Begeisterung durchströmen? Und geht man z. B. den Herzkrankheiten und ihren Ursachen nach, so fördert die Seelenkälte in vielen Berufen Angina pectoris oder den Herzinfarkt. Dieser Reichtum an Metaphern und Einsichten belegt einen umfassenderen Sachverhalt.

Vielleicht ist hier ein Bericht aus der Vorgeschichte dieses Buches erhellend. Nach der nachfolgend verwendeten Terminologie nimmt der Mensch die Wärme auch als Ganzes wahr, nicht nur durch die isolierten Rezeptoren. Diese Wärmewahrnehmung wird ausschließlich als Qualität beschrieben. Sie geht auf griechische Anschauungen zurück (Aristoteles), wonach es einen eigenen Wärmeäther, Lichtäther, Klangäther und Lebensäther gibt. Das leuchtete vielen Kollegen natürlich überhaupt nicht ein. Schließlich hatten sie als Naturwissenschaftler jahrzehntelang quantitatives Denken geübt. Schließlich fand jemand die Lösung: Man müsse nur das Wort Äther metaphorisch durch Klima oder Atmosphäre ersetzen, dann mache dieser ganzheitliche Sinnesbereich sofort Sinn. Es geht also um die Qualität der Wärme-Atmosphäre, des Wärme-Klimas in der Wahrnehmung. Niemand hatte damit Schwierigkeiten. Es geht also darum, die Empfindungen zu erwärmen und dadurch zu verhindern, daß weiterhin eiskalt Umweltverbrechen geplant und durchgeführt werden können. Es geht darum, eine Atmosphäre zu schaffen, in der die Umwelt mit heißem Herzen und kühlem Kopf verteidigt wird. Selbst die Tiefenpsychologie leistet dazu Schützenhilfe, wenn sie mit der Farbentherapie durch Verwendung von warmen und kalten Farben den psychischen Wärmehaushalt der Patienten zu beeinflussen versucht. Insgesamt hat der Wärmesinn in dieser qualitativen, ganzheitlichen Ausdeutung eine große Nähe zu allen seelischen und auch sozialen Vorgängen. Wer ihn in dieser qualitativen Bedeutung als eigenen Sinnesbereich ablehnt, kann aber dennoch nicht an dem Aufgabenbereich vorbeigehen, der dadurch abgesteckt wird.

Maßnahmen und Übungen

Grundstufe

Wenn man davon ausgeht, daß es um die Wahrnehmung einer bestimmten wärmenden "Seelenatmosphäre" geht, so kann man diese natürlich nicht durch isolierte Aufgaben pflegen. Die Pflege beginnt bei der Farbgestaltung der Klassen, für die ein kalkiges Weiß ebenso abzulehnen ist wie knallige oder gar kalte Farben. Wenn die Schüler sich in ihrem Klassenraum wohlfühlen, sei es infolge von Unterricht, sei es infolge von Ausstattung durch Möbel, Blumen, Tiere usw, so ist schon etwas getan. Ferner sollte man sich Mühe geben, den Unterricht streßfrei zu gestalten. Auch Geduld schafft Wärme. Ehrgeiz brennt aus und macht frieren. Auch die Phantasie und Kreativität wärmen das Klima. Vielleicht wird gegen diese Notwendigkeit einer erwärmenden Atmosphäre in Elternhaus und Schule heute am stärksten verstoßen. Sie kann nur von Menschen hergestellt werden. Hierzu trägt auch die Art bei, wie man mit der Natur umgeht und über sie spricht.

→ psychische Gesundheit
→ Pflege sozialer Bezüge
→ Vital- oder Lebenssinn, Zeitwahrnehmung
→ Kunst als Ganzheitsprozeß und Beitrag zur Personwerdung

Oberstufe

Hier kann man sich schon mit dem Problem unterrichtlich auseinandersetzen. Eine gute Methode scheint mir die Unterscheidung von kalten und warmen Farben und deren Wirkung auf unsere Psyche. Wahrscheinlich lassen sich auch Klassenfeiern zu einem Gespräch über die Probleme nutzen. Auch für die Oberstufe gibt es kaum generalisierbare Unterrichtserfahrungen zur Förderung dieses Sinnes; fast alle Maßnahmen beziehen sich daher stets auf eine einmalige Situation, die es auszugestalten gilt. Ich habe in meiner Arbeit nur wenige Erfahrungen über den Wärmesinn im Oberstufenbereich sammeln können, weshalb ich keine weiteren Empfehlungen aussprechen möchte.

→ psychische Gesundheit
→ Pflege sozialer Bezüge
→ Vital- oder Lebenssinn, Zeitwahrnehmung
→ Kunst als Ganzheitsprozeß und Beitrag zur Personwerdung

Das Hören, der Tonsinn

Während wir die Augen schließen können, gibt es für unsere Ohren keinen Absteller. Sie sind Tag und Nacht offen und hör- und empfangsbereit. Ihre Leistungsfähigkeit übertrifft in vieler Beziehung das Auge: Die Erregungsschwelle des Hörens liegt bezüglich der Erregungsenergie niedriger als beim Auge, und die Fähigkeit zum selektiven Hören ist größer als zum selektiven Sehen. So kann man z. B. aus einem Streichquartett die Akkorde heraushören, kann aber auch die Einzelstimmen verfolgen. Man kann sich inmitten eines 90-Personen-Orchesters auf eine einzelne Stimme konzentrieren. Man kann verstärken oder zurückdrängen, wenn man z. B. aus einem Stimmengewirr den Gesprächspartner herausfiltern will. Und der Tonumfang, den wir wahrnehmen können, reicht über 10 Oktaven, das ist ein gewaltiges Frequenzspektrum (Berendt 1989, Campenhausen 1981, Haase 1976, Hensel 1989). Vereinfacht darf man unter Vernachlässigung des Gleichgewichtssinnes Ohr und Hören gleichsetzen. Dann ist das Ohr ein dienendes, offenes, hingebungsvolles Organ. Verglichen wird es seit alters her mit dem weiblichen Prinzip, indem es das Gehörte in seelische und intellektuelle Innerlichkeit verwandelt.

Es kann deshalb nicht verwundern, daß überall dort, wo es um Dienen und Offensein für die geistige Welt geht, das Hören dargestellt ist. Vielleicht genügt es, auf die vielen Engeldarstellungen hinzuweisen, die zwischen dem frühen Mittelalter und der frühen Gotik entstanden sind (spätere Darstellungen sind veräußerlicht). Keiner der Engel trägt ein Fernrohr, um zu schauen. Sie musizieren und lauschen auf den Klang. Man kann gar nicht daran zweifeln, daß sie das, was sie an Klang umgibt, in sich hineinnehmen (Winkel 1993).

Erst wenn man sich von der Wellennatur der Licht- und Klangwellen abwendet und nach der Qualität der Sinneswahrnehmung fragt, wird man gewahr, daß Auge und Ohr von der Qualität her eine Polarität bilden. So wird verständlich, daß das Hören in der chinesischen Lehre dem Ying-Prinzip, dem weiblichen also, zugeordnet wird. Schon dies macht deutlich, daß es für das Erleben und die Erfahrung nicht gleichgültig ist, ob sie sich stärker auf das Ohr oder das Auge stützen. Vorn wurde schon darauf hingewiesen, wie schwer es ist, den aktiven Charakter des Sehens abzustellen und in einen schauenden, meditativen zu verwandeln. Das muß man regelrecht üben, und zwar zunächst selbst, ehe man es mit Schülern durchführen kann. Das gelingt mit dem Hören beinahe wie von selbst: Man kann in die Geräusche, die uns umgeben, ohne Vorübung vollständig eintauchen, so daß Vordergrundgeräusche, Hintergrundrauschen und die Tonwelt aus dem eigenen Körper (z. B. der Herzschlag) zu einer Tonkulisse verschmelzen.

Solche Tätigkeiten gelingen relativ rasch und ohne Übung bis dahin, daß man die Stille hören kann. Das Hören ist in mehrfacher Hinsicht ein Doppelsinn. Die Wahrnehmung von Geräuschen verweist es in die Gruppe der Sinnesorgane, die die Umwelt wahrnehmen.

Sprache und Musik sind jedoch Ausdruck der Menschenwelt. Damit stecken im Gehör zwei Tendenzen: Kenntnisse (von der Umwelt) und Erkenntnisse (aus der geistigen Welt, der Menschenwelt) zu erlangen. Das gilt sogar noch, wenn Menschen in einer unbekannten Sprache zu uns reden. Aus dem Sprachton allein entnehmen wir, ohne die Sprache zu verstehen, Erkenntnisse über die andere Persönlichkeit (Aeppli 1967, Glas 1976). Eine weitere Doppeltendenz kommt im Wechsel von Sprechen und Zuhören zum Ausdruck. Beim Zuhören empfangen wir buchstäblich ein fremdes Ich in uns. Wir müssen im Zuhören unser Ich auf Zeit aufgeben, uns ent-ichen. Sobald wir reden, erwarten wir dasselbe von unserem Gegenüber, den wir, bildlich gesprochen, dann mit unserem Ich anfüllen. Dieser fortgesetzte Wechsel

Geräuschübertragung durch eine Schnur.

Geräuschübertragung durch einen Baumstamm.

Auch Blätter erzeugen Geräusche, wenn man mit ihnen experimentiert.

zwischen Nach-Innen-Nehmen und Nach-Außen-Geben ist Merkmal des Hörens und Sprechens. Unser Auge dagegen neigt dazu, unser Ich draußen spazieren zu führen.

Auf eine weitere Eigenschaft unseres Hörorganes macht Haase (Haase 1989) aufmerksam. Musik besteht bekanntlich aus Intervallen. Projiziert man die Intervalle auf die Länge von klingenden Seiten, so ergeben sie ganzzahlige Brüche. Wir verinnerlichen in der Musik also Zahlenverhältnisse, gesetzlich ausdrückbare Proportionen. Ein Intervall erzeugt aber ja auch ein bestimmtes Grundgefühl, eine angebbare Emotion. Das ist in der Tat eine einmalige Doppelwahrnehmung, die dadurch noch geheimnisvoller wird, als die Sinneshaare des Innenohres in ihrem Bau ebenfalls die Intervallgesetze abspiegeln (vgl. Kap. Musik).

Das Ohr ist also in der Tat ein bemerkenswertes Organ, das mit gutem Grund H. Berendt angeregt hat, „die Welt als Klang" zu beschreiben (Berendt 1989). Wie viele Untersuchungen zeigen, ist das Wohlbefinden über das Ohr positiv wie negativ zu beeinflussen. Die Musiktherapie und z. T. auch die Sprachtherapie heilen über das Ohr. Viele empfinden, daß technische Geräusche von Maschinen eine andere Qualität haben als Naturgeräusche und daß man mit Superbeschallung Menschen krankmachen, ja sogar töten kann. Dabei ist besonders fatal, daß unser Ohr den Umweltgeräuschen schutzlos ausgeliefert ist. Deswegen ist nicht nur die Erziehung des Hörens von großer Wichtigkeit, sondern auch das Wissen um die Folgen einer Mißhandlung dieses kostbaren Sinnesorganes.

Maßnahmen und Übungen

Grundstufe

Die Schulung des Ohres sollte in allen Unterrichtsfächern einer gemeinsamen Haltung folgen. Die Tendenz muß sein, dem Leisen, Feinen zuhören zu lernen und die Gefahren der Superlautstärken zu erkennen.

1. Hörübung. Man hört ganz feinen Geräuschen zu, die Stillsein erfordern: Das kann das Rieseln von Sand und Kies sein, das Kollern von Steinen, das Rasseln mit einem Schlüsselbund, das Knistern von Papier verschiedener Art, das Reiben mit einem Plektron über verschiedene Rinden, das Erzeugen und Hören ganz feiner Tonhöhenunterschiede auf einer Saite usw.

→ körperliche Gesundheit
→ Konzentrationsübungen, meditative Elemente
→ Musik gestalten

Die Schüler sollen jeweils Zeichen geben, wenn sie das Dargebotene hören. Man gibt jedem drei Schilder mit den Ziffern 1–3, beim Wahrnehmen sollen sie die einem Geräusch zugeordnete Ziffer hochheben, was eine Kontrolle auf Richtigkeit ermöglicht. Und warum eigentlich führt man nicht Hörzeichen (Glocke, Gong, Rassel, auch Intervalle) im Unterricht ein, z. B. für: Arbeit abbrechen, Zuhören, Redeerlaubnis ?

2. Klanggeräte selbst bauen. Man baut mit den Schülern Klanggeräte und macht damit Musik: Holzblöcke, Bambusabschnitte, Fliesen, mit verschiedenen Materialien gefüllte Dosen, sogar aufgehängte Baumabschnitte klingen. Das kann so weit gehen, daß man kleine Trommeln baut, sogar der Bau von Blockflöten ist ab Klasse 4 möglich (Winkel in Unterricht Biologie November 1990). Das Ziel ist die Förderung der Fähigkeit zum Zuhören, die sich über das eigene Produkt leichter einstellt als über das gekaufte.

→ Konzentrationsübungen, meditative Elemente
→ Musik gestalten

3. Mit Geräuschen umgehen. Man geht nach draußen und versucht, verschiedenen Geräuschen zuzuhören und sie zu beschreiben: ein anfahrendes Auto, eine quietschende Tür, das Hereinkommen eines bestimmten Schülers in den Klassenraum.

Den Schülern bereitet das Verbale große Schwierigkeiten. Zur Vorübung kann man sie Geräusche einfach nachahmen lassen, vom Hahn über einen bestimmten Hund wieder bis zum Auto. Auch hier ist wichtig, daß die Schüler die Imitationen vervollkommnen, also daran arbeiten.

Die schlichteste Möglichkeit besteht darin, daß die Schüler charakteristische Geräusche auf Tonband aufnehmen, die dann von den anderen geraten werden müssen. Hier kann man sich auf wirkliche Geräusche beschränken oder man kann auch selbst Geräusche produzieren und raten lassen. Eine Serie könnte heißen: Wassergeräusche oder sogar Regengeräusche, eine andere Gehgeräusche, wieder eine andere Windgeräusche...

→ Konzentrationsübungen, meditative Elemente
→ Mit Sprache gestalten
→ Musik gestalten

4. Tiergeräusche aufnehmen. Man lernt mit den Schülern z. B. Vogelstimmen unterscheiden. Das kann besser über eigene Tonbandaufnahmen als über Schallplatten geschehen, über Hilfssprüche (Bin ich nicht ein schöner Bräutigam?) oder über den Versuch einer Beschreibung. Dem Tonbandgerät kommt von den Schülern die größte Zuwendung entgegen. Es genügen relativ einfache Geräte mit Anschluß für ein Fremdmikrofon.

Sogar einfache Verstärkungseinrichtungen können die Schüler bauen und bedienen, wenn sie das Mikrofon mit einem Parabolspiegel versehen. Das Vorhaben könnte aber auch darin bestehen, das Fluggeräusch einer Hummel von dem einer Biene zu unterscheiden oder das einer Fliege von dem einer Mücke.

→ Künstlerisches und Naturwissenschaft (alle Künste)
→ Naturwissenschaft im Lebensalltag, handwerkliche Betätigung

5. Stille ertragen. Man übt mit einer Klasse regelrecht das Ertragen von Stille. Dabei gerät in der ersten Phase das Stillsein leicht unter eine bestimmte Spannung, in der dann jedes Geräusch mit einem befreienden Lachen quittiert wird. Das ist noch die gespannte Stille, in der ein Geräusch erwartet wird. Erst langsam entsteht die entspannte Stille, die mit dieser Übung eigentlich gemeint ist.

Unter Umständen kann man auch in diese Stille hinein einmal nach vorheriger Absprache mit den Schülern einzelne Geräusche setzen (etwa eine Glocke, einen Gong, einen einzelnen Flötenton).

→ psychische Gesundheit
→ kultische und rituelle Handlungen
→ Konzentrationsübungen, meditative Elemente

6. Kükelhaus - Vorschläge (Kükelhaus 1971 und 1982). Kükelhaus beschreibt z. B. einen Summstein: In einen Findling wird ein kopfgroßes Loch gebohrt. Das machen Firmen, die mit Naturstein handeln. Beim Hineinstecken des Kopfes hört man die leisesten Eigengeräusche vielfach verstärkt. Die Verstärkung ist so stark, daß kleine Kinder u. U. Angst bekommen, auch weil ihr Kopf in einem finsteren Loch verschwindet.
Bei einem Kurs, den ich erlebte, schlug Kükelhaus nach Voransage in der Stille einen tibetanischen Tempelgong von etwa 60 cm Durchmesser an. Wahre Berge von Klang stürzten auf die Zuhörer nieder, begruben sie förmlich unter sich. Bei einem zarten Anschlag dagegen beruhigte der Klang die Zuhörer und streichelte sie. Bei einer anderen Übung legte Kükelhaus Steine auf Resonanzunterlagen und hieß uns mit Hilfe noch kleinerer Steine durch Klopfen Rhythmen entwickeln. Die sehr archaische Anordnung entband viel Spontaneität.

→ Prinzip der Verfremdung

→ kultische und rituelle Handlungen
→ Konzentrationsübungen, meditative Elemente

7. Zuhören als Metapher. Auch im übertragenen Sinne kann man Zuhören üben: Man sammelt Muscheln, Schneckenhäuser, preßt Pflanzen, fertigt Zeichnungen nach der Natur an. Zum Zuhören ist dann nur notwendig, auf bestimmte Qualitäten zu achten: die unterschiedlichen Farben, Bänderungen, Größen, Flecken oder Zeichnungen bei Muscheln. Oder man sieht sich einmal Eiskristalle an, die unter unterschiedlichen Bedingungen gewachsen sind. Oder man legt Blätter einer Baumart, Blüten einer Pflanze nebeneinander und unterscheidet sie. Mit etwas Phantasie lassen sich hierzu immer neue Aufgaben finden.

→ psychische Gesundheit
→ Konzentrationsübungen, meditative Elemente
→ Kunst als Ganzheitsprozeß und Beitrag zur Personwerdung
→ Künstlerisches und Naturwissenschaft (alle Künste)

Oberstufe

1. Die Stille als Ruhepunkt. Die Aufgaben der Grundstufe bleiben, sie werden allerdings ins Bewußtsein gehoben. Auch in der Oberstufe kann man an jedem Tag eine Minute der Stille einführen. Diese Minute ist keine verlorene Zeit. Wem das aber zu leer erscheint, der kann etwas längere Meditationsphasen einführen, als Wort-, Bild- oder Klangmeditation. Sie erreichen in der Schule meistens nur eine erste Stufe der Verinnerlichung, die Stufe des Stillwerdens, des Zuhörens, des Sich-Einlassens auf den Text, das Bild oder die Musik (s. Kap. 8).

→ psychische Gesundheit
→ Pflege sozialer Bezüge
→ kultische und rituelle Handlungen
→ Konzentrationsübungen, meditative Elemente

2. Reihenbildung als Hörübung. Indem man Entwicklungsreihen von Pflanzen sammelt, lernt man, ihren Farben und Formen zuzuhören. Solche Reihen können sein: Farbreihen der Blattverfärbung im Herbst, Formenreihen der Blattentfaltung im Frühling, das Aufblühen einer Knospe, Reihen der Blattzersetzung, vollständige Metamorphosereihen von einjährigen Pflanzen, Farben- und Formenspiele bei Blüten. Es wird also eine Erscheinung in ein Spektrum oder einen Prozeß entfaltet. Zuhören ist dabei natürlich als Metapher gemeint.

→ Prinzip der Verfremdung
→ Vital- oder Lebenssinn, Zeitwahrnehmung
→ Kunst als Ganzheitsprozeß und Beitrag zur Personwerdung
→ Beiträge zum Evolutionsdenken

3. Klangbeziehungen. In der Oberstufe können harmonikale Verhältnisse erarbeitet werden, z. B. am Goldenen Schnitt. Unter seiner

Regel lassen sich harmonikale Beziehungen in der Malerei, in der Architektur, sogar in den Proportionen von Blättern, Blüten und Früchten aufdecken.

→ harmonikale Beziehungen in der Natur
→ Natur beobachten, erforschen

4. Ein paar weitere Anregungen. Bei einer Nachtwanderung lauscht man besonders auf die Nachtgeräusche. Oder man schließt die Augen so lange, bis man zehn verschiedene Geräusche unterschieden hat, die man benennen muß. Oder man verständigt sich über ein ungewohntes Medium wie einen Schienenstrang, eine Schnur, ein Baumtelefon, indem man Zeichen klopft. Man erforscht die Veränderung der Akustik bei Nebel, Schnee oder Regen. Man registriert mit dem Tonbandgerät Menschentritte auf verschiedenen Unterlagen. Oder man legt im Frühjahr ein Stethoskop an die Baumrinde an und hört auf das Rauschen des Saftes... (unter Verwendung von Erler 1991) .

→ Prinzip der Verfremdung
→ Konzentrationsübungen, meditative Elemente

Die drei Sinne ohne Rezeptoren

Der Lautsinn, Sprachsinn, Wortsinn

Das Spektrum der naturwissenschaftlich definierbaren Sinne endet mit dem Hören. Die neun vorstehend geschilderten haben wir mehr oder weniger mit den Tieren gemeinsam. Unsere Sonderrolle gegenüber den Tieren hängt mit dem Sprechen, mit dem Bilden von Begriffen und Vorstellungen sowie dem Vorhandensein von Person und Ich zusammen. Dies wird allgemein akzeptiert. Die Naturwissenschaft verlegt das Sprachvermögen in die zugehörigen Rindenfelder des Gehirns, die Begriffsbildung erklärt sie als neuronale Engrammbildung und Verknüpfung zwischen vielen zugehörigen Bereichen des Gehirns. Aber selbst in der Naturwissenschaft streiten zwei Anschauungen miteinander. Nach Eccles (zitiert bei Eschenhagen) kommt dem Geist, der all diesem zugrundeliegt, Eigenständigkeit zu; das Gehirn hat danach die Bedeutung des ausführenden, wenn auch notwendigen Apparates. Nach der anderen Anschauung (die allgemein verbreitet ist) ist das, was wir als Geist oder geistig erleben, nur eine Erscheinungsform der Hirntätigkeit, der Hirnströme, ohne die nichts geschehe. Sie sind die Ursache, sagen die einen, sie sind die Begleiterscheinung, sagen die anderen. Dabei wird von allen anerkannt, daß beim Sprechen mehrere Sinne und Gehirnbereiche zusammenarbeiten müssen. Anknüpfend an S. Langer (1965) könnte nicht der Wunsch nach Besitz die Sprache hervorgebracht haben, sondern gerade die Tatsache, daß das Ohr permanent offen ist. Indem Verrichtungen, Tätigkeiten, Riten, Tänze wie nebenbei von Lauten begleitet waren, könnten diese sich dem Gedächtnis eingeprägt und durch Wiederholung vom Zeichen zum Symbol, zur Metapher für etwas, gewandelt haben.

Das ist im Grunde einleuchtend, denn nur so kann Tätigkeit mit Bedeutungsklang verkoppelt werden. Die scheinbare Nebensächlichkeit und Ungerichtetheit der Geräusche hat danach die Symbolbildung in

Mit Hilfe der Sprache lassen sich auch komplizierte Darstellungen mitteilen.

der Sprache begünstigt oder ermöglicht. Der Spracherwerb eines Kleinkindes erfolgt auch heute noch dergestalt, daß am Anfang Lautspielereien, Lallmonologe stehen. Wie nebenbei erfahren Kleinkinder die Bedeutsamkeit bestimmter Laute und Lautverbindungen, sie erfahren die Bedeutung nicht aus zielgerichteten Bedürfnissen. Die Sprache entsteht als Folge einer Freilassung oder auch Freiheit. Ehe sie Gebrauchsgegenstand wird, ist sie eine Art Luxusbildung. Das Wort steht als Bedeutungsträger am Anfang, die Verknüpfung folgt erst später. Menschsein läßt sich nach dem Aufrichten mit Sprache-Gebrauchen beschreiben.

Das ist eng mit dem Ohr als Organ verbunden. Das Ohr ist das eigentliche menschenbildende Organ der Evolution, eine faszinierende Erweiterung des vorigen Abschnittes (Bertalanffy 1970, Gessinger u. a. 1989). Mit dem Gerinnen der Lautfolgen zu Bedeutungsträgern muß sich ein Organ zum Wahrnehmen herausgebildet haben. Es ist das erste Organ, das dem Wesen der Sprache gemäß ohne lokalisierbare Sinneszellen auskommen muß. Sprache ist immer Symbol, Metapher, Information; dafür kann nur ein Sinnesorgan ohne Sinnesrezeptoren Sinn haben. Wenn man so will, ist unser Gehirn mit den Sprachzentren das komplexe Substrat des Sprachsinnes.

Sprache ist erlebnisgetönt, individuell, in den Begriffen randunscharf. Heute streben wir Definitionen an, die die Begriffsschärfe erhöhen, den emotionalen Gehalt aber vermindern. Überall tauchen auch Plastikwörter (Pörksen 1988) auf, die die schwindende Sprachfähigkeit verdecken. Die Umweltzerstörung hat auch die Sprache erfaßt. Um nicht ins Spekulieren zu geraten, darf aber dennoch als gültig herausgestellt werden, daß Natur- und Umwelterziehung auch das

Die unterschiedlichen Qualitäten beim Sprechen und Zuhören kommen in dieser Mimik und Gestik deutlich zum Ausdruck.

Sprechenkönnen umfassen muß. Alle in diesem Abschnitt genannten „Höheren Sinne“ haben die Eigenschaft, daß sie soziale Sinne sind, die uns mit anderen Menschen verbinden und über sie Auskunft geben.

Aeppli (1967) beschreibt dazu folgende Situation: Wir hören einem Menschen aufmerksam zu. Wir nehmen von ihm neben seiner Figur und seinen Gesten die Worte wahr, die er spricht, die damit verbundenen Gedanken und Vorstellungen, und die Tatsache, daß er ein von uns getrenntes Ich ist. Dazu müssen wir alle hierzu geeigneten Sinnesorgane auf Empfang stellen. Sprechen wir selber, kehrt sich der Vorgang um. Bei diesem Prozeß wird das spezifisch Menschliche transportiert. Das kann kein Tier. Das Zuhören wird also als Wahrnehmung der Innenwelt unseres Gegenübers definiert. Nur so bleibt die schöpferische Qualität jedes Menschen – etwa durch Begriffe wie Intuition, Imagination, Inspiration gekennzeichnet – erhalten.

Das Schema einer lediglich neuronalen "Verdrahtung“ übersieht diese Qualitäten. Es wird also nachfolgend die Meinung vertreten, daß in der Sprache etwas transportiert wird, das unter der Bezeichnung Begriff, Gestalt, Inhalt, Gedanke, Ich von einem ganzheitlichen Sinnesorgan wahrgenommen werden kann, zu dem sich dennoch keine Rezeptoren auffinden lassen. Aber dies ist schließlich sogar logisch, denn wie sollte man Sachverhalte, die im Grunde geistiger Natur sind und sich auf eine höhere Welt beziehen, in materiell auffindbaren Sinnesorganen abgebildet finden?

Da wir mit der Rede immer auch gleich Begriffe, Wünsche, Inhalte transportieren, wird verdeckt, daß es einen Sinn gibt, der Sprachlaute als Sprache erkennt. Dennoch ist es eine Tatsache, daß wir völlig undefinierbare Lautverbindungen richtig als Sprache erkennen und sogar daraus Vokale, Konsonanten oder Quetschlaute aussondern können. Sie sind vielleicht die ursprüngliche Wahrnehmungsqualität dieses Sinnesorganes, das um die Bereiche Gestik, Mimik und Physiognomie zu erweitern ist.

Da es ein ausschließlich naturwissenschaftlich geschulter Lehrer mit der in diesem Buch benutzten Gliederung der Sinne ohnehin schwer haben wird, sollen die drei letzten Sinnesorgane nicht so hart gegeneinander abgegrenzt werden wie die vorigen; auch die Aufgaben sollen mehr zusammengefaßt werden.

Maßnahmen und Übungen

Nur der besseren Lesbarkeit halber werden Maßnahmen und Übungen untereinander aufgelistet. Sie sind viel komplexer zu denken und zu handhaben als bei den anderen Sinnen. So helfen z. B. Atemübungen solchen Kindern, die keinen rechten Mut zum Sprechen finden. Oder Übungen in Rede und Gegenrede helfen, den oben beschriebenen Doppelprozeß einzuschleifen. Chorsprechen stärkt durch Bilden eines Gruppen-Ich schwache Einzel-Ichs. Oder Rezitieren von Gedichten oder Prosa macht erlebbar, daß man auch fremde Personen in sich zum Leben erwecken kann. Es folgen eine Reihe Einzelempfehlungen:

• Man kann gut mit Kindern Sprachspiele suchen, sammeln und sprechen: Ene, mene, mu... oder 1, 2, 3, 4, 5, 6, 7, eine alte Frau kocht Rüben ...

→ Menschwerdung durch Sprache und Sprechen
→ Mit Sprache gestalten

• Kindergartenkinder haben viel Spaß an sinnlosen Sprachspielen: Emilie, widuwilie, widuwintu kantilie, widuwintu kantops, anatolischer Mops. Ob der Text nach dem Duden richtig geschrieben ist, muß bezweifelt werden. Solche Sprachspiele kann man als Erwachsener leicht selbst erfinden, aber auch die Kinder anregen, sich solche schönen Sinnlosigkeiten auszudenken.

→ Menschwerdung durch Sprache und Sprechen
→ Mit Sprache gestalten

• Mit großer Begeisterung lernen Kinder fremdsprachige Spiele, Abzählverse oder auch Lieder. Das stärkt möglicherweise die Wahrnehmungsfähigkeit für die eigene Sprache.

→ Prinzip der Verfremdung
→ Menschwerdung durch Sprache und Sprechen
→ Mit Sprache gestalten

• Man erfindet mit den Kindern eine eigene Sprache, die nur Eingeweihte verstehen. Aus einem bestimmten Bereich werden Dinge mit einem anderen Namen belegt, den es sonst nirgendwo gibt. Unter Beibehaltung der gewöhnlichen Verben wird nun über diesen Ausschnitt der Umwelt geredet. Dieses Prinzip kann man auch auf Verben anwenden. (s. a. Kap. 8).

→ Prinzip der Verfremdung
→ Menschwerdung durch Sprache und Sprechen
→ Mit Sprache gestalten

• Man erspielt mit den Schülern den Bedeutungsgehalt der Vokale und Konsonanten. Man beginnt mit den Vokalen, indem man z. B. einen Spruch mit lauter I-Wörtern oder O-Wörtern erfindet. (Fliegen sirren sinnlos im Winter, auch das Sprechen eines Textes mit nur einem Vokal: Zwi Chinisin mit dim Kintribiß...). Beim Suchen, Finden und bloßen Sprechen wird schon der Bedeutungsgehalt erlebt und muß nicht eigens versprachlicht werden. Übungen mit Konsonanten fallen den Schülern schwerer als solche mit Vokalen (Wir graben ein großes, gräßliches Groschengrab).

→ Prinzip der Verfremdung
→ Menschwerdung durch Sprache und Sprechen
→ Mit Sprache gestalten

• Das Erfinden von Stabreimen und Alliterationen führt vermutlich an Wurzelerlebnisse der Sprache. Ob auch Reimübungen dazu geeignet sind, konnte noch nicht erprobt werden.
• In der Oberstufe sollte man Laute und Worte in Körpersprache umsetzen und dies kreativ handhaben, also neu und frei erfinden.
• Warum eigentlich sollen Schüler Gedichte von Indianern und/oder Afrikanern in Übersetzungen und nicht im Urtext lernen?
• Man sucht Zeichen heraus, die ohne Sprechen überall verstanden werden: die Ziffern, das Zeichen für Herz, für das Schwert. Das läßt sich bis in die Körpersprache fortsetzen. Die geballte Faust, die Gebetshaltung, das Zeichen für Ergebung, für Hunger usw. sind ohne Laute verständlich.

→ Menschwerdung durch Sprache und Sprechen
→ Mit Sprache gestalten
→ Prinzip der Verfremdung
→ Tanz und Pantomime
→ Konzentrationsübungen, meditative Elemente
→ Menschwerdung durch Sprache und Sprechen
→ Tanz und Pantomime

Der Gedankensinn, Begriffssinn, Vorstellungssinn

Man kann das komplexe Vermögen, Geräusche als Sprache zu identifizieren, daraus Worteinheiten zu erkennen, Begriffe nachzubilden und den Sinn zu verstehen, einzelnen Sinnesfeldern zuordnen. Dann kann man mit großer Berechtigung ein Wahrnehmungsfeld bilden, das aus den Worten genau so unmittelbar, wie wir Farben erkennen, Gedanken, Begriffe, Vorstellungen entnimmt, wohlgemerkt: unmittelbar entnimmt und nicht erst auf Grund der neuronalen Schaltungsvorgänge einordnet. Dieses Sinnesorgan wird wie alle hier zusammengefaßten Sinnesfelder erst im Verlaufe des Lebens gebildet, denn die erstmalige Begriffsbildung vollziehen Ich und Denken gemeinsam. Dies wird auch von der Naturwissenschaft so vertreten. Aber erst die Aufstellung eines eigenen Sinnesorganes, besser vielleicht Sinnesfeldes, erklärt einigermaßen die Spontaneität, Unmittelbarkeit, Geschwindigkeit und Sicherheit beim Verstehen von Sprache. Jedoch ist dieser Gedankensinn kein objektiver Sinn. Nur Menschen, die über die gleichen Begriffe oder annähernd gleichen Begriffe verfügen, können einander auch verstehen. Das zeigt sich schon unmittelbar bei diesem Thema:

Nur wenn jemand die Möglichkeit eines solchen Sinnes entwickelt hat, kann er ja Begriffe wie Gedankensinn, Begriffssinn, Vorstellungssinn mit einem Inhalt füllen. Die größte Schwierigkeit für das Verständnis bildet wohl die Tatsache, daß unsere Sprache so vieles gleichzeitig transportiert: Unsere Wünsche, unser Begehren, unseren Willen, unsere Gedanken, unsere Gefühle, sogar unsere Biographie. Da ist es nicht einfach, den Wortsinn vom Gedankensinn zu unterscheiden. Nur als Metapher wird es verständlich, in der Unterscheidung von Schiff und Ladung: Das noch leere Schiff wird vom Wortsinn wahrgenommen, der Inhalt, die Ladung vom Begriffssinn. Ohne Zweifel stößt man auch bei diesem Bild auf die Schwierigkeit, daß eine Ladung ohne Schiff oder Behälter überhaupt nicht transportiert werden kann. Das Problem hat auch Goethe umgetrieben: Müsset im Naturbetrachten immer eins wie's andere achten; nichts ist innen, nichts ist außen; denn was innen, das ist außen.

Im Zuhören wird dieser Sinn betätigt. Er ist anfällig, was möglicherweise damit zusammenhängt, daß er sich noch im Statu nascendi befindet, also im Stadium erster Strukturbildung. Für die Natur– und Umwelterziehung erweist sich unabhängig von der Einstellung zur Realität dieses Sinnesorganes das von ihm umfaßte Sinnesfeld als sehr bedeutsam. Das Übungsfeld dieses Sinnes dürfte im Zuhören liegen: zunächst anderen Menschen und im übertragenen Sinne auch den Dingen der Natur. Die allgemein bekannte Aussage: „Schläft ein Lied in allen Dingen", meint ja mit dem Wort Lied, daß es darum geht, in den Dingen ihre Wünsche, Bedürfnisse, Freuden, Leiden neben der rationalen Struktur mit wahrzunehmen. Unter dieser Perspektive macht uns dieses Sinnesfeld auf einen Bereich aufmerksam, den wir hier zwar über die Sinnesleistungen erreichen, der uns aber auch in den Bereichen der religiösen und ästhetischen Natur– und Umwelterziehung wieder begegnen wird (nach Aeppli 1967, Glas 1976 und Hensel 1989).

Maßnahmen und Übungen

Wie übt man dieses Sinnesfeld? Die Gesamttendenz sollte sein, vom eigenen Ich zu den Dingen und Menschen zu gehen. Das geschieht, indem man sich Fremdes zu eigen macht, sich damit verbindet, es verinnerlicht.

- So kann jeden Tag ein anderer Schüler etwas über sich erzählen z. B. vom Vortag, von seinen Freuden, Hobbys, von seinem Ärger, seinem Erfolg oder Mißerfolg. Diese Mitteilungen werden von einem oder mehreren Schülern ein, zwei, drei Tage später möglichst wort- oder wenigstens sinngetreu wiedergegeben.

→ Pflege sozialer Bezüge
→ Menschwerdung durch Sprache und Sprechen

- Die Schüler schreiben ein Gedicht. Aber nicht der Autor trägt sein eigenes Gedicht vor, sondern ein anderer Schüler. Dazu muß ihm eine Vorbereitungszeit eingeräumt werden.

→ Menschwerdung durch Sprache und Sprechen
→ Mit Sprache gestalten

- Die Schüler lernen Texte ihrer Wahl auswendig und tragen sie vor. Das Auswendiglernen kann so zum Inwendiglernen werden. Die Mißachtung des Vortragens fremder Texte als „niedere" Gedächtnisleistung in vielen Schulen ist kaum zu entschuldigen.

→ Kultur und Tradition
→ Menschwerdung durch Sprache und Sprechen

- Auch wir Lehrer haben es nötig, das Zuhören zu üben. Diese Eigenschaft ist auch bei uns derzeit nur mangelhaft entwickelt. Jeder muß seine eigene Phantasie aufrufen, um das zu ändern.
- Die Schüler sehen sich gemeinsam etwas an: eine Löwenzahnpflanze, eine Spinne, einen Apfel oder etwas ähnliches. Dies zeichnen sie oder beschreiben es mit Worten. Sie geben ihre Werke in einen Kreislauf zum Nachbarn. Der soll es mit seinen Vorstellungen anreichern. Der nächste Nachbar kann fortfahren.

→ Pflege sozialer Bezüge
→ Kunst als Ganzheitsprozeß und Beitrag zur Personwerdung

- Wenn sich in der Klasse ein Streit zwischen zwei Schülern entwickelt, übernimmt je ein anderer dessen Verteidigung. Dies ist aber nicht im rechtlichen Sinne gemeint, sondern im verstehenden, interpretierenden.

→ Pflege sozialer Bezüge
→ Beiträge zur Konfliktverminderung, -vermeidung, -lösung

- Man wählt mit den Schülern konkrete Begriffe aus wie z. B. Baum, Garten oder See. In einem Gespräch stellt man zusammen, was sich alle darunter vorstellen, was also allgemeine Vorstellung ist und wo ganz individuelle Färbungen vorliegen, die Begriffe also von der allgemeinen Norm abweichen.

→ Menschwerdung durch Sprache und Sprechen

- Sehr gern machen ältere Schüler bei folgendem Spiel mit: Zwei einander fremde Gruppen begegnen sich. Zur gegenseitigen Vorstellung bilden je zwei Schüler ein Paar. Jeder muß von sich erzählen, jeder darf den anderen befragen. Nun stellt jeder nicht sich selbst, sondern den anderen vor.

→ Pflege sozialer Bezüge
→ Prinzip der Verfremdung
→ Menschwerdung durch Sprache und Sprechen

- Eine Gruppe versucht, Geräusche zu imitieren, die wirklich vorkommen: am Wasser, mit Wasser, beim Auto, bei Tieren usw. Diese Geräusche werden auf Band aufgezeichnet. Zu jedem Geräusch sollen die Schüler einen Begriff oder einen Bildbegriff (ein Bild) finden.

→ Künstlerisches und Naturwissenschaft (alle Künste)

Der Ich-Sinn

In diesem Buch ist schon vielfach vom Ich gesprochen worden, wie jeder Mensch Wünsche hat oder Ziele, wie er etwas will, wie er gerade leidet oder etwas begehrt, wie er sich erinnert oder sich einem anderen zuwendet. Dabei sagt diese Person, diese Individualität ständig „Ich" und kann dieses Ich an sich selbst doch nicht wahrnehmen oder mit seinem Bewußtsein umfassen. Habe ich es aber mit einem anderen Menschen zu tun und wende mich ihm zu, so nehme ich nicht seine Ziele und Wünsche wahr oder das, was er leidet oder begehrt oder woran er sich gerade erinnert, sondern ich nehme ihn in jedem Augenblick als Ganzheit wahr, als Person, als Individualität, als Ich. Dabei verschmelzen alle Einzelwahrnehmungen, wie z. B. die Sprache, Kleidung, die Gestik, die Mimik, das Geschlecht, die gerade vorgetragenen Gesprächsinhalte zu einer Einheit, die diesem Ich als Ganzes zu-

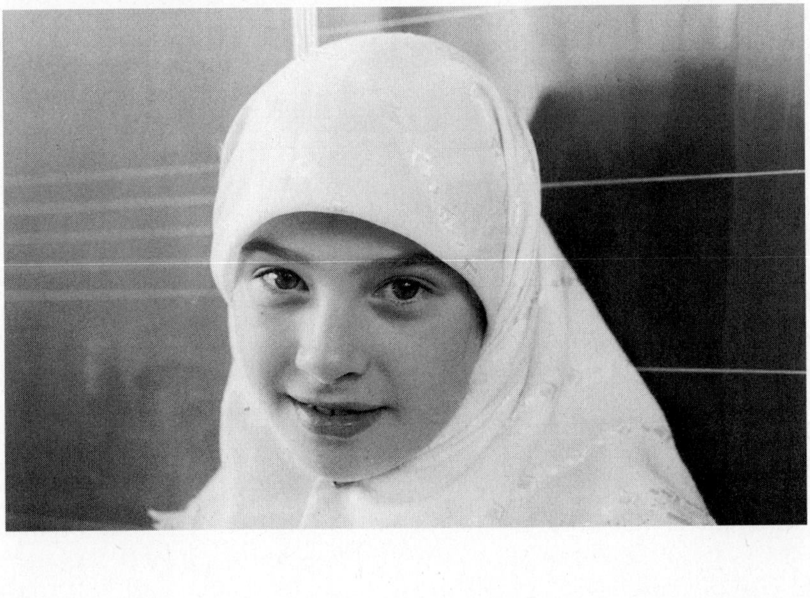

Wer bist Du? Ein Mensch mit einem eigenen, unverwechselbaren Ich.

Eindruck und Ausdruck, empfangen und senden. Ein Bild ohne Worte.

geordnet ist. Keinesfalls ist es also mein eigenes Ich, das das fremde wahrnimmt. Es ist dies auf jeden Fall ein rätselvolles Phänomen. Schon mehrfach sagten Kollegen bei der Erörterung dieses Sachverhaltes: Dann müssen wir ja einen Ich-Sinn haben. So ist es wohl.

Wie kommt nun diese Wahrnehmung des von uns abgesonderten Ich zustande? Aeppli berichtet, wie Steiner auf den Ich-Sinn gekommen ist (Aeppli 1967): Jemand ist verliebt. Was bestimmt seine Wahrnehmung? Die Sympathie! Jemand kann einen Mitmenschen nicht ausstehen. Bei ihm ist die Wahrnehmung extrem zur Antipathie hin verschoben. In beiden Fällen nimmt man nicht das reale Ich des Gegenübers wahr, sondern es entsteht in diesem Wechsel zwischen Sympathie und Antipathie, zwischen Zuwendung und Abwendung, zwischen Verbrüderung und Feindlichkeit. Fast immer gerät der Wahrnehmende dabei in eine emotionale Schieflage; diese ist geradezu das Normale. Wir kennen dies zur Genüge und nennen es Parteilichkeit, unter der wir im Grunde genommen bereits jede uns fremde Person wahrnehmen. Hieraus ergeben sich drei Arbeitsrichtungen für die Natur- und Umwelterziehung.

Die eine ist darauf gerichtet, der eigenen Individualität, dem eigenen Ich die Entfaltung zu erleichtern. Darauf zielen sehr viele Arbeitsaufgaben dieses Buches. Die zweite besteht darin, das im Gegenüber tätige Ich überhaupt erst einmal wahrzunehmen und zu akzeptieren. Die Aufmerksamkeit muß sich dabei von den eigenen Wünschen und Bedürfnissen den fremden zuwenden. Das bedeutet, den eigenen Egoismus und Narzißmus zu erkennen und sich ganz allgemein den anderen und der Mitwelt zuzuwenden. Eine dritte wäre schließlich, die eigene Abhängigkeit von der Betätigung der Sympathie und Antipathie zu erkennen und beide(!) zu überwinden. Das Ziel heißt nicht nur: Du sollst deine Antipathie einem Menschen gegenüber, einer Aufgabe

Ein anderes Bild ohne Worte.

gegenüber überwinden, sondern auch: Du sollst deine Sympathie überwinden.

Lust und Unlust sollen einer ausschließlich sachbezogenen Einstellung weichen. Das ist wahrlich ein großes, fernes, schwierig erreichbares Ziel und steht auch im Widerspruch zu den Maximen unserer Lust-Gesellschaft. Mit dem Ich-Sinn hatten die meisten Kollegen bisher keine Schwierigkeiten. Die Anfälligkeit dieses Bereiches ist nur allzu bekannt. Ob die Evolution in ferner Zukunft sogar einmal einen Wir-Sinn hervorbringt, ist eine Hoffnung, die von mehreren Kollegen ausgesprochen wurde. Vielleicht kann sogar die Natur- und Umwelterziehung zur Evolution dieses Sinnesfeldes etwas beitragen; denn unsere Kulturevolution ist gewiß noch nicht zu Ende.

7

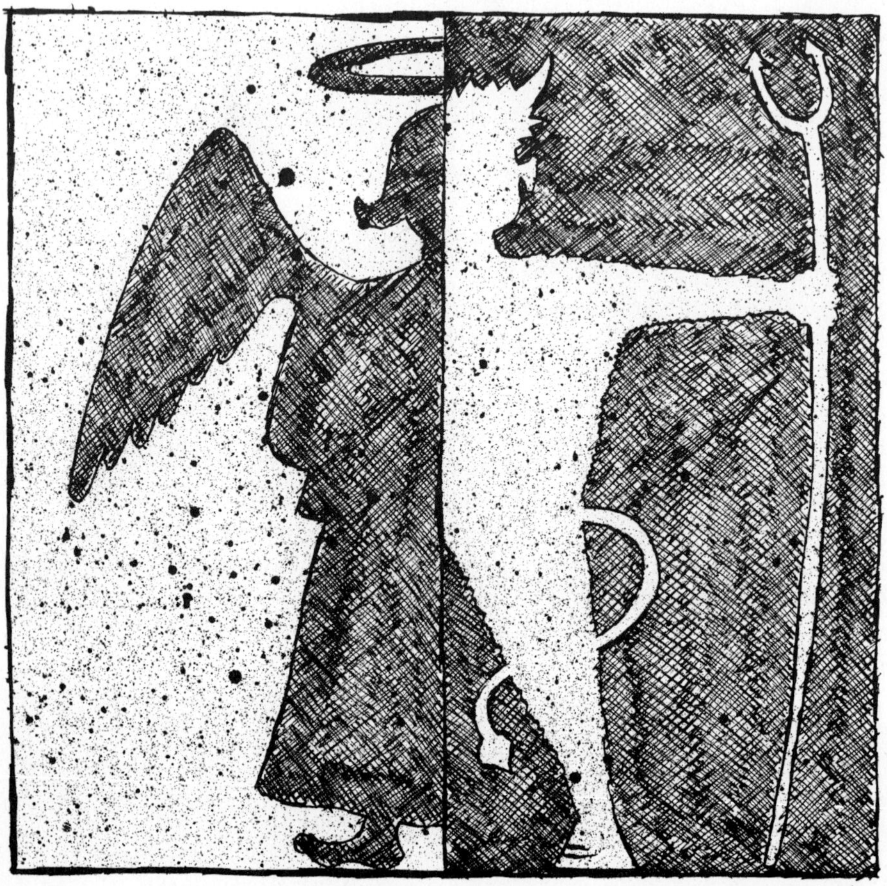

Die Bedeutung von Mythos, Kultus und Ritus (Religion) für die Natur- und Umwelterziehung

Es ist kaum zu bestreiten, daß die geistige und politische Macht der Kirchen in unserem Kulturraum im Schwinden ist. Es ist aber gleichzeitig festzustellen, daß das Bedürfnis nach Religion irgendwie und allgemein im Wachsen ist, sobald man das neu aufgekommene Gespräch über Engel, über das Leben nach dem Tode, über okkulte und fernöstliche Strömungen, die vielerorts praktizierten Meditationsübungen und andere Suchbewegungen diesem Bereich zuordnet.

Das philosophische Prinzip „Verantwortung für die Enkel" (Jonas 1985) oder das religiöse der „Ehrfurcht vor dem Leben" (Schweitzer 1986) versprechen Lösungen des Problems, wie der Niedergang unseres Planeten unter der Herrschaft des Menschen aufzuhalten sei. Hört man auf die feineren Töne, entdeckt man auch in der Ökologiebewegung zahlreiche religiöse Elemente. Die Verteidigung von Seeadler und Edelweiß ist rational kaum zu begründen. Der persönliche Einsatz rund um die Uhr unter Opferung der gesamten Freizeit zur Bewachung eines Kranichpaares, eines Wanderfalkenhorstes oder einer Schwarzstorchbrut hat mit kalkulierter Vernunft, mit der Berechnung von Nutzen und Aufwand nichts mehr zu tun. Er hängt mit einer gefühlten Wertordnung zusammen. Eine solche Wertordnung entsteht aus dem Erlebnis des Sinnes, der gefühlt, geahnt, erfahren, aber nicht erdacht wird. H_2O als chemische Formel für Wasser ist nicht auf einen solchen Sinn bezogen. Aber die Quelle in der Wüste läßt vielleicht die vieldeutige Wahrheit ahnen: Wo Wasser ist, ist Leben.

All dies ist nicht Religiosität, ist ihr aber eher benachbart als dem rationalen Denken. Gerade Jugendliche sind dafür empfänglich.

Ökologische Religion ?

Allgemeinverbindliche Antworten zu allen Fragen der Religion sind heute nicht mehr möglich. Allein die Deutungen des Jesus von Nazareth reichen von der leiblichen Gottessohnschaft über die eines Archetypus, einer Symbolgestalt, auch einer Art Märchenfigur bis zum engagierten Sozialarbeiter oder auch nur zur Projektion menschlicher Wünsche (Hutten 1989, Riemeck 1985, Vollmer 1987, Störing 1987, Jung 1979, Hofer und Altner 1972, Haeckel 1908 oder Feuerbach 1845). Diese vielgesichtige, pluralistische Ausgangslage hat zur Folge, daß auf der Suche nach einer neuen Innerlichkeit auch die Ökologie für eine neue Religion bemüht wird. Ökologische Religion ist nach Mynarek (1986) eine breite Unterströmung der gesamten ökologischen Bewegung, entspricht einem allgemeinen menschlichen Bedürfnis und ersetzt die alten, verbrauchten, nicht mehr befriedigenden Formen. Als Grunderlebnis dieser neuen Religiosität beschreibt er den Schauer, der den einzelnen Menschen angesichts der Mißhandlung der Natur ergreift. Er bewirkt, daß alle, die davon ergriffen sind, als religiöse Dimension die Ehrfurcht vor dem Leben eint.

Der Mittelpunkt der neuen Religiosität ist der erlebbare Lebenswille aller Kreatur. Ehrfurcht vor dem Leben ist Mynarek zufolge Frömmigkeit in der tiefsten Fassung. Sie bedingt eine universale Ethik. Diese ist die neue Religion. Die so definierte Religion meint kein neues Bekenntnis, keine neue Konfession, sondern beschreibt ein neues Lebensgefühl: Das Mitleiden und die Solidarität mit der Natur und Kreatur. Das ist nach Mynarek etwas völlig Neues und weiß sich im Bunde mit einem „ökologischen Humanismus", der um die Beziehungen zwischen Kosmos, Erde, Natur und Mensch weiß. In diese gewaltige Allbeziehung ist der Begriff Oikos auszuweiten. Für den Öko-Humanismus ist die ökologische Religion die unserer Zeit angemessene Form. Nach der kritischen Betrachtung der überkommenen Religion durch Feuerbach, Nietzsche, Marx und Freud müsse jetzt endlich eine positive Phase einsetzen, in der es zu einer Balance zwischen Körper und Geist, Psyche und Geist, Gefühl und Verstand, Natur und Kultur, Aktion und Kontemplation komme. Nur so kämen Mensch und Kosmos in Einklang, ins Gleichgewicht. Das sei das Ziel jeglicher Religion.

Die Natur selbst sei für uns Menschen dabei die beste Lehrmeisterin, die uns Sinn, Opfer und Altruismus vorführe. Dieser immanente Sinn werde mehr und mehr durch die Naturwissenschaft erkennbar. Die neue Öko-Religion bedarf zu ihrer Vertiefung der Forschungsergebnisse der Naturwissenschaft. Sie würden das ersetzen, was für die alten Religionsströmungen die Offenbarungsbücher waren (vgl. Mynarek 1986, auch Schultz 1969).

Die „neue" Religion wird „definiert". Kultische Formen, kultische Orte oder Riten werden nicht beschrieben. Es muß vermutet werden, daß die Natur selbst zum kultischen Ort gemacht werden soll, an dem die Ehrfurcht vor dem Leben (Schweitzer) gleichzeitig Tat wie Meditation werden soll. Was liegt dieser hier relativ breit referierten Haltung zugrunde? Der Verfasser sieht richtig, daß die mittelalterlichen Deutungen der Welt nicht mehr ausreichen, den heutigen Menschen zu halten. Nun hätte ihm ein einziger Blick in den Brockhaus zeigen können, daß jede Religion auf einem Mythos aufbaut und durch einen Kultus und Ritus gepflegt wird. Alle drei sind wandelbar, wie z. B. die Vorgeschichte und Geschichte des Christentums lehren. Alle drei müssen immer wieder neu mit der Erfahrung, dem historischen Kontext, den Denk- und Erlebnisformen der Menschheitsepochen verbunden werden. Aber ohne sie kann es keine neue Religion geben.

Die meisten heutigen Menschen möchten offenbar Glauben und Erkennen miteinander verbinden. Die Grundprinzipien beider Modi stehen polar zueinander: Glauben entspringt dem Erleben von Sinn in einer komplexen, ganzheitlichen Form, entspringt also einem Fühlen, einem Hingegebensein, einem eher gefühlten Erkennen der Ganzheit. Der Kultus ist primär die Pflege dieses ganzheitlichen Fühlens und Erkennens. Er wird durch seine Handlungen und Bilder selbst zur Wahrheit. Die andere Weise des Erkennens dagegen geht vom Denken aus, vom zunächst noch sinnesabhängigen immer weiter zum reinen oder abstrakten Denken. Das ist der völlig andere Weg der Logik und der Ratio. Obgleich beide Erkenntnisweisen von verschiedenen Polen aufbrechen, nähern sich die beiden Wege z. B. in der Ethik. Sie sind gleichwertige Grundformen menschlicher Erfahrung.

Mir scheint, daß der denkerische Erkenntnisweg der schwierigere ist und von den meisten Menschen noch nicht geleistet werden kann. Ihnen steht die Erfahrungsform des Religiösen näher. Die Aufgabe jedoch, das zunächst Gefühlte dann auch denkbar zu machen, bleibt. Wo hat die Natur ihren Mythos, ihren Kultus, ihre Altäre? Wo sind ihre Tempel und Opferstätten? Es ist wohl wahr: So etwas wie Sinn geht durch die ganze Natur. Aber es ist auch wahr: Bisher kann ihn nur der Mensch entziffern. Das Opfer, das sein Egoismus bringen muß, bedarf für die meisten Menschen der Pflege und Übung auf Opferaltären, wie sie auch aussehen mögen. Nur wenn die Menschen sich selbst und ihr Leben mit Sinn heiligen, können sie auch die Natur heiligen. Die neue Aufgabe ist klar in der ökologischen Religion gefühlt, ebenso die Notwendigkeit einer Erneuerung zu einer Ganzheit von Fühlen und Denken. Reliogiosität ist Suche nach Sinn. Die Urgeschichtsforschung legt dazu eine erdrückende Fülle von Befunden vor, die von der Bedeut-

Ein kultisches Zeichen auf einer indischen Lehmhütte: Das Lebensrad mit Dreiecken, die Tod und Leben symbolisieren. In der Mitte sind beide Dreiecke zusammengefügt um das irdische Glückssymbol, die Swastika.

samkeit des Religiösen für die frühe Menschheit zeugen. Von Anfang an waren die Menschen offenbar sowohl Homo faber (werkzeuggebrauchend) wie Homo religiosus (Hofer/Altner 1972), so daß man ernsthaft die Frage stellen muß, ob nicht die Sehnsucht nach dem Heiligen genau so zu uns gehört wie der aufrechte Gang oder die lebenslange Sexualität.

Auch die tiefenpsychologischen Schulen setzen sich mit dem Phänomen der Religion als Bedürfnis auseinander. Wenn sie auch zu unterschiedlichen Bewertungen kommen, betonen doch alle die Bedeutsamkeit dieses Komplexes für das menschliche Leben. Selbst die Humanethologie (Bertalanffy 1970 oder Hofer und Altner 1972) weist darauf hin, daß Symbole, die ja den Kern einer Religion kennzeichnen, allein für uns Menschen den Rang einer Realität haben.

Selbst aus Gesprächen mit Drogenabhängigen erfährt man, daß sie die „grenzenlose" Erweiterung ihres Erlebnishorizontes suchen. Diese Sehnsucht, nicht aber die Art der Verwirklichung, haben sie mit vielen Mystikern gemeinsam. Und wenn man z. B. den Erfolg der Bücher von M . Ende analysiert, gerät man auch sehr schnell auf das Phänomen einer religiösen Sehnsucht. Man begegnet ihr überall: in der umfangreichen Literatur über die Erfahrungen jenseits der Todesschwelle (Kübler/Roß) oder in den plötzlich wieder auftauchenden Fragen nach den Engeln (Wim Wenders' Film oder Ströter-Bender 1988) oder dem förmlichen Kult mit Indianergebeten in der Umweltbewegung oder das Bedürfnis nach Meditationspraktiken. Alles deutet trotz der Kirchenaustritte darauf hin, daß das Heilige, Numinose, Geheimnisvolle derzeit für viele Menschen erneut Wichtigkeit erlangt. Aber wo Mythos, Kultus und Ritus fehlen, kann keine Religion entstehen.

Beschreibung der Begriffe Mythos (Mythus), Kultus und Ritus

Die grundlegende Bedeutsamkeit der Religion für die Natur- und Umwelterziehung wird besser sichtbar, wenn einige ihrer grundlegenden Phänomene, die sich an drei Begriffen festmachen lassen, entfaltet werden.

Mythos

Mythos bedeutet ursprünglich Wort, Aussage, Rede, Erzählung (Mann 1988, Siegmund 1984 und Brockhaus). Das Wort Aussage deutet an, um was es eigentlich geht: Um die Kundgabe der inneren Werdegeheimnisse der Welt, um den Sinn, um die Verknüpfung der Menschen mit dem Göttlichen, um den Ursprung und um das Ziel. Nur die Menschen erleben, erfahren Sonne, Mond, Sterne, Wetter, Blitz, Donner, Erdbeben, das Wachstum und die Fortpflanzung, Ebbe und Flut und stellen die Frage nach den dahinter wirkenden oder dies alles bewirkenden Mächten. Mit diesen Mächten fühlen sie sich konfrontiert, auch heute noch. Je naturnäher eine Menschengruppe lebt, um so komplexer ist das Undurchschaute, Geheimnisvolle. Der Mythos, der sich aus einer inneren Bilderschau entwickelt, ist immer auf einen einheitlichen Kulturraum bezogen. Für die Eskimos spielen deshalb wohl im Mythos der Kojote, der Rabe, der Wolf und der Bär eine große Rolle, für die Germanen das Meer mit Flut und Ebbe, für die Bewohner der Mittelmeerländer das Licht und die Sonne. Der Mythos ist Ausdruck für das Heilige und ist gleichzeitig das Heilige selbst. Er wird nicht gedacht, sondern erschaut und erlebt. In ihm drückt sich eine höhere Wirklichkeit aus.

Deshalb ist er im Grunde unangreifbar (Mann 1988). Allerdings unterliegt er einer Evolution. Das Geheimnis zwischen Gott und den Menschen verändert sich im Verlaufe der Geschichte und bleibt in irgendeiner Weise dennoch bestehen. (Mir ist bekannt, daß es sehr unterschiedliche Definitionen für das Wort Mythos gibt (vgl. Siegmund 1984). Der Mythos tritt nach dieser Beschreibung immer in einem zeitlichen Gewande auf. Einen nackten Mythos gibt es nicht (Mann 1988). Die Bedeutung des Wortes Mythos als Rede und Erzählung weist darauf hin. Damit ist gleichzeitig die Nähe des Mythos zur Dichtkunst, zur Poesie ausgedrückt. In der Erzählung wird der Mythos anschaulich, wiederholbar. Gleichzeitig wird er ästhetisiert, idealisiert. Da er das Heilige ausdrückt, muß er vor Profanisierung geschützt werden. Er wird vielleicht deshalb durch besondere, herausgehobene Persönlichkeiten verwaltet, die sich dann Schamanen oder Priester nennen.

In unserem Kulturraum wurde der Mythos mehr und mehr mit dem Logos identifiziert (nach Otto; Siegmund 1984). So wird er im Johannes-Prolog genannt. Dieser „logos“, der am Anfang war, ist nicht Gott, sondern das aus einem „unendlichen Gott“ hervorgegangene schöpferische Prinzip. Das ist eine qualitative Aussage, die unseren physikalischen Einsichten in die Weltentstehung nicht einmal widerspricht. Dem Mythos zufolge hat dieses schöpferische Prinzip alles entstehen lassen, ins Sichtbare, Zeitlich-Räumliche geführt. Alle Dinge dieser Welt lassen gleichsam die Prägung durch den Logos erkennen. In uns Menschen als dem „Ebenbild Gottes“ ist der Logos als „göttlicher Funke“ gleichzeitig auch das Wahrnehmungsorgan für ihn. Der Logos im Menschen nimmt den „Logos“ in der Welt wahr. Denn Gleiches kann nur von Gleichem erkannt werden. Das Wort „Logos“ ist im Grunde nicht übersetzbar. Die moderne Erkenntnis aber, daß das Meßinstrument in jede Erkenntnis eingeht, ist eine Art Säkularisierung des Gedankens (vergl. Heraklit, Plotin, Jakob Böhme, Jordan 1972 und Heitler 1964).

Ein Mythos gehört offenbar zum Menschen. Er ist historisch überliefert in Form unendlich vieler verschiedener Mythen. Insbesondere in Märchen und ähnlichen Geschichten haben sich die Bildwahrheiten der Mythen gleichzeitig erhalten und verwandelt (Siegmund 1984, Drewermann). Mythisches Denken ähnelt dem Bilddenken der Märchenwahrheiten. Dem Untergang großer Kulturen entsprach immer ein Kraftloswerden ihrer Mythen. Materie kann nach allem, was wir wissen, nicht zum Mythos werden.

Kultus

Einem lebendigen Mythos entspricht ein lebendiger Kultus. Das Wort stammt von lat. colere, pflegen. Im Kultus wird der Mythos in seiner Substanz erlebt, erfahren, verehrt, wahrgenommen, gepflegt, ihm wird Dauer verliehen.

Ein beliebiges historisches Beispiel: Im Hera-Kult auf Samos wurde ein Kultbild verehrt, anfangs ein Brett, später eine Gestalt. Dieses Bild wurde an einem bestimmten Festtag des Jahres am Strand neu gefunden, im Meer gereinigt, anschließend bekleidet, in einer feierlichen Prozession eingeholt und auf dem Altar aufgestellt. Ihm wurden Opfer gebracht an Tieren, Geld, Schmuck. Dem Hera-Mythos, den jedermann kannte, war ein Kultus zugeordnet, in dem Laien wie Priester eine genau zugewiesene Rolle hatten (Walter 1990). Im Kultverlauf wurde die Anwesenheit der göttlichen Hera real erfahren. Wird die Anwesenheit des göttlichen Geheimnisses (also der Mythos) nicht mehr erfahren, verfällt der Kultus. Fast immer wird er zunächst künstlerisch ausgestaltet, erstarrt dann, wird formal und geht in einem nachfolgenden Kult auf. Wenn man vor den gewaltigen Tempelanlagen auf Samos steht, läßt sich aus unserem Lebensgefühl kaum nachvollziehen, was die Griechen hier in einen heiligen Schauer versetzte. In fast allen Kulten spielen ähnliche Vorgänge eine Rolle: die kultische Reinigung (Ganges-Bad, Taufe), der kultische Tanz (vor allem in Beutemachergesellschaften verbreitet), die Prozession, die Heilige Mahlzeit, das Opfer.

Die Kraft eines Kultus wird gesteigert, sobald er in Gemeinschaft vollzogen und erlebt wird (Langer 1965, Walter 1990, Mann 1988, Rinne 1985, Schär 1946, Brockhaus 1979). Die Kulthandlungen selbst sind nach Zeit und Ort nirgendwo frei verfügbar. Es gibt fast immer im Jahreslauf „heilige Zeiten" – Jahreszeiten, Tage, Stunden im Tagesverlauf. Oft sind es Orte, die für den Kultus bedeutsam waren, oder auch geschichtliche Daten. Kulthandlungen werden immer an besonderen Orten vollzogen. Das können Berge oder Bäume sein, Quellen, besondere Stellen am oder im Meer, gebaute Stätten wie Tempel oder Kirchen oder sogar nur ein Hausaltar. Die meisten Kulte kennen das Kultbild. Der Kult selbst darf keinesfalls von jedermann vollzogen werden. Die Kultdiener bedürfen der Berufung und/oder besonderen Ausbildung. Im Kultus wird der heilige Bezirk und die heilige Handlung immer deutlich vom Profanen abgetrennt, so daß auch die verwendeten Geräte heilig sind. Jemand, der außerhalb des Kultus steht, ihn von außen betrachtet, kann ihn nicht verstehen; deshalb kann er ihn auch nicht kritisieren.

Ritus

Der Begriff stammt aus dem indischen Kultus und meint den ordnungsgemäßen Ablauf einer kultischen Handlung (Brockhaus). Er bezeichnet also im Gegensatz zum Kultus etwas Formales. Eigentlich sollten Mythos, Kultus und Ritus eine untrennbare Einheit bilden. Aber das macht heute Schwierigkeiten. Wer empfindet im Taufritus

Eine solche Situation hat die Chance, das religiöse Empfinden zu berühren.

wirklich noch die kultische Reinigung, den symbolischen Tod des alten und die Geburt des neuen Menschen? Wer nimmt als Pate bewußt das Amt an, „Wächter des Seelenweges" für den heranwachsenden Menschen zu sein? Mit der Kodifizierung der Riten und ihrer Dogmatisierung wird oft gleichzeitig ihre Erstarrung eingeleitet.

Geht uns das alles für die Natur- und Umwelterziehung etwas an? Kann durch die Pflege von Riten vielleicht wenigstens die Aufmerksamkeit für Kultus und Mythos gestärkt werden? Es könnte sein; denn die Beobachtung des Alltagslebens zeigt, daß sich das mythische Phänomen lediglich verkrochen hat. Unsere scheinbar so rationale Welt ist immer noch voller mythischer Bilder, weil Sprache als solche mythisch ist. Die Begriffe Waldsterben, Atomkraft oder Kampf ums Dasein sind als Metapher solchen mythischen Bildern nahe. Beim Baum z. B. ist das mythische Element relativ leicht zu fassen. C. G. Jung hat sich eingehend mit dessen Symbolik beschäftigt (Jung 1979). Danach wird der Baum mit folgenden Bildwahrheiten verbunden: Wachstum als solchem, Leben, Entfaltung in physischer und geistiger Hinsicht, Entwicklung, Wachstum von oben nach unten und umgekehrt, in der Muttersymbolik als Schutz, ferner als Schatten, Dach, Früchtespender, Lebensquelle und als Symbol für Festigkeit, Dauer, Verwurzelung, Nicht-von-der-Stelle-können, Alter, Persönlichkeit, Tod und Wiedergeburt (Mythos vom Baum des Lebens und der Erkenntnis). Wie viele Kreuzigungsbilder zeigen, ist auch das Christentum eng mit dem Baummythos verbunden, selbst der Mastbaum ist ein Baumsymbol. Im Wort Waldsterben klingen nicht nur mythische Bilder vom Wald an, sondern unterschwellig auch die vom Baum, dem einzelnen natürlich nicht bewußt, aber dennoch in der nicht-rationalen Schicht unserer

Sprache aufbewahrt und so noch immer lebendig (Aufzählung nach Seifert 1986, Höhler 1985). Schon dieses kleine Beispiel legt nahe, den Komplex von Mythos, Kultus und Ritus für die Natur- und Umwelterziehung fruchtbar zu machen.

Das religiöse Grunderlebnis

Wenn im folgenden angesichts der Bedeutung für die Natur- und Umwelterziehung das Wagnis unternommen wird, etwas über das religiöse Grunderlebnis zu sagen, so kann das nur die leicht mißdeutbare Verkürzung dessen sein, was im Grunde zunächst nur gefühlt und erlebt und dann erst gedacht wird. Mir ist bewußt, daß die Schilderung eher an Herder, Schleiermacher oder auch Steiner anknüpft als an Harnack, Bultmann, Freud, Bonhoeffer, also eher konservativ genannt werden wird.

Viele werden dies kennen: Er oder sie steht auf einem Berg und sieht ins Weite, wo Himmel und Erde ineinander übergehen, oder wird plötzlich von einem Wort bis ins Innerste ergriffen, getroffen, erschüttert oder sieht ein Kind, vielleicht sogar das eigene, das leidet oder sich freut, verliert sich in der Betrachtung einer Blume, steht sprachlos vor einem Toten oder wird von einem Musikstück angerührt. Ohne daß er oder sie es will oder denkt, kommt ein Gefühl auf, das unverwechselbar aber irgendwie unbestimmt ist, gleichzeitig auch feierlich und ernst und paradoxerweise dennoch auch irgendwie heiter.

Tatsächlich können wohl nur paradoxe Formulierungen diesen Zustand beschreiben: Das Mitfühlen fließt auseinander, ergießt sich gleichsam in die Welt, verbindet sich gleichzeitig fragend wie verstehend mit den Dingen, geht darin auf, ohne sich darin zu verlieren. Es ist dies eine Begegnung mit dem Numinosen im profanen Alltag. Angestoßen oder angerührt wird eine solche Begegnung immer von einer sinnlichen Wahrnehmung. Jeder hat dann aber wohl gleichsam hinter der Sinneswahrnehmung das Gefühl, daß in diesem Augenblick die Ewigkeit gegenwärtig sei, die Zeit still stehe, der Sinn greifbar nahe sei. Was hier mit schwerfälligen Umschreibungen geschildert wird, ist das allgemeinste Erlebnis des Religiösen, die Begegnung mit diesem Bereich, was aber niemand im Sinne einer pantheistischen Religion ausdeuten darf. Wenn dies nun auf Kirche stößt? Jede Kirche hat ihre Lehrmeinungen, ihre Theologie. Eine Auseinandersetzung damit würde an dieser Stelle auf das völlig falsche Gleis führen und bei Nietzsche enden: Gott ist tot. Damit ist gewiß der Gott der Theologie gemeint, der Gott der Lehrmeinungen, der mit der geschilderten Situation nur wenig zu tun hat. Im religiösen Wurzelerlebnis, das sollte gesagt werden, findet die individuelle Innerlichkeit, das persönliche Gefühl, das Empfinden eine Antwort auf Fragen, die zuvor vielleicht niemals formuliert worden sind, vielleicht auch gar nicht formuliert werden können. Das eingangs geschilderte Erlebnis ist im Grunde noch frei von Ort, Zeit und Bekenntnis.

Wenn jemand dieses Erlebnis gern wiederholen möchte, geht er schon auf einen Kultus zu – dies noch völlig unabhängig von Kirche, Bekenntnis oder Glaubensgemeinschaft.

Der Kultus berührt also das Fernste, Unbegreiflichste, Geheimnisvollste in der Erfahrung des Numinosen, in der Gotteserfahrung, im Gotteserlebnis und dies merkwürdigerweise veranlaßt durch einen Bereich, den wir mit den Tieren gemeinsam haben: unsere Sinne. Wie genial ist unsere Sprache, indem sie die Worte „der Sinn" und „sinnlich" aus einem gemeinsamen Wortstamm bildet. Auch der religiöse Sinn knüpft an unsere Sinne an. Jeder Kultus wendet sich deswegen auch mehr an unsere Nasen, Ohren und Augen als unseren Kopf. Wer erst im Kultus steht, riecht ihn im Weihrauch, hört ihn im Wortklang, in der Musik, in Schellen und Glocken, sieht ihn in den Farben der Gewänder, des Altars, der Kopfbedeckung, im Umgang mit den Heiligen Büchern und den Tätigkeiten und Vorgängen. Gemeinde und Priester vollziehen in einem lebendigen Kultus immer wieder aufs neue ihre religiöse Grunderfahrung. Eine Rolle spielt in vielen Kulten bei der Vergegenwärtigung auch der Tanz, der in den christlichen Kultformen nahezu von Anfang an unterdrückt wurde. Jeder Kultus wendet sich also einmal über die Sinne an den Sinn. Heute wendet er sich in unserm Kulturkreis auch an das Denken und Erkennen. Unser Denken ist inzwischen so stark an allem beteiligt, daß es auch dem Kultus zustimmen muß. Von hieraus fällt ein Licht auf die Not unserer Hauptkonfessionen: In der evangelischen Gottesdienstform ist der Kultus in seiner Sinnlichkeit unterentwickelt, in der katholischen hat das eigene Denken seine Schwierigkeiten (z. B. Küng 1968, Schultz 1969, Drewermann 1991).

Der Kultus sollte heute beide Erkenntniswege zufriedenstellen. Das kann das Denken nicht. Es ist zwar in sich logisch und folgerichtig, aber den Sinn kann es niemals erfahrbar, erlebbar, sondern nur denkbar machen. Der Kultus kann es allerdings auch nur dann, wenn diese doppelte Erlebnisform praktiziert wird. Wird er z. B. aus einer ausschließlich naturwissenschaftlichen Haltung heraus befragt, kann er seine ganzheitlichen Antworten überhaupt nicht loswerden. Dies ist kein Schweigen der Verlegenheit, es geht auf das Phänomen selbst zurück. Ein einfaches Beispiel: Wenn im christlichen Kultus bei der Opferung Weihrauch verbrannt wird, in Wolken aufsteigt und mit seinem Duft den gesamten Raum erfüllt, ist das, naturwissenschaftlich gesehen, die Verwandlung fester Stoffe in flüchtige – eben infolge der Verbrennung. So gesehen ist der Vorgang im Kultus überhaupt nicht zu unterscheiden von dem Räuchermännlein zu Hause, das zur gemütlichen Kaffeestunde denselben Duft aus seinem Munde strömen läßt. Im kultischen Sinn sind Nase und Auge sowohl Eingangs- wie Ausgangstore. Eingangstore für die sinnliche Wahrnehmung, Ausgangstore insofern, als sich die einzelne Person substantiell mit dem Vorgang identifiziert, also aus sich wesenhaft herausgeht, ein Stück von sich hingibt, opfert, urbildlich gesprochen, mit dem Weihrauch verbrennen läßt und im Gefühl des Einswerdens mit der göttlichen Welt (vielleicht) für Augenblicke selbst geheiligt wird. Das Verbrennen von Weihrauch ist danach eine Bildwahrheit im Kultus, mehr als ein Symbol, mehr als verbrannter Weihrauch. Im Vollzug können die Sinne unmittelbar das Sinnerlebnis stiften. Die Fähigkeit in einem Kultus die doppelte Wahrheit ganzheitlich zu erleben, gehört nach meiner Meinung zu unserer menschlichen Natur wie der aufrechte Gang, die lebenslange Bereitschaft zur Sexualität, der Werkzeuggebrauch, die Kunst und die Sprache.

Der Kultus ist hier beschrieben als der wiederkehrende Vollzug eines religiösen Grunderlebnisses. Während das Gemüt, das Gefühl, das Gestimmtsein dabei gleichsam eine Art komplexes Sinnesorgan für das religiöse Erleben ist, das ja zu echter Erkenntnis führt, gibt es den zweiten Weg zum Erkennen durch das Denken. Das Denken muß sich dabei zunächst seiner selbst versichern. Ist diese Welt so, wie sie meine Sinne abbilden? Gibt es die Ideen Platos in Wirklichkeit? Kann ich mit dem Denken überhaupt das Wesen des Denkens erfassen? Ist die Welt Geist und Materie, nur Materie, Wille und Vorstellung, Spiel und Zufall?

Schon die Fragen machen deutlich, daß unser Denken jeweils von einer oder mehreren Grundtatsachen ausgehen muß und darauf ein Gebäude errichtet, welches mit den Erscheinungen der Welt übereinstimmen muß. Das Denken gliedert, zerteilt, prüft, bildet Hypothesen, formuliert Thesen, findet dann Synthesen und muß immer zugestehen, daß ein kleiner Rest der Kenntnisse im Erkenntnisgebäude keinen Platz findet. Das ist der Ansporn zum immer weiteren Differenzieren des Denkgebäudes. Im Kapitel 3 wurden vier dieser Denkgebäude im Umriß vorgestellt.

Jede Denkweise geht einen anderen Erkenntnisweg, baut ein eigenes Denkgebäude auf, in dem eben nur die eigene Wahrheit wahr ist. Auch dieser Weg führt zu Antworten nach dem Sinn der Erscheinungen, selbst wenn er als Grundwahrheit den Zufall und die Sinnlosigkeit dieser Welt postuliert. Sinnlosigkeit setzt ja schließlich voraus, daß ein Sinn überhaupt gedacht werden kann. Dieser Weg des Denkens, den insbesondere die Philosophie geht, setzt Intelligenz voraus, profunde Kenntnisse und auch viel Zeit. Das gilt vor allem für den Vergleich mit anderen Denkgebäuden und im Rückblick auf die Lösungen, die im Verlaufe der Geschichte vorgetragen wurden. Es ist dies ein Weg, der sich in keinem Augenblick der Wahrheit vergewissern kann, ob er tatsächlich alle bekannten Tatsachen berücksichtigt. Viele unserer Mitmenschen, die die ersten Schritte auf dem Erkenntnisweg des Denkens zurückgelegt haben, werfen das Handtuch. Dann werden sie oft ein Spielball in der Flut der Meinungsvielfalt und gehen im Grunde genommen beiden Erfahrungswegen verloren (Hierzu auch Dulitz; Kattmann 1990, Binder 1989, Gaedecke 1990, Günzler 1980).

Die vorstehende Schilderung ist in der Absicht verfaßt, beide Phänomene einigermaßen objektiv zu beschreiben. Da das kaum erreichbar ist, und es mir wirklich Ernst ist mit der Partnerschaft des Lesers, will ich versuchen, meinen persönlichen Weg wenigstens anzudeuten.

Solche Landschaften öffnen manche Menschen für Fragen aus ihrem tiefsten Inneren.

Durch die Erleichterung des kritischen Zugriffs soll dem Leser die Formulierung der eigenen Einstellung erleichtert werden. Die kulturzerstörende Polarisierung der Bereiche Glauben und Wissen begann schon, als der römische Bischof als Papst das Amt des Pontifex maximus der römischen Gottkaiser übernahm und zum Brückenbauer in die göttliche Erfahrungswelt wurde. Heute muß jeder seine Initiation selbst verwalten! Diese Initiation kann durchaus vom philosophischen Erkennen zum religiösen führen.

Leichter, aber immer noch schwer genug, führt sie vom religiösen Erleben zum Erkennen. Der Dualismus, den Kant fast unüberwindbar in der scharfen Trennung von Glauben und Wissen aufgebaut hat, muß als der Fehler schlechthin erkannt werden. Die ganze Auseinandersetzung zwischen Theologie und Philosophie läuft seit der Zeit der Kirchenväter fast logisch auf diese sich zerstörerisch auswirkende Polarisierung hinaus. Religion muß unter der Anforderung von logischen Beweisen (das gilt auch für die berühmten Gottesbeweise) zerrinnen.

Unter der Trennung von Glauben und Wissen müssen letztendlich beide auf der Strecke bleiben. Es hilft auch nicht, die Phänomene des religiösen Erlebens tiefenpsychologisch (Drewermann) oder unter der Kategorie des Symbols (Jung) zu betrachten, weil *die Erfahrung des Religiösen von gleicher Erkenntnisgewißheit ist wie die durch Denken.* Erst wenn es gelingt, die Erfahrungen des Kultischen mit in den Erkenntnisweg des Denkens aufzunehmen und umgekehrt mit den Möglichkeiten des denkenden Erfassens den Kultus zu durchdringen, wird auch unsere Umwelt geheilt werden.

Beide Wege führen zu Werturteilen, zu Haltungen und Handlungen. Für mich ist keiner dieser Wege besser oder schlechter. Die Lebenswirklichkeit hat mir aber gezeigt, daß der Weg des Denkens schwieriger zu begehen ist als der kultische. Er ist ja auch der neuere, jüngere. Gerade dies macht die Frage nach dem Beitrag der Religion zur Natur- und Umwelterziehung derzeit so wichtig.

Wandlungen von Mythen, Kulten, Religionen

Wandlungen im Verlaufe der Geschichte oder: Sind die Wahrnehmungen unserer Vorfahren mit unseren identisch?

Pythagoras soll den Klang der Himmelssphären, die Sphärenharmonie, noch lautlich deutlich gehört haben. Kepler hielt deswegen nicht die Gesetze, die heute seinen Namen tragen, für seine größte Erkenntnis, sondern das Gesetz, nach dem bestimmte Planetenbewegungen im gleichen Verhältnis zueinander stehen wie bestimmte Tonintervalle: Die Planeten klingen. Einen Nachklang davon findet sich im Faust-Prolog: „Die Sonne tönt nach alter Weise …“ Zwar lassen sich harmonikale Verhältnisse – also Klangverhältnisse – heute in fast allen Wissenschaftsbereichen nachweisen, aber sie sind dennoch aus dem Wahrnehmungsspektrum der Forschung herausgefallen oder an den Rand gerückt.

Im Alten und Neuen Testament werden zahlreiche Engelerfahrungen ganz realistisch beschrieben. Ein Engel verkündet Maria die Geburt Jesu, Engelscharen erscheinen den Hirten auf dem Felde, im Garten Gethsemane ist von Legionen Engeln die Rede. Dem Evangelisten Johannes oder dem Apostel Paulus ist der Umgang mit Engeln eigentlich selbstverständlich. Der Kirchenvater Origines entwickelte daraus um 225 eine ganze Engel-Kosmologie, die von einem geheimnisvollen Dyonysius Areopagita um 500 aufgeschrieben wurde. Neun Hierarchien mit je verschiedenen Aufgaben beschreibt er. Aber schon der Papst Gregor der Große, der den Verlauf der Messe festlegte, wird in seinen Schriften unsicher, denn er beschreibt verschiedene Ordnungssyteme (vgl. Zauner 1980). Aber das gesamte Mittelalter, z. B. Scotus Eriugena um 850, weiß noch um Engel, geht buchstäblich mit ihnen um. Bei der Betrachtung von Engeldarstellungen des 8.–14. Jahrhunderts kann man das noch spüren. Danach werden die Gestalten dann realistischer, aber man spürt an den Darstellungen, daß die unmittelbare Erfahrung mehr und mehr verblaßt und verloren geht.

Schon Luther konnte mit den Engeln nichts mehr anfangen. Sie wurden zur Allegorie als pausbäckige, geflügelte Kinderchen, die kaum jemand noch ernst nahm.

Dies sind nur zwei Beispiele von unendlich vielen. Solche Veränderungen lassen sich in allen Religionen nachweisen, auch für das Christentum. Schon der Streit auf dem Konzil zu Ephesus 431 (vgl. Riemeck 1985), ob Maria eine Gottesmutter oder nur eine Jesusmutter sei, führte zu der Frage, ob die Göttlichkeit in Jesus von Nazareth erst mit der Jordantaufe eingezogen oder von Anfang an vorhanden gewesen sei. Die Entscheidung „von Anfang an" wurde zum Dogma und war der erste Schritt, daß die ursprünglich spirituellen Aussagen des Urchristentums nach und nach materialisiert werden konnten. Erst in der Folge davon konnte die eigentlich materialistische Vorstellung von der Unbefleckten Empfängnis als Dogma entstehen oder die Vorstellung von der physisch-leiblichen Himmelfahrt Christi.

Auch die Transsubstantiation, die Verwandlung von Brot und Wein in Leib und Blut Christi, ursprünglich auch eine spirituelle Angelegenheit, wurde zunehmend materialistisch vorgestellt. Den Wundergeschichten ging es nicht anders. (Das griechisch- orthodoxe Christentum löste sich schon auf dem Konzil zu Konstantinopel 859 aus diesem Prozeß heraus.) Die Entspiritualisierung des Christentums im westlichen Abendland bei gleichzeitiger Materialisierung der eigentlich spirituellen Vorgänge schaffte erst die Voraussetzungen zu jenen Veränderungen, die Luther, Zwingli und Calvin vornahmen. Nichts beleuchtet den Prozeß deutlicher als der Streit zwischen Luther und Zwingli über das Abendmahl: Wird da der wirkliche Leib des Herrn gereicht (Luther) oder nur dessen Symbol (Zwingli)?

Jede Dogmatisierung behindert die Fortentwicklung einer Religion, vor allem wenn die Dogmen nicht mehr in die Zeit passen wie die Unbefleckte Empfängnis (1854 verkündet), die Unfehlbarkeit des Papstes (1870), die leibliche Himmelfahrt Mariens (erst in diesem Jahrhundert). Durch Dogmen wird die Offenbarung für abgeschlossen erklärt.

Das Dilemma des Religiösen ist bei uns dessen Monopolisierung durch Bekenntnisse. Nach diesem Verständnis wären die Häretiker und Ketzer diejenigen, die Religion im eigentlichen Sinne fortentwickeln wollten, die neue oder andere Erfahrungen in den Kultus einführen wollten. Ihre Scheiterhaufen sind die traurigen Flammenzeichen von Gewalt und Unterdrückung. Sie führen von dem christlichen Platoniker Origines (um 225) über den großen Philosophen Scotus Eriugena (um 850) über die Katharer, Waldenser, Hussitten und Hugenotten bis hin zu Küng und Drewermann (Riemeck 1986). Entsprechend haben sich die offiziellen Formen des Kultus seit über tausend Jahren kaum geändert und dabei musealen Charakter angenommen, der für viele Menschen nicht mehr Ausdruck ihrer Lebenswirklichkeit ist. Dies ist keine antikirchliche Polemik, sondern die Hoffnung auf Änderung – um unserer schönen Erde willen.

Alles Neue, das auf dem Acker eines zeitgemäßen Kultus wachsen soll, muß von der Tatsache der Individuation des Menschen ausgehen und muß die Ergebnisse der Forschung in Theologie, Psychologie, Soziologie, Philosophie und den Naturwissenschaften einbeziehen. Auch ein erneuerter Kultus bedarf zum Vollzug und Erlebnis der Gemeinde. Der Kultus lebt vom jedesmal gegenwärtigen Hör- und Sichtbaren. Nur dann kann er die Menschen ergreifen, nur dann können sie den Kultus mitvollziehen. Auch für die Form des Kultus gilt das Gesetz vom Geborenwerden, Wachsen, Altern, Sterben. Neue Kirchenväter müßten den Kultus erneuern. Harald Holz (1975), der sich ausführlich mit dieser Frage der Verwandlung des Mythos beschäftigt hat, beschreibt die Aufgabe für das Christentum sinngemäß so: Die Entmythologisierung der naiven Mythen ist gerechtfertigt. Wie das Christentum einmal das Judentum verwandelt hat, so steht diesmal eine neue Verwandlung des Christentums an. Den zentralen Stellenwert wird dabei die Idee der Personalität einnehmen. Diese wird sich nach ihm von einer kosmischen (wie einst) in eine anthroponome Vorstellung verwandeln. Die Natur- und Umwelterziehung wird durch die Pflege des Religiösen erleichtert. Dieser Feststellung muß aber sofort hinzugefügt werden, daß sich die Verwandlung der überkommenen Ausdrucksformen unter der Last der immer noch zunehmenden Natur- und Umweltzerstörung vollziehen wird und muß (vgl. auch Gaedecke 1990). Deshalb weiß noch niemand genau, wie die Kirchen der Zukunft beschaffen sein werden.

Die Verwandlungen des Religiösen in den verschiedenen Altersphasen

Einmal begegnet man der Meinung, daß sich die Menschheit in Stufen entwickele, die denen der menschlichen Einzelentwicklung ähnlich seien. Danach gleiche unser Zeitalter mit seinem Tatendrang etwa der individuellen Adoleszens (Holz 1975). Zum andern wird auch häufig ausgedrückt, daß jeder Mensch in seiner individuellen Entwicklung Merkmale aufweise, die den Werdestufen der Menschheit ähneln (z. B. Engelmayer, Steiner, Piaget), daß also z. B. eine animistische, magische Altersphase von einer eher mythischen abgelöst werde.

Während man früher diese Phasen als Reifungsvorgänge deutete, die an ein bestimmtes Lebensalter gebunden sind, werden sie heute eher als eine relativ offene Reihenfolge in der Biographie aufgefaßt, deren Phasendauer verschieden ausfallen kann. Ganz allgemein gilt, daß die Religiosität eines Menschen in der Regel sehr stark von seiner Erziehung, seiner Biographie also, geprägt wird. Obgleich die Religionsmündigkeit schon für ein Alter von 12 Jahren gesetzlich festgeschrieben ist, ist ein wirkliches Verstehen religiöser Phänomene nicht vor dem 18. Lebensjahr zu erwarten.

Die Keimzelle des Religiösen ist ein Gefühl im kleinen Kinde, daß man negativ mit dem Begriff der Urangst (Laosli – Üsteri) belegt hat, komplementär und positiv mit dem Begriff des Urvertrauens (Erikson). Dieses Geborgenheitsgefühl ist wahrscheinlich die Keimzelle des Religiösen und wird von der pflegenden Person angelegt – oder nicht. Zwischen dem dritten und vierten Lebensjahr taucht irgendwie das magische Wort Gott auf, in unserm Kulturkreis meist als „lieber Gott". Dieser wird absolut anthropomorph vorgestellt. Er steckt in allen Dingen als handelnde, ordnende, schützende, strafende Macht. Er ist gleichsam der große und allmächtige Macher. Er behütet die Großmutter, das Brüderchen, das Spielzeug, die Bäume. Er ist gleichsam das Innere eines jeden Dinges und Ereignisses. Das entspricht einem magischen Weltbild. Wie aber in dieser Zeit das Vertrauen wichtiger ist als die Angst, so auch ist der liebende Gott wichtiger als der strafende (Hansen 1965, Engelmayer 1966, Behler 1970).

Nach der sogenannten Trotzphase entwickelt sich die Gottesvorstellung dergestalt weiter, daß sie verinnerlicht und mehr und mehr Teil der Eigenwelt wird. Zwar bleibt Gott eine Art Über-Ich, aber die magischen Erlebnisformen treten zugunsten der mythischen zurück. Das Magische bedarf der Beschwörung, das Mythische dagegen der Versöhnung. Der Höhepunkt dieser Entwicklungsphase fällt bei den meisten Kindern etwa mit dem Schuleintritt zusammen, das Ende liegt vor dem zehnten Lebensjahr. Indiz für diese Haltung ist, wie Kinder dieses Alters Wundergeschichten, Legenden, Märchen, Mythen förmlich aufsaugen und wie leicht und erfolgreich man im Erziehungsgeschehen kultische Formen wie Opfer, Tabuierung, Gelübde, Gebet, aber auch Orakel und Geheimnis anwenden kann. Diese Haltung wird sogar in die Computerspiele und Fernsehgeschichten hineingetragen. Die Gerechtigkeit aller Geschichten muß immer eine „mythische Gerechtigkeit" sein, bei der die Ausdauer, das Gute, Klugheit, Freigiebigkeit, Mitleid belohnt werden. Die Bildwahrheiten solcher Geschichten bereichern die Gottesvorstellungen der Kinder, deren Struktur am Schluß dieser Phase zwar noch naiv ist, aber dennoch so konkret, daß die angelegten Ordnungen auch praktiziert werden. Die Rolle der Medien, insbesondere des Fernsehens, in diesem Prozeß ist umstritten, wird aber vorwiegend negativ beurteilt (z. B. Lang; J. Buddemeier 1993, Postman 1985). Spätestens um ein Alter von zehn Jahren herum ist das mythische Element verschwunden. Zweifel tauchen auf, ob Wundergeschichten wahr sein können. Die zunehmende Beobachtungsfähigkeit führt darauf, daß Gott ungerecht sein kann. Viele Kinder wünschen ihn sich für dieses Alter als den großen Polizisten, der Lohn und Strafe gerecht austeilt. Auch dieses Bild wird immer löcheriger, wobei jedes Kind in diesem Alter bezüglich seiner religiösen Entwicklung schon eine differenzierte Geschichte hinter sich hat. Die relative Einheitlichkeit der Entwicklung, die etwa bis zum zehnten Lebensjahr zu beobachten war, bricht jetzt auseinander.

So findet man bei manchen Schülern dieses Alters schon einen frühen Popularmaterialismus ausgeprägt. Andere geraten aus Anhänglichkeit zu streng konfessionellen Eltern unter Umständen in eine frühe Scheinreligiosität oder gar Heuchelei. Insgesamt ist diese Periode jedoch für die Entwicklung des Religiösen eher eine Latenzzeit.

In der Vorpubertät gerät bekanntlich alles in Unordnung, was vorher schon Ordnung zu haben schien. Genau so wie ursprünglich angelegte religiöse Fragestellungen jetzt durchaus absterben können, kann religiöser Schwulst einsetzen. Diese Altersstufe ist heute besonders der Faszination durch die Technik ausgeliefert. Sie wird fast wie eine Gottesvorstellung aufgesaugt: Technik macht mächtig. Die Kinder fiebern förmlich danach, Technik zu gebrauchen und zu beherrschen. Alle bisherigen Haltungen geraten in Fluß. Was daraus wird, ist auch abhängig vom Bildungsstand, vom Umgang, vom Erziehungsstil der Lehrer und Eltern. Es ist dennoch das Alter der Suche nach Sinn. Dieser wird jetzt besonders stark durch das Beispiel lebendiger Menschen vermittelt, durch Vorbilder in Fleisch und Blut wie bei den Sechsjährigen durch die Vorbilder in Geschichten. Die nun einsetzende „religiöse Pubertät" gerät bei manchen zum Dauerzustand in Form puberaler Gespräche, in denen noch bei Sechzigjährigen Religion mit Kirche verwechselt wird. Andere geraten in dieser Zeit leicht in Erweckungs- und Bekehrungspraktiken, die den Lebensweg entscheidend prägen und sogar schädigen können.

Erst jenseits der Pubertät, also etwa ab der gesetzlichen Mündigkeit, ist erwachsenes religiöses Erleben im allgemeinen möglich. Es lebt von den Veranlagungen des ersten Lebensjahrzehntes und den personenbezogenen Begleitungen im zweiten.

Anregungen zu einer religiösen Praxis

In pessimistischen Augenblicken kann man den Eindruck gewinnen, unsere Gesellschaft sei zu einem Haufen beutelüsterner Gehirntiere verkommen. Sollen wir andererseits unser Gehirn, unsere Technik, unseren Verstand verleugnen? Wohl kaum. Aber die Wissenschaft bietet immer nur das Neueste, der Mythos das Bleibende (Mann 1988). Wir müssen wohl einsehen, daß die Aufgabe der Entmythologisierung lediglich als Auftrag aufzufassen war, den Mythos an unsere Zeit, unser Gefühl, unser Erkennen anzupassen. Eine Natur- und Umwelterziehung, die allein aus der Ratio ihre Impulse bezieht, wird die Lüsternheit der Menschen vermutlich nicht zähmen können. Natur- und Umwelterziehung können nur Erfolg haben, wenn sie ihre Lebenskraft entweder aus einer neuen Religiosität oder einer neuen Philosophie beziehen. Der religiöse Weg ist mehr mit der Empfindungs-, Gefühls- und Erlebniswelt verbunden als mit dem Denken und von daher für viele Menschen sicher der leichter begehbare Weg. Auch er darf den Wissenschaften nicht widersprechen. Er wird vermutlich von vielen kleinen Gemeinschaften begangen werden und müßte in unserer pluralistischen Gesellschaft zerfallen, wenn ihm nicht das Prinzip des Pflegerischen vorgeordnet wäre. Dieses – oder auch ein ähnliches Prinzip – ermöglicht, daß sich ohne Schaden für das Ganze neben den vielen religiösen auch viele philosophische Wege ausbilden können.

Eine andere Möglichkeit sehe ich nicht. Die Zeit der religiösen Dogmen, wo jemand festlegt, was der einzelne zu glauben hat, sind ver-

Erlebnisse mit Feuer haben oft eine große Nähe zu religiösen Stimmungen.

mutlich vorbei. Das Neue würde sich als gewaltiger neuer Impuls gleichzeitig auf die Umwelt, die Kunst, das Wirtschaften, den Staat auswirken. Unser Planet und die Menschheit lassen sich nicht durch eine rückwärts gerichtete Betrachtungsweise bewahren. Das Neue ist im Fluß. Wir alle müssen es gestalten, jeder einzelne, nicht nur die Berufsgläubigen.

Wieder ein persönliches Wort: Für mich steht das Christentum erst am Anfang seiner Entwicklung. Ein Bild aus der Morallehre des Thomas von Aquin läßt sich dahingehend deuten. Nach Mertens (Mertens 1992) wird der Mensch als „Imago Dei" darin zum Ursprung der gesamten Morallehre. Das kann man, auf unsere Zeit projiziert, auch so verstehen, daß jeder einzelne sich aus der Puppenhülle seines jetzigen Daseins zur Endgestalt, zur „Imago Gottes", verwandeln kann. Deswegen ist die Aufgabe allgemein. Auch das Ziel ist überkonfessionell zu beschreiben. Der Weg zu dieser Verwandlung muß offengehalten werden. Die Entscheidungsfreiheit des einzelnen ist bis zu seiner Entscheidung das höchste Gut. Deshalb habe ich versucht, auch den Aufgabenteil konfessionsfrei zu halten.

Die Aufgaben und Anregungen sollen lediglich helfen, eine allgemeine Religiosität zu pflegen, das Mythische zu nähren und für die höheren Altersstufen die persönlichen Fragen anzulegen oder zu formulieren. Einer bestimmten Konfession möchte ich nicht dienen, jedenfalls nicht bewußt. Erst wenn das Gesagte im täglichen Umgang mit Kindern praktiziert wird, kann es sich in jedem einzelnen entfalten. Während man z. B. ökologische Aufgaben konkret und objektbezogen stellen kann, ist das für diesen Bereich viel schwerer. Denn in jede praktische Aufgabe muß eingehen: Die Situation der Gruppe, die Persönlichkeit des erziehenden Erwachsenen, der Anlaß, sogar Stimmungen. Deshalb darf man die Beispiele auch nur sinngemäß anwenden, obgleich sie aus der Praxis stammen. Sie müssen in die Sprache der jeweiligen Situation übersetzt werden. Sie sollen also vor allem die pädagogische Phantasie anregen. Nur dann können sie der Gefahr der Dogmatisierung entgehen.

Um die Phasen noch einmal anzusprechen: Kinder durchleben auch heute noch eine magisch-mythische Altersstufe und weisen uns selbst auf ihre Bedürfnisse hin. Hansen 1965 beschreibt, daß der magischen Denk- und Handlungsweise eigentümlich sei, daß sie nicht nach sachlich verträglichen Beziehungen suche, sondern daß ihr „jede Beziehung zwischen den Dingen und den Erscheinungen möglich erscheint". Sie glaube auch das Weltgeschehen von den eigenen Wünschen geleitet.

Das mythische Denken dagegen stellt Beziehungsregeln in Bildern auf. Selbst wenn Fünfjährige heute mit der Technik wie Erwachsene umgehen, merkt man ihren Äußerungen an, daß die Bilder, Knöpfe und Funktionen Teil ihrer Phantasiewelt werden. Kinder sollen und müssen sogar eine Zeit lang in dieser Welt der ganzheitlichen, bildgewordenen Wahrheit leben. Sie brauchen deshalb Märchen und Mythen. Sie brauchen kindgemäße Kulte, auch gegenüber der Natur. Das persönliche Gewissen und das Umweltgewissen entwickeln sich intensiv in der Altersstufe, die Märchen, Mythen und Legenden zugewandt ist, obgleich in dieser Phase noch kein dadurch verändertes Umweltverhalten hervortritt. Wie sollte das auch? Aber das Gewissen schöpft lebenslang aus dem Brunnen dieser Altersstufe. Wenn man jungen Menschen verwehrt, mythisch zu fühlen und zu erleben, wird ihre Reifung und Individuation behindert. Man verwehrt es, wenn man es karrikiert oder als unwissenschaftlich verunglimpft, lächerlich macht oder einfach verschüttet. Was ergibt sich daraus?

1. In der allerersten Kindheit bis zum Kindergarten sollte das Religiöse die Kinder wie ein Mantel umhüllen. Alle Natur ist in diesem Alter belebt und durchseelt. So soll sie den Kindern nahegebracht werden.
2. In der zweiten Phase, die aus dem magischen Alter ins mythische führt, darf diese Erlebnisform zunächst beibehalten werden. Hinzutreten Märchen, Mythen, Legenden, die Bildwahrheiten enthalten. Durch sie erlebt das Kind eine Art Einweihung in den kosmischen Zusammenhang. In dieser Altersphase ist es für kultische Handlungen besonders empfänglich; Pflanzen, Tiere, Steine und auch Menschen können Teile dieses Kultus werden. Die zweite Phase umfaßt etwa die Kindergartenzeit und das erste Schuljahr.
3. Ab dem zweiten Schuljahr schwächt sich das mythische Erleben zunehmend ab. Das Abhängigsein von einer Autorität verwandelt sich zunehmend in eine Art Selbsterfahrung, Selbstverwaltung, bei der aber nur das Vorhandene angewendet, das Verinnerlichte nach außen gelebt wird. Eine kritische Reflexion findet noch nicht statt. Während in der vorigen Phase der Erwachsene fast allein das Kind geführt hat, möchte es nun an allem beteiligt sein. Das ist für die Aufgabenstellungen wichtig.

4. Vom vierten bis zum sechsten Schuljahr kommt zunehmend ein konkreter Realismus auf. Das bedeutet für die religiöse Erziehung, daß sich jetzt die Mittel radikal ändern müssen. Alle bisherigen Verfahren sollten ruhen, die Kunst in den Vordergrund treten. Jetzt kann man mit den Schülern Gedichte schreiben, Musik improvisieren, Tanz und Pantomime gestalten. Alles, was das Gemüt anspricht, sollte zur Pflege des religiösen Nährbodens genutzt werden. Über diesen Bereich kann man mit Schülern dieses Alters nur schwer sprechen (positive Gegenbeispiele bei Schreier 1992, Andresen 1986).

5. Ab Klasse 7, manchmal schon früher, tritt in den Schülern mehr und mehr der Verstandesmensch hervor. Auch das ist noch eine Durchgangsstufe, in der es den Schülern fast unmöglich ist, öffentlich über religiöse Fragen zu sprechen.

Da alle Entwicklungen aus dem eigenen Handeln hervorgehen sollten, sind für diese Altersphase Konzentrationsübungen, anfängliche Meditationen und künstlerische Tätigkeiten besonders wichtig. Das Innere soll dadurch bereichert und geordnet werden und zunehmend Gelegenheit haben, sich auszudrücken. Das ist Nahrung für das Religiöse.

Erst um die Mündigkeit herum wird für die meisten die religiöse Frage in Worten aussprechbar. Die Marginalien beziehen sich ausnahmsweise auch auf dieses Kapitel.

Vorkindergartenzeit

Hier lassen sich nur schwer Beispiele formulieren, die sich speziell auf die religiöse Erziehung und ihre Beziehung zur Natur- und Umwelterziehung beziehen.

→ psychische Gesundheit
→ Vital- oder Lebenssinn, Zeitwahrnehmung
→ Kunst als Ganzheitsprozeß und Beitrag zur Personwerdung

Das Einhüllen des Kindes in wärmende Liebe, das Entängstigen, das Einprägen von Lebensrhythmen sind die wichtigsten Aufgaben. Die Natur soll dem Kinde durchseelt entgegentreten. Man darf mit der Biene, dem Käfer sprechen. Was sie tun, soll immer eine Beziehung zum Kinde haben. Das gilt auch für die unbelebte Welt, also die Steine, die Wolken, den Wind, den Mond, die Sterne und die Sonne. Aber das alles verdichtet sich noch nicht zu längeren Geschichten, nur zu Ausschnitten daraus (Beispiele in **Kap. 5**).

Kindergartenzeit bis einschließlich Klasse 1

1. Situationsgeschichten. Auch in diesem Alter begegnet die Natur den Kindern noch durchseelt. Das führt zu Geschichten. Einige Beispiele sind für diese Altersstufe bereits in **Kapitel 6** am Thema Mistkäfer ausgeführt, weitere folgen in **Kapitel 8**. Sie können heißen: Die Wespe auf dem Kuchen – Der erschrockene Regenwurm – Die Fliege auf dem Sonntagsbraten – Vom Apfel, der gegessen sein wollte – Von der Biene am Küchenfenster.

Zwei Beispiele sollen hier umrissen werden.

Eine Biene hat sich in die Küche verflogen und versucht nun unaufhörlich durch die Scheibe zu entkommen. Das Kind und vielleicht auch der Erwachsene haben ein bißchen Angst.

„Sieh mal, wie sich die arme Biene abmüht, um nach Hause zu kommen! Ich will sie fragen, ob ich ihr helfen soll!" Der Erwachsene geht nah an die Biene heran und horcht. Nach einer Pause sagt er: „Gern, hat sie gesagt. Sie versteht überhaupt nicht, warum sie nicht in die Sonne fliegen kann und welcher Zauber ihr den Weg verstellt. Die Bienenkönigin hat um Rosenhonig gebeten. Auf der Suche danach ist sie durch die Balkontür hier hineingeraten. Nun will sie nur noch nach Hause. Sie sagt, die Königin würde ihr sicher verzeihen, wenn sie nur heimkäme. Aber wie können wir ihr helfen? Ich habe eine Idee! Wir stülpen ein Trinkglas über die Biene, schieben dann ein Papier über die Scheibe. Dann haben wir sie in einem Käfig, in dem wir sie nach draußen tragen können." Das Kind sieht zu. Vielleicht trägt es das Glas sogar einen Augenblick. Vielleicht guckt es mit dem Erwachsenen auch die Biene genauer an. Draußen könnte der Erwachsene beim Öffnen des Käfigs sagen: „Flieg, Biene und erzähl deiner Königin, daß du hier zwei freundliche Menschen getroffen hast ..."

→ psychische Gesundheit
→ Arten, Ökosysteme, Landschaften
→ mythisches Denken
→ Kunst als Ganzheitsprozeß und Beitrag zur Personwerdung
→ Menschwerdung durch Sprache und Sprechen

Die Geschichte kann aber auch ganz anders ausfallen:
„Du hast doch auch gesehen, wie groß die Sonne heute morgen am Himmel stand? Dahin wollte die Biene eigentlich fliegen. Aber sie kam nicht von der Erde los und fand dort nur lauter kleine Sonnen: Kamille, Gänseblümchen und sogar eine Sonnenblume." Überall fragte sie nach dem Weg zur großen Sonne, aber die Blumen antworteten: „Nein, wir bilden nur die Sonne ab. Die richtige ist so weit weg, daß wir ihr nicht näher rücken können. Aber wir wollen dir etwas schenken. Wir haben aus Tau und Sonnenstrahlen Nektar gemacht." Da bekam das Bienlein bald sein Honigtöpflein voll. Auf dem Nachhauseweg wollte es doch noch einmal probieren, zur Sonne zu fliegen. Aber es ermattete, ohne der Sonne näherzukommen, wurde fast blind und verirrte sich dabei an unser Fenster. Komm, wir helfen ihm wieder nach draußen ...

→ psychische Gesundheit
→ Arten, Ökosysteme, Landschaften
→ mythisches Denken
→ Kunst als Ganzheitsprozeß und Beitrag zur Personwerdung
→ Menschwerdung durch Sprache und Sprechen

2. Wenn der Realitätssinn der Kinder wach genug ist, kann man ihre Fabulierlust durch kleine Impulse in Gang setzen. Ein Käfer liegt auf dem Rücken: Was er wohl gerade sagt? Wir retten eine Biene aus der Regentonne: Was mag sie zu Hause wohl der Bienenkönigin erzählen? – Eine Wespe nascht am Kuchen: Man ermahnt und verscheucht sie. – Das Kind fürchtet sich vor einer Spinne: Sei mal still, sie spricht zu uns. – Ein Tausendfüßler verschwindet unter einem Blatt: Was er wohl gerade in der Unterwelt erlebt? Auch hierzu zwei Beispiele:

Am Kuchen naschen Wespen. Entrüstung, Angst. Man horcht. Eine Wespe sagt: „Weißt du eigentlich, daß wir Wespen früher auch Rüssel hatten wie die Bienen und von Blüte zu Blüte flogen und Nektar sammelten? Aber die Menschen bevorzugten die Bienen und bauten für uns keine Wohnungen für den Winter. Da gerieten wir in große Not. Was sollten wir tun? Wir mußten das Häuserbauen selbst lernen. So fingen wir an, Holz zu zerkauen und mit unserer Spucke zu vermischen, und lernten tatsächlich, schöne Häuser zu bauen. Wie aus Papier sahen sie aus. Aber nun war der Rüssel unseren Kauzangen im

→ psychische Gesundheit
→ Arten, Ökosysteme, Landschaften
→ mythisches Denken
→ Menschwerdung durch Sprache und Sprechen

Wege. Und bei den Menschen fanden wir Obst und Kuchen genug. Wir durften tatsächlich den Rüssel ablegen und holen uns seitdem unser Essen von den Menschen." Sollten wir es ihnen nicht gönnen?

Oder ein Kind zerstört mit einem Stock einen Brennessel- oder Distelbestand. Da erzählt vielleicht eine Brennessel eine Geschichte aus alter Zeit: „Ganz früher konnten auch wir Pflanzen Schmerz und Freude fühlen. Aber wer sollte die vielen Tiere ernähren? So erscholl überall in der Welt das Wehgeschrei der abgefressenen Pflanzen. Da winkte Gott, dem das unerträglich sein mußte, nur einmal mit der Hand, und seitdem sind wir Pflanzen stumm. Aber wir sind nicht ohne jedes Gefühl. Sieh einmal ganz genau in unsere Blüten hinein, dann kannst du erfahren, was wir fühlen, wenn du uns weh tust ..."

3. Zeit erleben. Man bringt den Kindern jeweils nur für eine halbe bis eine Minute ohne viele Worte kleine Abläufe vom Werden und Vergehen vor Augen, z. B. eine erblühende Amaryllis. Das wird dann für 1–2 Wochen zum Ritus, den man als komplexe Vorübung für Konzentrations- und Meditationsübungen ansehen darf. Andere Beispiele wären: eine Tulpe, Hyazinthe, ein Krokustopf, ein Kaktus. Die regelmäßige Wiederholung ist bei dieser Übung das wichtige (bis Klasse 3 durchführbar).

→ Arten, Ökosysteme, Landschaften
→ kultische und rituelle Handlungen
→ Konzentrationsübungen, meditative Elemente
→ Vital- oder Lebenssinn, Zeitwahrnehmung (8)

4. Zeit kennzeichnen. Man kennzeichnet einen Knotenpunkt des Tagesverlaufes (Frühstück, Schulbeginn, Schulende) durch einen Spruch. In der ersten Phase sucht ihn die erwachsene Person aus. Er sollte für ein paar Tage bestehen bleiben und eine Beziehung zur Gruppensituation haben. Deshalb ist es besser, den Spruch selbst zu machen, als ihn auszusuchen. Er kann fast trivial sein: Ich freue mich, daß die Sonne heute alles so freundlich macht. Oder Günter liegt im Krankenhaus, und man sagt: Wir wünschen uns, daß Günter bald wieder bei uns ist. Oder im Amselnest auf dem Schulhof sind die Amseln geschlüpft: Wir wünschen uns, daß alle kleinen Amseln groß werden. Vielleicht auch: Bis heute abend will ich jemandem helfen. Erst in einer zweiten Phase wird der Spruch auch an die Tafel geschrieben. Er kann dann ebenfalls nur für den Tag oder für eine ganze Woche gelten. Diese Übung läuft zunächst unbeholfen ab, ruft aber starke Willensimpulse in den Kindern auf. Varianten sind: Ein Lied singen oder einen jeweiligen Monatsspruch aus der Literatur als Sprechchor einüben. Der Sinn von alledem ist: Einen bewußten Anfang setzen, einen Rhythmus einüben, einen Ritus, der durch eine Aussage für Augenblicke wenigstens die Ich-Bezogenheit der Kinder überwindet. Dies alles darf aber nicht aufgepfropft werden, es bedarf der Beteiligung der Kinder (bis Klasse 3).

→ Pflege sozialer Bezüge
→ Vital- oder Lebenssinn, Zeitwahrnehmung
→ kultische und rituelle Handlungen

5. Begrüßungsritus. An einem bestimmtenTag im Monat warten alle Schüler vor der Klasse. Der Lehrer läßt sie einzeln eintreten, gibt jedem die Hand und sagt ihm laut einen Dank, eine Belobigung oder unter Umständen einen Wunsch. Das ist eine enorme Anforderung an den Lehrer. Es enthält insofern ein kultisches Element, als jeder Schüler sich

→ psychische Gesundheit
→ Pflege sozialer Bezüge
→ kultische und rituelle Handlungen

in diesem kleinen Augenblick geborgen fühlen darf. Deshalb darf kein Tadel ausgesprochen werden, höchstens Wünsche (ebenfalls bis Klasse 3).

Marleen (9 Jahre) hat eine Geschichte vom Mistkäfer und Schmetterling gemalt, die Ausdruck ihrer altersgemäßen, mythischen Denkweise ist.

6. Jahreszeitentisch. Einen Jahreszeitentisch aufstellen: Am Anfang jeder Jahreszeit bringen die Schüler einmal deren „Gaben" mit und gestalten damit einen Ausstellungstisch. Dabei wird das Besondere der Jahreszeiten gewiß zum Ausdruck kommen.
Die Gestaltung des Tisches sollte nicht so sehr eine kognitive Struktur haben, sondern eher eine künstlerische (bis Klasse 6 durchführbar).

→ Vital- oder Lebenssinn, Zeitwahrnehmung
→ kultische und rituelle Handlungen
→ Naturgegenstände künstlerisch nutzen

7. Mit Kostbarkeiten umgehen. Jedes Kind erhält das Blatt einer Kapuzinerkresse und tropft auf die Mitte einen Tropfen Wasser, der dann wie eine Silberperle daraufliegt.
In einer feierlichen Prozession wird die Kostbarkeit Wasser einmal um den Schulgarten getragen, anschließend werden alle Tropfen in ein Glas gefüllt, und es wird eine Blume damit gewässert. Ähnliche Kostbarkeiten können sein: eine Pusteblume, eine Mohnkapsel, ein Eiszapfen ...(Neuhaus, mündl.)

→ Überkonfessionelle Religiosität
→ kultische und rituelle Handlungen
→ Konzentrationsübungen, meditative Elemente

8. Eine kultische Mahlzeit. Im Schulgarten haben die Schüler Kartof-

feln gepflanzt, gepflegt und nun geerntet. Jetzt wird ein Feuer gemacht, die Kartoffeln werden in Folie gewickelt, es wird ein feierliches Mahl gehalten. Die Ausgestaltung dieses Mahles ist wichtig und auch Sache der Schüler. Ein solches Mahl kann auch am Ende des Getreideanbaus stehen. Das gebackene Brot wird u. U. so klein ausfallen, daß man wirklich vom gemeinsamen Brotbrechen sprechen kann. Das sollte dann auch tatsächlich durch Weitergeben des Brotes in der Runde geschehen (bis Kl. 6).

Nicole (8 Jahre) hat einen anderen Augenblick aus der Geschichte für ihre Darstellung gewählt.

9. Der Erinnerungsbaum. Man pflanzt zur Geburt eines Kindes oder aus einem anderen Anlaß einen Baum. Die jährliche Erinnerung wird gleichzeitig zur Baumfeier. In dem Baum spiegeln sich die Jahreszeiten, das Wachsen überhaupt, das eigene Älterwerden. Natürlich sollte man für den Baum einen Platz aussuchen, an dem er aller Voraussicht nach stehen bleiben kann.

→ Pflege sozialer Bezüge
→ Arten, Ökosysteme,
→ Überkonfessionelle Religiosität
→ kultische und rituelle Handlungen

10. Feste feiern. Man belebt in der Klasse die oder einige der noch üblichen Fest- und Feiertage des Jahreskreises (z. B. Frühlingsanfang, Ostern, Erntedank). Außer Gaben der Natur bringt man auch eigene Gaben auf den Tisch: Etwas Vollbrachtes, ein Werk, den Plan zu einem Werk. Es soll dabei erlebt werden, daß die schöpferischen Kräfte der

→ psychische Gesundheit
→ Pflege sozialer Bezüge
→ Kultur und Tradition
→ kultische und rituelle Handlungen

Natur und die Fähigkeit zu schöpferischen Werken im Menschen im Grunde eine Ganzheit sind.

11. Ein Opfer bringen: Kinder dieses Alters zeichnen sich oft durch übermäßiges Habenwollen aus. Das Opfer ist die Zähmung dieses Verhaltens. Ganz klein muß es beginnen: Opfer an Zeit, Opfer von etwas Wertvollem für andere, Opfer als Hilfsbereitschaft: Diese Anregung ist ganz stark an Situationen gebunden, so daß hier besonders die Phantasie des Erziehers, der Erzieherin gefordert ist.

→ Überkonfessionelle Religiosität

12. Erzählen von Märchen: Märchen bilden im Grunde verkleidete Entwicklungsphasen des Menschen ab (Geiger 1991, Bettelheim 1982, Dehn 1992, Lenz 1971).
Märchen, die mit Sterben und Wiederlebendigwerden zu tun haben, drücken Wachstumsprozesse aus, gleichsam als eine Neugeburt in den einzelnen Lebensphasen.
Wenn in Märchen drei Brüder oder drei Aufgaben vorkommen, ist in ihnen oft das Denken, Fühlen und Wollen symbolisiert. Der Dritte besteht die Prüfung. Das ist für Kinder unmittelbar verständlich: Er ist einfältig im Denken, mitleidig im Fühlen und ausdauernd im Wollen.
Märchen, die von einer Einschließung handeln, meinen im Grunde die Einschließung des Menschen in seinen Leib. Es sind danach Inkarnationsmärchen, z. B. Schneewittchen.
Märchen, in denen der Wald große Bedeutung erlangt, beschreiben Selbstfindungsprozesse. Sie beschreiben die Verinnerlichung der Seele, die sich (im Walde) verirrt. Fast immer wird aus einer erhöhten Position ein Licht gesehen. Das ist wohl so etwas wie das Licht der Erkenntnis, selbst über den Umweg eines Räuberhauses.

→ psychische Gesundheit
→ Überkonfessionelle Religiosität
→ mythisches Denken
→ Menschwerdung durch Sprache und Sprechen

Es gibt natürlich viele weitere Motive, die in der einschlägigen Literatur ausführlich beschrieben werden. Fast alle sind (auch) archetypische Bilder. Der Umgang mit der Natur kommt eigentlich im pflegerischen Sinne in den alten Märchen nicht vor. Eine neue Mythologie müßte sie erst schaffen. Ansätze gibt es z. B. bei M. Kyber (1953). Deshalb sollen zu einigen mythischen Grundkonstellationen einige Skizzen folgen. Es sind lediglich Kerne von Geschichten, die die Phantasie des Erzählers erst bekleiden muß. Sie können breit ausgestaltet werden, sollten aber immer auf eine passende Situation bezogen sein. Die Geschichte vom Feuer kann also dann erzählt werden, wenn tatsächlich ein Feuer entfacht wird, die Geschichte vom Geiz, wenn sich ein Kind nur schwer von etwas trennen kann. –

Beispiele:

- Das Feuer hatte allen Wald der Welt gefressen. Nichts wollte es von der Erde übriglassen. Da geriet es an den großen Gletscher: „Ich werde auch dich verbrennen!“ Der Gletscher schwieg, das Feuer versuchte, ihn zu entzünden. Aber da schmolz der Gletscher; sein Wasser löschte das Feuer und floß als großer Bach zu Tal. Hier durchfeuchtete es den ausgedörrten Boden, und neuer Wald konnte wachsen.
- Die Sonne war einsam geworden in ihrer Glut. Tag und Nacht sand-

→ mythisches Denken
→ Menschwerdung durch Sprache und Sprechen

te sie ihre heißen Strahlen als immer neue Liebesboten in den Weltraum. Aber alle fürchteten ihre Glut. Weder Venus noch Mars, weder Merkur, Jupiter noch Saturn gingen auf ihr Werben ein. Nur die kleine Erde liebte seit ihrer Erschaffung die Sonne. Und eines Tages feierten beide tatsächlich eine große himmlische Hochzeit. Alle Wolken, Felder, Wiesen, Wälder, Pflanzen, Tiere und Menschen sind die Kinder von Sonne und Erde. Als der erste Mensch geboren wurde und sprechen gelernt hatte, nannte er das die Schöpfung.

→ mythisches Denken
→ Menschwerdung durch Sprache und Sprechen

• Irgendetwas stimmte nicht mehr in der Welt. Das Wasser sammelte sich immer mehr in den Wolken anstatt in den Meeren. Und die hatten das Regnen verlernt. Schon waren in den Ozeanen die ersten großen Buchten ausgetrocknet. Die Erde war längst zu einer staubigen Wüste geworden. Da rief der letzte Fleck grünen Waldes: „Ich liebe euch doch, ihr Wolken; laßt mich nicht verdursten!" Wie ein Aufatmen ging es durch die Wolken. Sofort ergossen sich wahre Wasserströme auf die hingabebereite Erde und befruchteten sie aufs neue.

→ mythisches Denken
→ Menschwerdung durch Sprache und Sprechen

• Einsam hallte und verhallte der Schrei des ersten Menschen in der Landschaft. Es kam keine Antwort. Da sah er in weiter Ferne etwas, was ihm ähnlich war. Es bewegte sich und versteckte sich immer wieder. Aus den tiefsten Tiefen, fast wie von selbst, formte sein Mund ein „Komm!", und siehe, das Wesen hatte ihn verstanden, kam, stand vor ihm ...

→ mythisches Denken
→ Menschwerdung durch Sprache und Sprechen

• Die Pflanzen waren entstanden, und es gab schon viele Tiere auf der Erde. Ein Engel ging suchend darüber hin: Gott hatte ihm aufgetragen, einen Menschen zu machen. Aber das wollte und wollte ihm nicht gelingen. Da ging er zu den Tieren und schlüpfte in die Hülle des mächtigsten von ihnen, des Löwen. Der richtete sich sofort auf, verlor Fell und Schweif, Finger wuchsen aus seinen Tatzen, das mächtige Gebiß schrumpfte zusammen. Der erste Mensch schritt über den Anger; Gott war damit zufrieden. Seitdem verbirgt jeder Mensch in sich einen Engel und einen Löwen.

→ Überkonfessionelle Religiosität
→ mythisches Denken
→ Menschwerdung durch Sprache und Sprechen

• Dem Geiz gehörte fast schon alles auf der Welt. Aber er wollte immer noch reicher werden. Da traf er auf die Verschwendung. „Gib mir alles, was du noch übrig hast", sagte der Geiz. „Gern", antwortete die Verschwendung, die wohl wußte, wie reich der Geiz inzwischen geworden war, „aber nur, wenn du mich heiratest. Wer soll mich sonst versorgen?" Das tat der Geiz wohl oder übel und glaubte sich am Ziel seiner Wünsche. Aber Eheleute bekommen meist ein Kind. Dem sollte einmal alles gehören, dachte der Geiz. Aber das Kind war halb Vater und halb Mutter und hieß Freigiebigkeit. Seit ihrer Geburt geht es ein bißchen besser auf der Welt zu.

→ mythisches Denken
→ Menschwerdung durch Sprache und Sprechen

• Der Tag stritt mit der Nacht auf dem Berggipfel. Schon blutete er aus vielen Wunden, die das Schlachtfeld rot färbten. Da fiel er unter einem gewaltigen Hieb in Ohnmacht, und die Nacht verkündete ihre Herrschaft. Erst nach Stunden erwachte der Tag etwas benommen und setzte sich auf. Dunkel war es ringsum. Da eilte die Nacht herbei. Wieder erhob sich ein gewaltiger Streit. Aber die Nacht war vom Wachen so ermüdet, daß sie nun überall verwundet wurde und ihr Blut über den

→ mythisches Denken
→ Menschwerdung durch Sprache und Sprechen

Himmel ergoß. Schließlich versank sie in einen bleiernen Schlaf, der Tag begann.

• Ein Auto stand auf der Straße, von einer großen Menschenschar umringt. Aber es waren keine Neugierigen. Sie riefen etwas. „Dies ist mein Auto, nein, meines", hörte man sie durcheinanderschreien. Dann vernahm man: „Ich habe den Anlasser erfunden, ich den Verbrennungsmotor, ich die Lichtmaschine, ich den Luftreifen ..." Und jeder schrie: „Mein ganzes Leben steckt in meiner Erfindung, all mein Denken und Fühlen. Dafür gebührt mir Ehre, Dank und ein Denkmal." Da kam ein Herr aus dem Hause, schloß die Wagentür auf und fuhr davon. Das Auto aber, das konnte man ganz deutlich sehen, hatte kurz vor dem Abfahren gelächelt, einfach so.

→ mythisches Denken
→ Menschwerdung durch Sprache und Sprechen
→ Naturwissenschaft im Lebensalltag, handwerkliche Betätigung

Klasse 2 und 3

Das Neue dieser Altersstufe ist eine zunehmende Verselbständigung der Schüler. Unter Beachtung dieser Leitlinie können in Klasse 2 und 3 auch noch viele Aufgaben der vorigen Altersphase durchgeführt werden.

1. Traditionen begründen. Mit gutem Erfolg lassen sich feste Abschnitte des Tageslaufes ausgestalten. Das werden zu Hause andere sein als in der Schule oder im Schullandheim. Der Wert liegt in der positiven Wirkung guter Gewohnheiten. In der Schule kann sich die Ausgestaltung z. B. auf den Unterrichtsbeginn, das Frühstück oder den Unterrichtsschluß beziehen. Warum soll eigentlich der Lehrer nicht

→ Pflege sozialer Bezüge
→ Kultur und Tradition
→ kultische und rituelle Handlungen

Schüler heften ihre Wünsche an eine Umwelt-Wunschwand.

damit beginnen, wenn er nach dem „Guten Morgen" eine Zeit lang regelmäßig sagt: „Ich freue mich, daß wir uns heute morgen wiedersehen" (auch für Klasse 1).

2. Kultische Orte bestimmen. Man wählt mit den Schülern gemeinsam drei „heilige Orte" aus, deren Kenntnis man aber zum Klassengeheimnis erklärt. Das kann ein Baum sein, ein Beet, eine Stelle in der Natur, ein Findling. Der erste Ort ist der Ort für die Pflanzen. Hier bittet man darum, daß sie an diesem Tag genug Wasser haben und keiner sie zertritt. Am zweiten Ort bittet man für die Tiere. Sie sollen genug zu essen finden, keiner soll sie quälen. Am dritten Ort bittet man für Menschen, insbesondere für die Kinder und alten Menschen. Die Orte werden aber nur aufgesucht, wenn Anlaß dazu besteht. Ob die Bitten laut ausgesprochen werden können oder nur leise gedacht, richtet sich nach der Klassensituation.

→ psychische Gesundheit
→ Pflege sozialer Bezüge
→ Überkonfessionelle Religiosität
→ kultische und rituelle Handlungen

3. Wunschstein. In der Familie oder der Klasse kann ein besonders eindrucksvoll ausgebildeter Stein die Bedeutung eines Wunschsteines erhalten. Seine Bindung an einen Wunsch ist eigentlich eine Gedächtnishilfe wie der Knoten im Taschentuch. Das erleben Kinder aber noch ganzheitlich. Wer ihn nötig hat und gebraucht, darf ihn für seine Wunschzeit behalten (auch für Klasse 1).

→ mythisches Denken
→ kultische und rituelle Handlungen

4. Wunschgeheimnis. Man hängt eine Korkwand als Gedankenbrett auf. Jeweils an einem bestimmten Tag oder sobald ein Schüler es wünscht, steckt der oder jeder Schüler einen leeren Zettel auf die Ta-

→ psychische Gesundheit
→ Kultur und Tradition
→ kultische und rituelle Handlungen

fel. Jeder Zettel darf mit einem persönlichen Zeichen versehen sein. Beim Befestigen soll der Schüler seinen Wunsch oder seine Bitte fest denken. Er soll sich nach einer abgemachten Zeit zwar äußern, ob sein Wunsch in Erfüllung gegangen ist, aber er soll ihn dennoch für sich behalten.

5. Wünsche und Bitten äußern. Anstelle von Gebeten kann man Bitten laut aussprechen: Ich denke an die vielen Kinder in der Welt, die hungern müssen. Ich denke an sie, an ihre Mütter und Väter, die traurig sind, weil ihre Kinder vielleicht verhungern müssen (auch: ich will ihnen einmal helfen). Oder: Ich denke jetzt an die großen Wale, die ihren Weg ins freie Meer nicht finden können, weil es so dreckig ist ... Oder: Ich denke an einen kranken Mitschüler oder Kinder ohne ein Zuhause ... Die Bitte muß für diese Altersstufe verständlich sein, sollte der unmittelbaren Erlebniswelt entstammen und das allzu Schreckliche ausklammern.

→ Kultur und Tradition
→ kultische und rituelle Handlungen

6. Dank und Freude äußern. In ähnlicher Form läßt sich die vorstehende Anregung ganz ins Positive wenden. Es werden Dank und Freude geäußert. Etwa: Wie schön ist die Welt mit allen Pflanzen, Tieren, Wäldern, Bächen, Seen und Wolken. Ich bin dankbar und froh, daß ich das alles sehen, hören, anfassen und erleben kann. Wenn ich erwachsen bin, will ich mitarbeiten, daß die Welt so schön bleibt, wie sie jetzt ist. Der Text sollte aus einem schönen Erlebnis heraus – etwa einem Ausflug/Schullandheimaufenthalt – entstehen. Er darf nicht gemacht oder den Kindern von außen übergestülpt werden, dann tötet er eher die Gefühle, als daß er sie belebt.

→ psychische Gesundheit
→ Pflege sozialer Bezüge
→ Überkonfessionelle Religiosität
→ kultische und rituelle Handlungen

7. Klassenrituale. Kultus macht heil, hieß es vorn. Ein Ritus kann dazu eine Vorform abgeben. Man erfindet für den Fall, daß die Klasse im Verhalten völlig durcheinandergerät, ein Zeichen, einen Ritus, der auf sinnliche Wahrnehmung gründet: Anstatt laut zu werden, bläst man Seifenblasen in die Klasse; wer sie sieht, muß sich still hinsetzen. Oder man zündet ein Räucherstäbchen an; wer es riecht, muß ganz still werden. Solche ausgefallenen Regeln nehmen die Schüler dieses Alters noch an. Andere Riten lassen sich leicht ausdenken, etwa eine Kerze anzünden, eine feine Glocke anschlagen, ein Xylophon.

→ Pflege sozialer Bezüge
→ kultische und rituelle Handlungen

8. Etwas Gutes wünschen. Man zeigt den Schülern Bilder von Landschaften, von Pflanzen und Tieren. Anstelle einer Beschreibung sollen sie zu dem betreffenden Bild einen Wunsch, eine Bitte formulieren, die sich aber nicht auf sie selbst beziehen darf, also egoistisch wäre. Der Tenor: Wie schön wäre es, wenn ... (bis 6. Klasse möglich).

→ Pflege sozialer Bezüge
→ Arten, Ökosysteme, Landschaften
→ Überkonfessionelle Religiosität

9. Frühstückssprüche. Die Schüler dichten Sprüche über das Brot. Diese werden in ein gemeinsames Brotbuch geschrieben. Über einen bestimmten Zeitraum wird vor jeder Frühstückspause einer der Sprüche von einem Schüler vorgelesen (bis Klasse 4).

→ Pflege sozialer Bezüge
→ Kultur und Tradition
→ kultische und rituelle Handlungen
→ Mit Sprache gestalten

10. Symbole darstellen. Es gibt eine ganze Reihe von Symbolen, aus denen fast wie von selbst mythisches Denken hervorquillt. Die Nennung eines solchen Symbols ist der Anlaß, sich etwas dazu auszudenken, zu erzählen, aufzuschreiben, zu malen, zu spielen, zu tanzen ... Man läßt alles zu: Bemerkungen, Gedichte, Geschichten, Spiele, Bilder, Tanz, Pantomime. Jeder darf seine Einfälle der Klasse vortragen. Solche Symbolworte sind z. B.: der Ring, das Rad, der Doppelgänger, die Mühle, der Bruder, der Dämon, der Baum, das Schiff, die Drei, das Licht, die Schlange, der König, der Drache, der Wald ...

→ mythisches Denken
→ Kunst als Ganzheitsprozeß und Beitrag zur Personwerdung

11. Laternenumzüge gestalten. Laternenumzüge erfreuen sich in diesem Alter noch großer Beliebtheit. Das Lied „Laterne, Laterne" genügt aber nicht, um daraus eine echte Prozession zu machen. Man sollte vor allem den Anfang und das Ende ausgestalten, das Entzünden und Löschen der Kerzen. Das Entzünden könnte an einer einzigen Kerze geschehen, aus der alle Lichter ihr Licht empfangen. Warum soll man das Feuer nicht aus einem Ofen holen? Auch das Auslöschen sollte eine festgelegte Form haben.

→ Pflege sozialer Bezüge
→ Kultur und Tradition
→ kultische und rituelle Handlungen

12. Ein Tier beerdigen. Manchmal kommt man in die Situation, einen toten Vogel oder Igel zu finden, den man dann feierlich begraben möchte. Hierzu kann man mit den Schülern den Verlauf der Zeremonie festlegen: Was soll gesprochen, was gesungen werden? Wie soll das Grab gestaltet werden, wie gepflegt? Dies Ereignis ist mehr als ein Spiel. Die Kreatur wird in diesem Prozeß als Mitgeschöpf verinnerlicht.

→ Kultur und Tradition
→ Arten, Ökosysteme, Landschaften
→ kultische und rituelle Handlungen

13. Einen Auftrag annehmen. Mit dem Aussäen wird im Schulgarten freiwillig ein selbstgewählter Auftrag verbunden, meist wohl auf dem Gebiete der Pflege. Dieser Auftrag muß formuliert werden, auch seine Annahme. Zu einem bestimmten Termin wird gemeinsam das Ergebnis betrachtet.

→ psychische Gesundheit
→ Arten, Ökosysteme, Landschaften
→ kultische und rituelle Handlungen

14. Mitweltwunschzettel. Man schreibt mit den Schülern Wunschzettel, aber mit völlig anderem Inhalt als üblich. Man schreibt darauf, was man für einen anderen Menschen oder ein Tier oder eine Pflanze Gutes wünscht oder erhofft. Niemand darf seinen Wunsch öffentlich aussprechen. Alle Wunschzettel werden vielleicht sogar feierlich zusammengefaltet und verbrannt. Nach einem Monat sollen sich die Kinder äußern, ob ihr Wunsch in Erfüllung gegangen ist. Man muß erspüren, ob sie ihn aussprechen oder für sich behalten sollten.

→ Pflege sozialer Bezüge
→ kultische und rituelle Handlungen

Klasse 4 bis 6

Ab dieser Klassenstufe ist für die religiöse Erziehung Zurückhaltung zu empfehlen. Meist erkennt man den Zeitpunkt daran, daß sich Kritik regt. Dann sollten ganz konkrete, handwerkliche, am besten fröhliche Aufgaben in den Vordergrund treten. Das heißt: Das unmittelbar Religiöse, Mythische, Kultische tritt jetzt in den Hintergrund und wird von künstlerischer Tätigkeit abgelöst. Die Dramatik, Dichtung, der Tanz, die Pantomime und Musik und auch die Bildende Kunst füllen von da an den religiösen Bereich indirekt mit Leben.

1. Dramatische Texte. Die Dramatik kann z. B. als lustiges Kasperletheater, als Marionettenspiel oder Rollenspiel vorkommen. Das Hineinschlüpfen in ein fremdes Gewand läßt die Kinder jetzt Wahrheiten erfahren und sagen, die außerhalb der unmittelbar eigenen Wünsche liegen.

→ Überkonfessionelle Religiosität
→ Kunst als Ganzheitsprozeß und Beitrag zur Personwerdung
→ Mit Sprache gestalten

2. Poesie. Auch die Poesie wird dieser Altersstufe zugänglich, allerdings eher durch Selbstgestaltung als durch Vermittlung im Unterricht. Was in den eigenen Gedichten geschaffen wird, aktiviert weitgehend ureigenste Bilder. Jetzt gehen die Schüler darauf ein, wenn sie ein Gedicht über einen blühenden oder sterbenden Baum schreiben sollen. Ihre Werke darf man aber weder formal noch inhaltlich kritisch betrachten, vor allem nicht zensieren.

→ Überkonfessionelle Religiosität
→ Menschwerdung durch Sprache und Sprechen
→ Mit Sprache gestalten

3. Feierstunde für Tiere. Als konkrete Aufgabe kann man 3 – 4 mal im Jahr eine Feierstunde für Tiere gestalten. Sie sollte einen Einleitungstext enthalten und eine Tiergeschichte. Man kann ein Wunschlicht entzünden. Die Geschichte sollte nicht fachbezogen sein, sondern das Tier als Mitkreatur herausstellen: etwa von einem treuen Hund oder einer lebensgefährlichen Tierrettung.

→ Arten, Ökosysteme, Landschaften
→ kultische und rituelle Handlungen
→ Mit Sprache gestalten

4. Sprechchor. Man übt zu einer besonderen Gelegenheit einen Sprechchor ein. Der Text sollte auf etwas Ethisches in bezug auf Pflanzen oder Tiere ausgerichtet werden. Es kann z. B. ein Tierschutztext sein, den man für einen Elternabend vorbereitet, z. B. von A. Schweitzer. Der Text darf aber auch vom Lehrer oder von den Schülern erstellt sein. Die Schüler müssen sich in jedem Fall mit dem Text voll identifizieren, das ist die Hauptsache.

→ Arten, Ökosysteme, Landschaften
→ Überkonfessionelle Religiosität
→ Mit Sprache gestalten

5. Musik. Viel mit dem Kultus zu tun hat Musik. Voraussetzung für den Einsatz von Musik sind Lehrer mit ausgebildeten Fähigkeiten für derartigen Unterricht. Deshalb soll sie hier nur als gute Möglichkeit für den Bereich der religiösen Erziehung genannt werden (siehe Kap. 8).

→ Überkonfessionelle Religiosität
→ Musik gestalten

6. Tanz. Tanz drückt als Gruppentanz fast immer auch Kultisches aus. Wenn man nicht auf bekannte Volkstanzformen (z. B. aus Irland) zurückgreifen will, so darf man durchaus mit den Schülern selbst Tanzformen erfinden, z. B.: unterwegs sein, auf dem Wege sein, also vorwärts und seitwärts gehen; – sich in zwei Gruppen aufteilen, die sich trennen und wieder aufeinander zugehen, also polare Prinzipien ausdrücken; einen Mittelpunkt so lange umkreisen, bis man ihn gefunden hat ; zur Ruhe kommen; sich ausruhen, aufgeschreckt werden ... Man übersetzt dabei gleichsam Denk- und Erkenntnisbewegungen in Ausdrucksformen. Der Tanz darf sich auch mit Pantomime überschneiden.

→ Pflege sozialer Bezüge
→ Kultur und Tradition
→ Überkonfessionelle Religiosität
→ Tanz und Pantomime

7. Polaritäten im Bild. In höheren Altersstufen kann man z. B. Bilder malen, die Gegensätze verkörpern sollen. Solche Gegensätze könnten sein: männlich – weiblich, Sonne – Mond, Berg – Tal, Eis – Feuer, Tod – Leben, Schwarz – Weiß. Man berührt bei dieser Aufgabenstellung fast immer archetypische Vorstellungen. Die Reihe läßt sich durch schwierigere Aufgaben fortsetzen. Geiz – Verschwendung, Feigheit – Tollkühnheit haben als Polaritäten in der Mitte zwischen sich einen Begriff, – etwa Freigiebigkeit und Mut –, der die eigentlich erstrebenswerte Eigenschaft kennzeichnet. Die Polaritäten lassen sich zeichnerisch oder malerisch fassen, indem ein Blatt Papier beide als Ganzheit symbolisiert, zwischen denen nun eine Übergangszone gebildet werden kann – oder auch nicht. Der Sinn der Aufgabe ist, aus einer Stimmungslage heraus deren gesamte Bandbreite zur Darstellung zu bringen.

→ Überkonfessionelle Religiosität
→ Kunst als Ganzheitsprozeß und Beitrag zur Personwerdung
→ Bildende Kunst selber gestalten (in der Schule, Landschaft)

8. Regionales Brauchtum. Ab dieser Altersstufe lassen sich alte Volksbräuche der Gegend beleben und für einen öffentlichen Rahmen vorbereiten: Osterfeuer, Feuerräder, Ostertanz, Osterwasser holen; Mitsommertänze und andere Bräuche; Winter austreiben, Fastnachtsbräuche usw. Hier sollte man jedoch nicht irgendwelche Bräuche neu beleben, sondern sich des reichen Schatzes der jeweiligen Gegend bedienen.

→ Pflege sozialer Bezüge
→ Kultur und Tradition
→ Überkonfessionelle Religiosität

9. Schweigemarsch. In diesem Alter beteiligen sich die Schüler gern an einem Schweigemarsch zum Sonnenaufgang. Der Sinn des Schweigens

→ Kultur und Tradition
→ kultische und rituelle Handlungen

ist, das Erleben nach innen zu lenken. Man muß die Schweigsamkeit vorher absprechen. Über die Erlebnisse während des Weges sollte man ebenfalls Schweigen bewahren. Das Holen von Osterwasser ist in manchen Gegenden noch lebendiger Brauch.

10. Grabpflege. Man kann sich vornehmen, gemeinsam mit der Klasse das Grab eines Mitschülers, einer bekannten Person oder auch einfach nur ein verwahrlostes Grab (einen verwahrlosten Gedenkort) zu pflegen.

→ Pflege sozialer Bezüge
→ kultische und rituelle Handlungen

11. Klagewand. Ab diesem Alter sind die Schüler zunehmend in der Lage, ihr Inneres zu veröffentlichen. Hierzu kann man an einer geeigneten Stelle eine Anschlagtafel aufstellen, z. B. an einer Mauer. Auf dieser Tafel darf sich jeder über seine Freuden, Leiden und Bitten offen aussprechen. Man darf darauf Sprüche oder Gedichte veröffentlichen, aber alles muß mit Namen gezeichnet sein und darf nicht wie bei den Klagewänden auf den Toiletten anonym bleiben. Gerade in dieser Altersstufe sollte man darauf achten, daß in allen Vorhaben auch die Fröhlichkeit zu ihrem Recht kommt.

→ psychische Gesundheit
→ kultische und rituelle Handlungen
→ Konfliktträchtige Themen und Situationen

Ab Vorpubertät

In diesem Alter ist bezüglich der Grundlegung des religiösen Verhaltens schon das meiste gelaufen. Wie sollen wir Lehrer mit Menschen umgehen, deren religiöse Entwicklung verstümmelt wurde? Das ist eine schwere Frage, denn alle Methoden, die hilfreich sind, führen in die Tiefe der Psyche und gehören, weil sie für die Person nicht ungefährlich sind, in die Hand von Fachleuten. Selbst beim Schreiben von Gedichten oder Geschichten werden immer Bilder der Innerlichkeit aufgerührt. So notwendig das ist, selbst dies ist nicht ungefährlich, wenn es zu sorglos gehandhabt wird. Alle poetischen Äußerungen der Schüler darf man nur annehmen, ihnen zuhören. Niemals sollte eine popularwissenschaftliche, tiefenpsychologische Deutung einsetzen.

Indem aber die Schranke geöffnet wird, die die verschiedenen Erfahrungsschichten voneinander trennt, indem das Nicht-Rationale zugelassen wird, wird es sichtbar und der je individuellen Formung zugänglich.

Ethik und Moral haben ihren tragenden Grund wahrscheinlich in dieser emphatischen Schicht, weniger in der Ratio. Es bleibt auch für dieses Alter bei einer starken Betonung der künstlerischen Äußerung im Sinne einer religiösen Erziehung. Dem sollten sich zunächst Konzentrationsübungen zugesellen, die sich zu Vorübungen der Meditation ausweiten. Jetzt erst taucht die Frage der Konfession existentiell auf. Sie soll in unserm Zusammenhang ausgeklammert werden.

1. Traum. Die Schüler malen oder erzählen einen Traum. Das setzt Vertrauen voraus und kann intuitiv einen Einblick in die Seele des Schülers verschaffen.

→ psychische Gesundheit
→ Ich-Wahrnehmung, Ich-Sinn
→ Überkonfessionelle Religiosität

2. Streiten. Nach einer heißen und kontroversen Diskussion, in der die Fetzen geflogen sind, spricht ein Schüler oder der Lehrer sinngemäß folgenden Text: Wir haben uns gestritten, ja gezankt. Es war nicht zu erkennen, wer Recht hatte. Nun stehen wir hier (jetzt gibt es mehrere Möglichkeiten fortzufahren). Wir wollen keine Feinde werden, oder wir wollen uns wenigstens in dem Wunsche einig sein, daß wir die Wahrheit finden...

→ Pflege sozialer Bezüge
→ Beiträge zur Konfliktverminderung, -vermeidung, -lösung

3. Geschichten erfinden. Man gibt den Schülern den Auftrag, zu ganz bestimmten, mythisch besetzten Worten eine Geschichte zu erfinden. Das ist erst ab dem 13./14. Lebensjahr möglich. Solche Worte sind z. B.: das Paradies, das Schlaraffenland, die Schöpfung, der Weltuntergang.

→ mythisches Denken
→ Mit Sprache gestalten

4. Fernsehen. Schüler dieser Altersphase sehen viel fern. Viele Fernsehstücke rühren archetypische Vorstellungskomplexe an. Völlig offen ist aber dabei, wie sie die religiöse Biographie beeinflussen und wie man damit umgehen soll. Ein paar dieser Themen machen das deutlich:

- Der Held. Ein uraltes Thema. Z. B. wie der Held aufsteigt, korrumpiert wird und ihn der Mißbrauch der Macht und seine Hybris schließlich zu Fall bringen. Das ist das Strickmuster ganzer Fernsehreihen.
- Die Einweihung. In manchen Fernsehfilmen wird eine Leistung vom Bestehen bestimmter Einweihungsrituale abhängig gemacht. Wird sie dann wirklich als qualitative Veränderung des weiteren Lebensweges genutzt?
- Der König. Ihn haben Filme schon ausgiebig dargestellt, vor allem Filme, in denen die wirtschaftliche Macht eine Rolle spielt. Es lassen sich genügend Belege für den kranken, bösen, habgierigen König finden. Vom anderen, dem gütigen, gerechten sind dagegen nur wenige Beispiele geläufig.
- Andere Themen: Die Schöne und das Tier, das Grundproblem jeder Liebesbeziehung; der verlorene Schatten, der die verlorene Identität meint.

→ mythisches Denken
→ Kunst als Ganzheitsprozeß und Beitrag zur Personwerdung
→ Menschwerdung durch Sprache und Sprechen

5. Konzentrationsübungen. Wichtig sind für diese Altersphase Konzentrationsübungen, die aber genau so berechtigt in das Kapitel „Sinne" gehören. Sie werden hier vor allem als eine Vorform zu Meditationsübungen angesprochen. Man setzt z. B. jeden Schüler allein in die Landschaft, an einen Weiher, in den Wald, an eine Wiese. Er soll 5 Minuten lang alles, was geschieht, beobachten und sich merken. Das ist eine schwere Übung. Wir haben sie auch mit Erfolg vor Tiergehegen eingesetzt. Die herausgehobenen fünf Minuten soll der Schüler hinterher aufschreiben, besser noch, mit möglichst vielen Einzelheiten allen Mitschülern berichten. Das Thema läßt sich weiterentwickeln, indem die Schüler sich ein paar Minuten auf einen Baum, eine Baumwurzel oder ein Gemälde oder auch nur auf einen Bleistift konzentrieren müssen. Dieses leitet unmittelbar über zur Meditation, etwa wenn man bei

→ Überkonfessionelle Religiosität
→ Konzentrationsübungen, meditative Elemente

Die tägliche Veränderung einer Rosenknospe ist eine gute Meditationsübung. Auf dem Bild verschiedene Blühstadien.

dieser Übung gleichzeitig eine frische und eine welke Blume betrachtet. (vergl. Bild S. 219)

6. Meditationen. Der Begriff wird heute leider oft mißbraucht und ist entsprechend verflacht. Gelegentlich wird schon sinnliche Naturerfahrung als Meditation bezeichnet. Meditation ist sinnende Betrachtung, eine religiöse Versenkung. Sie ist eine übbare Methode und muß gelernt werden. Östliche und westliche Meditationstechniken sind im Ansatz entgegengesetzt: Entleerung steht gegen die Erfahrung der Ausfüllung. In der Erfahrung selbst sind die Ähnlichkeiten groß. In der Schule sind nur allererste Vorübungen möglich (Müller 1990).

→ psychische Gesundheit
→ Konzentrationsübungen, meditative Elemente

Man setzt sich vor ein Grasbüschel, einen Zweig, ein fließendes Gewässer und konzentriert sich auf die Wahrnehmung dergestalt, daß alle Bewegungen, Ereignisse durch die Wahrnehmung „hindurchgehen", also nicht im Gedächtnis gespeichert werden wie bei einer Konzentrationsübung. Die Übung darf anfänglich nur 2–3 Minuten dauern.

Solche Übungen lassen sich auch mit einem Gegenstand durchführen, etwa einem Stein oder Kristall. Das erfordert schon eine sehr hohe Konzentration.

Man stellt ein Bild vor sich hin, auf dem man „spazieren" geht. Ist dies am Anfang vielleicht nur eine Konzentrationsübung, so beginnt das Bild vielleicht zu einem bestimmten Zeitpunkt zu „sprechen".

Echte Meditationen bedürfen der Anleitung. Man bekommt ein

Wort, einen Satz oder kann ihn auch wählen: Am Anfang war das Wort oder auch dies Rätselwort: „Ich bin die Tür". Auch eigene Formulierungen sind erlaubt: „Im Schwebenden ist alles aufgehängt" oder „Ja, alle Dinge sind ein Haus". In diesen Bereich sollte man sich allein nicht zu weit vorwagen und auch keine Anleitungen zu geben versuchen, ehe man nicht selbst Praxis hat. Auf dem Wege dahin sollte man sich auch mit den Methoden des Autogenen Trainings nach Schulz/Henke beschäftigen, die ebenfalls nicht ohne eigenen intensiven Schulungsweg angewandt werden dürfen.

Eine gut durchführbare, bewährte Anfangsübung: Für eine Klasse, eine Gruppe oder jeden einzelnen Schüler beschafft man eine noch geschlossene Rosenknospe. Eine Woche lang setzen sich die Schüler zu einer regelmäßigen Tageszeit ein paar Minuten vor „ihre" Knospe mit dem Auftrag, in ihrer Vorstellung die Veränderung gegenüber dem Vortag wachzurufen. Die Rose wird aufblühen, altern und eines Tages die Kronenblätter abwerfen. Soll man dann darüber reden? Besser nicht, weil sich während der Übung sehr viele intime, persönliche Dinge abspielen. Natürlich braucht es keine Rose zu sein. Als gut geeignet haben sich herausgestellt: Lilie, Amaryllis, die Ballonblume (Platycodon) und alle stark individualisierten Blüten. Der Sinn der Übung ist, daß sich das Werden, Blühen und Vergehen an einer Blüte in relativ kurzer Zeit erleben lassen samt der Tatsache, daß alles nur eine Durchgangsstation zu etwas Neuem ist. Ohne es auszusprechen, führt eine solche Übung auf Fragen wie: Woher kommen wir, wohin gehen wir? Damit wird eine wichtige Sinnebene angesprochen, die unmittelbar auch einen Bezug zum Verhalten gegenüber Natur und Umwelt hat.

7. Ab Klasse 9 sollten dann auch kritische Auseinandersetzungen mit dem religiösen Bereich unter Einbeziehung des öffentlichen religiösen Lebens erfolgen.

→ Konfliktträchtige Themen und Situationen

8

Die Künste im Rahmen der Natur- und Umwelterziehung

Die ästhetische Äußerung als Merkmal des Menschen

Das Thema dieses Buches ist die Natur- und Umwelterziehung. Das meint die Frage nach unserm Verhältnis zu Natur und Umwelt. Dieses ist keineswegs ausschließlich rational. Wir werden wohl niemals aufhören, nach dem Sinn und Ziel der Natur wie unserer selbst zu fragen.

Es kann sein, daß Technik und Naturwissenschaft Mitverursacher eines weit verbreiteten Sinnlosigkeitsgefühls sind. Sie beschreiben uns als ein Zufallsprodukt der Evolution, das auf einem winzigen galaktischen Staubkorn namens Erde lebt, die um eine drittrangige Sonne kreist, die wiederum am Rande einer der vielen Milchstraßen des Kosmos ihrem Verlöschen entgegengeht. Was bleibt bei diesen Tatsachen von der großartigen Gottebenbildlichkeit oder dem Schöpferischen im Menschen übrig?

Die Suche nach Sinn führt viele Menschen heute auf künstlerische oder religiöse Wege. Kunst ist in diesem Zusammenhang als Lebensäußerung gemeint, nicht als Theorie. So soll auch das folgende Nachdenken über Kunst ihrem Gebrauch im Schulleben dienen, nicht einer Kunsttheorie. Kunst soll eher als ein Heilmittel betrachtet werden, gleichsam aus der Perspektive des den Unterricht gestaltenden Lehrers. Dieser soll zu einem Gespräch mit sich selbst und seinen Erfahrungen ermutigt werden, auch wenn das für einen studierten Naturwissenschaftler anfangs sehr mühsam ist. Aber es ergibt sich aus allen Beobachtungen, daß auch jeder Naturwissenschaftler die künstlerische Welt, die ohne Zweifel in ihm ist, beleben muß und kann, wenn er heil – also ganz – werden will und wenn er insbesondere auf andere heilend wirken will und damit auf die Natur und die Umwelt. Medizin, Wissenschaft, Kunst und Religion waren in frühen Zeiten der Menschheit im Schamanentum ein einheitlicher Komplex. Sie sind heute bis zum gegenseitigen Unverständnis voneinander getrennt. Niemand wird diesen Urzustand der Menschheit wiederherstellen wollen, aber vielleicht liegt darin doch ein Hinweis, daß dieser Komplex im Rahmen einer ganzheitlichen Natur- und Umwelterziehung eine wichtige Rolle hat.

Die neun Musen

In Griechenland erblickte unsere abendländische Kultur das Licht der Welt. Die Künste wurden unter der Führerschaft Apollos von einer einzigen Muse verkörpert, die sich jedoch in neun Aspekte auseinanderfaltete, als *eine* Kunst in neun Ausdrucksformen. Bei jeder schwingt das Kosmische mit dem Irdischen zusammen, hat also gleichzeitig ein göttliches und ein irdisches Signum. In diesem Empfinden schimmert noch der göttliche Ursprung aller Kunst hindurch (Mittelstraß 1991, Timmermann 1989). Urania ist die Muse der kosmischen Rhythmen, der Mondphasen, auch der Astrologie. Diese rhythmischen Prozesse des Kreisens und Schwingens reichen bekanntlich in den endogenen Rhythmen bis tief in unsere Tagesabläufe hinein, ja, die Zellteilung und zahlreiche enzymatische Prozesse schwingen in einem Tagesrhythmus. Der Rhythmus ist das „Geschehen am rechten Ort zur rechten Zeit" (Timmermann 1989). Das betrifft die gesamte Musik: das Kosmische z. B. wird im Trommelschlag hörbare Form. Das versteht ein Jazzmusiker sofort. Manche Musikformen definierte man im Tempo geradezu am Herzschlag. Himmelsrhythmen und irdische Rhythmen werden durch den Aspekt der Urania symbolisiert.

Das Kosmische ist aber mehr als Rhythmus; es ist Bewegung, Tanz. Uns ist geläufig, daß dieser Tanz bis in die Brownsche Molekularbewegung hinein tatsächlich stattfindet. Terpsichore verkörperte zugleich den kosmischen wie den irdischen Tanz. Der tanzende Mensch schwingt sich ein in diese unendliche Bewegung des Werdens und Vergehens. Das ist das Geschehen um Zeugung und Tod. Der gewaltigen Erfahrung entsprechend, ist im Tanz leicht Ekstase. Der einzelne schwingt sich dabei immer in einen größeren Zusammenhang ein: Aus der erlebbaren, erfahrbaren Tätigkeit wird so etwas wie ein kleines Abbild eines um eine Mitte geordneten kosmischen Geschehens. Der Rhythmus, der Tanz, vielleicht auch die Pantomime ragten für die Griechen als Urbild eines gleichzeitig kosmischen wie irdischen Geschehens aus den übrigen Künsten heraus.

Aber das Geschehen oben und unten sucht auch anderen Ausdruck. So inspiriert Polyhymnia vor allem den Gesang, Erato mit ihrer Leier die Erzählungen von der Kraft der zeugenden Liebe, Kalliope inspiriert die epische Dichtung und Poesie, Euterpe die Musik, vor allem auf Instrumenten, Thalia lenkt die heiter-ausgelassene Komödie, Melpomene die Tragödie, den Klagegesang, also den feierlichen Ernst, und Klio lenkt den Bericht über das Geschehen in Geschichte und Mythologie.

Nimmt man nicht die Namen, sondern die Aspekte, die sie inspirieren, so sind es neun Wesensbereiche einer kosmisch erlebten Welt, die so ihren Ausdruck fanden. Es sind bis auf die Malerei und die plastischen Künste alle ästhetischen Bereiche vorhanden.

Unmittelbar wird man von den neun Musen als Ausdruck des einen kosmischen Geschehens auf die neun Engelchöre hingewiesen, die in der christlichen Tradition eine so große Rolle spielten (Hammerstein 1962, Zauner 1980, Ströter-Bender 1988, Winkel 1993). Ihre Ausstrahlung in die Künste steht außer Frage. Sie hatten eine göttlich-kosmische Zuordnung: Die oberen drei (Seraphime, Cherubime und Throne) sind dem Schöpfer zugeordnet, die mittleren drei Christus als dem gegenwärtig schaffenden Prinzip, die unteren drei dem Heiligen Geist als dem die Menschen inspirierenden Prinzip. Alle Engelhierarchien vereinigen sich im Singen eines „kosmischen" Gloria, in das die Menschen mit ihrer Musik einstimmen sollen und können. Auch der Tanz gehörte ursprünglich zum Wesensausdruck der Engel und ist erst im Verlaufe der Kirchengeschichte wegen des ekstatischen Gehaltes als teuflisch unterdrückt worden. Der Altar war als zentraler Ort der Offenbarung auch der Ursprungsort der Oster-, Paradies- und Weihnachtsspiele, die sich von hier aus wie auch die Engelsmusik als Musica sacra in den weltlichen Bereich als Künste ausbreiteten. In unserem spezifisch christlichen Kulturkreis stößt man bis in die Lutherzeit noch auf eine enge Bindung zwischen einem kosmisch-mythischen Geschehen, das in Ritus und Kultus sichtbar wurde und dem, was künstlerisch Gestalt gewinnt und was sich in der Folge immer mehr verselbständigt. Die Verbindung dieser Ausdrucksfelder zum religiösen Ursprung ist niemals ganz durchtrennt worden.

Im modernen Gewande sieht das dann so aus: Morf (1981) beschreibt das Wesen des Ästhetischen aus der Sicht eines praktizierenden Biologielehrers, wenn er zunächst definiert, daß „das Entscheidende im Ästhetischen (sei), daß etwas von Betroffenheit in der Tiefe der Seele, daß ein Hauch von Existentiellem darin mitschwingt". Dazu gilt es, „im Unterricht Zeit zu verlieren, nicht Zeit zu gewinnen". Er wählt als Beispiel, wie eine Mädchenklasse der Oberstufe vor einer Anlage von 1000 Iriszüchtungen steht, sich daran begeistert und wie sich dann jede Schülerin „ihre" Blüte aussucht und betrachtet. Allein dies sei schon eine ästhetische Begegnung. Aus ihr folgen nach Morf zwei mögliche Weisen der Bearbeitung. Man kann (1) die Blüte und sein Erlebnis malerisch oder zeichnerisch oder sprachlich als Vorlage zu einer künstlerischen Gestaltung nutzen, oder man kann sie (2) analysieren und immer weiter untersuchen, zerlegen bis in die einzelnen Farben oder Bestandteile. Auch die Wissenschaft könne auf einem ästhetischen Erleben gründen. Sie sei im Fortgang dann aber das einfachere Verfahren, weil zur künstlerischen Gestaltung Fähigkeiten dazugehören würden, die vorhanden sein oder erst entwickelt werden müßten.

Handwerk, Technik, Wissenschaft, die heutigen Hauptthemen, waren einmal in eine kosmisch empfundene Lebensganzheit eingebettet (Chardin 1959, Haverbeck 1978, Sieferle 1991). Sie haben sich seit der Neuzeit aus dieser Empfindung befreit. Sie sind eigenständig geworden und gehorchen nur noch den Regeln der Kausalität und der Funktionalität (mit ein bißchen Ästhetik drumherum). Das Zählbare, Wägbare, Meßbare, das Machbare also, wird gesucht und in Technik umgesetzt. Dieser Prozeß hat sich inzwischen verselbständigt, der Horizont des Machbaren scheint sich bis in die Unendlichkeit auszudehnen, wo das Menschenbewußtsein sagen darf: Wir sind wie Gott. Wir sind entmythologisiert, ungezähmt und machen das Machbare. Die Verluste, die unser Leben durch das Zurücktreten der anderen Themen erleidet, nehmen wir achselzuckend in Kauf und werden bei dieser

Die Phänomene treten dem Betrachter offen entgegen. Er kann sie künstlerisch oder naturwissenschaftlich nutzen. Sibirische Schwertlilie (oben links), Paradieslilie (oben rechts), ein Stück herbstlicher Waldboden (unten)

Mangelernährung krank. Es hungern unser Sinn-Bedürfnis und unsere Ganzheits-Sehnsucht. Hier muß die Ästhetik ihre Aufgabe für die Natur- und Umwelterziehung wahrnehmen, eher urtümlich als gebildet, eher durch Tätigsein als durch Lehre. Diese Meinung ist gut abgesichert durch Aussagen großer Wissenschaftler, die unsere Zeit stark beeinflußten wie Portmann (1956 und '74), Chargaff (mehrfach), Capra (1984), von Weizsäcker (1977).

Aspekte ästhetischer Äußerungen

Wir nehmen den Satz aus dem Johannesprolog kaum mehr als weltschaffende Aussage auf: Am Anfang war das Wort (der logos). Ebenso spricht Gott am Anfang das Werdewort. Das Wort ist der Anfang. Nach indischer Überzeugung kommt diesem Urwort die Silbe OM am nächsten, die auch bei uns noch im Amen klingt (Berendt 1989). Am Anfang war das Wort. Es ist aber wohl gleichwertig, ob es gesprochen, gesungen, geschrien, getanzt oder getrommelt wurde. Das Schöpfungsgeschehen ist in allen Beschreibungen immer gleichzeitig Sinn und Sinnlichkeit, Sinn und Klang, Sinn und Gestalt, Bedeutung und Wahrnehmung. Selbst in der wissenschaftlichen Fassung vom Ursprung der Welt bedient sich die Beschreibung im Urknall noch der alten mythischen Vorstellung als der Verbindung von Werden und Klang bei der Entstehung der Welt (Timmermann 1989).

Niemand ist dabeigewesen, als die Sprache und die Künste entstanden. Allen ist gemeinsam, daß Symbole zu Realitäten werden (Hofer; Altner 1972, Bertalanffy 1970). Die Sprache, das Sprechen-Können, ist die wohl wichtigste Symbolebene. Über den Ursprung sollen später einige Vermutungen referiert werden. Hier ist (nach Langer 1965) nur so viel wichtig, daß jedes Wort ein Symbol, eine Metapher ist und als Ausdruck einen bestimmten Ausschnitt aus der Welt meint.

Bei jedem Kind ist dieses weltschaffende Erlebnis zu beobachten, wenn es erfaßt, daß bestimmte Lautverbindungen für etwas stehen. Mit jeder Biographie wird im Wort noch einmal die Welt erschaffen. Sätze sind später nichts weiter als Minimierungen von Mißverständnissen.

Mit Sprache entstehen Beziehungen zwischen den Symbolen bis hin zu einem abstrakten Denkgebäude. Jedes Sprechen ist eine Beziehungssuche und Beziehungsdemonstration zwischen den Symbolen. Daher eignet sich Sprache allein zum Diskurs. Alle sprachlichen Symbole sind aber randunscharf. Gerade das macht sie zum Beschreiben neuer Sachverhalte geeignet. Diese Randunschärfe und das Hervorquellen immer neuer Symbolbeziehungen und sogar neuer Symbolbildungen machen sie darüber hinaus zur Kunst geeignet.

Als Kunst ist Sprache vielleicht am stärksten im Gedicht gegenwärtig (Breuer 1981). Ein Gedicht lebt von den Elementen Rhythmus, Takt, Klang, Melodie, Symbol und Metapher, die sich zu einer Aussage vereinigen. Damit ist schon die Nähe zu Tanz und Musik angezeigt. Ein Gedicht greift in den Quellgrund unseres Menschseins. Die Epik dagegen liegt näher am Diskurs. Das Schauspiel kann in Mysterienspiel,

Tragödie oder Komödie viele Formen annehmen und tut dies ja auch kund, indem es in alltäglicher Prosa oder in einem Versmaß auftritt. Das Märchen und die Legende oder die mythische Geschichte kreisen mit ihren Sprachsymbolen immer gleichzeitig um eine noch höhere Symbolebene (Gessinger 1989).

Die Musik hat keine einheitliche Sprache. Sie ist sozusagen stets Symbolbildung im Statu nascendi. Ein Komponist kann eigentlich nur mit dem Menschen der Urzeit verglichen werden, der die Sprache erfand. Indem der Komponist innerlich etwas hört und auch schafft, hat er eine Art Wahrheitserlebnis. Ihm leuchtet ein Sinnzusammenhang auf, aber in der Sprache seines persönlichen musikalischen Ausdrucks. Der Zuhörer muß keine neue Symbolsprache erlernen. Er kann teilhaben an dieser Symbolgeburt, deren Elemente auch wieder Ton, Rhythmus, Takt und Melodie sind. Aber den Sinn dieses künstlerischen Ausdrucks kann man nur in der Sprache der Musik erfassen, man kann ihn nicht mit der Wortsprache beschreiben. Sicher gibt es in den verschiedenen Kulturen so etwas wie musikalische Eigenheiten, aber im Grunde genommen ist das Erschaffen neuer musikalischer Formen und Ausdrucksmöglichkeiten immer das Betreten einer neuen Symbolebene. Wegen dieser Selbstzeugung des Sinnes aus sich selbst ist die Musik über alle Sprachgrenzen hinweg verständlich (Berendt 1989, Hammerstein 1962).

Der Tanz ist dem Ritus und dem Kultus vielleicht am nächsten, worauf auch seine Nähe zur Ekstase hinweist. Die Tatsache, daß dem Christentum diese dionysische Kunst hätte gefährlich werden können, führte vielleicht zur partiellen Verdrängung des Tanzes in unserem Kulturkreis. Vielleicht geht dem Tanz in der Entstehung noch die Pantomime voraus. Beide sind eine symbolschaffende Körpersprache. Der Tanz setzt diese körperlichen Symbolfiguren lediglich in Beziehung. Die Körpersprache verstehen wir als Menschen offenbar ganz ursprünglich. Körperlicher Ausdruck ist vielleicht so etwas wie ein Urausdruck, der dem Wort sogar voranging (Langer 1965, Gessinger 1989).

Malerei und Bildhauerei haben mit Gegenständen der realen Welt zu tun. Diese Gegenstände werden in diesen Künsten immer vereinfacht, überhöht, mit anderen zusammengefügt. Sie sind also immer mehr als der Gegenstand selbst. In diesem Sinne sind sie immer Symbol. Während die Musik infolge der ihr eigenen Symbolschöpfung selten in die Nähe der Profanität gelangt, jedenfalls nicht im Bereich originaler Schöpfungen, stehen die Bildenden Künste immer zwischen den Polen Kenntlichkeit und Unkenntlichkeit der Wirklichkeit. Man muß wohl schon den Schaffensprozeß betrachten und den ihn begleitenden Zustand, um mehr zu fühlen als zu wissen, daß vor allem der Darstellungsprozeß die Kunst ist, nicht der dargestellte Inhalt, das Bild also oder die Plastik. Sie sind die zurückgelassene Spur des künstlerischen Prozesses und müssen erst entschlüsselt werden. Das wird besonders an der Fotografie deutlich. Sie hat für ihre Symbolsprache „nur" die Realität. Nur die Nutzungsweise der Realität kann aus einem Foto Kunst machen. Wie die Sprachkünste die Alltäglichkeit ihres symbolhaltigen Mediums verwandeln müssen, so auch die Bildenden Künste die Realität der Wahrnehmungen.

In der Bildhauerei muß man das künstlerische Geschehen wohl im Miteinandersprechen der plastischen Formen, in der Malerei im Miteinander oder Gegeneinander der Farben, in der Grafik in den Linien suchen. Jeder Kunstbereich benutzt seine eigenen Mittel, ist aber doch nur ein Teilbereich der einen großen Kunst. Wahrscheinlich hat jede künstlerische Betätigung ähnliche Auswirkungen auf den Menschen:

1. Mit der künstlerischen Betätigung betritt er den „Quellgrund" seines Menschseins überhaupt.
2. In der künstlerischen Tätigkeit werden Beziehungen geschaut, erlebt, also außerhalb der Möglichkeit einer rationalen Sprache erfahren.
3. Die künstlerische Tätigkeit ermöglicht in jedem Felde das Verknüpfen neuer Symbolbeziehungen oder das Schaffen neuer Symbole.
4. Der Sprechfähigkeit wird neues Material zugeführt.
5. Mit großer Wahrscheinlichkeit wurzeln im Quellgrund des Künstlerischen auch ganz allgemeine Werthaltungen.
6. Im weitesten Sinne wird durch künstlerische Tätigkeit eine allgemeine Grundreligiosität gepflegt, allerdings ohne Bekenntnis.
7. Insgesamt entsteht durch künstlerische Tätigkeit Offenheit für die Welt.
8. Im weitesten Sinn wird durch künstlerische Tätigkeit der moderne einseitig verbale Diskurs zurechtgerückt und aufgelockert; die dabei scheinbar vertanen Stunden sind gewonnene Lebenszeit (Morf 1981).
9. Es findet eine ausgesprochene Sinnesschulung statt.
10. Es ist davon auszugehen, daß durch die ganzheitliche Beanspru-

Der Gestaltungsprozeß führt in den „Quellgrund" unseres Menschseins.

chung des Menschen bei künstlerischen Tätigkeiten auch sein Denken, Fühlen und Wollen gleichmäßig beansprucht und gefördert werden.

Kunst – Alltagsnotwendigkeit in Kindergarten und Schule

Steht Kunst als Thema an, hat man meistens sofort die großen Künstler im Auge, die das Kunstgeschehen ihrer Zeit maßgeblich geprägt haben. Sie können für bestimmte Sachverhalte Zeugnis ablegen, aber nicht als Leitbilder der Natur- und Umwelterziehung gelten. Auch die Kunsterzieher sind einseitig.

Das gilt auch für die vielen Institutionen, die sich um kranke Menschen mit Hilfe von Poesietherapie, Maltherapie, Musiktherapie kümmern (Gadamer 1973, Petzold 1985). Die durch diese Therapien erzielten Heilerfolge sind außerordentlich und haben bei der Konzeption dieses Buches eine Rolle gespielt. Jeder Therapeut arbeitet auf einer anderen Grundlage, hat ein eigenes Menschenbild, ein eigenes Denkmodell. Jede Therapie kann gefährlich werden, denn sie hat ja bis zu einem gewissen Grad die Loslösung vom bisherigen biographischen Verlauf zum Ziel. Deshalb gehört sie ausschließlich in die Hand von Fachleuten.

In der Schule geht es mehr um Vorsorge, um Stützung der normalen Biographie also. Selbst das erfordert ein waches Auge, denn künstlerische Tätigkeit kann eruptive Prozesse auslösen.

Künstlerische Tätigkeit wird im Zusammenhang mit der Natur- und Umwelterziehung nicht als Leistung im Sinne eines artifiziellen Könnens verstanden, eher als Grundhaltung. Dazu sind die studierten Kunstpädagogen oder Musiklehrer von heute genau so wenig ausgebildet wie die Biologielehrer für einen ästhetisch geprägten Biologieunterricht. Alle müssen ihr Fach wohl zunächst hintanstellen.
G. Otto (Otto 1989) geht für diesen neuen Wegebau von der Phantasie aus. Diese sei gleichzeitig Erfahrung mit einem Objekt, einem Sachzusammenhang und mit sich selbst. Diese Phantasie nennt er mit Rubinstein Ein-Bildungs-Kraft. Einbilden ist im künstlerischen Prozeß auch Um-Bilden. Etwas Sinnliches wird transformiert, transzendiert, mit Sinn erfüllt. Die Erfüllung mit Sinn, die Sinngebung oder -findung ist immer das Ergebnis der ordnenden Phantasie. Es ist die Anbindung an das Schöpferische. Der Prozeß als solcher ist in allen Äußerungen der Kunst der gleiche. Die Phantasie, das Umbilden und Transzendieren muß tief in den naturwissenschaftlichen Unterricht hineinragen. Der naturwissenschaftliche Lehrer muß auf diesem Felde ebenso Erfahrungen sammeln wie der Kunstlehrer auf dem naturwissenschaftlichen. Das soll später für die einzelnen Kunstbereiche bis hin zu praktischen Aufgaben dargestellt werden.

Anlässe, sich künstlerisch mit Natur und Umwelt auseinanderzusetzen

Im folgenden werden lediglich Situationen beschrieben, die eine künstlerische Gestaltung nahelegen. Eine Ausarbeitung in Aufgaben erfolgt noch nicht.

Kindergarten und Grundschule

1. Trauer. Einem Schüler oder auch einer Schulklasse ist ein Heimtier, der „Liebling", verstorben. Nun gilt es Abschied zu nehmen. Schon im Religionskapitel wurde auf das Zeremoniell der Beerdigung hingewiesen. Die Trauer kann ihren Ausdruck auch in Bildern, im Gesang und in Musik finden, bis hin zum Tanz. Geht es für die Erfahrung der Kinder nicht um mehr als die trockene, naturwissenschaftliche Begründung der Todesursache?

→ kultische und rituelle Handlungen
→ Kunst als Ganzheitsprozeß und Beitrag zur Personwerdung

2. Freude. Die Freude auf eine bevorstehende oder abgeschlossene Obsternte im Schulgarten ruft geradezu nach einem Ausdruck durch Lieder, Gedichte, Bilder oder Tanz. Das kann Einzelarbeit sein, Gruppenarbeit und z. B. in ein Ernte-Freudenfest integriert werden.

→ Pflege sozialer Bezüge
→ Kultur und Tradition
→ Kunst als Ganzheitsprozeß und Beitrag zur Personwerdung

3. Bewegungsspuren. Unsere Körperbewegungen lassen sich als Spuren unserer selbst erfahren: Im Kreisen des Armes, der Beine, im Spuren- und Figurenlegen im Schnee, in Fingerbewegungen. Von der Leiblichkeit werden Spuren hinterlassen, die für den Betrachter einen Sinn ergeben. Das läßt sich vielfältig abwandeln.

→ psychische Gesundheit
→ Eigenbewegungssinn
→ Kunst als Ganzheitsprozeß und Beitrag zur Personwerdung

4. Ein schlimmes Ereignis. Es gibt in der Klasse ein schlimmes Ereignis: Zwei Schüler prügeln sich entsetzlich, ein Schüler hatte einen Unfall, oder es ist gar jemand aus dem Umkreis verstorben. Das könnte unmittelbar zum Anlaß künstlerischer Verarbeitung werden.

→ Pflege sozialer Bezüge
→ Kunst als Ganzheitsprozeß und Beitrag zur Personwerdung
→ Konfliktträchtige Themen und Situationen

5. Ein erfreuliches Ereignis. Es gibt etwas sehr Erfreuliches: Das Wetter, ein freudiges Ereignis. Man beginnt, seine Freude durch rhythmisches Klatschen auszudrücken oder durch Fußstampfen. Die Schüler werden einstimmen und dazu eine eigene Körpersprache erfinden: Rohmaterial für künstlerische Gestaltung.

→ Musik gestalten
→ Tanz und Pantomime

6. Arbeitsbewertung. Das gute oder schlechte Gelingen einer Arbeit kann zum Anlaß werden, dieses durch künstlerische Tätigkeit zum Ausdruck zu bringen. Das hätte eine ganz andere Qualität, als wenn als Zensur nur eine Eins oder Fünf vergeben wird.

→ Prinzip der Verfremdung

7. Gefühle. Gefühle lassen sich durch die Phantasie in Zeichen übersetzen. Da kann man in der Klasse eine Freuden- und Trauerglocke aufhängen oder Klanghölzer, die nur bei bestimmten Ereignissen zum Tönen gebracht werden dürfen. Dazu müssen die Rhythmen von den Schülern erfunden werden.

→ kultische und rituelle Handlungen
→ Musik gestalten

Mittelstufe

1. Herbstliche Emotionen. Der Herbst gibt als Übergangsjahreszeit viel Anlaß zu künstlerischer Tätigkeit. Leicht lassen sich Verfärbungsreihen zusammenstellen oder besonders interessante Verfärbungen sammeln. Früchte sind ebenfalls traditionelles Material des Kunstunterrichtes.

→ Kunst als Ganzheitsprozeß und Beitrag zur Personwerdung
→ Naturgegenstände künstlerisch nutzen
→ Beiträge zum Evolutionsdenken

Aber warum soll man nicht das Vergehen, Altern, Verwesen thematisieren, also die Emotionen, die den Herbst begleiten. Tanz, Gedicht und Rollenspiel bieten sich hierfür als künstlerisches Medium geradezu an.

→ Prinzip der Verfremdung
→ Künstlerisches und Naturwissenschaft (alle Künste)

2. Die Pflanzenfamilie. Man möchte im Fachunterricht eine Pflanzenfamilie besprechen. Das kann auch dadurch geschehen, daß die Phantasie neue Arten dieser Familie entwirft.

→ Bildende Kunst selber gestalten (in der Schule, Landschaft)
→ Konfliktträchtige Themen und Situationen
→ Beiträge zur Konfliktverminderung, -vermeidung, -lösung

3. Schmerz, Wut, Trauer. Gelegentlich haben fremde Schüler im Schulgarten wie die Vandalen gehaust. Nun müssen Schmerz, Wut, Trauer, Enttäuschung bearbeitet werden. Führt eine künstlerische Verarbeitung nicht weiter als jedes Gespräch?

4. Unterwegs. Es kommt vor, daß Schüler von einer Nachtwanderung, einem Spaziergang im Nebel, von einem Sonnenaufgang angerührt sind. Sogar ein Film kann diese Schicht erreichen. Dann, aber nur dann, darf man das Thema künstlerisch gestalten.

→ psychische Gesundheit
→ Naturgegenstände künstlerisch nutzen

5. Das weggeworfene Butterbrot. Ein weggeworfenes Butterbrot wird zum Anlaß einer künstlerischen Aussage.

→ Konfliktträchtige Themen und Situationen

Oberstufe

1. Taktile Reise. Man ertastet Oberflächen: Holz, Rinde, Filz, Leder, Wachs, Metall, Steine, Kupfer, Eisen, Granit usw. Das, was man fühlt, versucht man in Wort, Bild oder Tanz darzustellen. Das ist ein sehr anspruchsvolles Unternehmen.

→ Tasten und Fühlen
→ Konzentrationsübungen, meditative Elemente
→ Naturgegenstände künstlerisch nutzen

2. Emotionale Themen. Ein Fernsehfilm über eine Katastrophe, hungernde Kinder oder ein anderes emotionales Thema werden nicht besprochen, sondern in eine künstlerische Aussage umgesetzt. Das gilt auch für ähnliche Themen wie Waldsterben, Artenausrottung, Trinkwasserverseuchung oder Umweltschaden in X.

→ psychische Gesundheit
→ Bildende Kunst selber gestalten (in der Schule, Landschaft)

3. Landschaftseingriffe. Man nimmt mit den Schülern in einer Landschaft Bilder wahr: Die Zerstörung eines Tales, das Aufreißen einer Bergflanke, den Bau einer Brücke, einen umgekippten Teich oder Fluß, einen totgespritzten Wegrain. Das dreht einem aufmerksamen Menschen das Herz im Leibe um. Natürlich soll man darüber auch inhaltlich sprechen. Aber durch eine künstlerisch-gestaltende Auseinandersetzung in Wort, Bild oder anderer Gestaltungsform, werden Schichten erreicht, die dem rationalen Denken verschlossen sind.

→ psychische Gesundheit
→ Naturgegenstände künstlerisch nutzen

Diese Beispiele sollen Kurzbeschreibungen für Anlässe sein, die nahelegen, die Ereignisse der Außenwelt ästhetisch zu verarbeiten. Aus Sinneswahrnehmungen und Inhalten wird der Gefühlsanteil ernst genommen, die Phantasie bemächtigt sich seiner und verwandelt ihn. Was dabei als künstlerisches Produkt sichtbar wird, hat sein Korrelat in der Person. Es hilft ihr, zu sich selbst zu finden, zu ihrem Verhältnis

Eine Filmsequenz entsteht.

zu Natur und Umwelt. Der Intellekt allein kann das nicht leisten, auch eine nach Stunden abgesonderte Kunst- und Musikerziehung nicht. Es geht keinesfalls um eine Rückkehr in die pädagogische Steinzeit! Aber von den Steinzeitmenschen können wir lernen, daß künstlerische Tätigkeit in den Lebensalltag gehört.

Zum Gestaltungsprozeß

Nach Piaget ist die Struktur einer Sache oder einer Handlung kognitiv; affektiv ist die Verhaltensenergie. Dabei bestimmt der affektive Aspekt die Intensität des Verhaltens, der kognitive dessen Differenziertheit. Zu diesen Gesichtspunkten gesellt sich das Leben selbst, das Handeln. Schon dieses bewirkt eine fortwährend sich ändernde Differenzierung der Homöostase zwischen affektiven und kognitiven Momenten. Im wirklichen Leben tritt zu diesem aber noch der Inhalt hinzu. Er ist für die Person die entscheidende Sichtweise, die die augenblickliche, subjektive, konkrete Struktur bestimmt.

Der Inhalt ist dann auch der alles bewegende Motor, der die subjektiven Strukturen verändert. Inhalt ist immer konkret. Das Konkrete ist damit der Wagen, der das Leben, die Biographie erfolgreich fortbewegen kann. Die Abstraktion ist in diesem Sinne immer Verlust. Indem Kunst immer vom Konkretum ausgeht, ist sie als Tätigkeit in diesem Sinne für die Biographie förderlich; die zur Abstraktion neigenden Naturwissenschaften sind nur dann förderlich, wenn auch sie vom Konkretum ausgehen.

Kunst, Natur, Umwelt

Das ästhetische Erleben hat mit Naturerleben gemeinsam, daß es vom Erleben mit den Sinnen zum Sinn führt. Die Wege jedoch sind verschieden; erst wenn sie beide gegangen werden, ergibt sich eine Art Ganzheit.

Im *ästhetischen Bereich* drängt das sinnliche Erleben von Natur nach einer Verarbeitung durch Gestaltung. Die sinnliche Wahrnehmung wird dabei erst im Rahmen der Gestaltungsprozesse so richtig erlebt und vertieft. Den Gestaltungsprozessen ist nach Piaget ein Strukturzusammenhang zu eigen. Dennoch ist ihre zentrale Quelle die Sphäre der Gefühle, Affekte, Emotionen. Das Sinnliche führt zum Sinn, indem das Gestalten die Gestalt erzeugt oder hervorbringt, so unscheinbar diese auch sein mag. Im Gestaltungsprozeß werden das Wollen als Verhaltensenergie und das Denken als Strukturhilfe nicht ausgeklammert oder unwirksam, sondern lediglich nachrangig.
Im *wissenschaftsbezogenen Bereich* der Natur- und Umwelterziehung drängt das sinnliche Erleben der Natur eher nach einer Verarbeitung durch Erfahren, Begreifen und Erkunden. Eine Art Explorationsdrang leitet dieses Verhalten, das damit eindeutig in die Sphäre des Denkens und Wollens gehört. Die „Gefühle" werden zum Motor, der die Verhaltensenergie liefert, aber sie werden nicht gestaltet. Gestaltet werden Denken und Wollen, kognitive Strukturen. Diese Art des Umganges mit sinnlicher Erfahrung führt zum Zergliedern, zu logischem Verstehen, zu logischer Einsicht und erzeugt keine Gestalt im Sinne einer ganzheitlichen Bildung. Hier wird das Gefühl zwar nicht ausgeklammert, aber nachrangig. Jede Natur- und Umwelterziehung, die ausschließlich das Ästhetische im Auge hat, ist halb; ebenso eine solche, die das sinnliche Erleben ausschließlich für die Naturwissenschaft nutzt. Erst beide Verfahren im Verbund ermöglichen eine ganzheitliche Bildung als Grundlage eines wachen Umweltgewissens.

Diese Doppelhaltung läßt sich sogar in der Geschichte der Bildenden Kunst beobachten. A. Jaffé (Jaffé 1979) knüpft u. a. an die Arbeiten von C. G. Jung an, der eine imaginative von einer sensorischen Stilform unterscheidet. Die imaginative geht gleichsam von innen nach außen, von der Phantasie zum Ausdruck, zur Gestaltung. Die sensorische geht von außen nach innen, von der Sinneswahrnehmung als solcher zum Ausdruck, zur Gestaltung. Ab dem 16. Jahrhundert hatte danach die Sinneswahrnehmung einschließlich der Perspektivengesetze den Vorrang, die Abbildung der Realität also; ab der Entstehung der Moderne befinden wir uns wieder in einer imaginativen Phase. Bilder von Kandinsky, Nolde, Chagall, Klee, Picasso sind auch transzendierte Sinneswahrnehmung. Das gilt auch für Schwitters oder Beuys. Mit ihren Arbeiten schütteln die Künstler nicht nur das Joch der Perspektive ab, sie favorisieren aufs neue den Weg von innen nach außen, von der Phantasie zur Gestalt. Dabei taucht wie in der urzeitlichen Kunst erneut das Symbol auf, das Archetypische wird gestaltet, das Unbewußte, die Phantasie nimmt Gestalt an. Was in der Bildenden Kunst vor sich ging und leicht zu besichtigen ist, läßt sich auch für den Tanz, die Sprachkünste und die Musik belegen. Die Künstler sind offen für den neuen Weg; die Gesellschaft und insbesondere die Schule sind noch weit zurück.

Zum künstlerischen Prozeß, zum Machen von Kunst

Die Beschreibung des gestalterischen Prozesses ist für den Fortgang dieses Buches sicher von Bedeutung. Dabei schien es mir empfehlenswerter, die eher unscheinbaren eigenen Erfahrungen genauer zu beschreiben, als Literatur zu zitieren.

Ich bin Flötist mit langer Musizierpraxis, habe ein Leben lang intensiv auf dem Klavier das Improvisieren betrieben, seit meiner Pubertät kontinuierlich Gedichte und Märchen geschrieben, zwei Versuche veröffentlicht (Heitere satirische Ökologie, Gedichte, Winkel 1989; Spuren der Engel, Winkel 1993). In der Bildenden Kunst und im Tanz habe ich nur wenig Erfahrung.

Im *Medium Sprache* ergeben sich nach meiner Erfahrung beim Machen ganz verschiedene Kristallisationspunkte. Sie entsprechen im Grunde genommen der imaginativen(1) und sensorischen (2) Stilform.

(1) Man wird von einem Wort angesprungen. Wie aus dem Nichts, ohne Vorbereitung, und ohne einsehbaren Grund quillt eine Aussage auf, oft in rhythmischer Form:

„Im Schwebenden ist alles aufgehängt",
„Und alle Dinge, alle, sind ein Haus",
„Ins Frühlingsgrün mischt sich schon Sommerstaub."

Solch ein Satz entsteht als Aussage in einem geheimnisvollen Raum, der als umfassender empfunden wird als das gewöhnliche Tages-Ich. Man kann den Satz notieren, dann erkaltet er gleichsam und verliert seine konkrete Faszination. Man kann sich in ihn aber auch wie in einen Haken einhängen. Man spürt dann, daß der Satz einen schwachen Zug entfaltet. Den gilt es zu verstärken, indem man weiterschreibt. Dabei gerät man in einen Zwischenzustand, der das Aufquellen weiterer Substanz zuläßt. Diese Substanz, die aus Bildern, Textstücken, Sinnzusammenhängen besteht, wird von einer eigentümlichen Art der Rationalität genutzt, die dem logischen Alltagsdenken höchstens verwandt ist. Man fühlt neben sich ständig ein Es am Werke. Es bleibt aber alles im Quellen, formbar. Das Geschehen ist bewußt; dennoch ist man verwundert. In dem Prozeß fühlt man ein Ziel, aber tausend Wege dahin sind offen.

Ganz genau fühlt man den Augenblick, in dem dieser Prozeß an sein Ende gekommen ist. Dann schließt sich etwas, das sich nicht näher bezeichnen läßt.

(2) Man faßt den Plan, etwas zu schreiben. Viele Vorstellungen gehen einem vor dem Einschlafen, in der Badewanne durch den Kopf: Ich müßte einmal eine Geschichte schreiben, in der sich zwei Liebende in einer Gondel über einem Abgrund aufhängen lassen. Oder: Schneckenhaus, Wohnhaus, Laube, Hütte, Blockhaus, Erdhaus, Tempel, Kirche, Rathaus. Alle diese Worte wecken Gefühle, Vorstellungen in uns zu dem, was in ihnen wohnt, geschieht. Das müßte ich einmal in einem

Gedichtzyklus erfassen. Solche oder ähnliche Vorstellungen werden nun mehr oder weniger rational und emotional bewegt: Welche Form würde dazu passen, welche Metaphern sind geeignet, wie betrifft es einen selbst und andere, gibt es schon Auseinandersetzungen um das Thema, usw.? Es werden Notizen gemacht, Versuche notiert, beurteilt und wieder verworfen. Wenn man öfter Gedichte schreibt, lernt man, daß man die Quellen fast willentlich öffnen kann. Der Prozeß des eigentlichen Produzierens verläuft dann sehr ähnlich dem vorigen. Der kritische Vorlauf kann aber zur Hemmung der Spontaneität führen. Das niedergeschriebene Ergebnis läßt sich in beiden Fällen frühestens am nächsten Tag beurteilen. Dann ergibt sich die Möglichkeit einer eher kognitiv gesteuerten Nachbesserung. Sogar Teile des Produktes oder das Ganze können verworfen werden, weil sie der intellektuellen Prüfung nicht standhalten. Wenn der Text fertig ist, erlischt fast regelmäßig das Interesse daran. Der Weg war das Ziel, im Prozeß des Produzierens wurde der Sinn in des Wortes tiefster Bedeutung erfahren. Alles, was mit dem Produkt später geschieht, ist ein gänzlich anderer Vorgang. Im glücklichsten Fall kann beim Lesen oder Vorlesen der Prozeß sich erneut abspielen. Dichter nennen wir diejenigen, die Produkte herstellen können, die bei vielen Menschen den Urprozeß auslösen.

Im *Rahmen der Musik* werden die meisten eher als Hörer und weniger als Produzenten angesprochen.

Hören von Radio, Band oder Platte. Trotz guter Wiedergabemöglichkeiten erfordert dies vom Zuhörer den größten Willensaufwand. Er muß vom Essen oder Bügeln, vom Gespräch Abstand nehmen. Das geschieht in den meisten Fällen nicht, die Musik verkommt zur Kulisse. Will man als Zuhörer wirklich in das Innere des Musikstückes ein-

Improvisieren mit Rhythmusinstrumenten.

tauchen , muß ein gedachter Raum entstehen, in dem man als Konzertbesucher sitzt. Ohne Zweifel ernährt man sich dabei von einer musikalischen Konserve, die man nur von innen her schmackhaft machen kann.

Konzerthören. Hier spielt plötzlich das Sinnliche eine Rolle: die Besucher, die Sitznachbarn, das Orchester, das Stimmen, der festliche Blumenschmuck. Der Dirigent ist auf dem Pult wie der zentrale Pantomime, die Musiker sind gleichsam seine Instrumente, die ihm gehorchenden Tänzer. Der Komponist? In diesem Tanz passiert so Unterschiedliches. Man stelle sich Mozart einmal vor ohne die Hüpfsprünge der Geigenbögen, Mahler oder Bruckner ohne die schimmernden Lanzenstöße der Blechinstrumente. Als Zuhörer kann man sich in diesen Tanz hineingezogen fühlen, wenn man die Tonsprache des Komponisten kennt, oder man kann vom Fluß der Musik wie in einem Boot mitgenommen werden. Das alles kann Dimensionen annehmen, die eher einem Kultus ähneln als einer kommerziellen Veranstaltung.

Musik nach Noten spielen. Als ersten Schritt erlebt man die Freude, daß man etwas richtig spielt und es sich anhören läßt. Erst sehr viel später erlebt man wohl, daß die Noten nur der Spielanlaß sind, sozusagen die Zeichensprache für das, was man zum Erklingen bringt. Indem man spielt, spielt es in einem. Die Finger tun das alles von allein, man hört beinahe verwundert dem zu, was da erklingt und was man selbst hervorbringt. Die sogenannte Technik spielt plötzlich überhaupt keine Rolle mehr. Es ist, als ob man mit den Mitspielern und mit dem Komponisten durch das Werk kommuniziere. Indem ich dies schreibe, kommt es mir fast zu intellektuell ausgedrückt vor. Im Musizieren eines Werkes kann so etwas wie eine Ganzheit zwischen Mitspielern und dem Komponisten entstehen, die wie ein Geschenk ist und die immer eine Erfahrung von Sinn ist.

Improvisieren auf dem Klavier. Beim Harmonieren eines Volksliedes ist das oft Getane und Geübte so selbstverständlich im Harmoniegeschehen, daß es ohne jegliches Denken abläuft, aber in jedem Augenblick bewußt gemacht werden kann.

Beim Freien Improvisieren kommt die Musik einfach aus den Händen oder aus dem Bauch. Dabei erzeugt das Jetzt stets erst das unmittelbare Danach. Durch ungewohnte Harmonien, Themen, ja Spielfehler treten Zufälle auf und rufen unmittelbare Antworten hervor. Das alles findet in einem Raume statt, der am Anfang betreten wird: Dur, Moll, Kirchentonart. Am stärksten ist die Zufallsabhängigkeit bei 12-Ton-Improvisationen. Der Anteil des Unbewußten, der Phantasie, der Gefühle wird als sehr hoch empfunden. Das Gespielte gewinnt Gestalt und Sinn beim Machen und Zuhören. Melodie, Rhythmus, Form und Sinn entstehen wie von selbst im gleichen Augenblick und vergehen sofort wieder im Zeitenstrom.

Bei der Geplanten Improvisation nimmt man sich vor, etwas Gedachtes auszuführen, z. B. ein Quintenthema zu bearbeiten, zwei Themen gegeneinanderzusetzen, etwas Trauriges oder Heiteres zu machen, ein Menuett oder eine Passacaglia über einem frei erfundenen oder bekannten Thema aufzubauen. Man kennt die formalen Gesetze dazu aus der Literatur oder vom Musizieren. Diese formalen Gesetze wirken sich dann wie ein Sieb aus, durch das nun die Einfälle hindurchgefiltert werden. Irgendwie verarmt dabei das Unmittelbare und wird von der Form aufgesogen. Man könnte auch sagen, daß die Strukturelemente die Phantasie überwuchern, zum Erstarren bringen, lähmen. Man ist bei dieser Art der Improvisation viel aufmerksamer als bei der vorigen, aber nicht wacher. Nach zwei solchen gewollten Stücken hat man das Gefühl, daß die Phantasie nun einmal wieder freien Auslauf gebraucht. Welch Genie gehört dazu, das Geplante mit dem Freien zu verbinden!

Über *die Malerei* habe ich keine oder nur unwesentliche Erfahrungen, wohl aber über handwerkliche Techniken wie Bau von Musikinstrumenten, Emailarbeiten, Schnitzen, Weben und Töpfern. Bis auf das Schnitzen blieb immer eine bestimmte handwerkliche Distanziertheit erhalten, während das Schnitzen als plastisches Gestalten gelegentlich im Arbeitserlebnis dem Improvisieren von Musik ähnelte.

Zusammenfassung

Alle Künste waren zunächst eine Einheit; erst in den Hochkulturen wurden sie voneinander getrennt. Genau so wie die Sprache in einer sensiblen Phase gelernt werden muß und später nicht mehr gelernt werden kann, muß jede künstlerische Sprache auch erlernt werden. Es ist zu vermuten, daß die Grundkenntnisse einer künstlerischen Sprache ebenfalls in der Jugend leichter erworben werden als im Alter. Insofern gehört Kunst zur Menschwerdung im Rahmen jeder einzelnen Biographie. Im künstlerischen Vollzug entsteht aus einem konkreten Anlaß immer etwas Konkretes, das in der Musik, im Wort und im Tanz sehr flüchtig in Erscheinung tritt, in der Malerei und in der Bildenden Kunst aber dauerhafte Spuren hinterläßt. Wenn Piaget intellektuelles, sinnliches, soziales und emotionales Lernen unterscheidet, so sind im künstlerischen Tun zwar alle Bereiche vorhanden, das emotionale steht aber eindeutig im Vordergrund.

Schule hat diese Ebene sträflich vernachlässigt, auch die Umwelterziehung mit ihrer einseitig ökologischen Tendenz. Gefühle gelten auch heute noch für viele Lehrer als ein Restbestand aus der Evolution, der in einer durch und durch rationalen, wissenschaftlichen Welt überwunden werden muß. Dieser Standpunkt ist nicht nur falsch, sondern für die Umwelt tödlich. Naturwissenschaft neigt zur Vermittlung von Strukturen, Systemen, Wissen, Kenntnissen. Ihr fehlen allzuleicht die Erfahrungsfelder, die jeder Mensch für die Herstellung seiner sozialen und seelischen Homöostase so dringend benötigt. Wir nennen es das Sinnliche, Affektive und Emotionale. Manch neue Kunstrichtung wie Land-Art, Pop-Art, Verpackungskunst, Stegreif-Theater, Straßenmusik, Umwelt-Kunst, Konkrete Poesie usw. entspringen diesem Mangelerlebnis.

Menschenbildung kann nur in einem Raum vor sich gehen, in dem das Sinnliche, Affektive und Strukturelle anwesend sind, und sie vollzieht sich an konkreten Inhalten. Die Ziele der künstlerischen Betätigung im Rahmen der Umwelt- und Naturerziehung sind:

- Übung der Wahrnehmungsfähigkeit durch die Sinne;
- Betätigung der Gefühle, der Emotionen und Affekte;
- Entwicklung und Differenzierung der Strukturwahrnehmung;
- Übung in der Wahrnehmung von Inhalten;
- das Erleben von Ganzheit im künstlerischen Prozeß.

Alle diese Ziele sind an einen fortschreitenden Übungsprozeß gebunden. Projiziert man diese Ziele auf die Natur- und Umwelterziehung, so wird der Effekt, der durch die künstlerische Tätigkeit zu erzielen ist, deutlich. Auch die Natur- und Umwelterziehung hat die Ziele:

- Übung der Wahrnehmungsfähigkeit von Natur und Umwelt durch die Sinne;
- Betätigung von pflegerischen Gefühlen, Emotionen und Affekten gegenüber der Natur und Umwelt;
- Fortschreitende Differenzierung der Wahrnehmung von Strukturen (Beziehungen, Zusammenhängen usw.) in Natur und Umwelt. Das schließt im Grunde ein die
- Wahrnehmung von Inhalten und Aufgaben der Natur- und Umweltpflege.

Beide Seiten stützen einander. Aus dem emotionalen Anteil ergeben sich leichter Werte und Normen als aus dem kognitiven; aus diesem nur, insoweit er auch Emotionen und Affekte berührt. Das Ästhetische hat also alle Chancen, Entscheidendes für die Natur- und Umwelterziehung zu bewirken. Die ist keine Neuauflage der musischen Erziehung der fünfziger Jahre, auch keine Fürsprache für die Vorherrschaft des Ästhetischen in der Schule. Aber wie das Blatt eines Buches zwei Seiten hat, so ist auch jedes Blatt, das vom Baum fällt, für den Unterricht eine Aufforderung, es sowohl emotional wie kognitiv zu nutzen.

Die Wortkünste im Zusammenhang mit der Natur- und Umwelterziehung

Am Anfang war das Wort, buchstäblich. Das Wort ist gleichzeitig Lautfolge, Bedeutungsgehalt und Transporteur weiterer Nachrichten. Sein Verständnis ist nicht angeboren; in jeder Biographie muß sich das als Ereignis wiederholen, was H. Keller so bewegend schildert: Als das Wasser aus einer Pumpe über ihre Hand rann, sei ihr aufgedämmert, daß das Wort Wasser, das sie schon kannte, nicht ihr Gefühl beschreibe, sondern der Name für das sei, was sie wahrnehme. Dies sei gleichsam der archimedische Punkt der ersten Benennung gewesen, von dem aus sie sich in Tagen die übrige Welt als Wort erschlossen habe (nach Langer 1965, Zimmer 1987). Jedes Wort ist also eine Metapher, ein Lautgebilde für etwas.

Das Wort steht für einen relativ offenen Bedeutungsgehalt, der auch gleichzeitig andere Nachrichten transportieren kann, wie er auch gleichzeitig nach dem Fixieren, nach dem Abgrenzen dieses Bedeutungsgehaltes strebt. Die Tendenz zur Komplexität und die zur Abgrenzung haben im Gefolge, daß man zwei Modi des Symbolisierens unterscheiden kann: Der eine führt in das begriffliche Denken; der im Komplexen bleibende zweite führt zur Kunst. Sprache transportiert Mitteilungen auf wenigstens zwei Ebenen: Das eine ist die Ebene der rationalen Bedeutung, der Information, des abstrakten Inhaltes; das zweite ist die Ebene des Gefühles, der Emotion. Die erste Ebene ist naturwissenschaftlich faßbar, rational beschreibbar, im Computer zu simulieren; die zweite schwingt nur, kann nur empfunden werden. Sie ist randunscharf, fließend, wolkenartig. Sie kann Bitte und Botschaft, Hingabe und Drohung sein. Im Gespräch wird auf dieser Ebene auch die Beziehung zum Gesprächspartner transportiert. Je jünger ein Mensch ist, desto stärker wird sein Befinden von dieser zweiten Ebene bestimmt.

Sprache wird immer zunächst als Zitat aus einer fremden Welt erlernt, ehe sich die eigene entwickeln kann. Die vorsprachliche Phase beginnt lange vor der Geburt und reicht ungefähr bis zum Ende des ersten Lebensjahres. Um das erste Jahr entsteht das erste Wort, bewußt angewendet und in Übereinstimmung mit einer Bedeutung. Um das zweite Lebensjahr herum werden aus Einwortsätzen Worthaufen, bis in einem dritten Stadium in oft atemberaubendem Tempo der Satzbau entfaltet wird. Zwischen dreieinhalb und vier Jahren nimmt die Sprechfähigkeit oft sehr schnell zu. Das Kind bildet konventionelle Sätze; es sprudelt förmlich über vor Neubildungen. Das nachahmende Sprechenlernen ragt noch in die Grundschulzeit hinein und endet etwa mit der Klasse zwei. Bis zum Alter von etwa sieben Jahren wird der Unterschied zwischen Wort und Gegenstand noch nicht wahrgenommen. Die Kindersprache ist im Grunde monologisch, ohne Adresse. Das ändert sich um das 9. Lebensjahr. Die Sprache wird gegenständlich. In der Pubertät wird der Stil dann ichbezogen, Pathetik kommt zur Anwendung, auch sachlicher Abstand und Zuwendung zum Gedanklichen.

Sprache ist einerseits gekennzeichnet durch die Übernahme eines geschichtlich gewachsenen Kulturgutes; andererseits enthält Sprache immer auch ein schöpferisches Element. Das Überbetonen des schöpferischen Elementes würde in seiner Einseitigkeit sicher nicht für die Natur- und Umwelterziehung dienlich sein: Beide Gehirnhälften zusammen bilden erst die Einheit. In unserer vorwiegend rational und kognitiv bestimmten Zeit ist dafür die Betonung der künstlerischen Seite allerdings von entscheidender Bedeutung. Wären unsere Zeitläufe von zerfließender oder überbordender Emotionalität geprägt, müßten die kognitiven Strukturelemente betont werden.

Sprachinhalt und Umweltgewissen

Um eine Einsicht in diesen Zusammenhang zu gewinnen, ist ein praktisches Beispiel sicher besser geeignet als eine theoretische Erörterung.

Es geht um die Frage nach der Füllung eines Wortes mit Kenntnissen und Emotionen. Man könnte jedes beliebige Wort als Beispiel herausgreifen, etwa Wasser oder Muschel, Garten oder Tulpe, Wald oder Baum. Stets verbindet sich das Wort, der Begriff mit den Erfahrungen und Erlebnissen, die unter seiner Lautgestalt gemacht wurden. Das Beispiel Baum ist vielleicht besonders geeignet, weil es bis hin zum Umweltschutz reicht.

Solche Betrachtung kann man für verschiedene Kulturen anstellen, etwa Bewohner der Wüste oder des Tropischen Regenwaldes, aber auch für verschiedene Altersstufen, soziale Schichten, Berufe. Das ergibt hochinteressante Unterschiede. Hier soll unser Kulturkreis betrachtet werden, wo die Bäume sich gleichzeitig zu Wäldern zusammenschließen. Die Eltern sollen dabei sehr fürsorglich mit ihrem Kinde umgehen und ihm viele „Eindrücke" ermöglichen. Die erste Erfahrung mit Bäumen macht dann vielleicht schon der Säugling, wenn er täglich zu einer bestimmten Zeit im Garten unter einem Baum stehen darf.

Unter den Licht- und Schattenspielen, den Bewegungen wacht das Bewußtsein gleichsam auf. „Zum Baum fahren", sagt die Mutter vielleicht jedesmal. Dann folgen vielleicht Spazierfahrten im Walde: Da wiegen sich hoch oben die Baumkronen im Himmelsblau, da sucht das Kind später unter dem Schirm der Kronen Eicheln und Bucheckern und hüpft von den Stubben herunter, die für das Hüpfenlernen so unterschiedlich geeignet sind. Hat sich das Kleinkind dann von der Hand der Eltern gelöst, balanciert es mit Vorliebe und Ausdauer auf den geschlagenen Stämmen und erfährt dabei manchmal sehr schmerzhaft den Unterschied zwischen den glatten, geraden Fichtenstämmen und den krummen, bizarren Eichenstämmen, vielleicht sogar ohne je die Namen zu erfahren. Baumlaufen nennt das vielleicht der Vater. Vielleicht pflanzen die Eltern um den Schulanfang einen Baum. Das Kind erfährt dabei evtl. erstmalig etwas über die Wurzel und in der Folge über den Zusammenhang zwischen Wachstum und den Bedürfnissen eines Baumes. Und wer kletterte nicht gern! Jede Baumart hat sozusagen ihr Klettergeheimnis, oft sogar jeder einzelne Baum. In einer Fichtenschonung sind alle Bäume abweisend, eine einzeln stehende Fichte aber ist wie eine Treppe, die in viele Stockwerke führt. Baumnester entstehen. Die Rinde der Bäume wird wie nebenbei erkundet und erfahren. Sogar das Alter eines Baumes schlägt sich in diesen Erfahrungen nieder, oder es wird an einem jungen Fichtenbäumchen an den Jahrestrieben erkundet oder an einem gefällten Baum an den Jahresringen. Ist der Baum sehr alt, wird etwas von seiner Würde spürbar und wie er als ehrwürdiges Gebäude die Zeiten überdauert hat. Gelegentlich stehen vielleicht ganz praktische Fragen an: Wird ein Baum zu Feuerholz gemacht oder zu Bauholz oder zu Möbeln verarbeitet? Die ganze Häuslichkeit erscheint in einem anderen Licht, wenn man die verwendeten Hölzer nach Art und Herkunft bedenkt: Plötzlich ist die Phantasie in Schweden, gleich danach im tropischen Afrika, wenn man erst die Hölzer benennen kann. Neuen Erlebnissen sind kaum

Durch Straßentheater lassen sich wirksam Umweltprobleme darstellen. Das ist eine gute Möglichkeit, bei den Akteuren und Zuschauern Haltungen zu begründen oder zu stärken.

Grenzen gesetzt. Selbst das Verbrennen der Hölzer verläuft nach Farbe und Geräusch unterschiedlich und geht in den Begriff ein. Und wenn man erst anfängt zu schnitzen, betritt man noch einmal einen ganz neuen Kontinent der Erfahrung.

Wird der Mensch dann älter, bewegen ihn vielleicht die Jahreszeiten, die die Bäume verändern. Oder er liebt einen bestimmten Baum als Schattenspender. Hinzutreten dann auch naturwissenschaftliche Erkenntnisse und reichern das Vorstellungsbild an. Noch differenzierter wird das Bild, wenn man Obstbäume einbezieht. Später bewegen den Menschen vielleicht Bilder, die seit Urzeiten mit dem Baum zu tun haben: Der Mastbaum etwa und seine Bedeutung für ein Segelschiff, der Kreuzesbaum vielleicht, der Lebensbaum oder der Baum der Erkenntnis. Die Vorstellung vom Baum reicht bis ins Archetypische, bis in den Bestand der menschlichen Urbilder oder Bildwahrheiten (Höhler 1985). Angelegt werden diese u. U. schon sehr früh beim Erzählen von Märchen, in denen oft ein Baum eine wichtige Rolle spielt.

All das und viel mehr enthält unsere Sprache als Erfahrung aus Jahrtausenden. Sie ist ein regelrechtes Schatzhaus. All das und mehr könnte belebt oder erlebt werden, wenn der Begriff Baum wirklich prall mit Erfahrung gefüllt wird. Wie arm wächst ein Menschenkind auf, wenn es von allem nur die Bilder sieht und nichts erlebt, wenn ihm der tätige oder sinnliche Umgang nicht erlaubt oder nicht geschenkt wird! Nur Begriffe, die die Spuren eines solcherart gelebten Lebens enthalten, sind sowohl emotional wie kognitiv gefüllt, und gerade diese Doppelfüllung ist das Ziel einer ganzheitlichen Natur- und Umwelterziehung.

In jedem Wortsymbol vereinigen sich der emotionale und der kognitive Aspekt. Fehlt bei vielen der emotionale Anteil, erhalten unter Umständen Fähigkeiten, die zu Mitleid, Liebe, Fürsorge, Pflege führen, keine Nahrung. Fehlt der kognitive Anteil – was heute kaum denkbar ist – werden Auseinandersetzungen leicht emotional ausufern. Das ist Vermutung. Aber können Kinder, die täglich mit der Haselrute gezüchtigt werden, später ein Haselgebüsch lieben und schützen? Unser Gewissen fällt fortwährend Werturteile. Ein Mensch, für den ein Baum nie im Leben einen Wert besessen hat, kann nicht mit dem Herzen Baumschützer werden. Nur das Erlebte füllt die Begriffe kognitiv und emotional. Das Erlebte oder das Durchlebte führt – das ist die Überzeugung vieler Umwelterzieher – leichter zu einer pflegerischen Haltung als das nur Gedachte. Deshalb ist das Erleben auch für den Spracherwerb entscheidend wichtig. Während die Sprachentwicklung um sieben Jahre eine gewisse Plateauphase erreicht (Zimmer 1984, Hansen 1965), wird die Füllung der Begriffe mit neuen Inhalten und Gefühlen bis ins hohe Alter nicht abgeschlossen. Hier tritt die künstlerische Betätigung mit dem Wort in die Fußstapfen der kindlichen Art des Spracherwerbs. Sie geht von der sinnlichen Struktur und dem Inhalt aus und gestaltet Sinn durch die Phantasie. Die künstlerische Betätigung ist dabei innig mit den eigenen Gefühlen verbunden, reicht immer wenigstens bis zum Grund der eigenen Vergangenheit, vielleicht sogar bis zu dem der Sprachvergangenheit, in der sich das Gestalten und gewohnte Fühlen und Denken abspielt. Das hat unmittelbar mit der Erfahrung von Sinn und der Entwicklung von Wertgefühl zu tun. Ohne dies kann sich das pflegerische Verhalten sicher nicht entwickeln.

Einige Aufgabenbeispiele

Nachfolgend geht es um Aufgaben, die mit dem Thema Wortkunst und Natur- und Umwelterziehung zu tun haben. Das umfaßt nur einen schmalen Ausschnitt dessen, wie Sprache und Kunst miteinander umgehen können. In die didaktische und methodische Diskussion des Fachbereichs Deutsch möchte ich mich damit nicht einmischen. Die Aufgaben sind in drei Abschnitte gegliedert: Zunächst folgt ein Block, in dem vermischte Aufgaben drei Altersstufen zugeordnet sind. Dann werden in einem zweiten Block ohne Altersangaben am Thema Wasser künstlerische Möglichkeiten des Umganges mit der Sprache von der Kunstgattung her beschrieben. Als letztes wird das winzige Thema Apfel entfaltet, wie es durch verschiedene Aspekte in poetischer Form gestaltet werden kann. Kinder wie Erwachsene sind zu unglaublich dichten Sprachschöpfungen fähig, selbst wenn sie noch niemals gedichtet haben.

Als grobe Ordnung läßt sich angeben, daß bis Klasse 2 der bildliche Ausdruck durch Malen und Verkleiden für die Kinder noch mehr im Vordergrund stehen sollte als die Wortkunst. Um das 10. Lebensjahr reift der Konflikt zwischen Person und Außenwelt heran. Das Verständnis für das Dramatische entsteht. Deshalb können ab Klasse 3 Rollenspiele, Szenendarstellungen und Scharaden mehr und mehr in den Mittelpunkt rücken. Ab Klasse 5 verstärken sich erfahrungsgemäß auch die Möglichkeiten zu eigener musikalischer Produktion. Das Gedicht, der Brief, das Tagebuch erhalten als Aussageformen etwa ab Klasse 7 zunehmend Bedeutung. All das schließt natürlich nicht aus, auch mit den Erst- und Drittkläßlern Gedichte und Briefe zu schreiben. Diese Empfehlung ist lediglich eigenes Erfahrungswissen.

Alle Aufgaben sind auf das eigene Produzieren ausgerichtet. Natürlich ist die Aufarbeitung fremder Produkte legitim, wenn sie die Ziele der Natur- und Umwelterziehung fördert (z. B. Andresen 1986).

Kleinkindalter, Schule bis Klasse 2

1. Lautspielereien. Man erfindet Lautspielereien, die wie Frage und Antwort gehandhabt werden können: Der Lehrer, ein Elternteil sagt z. B. die sinnlose aber klingende Lautfolge „Wandikapopo". Ein Schüler antwortet: „Wandikapo oder Wandikapop" oder „Wandikapip oder Wandikapu, vielleicht auch Wiriwiwau". Das Sinnlose hat seinen Sinn ausschließlich in der Entbindung des Schöpferischen, sonst hat es mit Umwelterziehung nichts zu tun (bis Klasse 2). Wie die folgende Aufgabe lockert es jedoch die Lust an der Sprache und macht empfindlich für Emotionales.

→ Hören und Klang- und Tonsinn
→ Lautwahrnehmung, Sprach- und Wortsinn
→ Menschwerdung durch Sprache und Sprechen

2. „Sinnlose" Gedichte. Man erfindet mit den Kindern „sinnlose" Gedichte, beispielsweise: Wuwukikanda kandadiwei – Wematiblanda egoteitei. Das macht den Kindern viel Vergnügen. Man kann erschwerend mit Bedeutung gefüllte Reimworte wie Baum, Traum, Schaum hinzunehmen. Diese Aufgabe ist schöpferisch im ursprünglichen Sinn.

→ Hören und Klang- und Tonsinn
→ Lautwahrnehmung, Sprach- und Wortsinn
→ Menschwerdung durch Sprache und Sprechen

3. Geheimsprache. Man erfindet geheime Sprachbezeichnungen. Baum heißt dann etwa Babu, Wasser vielleicht Giri. Damit wird nun echt eine Zeit lang gesprochen. Auch für Verben lassen sich Worte erfinden: Holen wird vielleicht zu wompen, zeigen zu kieren. Die Übung ist gleichzeitig eine Konzentrationsübung.

→ Lautwahrnehmung, Sprach- und Wortsinn
→ Gedankenwahrnehmung, Begriffs- und Vorstellungssinn
→ Menschwerdung durch Sprache und Sprechen

4. Märchen. Man wird Kindern dieser Altersstufe natürlich Märchen erzählen. Das führt zu dem Auftrag, einmal selbst eine märchenhafte Geschichte zu erfinden, z. B. wie ich mich in einen Vogel verwandelte, in einen Löwen oder einen Baum.

→ Menschwerdung durch Sprache und Sprechen

5. Lügengeschichten. Kinder dieser Altersstufe begeistern sich an Lügengeschichten. So läßt man Lügengeschichten erfinden, z. B.: vom Apfelbaum, der auch Birnen und Zwetschen trug oder vom Delphin, der sprechen konnte, vom Schüler, der eine Tarnkappe fand ...

Klasse 3 bis Klasse 6

1. Mit Tieren im Gespräch. Tiere haben Ausdrücke und Gebärden, die wir meist vermenschlicht deuten, weil sie unsere eigenen Affekte anrühren. Diese Vermenschlichung kommt gut heraus, wenn man ein Thema sprachlich gestalten läßt wie: Kamel, Krokodil, Adler, Löwe sprechen mit mir (Klasse 4).

→ mythisches Denken
→ Künstlerisches und Naturwissenschaft (alle Künste)

2. Tiergespräche. Um den Schülern das Problem der Vermenschlichung erlebbar zu machen, läßt man in einem Rollenspiel zwei Tiere miteinander reden. Manfred Kyber ist das große literarische Vorbild (Kl. 5).

→ mythisches Denken
→ Künstlerisches und Naturwissenschaft (alle Künste)

3. Briefwechsel. Man läßt die Schüler einen Brief an einen Stein, eine bestimmte Pflanze oder an ein Tier schreiben. Das geht nur, wenn die Schüler eine Beziehung dazu haben, denn sonst würden ihre eigenen Gefühle stumm bleiben. Eine Art Rollenspiel liegt vor, wenn dieses Prinzip umgekehrt wird: Ein Bach, ein Baum, ein Tier schreiben einen Brief an einen Schüler, eine Klasse oder auch an eine Gemeindeverwaltung oder den Fremdenverkehrsverein (Klasse 4 – 6).

→ Überkonfessionelle Religiosität
→ Kunst als Ganzheitsprozeß und Beitrag zur Personwerdung
→ Künstlerisches und Naturwissenschaft (alle Künste)

4. Weiterdichten. Im Spiel ein Gedicht mit der Klasse machen: Der Lehrer sagt zunächst eine Anfangszeile, etwa: „Ich wünsch mir einen Märchenwald". Die Klasse wiederholt diese Zeile, bis ein Schüler spontan den Text weiterführt, z. B. „Die Bäume drin sind groß und alt". Jetzt entsteht eine neue Zeile und so fort. Am Schluß dürfen einzelne Schüler oder alle das ganze Gedicht sprechen (ab Klasse 4).

→ Lautwahrnehmung, Sprach- und Wortsinn
→ Menschwerdung durch Sprache und Sprechen

Auch Gedichte lassen sich schon auf dieser Altersstufe schreiben. Sie bleiben aber meistens konventionell, weil die Schüler auf den Reim bestehen. Themen sind z. B.: Die Jahreszeiten, Obsternte, Waldbesuch.

5. Szenisches Spiel. Ein oder mehrere Schüler erfinden zwei Figuren, die sie benennen (z. B. als Quarri und Quorri oder Dix und Dux) und auch figürlich basteln. Der eine ist z. B. ein Tierschützer, der andere ein Jäger oder Wilddieb. Sie müssen sich eine Szene ausdenken, die sie vorbereitet oder spontan spielen wollen. Meist prügeln sich heute die Partner am Anfang sehr schnell; erst wenn dies langweilig wird, beginnt das eigentliche Spiel (ab Klasse 5).

→ Kunst als Ganzheitsprozeß und Beitrag zur Personwerdung

6. Bildeindrücke. Man zeigt den Schülern Bilder von heiler und /oder zerstörter Natur. Sie sollen sagen, was sie beim Ansehen fühlen und denken (das ist meist auch zunächst nur ein verkleidetes Fühlen). Das Sagen hilft, das Fühlen zu entwickeln.

→ Überkonfessionelle Religiosität
→ Kunst als Ganzheitsprozeß und Beitrag zur Personwerdung

7. Gedanken äußern. Der Lehrer zeigt den Schülern Gegenstände und Bilder seiner Wahl und fordert sie auf, alles zu sagen, was sie fühlen und denken. Das kann zu einer täglichen kurzen Übung über einen bestimmten Zeitraum werden. Am Anfang kommt kaum etwas. Erst sehr langsam gelingt es den Schülern, ihr Inneres zum Ausdruck zu bringen. Dies ist eine wichtige Aufgabe der Natur- und Umwelterziehung und Voraussetzung für einen kreativen Umgang mit Konflikten (vergl. Kap. 10).

→ Überkonfessionelle Religiosität
→ Konzentrationsübungen, meditative Elemente
→ Kunst als Ganzheitsprozeß und Beitrag zur Personwerdung

Ab Klasse 7

1. Gedichte schreiben. Erst von diesem Alter an steht die Sprache als eine persönliche Ausdrucksform zur Verfügung. Deshalb rücken jetzt erst Gedichte als freiwillige Arbeit in den Vordergrund. Themen sind z. B.: Waldsterben, am Wasser, der alte Baum usw. Für das Schreiben muß den Schülern deutlich werden, daß wohl Klang und Rhythmus zu einem Gedicht gehören, nicht aber notwendigerweise der Reim. Gute Erfahrungen liegen vor, wenn die Gedichte direkt vor Ort, im Wald

→ Konzentrationsübungen, meditative Elemente
→ Kunst als Ganzheitsprozeß und Beitrag zur Personwerdung

oder am Wasser, geschrieben werden. Man darf sie als Lehrer nicht zerpflücken. Die Fähigkeit zur Preisgabe von Gefühlen ist eine wichtige Voraussetzung zum Umgang mit ihnen.

2. Zielgruppenorientiertes Schreiben. Man entwirft über einen Umweltsachverhalt, z. B. den Schutz eines bestimmten Weihers, verschiedene Briefe: An einen Politiker, an einen Freund oder eine Freundin, an einen Naturwissenschaftler, an einen Pfarrer. Ziel ist, hierfür verschiedene Ausdrucksebenen zu finden (ab Kl. 8). Dies ist eine sehr wichtige Aufgabe, weil sie bewußtmachen hilft, daß wir in jedem Augenblick in verschiedenen Sprachebenen stecken.

→ Arten, Ökosystem, Landschaften (6)
→ Gedankenwahrnehmung, Begriffs- und Vorstellungssinn
→ Künstlerisches und Naturwissenschaft (alle Künste)

Zwei Abwandlungen werden vorgeschlagen: Ein beliebiger Sachverhalt wird in verschiedenen Sprachen abgebildet, z. B. als Nachricht der Tagesschau, als Gespräch zwischen Schülern, im Sportverein, in einer Partei oder als Gespräch unter Pennbrüdern. Vielleicht wird den Schülern daran erlebbar, was Sprache alles transportiert.

Man untersucht Sprachprodukte darauf, was sie außer ihrem kognitiven Inhalt transportieren und durch welche Mittel das erreicht wird.

3. Tagebuch führen. Man führt mit der Klasse ein Tagebuch in zwei Gruppen, z. B. über das Wetter, Erlebnisse im Verkehr. In der einen Gruppe wird nur nüchtern und sachlich berichtet, in der zweiten werden Gefühle zur Sache nicht nur zugelassen, sondern sind sogar erwünscht. Beide werden nach einiger Zeit veröffentlicht und besprochen, unter Umständen anonym.

→ Gedankenwahrnehmung, Begriffs- und Vorstellungssinn
→ Menschwerdung durch Sprache und Sprechen

Schüler beim Schreiben eines Gedichtes.

4. Geschichten für Jüngere. Ab dieser Altersstufe kann man Märchen und Geschichten für „die Kleinen" erfinden: Der abenteuerliche Lebensweg eines Regentropfens; die Erlebnisse eines Apfels von der Blüte bis zum Verzehr; das Märchen, warum der Mistkäfer zum Eierlegen Mist gebraucht (oft erst ab Klasse 8 möglich).

→ Überkonfessionelle Religiosität
→ Künstlerisches und Naturwissenschaft (alle Künste)

5. Szenisches Spiel. Schüler dieser Altersstufe entwerfen gern kleine Schauspielszenen, z. B: Im Pelzladen; Auf dem Markt; Das Gespräch zweier Nachbarn über ihren Hausrasen.

→ Künstlerisches und Naturwissenschaft (alle Künste)

6. Werbespots. Die Schüler entwerfen gern Werbespots, z. B. „Wir und die Natur brauchen einander", „Hähnchen essen schafft Hungersnot" oder „Tropenholz gehört in den Regenwald". Man kann auf ein Thema eingrenzen: z. B. Müll oder Luftverschmutzung.

→ Künstlerisches und Naturwissenschaft (alle Künste)

7. Umweltmeldungen. Umweltmeldungen lösen Gefühle aus. Man sammelt am besten aus der Zeitung einmal Mutmachmeldungen und Schreckensmeldungen. Durch sprachliche Überarbeitung kehrt man die jeweilige Tendenz der Artikel um (ab Klasse 8).

→ Gedankenwahrnehmung, Begriffs- und Vorstellungssinn

8. Gefühlsauslöserin Pflanze. Pflanzen können Gefühle und Vorstellungen auslösen. Man denke einmal hintereinander die Worte Eiche, Fichte, Trauerweide. Die dabei aufsteigenden Vorstellungen und Gefühle lassen sich sprachlich fassen. Das setzt aber eine große Vertrautheit zwischen Lehrer und Schüler voraus (ab Klasse 7).

→ Gedankenwahrnehmung, Begriffs- und Vorstellungssinn
→ Konzentrationsübungen, meditative Elemente

9. Sprach- und Reimspiele. Es ist merkwürdig, daß die Oberklassen die Übungen der Grundschule mit großem Vergnügen durchführen, so lange dies Spielcharakter hat. Selbst die sinnlosen Sprachspielereien machen sie gern; es wird dabei viel gelacht.

→ Lautwahrnehmung, Sprach- und Wortsinn

10. Ein Beispielkurs für den künstlerischen Umgang mit dem Wort Wasser (vgl. Mainberger 1985 und Winkel 1989).

Besser als durch eine Fülle in sich nicht zusammenhängender Einzelaufgaben kann die eigentliche Absicht durch eine Art Kurs dargestellt werden. Gewählt wurde das Beispiel Wasser. Es begegnet jedem von uns täglich: morgens beim Waschen oder Duschen, beim Morgenkaffee, beim Blick auf das Wetter. Gleichzeitig ist es als Leben spendendes und erhaltendes Naß in seiner Qualität bedroht. Der Kurs ist mehrfach erprobt. Er kann jedoch mit wirklich gestalterischem Erfolg erst ab Klasse 10 eingesetzt werden. Erprobt wurde er auch für die Lehrerfortbildung und für Eltern. In der Praxis gingen dem Wortkurs stets andere künstlerische Aktivitäten zum Thema Wasser parallel (Filmaufnahmen, Tonbandaufnahmen, grafische Aktivitäten, auch biologische Wasseruntersuchungen). Das kann an dieser Stelle nicht dargestellt werden, dargestellt wird jedoch, wo und wie uns Wasser begegnet. Nicht durch Beispiele angesprochen ist die Veränderung in den Sprachebenen – z. B. Wasser im Gesetzestext, in der Physik, Chemie, Biologie, im Kultus, im Gedicht.

Wo haben wir Berührungspunkte mit dem Wasser?

Regen und Niederschlag. Der Niederschlag kann in Form von Regen, Schnee, Schneeregen, Hagel, Graupeln niedergehen. Unsere Sprache kennt aber auch weitere Zusammensetzungen, z. B. Nieselregen, Landregen, Wolkenbruch usw. Der Niederschlag ist entweder leise oder mit

Geräuschen verbunden wie Trommeln, Prasseln, Klatschen. Wir belegen Niederschläge auch mit Adjektiven wie nährend, verheerend, befruchtend.

Die Niederschläge berühren fast immer unsere Stimmungen, indem wir sie nach der Trockenheit ersehnen, indem schützender Schnee die Saaten bedeckt, indem ein Wolkenbruch sintflutartig niedergeht und uralte Bildvorstellungen belebt. Dauerregen macht uns niedergeschlagen, ein Wolkenbruch erzeugt Panik, als Gärtner genießen wir den lange erwarteten Regen.

Nebel, Dunst, Wolken. Sie gehören zum Niederschlag dazu, aber ihr flüchtiger Zustand als Wasserdampf gehört doch in ein eigenes Feld. Der Nebel berührt unsere Sichtweite, verhüllt und verstellt etwas, schlägt sich in Form von Tropfen nieder oder bildet Rauhreifkristalle. Der Dunst verwandelt die Landschaft; er gestaltet Kulissen, verhängt die Ferne, ändert die Farben je nach Tageszeit. Die Wolken selbst sind ein nahezu unerschöpfliches Thema. Sie können bleigrau in Erscheinung treten, weiß im gleißenden Mittagslicht oder wie Himmelsfeuer am Abend oder Morgen brennen. Sie haben natürlich auch Namen wie Kumulus, Nimbus, Zirrus usw., aber viel auffälliger ist ihre Bewegung am Himmel, wenn sie dahinjagen, gemächlich reisen oder wie festgefroren sind.

Allein das Heraufziehen einer Gewitterwand mit ihren Gewitterköpfen, eines Hagelunwetters, einer Föhnwand wären fast unausschöpfbare Schauspiele. Gerade zu dem, was man mit Dampfzustand umschreiben könnte, haben wir zahlreiche emotionale Verbindungen: Der Nebel drückt unsere Stimmung, Schäfchenwolken heitern uns auf, wolkenlos verbinden wir meist mit glücklich. Im Bildgebrauch ziehen im Leben düstere Wolken auf, oder wolkenlose Himmelsklarheit umgibt uns. Und wenn man einmal in der Bibel nachprüft, wie oft dort der Zusammenhang zwischen der göttlichen Welt und dem Wolkensein hergestellt wird (z. B. in vielen Gleichnissen, der Himmelfahrt), ahnt man eher, als es beweisbar wäre, daß ein Zusammenhang zwischen der Natur der Wolken und unserm Empfinden von der Natur des Geistes besteht.

Fließendes Wasser. Die Erscheinungsformen beginnen beim Regen, wenn sich Rinnsale, kleine Mäander bilden und führen zu den unterschiedlichsten Erscheinungsformen wie Gebirgsbach, Wiesenbach, Flußformen verschiedener Größe und Gestalt bis hin zum Strom. In das Erlebnis drängt sich das Fließen: Der Bach ist in jedem Augenblick derselbe, sein Wasser aber ein anderes; das Woher und Wohin wird zur Frage. Auch das begrenzende Ufer ist wichtig und immer wieder, daß ein Fließgewässer trennt und verbindet. In der Vorstellung tauchen mit dem Fluß sogleich das Boot und die Brücke auf. Nicht umsonst steht an der Wurzel der abendländischen Philosophie Heraklit mit seinem Rätselwort „alles fließt". Mit dem mythischen Element Wasser könnte man Bände füllen; die Taufe in einem Fluß, Reinigung, Tod des Alten zugleich mit der Neugeburt ist ein uraltes religiöses Symbol, von dem das Taufbecken ein Rest ist. Fließendes Wasser jedenfalls hat viel mit Reinheit, Fruchtbarkeit, Unschuld im Empfinden zu tun und mit unserem eigenen Leben in der Zeit, das schließlich auch in einem großen Meer aufgeht.

Meer. Da rollen mit den Wellen und Wogen gleich viele Vorstellungen auf jeden zu. Einmal ist es der Grenzbereich mit Ebbe und Flut, Sturmflut. Die Gefahren, die das Meer birgt, spielen eine Rolle: Die Verheerungen, die es hervorrufen kann, die Gefahren, die es für Schiffe mit sich bringt, der Reichtum, den es von seinem Leben ans Ufer spült, seine Freigiebigkeit bei der Spende von Nahrung für die Menschheit. Der Geschmack von Salzwasser kommt jedem auf die Zunge, er hat die unendliche Weite vor Augen, die Sonnenuntergänge, die Schiffe in der Ferne. Besonders deutlich wird am Meer auch, daß wir mit unserm Empfinden bis heute in einem ptolemäischen Weltbild leben, nach dem sich die Sonne um die Erde dreht. Ob es sich um Farben handelt, meerblau, meergrün, oder Stranderlebnisse: Man fühlt sich am Rande einer anderen Welt, aus der wir vielleicht einmal gekommen sind, in die wir aber höchstens für kurze Zeit als Gäste eintauchen können.

See, Weiher, Teich. Wenn man diese Worte einmal schmeckt, so rufen sie in jedem unterschiedliche Vorstellungen wach. Der See hat mehr mit Größe, Himmel, Wolken, Segelbooten zu tun, der Weiher eher mit Seerosen, Fröschen und Alleinsein. Aber das ist schon fast eine Gestaltungsidee. Unter den drei Namen sind stehende Gewässer von der Größe eines Binnenmeers bis zum Gartenteich zusammengefaßt. Uns Menschen berühren dabei besonders die Uferzonen, die Spiegelungen und das Leben auf der Oberfläche des Gewässers, seien es Schiffe, Wasservögel oder Libellen und Frösche. Eher als beim Meer erlebt sich der Mensch hier leichter als Schwimmer von der Mitte des Gewässers aus. Weil viele der stehenden Gewässer klein sind, haben sie einen ruhigen Wasserspiegel.

Tümpel, Lache. Gerade ihre schnelle Vergänglichkeit beeindruckt uns. Auch ihr Erscheinen an Orten, die sonst Wege sind, läßt das Wasser in einem besonderen Licht erscheinen.

Quelle. Das Wasser wird sichtbar, es tritt in Erscheinung. Dies faßt viele Möglichkeiten zusammen: die Quelle, den Quellhorizont als natürliche Bildungen, aber auch die Pumpe, den Brunnen und vielleicht auch den Zapfhahn im Badezimmer. Wir haben eigentlich eine Art Gewißheit, daß die Quelle sauberes Wasser darstellt. Dieses Empfinden verbinden wir auch mit dem Zapfhahn. Jede Quelle enthält aber noch eine Art Geheimnis: Warum tritt sie gerade hier zutage? Vielleicht sagen wir deshalb: die Gedanken quellen herauf, die Bilder oder die Phantasie. Weiter vorn war ja auch vom Quellgrund des Künstlerischen die Rede, und C. G. Jung wäre sicher davon angetan, wenn man seine Archetypen im Quellgrund der Menschheitsentwicklung ansiedeln würde.

Wasser als Lebensbedürfnis von Pflanzen, Tieren und Menschen. Hierunter summiert sich sehr Unterschiedliches. Einmal die Tatsache, daß Leben nur möglich ist, wenn Wasser da ist: Wo Wasser ist, ist Leben.

Das gilt wörtlich und im übertragenen Sinne des biblischen Tränkens. Besonders bei der Bewässerung erlebt man diese Rolle des Wassers, gleich ob im Sommergarten oder in einer Bewässerungskultur in Israel oder Ägypten. Hier tritt der Gesichtspunkt dazu, daß die Menschheit seit Anfang an das Wasser auch als Lösungsmittel benutzt hat, nun aber auf dem Wege ist, dies kostbare Gut so zu verdrecken und zu belasten, daß Wasser im Empfinden der Menschen vor allem gefährdetes Wasser ist. Dies kommt in der Gestaltung besonders häufig zum Ausdruck.

Einige Bemerkungen zu den Sprachaufgaben über das Wasser

Schon diese Beschreibung unserer Begegnungen mit dem Wasser macht deutlich, daß sie außer begrifflichen Informationen Weiteres mitteilt. Die kleinste Spracheinheit ist das Wort. Es tritt mit anderen Wörtern in eine Beziehung, besser: in nahezu unendlich viele Beziehungen. Die Untersuchung des ganzen Gefüges müßte mehrere Bände umfassen, so daß hier nur eine Auflistung erfolgt.

Der Klangleib, das Lautliche. Er wird in unserer Sprache von den Vokalen getragen. Wenn Worte wie Ziel, Stiel, Grube, Gruft, Tube jeweils andere Vorstellungen hervorrufen, liegt das an den Vokalen, die das Wort tragen. Doch können auch Konsonanten dafür verantwortlich sein, wie z. B. in krabbeln, verheddern oder tickern usw.

In den Klangleib integriert sind der *Rhythmus* und der *Takt*. Ein Wort wie Waldsterben weist durch die beiden schweren Anfangssilben einen völlig anderen Rhythmus aus wie z. B. Wanderfreude. Wer mit Sprache umgeht, geht im Rhythmus immer mit einem Element des Tanzes um.

Die Melodie. Bei genauer Beobachtung wird Sprache eigentlich auch heute noch gesungen. Das Wort und stärker noch der Satz durchlaufen stets ein melodiöses Auf und Ab. Das fällt besonders auf, wenn Sprache computerisiert wird. Geht man in beliebigen Sätzen einmal der Melodie nach, wird auch deutlich, daß sie wichtige Mitteilungen aus der emotionalen Ebene transportiert. Klang, Rhythmus und Melodie bilden eine Ausdruckseinheit, einen einheitlichen Komplex. Er ist das Gefäß für die eigentlichen Mitteilungen. Vielleicht muß man dazu noch einen weiteren Komplex aussondern:

Umgang mit Wasser in seiner vielfältigen Erscheinungsform. (von oben links beginnend) Eisgang auf der Gail, Bach in einer Klamm, Strömungsspielgerät, Einblick in die Wunderwelt Wasser, Untersuchung eines Fließgewässers.

Die Satzmuster, die Patterns, denen man einen eigenen Gehalt zuordnen muß. Der Fragesatz oder der Ausrufsatz sind solche Muster, von denen jeder Mensch noch über viele andere verfügt.

Die Sprache transportiert ferner *Symbole, Bilder, Metaphern.* Das fällt oft überhaupt nicht auf. Warum heißt der Briefträger nicht Briefbringer, Briefverteiler oder einfach Briefer? Offenbar transportiert das Wort Träger einen Bedeutungsgehalt, der für das Wort von besonderem Gewicht ist. Bei paradoxen Wortbildungen wie Kot-Flügel oder sogar Atom-Kraft-Werk empfindet man die falsche Verwendung des ursprünglichen Symbols, sobald man sich die Bilder der Zusammenfügungen bewußt macht.

Das Emotionale, das die Beziehung der Person zur Sache und zur an-

Umgang mit Wasser und seinen Erscheinungsformen. (Von oben) freies Spiel Bau von Wasserrädern Wasserkatastrophe

deren Person transportiert, ist nur schwer festzumachen. Es schwingt, ist vorhanden, wird empfunden, verfügt aber nicht über eigene formale Elemente.

Das Soziale, das die Beziehungen der Personen untereinander zum Ausdruck bringt, wird zwar auch durch bestimmte Wendungen dargestellt – man denke z. B. an Briefanreden und Grußfloskeln –, es wird aber unmittelbar dem Text entnommen.

Die Information wird heute gern als Oberbegriff für alle sprachlichen Mitteilungen verwendet. Worüber erhalten wir beim Sprechen Informationen? Über das Geschlecht des Sprechenden, sein Alter, seine Zugehörigkeit zu einer religiösen Gruppe, seinen Beruf, die soziale Schicht, der er entstammt, der Landschaft, in der er seine Sprache entwickelt hat und natürlich über einen bestimmten Inhalt (Linke; Vogt 1991). Die heutige Kommunikationstheorie würde wie auch die Soziolinguistik eine Gliederung bevorzugen, die vorstehend angedeutet ist. Ihre Begriffe überschneiden sich z. T. mit den vorigen, ergänzen sie aber auch. In diesem Zusammenhang soll es nur darum gehen, darzustellen, was alles Sprache im Alltag und bei künstlerischen Bemühungen transportieren kann.

Das Begriffliche, das Denken enthält natürlich immer in sich die vorigen Elemente. Wenn es hier herausgehoben wird, so deshalb, weil unsere Sprache auch abstrakte, unanschauliche Zusammenhänge wie Entropie, ökologische Nische, Gott, Tod, Engel oder gut und böse zur Darstellung bringen kann.

Schließlich bleibt etwas anzusprechen, dem man den Namen Geist als Gegensatz zu der heutigen Auffassung von Materie geben könnte. Es ist der Bereich, der von den Religionen als Offenbarung angesprochen wird, gelegentlich als Vernunft, in der Scholastik gar als Intelligenz. Nach heute vorherrschender Auffassung entsteht dieser Bereich in der Sprache, durch Sprache. Andere Untersuchungen gehen dahin, daß er als objektiver Bereich vorhanden ist, aus dem heraus erst die Sprache entstanden ist.

In den verschiedenen Altersstufen steht Sprache zunächst nur partiell zur Verfügung. Das Begriffliche, die Information und „das Geistige" werden erst nach dem 12. Lebensjahr zugänglich und bewußt. Mit der Pubertät wird Sprache auf allen Ebenen handhabbar. Das Empfinden für den Gebrauch der emotionalen und sozialen Elemente entwickelt sich besonders intensiv in den Klassen 3–5/6, während die Phase des Spracherwerbs von einem besonderen Empfinden für Laut, Rhythmus und Klang geprägt ist. Die Kindergartenzeit und die Klasse 1/2 sind vom Bild, vom Symbol, von der Magie durch Sprache geprägt (Müller-Wiedemann 1989).

Beispiele für das Arbeiten mit Sprache unter dem Thema Wasser

Der vorstehende Text entspricht inhaltlich etwa der Vorarbeit, die man als Lehrer leisten muß, ehe man in die Gestaltung einsteigt. Dabei ist es vom Alter abhängig, wie weit man die dort niedergelegten Inhalte mit der Gruppe mündlich erarbeitet oder gar als Text zur Verfügung stellt. Im allgemeinen gehen ältere Schülerinnen und Schüler oder Erwachsene gern vom Geschriebenen aus; jüngere Schülerinnen und Schüler reagieren eher spontan. Die Aufgaben sind auf ein Alter bezogen, dem schon das ganze Repertoire sprachlicher Ausdrucksmöglichkeiten zur Verfügung steht.

Sprache kann etwas verkleiden. Der Sprecher selbst verkleidet sich oder er läßt die Dinge in einer Verkleidung auftreten. Sprache ist Rede und Gegenrede, sei es als Sketch oder Rollenspiel oder als Schauspiel. Mit Hilfe von Sprache kann man verfremden, sei es aus gedruckten Erzeugnissen oder durch Wortreihungen in bestimmter Absicht. Man kann Werbesprüche erfinden. Sie zielen auf heimliche Wünsche. Man kann einfach eine Sachbeschreibung geben, sie kann eine Geschichte zum Ausdruck bringen, ein Märchen, eine Legende. Die Sprache kann eine Mitteilung an jemand anders sein und mag das dann mündlich oder schriftlich zum Ausdruck bringen. Sprache kann in Form eines Gedichtes zu Aussagen dienen, z. B. in einer hymnischen oder psalmartigen Anrede des Wassers als Du, in Form freier Rhythmen, die für Schüler besonders geeignet ist oder in einer durch Reim gebundenen Form, in der der Reim die Gestaltungsfähigkeit in der Regel überfordert oder selbst zum eigentlichen Gestalter des Werkes wird. Immer ist die persönliche sprachliche Aussage wichtiger als die nachfolgend gegebenen Beispiele, die nur die Phantasie anregen sollen. Eigentlich kann man Dichten nicht anordnen.

– **Geräuschgeschichten.** Man macht eine Geschichte, die sich im Kern nur auf Geräusche bezieht, die vom Wasser ausgehen. Das kann beim Regenfall beginnen und die verschiedenen Geräusche beschreiben, die er hervorruft. Oder man beschreibt die Geräusche von Quelle, Bach, Fluß und Meer. Oder man versucht die verschiedenen Geräusche sprachlich einzufangen, die an einem Weiher zu fassen sind, etwa der Wind im Schilf und in den Bäumen und Gebüschen, die Insektengeräusche, die verschiedenen Vogelgeräusche, das Springen eines Fisches, evtl. Wellengeräusche, Bootsgeräusche. Die Aufgabe ist Beobachtung und eine Art Malerei durch Sprache. Fast immer treten starke Emotionen hinzu, die man zulassen sollte.

→ Hören und Klang- und Tonsinn
→ Lautwahrnehmung, Sprach- und Wortsinn
→ Konzentrationsübungen, meditative Elemente
→ Menschwerdung durch Sprache und Sprechen

– **Sprichwörter, Sprüche, Werbeslogans** erfinden. In einer Vorübung muß man Beispiele sammeln, um den besonderen Gehalt dieser Art Sprachformung zu verstehen. Sprichwörter: Jemandem das Wasser abgraben; der Krug geht so lange zum Wasser, bis er bricht; wo Wasser ist, ist Leben. Sprachlich vergleichbar sind Werbesprüche: Für ein Glas Wasser geh ich meilenweit; Pyrmonter, der Weg zur Gesundheit; der Wasserklau heißt Saubermann. Der Bildgehalt wird vor allem bei Sprichwörtern deutlich, die unerwartete Koppelung von Begriffen bei Sprüchen.

→ Gedankenwahrnehmung, Begriffs- und Vorstellungssinn

– **Metaphorische Beschreibungen erfinden.** Bei dieser Aufgabe werden Eigenschaften des Wassers urbildlich gebraucht. Jeder versteht sie sofort. Das Bild wird zur Wesensbeschreibung. Beispiel: Peter trug eigentlich seinen Namen zu Unrecht. Er hatte gar nichts Hartes, Felsiges an sich, sondern war viel mehr beharrlich wie langsam und stetig dahinfließendes Wasser, das den Sand immer in die gleiche Richtung bewegt, immer am gleichen Ufer nagt und auf die Dauer doch die Steine rundet. – Oder: Seine Natur war wie das Wasser, an dem er wohnte. Es spiegelte sich die ganze Welt darin mit Himmel, Wolken, Bäumen und dem Ufer. Aber wenn man zugriff und etwas genauer sehen wollte, zerstob diese Welt. Nichts blieb außer ein paar flirrenden Lichtblitzen und dem tropfenden Wasser in der feuchten Hand.

→ Gedankenwahrnehmung, Begriffs- und Vorstellungssinn
→ mythisches Denken
→ Menschwerdung durch Sprache und Sprechen

– **Das Sprachfeld Wasser.** Man beginnt mit dem Sammeln und versucht aus Worten, die Eigenschaften oder Tätigkeiten des Wassers bezeichnen, etwas über das Wort zu erfahren: Wasser, Meerwasser, Salzwasser, Süßwasser, Regenwasser, Grundwasser, Tiefenwasser, Brauchwasser, Wildwasser; wässerig, wasserklar, wasserhell, wasserblau; bewässern, begießen, tränken, trinken, saufen; Wasser, Brühe, Suppe, Soße … – evtl. Bilder: Hinter die Binde kippen, eine Flasche niedermachen …

→ Gedankenwahrnehmung, Begriffs- und Vorstellungssinn

Nach dem Sammeln kann man versuchen, in einer Geschichte möglichst viele Wortbedeutungen zusammenzufassen. Diese Aufgabe ist wenig eigenschöpferisch.

– **Eine Sachbeschreibung anfertigen.** Mit Nüchternheit und möglichst großer Genauigkeit wird ein Sachverhalt beschrieben: Ein Wasserkessel kommt zum Kochen, am Mundloch einer Quelle, wie der Regen in die Regentonne fällt usw. Der Leitsatz dieser Aufgabe ist die Genauigkeit unter Vermeidung von Emotionen, Bildern, Metaphern.

→ Gedankenwahrnehmung, Begriffs- und Vorstellungssinn
→ Künstlerisches und Naturwissenschaft (alle Künste)

– **Ein Wassermärchen schreiben.** Wasser spielt in den Volksmärchen und den Kunstmärchen eine große Rolle. Erinnert sei an den Brunnen bei Frau Holle, den Froschkönig, das Wasser des Lebens oder den Fluß in Goethes Märchen von der Lilie und der grünen Schlange. Das Wasser im Märchen hat immer etwas Urbildhaftes mit Reinigung, Trennung oder Spenden von Leben zu tun. Die Aufgabe ist dankbar.

→ mythisches Denken
→ Kunst als Ganzheitsprozeß und Beitrag zur Personwerdung

– **Dichterische Beschreibung.** Ein Vorgang am Wasser, eine Wasseransammlung oder auch nur Wassergeräusche. In der Beschreibung sind Gefühlsaussagen zugelassen, Symbole dürfen benutzt werden, ebenso die Bildsprache. Die Überschrift rührt daher, daß man in der Literatur vor allem diesem Typus der Beschreibung begegnet.

→ Überkonfessionelle Religiosität
→ Menschwerdung durch Sprache und Sprechen

– **Kurzgeschichte.** Wie z. B. in der Erzählung „Der alte Mann und das Meer" das Wasser und die Auseinandersetzung mit diesem Element der eigentliche Mittelpunkt ist, lassen sich um das Wasser Geschichten erfinden. Das kann die Geschichte um eine Sturmflut sein, eine Wassergeschichte aus der Wüste oder auch die Geschichte um einen vergifteten Bach. Das Thema ist also sehr freilassend gedacht.

→ Kunst als Ganzheitsprozeß und Beitrag zur Personwerdung

– **Gedichte.** Sie sind eine besonders intensive Auseinandersetzung über das Medium Sprache. In der Anleitung muß man vor allem darauf hinweisen, daß das Gedicht persönliche Aussagen enthalten darf, daß es rhythmisch gestaltet sein muß, aber ohne Reim sein darf. Beispiele haben gezeigt, daß in vielen Menschen ein Dichter verborgen ist, den man mit formalen Hinweisen auf Versmaße, Versfüße, Stilmittel wie Wiederholung oder Alliteration oder Lautmalerei nur verunsi-

→ Überkonfessionelle Religiosität
→ mythisches Denken
→ Kunst als Ganzheitsprozeß und Beitrag zur Personwerdung

chert und im Grunde unschöpferisch macht. Ob die Gedichte ernst, elegisch oder heiter werden, kann man ihren Schöpfern überlassen.

In der Zusammenstellung fehlen alle Formen schauspielerischer Darstellung. Sie erfordern mehr Zeitaufwand. In der Praxis hat sich herausgestellt, daß manche Schüler lieber im Freien arbeiten, andere im Zimmer. Ein Problem stellt die Hilfestellung dar. Sie darf sich nur darauf beschränken, Thema und Inhalt zu finden, und sie muß wirklich dienend sein.

Obgleich sich das Schöpferische eigentlich nicht kommandieren läßt, stellt es sich in der Regel ein. Sehr vorsichtig muß man mit der Darbietung umgehen. Will der Produzent selbst vorlesen? Soll ein anderer vorlesen? Darf der Name genannt werden? Darf das Produkt für die anderen vervielfältigt werden? Diese Fragen lassen sich nur mit viel Fingerspitzengefühl entscheiden. Zunächst genügt es, wenn die Mitglieder der Arbeitsgruppe die Ergebnisse einfach ohne Analyse annehmen. Denn vielfach steckt wirklich Herzblut in den Produkten. Wenige haben hinterher gesagt: Was soll das, das kann ich nicht. In der Regel wirkt die Tätigkeit wie eine neue Geburt, und ich weiß von einer Anzahl von Lehrern, für die dieses Schreiben sogar der Beginn einer dauerhaften Schriftstellertätigkeit war. Das ist genau so wenig das Ziel wie eine Therapie durch sprachschöpferische Arbeit. Ein Schullandheimaufenthalt oder ein Lehrerfortbildungskurs über das Thema Wasser sind deswegen gut geeignet, weil sie nicht durch den Stundentakt des Stundenplanes unterbrochen werden. Die naturwissenschaftliche Auseinandersetzung mit dem Thema Wasser im Sinne einer forschenden Biologie sollte durchaus mit dieser sprachlich-künstlerischen Arbeit verbunden werden. Erst dann entsteht so etwas wie Ganzheit. Ebenfalls müßte die Erkundung des Wassers durch die Sinne einbezogen werden.

11. Ideensammlung für Gedichte zum Thema Apfel. (Anregung ab Klasse 7.) Schon vorn wurde gesagt, daß das Verfassen eines Gedichtes stärker als andere Formen in den Quellgrund der Sprache führt. Dazu soll nachfolgend eine Hilfe gegeben werden, indem ein eigentlich winziges Thema in verschiedene Ebenen entfaltet wird. Gewählt wurde das Thema Apfel, weil es ergiebig schien. Aber jedes Thema wäre mehr oder weniger geeignet, einmal auf Gedichtinhalte hin untersucht zu werden. Der Bezugspunkt ist nachfolgend also immer: Apfel.

Die Natur. Der Jahreslauf eines Apfelbaumes; Gestalt und Duft der Blüte; das Erblühen eines Apfelbaumes im Frühjahr; der Besuch der Bienen im blühenden Apfelbaum; der alte, halb abgestorbene Apfelbaum; Apfelbäume an einer dicht von Autos befahrenen Landstraße; die Baumgestalt des Apfels als Apfelform; die Apfelernte; der Apfelbaum als Lebensraum; ein Vergleich zwischen Wildapfel und Kulturapfel; das Veredeln eines Apfelbaumes; ein Vergleich verschiedener Apfelsorten.

Das Ich. Die Empfindungen beim Apfelduft, evtl. bei verschiedenen

In unserem abendländisch-christlichen Kulturraum spielt der Apfel eine herausragende Rolle. Hier: Sündenfall aus dem Dom zu Gurk.

Sorten; das Hineinbeißen in einen Apfel; die Trauer um einen ungepflückten Apfelbaum; Gedanken beim Betrachten von Handelsklasse I im Geschäft; ein wurmstichiger oder fauler Apfel.

Das Du. Einen Apfel verschenken; einen Apfel teilen; einen Apfelbaum an einem besonderen Tage pflanzen; für jemanden einen Apfel schälen oder reiben.

Das Wir, die Gesellschaft. Der Unsinn der Handelsklassen und was er bewirkt; das Thema Plantagenanbau von Äpfeln und Spritzen von Giften; Apfelerträge und die Honigbienen; die Vernichtung angekaufter Apfelüberschüsse und der Hunger in der Welt.

Die Menschheit. Sich eine apfellose Menschheit ausmalen; wer hat den Apfel gezüchtet?; der Apfel in der Kulturgeschichte, z. B. der Apfel des Paris, der Sündenfall; der Apfel und die Gesundheit; die Weltkugel und der Reichsapfel.

Die Transzendenz. Auch hier kann der Paradies-Mythos seinen Platz finden; man kann der Frage nachgehen, warum gerade der Apfel zum Weltsymbol geworden ist; die Vereinigung von Wildling und Edelreis für jeden Apfelbaum führt leicht in transzendente Gedankengänge.

Das Phänomen. Die Veränderung einer oder mehrerer Wildformen zu einer Fülle von Kulturformen; die Möglichkeit, einen Wildling mit einem Edelreis zu veredeln; die Vorbildung der Blüten und die Geschwindigkeit, mit der im Frühling die Blüten hervorbrechen können; die enorme Unterschiedlichkeit der Züchtungen nach Farbe, Form, Geschmack und Haltbarkeit.

Das Symbol. Die Kugelgestalt des Apfels, die Weltkugel; der Prozeß der Veredlung; das Beschneiden eines Apfelbaumes wegen der Fruchtbildung und das Problem der Menschenerziehung; der alte Apfelbaum als vergreister Krüppel, der immer noch Früchte trägt; das ganze weite Thema der auf Äpfeln schmarotzenden Mistel; das Thema Opfer für andere Lebewesen (Schädlinge); der Apfel auf der Wanderung als Wassergefäß.

Die Metapher. Man vergleicht Apfelblüte und Lebensblüte; das Öffnen der Apfelblüten und das Sich-Öffnen eines Menschen; die Ganzheit der runden Apfelgestalt und Denkweisen; man empfindet das Abwerfen der Blüten oder der unzähligen kleinen Früchte als einen Vergleich mit dem eigenen Leben. Die wenigen Beispiele zeigen, daß die Metapher stark von der Absicht und vom Inhalt der Aussage bestimmt wird, so daß sich Beispiele kaum objektiv fassen lassen.

Der Gedanke. Was wäre die Menschheit ohne Apfelbaum und ohne Sündenfall; fast alle Themen können gedanklich oder mehr bildlich bearbeitet werden, so daß es keine typischen Themen gibt.

Der Nicht-Realismus. Er ergibt noch eine Reihe weiterer Inhalte: die Apfelkirsche; der rückwärtige Jahreslauf; Kunstblüten am Apfelbaum; die Bienen fangen an zu denken; der neue Einheitsbaum, der gleichzeitig Kirschen, Zwetschen, Birnen und Äpfel trägt; das Wettrennen der Obstmaden. Die Themenfülle ist hier schier unerschöpflich.

Musik im Zusammenhang mit der Natur- und Umwelterziehung

Musik, das Hören und die Natur- und Umwelterziehung

Alle Kunstarten, die durch die neun Musen verkörpert sind, können durch Gemeinsamkeiten gekennzeichnet werden wie: Rhythmus, Takt, Ton, Klang, Harmonie, Dynamik, Gebärde.

Dies mag zunächst merkwürdig erscheinen. Der Tanz ist durch Rhythmus, Takt, Harmonie und Gebärde gekennzeichnet. Er ist etwas fürs Sehen, fürs Auge. Aber die Musik, der Klang gehören einfach dazu; auch ein Gedicht kann getanzt werden, aber völlig ohne begleitenden Klang sind Tanz (vielleicht auch Pantomime) doch etwas sehr Besonderes und Ungewohntes. Die Musik ist ebenfalls durch Rhythmus, Takt gekennzeichnet; Tonintervalle, Klänge, Melodie zeichnen sie weiter aus. Sie ist ein Ereignis für das Hören. Musik und Tanz entwickeln gleichsam eigene Sprachen und bedürfen zum Verstehen nicht des Wortes. Auch die Wortkünste bedienen sich des Rhythmus, Taktes, Klanges, der Melodie. Aber sie transportieren Bilder, Symbole, Metaphern, Sinn. Sprache kann alles: Malen, zeichnen, jubeln, trauern, befehlen, ja: töten. Sie kann Hymnen und Offenbarungen formulieren und Gebrauchsanweisungen für eine Waschmaschine. Wie uns Natur- und Umwelterzieher die Sprache angeht, so auch die Musik, nicht in dem Sinne, daß wir die Fachdidaktik beeinflussen wollten, wohl aber in dem, daß wir über die Rolle nachdenken müssen, die Musik in der Natur- und Umwelterziehung haben könnte/sollte.

Was geht eigentlich vor sich beim Musikmachen? Man hört auf sich und auf das, was man hervorbringt, auf die Mitspieler oder Mitsänger, auf den Fortgang des Stückes, auf die Intervalle, die Klänge, die Dynamik, den Tonraum, den Rhythmus, den Takt. Man liest die Noten, evtl. die zu singenden Worte, die Anweisungen des Komponisten. Man formt und gestaltet einzelne Noten und Töne, Rhythmen, auch die Gestalt des Stückes, das man gerade spielt. Man nimmt wahr und ordnet sich ein in die Gruppe der Mitspieler, in die Form des Stückes, eigentlich immer neu in jeden Augenblick des Verlaufes.

Man hört zu und macht gleichzeitig etwas. Man erhält sein subjektives Ich und dient doch gleichzeitig einem objektiven Werk. Man ist gleichzeitig ganz Empfindung und Wille, gleichzeitig Teil wie Ganzheit, Form wie Inhalt. Man ist zu gleicher Zeit passiv und aktiv, erlebt sich gleichzeitig vereinzelt wie im Sozialen aufgehoben. Alle diese Polaritäten werden im Tun überwunden. Man muß sich tatsächlich bei diesem außergewöhnlichen Phänomen einen Augenblick aufhalten. Unser gesamtes Denken hat seine Strukturen in Polaritäten entwickelt: Wir nennen sie Geist oder Materie, Quant oder Welle, Gott oder Satan. Es will uns nicht gelingen, komplementär oder gar ganzheitlich zu denken, also Gegensätze gleichzeitig in eins zu fassen. Alle philosophischen Systeme bis hin zur modernen evolutionären Erkenntnistheorie sind sich bewußt, daß wir unsere Erkenntnisse an solchen Gegensätzen gewonnen haben. Sie heißen Ying und Yang, Vischnu und Shiva, Ormuzd und Ahriman, Mars und Venus, auch gut und böse, schön und häßlich usw. Bis heute gelingt uns das komplementäre oder ganzheitliche Denken nicht, jedenfalls nicht in der normalen Sprache, im normalen Alltag (vgl. Kap. 2). Die Musik überwindet die Gegensätze im Vollzug auf eine nur ihr eigene Art. Dieser Ganzheitsvollzug , diese ständige Versöhnung der Gegensätze im Tun macht sie in ganz besonderer Weise für die Natur- und Umwelterziehung geeignet. Müssen wir nicht auch lernen, beim Handeln auf die Mitspieler in der Natur zu hören? Müssen wir nicht lernen, auf den ökologischen Fortgang des Liedes von der Erde zu achten? Müssen wir nicht lernen, gleichzeitig unsere Individualität zu erhalten wie uns dem Ganzen sozial zugeordnet zu fühlen? Im Musikstück werden Klang und Sinn eins.

Daß wir ein solches Stück mitspielen, das erübte Können und den Willen einbringen, der gleichzeitig durch Zuhören und Empfinden gebremst oder geleitet wird, das kann die Musik leisten. Sie ist meines Erachtens infolge ihrer einmaligen Struktur deshalb ganz besonders geeignet, sich in der Natur- und Umwelterziehung segensreich auszuwirken. In Ausübung von Musik können wir Menschen schon das, was wir im Umgang mit der Natur erst noch lernen müssen. Musik ist wie der Tanz eine flüchtige Kunst. Mit ihrem Erklingen ist sie schon wieder vergangen. Aber sie hat Gestalt und erzeugt Wirkung. Auch das hat sie mit ökologischen Abläufen gemeinsam. Auch sie sind etwas fortwährend Fließendes, haben Gestalt und wirken auf das Folgende. Wegen der sehr ähnlichen Strukturen kann eine gute Musikausbildung, so glaube ich, durchaus eine ökologische Ausbildung unterstützen. Es ist möglich, daß ähnliche Fähigkeiten gefördert werden. Man darf ganz gewiß verallgemeinern, daß tätige Musikausübung Pflege des Hörens und anderer Sinne ist, auch Pflege dessen, was mit dem Wort Gemüt bezeichnet wird. Musikübung stärkt den Willen, beim Zusammenspiel das soziale Verhalten, gleichzeitig aber auch die Unterordnung unter eine Sache. Das alles hat mit Dienen-Lernen zu tun, mit einem Willen, der eher nach innen als nach außen gerichtet ist, eher auf das Sein als auf das Haben (Fromm 1976, Berendt 1989, Hammerstein 1962).

Vergleicht man die europäische Musizierpraxis z. B. mit der indischen, so kann noch ein weiteres Element deutlich werden. Die indische Musik kennt wohl eine Art Melodie, einen Modus. Die erklingende Musik wird aber vertikal empfunden als ein Verhältnis zwischen unten und oben, zwischen dem Grundton und dem gerade erklingenden Tonereignis. Das Hörerlebnis eines Inders ist unserem geradezu entgegengesetzt; denn für uns muß sich Musik horizontal, nach vorn also, in den Zeitablauf, entwickeln. Deshalb ist indische Musik viel stärker als unsere auf Zuhören eingestellt. Die Spieler legen nur einen allgemein bekannten Modus aus, der allein in Noten aufschreibbar wäre. In ihn müssen sich die Spieler mit ihrer ganzen Phantasie einbinden. Sie improvisieren also gleichzeitig frei über den Modus, wie sie fest in Regeln eingebunden sind. Auf diese Weise entsteht eine wunderbare Balance zwischen Freiheit und Bindung, Zuhören und Tun. Dies betrifft gleichermaßen das Toninstrument (etwa Sithar) und das Rhythmusinstrument (etwa Tabla). Die spielenden Personen bilden also eine Einheit von Freiheit und Bindung, Improvisation und Vorgabe

Praktisches Musizieren und Natur- und Umwelterziehung stützen einander.

einer Melodie, Objektivität und zugelassener Subjektivität. Man kann dies schon verstehen, wenn man nur indische Musiker hört und sieht; es bedarf dazu keiner Kenntnis der sehr komplizierten theoretischen Grundlagen (das Vorstehende stützt sich auf Danielou 1975, Berendt 1989, Schmitt 1984, Haase 1976 und bezüglich der europäischen Musik auf Hammerstein 1962 und Brockhaus 1979).

So haben sich in Indien ein halbes Dutzend Pentatoniken erhalten, bei uns führt nur eine einzige in der Entwicklung des kindlichen Musikhörens zur Diatonik. Sie entwickelt sich dergestalt, daß bis zum Ende des 3. Lebensjahrs bevorzugt die fallende kleine Terz von den Kindern als Ruf verwendet wird. Zwischen dem 3. und 4. Lebensjahr wird diese Terz von den meisten Kindern um einen Ton nach oben zur Tritonik ausgeweitet. Das entspricht den Tönen zu „Backe, backe Kuchen". Dies kann bis ins 5. Lebensjahr dauern und vielfach variiert werden durch Kadenzwiederholungen, mehrere Gipfel in der Melodie. Der vierte Ton, „*Der* Bäcker hat gerufen", kommt bis Ende des 5. Lebensjahres hinzu und weitet sich bis zur Schulzeit zur vollen Pentatonik aus. Natürlich lernen viele Kinder früher richtig diatonisch singen, so daß die Regelhaftigkeit dieser Entwicklung gelegentlich angezweifelt wird. Aber die Diatonik ist vermutlich noch nicht ihre musikalische Welt. Erst vom 10. Lebensjahr an hören Kinder unseres Kulturraumes grundtonbezogen. Engelmayer referiert Untersuchungen, aus denen hervorgeht, daß nur 44% der 9jährigen und 73% der 11jährigen Halbtonschritte unterscheiden können, die ja in der Pentatonik fehlen (vgl. Engelmayer 1966).

Haben indische und europäische Musik die Pentatonik infolge ihrer einheitlichen indo-arischen Wurzel gemeinsam, so ist die europäische Musik von den Griechen ab einen anderen Weg gegangen (Danielou 1975, Timmermann 1989, Brockhaus 1979). Die europäische Musik wird horizontal empfunden, arbeitet sich also vorwärts in der Zeit und nicht aufwärts im Raum. Der Unterschied ist an einem einfachen Volkslied deutlich zu machen. Solch eine Weise verwirklicht im Vorwärtsgehen Spannung und Entspannung. Die Einstimmigkeit ist der Ausgangspunkt der abendländischen Musik. Die Einstimmigkeit wurde im Verlaufe der Entwicklung zunehmend mehrstimmig (ist das die abendländische Form der Ausweitung in den Raum?), das horizontale Prinzip jedoch bleibt.

Die Improvisation tritt in der abendländischen Musik gegenüber der indischen immer mehr hinter die Komposition zurück. In einer Komposition verwirklicht sich die musikalische Individualität mehr und mehr. Sie schreibt sich nieder. Der hervorstechende Zug des Abendlandes zur Ich-Entwicklung, Ich-Betonung und zu fortwährendem Handeln-Müssen zeigt sich auch in der Musik. Ein abendländisches Musikstück wirft sozusagen im Vorwärtsgehen immer neue Spannungsverhältnisse auf. Zu keiner Zeit kommt es im Abendland zu einer ähnlichen Balance zwischen Freiheit und Bindung wie in der indischen Musik. Das gilt übrigens nicht mehr für weite Gebiete der modernen Musik, man kann es zunächst nur als historisches Phänomen schildern. Der Schüler in Indien wird von einem Meister angenommen und lernt von ihm als seinem Guru u. U. 20 Jahre lang das Innere der Musik, also die vorn beschriebene Balance, bis er sie beherrscht. Anderes hat diese Kultur nicht gewollt, denn sie kannte eine Notenschrift schon vor über 2000 Jahren, aber keiner der großen Meister wollte Werke schaffen. Im Abendland dagegen lernt ein Schüler von einem Musiker die Technik seines Instrumentes, die Spielpraxis und Interpretation und evtl. noch die Kompositionstechnik. In der Kompositionstechnik haben sich Regeln entwickelt, innerhalb derer ein Komponist sein Inneres nach außen bringen darf. (Gegen diese Erstarrung hat sich die Moderne aufgelehnt.)

Warum dieser Kulturenvergleich? Er kann uns auf Besonderheiten unserer Musik aufmerksam machen und darauf, daß die Natur- und Umwelterziehung wahrscheinlich weniger vom Interpretieren von Musik gefördert wird als vom eigenen Musikschaffen. Gerade moderne Strömungen wie Jazz und Musikimprovisation führen wieder an den Ursprung der Musik. Auch das Wahrnehmen von Rhythmen in der Natur – Tag, Nacht; Wachen, Schlafen; Puls und Herzschlag – ist ein Zugang zur Musik; das Wahrnehmen von Geräuschen, Signalen, Tönen und Klängen ist nicht nur ein Zugang zur Musik, sondern auch zur Natur. Der Vogelgesang ist vielleicht das schönste Beispiel dafür, daß die Naturwahrnehmung unmittelbar auch mit Musik zu tun hat. Wir können keine indischen Ausbildungsformen erstreben, wohl aber die Gleichzeitigkeit von Hören und Tun pflegen.

Harmonikale Klangverhältnisse

Die nachfolgenden Ausführungen wurden von Kayser, Haase, Berendt angeregt und durch musikgeschichtliche Literatur (z. B. Hammerstein 1962) mehrfach bestätigt.

Wo auch auf der Welt Musik gemacht wird, entsteht sie aus einem Intervall. (Den vieldeutig belegten, eigentlich richtigeren Begriff der Harmonie werde ich vermeiden.) Ein Ton ist nur ein Geräusch, es sei denn, er steht mit einem anderen in Zusammenhang. Wenn zwei Töne zusammen oder hintereinander erklingen, entsteht zwischen beiden ein Verhältnis. Dieses hat folgende Wesensmerkmale:

Das Hervorbringen des Klanges ist immer gleichzeitig ein Tun. Das gilt auch, wenn der Wind oder das Wasser den Klang hervorbringen. Tun ist immer Bewegung; insofern steht hinter jedem Klang ein Beweger. Ein Ton wird objektiv durch Schwingungszahlen beschrieben. Das ist ein Naturgesetz. Ein Zweiklang, den wir als Wohlklang empfinden, besteht immer aus Tönen, deren Schwingungszahlen in einem ganzzahligen Verhältnis zueinander stehen. Ein Klang läßt sich also immer durch einen Bruch beschreiben.

Unser Ohr ist physiologisch auf diese ganzzahligen Verhältnisse programmiert. Das bedeutet in der Praxis, daß wir unsaubere Klangverhältnisse zu sauberen zurechthören. Die Unsicherheitsbereiche sind bekannt, spielen im Rahmen dieser Ausführungen aber keine Rolle.

Unsere Empfindungen verbinden mit dem Hören eines Intervalls ein Gefühl, eine Emotion, einen Affekt, was jedem sofort deutlich ist, wenn er hintereinander eine Terz und eine Quarte hört.

Die Empfindungen beim Intervallhören sind offenbar programmierbar. So wurde die Terz, für uns Inbegriff des Wohlklanges, in der Zeit ihrer Einführung in die abendländische Musik im 12. Jh. als grauenvolle Dissonanz empfunden. Die moderne 12-Ton-Musik ist gerade dabei, uns auch Halbtonschritte als Wohlklang nahezulegen.

Menschliches Handeln, eine objektive mathematische Gesetzlichkeit, unsere physiologische Ausstattung und die Emotion verschmelzen beim Hören eines einzigen Intervalls zu einem Komplex. Eine solche Verschmelzung wurde eingangs als die Überwindung des dualistischen Prinzips im Vollzug beschrieben. Die mathematischen Gesetze, die die Intervalle bestimmen, waren den Griechen schon früh bekannt. Pythagoras fand sie am Monochord und baute auf ihnen seine ganze Philosophie auf. Die Musik bediente sich dieser Gesetze. Dies kann nur sehr vereinfacht dargestellt werden. Ich beziehe mich dabei auf Bindel 1987, Haase 1976, Berendt 1989, Hammerstein 1962 und Doczi 1981.

Die Zahl Eins ist eine geheimnisvolle Zahl, das Unum, die Einheit. Sie kennzeichnet den Einklang; sie steht als Zahl (!) für das Vollkommene, das Göttliche, noch Ungeteilte. Wohl auch deswegen mußte die ursprüngliche Kirchenmusik des frühen Mittelalters einstimmig erklingen; der Vollkommene mußte mit dem vollkommenen Klang verherrlicht werden.

Die Zahl Zwei denken wir heute additiv als 1+1. Das war im Altertum sehr wahrscheinlich anders; die Zahlen wurden als Teilung gedacht (Bindel 1987): Die Einheit zerfällt in zwei Hälften. Das ist die ursprüngliche Zwei. Damit hängt ihr heiliger Charakter zusammen. Sie galt bei den Pythagoräern und in nahezu allen Weltreligionen als die Zahl, die die Einheit, das Vollkommene sichtbar macht. Ohne die Zwei wüßte die Menschheit nicht, daß es die göttliche Einheit gibt. Die Zwei ist danach die Zahl der Offenbarung der Gegensätze wie hell und dunkel, gut und böse, Leben und Tod usw. Die Zahl Zwei war eine offenbarende Zahl. Teilt man die Saite des Monochords im Verhältnis 1 : 2, so erklingt die Oktav. Von hier aus ist es einleuchtend, daß in der frühen Gregorianik, als man die Polaritäten noch als Gott offenbarend empfand, als erstes Klangverhältnis die Oktav eingeführt wurde. Man tat es nicht, weil man es nicht besser konnte, sondern weil es aus spirituellen Gründen so sein mußte.

Die Zahl Drei öffnet eine ganz neue Dimension. Schon wenn man die ersten vier Zahlen als Quadrat einem Kreis einschreibt, spürt man, daß die Drei etwas Neues ist, indem gleichsam die Polarität selbst schöpferisch wird. Nach alter Überzeugung waltet bei der Drei hinter der Zweiheit die Einheit. Man hat das so ausgedrückt, daß im Dreieck (Spitze nach oben) über der Zweiheit der göttliche Phallus waltet, das schöpferische Unum also tätig bleibe. Mit der Zahl Drei könnte man ein ganzes Buch füllen, man denke nur an das indische Dreieckssymbol, bei dem das Dreieck mit der Spitze nach oben Leben symbolisiert, das mit der Spitze nach unten Tod und Vergehen (vgl. S. 215). Beide ineinandergeschrieben sind uns als jüdischer Davidsstern bekannt. In der Musik heißt die Aufteilung einer Saite im Verhältnis 2 : 3, daß die Quinte erklingt. Nach der Oktav wurde in der Gregorianik die Quinte eingeführt, und man ahnt, daß mit dem Klang die Verherrlichung der göttlichen Schöpfung gemeint war, nicht so sehr ein Wohlklang im klassischen Sinne.

Die Zahl Vier war und ist im Empfinden noch heute eine göttliche Zahl. Nicht nur, daß es vier Himmelsrichtungen gibt. Schon dem Paradies entsprangen vier Ströme, und fast alle alten Philosophen, die ja alle kosmisch dachten, rechneten stets mit vier Elementen, z. B. Feuer, Erde, Luft und Wasser. Selbst das Hakenkreuz als „Swastika" Glückssymbol in Indien oder die vier Evangelisten sind Ausdruck der göttlichen Vierzahl. Das christliche Kreuz ist es ebenfalls. Ganze Kulturepochen gründen auf dem Symbol der Vierzahl: Rom wurde ausdrücklich als Roma quadrata gegründet, die Pyramiden ruhen auf einem Quadrat, und die gesamte Romanik baut sich auf dem Verhältnis von Quadrat und Kreis oder Würfel und Kugel auf. In der Musik erklingt, wenn eine Saite im Verhältnis von 3 : 4 geteilt wird, die Quarte. Es ist klar, daß die Quarte in die Musik der Gregorianik Eingang fand. Was wir in den herben gregorianischen Klängen hören, ist gleichzeitig Musik und ein Abbild für die Ordnung der Welt.

Die Zahl Fünf sprengt nun den Rahmen der ersten vier Ziffern. Vielleicht kann an Stelle der im Mythos wurzelnden Zahlenaussagen nur die Tatsache genannt werden, daß das Pentagramm immer Ausdruck für Freiheit, Ungeborgenheit, auch Beschwörung, Individualität gewesen ist. Während die Zahlen 1–4 eindeutig dem Makrokosmos, dem Göttlichen zugeordnet empfunden wurden, wird mit der Zahl Fünf der Mikrokosmos betreten, der Mensch. Im Zusammenhang mit der Musik stellte sich dieses Problem ganz dramatisch dar. Die Saitenteilung im Verhältnis 4 : 5 läßt die Dur-Terz erklingen, die Teilung im Verhältnis 5 : 6 die Moll-Terz. In der Kirchenmusik des frühen Mittelalters galt die Terz zunächst als ausgesprochener Mißklang. Als er im 12. Jh. aufkam, brach unter den Musikern ein wahrer Glaubenskrieg aus, weil mit der Terz die Göttlichkeit der Musik und der gesamten Liturgie verraten würde. Das kann nicht ausgeführt werden; jedenfalls setzte sich die Terz durch, und mit ihr erhielt sowohl das harmonische wie das melodiöse Geschehen einen gewaltigen Auftrieb, der dann die gesamte abendländische Musik hervorbrachte.

Offenbar hat alles musikalische Geschehen etwas mit der Abbildung von Weltgesetzen zu tun. In der Tat postulierte Pythagoras die Harmoniae mundi. Er suchte und fand ganzzahlige Klangverhältnisse in der gesamten belebten und unbelebten Welt. Das frühe Christentum wurde vom Pythagoreismus stark beeinflußt, und so unterschied man nach der Einführung des Kirchengesanges sehr deutlich eine Musica mundana (Himmelsmusik) von einer Musica humana. Die Musica mundana war Theorie, also gleichzeitig Mathematik, die Musica

Eins rechts, eins links oder eine Umdrehung bringt zwei Blätter hervor, 1 : 2. Der Liguster wächst in „Oktaven".

humana Praxis. Die Himmelsmusik erklang in der Zuordnung der Planetenbahnen, sie erklang aber auch, wenn eine Kirche im Grundriß oder anderen Teilen im Maßverhältnis 2 : 3 erbaut wurde. Noch Keppler hat nach dem Klang der Sphären geforscht, und die Gesetze, die heute nach ihm benannt sind, hat er für Nebenprodukte seiner Forschung gehalten (Heitler 1964). Corbusier hat diese Regeln für seine Architektur wiederbelebt (Doczi 1981).

Warum diese Ausführungen? Weil die moderne Forschung uns nahelegt, daß überall in der Natur ganzzahlige harmonikale Verhältnisse, Klangverhältnisse also, vorkommen. Hierüber existiert eine umfangreiche Literatur (Kayser; Haase 1976, Doczi 1981, Berendt 1989 u. a.).

Es soll aus der Fülle der Erscheinungen (Katalog der Phänomena) nur ein kleiner Ausschnitt angesprochen werden. Es ist lange bekannt, daß Pflanzen ihre Blätter nach bestimmten Regeln bilden (Straßburger 1983, Walter 1960–1962). So wachsen z. B. der Salomonsiegel, die Hasel, die Vogelwicke, der Jap. Knöterich in einer Blattanordnung, die man mit eins rechts, eins links bezeichnen könnte. Legt man um den Stengel eine Spirale, so steht nach *einem* Spiralumlauf jedes Blatt wieder über dem ersten. Die Blätter wachsen also im Verhältnis 1 : 2, und es ist durchaus erlaubt, die Pflanzen im übertragenen Sinne als Oktavpflanzen zu bezeichnen. Diese Transposition ist keine andere, als wenn wir die Temperatur durch die Länge einer Quecksilbersäule messen. So wächst die Erle z. B. meistens in einem Verhältnis von 1 : 3.

Was ist das dem Klang nach? Macht man sich eine einfache Zeichnung und teilt darauf ein Drittel der Strecke ab, so muß man sich etwas mühen, bis man merkt, daß dann die Quinte über der Oktav erklingt. (Einfach mal ausprobieren; vielleicht an einer Gitarre.)

Besonders viele Arten wachsen im Verhältnis 2 : 5, was man zunächst nicht einordnen kann. Nach zwei Umdrehungen steht also das fünfte Blatt wieder über dem ersten. Das ist z. B. der Fall bei vielen Glockenblumen, dem Goldregen, der Stieleiche, vielen Weiden, dem Beifuß. Erprobt man es an einer klingenden Saite, gibt es einen Wohlklang; es erklingt die Dezime, die Oktav plus Terz. Ebenfalls häufiger findet man die Stellung 3 : 8. Dann steht nach drei Umdrehungen das achte Blatt wieder über dem ersten. Die Erprobung ergibt Oktav plus Quarte.

Allerdings sind infolge Lichteinfalls die Verhältnisse manchmal nur schwer erkennbar. Aber es ist berechtigt zu sagen, daß alle Blütenpflanzen in ganzzahligen Verhältnissen wachsen, die sich stets in Wohlklänge verwandeln lassen. Man ergreift mit dieser Beschäftigung einen Zipfel jener rätselhaften Gesetzlichkeiten, die vergangene Kulturepochen in der Natur suchten. Die Vorstellung einer Welt aus Klang (Berendt) ist so abwegig nicht. Die Bezeichnung Musik für diese Gesetzlichkeiten ist durchaus berechtigt und deutet an, daß die Natur und die Musik im tiefsten Grunde zusammenhängen. Das Zuhörenlernen kann durch Musikausübung oder z. B. in der Klangerforschung des Pflanzenwuchses geschehen.

Musikaufgaben im Rahmen der Natur- und Umwelterziehung

Keinesfalls soll die Umwelterziehung die Musikerziehung vereinnahmen. Eher umgekehrt, denn es gibt breite Felder, auf denen beide voneinander profitieren können.

- Es ist der weite Bereich, der ursprünglich Theorie der Musik genannt wurde und den wir heute als Aufdecken harmonikaler Beziehungen bezeichnen würden. Während die Kunsterziehung es vor allem mit dem harmonikalen Verhältnis des Goldenen Schnittes zu tun hat, hat es die Musik mit den Intervallen zu tun, zu denen man auch noch die Obertonreihe zählen muß, bei der jeweils Intervalle erklingen, die aus den jeweiligen Nachbarschaftsverhältnissen der Zahlen 1 : 2 : 3 : 4 : 5 : 6 : 7 : 8 : 9 : 10 gebildet werden. Oktav, Quinte und Quarte und Terz sind also auch Klänge der Obertonreihe.
- Es ist der Bereich der Musikpraxis. Dieser Bereich wird heute vor allem für die Musikerziehung vertreten. Damit ist nicht nur die klassische Musikkultur gemeint, sondern ebenso Jazz- und Rockmusik. Gerade in der letzteren überdeckt die technische Verstärkung oft die sehr gute Musik. Allein durch die Lautstärke von Musik können körperliche Schäden entstehen.
- Es gibt noch einen gänzlich neuen Bereich der experimentellen Musik, etwa Synthesizer-Musik, die Erzeugung von Kunstklängen, die Verwendung und Verfremdung von Naturlauten usw. Auf diesem Felde kann sich die Natur- und Umwelterziehung sicher gut beteiligen.

• Schließlich ist der Bereich der außereuropäischen Musik zu nennen, etwa der tibetanischen, indischen, afrikanischen usw. Hierzu werden im folgenden zwar keine Aufgaben genannt; dennoch könnte die Natur- und Umwelterziehung von einer solchen Beschäftigung sehr profitieren, denn aus dem Verständnis, das jemand für fremde Kulturleistungen aufbringt, läßt sich auch die eigene besser verstehen, weil sie nicht mehr selbstverständlich ist. Vielleicht gilt dies auch in abgeschwächtem Maße, wenn man sich mit Folklore anderer Kulturräume beschäftigt.

Aufgaben bis Klasse 2

1. Geräuschspiele. Man geht gleichsam in den Geburtszustand von Sprache und Musik zurück, indem man mit den Sprachorganen Geräuschpotpourris erfindet. Die Gestaltungselemente sind Schnalzlaute, Vokale, Gurgeln, Verschlußlaute, die rhythmisch gestaltet werden und auf diese Weise die Bedeutung eines Themas erhalten. Man kann später Tonhöhen oder Melodiestücke damit koppeln. Aus den Elementen erarbeitet man eine Geräuschsymphonie, die man auf Tonband aufnimmt.

→ Hören und Klang- und Tonsinn
→ Lautwahrnehmung, Sprach- und Wortsinn
→ Menschwerdung durch Sprache und Sprechen

2. Klanghölzer. Man besorgt sich trockene Holzblöcke (etwa 6 – 8 cm dick und 20 cm Kantenlänge). Besonders geeignet sind Ahorn und noch besser Obstbaumholz. In das obere Drittel sägt man mit einer Kreissäge parallel zur Maserung einen Spalt, so daß man oben eine Klangfläche, unten einen Resonanzkörper erhält. Jeder Holzblock ist ein vorzügliches Rhythmusinstrument, das mit einem Holzstab zum Klingen gebracht wird. Man kann mit zwei Blöcken Frage und Antwort spielen, ein Lied mit einem Rhythmus unterlegen oder sich auch nur mit dem Klang verschiedener Hölzer beschäftigen.

→ Pflege sozialer Bezüge
→ Hören und Klang- und Tonsinn
→ Lautwahrnehmung, Sprach- und Wortsinn
→ Naturgegenstände künstlerisch nutzen
→ handwerkliche Betätigung

Aus dem Umgang mit Klanghölzern kann urtümliche Musikerfahrung werden.

3. Rasselinstrumente. Man füllt Kokosnüsse, Flaschen, Blechdosen usw. mit Naturmaterialien, etwa Linsen, Erbsen, Reis, Bohnen aber auch Steinen, Kies und Sand. Dies ergibt sehr differenzierte Rasselinstrumente, die man beim Singen, Musizieren oder auch allein einsetzen kann.

→ Pflege sozialer Bezüge
→ Hören und Klang- und Tonsinn
→ Naturgegenstände künstlerisch nutzen

4. Bambusinstrumente. Bambus läßt sich zum Bau ganz vorzüglicher Musikinstrumente nutzen: Aus einer Bambusstange von mindestens 6 cm Durchmesser trennt man einen Abschnitt so ab, daß an jedem Ende ein geschlossener Knoten liegt. Schon das geschlossene Stück klingt. Wenn man einen Schlitz der Länge nach sägt (Vorsicht, Bambus spaltet leicht), erhält man bessere Resonanzverhältnisse.

→ Hören und Klang- und Tonsinn
→ Naturgegenstände künstlerisch nutzen

Aus dem Reststück ohne Knoten läßt sich ein Klanginstrument machen, indem schmale Stege längs abgespalten werden (leicht), die weiter verdünnt werden (schwer). Spannt man diese fest (Übungsmodell: Schraubstock) in einen Block ein, klingen sie, wenn man sie anzupft. Die Tonhöhe läßt sich durch Verkürzen der klingenden Zunge regulieren.

5. Weidenpfeife. Der Bau einer Weidenpfeife ist im ersten oder zweiten Schuljahr sehr zu empfehlen. Er ist nur möglich in der Zeit, in der die Weiden im Saft stehen, etwa bis Mai. Man schneidet einen astfreien gut fingerstarken Weidenast ab, kürzt ihn auf etwa 15 cm Länge. Dann schneidet man oben das Labium ein, klopft mit einem flachen Gegenstand (Messer) unter Drehen die Astrolle auf einem Holz mit Gefühl weich, bis man das Holz aus dem Rindenkern herausziehen kann. Dann schneidet man einen Block, paßt ihn ein, bis es einen Ton gibt. Durch Enschieben des Unterendes kann man die Oktave und auch weitere Töne erzeugen.

→ Naturgegenstände künstlerisch nutzen

6. Alles, was klingen kann, zum Klingen bringen. Es geht um eine kindliche Fassung des Themas: Die Welt als Klang. Man kann fast alles zum Klingen bringen: Töpfe, Topfdeckel, Tassen, Teller, Fliesen, Zäune, Drähte, Fäden, Seile; Wasser in der verschiedensten Art; Baumstämme, die man mit Holz anschlägt, Äste; Kies, auf dem man geht; Türen, die man zuschlägt; Papier, mit dem man knistert oder raschelt; Feuer. Die Palette ist nahezu unerschöpflich. Man kann mit den Geräuschen spielen, sie in Fragen und Rhythmen verwandeln, sie auch nur beschreiben, auf Tonband aufnehmen, ein Quiz damit veranstalten. Auch richtige Musikinstrumente lassen sich gut einbeziehen, selbst wenn niemand richtig darauf spielen kann.

→ Hören und Klang- und Tonsinn
→ harmonikale Beziehungen in der Natur
→ Naturgegenstände künstlerisch nutzen

7. Man macht mit den Kindern ein Lied. Das Lied sollte am Anfang die fallende Terz enthalten, später kann sie ausgeweitet werden.
Der Erwachsene beginnt: „Regenwurm, Regenwurm ...". Die Kinder wiederholen das, bis einem Kind nach einer Pause meist ganz spontan etwas einfällt, etwa: „gräbt sich durch die Erde ...".
Das lernen wieder alle, warten auch, bis dann vielleicht kommt: „macht den Boden butterweich" ... Zum Schluß ist ein kleines Werk entstanden, das natürlich auch noch von Rhythmusinstrumenten ausgestaltet werden kann.

→ soziale Bezüge (3)
→ Hören und Klang- und Tonsinn (16)
→ Naturgegenstände künstlerisch nutzen (32)

Aufgaben für Klasse 3 bis 5/6

1. Regengeräusche. Man hört mit den Schülern am besten im Freien dem Regen zu und versucht anschließend, die Geräusche nachzuahmen: auf Dosen, Steinen, Flaschen usw. Dazu kann man versuchen, Regenrhythmen zu finden. Schon diese Tätigkeit kann zu einer Regenmusik führen, Titel etwa: der Wolkenbruch, der Landregen. In einer Erweiterung dichtet man mit den Schülern kleine Verse über den Regen, die pentatonisch gesungen werden; man kann auch bekannte Kinderlieder zu Hilfe nehmen. Schließlich kann man alles Erarbeitete aufführen und darüber ein Gespräch führen. Wie den Regen kann man den Wind, das Feuer, das Wasser bearbeiten.

→ Hören und Klang- und Tonsinn
→ Naturgegenstände künstlerisch nutzen

2. Windgeräusche. An einem windigen Tage hört man im Walde den Windgeräuschen zu: Da schlagen Äste aneinander, Bäume reiben sich, Blätter rauschen usw. Man macht sich gegenseitig darauf aufmerksam, versucht die Geräusche nachzuahmen und kann alles selbstverständlich auf Tonband aufnehmen, zu einem Musikstück verarbeiten oder auch einen Text dazu machen. Diese Aufgabe ist auch in einem Schilfgürtel ergiebig.

→ Hören und Klang- und Tonsinn
→ Konzentrationsübungen, meditative Elemente
→ Naturgegenstände künstlerisch nutzen

3. Holzgeräusche. Man sammelt tote Äste, die noch nicht faul sind. Der Durchmesser kann zwischen 3 und 6 cm liegen, die Länge ist zunächst beliebig. Man sägt sie zunächst in Stücke von 0,5 bis 1,5 m Länge und knüpft sie zwischen zwei Stricke. Kokosstricke haben sich dafür bewährt. Beim Anschlagen mit einem Holz gibt jedes Stück einen zwar dumpfen, in der Tonhöhe aber doch definierbaren Ton. Jetzt beginnt das Erproben: In welcher Entfernung vom Ende müssen die Stücke eingebunden sein, daß sie gut klingen? (ein Fünftel der Länge); wie kann man die Tonhöhe verändern? (Durch Einkürzen.) Im günstigsten Fall kommt so etwas wie eine Tonleiter heraus. Natürlich muß man mit diesem urigen Xylophon Musik machen.

→ Hören und Klang- und Tonsinn
→ Naturgegenstände künstlerisch nutzen

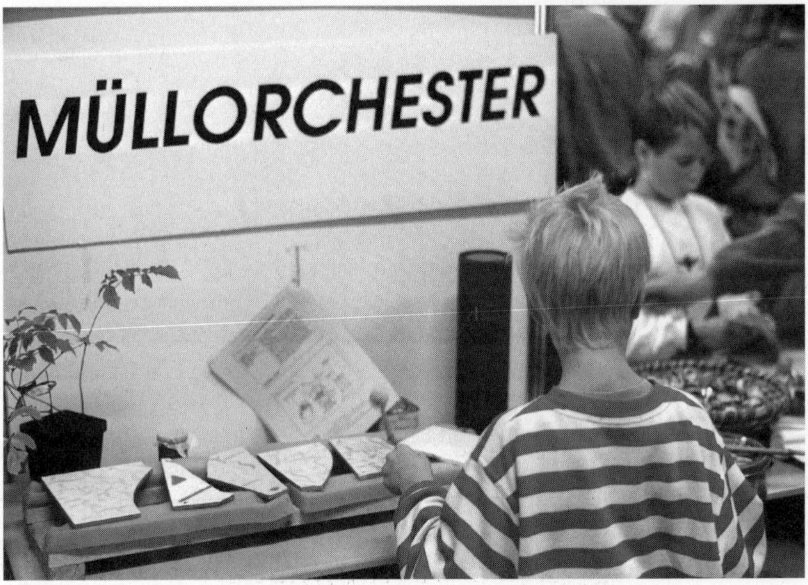

Bild ohne Worte oder: Musik auf Fliesen

4. Pausenglocken. Man hängt auf dem Schulhof ein Klanginstrument auf, das ausschließlich zu dieser Schule gehört: einen Baumstamm von etwa 15 cm Durchmesser, einen großen Gong, ein Stück Eisenbahnschiene. Zunächst übernimmt eine Klasse das Läuten dieser Pausenglocke, das natürlich in allen Klassen hörbar sein muß. Man kann auch weitere Zeichen verabreden wie: Regen – in den Klassen bleiben usw.

→ Pflege sozialer Bezüge
→ Hören und Klang- und Tonsinn
→ Naturgegenstände künstlerisch nutzen

5. Mit Lippen und Atem. Man bringt etwas mit dem Atem und den Lippen zum Klingen: einen grünen Strohhalm, ein Grasblatt, Butterbrotpapier, Blätter usw. In allen Fällen hängt die Tonerzeugung hier von einer gewissen Übung ab.

→ Hören und Klang- und Tonsinn
→ Naturgegenstände künstlerisch nutzen

6. Tierstimmen. Man ahmt Tierstimmen nach. Das geschieht im einfachsten Falle durch die eigene Stimme und ist bei Schülern sehr beliebt. Auch andere Tiergeräusche lassen sich in Formen bringen, evtl. zusammen mit Text.

→ Naturgegenstände künstlerisch nutzen (32)

6. Blasinstrumente bauen (ab Klasse 4). Eine Blockflöte aus Bambus kann so gebaut werden, daß sie sauber klingt und den Tonumfang von fast 2 Oktaven erreicht (ausführliche Bauanleitung UB Nov. 1990).

→ Hören und Klang- und Tonsinn
→ Naturgegenstände künstlerisch nutzen

Eine Querflöte läßt sich technisch leicht herstellen, aber nur schwer sauber abstimmen. Man wählt ein Bambusrohr von ca. 2,4 cm Durchmesser und legt den Knoten in das obere Drittel. Mit Hilfe einer Rundfeile durchstößt man den Knoten und feilt das Innere rund. Dann paßt man oben einen Flaschenkorken ein und bohrt etwa 6 cm vom oberen Ende ein Loch, das man vorsichtig weiter ausfeilt.

Szene aus einem musikalischen Klassenspiel

Damit sind die Voraussetzungen für die Tonerzeugung geschaffen. Durch Absägen am Fußende erhöht man den klingenden Grundton, bis er die gewünschte Höhe hat. Die sechs Löcher bohrt man so, daß das erste von oben an gerechnet auf der Hälfte zu liegen kommt, das untere in einem Fünftel Abstand der Gesamtlänge der klingenden Säule.

→ Hören und Klang- und Tonsinn
→ Naturgegenstände künstlerisch nutzen
→ Naturwissenschaft im Lebensalltag, handwerkliche Betätigung (38)

Die Töne werden durch Vergrößern der Löcher abgestimmt. Die erste Oktav gelingt in der Regel sehr gut, die zweite Oktav, die bei der Querflöte durch Überblasen gebildet wird, wird selten sauber, so daß man viele Hilfsgriffe benötigt. Das verbessert sich, wenn man den Abstand vom Korken zum Anblasloch verändert.

Eine Panflöte entsteht, indem dünnere oder dickere Bambusabschnitte am unteren Ende dadurch gestimmt werden, daß ihre Länge gekürzt wird. Diese Reihe wird nun nebeneinander gestellt und so verschnürt, daß man mit den Lippen die Löcher oben in einer ebenen Reihe anblasen kann, ähnlich dem Blasen auf einem Schlüssel oder einer Flasche. Das Ergebnis ist ein sehr schön klingendes Instrument, das im Anfang leider leicht die Lippen in Mitleidenschaft zieht.

7. Borkengeräusche. Man fährt mit dem Fingernagel „rückwärts" über die Borke verschiedener Bäume und versucht, die verschiedenen Geräusche zu beschreiben.

→ Hören und Klang- und Tonsinn
→ Konzentrationsübungen, meditative Elemente
→ Naturgegenstände künstlerisch nutzen

Veränderung des Resonanzraumes. Man legt einen flachen Stein auf die Hand und reibt und klopft darauf. Indem man die Höhlung der Hand verändert, verändert sich der Resonanzraum, und der Charakter der Töne ändert sich (Noack 1990).

8. Lieder selbst machen. Dies hat mehrere Schwierigkeitsstufen. Zunächst ersetzt man von bekannten Liedern den vorhandenen Text durch selbstgedichteten. In einer zweiten Stufe lassen sich Lieder durch Strophen erweitern, oder ein vorgegebener Textanfang wird weitergeführt. Schüler dieser Altersstufe sind auch schon in der Lage, gegebene Melodieanfänge fortzusetzen oder sogar ganz frei und allein Melodien zu erfinden. Das alles wächst vom pentatonischen in den diatonischen Raum.

→ Menschwerdung durch Sprache und Sprechen
→ Mit Sprache gestalten

9. Lieder mit Interaktionen verbinden. Gut lassen sich Lieder in Geschichten, die jemand erzählt, einfügen, oder die Lieder lassen sich verfremden oder durch Musikinstrumente begleiten. Es ist auch sinnvoll, mehrere Lieder zu einer Art Kantate zu verknüpfen. Das Singen von Liedern als einfache Reproduktion, gleich ob einzeln, als Klasse, im Wechsel, vokal oder instrumental, soll nur genannt werden.

→ Pflege sozialer Bezüge

10. Verändern von Musik und Gesang. Ganz wichtig ist das Ausdeuten, Verwandeln, Transformieren von Gesang und Musik. Man kann sie in Bewegung umsetzen, also einfach tanzen, als Szene darstellen oder als Schattenspiel, man kann Musik sogar gut in bildliche Gestaltungen umsetzen.

→ Kunst als Ganzheitsprozeß und Beitrag zur Personwerdung
→ Tanz und Pantomime

Aufgaben ab Klasse 7

1. Hören und Lauschen. Jeder Schüler setzt sich ganz still und allein an einen Ort. Das kann an einem Weiher sein, im Wald, am Waldrand, im Garten. Das Alleinsein ist wichtig. Der Schüler hört nun 3–5 Minuten den Geräuschen zu und hat die Aufgabe, sie mit Worten zu beschreiben. Man kann damit die Aufgabe koppeln, die Empfindungen zu beschreiben, die ihn bewegt haben. Das setzt viel Vertrauen untereinander voraus.

→ psychische Gesundheit
→ Hören und Klang- und Tonsinn
→ Konzentrationsübungen, meditative Elemente
→ Mit Sprache gestalten

2. Tierlaute wiedergeben. Zunächst naturalistisch, zunehmend aber immer abstrakter in Form musikalischer Themen. Diese Themen lassen sich zu einem selbstgemachten Musikstück verarbeiten.

→ Hören und Klang- und Tonsinn
→ Naturgegenstände künstlerisch nutzen

3. Naturgeräusche ordnen. Es ist auch möglich, Naturgeräusche nach gewissen Qualitäten zu ordnen, z. B. klopfende Geräusche, zischende, säuselnde, hämmernde. Man versucht nun, den Qualitäten „musikalische Sprachbildungen" zuzuordnen. Dazu können sinnvolle Wörter verwendet werden, aber auch einfach sprachmalende Neubildungen.

→ Hören und Klang- und Tonsinn
→ Mit Sprache gestalten
→ Natur beschreiben, ordnen

4. Vogelstimmen aufnehmen. Man benötigt dazu einen normalen Cassettenrecorder und ein gutes Mikrophon. Besser gelingen die Aufnahmen, wenn man sich eine Parabolschüssel beschafft oder anfertigt und in deren Focus das Mikrophon anbringt. Die beste Zeit für Aufnahmen ist kurz nach Sonnenaufgang. Der Herstellungsprozeß ist das wichtige, weniger die objektive Qualität. Natürlich kann man auf diese Weise auch Frösche, Kröten, Grillen und Heuhüpfer auf das Tonband bannen.

→ Lautwahrnehmung, Sprach- und Wortsinn
→ Natur beschreiben, ordnen

5. Geräusche aufnehmen. Gehen auf Kies, Sand, Stein; ein eiliger Schritt, ein müder Schritt; vielfältige Wassergeräusche; Windgeräusche, usw. In der einfachsten Form macht man mit dem Tonband ein Quiz. Das mag einem 7. Schuljahr genügen. Für ältere Schüler sollte man z. B. ein Gedicht oder einen Prosatext mit Geräuschen unterlegen. Waldtexte haben sich als besonders ergiebig erwiesen.

→ Lautwahrnehmung, Sprach- und Wortsinn
→ Naturgegenstände künstlerisch nutzen
→ Natur beschreiben, ordnen

6. Umdichten. Das Umdichten vorhandener Lieder, das Erfinden neuer Melodien kann in dieser Altersstufe wie in der vorigen, aber auf einem höheren Niveau erfolgen.

→ Mit Sprache gestalten
→ Konfliktträchtige Themen und Situationen

7. Tonmalereien. Es gibt viele Musikstücke, die durch Tonmalereien Naturgeräusche wiederzugeben versuchen, etwa die Moldau, die Jahreszeiten von Vivaldi, Peter und der Wolf von Prokofieff. Diese Musikstücke lassen sich sehr gut analysieren, am besten wohl in Zusammenarbeit mit dem Musiklehrer.

8. Sprechchor. Man wählt einen Text aus, der einzeln oder im Sprechchor gesprochen wird. Diesen Text spricht man rhythmisiert, betont bestimmte Elemente durch Einsatz von Instrumenten oder eigene Lautbildungen.

→ Pflege sozialer Bezüge
→ Mit Sprache gestalten

9. Trommeln. Schüler dieses Alters trommeln gern eigene Rhythmen. Daraus läßt sich gut ein Thema gewinnen. Die Schüler sollen ihre Rhythmen färben, indem sie auf Holz, eine Tischplatte, Holz- oder Pappschachteln oder auch auf dafür vorgesehene Musikinstrumente schlagen. Bedingung ist, ein geordnetes Konzert hervorzubringen.

→ Pflege sozialer Bezüge
→ Hören und Klang- und Tonsinn

10. Gegenstände zum Klingen bringen. Die Schüler bringen Eisen-

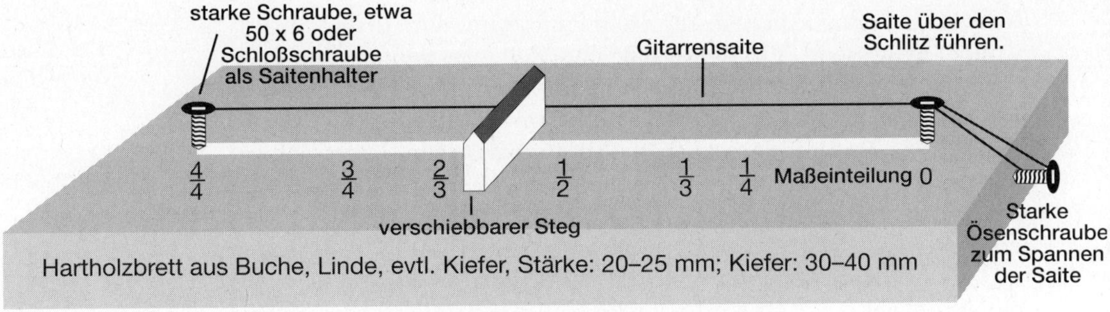

pfosten, Deckel, Gongs, Holz, Geschirr, Gläser zum Klingen. Dabei versuchen sie, statt auf die Grundtöne auf die Obertöne zu hören.

→ Hören und Klang- und Tonsinn
→ Natur beschreiben,

11. Einen Lehrgang mit harmonikalen Klangverhältnissen durchführen. In vielen Physiksammlungen gibt es ein Monochord. In einem Vorlauf erarbeitet man mit den Schülern, daß die Verhältnisse der Saitenlängen Intervalle darstellen. Ist kein Monochord vorhanden, kann man dafür auch jede Gitarre benutzen. Hier liegen die Bünde schon an den richtigen Stellen, so daß man mit dem Maßband die Entfernungen nur genau nachmessen muß.

→ harmonikale Beziehungen in der Natur
→ Natur beschreiben, ordnen
→ Konfliktträchtige Themen und Situationen

Es genügt, wenn man die Intervalle 1 : 2 (Oktav), 2 : 3 (Quinte), 3 : 4 (Quarte) und vielleicht 4 : 5 (Dur-Terz) erfaßt. Zur Einübung der Übertragung auf Pflanzen eignen sich besonders solche, die im Verhältnis 1 : 2 wachsen. Daran kann man das Prinzip deutlich machen. Die anderen Zahlenverhältnisse machen größere Schwierigkeiten: Da kann ein Trieb nicht genug Blätter haben, da kann das Licht die Pflanze veranlaßt haben, die Blattstellung zu verändern. Das Vorhaben ist also in keinem Fall eine mechanische Arbeit. Lange Triebe eignen sich am besten. Besonders gut geeignet sind die Winterzweige. Die Knospen weichen weniger ab als die Blätter und werden nach der jeweiligen Regel angelegt, der die Pflanze gehorcht. Die Anschauung wird erleichtert, wenn man eine Stecknadel in den Zweig parallel zur Achse der Knospe einsticht.

Bauskizze zum Monochord. Die Länge der Saite sollte so gewählt werden, daß sie durch 2, 3, 4 teilbar ist, also 12, 24, 36 cm. Das erleichtert das Rechnen. Benötigt werden: ein Hartholzbrett, 2 strarke Schloßschrauben und eine starke Ösenschraube, eine Gitarrensaite und ein verschiebbarer Steg.

Die Tatsache der harmonikalen Beziehungen im Pflanzenwuchs ist an sich schon Inhalt genug. Das Phänomen ist insofern von großer Bedeutung, als es die Frage nahelegt, ob der ganze Kosmos nicht vielleicht die Qualität eines Musikstückes hat. Schüler und auch Lehrer, die diese Experimente durchführten, waren davon in der Regel sehr beeindruckt .

Aufgaben zum Thema Pantomime, Tanz

Ich habe im Bereich der künstlerischen Ausdrucksformen Tanz und Pantomime nur wenig eigene Erfahrungen mit Schülern sammeln können. Beide Künste haben mit der Musik offenbar gemeinsam, daß sie eine sehr ursprüngliche Ausdrucksform sind. Ähnlich wie in der Musik ist in ihrem Vollzug die Zeit aufgehoben. Zwar vollziehen sich auch Tanz und Pantomime in einem Zeitband. Sie sind im Entstehen sichtbar, um sofort Vergangenheit zu werden. Dennoch hält alle Figuren ein eigenes Band zusammen, das wir den Gehalt, Inhalt oder Geist des Stückes nennen können. Tanz und Pantomime sind in diesem Sinne nicht gemessene Zeit, sondern gelebte Zeit. Das hängt sicher auch damit zusammen, daß ihre Darstellungsformen unmittelbar verständlich sind, gleichsam Symbole und Bilder im Statu nascendi. Der Betrachter wie der Produzent haben unmittelbar teil an dieser Geburt; man braucht deshalb im Grunde genommen keine Ausdruckssprache des Tanzes oder keine Pantomimensprache wie beim Sprechen zu erlernen.

Damit stellt sich ein unmittelbarer Bezug zur Natur- und Umwelterziehung her. Auch bei ihr geht es oft um das Erfahren von erlebter Zeit, um das Verstehen von Natur, als wenn sie gerade in einer neuen Schöpfung geboren würde mit all ihrer ästhetischen Schönheit und Formensprache. Der Tanz legt Gefühle bloß, z. B. das der Wut genauso wie das der Trauer, das der himmlischen Liebe genauso wie sinnliches Begehren. Vielleicht liegt es daran, daß die christliche Kirche den Tanz aus dem sakralen Raum völlig verbannte und er sich erst wieder über die Gaukler und Tänzer auf den Marktplätzen einen Zugang in die Gesellschaft erobern mußte. In die Aufgaben sind auch rein rhythmische Übungen integriert.

1. Nachahmung von Tieren. Man ahmt Tiere nach, indem man wie eine Amsel hüpft, wie eine Kuh geht oder wie ein Schaf oder wie ein Huhn. Man hört den Bewegungen der Tiere zu und setzt sie um.

→ Tanz und Pantomime
→ Natur beschreiben, ordnen

2. Nach Zahlen schreiten. Man kann auch Zahlenformen der Natur und Wuchseigenschaften schreiten: Sehr interessant sind z. B. fünfzählige Blüten, weil sie als 2 – 3 oder als 2 – 1 – 2 aufgefaßt werden können. Man kann die Formen aber auch in Dreiecke, Vierecke oder Fünfecke übersetzen, ein gebuchtetes Eichenblatt im Gehen nachbilden oder die Eigenschaft Ausbuchtung, Zähnigkeit anders zum Ausdruck bringen.

→ harmonikale Beziehungen in der Natur
→ Tanz und Pantomime
→ Natur beschreiben, ordnen

Tanzvorführung auf dem Schulfest.

3. Pantomime von Naturprozessen. Gute Erfahrungen habe ich mit der pantomimischen Darstellung von Naturprozessen machen können. Etwa: Ein Same keimt, eine Sonnenblume erblüht, ein Baum wird gefällt, Äpfel werden geerntet. Aber auch scheinbar ferne Themen sind zugänglich: Das Leben eines sauberen oder eines verschmutzten Flusses, die Gefühle der Kröten auf der Laichwanderung über eine Straße.

→ Eigenbewegungssinn
→ Konfliktträchtige Themen und Situationen

4. Nachahmungsspiele. Ein Schüler drückt durch Haltung oder Bewegung einen Zustand oder Vorgang aus, z. B. das Finden eines Regenwurmes beim Graben. Alle Schüler der Klasse imitieren seine Körpersprache und versuchen, den gemeinten Vorgang zu erraten. Dieses kann auch von jeweils zwei Partnern gespielt werden.

→ Pflege sozialer Bezüge
→ Eigenbewegungssinn
→ Gedankenwahrnehmung, Begriffs- und Vorstellungssinn

5. Gebärden nachempfinden und nachbilden. Das kann beginnen bei der Nachahmung typischer Berufsgebärden, z. B. der Marktfrau, des Straßenbahnfahrers, des Gärtners; es kann Modedarstellungen zum Inhalt haben oder zu einer Form der Bildbetrachtung werden, indem die Schüler die Haltung von Figuren nachahmen bis zum Nachstellen ganzer Bildkompositionen.

→ Eigenbewegungssinn
→ Gedankenwahrnehmung, Begriffs- und Vorstellungssinn

6. Gebärdensprachen. Man tanzt nach einer ausgewählten Musik, die man ausdeutet. Je zwei Schüler bilden ein Paar, das sich gegenübersteht, aber nicht berührt. Der Partner muß die Gebärdensprache des anderen mitvollziehen. Das ist eine Form des Verstehenlernens von Gebärden – auch in der Natur.

→ Pflege sozialer Bezüge
→ Eigenbewegungssinn
→ Gedankenwahrnehmung, Begriffs- und Vorstellungssinn
→ Tanz und Pantomime

7. Tanzform erfinden. Man wählt mit der Klasse ein Musikstück und versucht, dazu eine Tanzform zu erfinden. Dabei ist es möglich, daß einzelne Schüler eine Sonderrolle bekommen oder die Gesamtdarstellung in einer Art Gemeinschaftstanz durchgeführt wird.

→ Pflege sozialer Bezüge

8. Konsonanten und Vokale. Die Laute haben offenbar für die Gebärdenbildung einen auffordernden Charakter. Man findet Gebärden für A, O, I usw. für Konsonanten wie R, W. Worte werden im Grunde von ihren Vokalen getragen. So stellt man dar: Gruft, Wut, Ziel, Riese, Rahm usw. In der Waldorfschule ist dies zu einer eigenen Kunst, der Eurhythmie entwickelt, die allerdings eine Ausbildung voraussetzt.

→ Hören und Klang- und Tonsinn
→ Lautwahrnehmung, Sprach- und Wortsinn

9. Rhythmen produzieren. Man stampft oder klatscht oder produziert auf andere Weise Rhythmen. Das läßt sich gut in Kreisformation als Frage und Antwort durchführen. Solche Rhythmen kann man auch besonders gut an der Wandtafel als echt rhythmische Bewegungen zeichnen. Auch das Abwechseln von Zeichen wie Bogen – Strich, Kreis – Haken, Innen – Außen usw. gehört in diesen Zusammenhang, der durch Musik gut unterstützt werden kann.

→ körperliche Gesundheit
→ Pflege sozialer Bezüge

Die Darstellung von Rhythmen läßt sich auch dadurch verdeutlichen, indem Arme und Beine oder Kopf und Arme verschiedene Elemente eines Rhythmus markieren.

10. Verstehen rhythmischer Prozesse in der Natur. Das Klatschen des Rhythmus von Liedern und Musikstücken hat zwar unmittelbar keine Beziehung zur Natur- und Umwelterziehung, soll aber als Konzentrationsübung wenigstens genannt werden. Das gilt auch für die gute Erfahrung, die man in der Grundschule machen kann, wenn die Zweier-Dreier-Viererreihe nicht nur im Kopf gerechnet werden, sondern ge-

→ Konzentrationsübungen, meditative Elemente
→ harmonikale Beziehungen in der Natur

Pantomime und Rollenspiel gehen oft ineinander über.

stampft, gegangen, geklatscht werden. Ich habe die feste Überzeugung, daß Rhythmen, die vielfältig in die Körperlichkeit übergehen, das Verstehen rhythmischer Prozesse in der Natur erleichtern.

Im weitesten Sinn gehört auch die folgende Übung in diesen Zusammenhang: Man erfindet mit den Schülern Bewegungsformen für Alltagssituationen: „Jetzt ist Pause." Der Lehrer senkt den Kopf auf die Brust. Jetzt soll etwas angesagt werden. Die Hände vergrößern die Ohrmuschel. „Alle im Sitzkreis zusammenkommen, wir wollen jetzt die Schularbeiten besprechen" usw. Das Zeichen als Symbol für etwas, das der Schüler beachten soll, erleichtert möglicherweise auch das Wahrnehmen von Zeichen in der Natur.

→ Gedankenwahrnehmung, Begriffs- und Vorstellungssinn

11. Ausdruckstanz. In der Oberstufe können Schüler versuchen, Naturvorgänge in Form eines naiven Ausdruckstanzes darzustellen: Der Sonnenaufgang, der Kampf der Hirsche, der Maulwurf, der das Licht erblickt usw. Eine solche Darstellung entspricht der Produktion eines Gedichtes und muß vorsichtig behandelt werden.

→ Überkonfessionelle Religiosität
→ Konzentrationsübungen, meditative Elemente

12. Volkstanz. Zur Rolle des Volkstanzes soll in diesem Zusammenhang weiter nichts gesagt werden, als daß er in den Gegenden, wo er folkloristisch noch lebendig ist, in die Kategorie der gefährdeten Kulturgüter gehört, vergleichbar der Waldzerstörung. Ihn zu pflegen, ist u. U. nicht nur eine flankierende Maßnahme für die Natur- und Umwelterziehung, sondern direkte Pflege der gefährdeten Umwelt, zu der auch die kulturellen Hinterlassenschaften gehören.

→ Pflege sozialer Bezüge
→ Kultur und Tradition

Die bildenden Künste im Rahmen der Natur- und Umwelterziehung

Die Natur als bildnerisches Gegenüber

Da gehen wir am Strand entlang und sammeln Muscheln und Schnekken. Wie variabel treten uns die spiraligen Gehäuse der Schnecken entgegen: Mal flach, mal turmartig, mal mit Wellen, mal mit Zacken und Spitzen. Vielleicht brechen wir dann in den bewundernden Ruf aus: Wie schön! Wirklich treten uns in den Schneckenhäusern Kunstformen der Natur entgegen, die uns ästhetisch unmittelbar ansprechen. Das ist bei den Muscheln nicht anders, auch wenn sie mit ihrer Buchdeckelform für die meisten Menschen nicht so attraktiv sind wie die Schnecken, die ganz unmittelbar Gedanken an Pagoden wecken. Oder wir sehen vielleicht im Gebirge Pflanzen, Soldanellen etwa, wie sie gerade aus dem Schnee hervorbrechen, Primelarten oder gar himmelblaue Enziane, die großes Entzücken hervorrufen. Viele Mitmenschen sagen sogar, daß sie sich für die Namen überhaupt nicht interessieren; die Gestalt der Blüten sei ein solches Kunstwerk, daß der Name die Wahrnehmung und den Kunstgenuß eher störe als fördere. Oder wir stehen auf einem Berggipfel. Vielleicht ist gerade ein Herbsttag. Die Berggipfel uns gegenüber sind wie Kulissen ineinander verschachtelt, und jede Kulisse hat eine andere Farbe. In der Nähe herrscht das Braun der Gräser vor, dahinter ragen ein paar goldgelbe Lärchen in den wolkenfreien Himmel. Noch weiter dahinter mischt sich der erste Dunst in das Bild, feine Blau- und Grautöne stehen wie in einem Aquarell hintereinander. Das Bild berührt uns. Wir nehmen Natur plötzlich wie ein Kunstwerk auf und sind doch selbst in all diesen Prozessen gleichzeitig Gestalter und Betrachter.

Das ist alles sicher auch in grauer Vorzeit schon allgegenwärtig gewesen, und es ist kein Wunder, daß es seit langem künstlerische Hinterlassenschaften gibt. Die Bildende Kunst hat den Vorzug, daß ihre Produkte unter Umständen Tausende von Jahren überdauern, während das Wort, die Musik, der Tanz flüchtig sind. Felsritzungen, Knochenritzungen, Höhlenmalereien, Plastiken sind Zeugnisse der gestalterischen Fähigkeiten der frühen Menschheit. In einem sind sich Wissenschaftler einig: Das Dargestellte war immer ein Zeichen für etwas und stand wohl immer auch in einem magischen, kultischen, rituellen Zusammenhang (Bertalanffy 1970, Hofer und Altner 1972, Müller-Karpe 1966, Kühn 1971, Teichmann 1981, Mann 1989; ausf. Literatur in Winkel 1979).

Die bildende Kunst in ihrer Zuwendung zum Diesseitigen und Jenseitigen

Am Anfang war wohl mit der Kunst immer ein Kultort verbunden. Der Mythos selber hatte noch solch eine Erlebnisstärke, daß er des realistischen Abbildes nicht bedurfte. Ich wähle als Beispiel den gut dokumentierten Herakult auf Samos. Hier verkörperte zunächst ein einfaches Brett die Göttin Hera (vgl. Walter 1990). Das hinter oder in dem

Brett wirksame Bild der Göttin wurde geschaut, erlebt, nicht äußerlich gesehen und war wirkende Wirklichkeit.
Dieser Erlebniszustand ist uns modernen, sinnesabhängigen Menschen nahezu unvorstellbar. Er ist eine Fortführung der Erlebnisformen animistischer Kulturen, die in Bäumen oder Felsen einen Geist verkörpert sehen: Die Wirksamkeit des Geistigen hat hier eine Form, eine Erzählung, einen Mythos gefunden. Unsere Sprache sagt dazu ganz wunderbar treffend, das Bild würde eingebildet. Auch unsere Kinder durchlaufen zunächst eine solche animistische Phase, in der sie alle Dinge beseelen, also jeden Gegenstand nicht von seiner sichtbaren Außenhaut, sondern von innen her empfinden. Das Brett war also im Rahmen des geglaubten, erzählten Mythos die göttliche Kraft. Es wurde nicht als Stellvertreter-Symbol empfunden.

Dieses archaische Kultbild verlor für die Menschen offenbar an Kraft. Der Mythos schwächte sich ab. Keinesfalls wurde der Kult aufgegeben. Er wurde lediglich verdeutlicht. Das geschah, indem das Kultbild eine Gestalt bekam, sich vom Brett in eine primitive Skulptur entwickelte. Die im Brett einst verborgene Gestalt wurde realistisch sichtbar ausgebildet. Die Attribute, die die Göttin kennzeichneten und die im Mythos und Kultus eine Rolle spielten, wurden immer stärker durch die Ausgestaltung der Figur herausgehoben.

Das Erlebnis des Kultus und die unmittelbare Wirksamkeit des Mythos haben sich im Laufe der Zeit offenbar noch weiter abgeschwächt. Das Kultbild in der Cella und die Opferhandlungen auf dem Altar vor dem Tempel konnten die göttlichen Taten nicht mehr ins Bewußsein rufen. Nun mußten sie außen am Tempel dargestellt werden. Die Kunst dokumentierte gleichsam das Heilige, erleichterte den Zugang. Insofern behielt die griechische Kunst immer eine kosmische Dimension. Nachdem die Kunst ins Tageslicht getreten war, entwickelte sie sich rasch in allen Formen: als Bildhauerei, Malerei usw. Der Zusammenhang mit dem Kultischen wurde in der Folge mehr und mehr zu einer Formalie. Die sich abschwächenden Erlebnisformen erstarrten mehr und mehr, wurden formalisiert und im Grunde nicht mehr verstanden. Sie versickerten oder gingen in neuen kultischen Erlebnisformen auf.

Neben diesem Aspekt der Kunst, dessen Darstellungen das Heilige, das Symbol, das Nicht-Reale umkreisen, gibt es auch von Anfang an eine diesseitige, naturalistische sensorische Kunstrichtung. Kühn (Kühn 1971) vertritt die Auffassung, daß der Wechsel von diesseitigen, dem Jetzt und Hier, dem Abbild zugewandten Darstellungsstilen mit jenseitigen, dem Geistigen, Transzendenten zugewandten Darstellungsstilen nicht durch ein Schwächerwerden des Mythos zu erklären sei, sondern jeweils durch einen künstlerischen Paradigmenwechsel zu einer realistischen Kunstauffassung. Die enge Verbindung zwischen Religion und Kunst ist aber von diesem Pendelschlag der Stilrichtung unabhängig und wird einhellig bestätigt (Lostrup 1973, Kühn 1952 und 1971, Portmann 1956, Mittelstraß 1991, Gurjewitsch 1991, Teichmann 1983, Walter 1990, Jung 1979 u.a.).

Schöpferische Auseinandersetzung mit Natur

Dieser Pendelschlag kennzeichnet auch den Übergang von der Gotik zur Renaissance. Mit der Zuwendung zum Realismus, zum Jetzt und Hier, begannen Künstler sich intensiv um die Darstellung der Natur, des Nicht-Heiligen zu kümmern. Sie wendeten Gesetzlichkeiten wie den Goldenen Schnitt an, untersuchten die Proportionen des Menschen und entdeckten vor allem die Zentralperspektive. Für die bildende Kunst wirkte sich dieses ähnlich aus wie das Auftreten Galileis für die Wissenschaft. Auch er wollte ja alle Forschung nur noch auf mathematische Gesetze und das Messen, Zählen und Wägen zurückführen. Wie Sklaverei haben im vorigen Jahrhundert die großen Maler dieses Joch des Konstruktiven und Realistischen empfunden, ehe sie in den Impressionismus, Expressionismus und die vielen folgenden Stile ausbrachen.

Die heutigen Richtungen der bildenden Künste sind wie alles andere in unserer Gesellschaft pluralistisch. Die Emanzipation des Ich ist für unseren Kulturraum seit der Renaissance unumkehrbar. Aber in jedem Schaffensprozeß schwingt immer noch ein wenig von dem mit, was man die Ekstase des Heiligen, den Rausch des Schöpferischen, die Erfahrung des Numinosen, die Einweihung durch das Mysterium der Kunst nennen könnte. Dies sollte auch für die Natur- und Umwelterziehung fruchtbar gemacht werden; es ist ein Nährboden für die Wertgefühle der Person.

Ästhetische Erziehung und Natur- und Umwelterziehung

Zülch (Zülch 1988) beschreibt fünf Brücken zwischen ästhetischer Erziehung und der Natur- und Umwelterziehung oder, wie er sie nennt, ökologischer Erziehung:

- Die Natur ist immer mehr, als wir wahrnehmen. Durch unsere praktische Betätigung in beiden Bereichen werden wir uns der jeweiligen Aspekthaftigkeit unserer Arbeit bewußt, was zur Bescheidenheit führen kann und soll.

- Wir bemerken durch Tätigkeit in beiden Bereichen, daß ein äußerer Naturverlust einen inneren nach sich zieht. Der Außenweltverarmung entspricht eine Innenweltverarmung, der Innenweltbereicherung eine Außenweltbereicherung.
- Ein gestaltetes Kunstwerk ist ein vernetztes System wie auch die uns umgebende Welt. Es besteht die Hoffnung, daß das Gestalten und Durchdenken des einen vernetzten Systems auch für das Gestalten und Durchdenken des anderen förderlich ist.
- Die Gestaltung eines Kunstwerkes ist eine Tätigkeit unseres Ich. Mit jedem neuen Werk wird ein neues Stück Mitwelt geschaffen. Es besteht die begründete Hoffnung, daß das Wahrnehmungsvermögen für andere Mitweltäußerungen durch den eigenen Gestaltungsprozeß gefördert wird. Aus Umwelterziehung wird so Mitwelterziehung.
- Das Produzieren eines Werkes ist eine geistige Leistung. Die Ökologiebewegung ist nichts Materielles, sondern eine geistige Bewegung. Man darf hoffen, daß das Wahrnehmen dieser geistigen Bewegung durch den eigenen Schaffensprozeß erleichtert wird.

Ganz gewiß ist nicht alles Kunst. Aber nahezu alles kann zu Kunst werden: technische Produkte, organische Gebilde, Gegenstände aus der organischen Natur, deren Abbildungen und Chiffren. Der Gestaltungsprozeß allein kann die Dinge zu dem verbinden, was wir Kunst nennen. Er ist in seinen Grundformen in jedem Menschen veranlagt. Darüber hinaus bedarf er der Begabung, der Ausbildung, der Übung und des Fleißes. Diese Eingrenzung ist geradezu als Herausforderung zu verstehen, jeden einzelnen Schüler zum Tun aufzufordern, damit er die Stufe erreicht, die in ihm steckt. Aus der eher ökologisch bestimmten Kunstszene möchte ich wenigstens ein paar Schlaglichter setzen. Ich formuliere sie sinngemäß und verkürzt nach einem Arbeitspapier, das sich ausschließlich mit dem Thema Kunst und Landschaft auseinandersetzt (Falazik, Romain o.J).

- Man kann das Mythische wie ein Zitat in die Landschaft stellen (Romain).
- Ein Kunstwerk kann sowohl eine Landschaft interpretieren wie sich mit ihr vereinigen (Falazik).
- Das Weltall ist eher ein Gedanke als eine Maschine (Beuys).
- Kunst, die in die Landschaft paßt, entspricht einem nachempfundenen Schöpfungsmythos im Ritual der Initiation (Bauermeister).
- Kunst wird zu dem Bereich des Lebens, der noch Bewußtseinserweiterung gewährleistet und diese nicht gleichzeitig wieder zersplittert (Romain).
- Kunst verbindet etwas von Menschenhand Geschaffenes, Gebautes aus dem Bereich der Sozialsymbolik mit dem Gedanken der Veränderung in der Zeit, der Metamorphose des Erscheinungsbildes (Prigann 1993).

Ein Haufen Rollkiesel werden von Menschenhand zu einem Sternsymbol gestaltet, das jeden Vorübergehenden „anspricht". Das ist keine große Kunst, aber auf dem Wege dahin.

Was dürfen wir im Rahmen der Natur- und Umwelterziehung erwarten, was nicht? Keinesfalls soll in diesem Buch ein vollständiges Konzept der Kunsterziehung oder ästhetischen Erziehung geboten werden. Das wäre vermessen. Es soll vielmehr dafür geworben werden, die Natur- und Umwelterziehung mit der Kunsterziehung zusammenzuführen. Die Natur rührt unser ästhetisches Empfinden an, die Kunst vielfältig unser Naturempfinden. Dies soll füreinander fruchtbar gemacht werden. Daraus ergibt sich für die Beispielsaufgaben eine große Beschränkung. Sie sollen nur den schmalen Raum zwischen Umwelterziehung und ästhetischer Erziehung ansprechen. Dabei treten natürlich besonders jene Bemühungen in den Vordergrund, die sich als Land-Art, Naturkunst oder Ökokunst bezeichnen lassen. Für die Natur- und Umwelterziehung schien es mir wichtig, auf die engen Verknüpfungsmöglichkeiten hinzuweisen. Dadurch ist zu hoffen, daß ein Kollege des Fachbereichs Biologie künstlerisch tätig wird, dabei seine eigenen schöpferischen Kräfte entdeckt und diese Einsicht auf seinen Unterricht überträgt. Damit wäre schon fast alles gewonnen.

Aufgabenbeispiele

Viele Aufgaben sind gewiß nicht neu. Neu ist lediglich die Verschiebung der Perspektive; denn es sind Aufgaben, die gelernte Biologen in ihrer Natur- und Umwelterziehungspraxis mit Erfolg durchgeführt haben.

Kindergarten bis Klasse 2

1. In eine Platte weichen Ton Spuren einritzen. Das Gefühl, daß alle unsere Tätigkeiten Spuren hinterlassen, sollte so früh wie möglich ausgebildet werden. Ton ist dafür ein gutes, wenn auch nicht das einzige Material.

→ Tasten und Fühlen

2. Spuren im Herbstlaub. Manchmal liegt das Herbstlaub nach einer ersten Frostnacht wie ein Teppich auf dem Schulhof, einer Straße oder einem Waldweg. In diesen Teppich legt man Spuren: Man geht sie, harkt sie, stellt Spuren durch regelmäßige Bewegungen her. Die Spur soll als graphisches Muster ausgewiesen sein; das rückt sie in den Bereich der Kunst.

→ psychische Gesundheit
→ Eigenbewegungssinn
→ Naturgegenstände künstlerisch nutzen

3. Spuren am Strand. Das Spurenlegen ist optimal am Strand ins Bild zu setzen, am besten dort, wo er feucht ist. Man kann die Spuren mit der Hand, einem Schaufelstiel, einer Muschel einschreiben. Wenn man die Spuren so legt, daß sie später von einer Welle wieder weggenommen werden, ist dies eine sehr schöne Verbildlichung für Werden und Vergehen.

→ Eigenbewegungssinn
→ Naturgegenstände künstlerisch nutzen
→ Beiträge zum ökologischen Ganzheitsprinzip

4. Spuren im Schnee. Ähnliche Ergebnisse lassen sich im Schnee erzielen, wenn jedes Kind sich flach in den Schnee legt und durch Armbewegungen z. B. einen Adler macht. Überhaupt ist Schnee vom Schneeball bis zum Schneemann sehr gut geeignet, vergängliche Spuren zu schaffen.

→ Eigenbewegungssinn
→ Naturgegenstände künstlerisch nutzen

5. Kiesspuren. Mit Hilfe von gleichmäßig gekörntem Kies lassen sich ebenfalls herrliche Spurenspiele gestalten. In der einfachsten Form spielt man „Hänsel und Gretel" und hinterläßt eine unvergängliche

→ psychische Gesundheit
→ mythisches Denken

Schüler während des Schaffensprozesses.

Spur. Auf dem Asphalt des Schulhofes lassen sich aus den Kieseln Sterne und andere geometrische Figuren legen, die Kinder können ihren Namen oder auch ein Kieselbild legen. Unbelebte Natur wird dabei als Element künstlerischer Gestaltung erlebt (S. 307).

6. Steinmale in der Landschaft. Aus vielen kleinen und großen Steinen werden „Male" in die Landschaft gebaut. Das kann ein kleiner Steinhaufen sein, ein Erdstern, eine Art Kultkreis mit den vier Himmelsrichtungen, eine Steinsetzung als Haus mit leerer Mitte oder gar das Grab eines kleinen Vogels in der Art eines Steingrabes oder einer geschichteten Pyramide. Wo es nur wenig Steine gibt, lassen sich auch Fichten- oder Kiefernzapfen in diesem Sinne verwenden.

→ mythisches Denken
→ Naturgegenstände künstlerisch nutzen

7. Steinbemalung. Gern sammeln Kinder dieses Alters kleine runde Handsteine und machen aus ihnen durch Anmalen kleine Käfer, Tiere, Kobolde, Puppen, Hexen. Durch Hinzunahme weiterer Materialien läßt sich diese Aufgabe gut erweitern. Auch Muscheln lassen sich auf diese Weise gestalten. Damit die Bemalung gut erhalten bleibt, kann man die Steine lackieren.

→ mythisches Denken
→ Naturgegenstände künstlerisch nutzen

8. Basteln mit Naturmaterialien. Herbstfrüchte sind herkömmlicherweise ein beliebtes Gestaltungsthema. Es ist nahezu unerschöpflich. Andere Materialien wie Muscheln und Federn sollte man gleich hinzunehmen. So entstehen aus Muscheln leicht Schmetterlinge; Zapfen mit Federn versehen ergeben Eulen, Kastanienhülsen Schiffe, Ahornflügel Libellen ... Während hier die Naturgegenstände gewissermaßen verfremdet werden, indem sie einer biologischen Gestalt untergeordnet werden, bauen die Kinder auch gern kleine, reale Landschaften aus Moos, Laub und Früchten oder malen ein Waldbild auf Pappe und kleben ein paar Naturgegenstände dazu. Sowohl den gebastelten Tieren wie auch den Landschaften sollte man Namen geben.

→ Prinzip der Verfremdung
→ Naturgegenstände künstlerisch nutzen

9. Lotusteich. Ein „Lotusteich" entsteht, indem Blätter und ein paar Blüten der Kapuzinerkresse in einer Schüssel voll Wasser angeordnet werden. Durch Einfüllen von gewaschenem Kies erhält man ein Substrat, in das man Gräser und andere Dinge einstecken kann.

→ Naturgegenstände künstlerisch nutzen

10. Landschaft aus Technikmaterial. Technikinteressierte Schüler läßt man defekte Haushaltsgeräte oder kleine Maschinen auseinandernehmen und „schmückt" damit die Natur, indem man in die oben geschilderten Landschaftsdarstellungen diese Technikteile einfügt.

→ Prinzip der Verfremdung
→ Naturgegenstände künstlerisch nutzen

11. Natur malen. Daran, daß Kinder dieses Alters sich malend noch völlig unbefangen ausdrücken, soll nur erinnert werden. Durch entsprechende Impulse sollten die Kinder ständig die Gelegenheit erhalten, ihren Erfahrungen mit und in der Natur darstellend Ausdruck zu verleihen.

→ Kunst als Ganzheitsprozeß und Beitrag zur Personwerdung

12. Zeitgefühl. Entwicklungsreihen können die Kinder in diesem Alter noch nicht darstellen. Diese sind aber als Erfahrung der Zeitdimension aller Dinge wichtig. Man sammelt dazu z. B. Herbstblätter und legt sie in Entwicklungsreihen, etwa von Grün nach Braun oder zupft im Frühjahr die Blätter in der Reihenfolge ihrer Bildung ab, preßt das und klebt die Entwicklungsreihe in einer ästhetisch ansprechenden Form auf.

→ Vital- oder Lebenssinn, Zeitwahrnehmung
→ Naturgegenstände künstlerisch nutzen
→ Beiträge zum Evolutionsdenken

13. Klassenbaum. Man kann z. B. auf ein großes Blatt Packpapier oder eine Tapete einen Stamm mit Ästen malen, und jedes Kind darf ein gefundenes Blatt nehmen oder ein Blatt malen, drucken, in Spritztechnik herstellen, ausschneiden und darankleben.

→ Ich-Wahrnehmung, Ich-Sinn
→ soziale Bezüge

14. Pflanzenbeobachtung. Jedes Kind sucht sich eine Pflanze in einem Winkel der Schule aus und verfolgt sie beobachtend und zeichnend über einen bestimmten Zeitraum. Natur wird auf diese Weise persönlich.

→ Vital- oder Lebenssinn, Zeitwahrnehmung
→ Beiträge zum Evolutionsdenken

15. Blätter pressen. Bei einem Herbstspaziergang wird ausnahmsweise nicht getobt, sondern die Schüler bleiben möglichst still und besinnlich und sammeln von jeder Baumart fünf besonders schöne Blätter. Diese werden gepreßt und zu einer schönen Form aufgeklebt. Natur wird so für die Kinder zum Wert.

→ Arten, Ökosysteme, Landschaften
→ Beiträge zum Evolutionsdenken
→ Natur beobachten, erforschen

16. Blumenbilder großer Künstler als Anregung. Die Lehrerin erzählt vom kranken Künstler Monet (oder von Renoir oder von van Gogh) und zeigt von dem Künstler Blumenbilder. Die Kinder begeistern sich daran und malen nun selbst Blumenbilder.

→ Kultur und Tradition
→ Naturgegenstände künstlerisch nutzen

17. Wintervogelstreufutter. Die Lehrerin schüttet vor jedem Kind ein wenig Wintervogelstreufutter aus. Die Schüler betrachten es, ordnen es, reden darüber, zeichnen es, säen es aus und verfolgen u. U. zeichnend die erste Entwicklung. Der Wert dieses Tuns liegt vor allem in der Vielfältigkeit der Gestaltwahrnehmung und der Beziehungsaufnahme zu Dingen aus der Natur.

→ Künstlerisches und Naturwissenschaft (alle Künste)
→ Naturwissenschaft im Lebensalltag, handwerkliche Betätigung

18. Vogelnester formen. Während der Brutzeit der Vögel suchen die Kinder draußen Nistmaterial und versuchen, daraus mit oder ohne Pinzette ein Vogelnest zu formen. Die Leistung der Vögel bringt die Kinder (und vielleicht sogar den Lehrer) zum Staunen.

→ Naturgegenstände künstlerisch nutzen
→ Naturwissenschaft im Lebensalltag, handwerkliche Betätigung

19. Gedichte als Anregung. Die Lehrerin hat ein Baumgedicht gemacht. Draußen betrachtet jedes Kind einen dazu passenden Baum. Vielleicht wollen die Schüler das Gedicht malen. Der Vorgang kann auch umgekehrt verlaufen. Der Wert liegt in der Erfahrung, daß Künstlerisches und Natur miteinander verknüpft werden können.

→ Künstlerisches und Naturwissenschaft (alle Künste)

Aufgaben vorwiegend für Klasse 3 bis 6 (7)

Am Anfang soll eine Reihe von Aufgaben zusammengestellt werden, die u. U. noch in die vorige Altersstufe gehört.

1. Tütenmasken herstellen. In der einfachsten Form nehmen die Schüler eine Tüte, aber keinesfalls ein Plastiktüte (darunter kann man ersticken) und malen auf die Tüte einen Kopf: das reicht von Hexe bis Frosch. Man darf nicht vergessen, die Augen und den Mund einzuschneiden. Mit diesen Masken läßt sich dann z. B. ein Tanz aufführen.

→ Prinzip der Verfremdung
→ mythisches Denken
→ Tanz und Pantomime

2. Leim-Papier-Masken nach Thema erstellen. Man gestaltet Masken, die bestimmte Inhalte zum Thema haben: die Angst, die Jahreszeiten, Vogelmasken usw. Diese Masken sollten in der bewährten Leim-Papier-Technik hergestellt werden, sie sind dann dauerhafter.

→ mythisches Denken

3. Maskenspiele. Indem man z. B. ganz unterschiedliche Masken herstellt, etwa Frosch und Maus, Wolf und Lamm, Schlange und Kaninchen oder gleich Masken zu Tierfabeln, wird die Herstellung der Mas-

→ Tanz und Pantomime
→ Naturwissenschaft im Lebensalltag, handwerkliche Betätigung

ken zum Vorlauf einer pantomimischen oder tänzerischen Darstellung.

4. Masken fremder Völker. Schüler formen gern Masken fremder Völker oder Masken aus der Vergangenheit oder der Zukunft, was dann aber nur noch wenig Bezug zur Natur- und Umwelterziehung hat.

→ Prinzip der Verfremdung
→ mythisches Denken

5. Aus Kartons Tiere bauen. Auch diese Aufgabe kommt schon für 2. Klassen in Frage. Da die Schüler noch nicht genügend Kraft in den Händen haben, mit Messer oder Schere Pappe zu schneiden, müssen vorwiegend große, kleine, lange oder schmale Kartons als Ganzes verwendet und durch Farbe ausgestaltet werden. Es entstehen dabei abstrakte Tierformen.

→ Prinzip der Verfremdung
→ Naturwissenschaft im Lebensalltag (38), handwerkliche Betätigung

6. Male auf dem Schulgelände. Auf dem Schulgelände werden „Male" aus Stämmen, Steinen, Zapfen, Eisenstangen errichtet. Dabei ist der Aufstellungsort in Verbindung mit dem Zeichen das gemeinte Kunstwerk. Diese und die nächste Übung haben mit dem Thema Kunst und Landschaft zu tun.

→ kultische und rituelle Handlungen

7. Gegenüberstellung: Natur – Technik. Unter Umständen läßt sich schon eine höhere Schwierigkeitsstufe erreichen, indem Naturgegenständen bearbeitete Dinge in Form von Kisten, Balken oder auch Maschinenteilen gegenübergestellt werden: Natur gegen Technik.

→ Prinzip der Verfremdung

Klebebild aus Blättern.

Zwerg aus Naturmaterialien.

8. Natur als künstlerische Aussage. Man geht in der Natur auf Suche nach Schönem. Der eine findet eine Baumwurzel, der andere ein Stück Rinde, eine Blüte, eine Frucht usw. Man erlaubt eine leichte Nachbesserung, indem das Schöne ins Bild gesetzt wird (durch einen einfachen Sägeschnitt, durch Auflegen auf ein Tuch, durch Anbringen eines Rahmens.)

→ Naturgegenstände künstlerisch nutzen
→ Natur beschreiben, ordnen

9. In Baumwurzeln eine Gestalt erkennen. In vielen Wäldern findet man kleine Stubbenteile, vermodernde Aststücke usw. Beim Betrachten eines Naturgegenstandes stellt man sich eine Gestalt vor, die dann durch ein paar Sägeschnitte am Gegenstand herausgearbeitet wird. Diese Aufgabe ist bis in die Oberstufe beliebt; man eignet sich mit dem Holz u. U. allerdings Lebensräume für Käferlarven und andere Tiere an.

→ Prinzip der Verfremdung
→ Gedankenwahrnehmung, Begriffs- und Vorstellungssinn
→ Naturgegenstände künstlerisch nutzen

10. Das Herstellen von Blumensträußen ist ein schönes und bis in die Oberstufe beliebtes Thema. Die Kriterien guter Gestaltung wie Herstellen eines Fußpunktes, Goldener Schnitt usw. sind die eine Seite des Unterrichtes (vgl. Winkel 1990), die andere Seite sind vielfältige Themen wie: Die Waldlichtung, der Waldrand, die Wiese, am Weiher usw. Aber auch systematische Themen wie Korbblütler, einkeimblättrige Pflanzen können bearbeitet werden. Die Schüler nehmen jedes Thema gern auf, das sie altersmäßig schon bewältigen können.

→ Naturgegenstände künstlerisch nutzen
→ Natur beschreiben, ordnen
→ Natur beobachten, erforschen

11. Gestaltete Schalen. In die gleiche Kategorie gehören gestaltete Schalen. Man nimmt einen tiefen Eßteller und Sand oder Mosi als Steckmasse. Der Tellerboden wird mit Moos bedeckt, in das Stengel oder Blüten gesteckt oder auf das flächig Blüten aufgelegt werden; ebenso läßt sich mit diesen Materialen eine Zwergenlandschaft entwerfen. Wichtig ist, daß die Schüler das von ihnen gestaltete Thema benennen können.

→ Mit Sprache gestalten
→ Naturgegenstände künstlerisch nutzen

12. Bilder aus Früchten. Bekannt und beliebt ist das Legen und Kleben von Bildern aus Früchten. Aus den verschiedenen Farben und Formen werden Muster oder Bilder hergestellt. Ich habe mit der Zeit allerdings doch Bedenken bekommen: Jeder Same ist eine potentielle Pflanze. Indem wir sie zum Farbpunkt machen, verhindern wir u. U. gerade jenes Staunen, das wir durch das Heranziehen einer Bohne aus dem Samen erreichen wollen.

→ Prinzip der Verfremdung
→ Naturgegenstände künstlerisch nutzen
→ Konfliktträchtige Themen und Situationen

13. Wege legen. Die Natur hat eine natürliche Ordnung. In diese Naturordnung wird Menschenordnung eingebracht: durch eine Wegespur aus Zapfen, durch Legen oder Anbringen eines langen Seiles, durch Herstellen von Toren zwischen Bäumen, durch Farbmuster oder Farbzeichen an Bäumen oder auf der Erde, selbst durch planmäßiges Deponieren von Coladosen.

→ Prinzip der Verfremdung
→ Natur beschreiben, ordnen

14. Eine künstlerische Höhle schaffen. Man kann Stämme oder Pfosten in Form eines Baumstamms anordnen, in dem gerade eine Person stehen kann. Sie erlebt eine Art Baum-Innengefühl. Oder man schichtet aus Ästen eine Höhle, in die gerade ein Schüler hineinpaßt. Er erlebt Geborgenheit oder Verborgenheit. Sogar ein Steinhaus oder ein Haus aus Grassoden kann man bauen. Man erlebt darin die Trennung von innen und außen. An diesen architektonischen Urzellen lassen sich möglicherweise architektonische Grundgefühle erleben.

→ Naturwissenschaft im Lebensalltag, handwerkliche Betätigung

15. Blätter graphisch darstellen. Formen der Natur lassen sich gut durch verschiedene graphische Methoden darstellen: Blätter kann man pressen und aufkleben, man kann sie fotografieren, man kann sie als Druckstock verwenden, man kann sie mit Deckfarbe, Aquarellfarbe malen. Man kann sie mit Bleistift, Rötel, Silberstift, Kohle zeichnen. In jeder Darstellungsweise kommen andere Eigenheiten zum Ausdruck.

→ Naturgegenstände künstlerisch nutzen

16. Symmetrische Erscheinungsformen. In der Natur sind fast alle Objekte spiegel-, dreh- oder kreissymmetrisch. Nachdem man sich damit auseinandergesetzt hat, sammelt man Abbildungen und zeichnet die Symmetrieachsen ein. Danach beginnt man, solche Gebilde selbst zu entwickeln. Das Kaleidoskop gehört bekanntlich in dieses Alter. Es ist ein schöpferisch-künstlerischer Umgang mit dem Phänomen der Symmetrie gemeint, kein intellektueller.

→ harmonikale Beziehungen in der Natur
→ Natur beobachten, erforschen
→ Natur: Regeln finden, Theorien bilden und verstehen

17. Formensprache der Natur. Aus gleichartigen Blättern werden vier-, fünf- und sechsstrahlige Blüten gebunden. Korbblüten und Blätter werden zu neuen Blütenständen umgestaltet. Relativ einheitliche Strukturen eignen sich besonders gut für diese Aufgabe. Selbst das Herausschneiden von Blatträndern oder Blattspitzen kann interessante neue Formen ergeben.

→ Prinzip der Verfremdung
→ Naturgegenstände künstlerisch nutzen
→ Naturwissenschaft – allgemeine Bezüge

18. Variabilität. Man stellt die Variabilität eines Blattes oder einer Blüte zu einer künstlerisch ansprechenden Form zusammen.

→ Beiträge zum Evolutionsdenken

19. Graphisches Pendel. Ein Pendel kann man mit einem Stift versehen und Spuren auf einem Blatt Papier hinterlassen. Man läßt z. B. nun den Wind ein Bild gestalten und ergänzt es durch eigene Spuren.

→ Naturwissenschaft im Lebensalltag, handwerkliche Betätigung

20. Schulgartengestaltung. Gartengestaltung ist Architektur, bei der die Pflanze Gestaltungsmittel ist. Zwar können Schüler dieses Alters noch nicht mit großen Räumen umgehen, aber sie können ihre Wünsche gestalterisch zum Ausdruck bringen. Hierzu stellt man Obststiegen und als Baumaterial Kies, Pflanzenteile, Folie, Zweige usw. bereit und läßt daraus die Schüler ihren Wunschgarten gestalten. Jeder Schüler muß seinen Entwurf später vorstellen, damit die anderen seine Wunschwelt kennenlernen. Die Erfahrung hat gezeigt, daß kein Garten dem anderen gleicht und die Gestaltungen alles übertreffen, was man erwartet hat.

→ psychische Gesundheit (2)
→ Menschwerdung durch Sprache und Sprechen
→ Naturgegenstände künstlerisch nutzen

Aufgaben ab Klasse 7

1. Naturfotos verfremden. Postkarten mit Naturfotos zeigen meistens Natur als Idylle. Durch Hereinzeichnen neuer Strukturen verfremdet man diese Idylle. Es ist gleichwertig, ob das in Form einer Collage geschieht oder mittels graphischer oder malerischer Methoden.

→ Arten, Ökosysteme, Landschaften
→ Prinzip der Verfremdung
→ Konfliktträchtige Themen und Situationen

2. Verfremden von Natur. Man kann einen Baum mit Alufolie umwickeln, in Plastik einhüllen, Pappe um ihn schichten oder ihn mit Pfosten umgeben. Man kann seine Zweige stützen, ihm Kunstblätter anmontieren, ihn mit Schutt oder Müll einfassen oder ihm einfach nur ein Schild mit Aufschrift umhängen. Eine Schulklasse hat bei diesem Thema einen Wald aus Kunstbäumen auf dem Schulhof aufgestellt. Im Wald wurden auch schon fünf Badewannen oder eine komplette Brausezelle aufgestellt. Die Betätigung wird hier zum Signal.

→ Arten, Ökosysteme, Landschaften
→ Prinzip der Verfremdung
→ Naturgegenstände künstlerisch nutzen
→ Konfliktträchtige Themen und Situationen

Ähnlich wirkt es, wenn man einen vom Sturm gestürzten Baumstamm so aufstellt, daß der Wurzelteller nach oben zustehen kommt oder wenn man einen Baum zum Mastbaum eines Zeltes macht und aus Seilen oder Stricken dieses Zelt errichtet und evtl. durch möglichst knallbunte Zeltbahnen den Eindruck verstärkt.

3. Fotos anfertigen. Die Palette dieses Vorschlags ist sehr groß. Deshalb nur ein Beispiel. Wir wählten z. B. das Thema „heile Natur": „heile Technik" gegen „vergehende Natur" und „vergehende Technik". Das realisierten wir an Pflanzenfotos, Fotos von Früchten, Bäumen oder Landschaftsausschnitten durch alle Jahreszeiten oder Stimmungen. Auch sich zersetzende Baumstubben paßten in den Zusammenhang, leiteten aber schon in das Thema „vergehende Natur" über, denn die Vergängnis in der Natur ist im Grunde noch „heile Natur". Aber Müllhaufen, zusammengestutzte Bäume, Schrott im Walde, Fabrikgrundstücke, Halden und anderes Menschenwerk, das gerade wieder von der Natur erobert wird, ermöglicht sichtbar und erlebbar die Darstellung der Andersartigkeit von Technik.

→ Arten, Ökosysteme, Landschaften
→ Prinzip der Verfremdung
→ Naturgegenstände künstlerisch nutzen
→ Beiträge zum ökologischen Ganzheitsprinzip
→ Konfliktträchtige Themen und Situationen

4. Videofilme. Mit Video lassen sich heute relativ einfach gute Filme drehen, z. B. über den „Moloch Verkehr" oder den Zustand „Hinter den Fassaden". Natürlich kann man einen Film auch der Idylle widmen, also paradiesische Natur zum Thema machen, wie es das Fernsehen bevorzugt.

5. Eine Art Japanischen Steingarten gestalten. Zwar können wir aus vielen Gründen die japanische Gartenkunst kaum nachempfinden,

→ Arten, Ökosysteme, Landschaften
→ Prinzip der Verfremdung
→ Künstlerisches und Naturwissenschaft (alle Künste)
→ Beiträge zum ökologischen Ganzheitsprinzip
→ Konfliktträchtige Themen und Situationen

wohl aber deren Wurzeln. Dazu gestaltet man eine Fläche mit Steinen verschiedener Körnung und Farbe, mit verschiedenen Sanden, die geharkt werden, durch Einbringen einer oder mehrerer Wurzeln oder Findlinge an einen ästhetisch passenden Ort. Man gestaltet also Felder und Bewegungen. Hierfür läßt sich als Material auch Rindenmulch einsetzen.

→ Prinzip der Verfremdung
→ Überkonfessionelle Religiosität
→ Naturgegenstände künstlerisch nutzen

6. Steinfiguren. Aus einem Bach sammelt man Steine, zertrümmert sie in zwei Hälften und legt die Bruchlinie so, daß sich daraus eine gestaltete Linie ergibt. (6 – 10 angeregt durch Goldsworthy 1991)

→ Naturgegenstände künstlerisch nutzen

7. Blattfiguren. Eichenblätter werden mit Dornen zu Figuren zusammengesteckt. Die Eichenblätterfiguren läßt man auf einem stillen Gewässer schwimmen. Es ist dabei darauf zu achten, daß das Kunstwerk in die Landschaft paßt.

→ Prinzip der Verfremdung
→ Vital- oder Lebenssinn, Zeitwahrnehmung
→ Naturgegenstände künstlerisch nutzen

8. Graskammern. Man steckt Gras oder Schilf mit Dornen oder Nadeln zu einem System von Kammern zusammen. In einige Kammern werden Vogelbeeren gelegt. Das Kammersystem setzt man auf einen Weiher oder auf einer stillen Pfütze aus.

9. Eiszapfen im Schnee. Man sammelt Eiszapfen verschiedener Länge. Aus diesen steckt man im Schnee ein neues Kunstgebilde.

10. Strandkunstwerke. Am Strand lassen sich z. B. Höhlen bilden, die kreisförmig von Muscheln, Strandgut oder Farbaufstreuungen umgeben werden. Allen diesen Kunstgebilden ist gemeinsam, daß sie vergänglich, u. U. nur für ein paar Minuten als Kunst erlebbar sind. Sie können nur per Foto dokumentiert werden.

Herbstliche Weinblätter. Links im Naturzustand, rechts zu einer Spirale gelegt, die sich von tiefrot (Herbst) nach grün (Sommer, Leben) verändert. Ein Kunstwerk!

12. Das Thema Vergänglichkeit ist gut darzustellen, indem man faule und gesunde Äpfel zusammenordnet, vermoderndes Holz neben ein altes Fahrrad legt oder gar die Wiedereroberung eines zerfallenden Hauses durch die Natur zum Thema macht.

→ Prinzip der Verfremdung
→ Vital- oder Lebenssinn, Zeitwahrnehmung
→ Überkonfessionelle Religiosität
→ Naturgegenstände künstlerisch nutzen

13. Einen Weg markieren. „Weg" und „Spuren" sind interessante künstlerische Themen. Im einfachsten Fall verwendet man Spuren, die Menschen hinterlassen haben: Coladosen, Bierflaschen, Schutt usw. Das bewußte Auslegen an einen ästhetisch wirksamen Ort ist der künstlerische Vorgang. Natürlich kann man den Weg auch durch Farbe oder durch Eisenbahnschwellen, durch Bretter, durch Tore, durch Zeichen markieren, die man nicht sieht, aber fühlt.

→ Prinzip der Verfremdung
→ Naturgegenstände künstlerisch nutzen
→ Konfliktträchtige Themen und Situationen

13. Male errichten. Auch in dieser Altersstufe kann man „Male" errichten. Das können Steinsetzungen sein, evtl. mit einer deutlichen Himmelsausrichtung. Es können Stämme oder Balken zu einem sinnvollen Mal zusammengefügt werden, es können Plattformen errichtet werden, auf denen ein Umweltdenkmal errichtet wird. All dies ist eine Art Konfrontation und schafft einen Dialog mit der Natur und allen beteiligten Menschen. Warum soll man nicht ein kleines Bäumlein pflanzen und darum einen Käfig errichten?

→ Prinzip der Verfremdung
→ Überkonfessionelle Religiosität
→ Konfliktträchtige Themen und Situationen

Natürlich bleiben für Natur- und Umwelterziehung auch alle Betätigungen empfehlenswert, die landläufig dem künstlerischen Unterricht zugerechnet werden: Collagen über bestimmte Themen zusammenfü-

Der große Strandgeist. Schüler haben sich um das Werk eines Mitschülers versammelt.

gen, Plakate entwerfen, etwa zum Thema der bedrohten Natur, der bedrohten Tierarten, zum Thema Landwirtschaft.

Themen, die für andere Alterstufen genannt wurden, bleiben sinnvoll, insgesamt soll die künstlerische Betätigung ja in den Grund der jeweiligen Persönlichkeit führen, also dorthin, wo das Gefühl sich auslebt. Das Gefühl ist das zu Bildende. Im Gefühl leben die Konflikte. Im Gefühl erleben wir sie. Im Gefühl werden sie entschieden. Alle künstlerische Tätigkeit bringt dieses System in Bewegung. Die Natur und Umwelterziehung kann auf diesen zentralen Bereich der Menschenbildung überhaupt nicht verzichten, wenn sie auf dieser Welt etwas bewirken will.

Eine Aufgabe soll noch skizziert werden, die sich besonders für soziale Initialphasen bewährt hat: Es ist üblich, daß man sich am Beginn einer gemeinsamen Arbeit bekanntmacht. Wer gibt dabei schon mehr preis als Äußerlichkeiten?

Man stellt Teller bereit und stellt die Aufgabe, jeder möge draußen so etwas wie ein Gesteck auf dem Teller arrangieren. Er dürfe alles Material verwenden, was er wolle. Dieses Arrangement solle ausdrücken, was ihn in dieser Zeit bewegt habe: Lust oder Unlust an der Aufgabe, Lust oder Frust an der Welt und sich selbst. Die Produkte werden zusammengetragen, und jeder stellt nun nicht sich selbst, sondern sein Werk vor, gibt ihm auch einen Namen. Nahezu alle möglichen Einstellungen zur Natur werden sichtbar, Zorn und Wut ebenso wie Liebe und Zuneigung. Innerhalb einer Stunde wird für jeden in der Gruppe deutlich, was alles in der Gruppe lebt. Jeder stellt sich auf der Ebene des Seins dar, nicht des Habens (Beruf, Amt, bei Schülern: Elternhaus).

→ Prinzip der Verfremdung
→ Ich-Wahrnehmung, Ich-Sinn
→ Naturgegenstände künstlerisch nutzen
→ Beiträge zum ökologischen Ganzheitsprinzip
→ Konfliktträchtige Themen und Situationen

Natürlich sind die Arrangements von unterschiedlicher Kreativität, natürlich erhält man als Gruppenleiter manchmal in der ersten Stunde erschreckende Einblicke in Lebenskonstellationen. Aber all dies ist doch lebenswirklicher als die Betrachtung des oberflächlichen Anstriches. Wenn es dem Gruppenleiter gelingt, die Produkte und die Äußerungen dazu als eine Bereicherung für alle darzustellen, bewirkt diese Aufgabe, daß sich die Teilnehmer füreinander und für die Natur öffnen. Es hat sich immer wieder gezeigt, daß der Eindruck dieser einen Stunde so nachhaltig sein kann, daß die Teilnehmer noch nach langer Zeit auf die Gestecke zurückkommen.

Die genannten Aufgaben sind Beispiele, die die Phantasie des Lesers anregen wollen. Jede Aufgabe muß auf die Klasse passen, in den Landschafts- und Kulturraum, die Zeitsituation, und schließlich müssen Lehrerin oder Lehrer und die Schüler voll dahinter stehen.

9

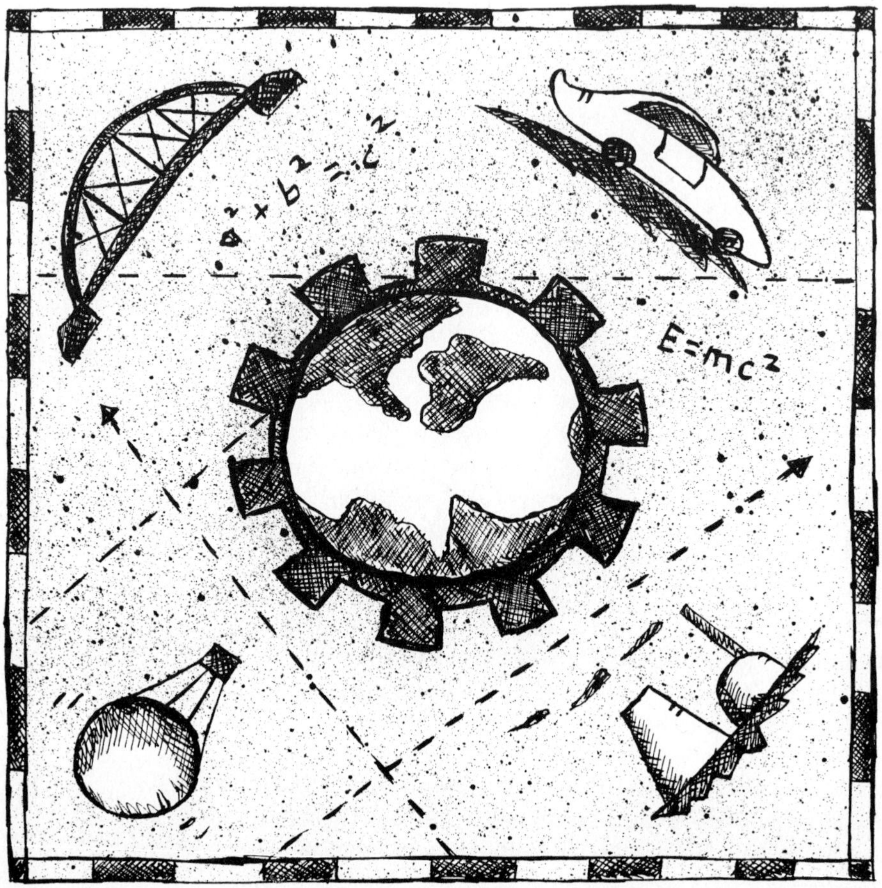

Der Beitrag der Naturwissenschaft zur Natur- und Umwelterziehung

Galilei als Wendepunkt der Wissenschaftsentwicklung

Für unsere Sinneswahrnehmungen dreht sich die Sonne immer noch um die Erde. Einer erheblichen Leistung bedarf es, sich vorzustellen, daß die Menschen auf der Gegenseite der Erdkugel genauso aufrecht stehen und gehen wie wir. Wir denken zwar inzwischen kopernikanisch, aber wir empfinden vielfach noch ptolemäisch. Für das von Aristoteles geprägte späte Mittelalter war das zentrale Argument, daß die Erde schon deshalb der ruhende Mittelpunkt der Welt sein müßte, weil sonst alles von ihr weggeschleudert würde; ein Stein, der von einem Turm fiele, müßte ja eine Kurve beschreiben, weil die Erde während des Falles unter ihm weggezogen würde, sich also weiterbewege (Koyré 1988). Das ist genau die auf Sinneserfahrung gründende Denkweise des Aristoteles. Eine gleichförmige Bewegung der Gestirne ist für unsere Erfahrung tatsächlich einleuchtender als die Bewegung der Erde. Dabei hatte schon Hicetas aus Syrakus (um 330 v. Chr.) die Meinung vertreten, daß sich die Erde um die Sonne bewegt (Mikelskis 1991). Kopernikus fand diese Meinung in den Schriften des Cicero vermerkt und erneuerte sie mit Hilfe seiner Messungen.

Erst Newton verstofflichte diesen Prozeß endgültig durch die Theorie von der Massenanziehung. In der Tat: Wie könnte man die Erddrehung bemerken? Beim freien Fall spielt tatsächlich eine Rolle, daß bei großen Fallhöhen wegen der unterschiedlichen Rotationsgeschwindigkeit ein Körper um wenige Millimeter dem Lot nach Osten vorauseilt. Wer nimmt das wahr? Lediglich das Foucaultsche Pendel. Aber selbst diese Erfahrung berührt das Gefühl weit weniger als das Denken. Nach einer animistischen Phase denken Kinder vor dem zehnten Lebensjahr sozusagen aristotelisch (vgl. Piaget). Auch wir Erwachsenen sind diesem Denken noch nicht endgültig entkommen. Indem wir so tun, als gebe es eine objektive, einheitliche, reale Zeit, in der unsere Zeiterfahrung mit einer objektiven Uhr übereinstimmen müsse, definieren wir die Zeit als Größe unserer Erfahrung. Für die exakte Naturwissenschaft gibt es den objektiven Zeitbegriff schon lange nicht mehr. Zeit ist eine weitere Eigenschaft des lediglich für unsere Sinneserfahrungen begrenzten dreidimensionalen Raumes. Niemandem gelingt es im Alltag, die Dinge und Vorgänge schon vierdimensional als Raumzeit wahrzunehmen.

Alle auf Aristoteles fußenden Forscher des Mittelalters gingen davon aus, daß es die immanenten Qualitäten seien, die die Flamme aufsteigen oder das Wasser nach unten fließen ließen. Nach ihrer Überzeugung mußte alle Bewegung zur Ruhe, zur Harmonie, zur Ordnung streben. Dieser Prozeß war für sie in eine kosmische Dimension eingefügt und hierarchisch gegliedert. Die Bewegung bedurfte immer eines Bewegers, der im Gegenstand selbst gedacht wurde. Das war mit der christlichen Gottesvorstellung zu vereinbaren. Durch die Sinneswahrnehmungen wurde man bis zur gedachten, qualitativen Ordnung geführt. Diese Denkrichtung ist final, auf ein Ziel hin gerichtet, das natürlich Gott genannt wurde. Man soll das nicht belächeln. Erscheint uns doch in der Rückschau der Gang unserer eigenen Evolution auch heute noch wie eine Entwicklung auf ein Ziel hin: die Unabhängigkeit von der Umwelt (Neuweiler 1993). Die Menschen haben in diesem geschlossenen Weltbild gelebt und waren von seiner Richtigkeit überzeugt. Wie sonst hätte z. B. der große Keppler lebenslang mit der Enttäuschung gerungen, daß die Planeten nicht die Gott gemäßen vollkommenen Kreisbahnen beschreiben, sondern nur unedle Ellipsen! Und ebenso lag der Gedanke, daß die Gesetze der Planetenbahnen in der Folge die irdische und kosmische Physik zusammenkoppeln würden, zunächst völlig außerhalb von Kepplers Denken.

Aristoteles kannte durchaus den Begriff der Quantität als Menge, wenn es zählbar, und Größe, wenn es meßbar ist. Aber seine Naturbetrachtung verschaffte doch der Kategorie der Qualität eine höhere Geltung als der Quantität (Mikelskis 1991). Im 16. Jahrhundert mehrten sich die Anzeichen, daß die sich auf Aristoteles berufende, qualitative Naturwissenschaft nicht weiterzuentwickeln war.

Eine andere im ganzen Mittelalter ebenfalls wirksame Denkrichtung ging auf Plato zurück. Die Auseinandersetzung zwischen Platonikern und Aristotelikern hatte damals als wesentlichsten Punkt die Bedeutsamkeit der Mathematik zum Inhalt. Für Plato war das Wesen der Welt in der Geometrie, in der Mathematik zu suchen. Aus dieser Schule hatte sich schon in sehr früher Zeit die Strömung der Pythagoräer entwickelt, denen die Zahlen und Zahlenverhältnisse etwas Okkultes, Mystisches waren. Viel später entstand daraus als nüchterner Seitenarm die sogenannte Pariser Schule. Diese Entwicklung kann hier nicht ausgebreitet werden.

Soviel aber: Streit um die Bedeutsamkeit der Mathematik durchzog die Wissenschaft zur Zeit des Galilei, und jeder, der sich an die Mathematik hielt, galt als Platoniker. Aus Galileis Schrift „Siderus nuncius" ergibt sich unzweideutig, daß er den Weg in die Mathematisierung der Erscheinungen vollzog. Ihm war bewußt, daß er den alten Begriff der Qualität fallen lassen mußte. Das brachte ihn in Gegensatz zur katholischen Kirche, die sich bis heute noch nicht endgültig von der Wissenschaftsauffassung des Aristoteles in der großartigen Ausgestaltung des Thomas von Aquin gelöst hat. Galilei war sich bewußt, daß er auch den Versuch Platos aufgeben mußte, die Physik auf geometrische Formen wie Gerade, Kreis usw. zurückzuführen. (Die heutige Physik ist

Dieser Holzschnitt beschreibt treffend das Grundgefühl der Menschen im 16. Jahrhundert.

wieder auf dem Wege dahin.) Damit mußte er die Sinneswahrnehmung als Wahrnehmungsorgan von Qualitäten fallen lassen und ihr eine neue Aufgabe geben. Wenn Galilei in seinen „Discorsi" ankündigt, er bringe „über einen sehr alten Gegenstand ... eine ganz neue Wissenschaft" und werde beweisen, daß die Fallbewegung dem Gesetz der Zahl unterworfen sei, so ist das der neue Platonismus (Koyré 1988, Galilei 1965), der in der Folge dann – insbesondere seit Descartes – mit Plato und seiner Ideenlehre kaum mehr etwas zu tun hat. Galilei fühlte sich als Vollender der platonischen Weltsicht, indem er durch die mathematische Formulierung physikalischer Gesetze – also aus dem Denken heraus! – die Sprache Gottes zu finden glaubte. Im heutigen Sinne war Galilei noch kein Naturwissenschaftler. Er war das Bindeglied, in dem sich die buchstäblich weltbewegende Umwandlung vollzog. Galilei glaubte daran, daß die Welt durch mathematische Gesetze erfaßbar sei.

Dazu mußte er den wissenschaftlichen Erkenntnisprozeß buchstäblich umstülpen. Das Denken vermutet auf Grund von Beobachtungen und Erfahrungen in der Natur eine Gesetzlichkeit oder eine Regel und formuliert sie gleichsam probeweise als Hypothese. Zu dieser Vermutung oder Hypothese denkt es sich nun Experimente aus, die das Gedachte bestätigen oder nicht. Nicht die sinnliche Wahrnehmung also führt zum Entwurf einer Hypothese, sondern das Denken. Die Überprüfung folgt dem probeweisen Entwurf einer Regel, der Hypothese. Das hat vor Galilei keiner so gesehen. Aber man versteht nun den Anspruch Galileis etwas besser, mit der Naturwissenschaft das Denken Gottes freizulegen, das ausschließlich mathematischen Gesetzen folge. Seitdem folgen Himmel und Erde einer einheitlichen Gesetzlichkeit. Messen, Zählen und Wägen bestätigen die gedachten Regeln und sind wiederum der Anlaß, neue mathematische Gesetzlichkeiten zu denken. Dies war die völlige Umwendung am Beginn des naturwissenschaftlichen Zeitalters. Daß sich in der Folge diese Grundhaltung oft verändert, indem zuerst gemessen, gezählt und gewogen wird, und die Ergebnisse dann durch einen Induktionsschluß mathematisiert werden, sei der Vollständigkeit halber angemerkt.

Durch einige Beispiele nur soll belegt werden, wie heutige Wissenschaftler die Spannung zwischen Qualität und Quantität beurteilen.

Adorno: „Das Erkenntnisziel selbst von Statistik ist qualitativ, die Quantifizierung ihr Mittel." Picht: „In der Spannung von ‚Quantität' und ‚Qualität' begegnen wir solcher Differenz der Darstellungsräume. Es ist ebenso falsch, die qualitativen auf quantitative wie die quantitativen auf qualitative zu reduzieren." Heisenberg unterscheidet eine objektive und subjektive Wirklichkeit (1941): „Die Naturwissenschaft stellt also gewissermaßen den Versuch dar, die Welt so weit zu beschreiben, als dabei von uns selbst, von unserm (subjektiven; Anm. d. Verf.) Denken und unserm Handeln abgesehen werden kann." Klaus Müller: „Zur Ökokrise ist es letzten Endes gekommen, weil die Menschen die Konfliktförmigkeit ihres Weltverhältnisses, welche auf der Konfliktförmigkeit der Phänomene beruht, durch einseitige Fixierung auf den Kontext der Objektivierung außer Kraft zu setzen suchten. Die neuzeitliche Naturwissenschaft und Technik markiert die anfängliche Erfolgsbahn dieses groß angelegten Versuchs, die jetzt – nach mehreren Jahrhunderten – in eine nicht minder großen Krise einmündet" (Zitiert nach Mikelskis 1992).

Man könnte die Geschichte der Menschheit der letzten vier Jahrhunderte auch qualitativ als die Geschichte ihrer Kränkungen durch die Wissenschaft beschreiben:

1. Die kopernikanische Kränkung, die Vertreibung des Menschen aus dem Mittelpunkt der Erde.
2. Die darwinistische Kränkung, die Vertreibung des Menschen aus seiner Sonderstellung innerhalb der belebten Welt.
3. Die freudsche Kränkung, die Bindung aller moralischen und kulturellen Leistungen des Menschen an sein Triebleben.
4. Die soziobiologische Kränkung, die endgültige Anbindung des Menschen an einen Überlebenskampf der Gene.
5. Die Kränkung durch den Computer, indem menschliche Gehirnleistungen durch Maschinen ausgeführt werden können.

Für die Zukunft wird noch eine genetische Kränkung erwartet, indem sogar spezifische Hochleistungen des Menschen auf Grund genetischer Kenntnisse in den Bereich der Planbarkeit rücken und die neurobiologische Kränkung, die durch den Computer bereits vorbereitet ist (vgl. Vollmer 1992). Folgt man diesen Aussagen, bleibt von der alten Gottebenbildlichkeit des Menschen nicht eben viel übrig. Oder sollte man sie nur neu fassen müssen?

Vom naturwissenschaftlichen Erkenntnisprozeß

Wenn jemand im Verlaufe seiner Biographie beginnt, sich für Naturwissenschaft zu interessieren, bringt er seinen gesamten Sozialisations-, Enkulturations- und Personalisationsprozeß mit ein. Nun wird heute gern definiert, daß Wissenschaft eine objektive Methode des Erkenntnisgewinnes sei. Nach Lay (Lay 1984) ist Erkenntnis „ein Prozeß, in dem wahrgenommene Daten (als Informationsträger) so verarbeitet werden, daß es zur Kenntnis der Identität eines Gegenstandes kommt". Befragt man diese Definition genauer, so gibt es in der Sprache andere Gegenstände als in der Religion, in dieser wieder andere als im sozialen Bereich, hier wieder andere als in der naturwissenschaftlichen Empirie. Es gibt also nicht nur verschiedene Erkenntnisfelder der Wissenschaft, sondern auch ihnen angemessene verschiedene Erkenntnisweisen und damit verschiedene wissenschaftliche Erkenntnis. Dieses Buch ist ein Versuch, einige davon anzusprechen. Die Naturwissenschaft beackert nur ein Feld von mehreren, dieses allerdings außerordentlich erfolgreich (bis hin in andere Erkenntnisfelder).

Wie nun läßt sich Identität mit dem Gegenstand herstellen? Hierzu ist einmal die Sprache ein Mittel, indem sie etwas auf den Begriff bringt. Sie wird seit Galilei zunehmend durch die Sprache der Mathematik erweitert. Lay referiert Sapir und Whorf, nach denen die Sprache selbst unsere Weltsicht, Gedanken, Fragen und Antworten überformt. Diese These ist gewiß als allgemeine Aussage zutreffend (Pörksen 1988). „Die Grenzen meiner Sprache bedeuten die Grenzen meiner Welt" (Wittgenstein). Die Erweiterung des Sprachvermögens ist deshalb auch buchstäblich immer Erkenntniserweiterung. Das betrifft natürlich auch die Naturwissenschaft und die naturwissenschaftliche Forschung, wie z. B. die Geschichte der Begriffsdifferenzierung zeigt. Es gibt aber auch tiefreichende Beziehungen zwischen den verschiedenen Sprachen und der Art der Naturwissenschaft, die sie ermöglichen. Aber die Art der Versprachlichung in den verschiedenen Erkenntnisfeldern bedeutet sicher auch eine Erweiterung des jeweiligen durch die Grundsprache begrenzten Weltbildes. Vieles, was in unseren westlichen Sprachen ausgedrückt werden kann, kann z. B. in afrikanischen Dialekten überhaupt nicht ausgedrückt werden und ist damit nicht existent. Das gilt natürlich auch umgekehrt.

„Zweifelsfrei gibt es (auch) Erkenntnis, die nicht wissenschaftsfähig ist" (Lay 1984). Dazu gehören z. B. Liebe, Freude, Trauer, Freundschaft, die dennoch wahre Erkenntnis sein können. Wenn man die Biographie eines Menschen etwas genauer betrachtet – das betrifft auch die Biographien der berühmten Naturwissenschaftler – so sind die Antriebsmomente individuelle Wünsche oder Absichten, gesellschaftliche oder religiöse, aber die Naturwissenschaft wird bestenfalls zur Methode des Erkenntnisdranges. Man muß also zunächst festhalten, daß es sowohl wissenschaftliche wie nichtwissenschaftliche Erkenntnis gibt, also sowohl solche aus äußerer wie auch andere aus innerer Erfahrung.

Die vorstehende Schilderung beleuchtet die Überheblichkeit, die in der Forderung besteht, aller Unterricht solle wissenschaftsbezogen sein. Wesentliche Lebenssicherheit kann auch durch außerwissenschaftliche Erkenntnis entstehen. Schon eine flüchtige Analyse der Gespräche zwischen Lehrern, Eltern, Mitbürgern zeigt, daß fast alle Erörterungen vorwissenschaftlich sind. Die Sprechenden bedienen sich ziemlich frei dessen, was sie gehört, gelesen und gelernt haben. Sie können im Gespräch meist weder die Quellen ihrer Behauptungen angeben, noch ihre Argumente durch eine naturwissenschaftliche Beweisführung untermauern. In unserem Alltag bedienen wir uns wohl ausgiebig der Produkte, die die Technik als Ergebnis der naturwissenschaftlichen Forschung hervorgebracht hat, aber unser gesamter Alltag vollzieht sich in einem vorwissenschaftlichen Feld. Und selbst wenn jemand ein naturwissenschaftliches Fach studiert, kann er – schon allein wegen des Zeitaufwandes – das meiste, was er lernt, de facto nicht nachprüfen. Die Glaubwürdigkeit und die Autorität der lehrenden Personen entscheiden über die Annahme des Gelernten. Ein allgemeiner Trend oder eine Wissenschaftsmode erleichtern das. Wer von den Lesern könnte wohl die Modellvorstellung der Doppel-Helix nachprüfen oder den Zitronensäure-Zyklus der Assimilation? Auch die Naturwissenschaft ist eine Glaubensgemeinschaft, in der sogar Forscher nur einen Bruchteil ihres Wissens tatsächlich nachgeprüft haben (Flensburger Hefte 28, 1990). Wenn man jetzt auf die Forderungen

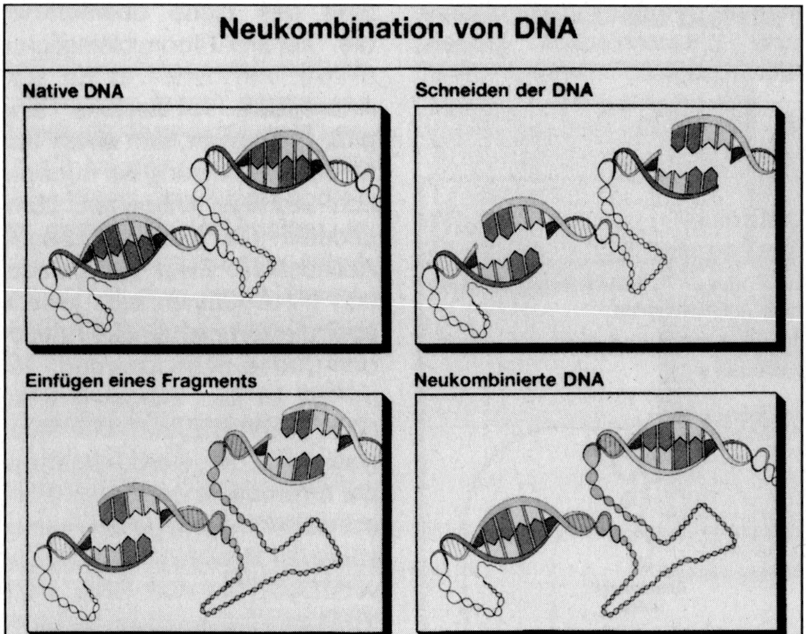

Wer kann die Richtigkeit des Doppel-Helix-Modelles nachvollziehen und nachprüfen?

verweist, daß die Wissenschaftler sich einem strengen Moralkodex unterwerfen (Mohr 1993) und daß die Ergebnisse öffentlich zugänglich und kritikfähig sein müssen, also evtl. widerlegt werden können und vernünftig begründet sein müssen, so kann hiervon nur eine kleine Gruppe Gebrauch machen. Die meisten Menschen bleiben in diesem Prozeß Gläubige, die sicher ebenso leicht eine religiöse Erkenntnis nachvollziehen wie eine naturwissenschaftliche nachprüfen können.

Über die Rolle der heutigen Wissenschaft sollen nur zwei völlig kontroverse Meinungen dargestellt werden. Auf dem Kongreß„ Natur und Geist" führte Chargaff (Chargaff 1988) aus, daß sich die Naturwissenschaft seit 50 Jahren so verändert habe, daß auch Wissen heute industriell erzeugt würde, mit allen Auswüchsen des Geschäftslebens, und er plädierte für Kürzung der Mittel und Dämpfung des Forschungsbetriebes, weil der „Teufelskult der Machbarkeit" das Soziale und die Menschenwürde zerstöre. „Meiner Meinung nach ist also die moderne Naturwissenschaft eine andauernde Attacke geworden auf die Würde des Menschen und auf die Idee einer ehrfurchterregenden gewaltigen Natur. Beide hängen miteinander zusammen, und mit dem einen verschwindet das andere" (Chargaff 1988). Diese vernichtende Meinung teilt z.B. H. Mohr (Mohr 1993) nicht. Er führt die Schäden nicht auf das System, sondern auf Rollenübergriffe zurück, sobald ein Wissenschaftler die ihm zukommende argumentative Haltung, das „Ringen um Wahrheit unter strengen Regeln", mit politischen Haltungen und Absichten vermenge. Zwar habe jeder das Recht auf Meinungsbildung über alle Bereiche des Lebens, aber dies „darf nicht auf das wissenschaftliche Tun abfärben". Mohr setzt auf die Redlichkeit und Moralität der Experten und sieht diese Haltung im Wachsen.

Ich bezweifele, ob es den Experten möglich ist, alle Aussagen an diesem Ethos der Wissenschaft zu messen. Die völlige Durchdringung aller gesellschaftlichen Ebenen wird schon durch die Tatsache deutlich, daß der Forscher für seinen Forschungsgegenstand durch die Hochschule, die Studierenden und die Politik Mittel einwerben muß und diese heute zunehmend aus Aufträgen der Wirtschaft fließen. Sollte die Wissenschaft wirklich so frei sein, daß die alte Erfahrung, wes' Brot ich ess', des' Lied ich sing, nicht mehr zutrifft?

Die Naturwissenschaft neigt heute zu einem positivistischen Wahrheitsbegriff, nach dem nur etwas als wissenschaftlich wahr gilt, wenn es „grundsätzlich von anderen Wissenschaftlern verifizierbar ist" (Lay 1984). Nimmt man diesen Satz ernst – und das sollte man schon, in Anerkennung der gewaltigen Leistungen der Naturwissenschaft –, so bedeutet das für die Schule, daß naturwissenschaftliche Arbeit nur auf der Ebene stattfinden kann, auf der Schülern die Nachprüfbarkeit möglich ist. Nur auf dieser Ebene – das Nur ist zu unterstreichen – können sie echt und wirklich die Qualität naturwissenschaftlicher Arbeit erfahren. Überspitzt: Das Lehren der Ergebnisse der modernen Naturwissenschaft ist naturwissenschaftliche Theologie, Glaubenslehre. Schülergemäße Naturwissenschaft muß altersgemäß die Nachprüfbarkeit wirklich ermöglichen, weil der Schüler nur so die Methoden der Naturwissenschaft beurteilen lernt.

Was Naturwissenschaft ist, läßt sich besser beschreiben als definieren. Naturwissenschaft ist möglichst voraussetzungslos. Sie formuliert im Rahmen eines Beobachtungsfeldes Vermutungen, zu denen sie sich Beweiswege ausdenkt, die in der Struktur des Gegenstandes liegen. Dabei muß sie sich immer auf Teilaspekte beschränken, also reduzieren, weil komplexe Fragen auch komplexe Antworten erzeugen und dann nicht analysierbar sind. Die Nachprüfung durch Experimente oder Messungen oder Beobachtungen läßt drei Möglichkeiten offen: Entweder war die Vermutung richtig, oder sie war falsch, oder die Frage war nicht richtig gestellt und muß umgeändert werden. Die Teilergebnisse werden dann in das Bauwerk der bisherigen Kenntnisse eingepaßt. Dieser Vorgang ist öffentlich und nachprüfbar, sowohl für die allgemeine Öffentlichkeit wie für die Gemeinschaft der Wissenschaftler. Obgleich die Übereinstimmung mit den Gegenständen gesucht wird, handelt es sich um einen Prozeß, der die Gegenstände zunächst denkend zusammenfügt und das Gedachte durch geeignete Verfahren in der Realität überprüft. So lange alle Forschungen in das Gebäude sinnvoll eingebaut werden können, bleiben die bestehenden Grundanschauungen (Paradigmen) erhalten.

Kommt es jedoch zu Ergebnissen, die nicht mehr passen, kommt es zu Teilumbauten im Wissenschaftsgebäude, manchmal sogar zum kompletten Abriß. Heisenbergs Unschärferelation kam zunächst einem Abrißauftrag an die klassische Physik gleich, bis man erkannte, daß die klassische Physik dennoch für den praktischen Gebrauch weiterhin tauglich war. Von ähnlicher Bedeutsamkeit war vielleicht die Entdeckung der Zelligkeit aller Lebewesen durch Schwann-Schleiden (1838) oder die erste Formulierung der Selektionstheorie durch Darwin (1859) oder das Doppel-Helix-Modell von Watson und Crick für das molekulare Zellgeschehen. Naturwissenschaft ist also stets offen, unfertig, wandelbar. Es gibt in ihr keine ewigen Wahrheiten, nur ständig verbesserte, besser passende.

Kuhn und Kröber haben aus alledem eine Zyklentheorie der Wissenschaft entwickelt, die Kröber so skizziert: „Die Wissenschaft konzentriert sich auf zusammenhängende Probleme, und das wissenschaftliche Wissen wächst kumulativ an. Eines Tages aber sind die vorhandenen Probleme erschöpft oder uninteressant geworden. Es beginnt die revolutionäre Periode der Wissenschaftsentwicklung. Es tauchen – oft unter gewohnten Namen – neue Wissenschaften auf mit neuen Problemen. Die alten Ergebnisse werden neu interpretiert." Wer denkt da nicht sofort an die Molekularbiologie, die Ökologie, Ethologie oder die Informationstheorie. Was aber daraus insbesondere zu entnehmen ist, ist die Tatsache, daß Vertreter entgegengesetzter Paradigmen, zweier verschiedener Theorien also, in zwei Welten leben, die sich nicht verstehen können. Auch das ist ein durchgehendes Thema dieses Buches, denn auch verschiedenartige Paradigmengebäude sind durchaus noch nebeneinander existent. Damit hat die Naturwissen-

Schüler bei ökologischer Feldarbeit (Gewässeruntersuchung).

schaft einige Eigenschaften mit der Mode gemein – mit dem Unterschied, daß sie reale Gegenstände verarbeitet.

In diesem Sinne hat sich auch das Wort Naturgesetz gewandelt. Ursprünglich glaubten die Naturwissenschaftler, in der Nachfolge Galileis, in den Naturgesetzen gleichsam Gottes ewiges Planungsprogramm zu entdecken und zu beschreiben. Da ist man heute wirklich bescheidener geworden. Das Naturgesetz hat sich ein wenig dem rechtlichen Gesetzesbegriff des Festgesetzten, gleichzeitig aber dennoch Wandelbaren angenähert (Lay 1984). Es wird zwar allgemein akzeptiert, daß Naturgesetze von Erfahrung ausgehen, aber ganz und gar Schöpfungen des Naturerscheinungen beobachtenden, beschreibenden und interpretierenden Menschen sind.

Naturwissenschaftliche Schülerarbeit

Wie vollzieht sich nun naturwissenschaftliche Forschung für Schüler nach einem richtigen, aber etwas vereinfachten Prinzip? Das soll an einem Unterstufenbeispiel erläutert werden, das immer wieder praktisch durchgeführt wird, nämlich Keimversuchen. Die Schilderung enthält kritische Elemente und ist auch nicht frei von Spott.

1. Stufe. Sie wird idealtypisch beschrieben. Durch irgendeine Gelegenheit stößt der Schüler oder besser die Klasse als Forschungsgemeinschaft (!) auf das Phänomen der Keimung. Allgemeine Beobach-

tungen beantworten die auftauchenden Fragen nicht. (Man könnte die Antworten sicher auch in Büchern nachlesen; aber das Curriculum verlangt an dieser Stelle die Einführung in die Technik des Experimentes). Es werden genauere Antworten verlangt, z. B. wodurch die Keimkraft abgetötet werden kann, welche Bedingungen das Keimen beschleunigen, welche Umwandlungen sich im Samen beim Keimen vollziehen, ob Licht für die Keimung vonnöten ist, ob auch halbe Samen keimen, wie der Same gebaut ist usw.

Man tut in unseren Lehrbüchern dann gern so, als sei dies ein völlig jungfräuliches Forschungsfeld für die Schüler. Dabei ist die Basis des Vorwissens in einer Klasse sehr breit, und manche Schüler haben von bestimmten Ausschnitten des Forschungsfeldes schon extrem genaue Detailkenntnisse. So ist von vornherein klar, daß in der Schule meistens nur Übungsmodelle naturwissenschaftlicher Forschung abgewickelt werden. Sollten wir die Schüler nicht endlich wirklich ernst nehmen und echte offene Forschung, besonders gut im Bereich lokaler Ökologie durchführbar, betreiben? Das wäre ein Einlassen auf das Abenteuer Forschung, das neben den besseren Ergebnissen auch Persönlichkeitskräfte freisetzen würde, die im Bereich des „Als-Ob" nicht zur Entwicklung, unter Umständen aber ins „Vagabundieren" kommen.

2. Stufe. Wir aber leiten die Schüler in unserem Forschungs-Muster-Beispiel zum nächsten Schritt an, nämlich möglichst exakte Fragen an den Forschungsgegenstand zu stellen. Diese Fragen grenzen das ursprüngliche Phänomen auf Teilaspekte ein. Wir reduzieren im Sinne der exakten Naturforschung. Wir fragen also: Welche Grundbedingungen müssen gegeben sein, damit der Radieschensame keimt? Wir als Lehrer wissen das zwar schon, weswegen die Frage auch unecht ist und nur die Scheinbedingungen forschenden Unterrichtes erfüllt. Weil es den geplanten Unterricht stört, wehren wir an dieser Stelle nur zu gern echte Schülerfragen ab wie: Warum keimen Kastanien, Buchen, Eicheln nicht mehr im Herbst? Warum zieht man Kartoffeln aus Kartoffeln heran und nicht aus Samen? Warum keimen rohe Samen, die wir essen, nicht in unserem Bauch?

Unter Umständen kann nicht einmal der Lehrer solche Fragen beantworten. Wir aber grenzen sie meistens aus, weil sie unseren wissenschaftlichen Schnellkurs stören (Wagenschein 1980) und leiten die Schüler freundlich oder bestimmt zu den wissenschaftlichen Forschungsfragen des Lehrbuches, die sie stellen sollen und deren Antworten zumindest im Lehrerband des Biobuches umfassend dargestellt sind. Wir bleiben auf Wissenschaftskurs, lassen uns auf unserem naturwissenschaftlichen Modellforschungsweg nicht beirren und erreichen nun die nächste Stufe.

3. Stufe. Die Schüler bilden Hypothesen. Hypothesen sind Naturregeln zur Erprobung. Für die Grundbedingungen der Keimung könnten die von unseren braven Schülern vorgelegten Hypothesen etwa folgendermaßen lauten: Die Keimung kann nur bei ausreichender Feuchtigkeit stattfinden. Die Schnelligkeit der Keimung hängt von der Temperatur ab. Die Keimung erfolgt nur unter Luftzutritt.

Nun lassen wir unsere Modellschüler in diesem naturwissenschaftlichen Modellexperiment über Versuchsanordnungen brüten. Wohl bringen die Schüler oft wirklich originelle Ideen vor. Aber meist werden sie aus Zeitmangel nicht ausdiskutiert, und es geht so weiter: Die Wirkung der Feuchtigkeit wird geprüft, indem je eine Samenprobe im Trockenen, die zweite im Feuchten, die dritte unter Wasser gehalten wird. Die Temperatur wird untersucht, indem eine Samenprobe im Kühlschrank, die zweite auf der Fensterbank angesetzt wird. Die Wirkung des Luftabschlusses wird meist mit Öl erprobt. Natürlich führen wir als tüchtige Fachlehrer hier auch gleich die Technik des Kontrollversuches ein.

4. Stufe. Nun leiten wir die Schüler an, zu beobachten und lassen sie ein Protokoll schreiben, das die Veränderungen der Versuche gegenüber dem Kontrollversuch festhält und die Ergebnisse möglichst zahlenmäßig absichert. Bissig bemerkt: Die Protokolle werden dann meistens wohl eher für die Zensur ausgewertet als für die aufgestellten Hypothesen.

Nun kommt der wissenschaftliche Höhepunkt:

5. Stufe. Die Schüler verifizieren oder falsifizieren ihre Hypothese. Sie formulieren die Regel, daß ein (Radieschen-) Samen nur keimt, wenn er feucht gehalten wird, genügend Wärme genießt und Luft hinzutreten kann.

Die Schilderung ist absichtlich ein wenig zur Persiflage geraten. Wieviel schöpferische Kraft wird da vergeudet oder bleibt brach. Denn

Nur eigene Fragen und eigene Wege führen in das Abenteuer der offenen Forschungssituation.

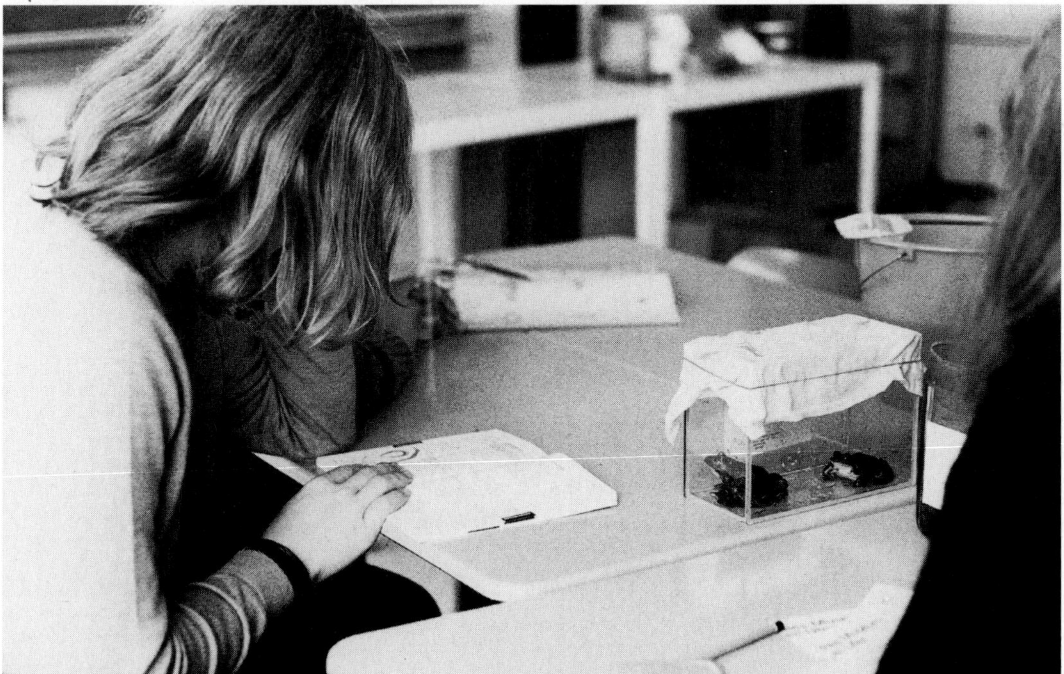

oft ist eine solche Experimentalreihe der einzige Vollzug wissenschaftlichen Experimentierens, dessen Grundbedingung doch eigentlich Offenheit des Ergebnisses ist. Der Lehrer vollzieht die Experimente vor dem Hintergrund der ihm vertrauten Theoriesprache – hier etwa Quellung, Entblockung der Keimhemmung, enzymatische Stärkeumwandlung usw. –, der Schüler vollzieht sie nur, weil sie im Stoffplan vorkommen und gewiß darüber später ein Test geschrieben wird. Weil es den Schüler in den meisten Fällen nicht existentiell interessiert, wird er nicht kreativ, aktiviert er seine Beobachtungsfähigkeit nicht zu wirklichen Leistungen.

Unaufhörlich möchte man auf Wagenschein hinweisen.

1. Experimente sollten auf einer reichen Anschauungsgrundlage ruhen. Erst aus dem Erleben, Begleiten, Beobachten, Wahrnehmen vieler Keimvorgänge ergeben sich überhaupt Fragen, die nach experimenteller Bearbeitung verlangen.

2. Alle Experimente sollten wirklich vom Phänomen ausgehen. Das tun sie im geschilderten Beispiel nicht. Sie sind aufgesetzt. In der Wissenschaftsgeschichte waren jeweils zeitbedingte neue Phänomene virulent, z. B. das der Evolution, der Vererbung, des Verhaltens. Es ist wohl ein legitimes Ziel, daß die für unsere Zeit virulenten Phänomene im Unterricht auftauchen. Aber ebenso ist sicher, daß es in jeder Biographie gleichsam biographisch virulente Fragen gibt. Wir Lehrer erfahren sie nur bei engem Kontakt zu Schülern. Oft betreffen sie nicht nur Einzelschüler, sondern ganze Schülergruppen. Naturwissenschaft darf deshalb nicht nur ihrer Fachlogik folgen, sie muß auch in der Schule interessenbezogen – das heißt biographiebezogen – sein, also an den echten Schülerfragen anknüpfen (vgl. auch Wagenschein 1980). Wissenschaft in der Schule sollte bis auf die letzten zwei bis drei Jahrgänge des Gymnasiums nicht unaufhörlich auf das Gebäude der jeweiligen Wissenschaft ausgerichtet sein, sondern eher auf den Bildungsprozeß für den Schüler.

In der Schule muß das vorwissenschaftliche Denken durch eigene Arbeit im wissenschaftlichen Bereich wissenschaftlich werden. Das ist die Erfahrung eines Weges, dem die Erfahrung von Inhalten nachgeordnet wird. Im Ergebnis wird es zu mehr wissenschaftlicher Arbeit und Einsicht führen als heute.

Ich gebe Berck und Graf (Berck; Graf 1991) recht, wenn sie fordern, daß Schüler Begriffe der Naturwissenschaft gründlich bilden müssen, daß Begriffe das Fundament des Wissens seien und daß es in den Lehrbüchern zu viele gebe. Aber nicht einverstanden bin ich damit, daß Grundbegriffe gelernt werden müssen. Sie müssen gebildet werden. Ihre Definition ist durch einen Prozeß zu ersetzen. Anders ausgedrückt: Naturwissenschaftsunterricht muß zu einem naturforschenden Unterricht werden. Dafür brauchen wir mehr, viel mehr Zeit als bisher.

3. Bildungswirksam ist vor allem eigenes, kreatives Forschen der Schüler. Das ist offene, naturwissenschaftliche Arbeit, in der Irrwege und Umwege nicht nur als zeitaufwendig gelten, sondern als bil-

dungsbedeutsam angesehen werden. Nur durch echtes Einsteigen in den wissenschaftlichen Forschungsprozeß lernt der Schüler die Vorteile und Grenzen des naturwissenschaftlichen Weges wirklich kennen. Ich gebe zu, daß das eine gewaltige pädagogische Utopie ist. Anders aber werden die Schüler, die als Bürger einmal unsern Planeten pflegen helfen sollen, der Wissenschaft ausgeliefert sein, weil sie sie nicht durchschauen.

Die Aufgaben der Naturwissenschaft für die Natur- und Umwelterziehung

Natur muß man zunächst sprachlich wertfrei beschreiben lernen. Die Naturbeschreibung füllte in der Biologie fast über zwei Jahrhunderte die erste Phase dieser Wissenschaft aus. Das 16. bis einschließlich 18. Jahrhundert waren damit weitgehend ausgefüllt. Die Naturbeschreibung hat sich in dieser Zeit ihre adäquaten Termini geschaffen: Die Namen der Pflanzen und Tiere, die Bezeichnung der Organe und Vorgänge sowie die Ordnung einschließlich der Ordnungsgesichtspunkte. Ausdrücke wie zwittrig, einhäusig und zweihäusig sind Wortschöpfungen Linnés, der Terminus Blattspreite und das Verb spreiten solche von Goethe. Mit jeder neuen wissenschaftlichen Wortschöpfung rückt ein neuer Sachverhalt in das Bewußtsein. Man nehme einen schlichten Baum und verfolge einmal, wie er durch inzwischen definierte Begriffe beschrieben werden kann im Sinne einer exakten Naturwissenschaft: Begriffe wie Blatt, Knospe, Knospenschuppe, Blattnarbe, Zweig, Ast, Stamm, Borke, auch Kambium, Leitungsbahnen

Es erfordert viel Kreativität, diese Situation naturwissenschaftlich zu strukturieren.

usw. sind nicht beliebig zu gebrauchen, sondern begrifflich klar abgegrenzt. Was der Biologe wie selbstverständlich anwendet, weil er es gelernt hat, muß der Schüler erst mühsam lernen. Das kann nicht durch das Lernen fertiger Definitionen geschehen, sondern nur durch Üben im Definieren. Das erweitert die aktive Sprache und gleichzeitig das wissenschaftliche Weltbild. Damit die wissenschaftlichen Termini in einen lebendigen Sprachschatz aufgenommen werden können und weil das wertfreie Beschreiben von Sachverhalten, Formen und Prozessen so schwer ist , sollten für eine Übergangszeit – also etwa in den Klassen 4 bis 6 – Eigenformulierungen einen höheren Stellenwert haben als wissenschaftlich vielleicht richtige Formulierungen, die aber nur äußerlich gelernt, also fremdbestimmt sind.

Es wird also hier dafür geworben, gleichsam über eine naive Objektivität, die man aber für eine bestimmte Zeit gelten läßt, zur naturwissenschaftlich richtigen fortzuschreiten, weil nur so der Bildungswert, der im Beschreiben, Ordnen und Systematisieren steckt, wirksam werden kann. Wagenschein stellt in diesem Zusammenhang Forderungen an Sprache und Sprechen (Wagenschein 1980).

Zum „genetischen Verfahren ... gehört auch die Rehabilitierung der Muttersprache, man kann auch sagen Umgangssprache". – „Die Muttersprache und die in ihr mögliche Erfahrung muß auch im Physikunterricht (Biologieunterricht; der Verf.) ständig am Leben bleiben neben der Fachsprache." – „Der Unterricht kann deshalb den ungebrochenen und bewußten Umgang mit der Fachsprache nur so erreichen, daß er nicht mit ihr beginnt und auch im Unterrichtsgespräch nicht allein mit ihr operiert, sondern die Kinder in der ihnen eigenen, altersgemäßen Sprache reden und denken läßt, so lange, bis die saubere Leere der Fachsprache in den letzten Formulierungen unumgänglich sich herausstellt."

Natur muß man beobachten lernen. Hier wird vor allem auf die Biologie Bezug genommen. In der Physik hat der Beobachter ein nicht lebendes Gegenüber, da fällt die Trennung in beobachtendes Subjekt und beobachtetes Objekt leicht. Selbst bei Pflanzen fällt die Distanz meist nicht schwer. Bei Tieren jedoch muß man mit ihrer fortschreitenden Ähnlichkeit zu uns selbst doch eine erhebliche willentliche Distanzierung vollziehen, bis sie ein echtes Beobachtungsobjekt werden. Auf Wertfragen soll an dieser Stelle nicht eingegangen werden. Der inzwischen eingetretene Stand der Wissenschaft bewirkt, daß Schulbeobachtungen heute oft schon die Wissenschaftssprache benutzen, die sich auf Regeln oder Theorien der Wissenschaft selbst bezieht.

So beobachtet man z. B. das Beuteverhalten der Katze (und nicht die Art und Weise, wie sie zu ihrer Beute kommt), oder man beobachtet die Besiedlungsdichte von Fettwiesen durch Löwenzahn (und nicht das Auftreten von Löwenzahn auf Wiesen) oder auch das Konkurrenzverhalten von Vögeln am Futterplatz (und nicht die Freßgewohnheiten der Arten am Futterplatz). Das Beobachten wird dabei bereits von den Begriffen einer Theorie geleitet, ist also nicht voraussetzungslos. Das ist eine wichtige Einsicht. Konkurrieren z. B. am Futterplatz die Arten Kohlmeise, Buchfink, Sperling und Grünfink, wird der Grünfink den Rang 1 bekleiden. Taucht jedoch eine Elster auf, flüchtet auch er. So sollten zunächst nur konkrete Beobachtungsregeln festgehalten werden, keine allgemein gültigen. Innerhalb der Ethologie oder Ökologie kann man viele solcher Beobachtungsregeln aufstellen, die aber auch nur in einer konkreten Sprache – also auf die jeweilige Beobachtung bezogen – formuliert werden dürfen. Das Formulieren solcher Beobachtungsregeln, die viel bescheidener daherkommen als die Hypothesen, ist eine wichtige Aufgabe für die Natur- und Umwelterziehung. Sie sollen Regeln sowie deren Grenzen ins Bewußtsein rücken. Die Klassen 6 bis 10 sind vor allem das Feld für diese Aufgabenstellung. Entsprechend sind Themenbereiche zu bevorzugen, die im konkreten Anschauungshorizont der Schüler liegen.

Dazu Wagenschein (Wagenschein 1980): „Der Lehrgang darf nicht abgesichert sein, weil der Lehrer – so sicher er in seinem Fach sein muß – immer wieder in den Stand der zweiten Naivität und damit der zweiten Unsicherheit muß eintreten können", – „Was wir brauchen ... ist aber: in jedem Fall mit der uneingeschränkten Wirklichkeit zu beginnen und von da aus den Weg zu der jeweilig einseitig ausgebildeten Nachbildung möglichst mit Bewußtsein zu gehen", – „Es könnte sein, daß die alte ... Versuchung, Belehrungsschnellstraßen durch das Gelände der Wissenschaften zu legen, die Wirklichkeit dieser Wissenschaften nicht eröffnet, sondern ‚verrät'."

Erst viele konkrete Beobachtungsregeln lassen sich zu einer allgemeinen zusammenfassen. So führten z. B. viele konkrete Beobachtungen zu der Regel, daß es angeborene Auslösemechanismen oder Prägungen gibt. Für diese allgemeinen Regeln ist unmittelbar deutlich, daß sie aus vielen konkreten Beobachtungen zusammengefaßt sind. Selbst die Planetengesetze Kepplers sind solche verallgemeinerten Beobachtungen. Oder die Theorie, daß Erbanlagen von Generation zu Generation unverändert weitergegeben werden oder auch sich durch Mutationen ändern können, beruhen auf verallgemeinerten Beobachtungsregeln.

Die Biologie als Naturwissenschaft lebt geradezu von dieser Art der Gesetzmäßigkeiten. Sie sind nur so lange gültig, wie sie mit allen Tatsachen, die sie betreffen, übereinstimmen. Man kann die Art dieser Aussagen als beschreibende Gesetze bezeichnen. In der Physik ist es dagegen viel leichter als in der Biologie, exakte Naturgesetze zu formulieren. Zumindest im klassischen Bereich stimmen die Wenn-Dann-Beziehungen bei definierten Grundbedingungen immer überein. Wenn ein Schalter defekt ist, kann kein Strom mehr fließen. Wird er ausgetauscht, ist der Fehler behoben. Die lebende Natur hat einen viel höheren Freiheitsgrad. Jeder gegenwärtige Augenblick ist mit allen komplexen Bedingungen die Ursache für den nächsten. Nach einem Chemieunfall in einem Fluß folgt die Wiederbesiedlung natürlich ökologischen Regeln, ist aber z. B. auch vom jeweiligen Artenangebot und von zufälligen Bedingungen abhängig.

Ein aktuelles Beispiel liefert die Ethologie. Jahrelange Versuche führten Tinbergen auf die Theorie vom angeborenen Auslösemechanismus, den wir jedem Fünftkläßler am Beispiel des Sperrens junger Vögel nahebringen. Nun gerät derzeit diese Theorie ins Wanken. Die Zweifel betreffen die Möwenversuche Tinbergens ebenso wie die bekannten Stichlingsversuche (Zippelius 1992). Eine ganze Generation hat die Theorie vom AAM wie ein Dogma, wie einen Glaubenssatz behandelt. Im erkenntnistheoretischen Sinn kann die Ethologie als beobachtende Wissenschaft tatsächlich nur beschreibende Regeln formulieren und diese durch weitere Versuche absichern. Es wäre daher gut, wenn wenigstens in der Oberstufe der Gymnasien der besondere Charakter der biologischen Gesetze bewußt gemacht würde. Selbst die Mathematisierung eines Sachverhaltes oder die Verwandlung in ein anwendbares Computerprogramm ändert daran nichts. Man erinnere sich an den Bericht des Club of Rome und die Kritik der Öffentlichkeit daran. Die verwendeten Regeln waren solche Verallgemeinerungen von Beobachtungen, die aber schon dann nicht mehr stimmten, sobald sich die Werthaltungen der Bevölkerung änderten. Deshalb ist es wichtig, daß Schüler selbst solche Naturgesetze formulieren, dies aber auch mit dem ausgesprochenen Ziel, die Charakteristika einer solchen Regelbildung zu erkennen. Das könnte sie vor der Gefahr bewahren, Erkenntnisse der Biologie zu dogmatisieren. Dies ist wohl vor allem eine Aufgabe der Klassen 9 bis 13.

Wagenschein (Wagenschein 1980):„Woran die Schule heute zunehmend krankt (und nicht nur sie) ist, daß die Wirklichkeit in ihr nicht mehr vorkommt, sondern nur deren Nachbildungen." – „Man kann das Wissenschaftliche nicht montieren. Wer es verfrüht, erreicht es nur

Schüler beim Messen der Temperaturverteilung in einem Bergbach.

zum Schein. – Man bringt eine Pflanze zum Blühen, indem man ihre Wurzeln wässert, und nicht dadurch, daß man ihre Knospen aufblättert."

Viele Regeln und Gesetze führen zu einer Theorie. Tatsächlich steckt in dem Wort Theorie die Silbe „Theos". Noch in der Zeit Galileis verstand man darunter so etwas wie ein schauendes Erkennen. Übersetzt man den Begriff in unseren heutigen Sprachgebrauch, könnte man die Theorie etwa als denkendes Durchdringen, begriffliches Strukturieren oder gedankliches Überbauen bezeichnen. Als Beispiel kann die Vererbungslehre herangezogen werden. Die vielen Regeln sowohl zur unveränderten Weitergabe der Erbanlagen wie zur Mutationslehre gehen heute in der molekularen Theorie der Genetik vollständig auf. Diese hat mit der Vorstellung der Doppel-Helix und der Vorstellung der Steuerung aller physiologischen Prozesse (also der Zellteilung, der Zellfunktionen, der Mutationen, des Wachstums usw.) ein Theoriegebäude errichtet, in dem alle für wichtig erachteten Beobachtungen Platz haben und bis auf weiteres auch alle neuen für wichtig erachteten Beobachtungen Platz finden werden.

Für die Theorie müssen die Vorstellungen in Begriffe gefaßt werden. In der Genetik gebrauchen wir heute selbstverständlich solche definierten Neuschöpfungen wie Doppel-Helix, Puffbildung, Crossing Over, Operon, aber auch DNS oder Triplett, Chromosom usw. Diese Begriffe beeinflussen dann sogar aus ihrer Theorie heraus die weiteren Beobachtungen und Experimente. Hier benötigen die Erklärungen also theoretische Begriffe, deren Formulierung übrigens ein überaus kreativer Vorgang ist. Die Begriffe der Evolutionstheorie wie natürliche und künstliche Zuchtwahl oder Kampf ums Dasein sind ebenfalls solche neuen Begriffe, die sich nun schon fast über 150 Jahre als erklärungsmächtig erwiesen haben. Eine Theorie muß also einen großen Bereich einer Wissenschaft erhellen und Prognosen für künftige Beobachtungsergebnisse erlauben. Eine solche umfassende Theorie ist z. B. die Quantentheorie. Sie ist derzeit m. W. unbestritten.

Das ist völlig anders bei den verschiedenen Theorien, die das Phänomen der Aggression zu einem theoretischen Überbau zusammenfassen. Da streiten miteinander die Theorie der angeborenen Aggression (z. B. Freud, Lorenz), die Angstheorie von Sullivan, die Machttheorie Adlers und die Frustrationstheorie. Theorien können also untereinander konkurrieren und müssen nicht den Konsens der Gemeinschaft aller Forscher wiedergeben.

Nicht ausgeführt wurde, daß die Theoriebildung auch modischen Trends unterliegt, vor allem dadurch, daß ihre Erklärungsmächtigkeit bei ihrem Neuauftreten im allgemeinen überschätzt wird. Für eine eigene Stellungnahme ist die Kenntnis unterschiedlicher Theoriegebäude wichtig. Der argumentative Umgang mit kontroversen Theorien muß ebenso geübt werden wie die Theoriebildung selbst. Das dürfte aber frühestens in der gymnasialen Oberstufe möglich sein.

„Es geht um das produktive Denken der Menschheit wie des Kindes, von der Wirklichkeit her zu den fachlichen Bildern hin, und nicht

um das richtige Nachvollziehen der als ‚Stoff' schon fertig vorgelegten Nachbildungen" (Wagenschein 1980).
Schließlich gibt es auch in der Naturwissenschaft so etwas wie ein Thema. Diese These ist eigentlich auch für Schüler selbstverständlich. Solche Themen sind etwa die Verhaltensforschung, die Genetik, die Evolutionslehre, die Molekularbiologie, zur Zeit die Ökologie usw. Innerhalb eines Themas, das sich zum Fachbereich auswachsen kann, gibt es zahlreiche sich zum Teil widersprechende Theorien.
Insgesamt haben die Themen in den letzten Jahren gewaltig zugenommen. Wie Erdteile erscheinen uns heute Zoologie, Botanik, Anthropologie, die im Grunde genommen in ihre fachlichen Regionen aufgeteilt sind. Im allgemeinen verschwinden Themen nicht wieder, sondern werden weiter strukturiert. Im Bereich der Theorien vollzieht sich unter erheblichen Kontroversen wohl der häufigste Wechsel. Sowohl aus der Ebene der Regeln wie der Theorien werden hauptsächlich die Weltanschauungen, die Denkweisen gespeist.

Naturwissenschaft im Alltag

Schule lebt nicht im Elfenbeinturm der wissenschaftlichen Theoriebildung, sondern in der Konfrontation mit Fragen, die das unmittelbare Leben berühren. In dieser Lebenswirklichkeit hat sich die naturwissenschaftlich-technische Methode des Umganges mit den Dingen als die bisher erfolgreichste herausgestellt.

Im allgemeinen wird heute Descartes mit seiner Unterscheidung einer res cogitans von einer res extensa als der Knotenpunkt zu dieser Entwicklung angesehen (z. B. Altner, Meyer-Abich, Suchantke, Heitler, Sörig usw.). Die Verbindung zwischen Naturwissenschaft, Technik und Politik stellte schon Galilei her, indem er die Verwendung seines neuartigen Himmelsfernrohrs für den Einsatz auf Kriegsschiffen anpries. Diese Haltung hat sich im Verlaufe der Wissenschaftsgeschichte verstärkt, ja, sogar umgekehrt. Die Forschung muß sich heute durch ihre technische Verwendbarkeit legitimieren: die Genetik in der Gentechnik, die medizinische Forschung z. B. in der Organaustauschtechnik oder in Methoden des Embryotransfers, die Erforschung der Phytohormone in der Steuerungstechnik der Blühprozesse im Gartenbau, die Erforschung der Pheromone bei der Technik der Schädlingsbekämpfung.

Die Erkenntnisse der Naturwissenschaft durchdringen als Technikfolgen unsere Lebenswirklichkeit von morgens bis abends. Es kann deshalb nicht genügen, lediglich die Verfahren der Naturwissenschaft zu erarbeiten. Die zweite Seite betrifft die Inhalte. Schon eine einfache Auflistung von Themen (in Anlehnung an Drutjons 1973) zeigt, daß die Natur- und Umwelterziehung auch Inhalte aufgreifen muß: Giftrückstände in der Nahrung; Gesundheitsgefährdung durch Müll; Wasserverschmutzung; Gefährdung durch radioaktive Strahlung; Luftverunreinigung und Ozonloch; Lärm; Bau- und Siedlungsbiologie;

Sommersmog-Wetterlage

Umgang mit Medikamenten; der Artenschwund auf dem Planeten; die Bevölkerungsexplosion und der Hunger usw.

In allen diesen Themenbereichen benötigen die Schüler inhaltliche Informationen, die sie unmöglich durch eigene Experimente und eigene Forschungen erarbeiten können. Also doch Lernunterricht? Natürlich! Schule wird Ort und Zeit des Lernens bleiben. Aber es sollte schülergemäß gelernt werden, indem eindeutig der Grundsatz praktiziert wird, daß selbsterarbeitete Inhalte eine größere Chance haben, beachtet zu werden, als das Pflichtpensum des Buches. Wenn Schüler in ihrer jeweiligen Altersphase in diesem Sinne forschen dürfen und ernstgenommen werden, übertreffen sie oft unsere Leistungserwartungen.

Diese Einstellung führt zu dem Vorschlag, daß sich jede Schule zu einigen relevanten Umweltthemen einen altersgemäßen Arbeitsmittel-Pool anlegen sollte, der gut von Schülern zusammengetragen werden kann. Oder zwei Parallelklassen diskutieren ihre evtl. kontroversen Arbeitsergebnisse über das gleiche Thema. Hierüber gibt jede gute Didaktik Anregungen (z. B. Drutjons 1973, Eschenhagen 1985, Kattmann 1977). Beide Wege, durch echtes Beobachten und eigenes Experimentieren den wissenschaftlichen Arbeitsweg zu erlernen und zu durchschauen und durch Arbeit mit fremden Materialien, Ergebnissen, Meinungen sich Inhalte anzueignen und Kategorien zur Beurteilung zu bilden, sind für den Beitrag der Naturwissenschaft zur Natur- und Umwelterziehung gleichwertig. Je älter die Schüler sind, desto mehr soll der zweite Weg in den Vordergrund treten.

Thesenartige Zusammenfassung zur Rolle des Naturwissenschaftsunterrichts

Für eine Zusammenfassung verwende ich als Grundlage die Thesen der Philosophisch-Naturwissenschaftlichen Fakultät der Universität Basel vom Juni 1988 (zur Rolle des Naturwissenschaftsunterrichtes im Gymnasium):

1. Der naturwissenschaftliche Unterricht muß so allgemeinbildend sein, daß er wirklich auch all denen dient, die später nichts mehr mit Naturwissenschaft zu tun haben wie Theologen, Juristen, Historiker, ebenso wie Mechaniker, Maurer, Verwaltungsangestellte.

2. Wichtiger als die Inhalte sind die Beispiele, die die jeweils typischen Denkweisen des Fachgebietes erhellen (biologische, ökologische, physikalische Denkweisen). Für die Biologie sind das:
Das Beobachten von Naturabläufen als einer willentlichen Trennung zwischen Subjekt und Objekt, das sprachlich treffende, freie Beschreiben von Natur und Naturprozessen, das Bilden von Regeln aus Beobachtungen und der fachgerechte, naturwissenschaftliche Umgang mit Vermutungen in den Schritten: Herauslösen einer Teilfrage (Reduktion), Formulieren einer vermuteten Regel (Hypothese), Ausdenken passender Versuchsanordnungen, deren Durchführung samt Protokoll als objektive Dokumentation, eine Ergebnisformulierung und deren Einordnung in den Ausgangszusammenhang. Zu diesem Erfahrungsfeld gehört für die Schüler der gymnasialen Oberstufe, daß sie unterschiedliche Theorien über einen einzigen Sachverhalt verstehen und lernen, wie man mit kontroversen Theorien sachangemessen umgeht, indem sie Argumente nach bestimmten Kriterien bewerten und abschätzen.

3. Die Schule bereitet nicht auf den Beruf oder die Lehre vor, sondern entwickelt die dazu notwendige Lernfähigkeit. Das Gymnasium bereitet also nicht auf das Studium vor, sondern auf die Studierfähigkeit.

4. Aller Unterricht sollte sich mehr nach den altersphasengemäßen Interessen der Schüler in Inhalten und Verfahren richten als nach der fachlogischen Struktur der Sachverhalte.

5. Der Unterricht sollte so angelegt werden, daß die Schüler eigenen Fragen nachgehen und sie zu lösen versuchen. Dazu zählen auch Fragen, zu denen sie der Lehrer motivieren kann.

6. Eine sehr wichtige Fähigkeit, die die Schüler erwerben sollen, ist das selbständige und gruppenweise Erarbeiten von Einsichten, Gedanken und Inhalten. Das meint auch die Beschaffung der für die Arbeit notwendigen Unterlagen.

7. Unmittelbar mit den bisherigen Punkten korrespondiert das Ziel, daß die Schüler ihre Probleme, Fragen, Einsichten, Schwierigkeiten, die mit ihrer Tätigkeit in Verbindung stehen, in Worte fassen können. Dies ist von den Grundschulklassen bis zur Oberstufe ein wichtiges, bleibendes Thema.

8. Die Naturwissenschaft leistet im Bereich der Bildung nur einen sektoralen Beitrag. Jeder Schüler muß seine eigenen Gestaltungsfähigkei-

ten gleichzeitig im musisch-künstlerischen Bereich erproben und entfalten.
9. Aller Unterricht sollte, so weit es irgend möglich ist, fächerübergreifend angelegt sein.
10. Das hat für die Fachlehrerfortbildung, vielleicht auch für die Ausbildung, schwerwiegende Folgen, indem sie den engen fachlichen Bereich überschreiten müssen.

Sie werden die Zukunft unseres Planeten gestalten. Wie werden sie mit der Naturwissenschaft und Technik umgehen?

Das Beispiel Evolution im Rahmen des umweltbezogenen Naturwissenschaftsunterrichts

Einige Bemerkungen zum Ursprung der Evolutionslehre

Noch Linné bekannte sich in der ersten Auflage seiner epochemachenden Schrift über das System der Natur im ersten Drittel des 18. Jahrhunderts zu der biblischen Aussage, daß es so viele Arten gäbe, wie Gott der Herr geschaffen habe. Ab der 12. Auflage fehlt diese Bemerkung (Stripf 1989); denn die immer häufiger ans Tageslicht kommenden Spuren der Vergangenheit wollten damit nicht mehr übereinstimmen. Offenbar stand die Schöpfung nicht still.

Lamarck befaßte sich in seiner „Philosophie zoologique" (1809) mit den Ursachen dieser Weiterentwicklung und fand sie im Gebrauch oder Nichtgebrauch der Organe. Was für ihn Ursache war, ging für Darwin in das Selektionsprinzip ein. Lediglich die Vorstellung, daß der Gebrauch die Umwandlung hervorrufe, erwies sich als falsch. Ebenso ging es Cuvier, der das plötzliche Verschwinden von Arten großen Katastrophen zuschrieb, in deren Folge eine Zuwanderung für einen neuen Artenbestand sorge.

Seine Beobachtung des unvermittelten Auftauchens neuer Arten war richtig, möglicherweise war sogar seine Erklärung des Verschwindens von Arten infolge gewaltiger, kurzfristiger Umweltveränderungen eine Teilwahrheit. Wieder ist lediglich Darwins Erklärung anders, indem in artenarmen Isolationsgebieten sich neue Formen extrem kurzfristig entwickeln können, so daß aus der verkürzenden rückwärtigen Perspektive der geologischen Schichtung der Eindruck von plötzlichen „Neuschöpfungen" entsteht (Stripf 1989). Beide Forscher drangen nicht so recht in das Bewußtsein ihrer Zeit ein, so daß sogar Darwin noch zu Beginn seiner großen Weltreise 1831 von der Konstanz der Arten überzeugt war (Darwin 1910). Die epochemachende neue Sicht der Geologie von Lyell, daß die geologischen Bildeprinzipien in der Vergangenheit die gleichen gewesen seien wie in der Gegenwart, übertrug Darwin zunächst noch nicht auf die Bildevorgänge des Lebendigen, obgleich er dazu Anschauungsmaterial in großer Fülle sammelte und dokumentierte. Erst bei der Auswertung des immensen Fundmaterials erkannte Darwin z. B., daß die Skelette, die er ausgegraben hatte, das Werden und Vergehen von Arten dokumentierten, deren Nachfahren ihm noch lebend begegnet waren (z. B. Faultier). Darwin war in seiner Gründlichkeit, Zurückhaltung und Vorsicht ein Forscher, dessen Vorgehen heute noch unsere volle Bewunderung verdient. Seine Briefe legen davon ein beredtes Zeugnis ab (Carus, 1887). Ebenso genial wie seine Grundidee, daß die Umwelt aus dem reichlichen Angebot der (erblich unterschiedenen) Varianten nur die lebenstüchtigsten, angepaßtesten überleben lasse, war sein Einfall, die Veränderungen der domestizierten Arten als Modellvorstellung zu benutzen. Hier entdeckte er bei den Tierzüchtern, wie plastisch eine Art ist. Die von ihm beobachteten und beschriebenen Veränderungen durch „künstliche Zuchtwahl" überschritten nach seiner Meinung bei weitem das, was man zu seiner Zeit noch vorwiegend morphologisch als Art definierte (vgl. Winkel und Kattmann in UB, Heft 179). Was die künstliche Zuchtwahl durch den züchtenden Menschen bewirkte, mußte der züchtenden Natur ein Leichtes sein.

Während Darwin noch am Ausarbeiten seiner neuen Theorie war, erhielt er zum Abdruck einen Aufsatz von A. R. Wallace, der wie er selbst von Lyell und dem Ökonomen Malthus beeinflußt war. Wallace war auf Grund von Studien über die geographische Verbreitung von Arten zu Ergebnissen gekommen, die mit denen Darwins fast identisch waren. Auch er benutzte den von Malthus stammenden Terminus vom „Kampf ums Dasein" (struggle of life), dem sich bei Darwin dann ab 1865 der Terminus vom „Überleben der Tauglichsten" hinzugesellte, der von Spencer stammt. Der große Darwin mußte von seinen Freunden förmlich überredet werden, zusammen mit dem Aufsatz von Wallace (1858) eine kurze eigene Arbeit zum Thema zu veröffentlichen, bis dann 1859 sein grundlegendes Werk über die Entstehung der Arten erschien und von diesem Tage an die wissenschaftliche Landschaft der Welt eine andere war.

Darwin war sich der weltanschaulichen Brisanz seiner Theorie voll bewußt, hatte er doch schließlich zunächst ein Theologiestudium begonnen. Darum war er in seinen Ausführungen übervorsichtig. Ohne daß ihm schon irgendwelche Erbgesetze bekannt waren (Mendel veröffentlichte seine Regeln erst 1865; sie wurden vergessen und erst 1901 „wiederentdeckt"!), legte er dar, wie die von ihm immer als erblich gedachte natürliche Variation unter der Prüfung der Umwelt zu Veränderungen der Art, zur Evolution der Pflanzen und Tiere führe.

Ohne schon die erst später gebildeten Begriffe zu gebrauchen, brachte Darwin die in den Lebewesen stattfindende genetische Veränderung in eine Beziehung zu den ökologischen Gegebenheiten und Veränderungen. Sie waren das Sieb der Selektion. Variation und Lebensraum zusammen waren nach Darwin die Triebkräfte der Evolution der Formen in Zeit und Raum. Diese Idee war ebenso genial wie einfach und erwies sich bis heute als fruchtbarer Erklärungsversuch der Evolution, so daß wir gern und kurz diese Evolutionstheorie auch als Darwinismus bezeichnen.

Was ist Darwinismus heute?

Der Darwinismus setzt sich heute aus einer ganzen Reihe von Theorien zusammen, die teils schon vor Darwin bekannt waren, teils von ihm eingeführt, teils aber auch erst in späterer Zeit hinzugefügt wurden. Unter Auslassung der neueren Soziobiologie läßt sich das heutige Lehrbuchwissen (nach einer Tabelle von Kattmann, Unterricht Biologie. Nov. 1992, Sitte 1993, Stripf 1989, Eschenhagen 1976, Jüdes u. a. 1990 und Darwin 1859) folgendermaßen zusammenfassen.

Die Theorie der Verwandtschaft durch gemeinsame Abstammung ist eine Art Beschreibung der Evolution. Sie stützt sich auf Übereinstimmungen der Baupläne und Gestalten und auch der Verhaltensweisen, die jeweils auf gemeinsame Vorfahren hinweisen. Große Gruppen, wie die Klassen, sind nur in wenigen Strukturen miteinander verbunden. Sie können in immer kleinere Gruppen, Taxa genannt, aufgegliedert werden, die über die Ordnung, Familie, Gattung, Art, Rasse, Population immer mehr Merkmale miteinander gemeinsam haben. Dieses System ist der Idee nach mit der Abstammungsverwandtschaft identisch. Findet man z. B. Organe im rudimentären Zustand, weist das darauf hin, daß Vorfahren diese Organe noch völlig entwickelt besaßen und gebrauchten. Auch die zunehmende Übereinstimmung dieses Systems mit den historisch aufgetretenen Entwicklungsstufen weist auf einen gemeinsamen Ursprung hin. Zwischen den heute noch lebenden Formen füllen fossile Arten die Sprünge aus. Der Theorie von der Verwandtschaft der Lebewesen entsprechend stammen alle heutigen Formen von einer oder nur wenigen Urformen ab. Es leuchtet ein, daß diese Theorie erst durch die Selektionstheorie, wie der Darwinis-

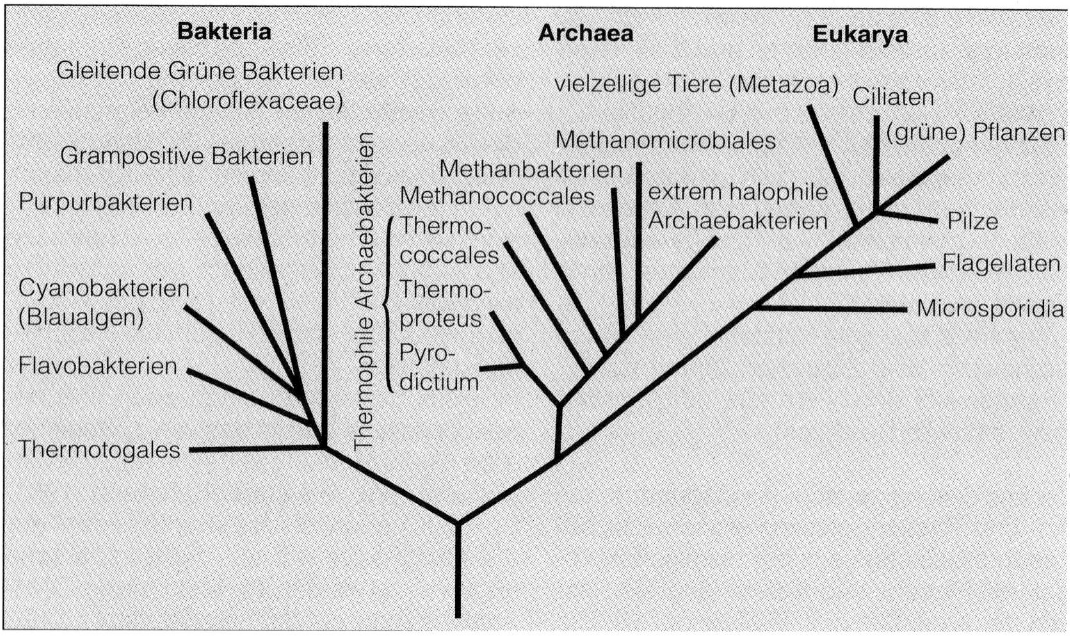

mus auch genannt wird und die sich mit den Ursachen beschäftigt, vollen Anschluß an den Darwinismus erhält, aber von diesem auch nicht zu lösen ist.

Stammbäume suggerieren einen vollständig geklärten Entwicklungszusammenhang. Dabei sind sie über weite Strecken absolut hypothetisch.

Die Theorie der Abstammung durch graduelle, schrittweise Abänderungen der Formen erfaßt und beschreibt die Abläufe der Evolution. Sie stützt sich notwendigerweise stark auf die Paläontologie und knüpft an die Theorie von der Verwandtschaft der Lebewesen an. Sie belegt, daß alle Lebewesen sich aus einfachen Formen schrittweise kontinuierlich entwickelt haben und jeder Art eine (theoretisch) auffindbare andere Art vorausgeht. Die Art als Fortpflanzungsgemeinschaft wird damit zum Vehikel der gesamten Evolution. Der Wandel erfolgte der Theorie zufolge in kleinen Schritten und langsam, wobei große Taxa (Stamm, Klasse, Ordnung, Familie) den gleichen Regeln folgten wie die Art- und Rassenbildung.

Dabei entstand jede Art – die Grundeinheit der Evolution – in einer bestimmten Region und Umwelt. Die Ausbreitung der Arten und auch die Entwicklung zu höheren Taxa beschreibt sowohl den Ausbreitungsweg wie auch die Entwicklung selbst. Wenn man heute findet, daß zwei Gruppen im Sinne der ersten Theorie eng miteinander verwandt sind, haben sie sich zeitlich später voneinander getrennt als weniger verwandte Gruppen. Umweltveränderungen und das Entstehen neuer Arten lassen vorhandene aussterben. Dabei kann eine einmal ausgestorbene Art nicht noch einmal entstehen. Wie die vorige gewinnt auch diese Theorie erst Leben durch die eigentliche Selektionstheorie. Die Probleme der Theorie einer schrittweisen Abstammung ergeben sich vor allem aus der Tatsache, daß die Fossilienfunde naturgemäß sehr lückenhaft sind und viele Lücken durch Analogien, Deduktion oder durch kreatives Denken geschlossen werden müssen. Das öffnet natürlich auch der Phantasie – wie z. B. bei Haeckel – Tür und Tor.

Die Theorie der Abänderung der Formen durch natürliche Selektion erfaßt die Ursachen, Regeln und Gesetze der Evolution. Sie ist die zentrale Leistung Darwins und seiner Nachfolger und erklärt gewissermaßen die beiden vorstehenden Theorien. Danach ist die Evolution in der Vergangenheit nach den gleichen Gesetzen abgelaufen, die wir auch heute noch als wirksam erkennen können.

Blieben alle Nachkommen eines Lebewesens am Leben, würden diese bald im Wachstum einer geometrischen Reihe die Welt überschwemmen. Auf begrenzte Zeiträume gesehen, bleibt jedoch die Individuenzahl einer Art in etwa konstant. Die Lebensgrundlage, die eine Art ausbeuten kann, ist begrenzt. An dieser Stelle wird die enge Verknüpfung zwischen der Selektionstheorie und der Ökologie deutlich. Die Individuen einer Art unterscheiden sich der Selektionstheorie zufolge in ihren genetischen Eigenschaften. Im Wettkampf um die Ressourcen bestimmt dies (statistisch) den Fortpflanzungserfolg. Dabei umfaßt der Wettkampf viele Bereiche, vom Beuteverhalten bis zur Sexualstrategie. Individuen mit mehr vorteilhaften Eigenschaften produzieren im Durchschnitt mehr Nachkommen als solche mit weniger vorteilhaften, so daß vorteilhafte, aber auch unschädliche Eigenschaften in diesem fortwährenden Prozeß unbegrenzt angereichert werden.

Abgeänderte oder unterschiedliche Umweltbedingungen – etwa durch geologische Veränderungen, durch klimatische Veränderungen oder Naturkatastrophen – wirken wie ein objektives Sieb, das solche Individuen größeren Erfolg haben läßt, die den neuen Bedingungen gewachsen sind. Da dieser Prozeß unbegrenzt vor sich geht, genügt eine „Gerade-noch-Angepaßtheit", die dann unter Umständen die Grundlage für weitere, evtl. sehr rasche Veränderungen abgibt.

Aber die Arten verändern auch die Umwelt. Das wird sehr häufig vergessen. Man denke einmal daran, welch neue Umwelten z. B. der herbstliche Blattfall oder der Kot der Tiere schaffte. Schließlich stammt der Sauerstoff der Luft, von dem wir wie alle Tiere abhängig sind, allein aus der Assimilationstätigkeit von Pflanzen. Ohne diese keine Tiere! Die Neubildung von Arten und von neuen Umweltbedingungen ist also ein fortlaufender, noch andauernder, sehr differenzierter Prozeß. Beide sind in Zukunft offen und können nicht mit Sicherheit vorhergesagt werden. Kattmann (Kattmann 1992) weist ausdrücklich darauf hin, daß die Selektionstheorie die anderen erkläre und stütze und nicht umgekehrt, wie es z. B. Haeckel gesehen hat und viele Lehrbücher auch heute noch entwickeln. Aus dem Phänomen Verwandtschaft kann sich für die Evolution keine Ursache ergeben. Das Phänomen Verwandtschaft kann auch durch eine Schöpfungstheorie erklärt werden.

Darwin war seiner ganzen Natur nach ganz gewiß kein Darwinist, sondern hat seine Theorie sehr vorsichtig, folgerichtig an einer überwältigenden Fülle von Beispielen erarbeitet. Er hat auch keine darwinistische Weltanschauung vertreten wie Haeckel, der dem Darwinismus wohl eher geschadet als genützt hat, sondern seine Hypothese konsequent bis zu einer Theorie entwickelt. Heute sind dazu unendlich viele seriöse Forschungen aus den Bereichen Genetik, Systematik, Paläontologie und Ethologie zusammengetragen. Die meisten stützen den Ansatz Darwins und sind in der synthetischen Evolutionstheorie zusammengefaßt.

Die Neigung, die Evolutionstheorie (und Ökologie) weltanschaulich zu erweitern

Hier soll auf den wirklich merkwürdigen Sachverhalt hingewiesen werden, daß sowohl die Selektionstheorie Darwins als auch die Ökologie zu weltanschaulichen Überhöhungen, sogar zu unerlaubten Übergriffen neigen. Für die Evolutionslehre soll dies dann etwas weiter ausgeführt werden, weil die moderne Soziobiologie möglicherweise erneut eine solche Phase einleitet (unter Verwendung von Joger 1989, Odum u. a. 1972, Tischler 1984 und Wuketis 1984).

1. Evolutionstheorie und Ökologie sind „synthetische Bereiche", die andere Wissenschaften integrieren. So kommt die Ökologie nicht ohne Systematik, Physiologie, Bodenkunde, Klimatologie und im Grunde genommen auch nicht ohne die Selektionstheorie aus. Vielleicht muß man auch noch die Ethologie nennen. Man hat es also in einer Wissenschaft mit nahezu allen anderen wichtigen Wissenschaftsbereichen zu tun; sogar die Genetik spielt eine wichtige Rolle. Nicht anders in der Evolutionstheorie. Hier ist höchstens die Reihenfolge anders geschnitten. Sie kommt nicht ohne die Ökologie und die Teildisziplinen aus, die diese bemüht. Darüber hinaus benutzt sie in stärkerem Maße als die Ökologie die Forschungsergebnisse der Paläontologie und Genetik im weitesten Sinne.

2. Beide Wissenschaftsbereiche sind „historische Wissenschaften". Das will sagen, daß sie sich mit dem Werden des Gewordenen beschäftigen. Die Ökologie erarbeitet dabei die Geschichte und Gegenwart des Zusammenlebens von Populationen. Sie nimmt im Prinzip dabei deren Eigenschaften zunächst als etwas Unveränderbares. Nur auf dieser Basis kann sie messen und Veränderungen feststellen. Die Evolutionslehre erarbeitet dagegen die Geschichte der Veränderungen der Lebewesen in Zeit und Raum, also Veränderungen in Bau und Funktion.

3. Beide Wissenschaftsbereiche neigen zur weltanschaulichen Ausbeutung ihrer Aussagen. Die Ökologie verführt dazu, das in ihr geübte vernetzte Denken auch auf alle anderen Systeme zu übertragen (Kultur, Politik, Kunst). Sobald das nicht mit der nötigen Sachkompetenz und Vorsicht geschieht und profanisiert wird, kann es zu völlig falschen Bewertungen kommen. Wer kann schon beweisen, ob zwischen der Kleingärtner-Ideologie in einer Gartenkolonie und dem Artenschwund in dieser Region eine Beziehung besteht?

Die Evolutionslehre hat im „Kampf ums Dasein" eine Metapher als Erklärungsprinzip gefunden, die ebenfalls dazu verführt, auf andere Bereiche wie völkische Auseinandersetzungen und das Sozial- und Wirtschaftsgefüge übertragen zu werden. Hiervon soll im folgenden die Rede sein.

Zunächst ist in diesem Zusammenhang nicht unwichtig, daß der Darwinismus in der Blütezeit des Frühkapitalismus entstand. Darwin las 1839 zufällig einen Essay des Ökonomen Malthus, in dem dieser vom volkswirtschaftlichen Standpunkt aus das Problem Bevölkerungswachstum und Nahrungsproduktion aus der Perspektive des Existenzkampfes betrachtete. Infolge der Endlichkeit der Ressourcen mußten die besser Geeigneten den Existenzkampf besser bestehen. Dieser Essay brachte Darwin auf die Vorstellung vom Überleben der Geeigneten in der Natur (Darwin 1859).

Der Evolutionslehre wohnt trotz Darwins unbestechlicher Redlichkeit vom ersten Tage an etwas inne: Die Interpretation in einer Art Weltanschauung. Der Darwinismus hat im Verlaufe seiner Geschichte zweimal merkbar in das Kulturleben eingegriffen. Zum ersten Male durch Haeckel, der in naiver Unbekümmertheit Naturwissenschaft mit Weltanschauung vermischte und dieses Gemisch in den Kulturkampf einbrachte, der vor allem im letzten Viertel des vorigen Jahrhunderts um die neuen Dogmen der katholischen Kirche und die aufsehenerregenden historischen Religionsforschungen entstanden war (vgl. Kap. 7). Wurde dieser Kampf noch lediglich mit markigen Worten geführt, so verlief die Übertragung darwinistischer Ideen auf menschliche Wertvorstellungen durch die Nazis bei der „Ausmerze minderwertigen Lebens" als Selektionismus und den Wahnsinnstaten des Holocaust wahrhaft dramatisch.

Die geistige Vorbereitung dieses mit darwinistischen Begriffen begründeten Wahnsinns reicht bis weit ins vorige Jahrhundert zurück. Nun vollzieht die Soziobiologie einen dritten (derzeit noch durchaus ehrenwerten) Versuch, das Handeln der Tiere und das Handeln der Menschen durch Kosten-Nutzen-Rechnungen zu erklären, die nach dieser Betrachtungsweise auch den darwinschen Selektionsprinzipien zugrunde liegen sollen. Natur und Kultur werden damit einem einheitlichen ökonomischen Prinzip unterworfen. Politische Folgerungen sind zwar noch nicht auszumachen; aber: wie lange noch?

Geht man dem Evolutionsgedanken unbefangen nach, so ist er auch in manchen Religionen erkennbar. Dem Hinduismus und Buddhismus ist eine großartige kosmische Evolutionslehre eingewoben. Im Christentum ist der Evolutionsgedanke dagegen kaum zu entdecken, lediglich in der Schöpfungsgeschichte wird eine Reihenfolge in der Weltentstehung beschrieben.

Nun stammt der Evolutionsgedanke ursprünglich nicht aus der Biologie und war lange vor Darwin da. Der Begriff Evolution, Entwicklung, meinte zunächst ganz allgemeine Prozesse wie das Auftreten neuer, spezifischer Formen aus alten, also eine Art Diversifizierung

(Hettlage 1989). Oft wurde dabei zusätzlich die Vorstellung von Fortschritt in das kulturelle und/oder biologische Geschehen eingebracht, wodurch eine Wertung des Vorganges ausgedrückt ist. In den frühen „Evolutionstheorien" überwog deutlich der Fortschrittsgedanke. Seit Bacon etwa entfaltet sich vom späten 16. Jahrh. an dieser Fortschrittsgedanke der Menschheit (z. B. Fontenelle, Abbé de St. Piere, Turgot, Condorcet, Ferguson) und wurde von A. Comte dann eher zusammengefaßt als völlig neu geschaffen. Sein „Drei-Stadien-Gesetz der Menschheitsevolution", nach dem auf das theologische das metaphysische und auf dieses das (naturwissenschaftlich-)positivistische Zeitalter folgt, war ein solches Evolutionsmodell. Jede Kultur weist danach eine bestimmte Stufe dieses Evolutionsprozesses aus. Damit wird die Geschichte einer Entwicklungsidee unterworfen. Selbst wenn Marx sich später von diesen Vorläufern distanzierte, stand er dennoch in deren Nachfolge, indem er glaubte, ein „generelles Schema sozialer Evolution" (Hettlage 1989) in der Geschichte der Klassenkämpfe vorgefunden zu haben. Anders als seine Vorgänger – und darin glich er Darwin – legte Marx seiner sozialen Evolutionslehre die Analyse realer Geschichtsabläufe zugrunde.

Als Darwin 1859 sein weltveränderndes Buch über die Entstehung der Arten veröffentlichte, war das Terrain auf geisteswissenschaftlichem Felde ebenso vorbereitet wie auf naturwissenschaftlichem durch die Evolutionslehren von Lamarck und Cuvier. Darwin bot mit der „Natürlichen Variation", der „Natürlichen Zuchtwahl" und dem „Überleben der Tauglichsten" ein einfaches und universales Erklärungsprogramm an, das geeignet war, die Artentstehung überhaupt und die Höherentwicklung der Arten, den Fortschritt also, auf biologisch verständliche, mechanistische Weise zu erklären.

Daß die Entwicklung der Natur (der Lebewesen) und der Kultur einem allgemeinen Evolutionsprinzip zugeordnet ist, hatte vor Darwin schon H. Spencer formuliert, von dem Darwin auch den Terminus des „survival of the fittest" übernahm. Während Darwin mit seiner Theorie ausschließlich die Evolution der biologischen Formen meinte, legte seine Lehre dennoch für viele Gebildete durchaus nahe, z. B. den Begriff des Wettkampfes um das Überleben („struggle for existence") in einen „Kampf ums Dasein" umzudeuten, der dann schon von Spencer dahingehend biologistisch interpretiert wurde (1896), daß durch „Ausmerze alles Schädlichen" auf naturhafte Weise alles Heilsame in der Gesellschaft hervorgebracht werde (nach Hettlage 1989). Die fatalen Folgen der damals entstandenen Rassenideologie hat Spencer aber ganz gewiß nicht beabsichtigt.

Bis heute spielt diese Diskussion eine Rolle. Man untersuche nur einmal Gespräche zur Asylproblematik oder zur Entwicklungshilfe. Für den Bildungsauftrag der Evolutionslehre mag die Erkenntnis genügen, daß die Evolutionsdiskussion auf geisteswissenschaftlichem Gebiet eher geführt wurde als auf naturwissenschaftlichem und immer noch die Gefahr des Übergriffes von einem auf das andere Feld gegeben ist. Darwin selbst weist auf seine Verbindung zu dem Ökonomen

Vier Orchideenarten. Die Blüten sind vier Variationen eines einheitlichen Grundmusters. Die unterschiedlichen Bestäubungsmechanismen „erklären" die Gestalt. Bestäuber und Pflanze sind voneinander abhängig geworden, bilden ökologisch eine Einheit. Das Phänomen gehört gleichwertig in die Evolutionslehre (als Coevolution) und Ökologie (als Autökologie). Oben: Rotes Waldvöglein, Holunder-Knabenkraut. Unten: Frauenschuh und Helm-Knabenkraut.

Malthus hin. Die neueste Richtung der Evolutionstheorie, die Soziobiologie (Dawkins, Wilson, Lumsden, Davies), bezieht auch alle menschlichen Leistungen in ihre Theorie ein und macht Ernst mit dem rein ökonomischen Prinzip einer Nutzen-Kosten-Rechnung als Ursache aller Evolutionsvorgänge. „Das Individuum kann als vorübergehendes Transportmittel oder als Überlebensmaschine angesehen werden, mit dessen Hilfe Gene überleben und sich replizieren" (Dawkins 1976). Nicht mehr das Individuum oder die Population sind die Einheiten der Evolution, sondern das einzelne, egoistische Gen in der Zelle, das Eigenschaften oder Verhalten codiert. Die Gene sind an ihrer Ausbreitung interessiert; ihr Informationsgehalt ist der eigentliche Gegenstand der Evolution.

Etwas verkürzt liest sich dann Darwins Selektionstheorie so:

1. „Alle Organismen besitzen Gene, die Proteine codieren". Damit legen sie das physiologische Repertoire und das Verhaltensrepertoire eines Individuums fest.

2. „Innerhalb einer Population treten viele Gene in zwei oder mehreren Zustandsformen, den Allelen auf, die geringfügig voneinander abweichende Formen desselben Proteins codieren". Hierdurch ergeben sich innerhalb einer Population Varianten.

3. „Zwischen den Allelen eines Gens ... wird (innerhalb der Population) Konkurrenz auftreten". Es konkurrieren also nicht Lebewesen als Ganzes, sondern Gene und Genkombinationen.

4. „Jedes Allel, das mehr lebensfähige Kopien seiner selbst herstellen kann als das alternative, wird sich schließlich durchsetzen und die andere Allelform aus der Population verdrängen" (Krebs; Davies 1984).

Die Individuen verhalten sich also so, wie es ihnen die „egoistischen Gene" nahelegen. Das erfolgt genau so wie eine Nutzen-Kosten-Analyse in der Wirtschaft. Während Darwin stets von der Ganzheit und Unteilbarkeit des Individuums ausging, geht die Soziobiologie vom Informationsgehalt des Gens und von seinem Überlebensanspruch aus. Sie hat inzwischen viele ethologische und ökologische Sachverhalte nach dem Nutzen-Kosten-Aufwand der „egoistischen" Gene analysiert und bezieht auch das kulturelle Verhalten des Menschen mit ein.

Sie macht also Ernst mit dem Leitgedanken unserer Wirtschaft, mit möglichst geringem Aufwand (an Kapital und Zeit) einen möglichst großen Erfolg zu erzielen. Kattmann formuliert vor allem zwei Einwände (Kattmann 1993).

1. Für die Gene ist die Zelle die Umwelt. Im Phänotyp wird von ihnen nur ein Bruchteil verwirklicht. Deshalb ist ihre Selektion innerhalb der Zellebene nicht vorstellbar. Wie soll in dieser Umwelt etwas konkurrieren? Wie soll die Information von der Handlung in die Zellebene transportiert werden? Das Gen als Einheit der Selektion ist eine unbrauchbare Vorstellung. Die Soziobiologie verwechselt in ihrem Begründungszusammenhang Ursache und Wirkung.

2. Indem die Information im Gen zur Grundlage der Evolution gemacht wird, erfolgt eine Hinwendung zur Ideologie, weil die Gene als

zuverlässiger als die Lebewesen selbst angesehen werden. Beide Komponenten greifen unmittelbar ineinander und sind nicht zu trennen.

3. Weitere Begründungen schließen sich an: Sicher ist auch das kulturelle Verhalten des Menschen genetisch beeinflußt. Aber Keiter (1966) hat gezeigt, daß es im kulturellen Verhalten praktisch alle denkbaren Gegensätze gibt, so daß die Beispiele der Soziobiologie einseitig sind. Bis heute sind noch keine Gene gefunden, die kulturelles Verhalten veranlassen.

4. Vielleicht verdeckt gerade die Mathematisierung in Nutzen-Kosten-Rechnungen die Ideologisierung der Evolutionslehre durch die Soziobiologie. Schon die klassische Ökologie hat herausgefunden, daß jede Tierart einen Beruf ausübt, eine Ökonische ausfüllt. Verändert sich das System, entstehen neue Berufschancen, neue Arten bilden sich. Isolation macht das neue System stabil. Dabei kann man darüber streiten, ob die Art anfängt sich zu entwickeln und dann die Nische, den Beruf findet oder ob die Ökonische mit ihren Bedingungen sie selbst züchtet. Möglicherweise sind die Genome viel plastischer als wir vermuten. Ob es ein Ökologisches Feld gibt, das innerhalb der Evolution mitwirkt, wie Suchantke (1993) vermutet und wie es gegebenenfalls wirkt, wissen wir nicht.

5. Die Soziobiologie geht von der Theorie aus: ein Gen = eine Eigenschaft. Das trifft nur für wenige Eigenschaften zu. Die meisten Eigenschaften gehen auf mehrere Gene zurück. Wie sollen die konkurrieren?

Auch in unserer Wirtschaft spricht man von Marktlücken, die ausgefüllt werden. Neue Berufe entstehen aus alten und stoßen in neue Bedürfnisse vor. Durch Ausbildungswege, Prüfungen, Interessenvereine entsteht so weit Isolation, daß das neue System stabilisiert wird. Auch hier sind die sozialen Mechanismen (wenn es überhaupt welche gibt) noch weitgehend unbekannt. Wir wissen zwar, wie das Prinzip des Egoismus, des Habens (Fromm) materialisiert, stabilisiert, entwickelt werden kann, nicht aber, wie das mit dem Sozialen, dem Sein, geschehen könnte.

Sollten wir also erneut in Zeitläufte geraten, in der wieder der „Kampf ums Dasein“ diesmal in Form der nackten, egoistischen Kosten-Nutzen-Analyse Natur und Kultur gleichermaßen umfaßt? Was bleibt vom Menschen, wenn Glaube, Liebe, Hoffnung als Veranstaltungen egoistischer Gene behandelt werden? Was ist, wenn die derzeit noch ehrenwerten wissenschaftlichen Bemühungen der Soziobiologie trivialisiert werden, wie es schon einmal mit der Rassenlehre geschah? Wenn all unser Tun als Wirksamkeit egoistischer Gene entlarvt wird, zerrinnen da Aufrufe zur Solidarität, zur Hilfe für die Armen und Entrechteten nicht zu Lippenbekenntnissen und führt nicht ein gerader Weg vom egoistischen Gen zur Verherrlichung des Egoismus in einer dazu noch wissenschaftlich legitimierten Ellenbogengesellschaft?

Die Ideologie einer Wirtschaft, die mit möglichst geringem Kostenaufwand einen maximalen Gewinn auf Kosten der Umwelt zu erwirtschaften trachtete, hat wesentlich unsere Umweltkrise herbeigeführt. Nun mehren sich auch in der Volkswirtschaft die Stimmen, die Kooperation anstatt Konkurrenz zur Leitidee des Wirtschaftens machen wollen (z. B. Forte, Henderson 1991). Das ist auch ein alter Gedanke aus der Evolutionsdiskussion. So beschrieb schon um die Jahrhundertwende Kropotkin die Evolution als Kooperation. Schließlich lebt einer in der Natur vom anderen. Man kann dies ebenso als Kooperation, als Opfer für das Leben der anderen aus dem Überfluß der Produktion wie als die Unterlegenheit im Kampf ums Dasein definieren. Die Tatsache der Evolution würde keinen Schaden nehmen.

Sicher, so „lieb" geht es in dieser Welt nicht zu. Aber gerade moderne Wirtschaftsforscher, die einen Ausweg aus dem für die Erde tödlichen Kapitalismus-Prinzip suchen, weisen darauf hin, daß sowohl Konkurrenz wie Kooperation in allen Systemen der Natur wirksam seien. „Alle natürlichen Systeme bedienen sich beider Strategien, der des Wettbewerbs und der der Kooperation, in ausgewogenem Maße: der Wettbewerb zwischen Arten, Gruppen, Organisationen, Individuen und auch Ideen bewahrt vor ungesundem, exzessivem Wachstum. Die kooperativen Strategien ... bilden den Klebstoff, der diese Gruppen und Individuen in geordneter Weise zusammenhält, und sie schaffen Regeln für ihre Interaktionen untereinander ... Das alte Wirtschaftsmodell von der ‚Maximierung des Eigennutzes' ist inzwischen dem Standpunkt gewichen, daß individueller Eigennutz ... mit den Interessen der ganzen menschlichen Familie auf einem wechselseitig abhängigen Planeten zusammentrifft" (Henderson 1991).

Neuweiler (1993) sagt sinngemäß: „Die Geschichte des Lebendigen (ist) eindeutig ein Fortschreiten auf ein Ziel hin, und dieses Ziel heißt Umweltunabhängigkeit". Dies sei kein theologisch abzuleitendes Ziel der Schöpfung, sondern ein Phänomen, ein Faktum. Wissenschaft und Technik seien Teile dieses Phänomens und auferlegten uns als Schicksal die Bewältigung der Probleme, die unabänderlich mit unserer Evolution verbunden seien. Die Bewältigung aller Technikfolgen sei für uns von ähnlichem Zwang, wie ein Vogel seine Flügel gebrauchen müsse. Wir hätten geglaubt, Wissenschaft könne wertfrei bleiben. Sie ist es nicht mehr, seit sie sich selbst ethische Probleme schafft, die auf wertsetzende Entscheidungen warten. Nach Neuweiler hat das Begreifen der Möglichkeiten (z. B. gentechnisch, medizintechnisch, chemotechnisch) als dem Ort unserer menschlichen Evolution zur Folge, daß Wissenschaftler, Politiker, Lehrer, Journalisten, Pfarrer und Mediziner endlich gemeinsam das Boot unserer Evolution besteigen und darüber sprechen, wohin die Reise gehen soll (vgl. Jonas 1985). Der Dialog zwischen den Gruppen sei wichtig, damit der „‚Wissenschaftsverbraucher' bei ethischen Entscheidungen nicht mehr nur Erleider von Expertenentscheidungen, sondern aktiver Mitgestalter des Wertekanons und seiner Umsetzung in die Praxis wird" (Neuweiler 1993, vgl. auch Mohr 1993).

Will man von hier aus – wie es schon Darwin tat – in die Evolutionslehre zurückkehren, so ginge es um die Aufgabe, in einer zukünftigen Evolutionslehre die Prinzipien Konkurrenz, Wettkampf, Kampf und Egoismus sowie Kooperation, Hilfe, Opferbereitschaft, Altruismus komplementär oder ganzheitlich sehen zu lernen. Das ökonomische Denken geht möglicherweise in diesem Bereich der Naturwissenschaft wieder auf merkwürdige Weise voran. Die Soziobiologie vertritt mit dem Paradigma des „egoistischen Gens" eine Vorstellung, die die leitbildgebende Volkswirtschaft zum Teil längst verlassen hat. Man darf deshalb vielleicht berechtigt hoffen, daß in der Zukunft Forschungsmethoden entwickelt werden, die in der Evolutionslehre Wettkampf und Partnerschaft, Konkurrenz und Kooperation in eins sehen lehren.

Sind wir schon auf dem Wege dahin oder müssen wir auf den neuen Darwin warten, der die Evolutionslehre unter einem ganzheitlichen Paradigma uns betrachten lehrt, das auch das Tun und Handeln der Menschen (seine „Kultur-Natur") mit einschließt? Bis wir das wissen, bleibt nur übrig, auf die Gefahren hinzuweisen, die sich ergeben, wenn die Evolutionslehre aus dem Bereich einer biologischen Theorie ausbricht und in Weltanschauungen profanisiert wird.

Praxisvorschläge für das Thema Evolution

Es kann nicht darum gehen, den riesigen Komplex der Evolutionslehre für den Unterricht aufzugliedern und von jedem Teilbereich die Verbindung zur Natur- und Umwelterziehung herzustellen. Der Anspruch ist wesentlich bescheidener. Ich werde nur wenige Beispiele für die verschiedenen Altersstufen skizzieren, die wiederum eher der Planungskreativität zugute kommen sollen, als daß sie wirkliche Unterrichtseinheiten darstellen. An ihnen soll 1. sichtbar werden, daß es auch in diesem Bereich Möglichkeiten einer offenen, forschenden Schulbiologie gibt, und 2., daß diese gleichzeitig die notwendigen Inhalte ansprechen, wie sie auch die Qualitäten wissenschaftlichen Arbeitens üben und 3. diese Arbeitsweise für den biographischen Prozeß ebenso förderlich ist, wie sie die Natur- und Umwelterziehung stützt.

Die Evolutionslehre soll also Beispiele für forschenden, naturwissenschaftlichen Unterricht abgeben. Dabei haben wir als Lehrer mit einer Art Sisyphus-Problem zu kämpfen: Eigentlich sollte jede Forschungsinitiative von den Schülern ausgehen. Aber das ist bei diesem Thema so gut wie ausgeschlossen und widerspricht auch der jetzigen Struktur der Schule. Dennoch: Die Anregung zur eigenen Arbeit sollte möglichst natürlich sein und die Schülerwünsche beachten. Der Weg muß so selbständig sein, daß Fehler zugelassen sind. Die Soziobiologie habe ich in die Aufgaben nicht mit aufgenommen, weil deren begriffliche und mathematische Voraussetzungen so kompliziert sind, daß sie frühestens in der Sek. II thematisiert werden können. Um eine Richtschnur bezüglich der Inhalte zu gewinnen, soll auf Eschenhagen (1976) und Kattmann (1992) zurückgegriffen werden, die die Inhalte der Evolutionslehre für die einzelnen Altersstufen folgendermaßen beschreiben:

Für die Primarstufe geht es zunächst um das Phänomen der Artenfülle und die Tatsache, daß jede Art einem beschreibbaren Lebensraum zugehört. Wichtig ist der Inhalt, daß *eine* Umwelt, *ein* Lebensraum, Gestalt- und Verhaltensähnlichkeiten hervorbringen. Für die Vorbereitung des biologischen Artbegriffs, der für die Evolution von zentraler Bedeutung ist, ist das Herausarbeiten der innerartlichen Variabilität besonders wichtig, wobei die Frage nach der Veränderlichkeit schon Thema dieser Altersstufe werden kann. Das Grundthema von Ökologie und Evolution, die Angepaßtheit oder Unangepaßtheit eines Lebewesens an seinen Lebensraum, dürfte für diese Altersstufe auch das Grundthema der Evolutionslehre sein. Ein weiterer Gesichtspunkt ist das Ordnen unter verschiedenen Gesichtspunkten. Indem der Lehrer viele kindgemäße Ordnungsstrukturen zuläßt, bereitet er das naturwissenschaftliche Ordnungssystem nach der Verwandtschaft vor.

In der Orientierungsstufe sollte dann erstmalig der historische Gesichtspunkt auftauchen, also die Bindung der Artumwandlung und -aufspaltung an Zeitabläufe. Das ist eine Vorbereitung für die Einsicht, daß Evolution nur in kleinen Schritten erfolgt. Anschließend an Darwin empfiehlt sich hierfür der Domestikationsprozeß von Pflanzen und Tieren. Bei Schülern stößt in dieser Altersstufe auch die Paläontologie auf großes Interesse (eigenes Sammeln und das Thema Saurier), weniger die vergleichende Morphologie, die jedoch zur Grundlegung einer forschenden Evolutionsbiologie unabdingbar ist.

In der Sekundarstufe I müßten nun bestimmte Grundbegriffe exakt entwickelt werden. Dazu gehört die Tatsache der genetischen Vielfalt in Populationen, deren Veränderbarkeit und die Unterscheidung der Begriffe Anpassung (als Vorgang) und Angepaßtheit (als Ergebnis). Dazu gehört auch die Mutation als der Vorgang, der die Varianten erzeugt, die für die Evolution bereitstehen. Die schwer verständlichen Probleme der Selektion und Rekombination sind zwei weitere notwendige Grundbegriffe. Hier sind auch im Kapitel Ökologie Unterrichtsbeispiele zu finden.

Erst in **der Sekundarstufe II** kann die Evolutionslehre als Problemstellung wirklich entfaltet werden, weil erst jetzt Begriffe wie Radiation, Isolation, Gendrift, Nidation oder auch Homologie und Analogie verstanden werden. Erst jetzt läßt sich der Unterricht über Evolution wirklich mit den Problemen des Aussterbens von Arten, der Artausrottung und der genetischen Manipulation verknüpfen, weil für den ersten Bereich dessen ökologische Grundlagen, für den zweiten vor allem ethische unumgänglich sind.

Unterricht über Evolution sollte an keiner Stelle die enge Beziehung zur Ökologie verlieren: Während sich die Evolution damit beschäftigt, welches der historische Verlauf und die Methoden der Veränderung sind, beschäftigt sich die Ökologie gleichsam mit dem Sieb, das die angebotenen Produkte zurückhält oder durchläßt. In allen ökologischen Abläufen spielt sich auch Evolution ab, alle Evolution kann nur in ökologischen Abläufen vor sich gehen. Das macht eine Trennung der Kapitel Evolution und Ökologie fast unmöglich. Jede isolierte Behandlung der Evolutionsprozesse neigt deshalb wahrscheinlich stärker zur weltanschaulichen Ausbeutung als eine integrierte. Wohl gibt es Themen, die vorwiegend die Evolutionslehre betreffen, andere, die eher die Ökologie betreffen, zu einem großen Teil jedoch überlappen sich die Inhalte.

Primarstufe

1. Ähnlich – unähnlich. Ähnlichkeit gibt es in verschiedenen Graden. Es geht um das erste Benennen, z. B., daß sich zwei Menschen wie ein Ei dem anderen ähneln. Ausgangspunkt sind die Begriffe gleich – ähnlich – unähnlich. Unter dieser Frage läßt sich die ganze Welt erforschen. Die Schüler untersuchen Eier, Äpfel, Nüsse, Geschwister, Haustiere, Blätter einer Baumart. So können sie z. B. gleichaussehende Blätter, ähnliche, unähnliche sammeln und aufkleben. Hierbei werden Kategorien angelegt, die für das Verständnis der gesamten Biologie wichtig sind, insbesondere der Evolutionslehre.

→ Natur beschreiben, ordnen
→ Beiträge zum ökologischen Ganzheitsprinzip

Die Schüler können auch einfach Ähnlichkeiten oder Übereinstimmungen bilden: Alle Bäume haben einen Stamm, alle Pflanzen sind grün, oder alle Pflanzen auf Gehwegen sind flach, alle Fische sind stromlinienförmig, viele Wüstentiere sind sandfarben ... Das Ziel ist das Wahrnehmen von Strukturmerkmalen unter der Kategorie der Ähnlichkeit. Die verschiedenen Grade der Ähnlichkeit bereiten den Verwandtschaftsbegriff vor.

2. Ordnung – Unordnung. Es gibt viele verschiedene Arten von Ordnung. Jede Art der Ordnung hat ein Prinzip, das man beschreiben oder benennen kann. Beispiele für solche freien Arbeiten könnten sein: Ich beschreibe Ordnung und Unordnung in meinem Zimmer; Ordnung und Unordnung im Unterricht; Ordnung und Unordnung im Garten, im Wald.

Zielgerichteter sind folgende Aufgaben: Wir ordnen Pflanzen nach ihrer Größe, Farbe, dem Standort, Lebensraum, der Ähnlichkeit, danach, wem sie zur Nahrung dienen, wieviel Wasser oder Licht sie brauchen usw. Wir ordnen Tiere nach ihrer Gefährlichkeit, Nahrung, ihrem Lebensraum, ihrer Ähnlichkeit, danach, wem sie zur Nahrung dienen, wen oder was sie fressen, was sie in der Natur tun usw.

→ Natur beschreiben, ordnen
→ Natur: Regeln finden, Theorien bilden und verstehen
→ Beiträge zum ökologischen Ganzheitsprinzip

Für alle Arbeiten gilt, daß das Ordnen wichtiger ist als die Ordnung und das Ordnungsprinzip selbst gefunden und genannt werden soll.

3. Das Phänomen der Variabilität. Dies bleibt Thema bis Klasse 12. Es hat zum Inhalt, daß innerhalb einer Population die Merkmale um einen Mittelwert schwanken. Die Schüler vergleichen von Mitschülern z. B. die Haare, die Ohren, die Augen, die Augenbrauen, die Fingernägel und versuchen, die Unterschiede zu beschreiben. Der Vergleich kann sich auch auf das Verhalten ausdehnen.

→ Naturgegenstände künstlerisch nutzen
→ Natur beobachten, erforschen
→ Natur: Regeln finden, Theorien bilden und verstehen

An einem einheitlichen Standort werden Wildpflanzen der gleichen Art gesammelt. Man sucht die Ähnlichkeiten, vor allem aber die Unterschiede heraus. Man vergleicht und beschreibt eine Kiste voll Äpfel der gleichen Sorte, die Blätter eines Baumes oder der gleichen Baumart. Wichtig dabei ist, daß alle Arbeiten dokumentiert werden; oft kann man die Belege pressen, fotokopieren, messen. Es wäre nichts einzuwenden, wenn Steine, Geldstücke, Knöpfe untersucht würden. Das Phänomen der Variabilität betrifft nahezu alle Dinge.

4. Haustiere und Hauspflanzen als Beispiel für Variabilität. Inhalt ist Plastizität eines einzigen Wildtiergenoms. Es geht um die Wahrnehmung des Phänomens, daß Haustiere zwar noch einer Art angehören, aber morphologisch so unterschiedlich sind, daß man sie als freilebende Tiere sogar verschiedenen Gattungen zuordnen würde. Von den Haustierarten sind besonders Hund, Kaninchen, Taube und Haushuhn geeignet, aber auch alle anderen, wenn genügend Beispiele greifbar sind. Von den Nutzpflanzenarten sind der Kohl, der Salat oder Dahlie, Rose oder Aster ganz gute Beispiele. Jeder Schüler sollte sich seine Art aussuchen dürfen.

→ Naturgegenstände künstlerisch nutzen
→ Natur beschreiben, ordnen

Es geht noch nicht um den Vorgang der Domestikation, sondern um das Erlebnis und die Erfahrung der Variationsbreite, die die Voraussetzung für das Verstehen der Evolutionstheorie ist.

5. Wie Pflanzen und Tiere in ihren Lebensraum passen. Die Art und der Lebensraum sollen aufeinander bezogen werden – eine erste Vorübung zur Autökologie. Man fragt die Schüler, „warum" Tulpe und Buschwindröschen einen Sommerschlaf halten und die Fledermaus einen Winterschlaf hält; „warum" wohl der Löwenzahn, der Wegerich und das Gänseblümchen eine so flache Rosette bilden; „warum" eine Kaktee keine Blätter hat und warum ihr so viele Wüstenpflanzen ähneln; „warum" Fische, Wale, Robben und Pinguine eine ähnliche Gestalt haben. Man könnte auch so vorgehen: Ein Fisch lebt im Wasser. Das kann er, weil... – Ein Vogel kann fliegen. Das kann er, weil ... – Oder man stellt ohne Worte eine sukkulente Pflanze auf den Tisch. Wo wächst sie, woran kann man das erkennen, wie muß man sie pflegen. Es ist nicht einfach, die Schüler in diesem Bereich zum Fragen zu bringen und wirklich offene Forschung zu initiieren. Die Warum-Frage ist in diesem Zusammenhang nicht kausal gemeint, sondern eher: welchen Sinn hat ...; deshalb auch die Anführungszeichen.

→ Natur beobachten, erforschen
→ Natur: Regeln finden, Theorien bilden und verstehen
→ Beiträge zum ökologischen Ganzheitsprinzip

6. Alles braucht seine Zeit. Von zentraler Bedeutung für die Evolutionslehre ist die Erfahrung, daß alle Naturprozesse in der Zeit ablaufen, regelrecht eine Zeitgestalt haben. Hier lassen sich verhältnismäßig leicht kreative Schülerinitiativen in Gang setzen, z. B. die Erforschung der eigenen oder fremder Biographien: Wie ich mich verändert habe und weiter verändern werde, wie du das tun wirst und wie dies auch mit meinen Eltern und Großeltern geschehen ist. Dies sind Vorformen. Andere Arbeiten verlaufen objektiver: Von der Postkutsche zum Rennauto oder: Wohnen früher und heute; die genaue Beobachtung, wie ein Wurf Mäuse groß wird, wie ein kleines Meerschweinchen heranwächst oder eine Amselbrut vor dem Klassenfenster großgezogen wird. Gerade innerhalb dieses Aufgabenkomplexes ist es besonders wichtig, Freiheiten zu lassen, die allerdings dort enden, wo Tiere oder Pflanzen Schaden nehmen könnten.

→ Vital- oder Lebenssinn, Zeitwahrnehmung
→ Künstlerisches und Naturwissenschaft (alle Künste)
→ Natur beobachten, erforschen

Natürlich gehören in diesen Bereich auch die bekannten Aufzuchten von Bohne oder Tomate sowie das Treiben von Winterzweigen oder Tulpen und Krokussen. Wenn die Schüler z. B. Krokus und Tulpe vergleichen, kann zum Erlebnis werden, daß beide ein anderes Zeitmaß haben.

7. Geben und Nehmen im ökologischen Sinn üben. Man betrachtet für eine abgegrenzte Zeit seine Handlungen unter der Überschrift: Ich nehme mir, ich entnehme ...; Ich gebe dir, ich gebe zurück ... Man stößt auf sehr verschiedene Bereiche. Das ist wichtig.

→ Pflege sozialer Bezüge
→ Arten, Ökosysteme, Landschaften
→ Beiträge zum ökologischen Ganzheitsprinzip

Mittelstufe

1. Das Prinzip der künstlichen Zuchtwahl. Jede Auswahl von Pflanzen oder Tieren für die Fortpflanzung und Vermehrung ist im Grunde genommen Züchtung. Für die Schüler ist das forschende Verfahren (leider) viel leichter bei Pflanzen als bei Tieren anzuwenden. Denn jeder Wurf Kaninchen oder Mäuse wirft vom Tierschutz her ganz andere Probleme auf als die Vermehrung einer Pflanze.

Beim Aussäen möglichst preiswerter Samen erhält man meist einen großen Formenschwarm, z. B. bei der Buntnessel (Coleus), dem Leberbalsam (Ageratum) und der Dahlie oder auch bei selbst geerntetem Samen aus dem Schulgarten. Alle genannten Arten sind schulgeeignet. Aus dem auftretenden Formenschwarm wählt man zur vegetativen Vermehrung geeignete Mutterpflanzen aus, die man durch Stecklinge vermehrt. Hier ergeben sich insbesondere Einsichten auf das interessengeleitete Zuchtziel. Innerhalb eines Jahres sind diese Versuche machbar – bis zur Taufe der herausgelesenen Sorten (bei Dahlie zwei Jahre). Dieses Prinzip entspricht nicht dem einer erblichen Auslese, die nur über Samen erfolgen kann. Hier müßte man z. B. bei Calendula Samenträger auslesen und weitervermehren. Als einzige Möglichkeit, den Gesamtvorgang handelnd zu erarbeiten, habe ich mit Schülern Alpenveilchen gekreuzt. Von der Blüte bis zur Fruchtreife vergehen ca. 6 Monate, vom Samen bis zur Blüte ca. 1 Jahr. Dann sehen die Schüler, was sie „angerichtet" haben.

→ Vital- oder Lebenssinn, Zeitwahrnehmung
→ Natur: Regeln finden, Theorien bilden und verstehen
→ Naturwissenschaft im Lebensalltag, handwerkliche Betätigung
→ Beiträge zum ökologischen Ganzheitsprinzip

Eine andere Möglichkeit ergibt sich, indem die Schüler selbständig erforschen, wie Rosen und Äpfel gezüchtet werden. Oder bei Hunde- oder Taubenzüchtern, die häufig in Vereinen zusammengeschlossen sind, erforscht man, nach welchen Kriterien Zuchttiere ausgewählt werden und wie die Züchtung vor sich geht.

2. Einen Bestimmungsschlüssel herstellen. Bei dieser sehr schwierigen Arbeit müssen die Schüler eigene Ordnungskriterien entwickeln; das führt auf die Frage der Verwandtschaft. Man geht von einer bestimmten Menge benannter Arten aus – etwa aus dem Schulgarten, Zimmerpflanzen oder aus einem Waldstück – und führt aus dieser Menge in Einzelschritten binäre Entscheidungen aus. Für den Anfang genügt eine Menge von etwa 20 Arten. Man kann zum Verschlüsseln auch bereits Arten aus einer Familie wählen. Als geeignet haben sich erwiesen: Korbblütler im Herbst und Lippenblütler im Frühling. Der Begriff Korbblütler muß dabei noch naiv definiert werden. Dieses Herstellen von Bestimmungsschlüsseln ist ab dem 4. Schuljahr möglich.

→ Natur beschreiben, ordnen
→ Natur: Regeln finden, Theorien bilden und verstehen

Die Schüler kommen von selbst darauf, daß sie Klassen bilden müssen. Das ist der Prozeß, durch den Linné die Fülle ordnete und damit die Frage nach der Verwandtschaft und der Evolution in Gang brachte.

3. Die „versteinerte Zeit". Die Schülerarbeit erstreckt sich darauf, aus der Erde die Überbleibsel der alten Zeiten auszugraben. Dabei finden sie Ähnliches, vielleicht auch Abweichendes zu heute lebenden Formen. Eine ganze Reihe von Fragen wird ausgelöst, wenn Reste von Meerestieren an Land gefunden werden. Sobald ein fossilienführender Steinbruch mit Muscheln, Peterspfennigen (Seelilienabschnitten), Ammoniten und Seeigeln zu erreichen ist, führt der in diesem Alter meist vorhandene Sammeleifer fast von selbst zu schönen Ergebnissen. Auch die Welt der Saurier berührt in diesem Alter die Schüler derzeit emotional sehr stark. Sobald man ein Museum in der Nähe hat, ergibt sich daraus ein sehr attraktives Forschungsthema für die Schüler.

→ Vital- oder Lebenssinn, Zeitwahrnehmung
→ Natur beschreiben, ordnen
→ Natur beobachten, erforschen
→ Beiträge zum ökologischen Ganzheitsprinzip

4. Prozesse im Zeitverlauf erforschen. Zur Evolutionslehre (und zur Ökologie) gehören dazu, daß das Zeitbewußtsein entwickelt ist oder wird. Das geschieht nicht von selbst. Die Begriffe Anpassung und Angepaßtheit als Zeitformen des Verbs machen das deutlich.

Immer muß ein Zeitband mit Prozessen verbunden werden. Ein guter Ansatz dazu ist die Erforschung, wie Lebendes verwandelt wird und die Grundlage für neues Leben bildet. Hier bietet sich der Vorgang der Waldbodenbildung aus Blättern und Nadeln an.

Dieser für die Ökologie grundlegende Vorgang kann auch für die Evolutionslehre wichtig werden und ist so bekannt, daß er nicht näher beschrieben werden muß.

→ Kultur und Tradition
→ Vital- oder Lebenssinn, Zeitwahrnehmung
→ Natur beobachten, erforschen
→ Beiträge zum ökologischen Ganzheitsprinzip
→ Konfliktträchtige Themen und Situationen

Die Schüler erforschen die Geschichte eines Platzes, eines Hauses, eines Ortes, eines Dorfes oder gar einer Gegend. Es geht dabei um die Veränderungen in der Zeit. Dabei können gekaufte Unterrichtsreihen niemals die eigene Arbeit übertreffen.

Eine andere Möglichkeit bietet sich, indem man die Geschichte eines Gebrauchsgerätes erarbeitet. Zwar hängt auch dies von örtlichen Möglichkeiten ab, aber der Spaten, der Pflug, die Waschmaschine, die Schreibmaschine, auch das Flugzeug geben je nach der Interessenlage der Schüler gute Beispiele. Bei großem Interesse kann man auch gut dokumentierte Wege der Züchtung verfolgen (Alpenveilchen, Tomate, Kaninchen, Labormaus).

5. Das „Denken" von Linien. Aspekte von Evolution zu erfassen heißt Hineindenken, Finden und Ablesen von Linien in gegenwärtiges oder versteinertes Material. Das ist ein kreativer Prozeß, der schon jetzt vorgeübt werden sollte. Man nimmt ein (fast) beliebiges Material von gewisser Ähnlichkeit, etwa Steine aus einem Bach, Blüten von mehreren Bäumen, Blätter aus einem abgesteckten Gebiet, Muscheln oder Schnecken, aber auch Kopfbedeckungen oder Knöpfe. Die Aufgabe heißt: Ordnen unter dem Gesichtspunkt größtmöglicher nachbarschaftlicher Ähnlichkeit. Das Ergebnis sind eigentlich immer Stammbäume oder Verwandtschaftsreihen, die allerdings nicht so genannt werden sollten.

→ Natur: Regeln finden, Theorien bilden und verstehen
→ Naturwissenschaft im Lebensalltag, handwerkliche Betätigung

6. Sukzessionen. Evolution bemerken heißt, Zeitlinien und Verände-

Ökologie und Evolutionslehre gehören im Unterricht zusammen: Die Ökologie untersucht das gegenwärtige Zusammenwirken der Arten, die Evolutionslehre die Entstehungs60 geschichte der einzelnen Glieder. Oben: Laubstreuentnahme. Unten: Niederbringung eines Bohrstockes für ein Bodenprofil.

rungen bemerken. Das vollzieht sich in Umwelten. Insofern sind Sukzessionsexperimente gleichzeitig Übungen für die Ökologie und Evolutionslehre. Hier werden nur ein paar Beispiele aufgelistet, die im Ökologiekapitel etwas ausführlicher dargestellt werden. Sie reichen weit in die Sek.I hinein: die Besiedlung eines Gartenbeetes beobachten; die Besiedlung eines Felsens, Steinbruches o. ä. in eine Reihenfolge bringen; in eine Ansammlung von Baumstubben eine Reihenfolge des Besiedlungsalters bringen; die Verlandung eines Gewässers oder die Bildung eines Hochmoors erarbeiten. Im Grunde genommen bereitet dies die Erkenntnis vor, daß Evolution auch die Diversifizierung der Habitate bedeutet.

→ Arten, Ökosysteme, Landschaften
→ Vital- oder Lebenssinn, Zeitwahrnehmung
→ Natur beschreiben, ordnen
→ Natur beobachten, erforschen
→ Beiträge zum ökologischen Ganzheitsprinzip

7. Selbst Formen „entwickeln". Das Entwickeln einer neuen Form aus einer gegebenen erfordert viel Phantasie und übt das Gestaltwahrnehmen. Im einfachsten Fall entwickelt man aus einem Quadrat in mehreren Teilschritten einen Kreis. Oder man entwickelt aus einem ganzrandigen Blatt in mehreren Teilschritten ein gefiedertes. Schwierig ist, aus einer radiären Blüte eine bilaterale zu entwickeln. Immer ist die Aufgabe, zu Eckformen Zwischenformen zu zeichnen. Ein gutes Beispiel ist die Entwicklung der Orchideenblüte aus einer Lilienblüte oder das viel bescheidenere Thema, neue Chrysanthemenblüten zu entwerfen.

→ Vital- oder Lebenssinn, Zeitwahrnehmung
→ Naturgegenstände künstlerisch nutzen
→ Natur beobachten, erforschen

8. Ein Spiel: Suchen, Geben und Nehmen. Schüler dieses Alters spielen gern. So kann man einen Pappkarton mit vier Löchern versehen, durch die man in den Karton greifen kann. Eingelegt werden 10, 15 oder 20 Gegenstände ähnlicher Struktur, etwa Erbsen, Bohnen, Linsen, Kiesel, andere Samen, Plastikknöpfe. Jeder der vier oder mehr Mitspieler wählt sich eine Beute. Nun wird im Kreis gesammelt. Der Witz des Spieles ist der Umgang mit der falschen Beute. Der Spieler kann sie zurücklegen, wenn er das nächste Mal an der Reihe ist, oder sofort an den verschenken, der diesen Gegenstand sammelt. So entsteht ein Beziehungsgeflecht zwischen den Spielern, das unterschiedliche Grade von Konkurrenz und Kooperation umfaßt. Sobald der erste Spieler alle Gegenstände zusammen hat, wird das Spiel abgebrochen. Die Beutestücke werden zusammengezählt. Sinn des Spieles ist, daß man seine Beute durch Aufpassen, Betteln und Geschenke-Annehmen zusammenbringen kann.

→ Pflege sozialer Bezüge
→ Beiträge zum ökologischen Ganzheitsprinzip
→ Konfliktträchtige Themen und Situationen

9. Das „Allmendespiel" (Kattmann 1993). Eine große Wiese ist Allgemeinbesitz und wird gemeinsam beweidet. Nach dem Prinzip Eigennutz versucht jeder, eine Kuh mehr aufzutreiben. Was passiert? Wie soll man dem abhelfen? Die Schüler müssen sich damit auseinandersetzen, welche Fläche eine Kuh zur Ernährung benötigt und dann Regeln für die Beweidung aufstellen.

→ Pflege sozialer Bezüge
→ Beiträge zum ökologischen Ganzheitsprinzip
→ Konfliktträchtige Themen und Situationen

Ab Klasse 7

1. Das Problem der Artbreite, der „Variation". Hier geht es insbesondere darum zu erkennen, daß alle Arten mehr oder weniger variabel sind. Die Beziehung zwischen Standort und Gestalt muß dabei zunächst ausgeklammert werden. Es gibt ein paar für diese Arbeit besonders geeignete Objekte, z. B. das Gefleckte Knabenkraut, das mancherorts noch häufig ist, bei dem man die Lippenformen analysiert oder das Hirtentäschel als Gesamtgestalt. Arten mit Apomixis wie Löwenzahn oder Beifuß müssen herausgelassen werden, nicht dagegen Zierpflanzen. Ergebnisse lassen sich auch mit den Blättern von Buche und Eiche erzielen.

→ Naturgegenstände künstlerisch nutzen
→ Natur beschreiben, ordnen
→ Natur beobachten, erforschen

2. Die Umwelt prüft die Arten. Gleiches Erbgut reagiert auf unterschiedliche Umwelten unterschiedlich. Zur Vereinfachung der schwierigen Materie geht man vom Menschen aus und sät Radieschen einer Sorte (die genetisch ausreichend identisch sind) in verschiedene Erde. Die Gestalt der Radieschen kennzeichnet die Umweltwirkung. Oder man sät die Radieschen in gleiche Erde und stellt lediglich die Töpfe an verschiedene Standorte. So läßt sich auch mit Ageratum oder Buntnessel verfahren, deren Stecklinge man von einer einzigen Pflanze entnommen hat. Der Selektionsmechanismus wird bei diesen sehr kreativen, nicht sehr zeitaufwendigen Aufgaben deutlich.

→ Natur beobachten, erforschen
→ Beiträge zum ökologischen Ganzheitsprinzip

3. Die Veränderung eines Bauprinzips oder einer Verhaltenseinheit. Hier soll die Variationsbreite einer größeren Gruppe von Eigenschaften erforscht werden. Das zielt auf das Verständnis der Ökonische. Man wählt eine variable Gattung, etwa Iris (Vergleich der Staubgefäße), Orchis (Vergleich der Unterlippen), Taubnessel (Vergleich der Blütenformen) oder Drossel (Vergleich von Färbung, Gesang oder Nestbau) und vergleicht lediglich die hör- oder sichtbaren Erscheinungen, um vor allem die offensichtlichen Veränderungen zu einem gedachten Typus zu beschreiben. Auch das Verhalten ist für einen solchen Vergleich ergiebig, aber wohl immer vom Vorhandensein der Beobachtungsobjekte abhängig. Die Drosselarten, Tauben und Enten sind für solche Verhaltensausschnitte gute Beispiele. Will man das ökologischeVerhalten von Pflanzen einbeziehen, ist die Gattung Hahnenfuß zu empfehlen.

→ Natur beobachten, erforschen
→ Natur: Regeln finden, Theorien bilden und verstehen
→ Beiträge zum ökologischen Ganzheitsprinzip

Was bei Pflanzen die Wuchsorte sind, sind bei Tieren Ausschnitte aus dem Verhalten wie Gesang, Nestbau, Beutesuche.

4. Ein kulturelles oder technisches Problem evolutiv betrachten. Die Kultur hat sich nach Regeln entwickelt, die gern mit denen der biologischen Evolution verglichen werden. Auch hier wird die Beschäftigung mit einem Bereich herausbringen, daß ein Schritt auf dem anderen aufbaut. Ganz gute Untersuchungsobjekte sind der Buchdruck, die Zeitmessung, das Fernrohr, aber auch die Waffentechnik.

→ Vital- oder Lebenssinn, Zeitwahrnehmung
→ Natur: Regeln finden, Theorien bilden und verstehen

5. Größere Sukzessionsversuche. In dieser Altersstufe können die Experimente größer als in der vorigen angelegt werden. Man bricht ein Stück Wiese von ca. 100 – 200 m^2 um und beobachtet, welche Arten auftreten und welche sich auf Dauer halten. Das ist schon anspruchsvoll. Oder man sät in das umbrochene Stück eine Reihe von definierten Kultur - oder Naturarten ein und beobachtet exakt nur deren Verhalten. Nur scheinbar handelt es sich um rein ökologische Experimente. In Wirklichkeit gerät man über die Frage des Konkurrenzverhaltens mitten in Fragen der Evolution.

→ Vital- oder Lebenssinn, Zeitwahrnehmung
→ Natur beobachten, erforschen
→ Naturwissenschaft im Lebensalltag, handwerkliche Betätigung
→ Beiträge zum ökologischen Ganzheitsprinzip

6. Gestaltveränderungen nachgehen. Es geht um die Veränderung ei-

nes Grundmusters. Im weitesten Sinn gehört in dieses Thema auch das Sammeln von Metamorphosereihen, der Veränderung der Blattgestalt im Verlaufe einer Wachstumsperiode. Die Hahnenfußarten sind ein prächtiges Beispiel. Die Metamorphosereihen machen so etwas wie eine Zeitgestalt anschaubar, eine Veränderung der Gestalt in einem Zeitablauf. Eine andere Aufgabe, deren Durchführung aber ohne Lehrerhilfe nicht möglich ist, ist die Umbildung von Organen zu Ranken, Dornen oder Stacheln. Das Suchen und Sammeln der Pflanzenteile können die Schüler gut leisten.

Blattmetamorphose bei einer Skabiose. Die kreisförmige Anordnung sondert die Blüte aus der Entwiklung heraus

→ Vital- oder Lebenssinn, Zeitwahrnehmung
→ Naturgegenstände künstlerisch nutzen
→ Natur beobachten, erforschen
→ Beiträge zum ökologischen Ganzheitsprinzip

7. Mutationsformen sammeln. Dies macht die genetische Variationsbreite anschaulich. In Botanischen Gärten werden oft von unseren Waldbäumen Mutationen gesammelt (schlitzblättrig, rotblättrig, Trauer-, Pappelform usw.). Diese Formen sind auch Handelsgut der Baumschulen. Indem die Schüler diese Formen sammeln, wird ihnen

Blattmetamorphose bei einer Skabiose (Sc. lucida). Die aufsteigende Anordnung läßt die Blüte als „Ziel" der Entwicklung erscheinen.

die Plastizität eines Genoms zur Erfahrung, sie können sich auch Gedanken darüber machen, welchen „Vorteil" eine Mutationsform für die Art haben könnte. Ich habe für den Unterricht Mutanten von Birke, Buche, Eibe und Besenheide gesammelt und im Schulgelände angepflanzt.

→ Naturgegenstände künstlerisch nutzen
→ Natur beobachten, erforschen
→ Naturwissenschaft im Lebensalltag, handwerkliche Betätigung

8. Die Weizenentstehung als schulgemäßes Beispiel vieler Evolutionsprobleme. Unser Kulturweizen stellt ein Musterbeispiel eines züchterischen Vorganges mit Auslese, Mutation und Rekombination dar, denn er ist aus 3 Arten(!) aus 2 verschiedenen Gattungen gezüchtet worden. Der historische Verlauf ist heute geklärt. Da alle Stationen des Entstehungsweges normalerweise gegeneinander steril sind, läßt sich der Vorgang (bis zur unterschiedlichen Gewinnung der Körner) leicht anschaulich machen. Das Material ist zusammen mit einer Arbeitshilfe im Schulbiologiezentrum Hannover zu haben.

→ Natur: Regeln finden, Theorien bilden und verstehen
→ Naturwissenschaft im Lebensalltag, handwerkliche Betätigung

Auch der züchterische Weg der Kulturtomate ist in seinen Schritten weitgehend gesichert. Auch dazu wird das Saatgut im Schulbiologiezentrum geerntet.

9. „Evolutionsreihen nachvollziehen". Hierbei werden aus rezenten Arten Entwicklungslinien gebildet. Dabei wird deutlich, daß es sich auch in der Evolutionslehre um „gedachte" Zusammenhänge handelt, deren Realität lediglich durch eine Fülle von Indizien gesichert ist. Das Schulbeispiel sind die Reihen der Kakteen und Euphorbien. In Amerika haben sich aus voll beblätterten Kakteen über solche mit rudimentären Blättern Säulen- und Kugelformen gebildet. Die Arten, die jeweils eine Stufe symbolisieren, sind leicht zu beschaffen. In Afrika haben die Euphorbien eine völlig parallele Entwicklung durchlaufen. Auch sie sind relativ einfach zu beschaffen.

→ Vital- oder Lebenssinn, Zeitwahrnehmung
→ Natur: Regeln finden, Theorien bilden und verstehen
→ Beiträge zum ökologischen Ganzheitsprinzip

Ähnliche Reihen habe ich aus folgenden Familien gesammelt: Weingewächse, Seidenpflanzengewächse, Geranien, Korbblütler (Gattung Senecio) und Aizoaceen. Ein anderes Musterbeispiel habe ich aus der Gattung Peperomia zusammengetragen. Verfolgt wird, wie die Gattung dem Lichtüberfluß durch Ausbildung eines Lichtfensters begegnet.

Ab Klasse 11

Hier weitet sich der Begriff forschender Biologie insofern sehr weit, als in dieser Altersstufe auch die Ergebnisse der Wissenschaft zu hinterfragen sind. Die eigene Arbeit muß also immer in einen größeren Kontext eingebracht werden. Forschen heißt hier auch: Ergebnisse der Forschung verstehen und kritisch hinterfragen. Dazu lassen sich in der gebotenen Kürze kaum konkrete Beispiele beschreiben. Es sollen deshalb lediglich ein paar Komplexe aufgelistet werden, die für die Natur- und Umwelterziehung von großer Bedeutung sind: Ursachen für das Aussterben von Arten und die Artausrottung; Resistenzbildungen bei Bakterien durch Antibiotika und bei Insekten durch Insektizide; die Frage nach den möglichen Auswirkungen moderner genetischer Manipulationen auf die Evolution; die Rolle des Menschen auf unserem Planeten und die Bevölkerungsexplosion; gibt es überhaupt noch eine derzeitig wirksame Evolution der Arten?

Das Problem „Evolutionslehre und Weltanschauung". Das kann historisch geschehen, aber auch durch Untersuchung von Ausdrücken wie: genetischer Egoismus, Organismen als Überlebensmaschinen, Reproduktionsstrategien, Prinzip Eigennutz oder auch nur Kampf ums Dasein oder Überleben der Tüchtigsten.

Die meisten aufgeführten Arbeitsvorschläge ab Klasse 5 an bleiben selbst für die Klassen 11-13 ergiebig, sobald sie auf ein mathematisches Niveau angehoben werden. „Forschender Unterricht" in Evolutionsfragen meint in der Oberstufe vor allem Arbeit an den Quellen. Erst wenn das ausgiebig geschehen ist, sollte man in einer weiteren Stufe den Computer hinzunehmen.

Die Untersuchung von Gewässern ist ein nahezu unerschöpfliches Thema für forschende Schülerarbeit.

Der Beitrag der Ökologie zur Natur- und Umwelterziehung

Vorbemerkung

Noch vor 50 Jahren war „die Ökologie" unserer Region relativ intakt. Dann verstärkten sich die tiefgreifenden Eingriffe in die Landschaft: Straßenbau für die vielen Autos, Industriefelder für die großen Erntemaschinen, chemische Methoden für die Düngung, Unkraut- und Schädlingsbekämpfung bestimmten das Handeln. Die Landwirtschaft entwickelte sich zur industriellen Pflanzen- und Tierproduktion. Die in dieser Zeit sich kräftig entwickelnde Wissenschaft Ökologie arbeitete immer deutlicher heraus, daß eine tiefgreifende Beziehung zwischen dem Artbestand und dem Gleichgewicht einer Landschaft und ihrem Pufferungsvermögen gegenüber Kalamitäten einerseits und den Wirtschaftsformen der Landwirtschaft andererseits besteht: Die industrielle Großtechnologie veränderte die Kultur- und Naturlandschaft zu einer Art landwirtschaftlicher Fabrik. Suchantke (1993) weist darauf hin, daß die Art Mensch in einer offenen Savannenlandschaft entstanden sei und er diese Landschaft überall hergestellt habe, wo er seßhaft geworden sei. Auch unsere ursprüngliche Feldflur mit all ihrem Artenreichtum ist solch eine Art Savannenlandschaft, keine Steppe (!). Das Wirtschaften führte zu einer Anreicherung mit Kulturarten und in deren Gefolge mit fremdländischen Wildarten. Eine ganz neue Basis für eine kulturabhängige Evolution entstand. Wann begreifen wir das endlich auch als Chance? Der Artenschwund in unserer Region ist eine Folge der Zerstörung des gewachsenen Landschaftsmosaiks.

Allein die Art des menschlichen Wirtschaftens – nicht die Ausweisung von Naturschutzgebieten oder Flächenstillegungen – wird bestimmen, was aus der Artenfülle unseres Planeten wird. In unserer Region ist das Land heute verstädtert. Die Stadt hat sich zu allen Zeiten dem Land entfremdet. Die Freiheit des Gewerbes, der Kunst, der Verwaltung, des Individuums wurden erkauft durch die Ausblendung der Natur, wofür die Stadtmauer gleichsam ein Symbol ist. Alle Gegenbewegungen (Rousseau, Schiller, Goethe, Novalis, später die Jugendbewegung) konnten daran nichts ändern.
Nachdem wir heute die Städte nicht mehr ummauern, müssen wir die Natur vor dem Städter schützen, mit Schutzzäunen umgeben. Wir machen aus ihren Resten Museumsparzellen. Dies ist eine verhängnisvolle Entwicklung, denn sie legt den Gedanken nahe, auf den übrigen Flächen könnten wir weitermachen wie bisher.

Der Gegensatz von Natur und Kultur, von den Römern in die Sprache eingeführt, muß aufgehoben werden! Dafür können uns Indianer und andere „Primitivvölker"als Vorbild dienen, wie es Suchantke (1993) z. B. von den Kayapo beschreibt, denen sogar eine nachhaltige Nutzung der Regenwälder gelingt, wobei wohl der Baumbestand etwas verändert wird, das Ökosystem Regenwald aber insgesamt intakt bleibt (Niemitz 1991). Partnerschaft mit der Natur nennt Suchantke das anzustrebende Prinzip, nach dem aus Naturschutz Naturpflege werden müsse. In Kapitel 4 wurde diese Partnerschaft noch umfassender „Das Pflegerische" genannt. Gerade weil von uns Menschen ein Gegensatz von Natur und Kultur konstruiert ist , erweist sich das Pflegerische als allem Verhalten übergeordnet (Alt 1983, Altner 1991).

Die Ökologie im Rahmen der anderen Wissenschaften

Als Haeckel 1866 den Begriff „Ökologie" als die „Wechselbeziehungen aller Organismen, welche an einem und demselben Orte miteinander leben" (Haeckel Zit. n. Klötzli 1983) prägte, war nicht vorauszusehen, wie schnell und umfassend sich diese Wissenschaft insbesondere seit 1920 entwickeln würde. Wohl ist ihr Arbeitsbereich zu definieren, aber sie ist eine synthetische Wissenschaft - wie die Evolutionsforschung, die Kybernetik, die Ethologie –, die zwar eigene Forschungsfragen hat, die aber dennoch immer im Kontext zu anderen Wissenschaften steht. Oikos heißt der Haushalt, die Ökologie ist die Lehre vom Naturhaushalt.

Das Bild vermittelt insofern einen richtigen Eindruck, als auch zu einem menschlichen Haushalt Geräte gehören, Energie verbraucht wird, sich Stoffwechselvorgänge abspielen und alles zusammen untereinander ein kompliziertes Beziehungsgeflecht bildet. Auch ein menschlicher Haushalt kann im Gleichgewicht sein oder umkippen.

Denkt man sich die Ökologie als Zentrum aller Wissenschaften, so hat sie besonders enge Beziehungen zur Wissenschaft, die sich mit den Stoffwechselvorgängen beschäftigt (der Physiologie), zur Wissenschaft, die sich mit dem Bau und der Gestalt der Lebewesen beschäftigt (der Morphologie), zur Wissenschaft, die sich mit den erblichen Eigenschaften beschäftigt (der Genetik und der Evolutionslehre) sowie der Wissenschaft vom Verhalten der Pflanzen (Pflanzensoziologie) und Tiere (Ethologie). Ohne diese Wissenschaften kann die Ökologie nicht gedeihen (vgl. Klötzli 1983, Tischler 1984). Aber die Ökologie berührt weitere Bereiche: Die Land- und Forstwirtschaft, Gärtnerei, die Geographie, soweit sie sich mit den Landschaften beschäftigt, den Natur- und Umweltschutz, das Architektur- und Ingenieurwesen, die Bodenkunde, aber auch Medizin, Recht, Politik und Ökonomie. Schließlich müssen auch noch Soziologie, Physik, Chemie und Mathematik genannt werden (vgl. Klötzli 1983).

Die Ökologie versteht sich als Wissenschaft, die sich mit der Vernetzung von Strukturen beschäftigt und Methoden entwickelt, diese Vernetzung in Regeln zu fassen. Während die Medizin z. B. den einzelnen, individuellen Organismus zur Grundlage ihres Ganzheitsbegriffs hat, ist der Organismus der Ökologie das Ökosystem. Die Reaktionsweise eines individuellen Organismus auf Innen- und Außenreize, seine Fähigkeit, für sich ein Fließgleichgewicht herzustellen, wird dabei auf das Ökosystem und letztlich auf den Planeten Erde als Ganzes übertragen. Aus solchen vergleichbaren Vorstellungen entsteht 1. der Gesundheitsbegriff der Umweltlehre (Meyer-Abich) und 2. die Vorstellung von der Erde, der Gaia, als lebender Organismus, in der eher naturwissenschaftlich gefärbten Fassung von Lovelock oder der eher geisteswissenschaftlichen von Suchantke (1993).

Beide Vorstellungen wecken zunächst Hoffnung, die Ökologie könne Regeln für unser Verhalten formulieren. Sie kann es als Wissenschaft nicht. Dies ist der verhängnisvolle Irrtum der Ökologiebewegung. Sie kann durch ihre Denk- und Forschungsweise ganz allgemein vernetztes Denken üben, das auch für andere Bereiche nützlich ist, sie kann aber kein Wertsystem entwickeln, sondern lediglich vorhandene Wertsysteme argumentativ unterstützen. Das heißt: Ein intakter oder umgekippter Bach sind für die Ökologie als Wissenschaft gleichwertige Objekte. Erst die Wertentscheidung, daß der intakte Bach für die Gesellschaft oder mich persönlich einen höheren Wert als der umgekippte hat, nimmt den Inhalt der ökologischen Parameter in eine Ebene der Beurteilung auf, auf die alle Sollensvorschriften zurückgehen. Die Aufforderung nach einer Ökologisierung der Gesellschaft vernebelt, daß vor der Benutzung ökologischer Argumente eine Wertentscheidung getroffen werden muß wie: Artenreichtum ist zu erhalten, intakte Gewässer werden erwünscht, Ressourcen sollen langlebig genutzt werden, kleinflächige Landschaften sind gegenüber großflächigen zu bevorzugen.

Diese Meinung wird nicht von allen geteilt (z. B. Kleber 1993), wie es auch andere Gewichtungen der Ökologie gibt. Odum und Reichholf

Der Schulgarten ist auch für die ökologische Arbeit in den Klassen 4-6 ergiebig.

(Odum; Reichholf 1980) z. B. gehen vom Energiefluß aus und erweitern dadurch den Ökologiebegriff bis in den Großstadtbereich. Sie unterscheiden natürliche, sonnenangetriebene Systeme wie die Ozeane, den ungestörten Wald, auch Wüsten; natürlich angereicherte, sonnengetriebene Systeme, die von der Natur mit Material angereichert werden, vor allem regelmäßig überschwemmte Gebiete (Watt, Flußauen, Überschwemmungswälder); sonnengetriebene Systeme, die vom Menschen mit Zusatzenergie wie Arbeit und Dünger angereichert werden (alles Kulturland, also alle Felder, Wiesen, Gärten, Weinberge usw.); schließlich brennstoffgetriebene, städtisch-industrielle Systeme. Hier werden große Energiemengen umgesetzt, die entweder aus den drei ersten Typen stammen oder aus den Vorräten der Erde. Diese Betrachtungsweise erlaubt die Einbeziehung des wirtschaftenden Menschen in die Ökologie. Die Energiebilanz zeigt dann den katastrophalen Zustand der Stadt an, weil die Ausgleichsmöglichkeiten hoffnungslos überfordert sind. Selbst in dieser Gliederung liegen aber die Werturteile außerhalb der eigentlichen Wissenschaft.

Eine andere Richtung geht vom Prinzip des Regelkreises aus und versucht, deren Begriffe auf die Abläufe der Natur zu übertragen. Mäuse regulieren dann die Busssardpopulation, natürliche Baumhöhlen den Spechtbestand. Zur Verdeutlichung von Zusammenhängen ist dieses Verfahren sehr gut geeignet, in der ökologischen Wirklichkeit reicht es oft nicht aus, weil eine Art durch sehr unterschiedliche Faktoren reguliert werden kann: das Wetter, das Nahrungsangebot, Störungen, das Wohnungsangebot oder Konkurrenz. Man sollte also auch diese Betrachtungsweise nicht durch Einseitigkeit überfordern (vgl. Klötzli, 83).

Die Betrachtungsweisen, die ihren Untersuchungen den Energiefluß oder den Regelkreis zugrundelegen, ermöglichen zwanglos die Einbeziehung des Menschen und führen deshalb sehr dicht an Bewertungen heran und legen sie nahe; dennoch entwickeln sie selbst keine Normen oder Wertentscheidungen. Das können wir nur als einzelne oder als Gesellschaft tun. Warum diese Hervorhebung?

Möglicherweise hat uns die Inflation, die das Wort Ökologie in Begriffen wie Ökopolitik, Ökopädagogik, Ökologiebewegung, Ökoreligion erfahren hat, das Grundproblem eher verdeckt als verdeutlicht: Werte, Ziele, Normen, Verhaltensweisen, Handlungsmaximen müssen von Menschen gewollt und getragen werden; die Ökologie kann bei der Argumentation mit ihren Fakten mithelfen. Wir können uns also bestenfalls ökologiegeleitet verhalten, aber nicht ökologisch (Kleber 1993, Reichholf 1993, Suchantke 1993).

Im vorigen Abschnitt wurde eine besonders enge Verbindung zwischen der Ökologie und der Evolutionslehre sichtbar. Beide zeigen von einer einzigen Münze jeweils die andere Seite. Die Ökologie muß als Forschungsgrundsatz zunächst definieren, daß die Arten in ihren Bedürfnissen unveränderbar seien. Nur so lassen sich die Beziehungen der Lebewesen untereinander und die zu ihrem Lebensort einigermaßen verständlich beschreiben. Selbst dort, wo die Ökologie (wie etwa in der Sukzessionsforschung) Veränderungen in der Zeit erforscht, muß sie von der Konstanz der Arten ausgehen. Anders könnten ökologische Veränderungen wohl kaum deutlich gemacht werden. Die Evolutionsforschung dagegen geht von der Nicht-Konstanz der Arten aus. Beide Wissenschaften betrachten also vom gleichen Sachverhalt etwas andere Aspekte. Die Ökologie muß für erfolgreiche Forschung den Artbegriff starrer handhaben als die Evolutionsforschung; die Evolutionslehre dagegen muß – bis auf die eigentliche Selektionstheorie – den Umweltbegriff starrer handhaben, um Anpassung und Angepaßtheit zu verdeutlichen.

Welche Qualitäten sollen durch ökologische Arbeit entwickelt werden?

Schon Ende der Sechziger Jahre formulierten Lebens- und Umweltschützer in ihrem „Ludwigstein-Manifest“: „Die Quantität der erkannten Zusammenhänge bestimmt die Qualität des Denkens, die Quantität der berücksichtigten Zusammenhänge die Qualität des Handelns und Verhaltens des Menschen.“ (Winkel; Gürtler; Becker 1978). War diese Formulierung seinerzeit noch zukunftweisend, so ist doch heute deutlich geworden, daß es innerhalb der Quantitäten Qualitätsunterschiede gibt. Jede Entscheidung setzt voraus, daß ein Bewertungsmaßstab gebildet wird, also eine Rangordnung offengelegt wird, und jedes Argument mit diesem Maß gewogen wird. In diesem Zusammenhang wird deutlich, warum gerade ökologische Arbeit für den

Prozeß der Natur- und Umwelterziehung so wichtig, ja unersetzbar ist. Das soll thesenartig entwickelt werden.

1. *Nur durch praktische ökologische Arbeit kann die wichtigste Qualität der Ökologie entwickelt werden: das öko„logische" Denken.* Das ist Denken in Zusammenhängen, vernetztes Denken, Denken mit vielen Variablen (Göpfert 1988, Kleber 1993).
Diese These soll am Problemkreis Waldsterben verdeutlicht werden. Die einzelnen Baumarten reagieren offenbar unterschiedlich 1. auf das Schwefeldioxid, 2. die Stickoxide, 3. den Boden, 4. in ihren Altersphasen, 5. den Höhenlagen, 6. auf die Verteilung der Wetterlagen, 7. die Hauptwindrichtungen und 8. nach der Samenherkunft. Jede dieser Variablen hat Beziehungen zu allen anderen. Dabei sind nicht einmal alle Parameter genannt worden. Jeder Punkt steht mit jedem anderen in Beziehung. So entstehen 8 x 8 = 64 Beziehungen, ein fast unvorstellbares Geflecht! Stellt man sich einmal vor, daß ja alle Arten eines Lebensraumes am Beziehungsgefüge mitwirken, so wird deutlich, was die Eingangsthese meint.

Ökologisches Denken will unter der Oberfläche der Harmonie oder Disharmonie in einem abgegrenzten Lebensraum wenigstens zum Teil die Beziehungen und Abhängigkeiten aufdecken: Das meint z. B. die Bodenbedingungen, das Klima, die Abhängigkeiten der Pflanzen und Tierarten voneinander, die Energieflüsse und -bilanzen. Im einfachsten Fall geht es also um die Kreisläufe von den Stoffen zu den Lebewesen und von diesen zu den anderen Lebewesen oder den Stoffen zurück.

Je weniger Glieder und Faktoren einen solchen Lebensraum bestimmen, desto leichter gelingt das Denken in Zusammenhängen (z. B. Hochmoor, Mauer). Je stärker ein einziger Faktor den Lebensraum dominiert, desto leichter gelingt es ebenfalls (Abwassergraben, Watt, Arktis). Oft ist das Wirken des wirtschaftenden Menschen dieser dominierende Faktor.

2. *Ökologische Entwicklungen haben einen großen Freiheitsgrad.* Sie folgen zwar dem Prinzip von Ursache und Wirkung, sind aber dennoch diesem Prinzip nicht in einem technisch-mechanischen, sondern eher organismischen Verständnis unterworfen.

Ein Alltagsbeispiel: Eine Kohlmeisenpopulation wird von einem Tierfreund regelmäßig mit Leckerbissen gefüttert. Der Tierfreund stellt nicht einmal während der Brutzeit die Fütterung ein. So kommt es, daß die erste Generation der Schadinsekten kaum dezimiert wird und diese sich explosionsartig ausbreiten. Angenommen, unser Tierfreund wird Mitte April krank und muß die Fütterung einstellen. Nun verläuft die Entwicklung der Insektenpopulation anders. Oder es wird gespritzt ...

Es ist sehr wichtig, daß die bei Schülern vorhandene physikalisch-technische Vorstellung von Kausalität in eine ökologische (organismische) umgewandelt wird, die das mechanistische Denken überwindet. Ein Ökosystem ist kein Uhrwerk, keine Maschine; es ähnelt eher einem Organismus mit allen Eigenschaften des Lebendigen. Diese Erkenntnis kann zur Einsicht führen, daß all unser Tun und Unterlassen bedeutsame Wirkungen hinterläßt (Suchantke 1993).

3. *Ökologische Vorgänge sind von jeweiligen Konstellationen abhängig.* Leben ist ein Prozeß, in dem jeder Zustand aus dem gerade vorhergehenden hervorgeht (Schad, Suchantke). Man stelle sich dagegen ein Bügeleisen vor! Jedes kaputte Teil kann auch noch nach zwei Jahren Lagerung ausgetauscht werden; dann ist das Gerät wieder ganz, d. h. funktionsfähig. Wenn ein Chemieunfall wie etwa bei Sandoz in einem Fluß alles Leben auslöscht, melden physikalische und chemische Untersuchungen schon nach einer Woche wieder einwandfreies Wasser. Aber: Das Leben muß erst wieder einwandern, das Ökosystem muß sich erst wieder aufbauen. Dieser Prozeß ist nicht vollständig determiniert.

Haben z. B. in ein paar abgetrennten Buchten bestimmte Lebewesen die Katastrophe überlebt, sind sie jetzt in der Ausbreitung bevorteilt. Der Endzustand des neuen Prozesses muß nicht mit dem Vorzustand völlig übereinstimmen. Die völlig andere Wiederbesiedlung tropischer Regenwaldböden nach dem Brand ist hierfür das traurigste Beispiel.

Ich selbst habe Ende Oktober 1963 auf 5000 m^2 Fläche ein Sukzessionsexperiment auf glattgeschobenem, nacktem Boden begonnen. Im Frühjahr keimten Millionen Erlen, deren Samen im November von benachbarten Bäumen ausgefallen waren. Erlen keimen eben nur auf nacktem Boden. Dabei hätte der Boden einen Eichen-Hainbuchenwald hervorgebracht, deren Samenbäume ebenfalls in der Nähe standen. Wegen des nackten Bodens im Oktober dominierten die Erlen durch 30 Jahre den Bestand, ehe sehr langsam Eichen und Hainbuchen einwanderten.

Das Leben ist also auf eine ihm zugehörige Art mit der Zeitachse verbunden. Das gilt auch für die Evolution: Eine ausgestorbene Art wird von der Natur nicht noch einmal erfunden. Wir ahnen z. B. mühsam, daß das Ozonloch Zeichen für einen solchen unumkehrbaren Prozeß sein könnte.

4. *Die Ökologie erweitert den Organismusbegriff.* Für unsere Gesundheit gilt, daß wir uns als individuelle Gesamtheit in einem Gleichgewichtszustand oder Ungleichgewichtszustand befinden und höchstens für einen bestimmten Typ von Arzt zur „Leber“ oder zum „Blinddarm“ werden. Dies darf man auch für die Ökosysteme formulieren, die sich ebenfalls wie ein Gesamtkörper verhalten. Sie haben Stoffwechsel, Regulationsmechanismen, können Störungen abpuffern, ihren Gleichgewichtszustand wiederfinden oder umkippen, d. h. krank werden. Diese Begrifflichkeit schließt schon ein, daß es Sinn hat, ein Ökosystem gesund zu erhalten. In der Tat läßt sich auf der Grundlage eines umfassenden Gesundheitsbegriffes (vgl. Meyer-Abich, Lovelock) ein Wertsystem für die Gesundheit der Natur und der Umwelt aufbauen.

Wenn Künstler Seismographen für einen allgemeinen Paradigmenwechsel sind, so ist die Tatsache bedeutsam, daß viele derzeit den Gegensatz von Natur und Kultur für verhängnisvoll halten (vgl. Kap. 8). Diesem Gedanken begegnet man auch vielfach andernorts. „Der Mensch steht mit seinen Kulturen nicht außerhalb der Natur, sondern ist immer zugleich ihr Teil und ihr Gegenüber. Denn auch als Gegenüber, als gestaltendes kulturschaffendes Wesen, bleibt der Mensch jederzeit Teil der Natur" (Gropengießer, Kattmann 1991). So merkwürdig die Vorstellung anfangs sein mag: Die Biographie des Menschen gehört z. B. auch in den Biologieunterricht. Unsere gesamte Kultur ist Teil unserer Natur. Wir sind "von Natur aus ein Kulturwesen" (Gehlen). Das gilt es endlich einzulösen. Wir können nicht weiter so tun, als würde „die Natur" es ohne uns schon richten.

Wo denn kann man heute noch ursprüngliche Naturlandschaft besichtigen? Wesentliche Teile unseres Planeten sind erst als Kulturlandschaften artenreich geworden (z. B. die Savannengebiete, Teile des Mittelmeerraumes, die europäische Feldlandschaft) (Suchantke 1993, Vahle 1991). Die heutige Diskussion klagt uns Menschen mit Recht an, unterschlägt aber, daß die Vielfalt der Arten und ökologischen Kleinsysteme, deren Verschwinden wir bedauern, ein Werk der im wissenschaftlichen Sinne „unwissenden" Menschheitsepoche war. Nicht nur unsere derzeitige Naturauffassung ist einseitig, unsere Kultur hat ihre Verbindung zur Natur verloren. „Das Urbild der Beziehungen des Menschen zur Natur ist nicht die Wildnis, sondern der Garten. Im Garten ist Natur zugleich Kultur" (Gropengießer; Kattmann 1991). Das muß der Quellpunkt aller Schulgartenarbeit sein (vgl. Winkel 1986) und kann den Organismusbegriff erweitern helfen.

5. *Die Ökologie ordnet den Menschen in die Ökosphäre ein.* Wie die Geschichte dieses Prozesses verlief, beschreibt Vahle (1991), indem er darauf hinweist, daß z. B. in Nordwestdeutschland alle Dörfer im Grenzbereich von feucht und trocken entstanden seien. Er entwickelt daraus einen Kulturgradienten als Beschreibung der auftretenden Ökosysteme. In der Mitte, im Siedlungskern, findet er einen eutrophierten Bereich mit Gartenland und großem Trittrasenanteil. Darum schließt sich ein zweiter, ebenfalls gedüngter Kreis, der in der feuchten Zone aus zahlreichen Wiesengesellschaften gebildet wird, in der trockenen aus Getreidefeldern. Dieser Ring wird von einem ungedüngten umgeben, der in der feuchten Zone aus Sauerwiesen und Streuwiesen besteht, in der trockenen aus verschiedenen Typen Trockenrasen und/oder Heiden.

Dies Bild ist stark vereinfacht. Worauf es ankommt, ist, daß der kultivierende Mensch mit den Naturbedingungen eine Einheit bilden kann, was die Voraussetzung für Artenreichtum war. Natur und Kultur waren ursprünglich keine Gegensätze, sondern eine Einheit. Diese gilt es wiederzugewinnen. Es hat den Anschein, daß die Trennung in den Gegensatz von Natur und Wildnis einerseits und Kultur und Garten andererseits an unserer Umweltkatastrophe mitbeteiligt ist. Vor-

Schüler untersuchen die Laubstreu im Wald und in einem feuchten Bachtal.

aussetzung zur Gesundung unseres Planeten ist die Wiedergewinnung einer Handlungseinheit, in der Natur und Kultur nicht mehr als Gegensätze gesehen werden (s. auch Suchantke 1993, Reichholf 1993, Kattmann 1991). Wir finden bei den Römern den Gegensatz zu cultura: Landbau, die Pflege und natura: Wildnis, das Ungezähmte. Erst dieser Gegensatz ermöglicht es, die menschliche Kultivierungstätigkeit als Unterwerfung der Natur zu verstehen. Würden wir ökologiegeleitet denken, würden wir sehen, daß naturnah bewirtschaftete Landschaften artenreich geworden sind und lediglich die einseitig technischen Nutzungen (Holzeinschlag in der Lüneburger Heide, Holzgewinnung für den Kupferbergbau und Schiffsbau im Mittelmeerraum, die Wassernutzung im Euphrat-Gebiet) infolge ihrer Einseitigkeit Natur zerstört haben. Wenn Lovelock (1991) sagt, daß Gaia, die Erde, ohne den Menschen mit allem fertig werden würde, so muß man hinzufügen, daß dieser Mensch ebenfalls ein Produkt der Evolution ist. Er muß sich einfügen, er kannPartner werden. Das hat er vergessen.

Naturschutz darf und kann deshalb nicht unter Ausschluß des Menschen betrieben werden. Er ist als wirksamster Ökofaktor einzubeziehen. Dadurch bekommt die Ökologie eine völlig andere Farbe als z. B. die Systematik oder Morphologie. Der Mensch und seine Rolle im Naturhaushalt ist vielleicht das wichtigste Thema des Ökologieunterrichtes.

6. *Die Ökologie kann zum wichtigen Übungsfeld dafür werden, Sachverhalte von deren Bewertung zu trennen.* In der Einleitung wurde der pädagogische Dreischritt der Natur- und Umwelterziehung als Zurkenntnisnehmen, Bewerten und Handeln beschrieben. Er muß auch hier als wichtiges Ziel des Unterrichtes genannt werden. Hierzu ein schlichtes Beispiel:

Eine Schulklasse untersucht ihren Schulrasen auf Artenvielfalt – zoologisch und botanisch – und vergleicht ihre Erhebungen mit einer üppigen Bergwiese. Es ist nicht so, daß damit schon die Bewertung klar wäre; denn die Bewertung hängt von den Maßstäben ab:

- Ist größerer Artenreichtum überhaupt ein Wert?
- Genügen nicht die Bergwiesen zur Erhaltung des Artenreichtums?
- Muß mich das Problem überhaupt etwas angehen?
- Steht der Aufwand, der betrieben werden muß, überhaupt in einem Verhältnis zum Erfolg?

Es folgen aber auch sehr praktische Fragen, die die Wertung beeinflussen:

- Soll der Rasen betreten werden?
- Soll der Rasen als (Ball-)Spielplatz dienen?
- Soll der Rasen maschinell oder kann er von Hand gemäht werden?
- Kann man dem Rasen Pflegeruhezeiten gönnen?
- Kann man evtl. verschiedene Pflegezonen abteilen?
- Ist der Hausmeister willens und in der Lage, ein ökologisches Pflegeprogramm durchzuführen?
- Ist ein ökologisches Programm nicht zu teuer?

Es kann hier extrem unterschiedliche Bewertungen geben; man kann nicht sagen, es sei doch alles klar; dann hätten wir längst überall blühende Wiesen. Man muß also zu unterscheiden lernen: Das Ergebnis ökologischer Arbeit ist die Voraussetzung zur Bewertung. Die Konflikte in der Person und in unserer Gesellschaft (vgl. Kap. 10) entstehen insbesondere durch eine unterschiedliche Bewertung derselben Sachverhalte. Ein paar Fragen sollen das Bewertungsproblem weiter verdeutlichen:

- Welchen Wert hat das Edelweiß eigentlich für unsere Alpenflora? Könnten wir nicht auf das Edelweiß verzichten?
- Soll man für ein einziges Kranichpaar ein Riesenareal sperren, aus dem besser ein dringend benötigtes Naherholungsgebiet zu machen wäre?
- Welchen Sinn macht es, einen See für Motorboote zu sperren, deren Produktion doch zahlreiche Arbeitsplätze sichert?
- Ist die Werbung für ökologisch intakte Streuobstwiesen im Zeitalter des industriellen Obstanbaus überhaupt zu vertreten?

- Sollen wir uns und unsere Wäsche weniger waschen, weil dadurch die Flüsse sauberer bleiben?
- Macht es Sinn, bei uns für gefährdete Arten zu kämpfen, die es andernorts noch in Massen gibt?

Ob man sich mit der Luft, dem Wasser, den Arten oder einem speziellen Ökosystem beschäftigt, unweigerlich kommt man aus den Sachzusammenhängen auf kontroverse Bewertungsfragen. Diese gehören nicht zur Ökologie als Wissenschaft, wohl aber sind sie Zentrum der gesamten Natur- und Umwelterziehung. Sie sind andererseits auch nicht freischwebend zu erarbeiten, sondern nur im Zusammenhang mit realen ökologischen Projekten (vgl. Kap. 3).

Einige wichtige Grundbegriffe der Ökologie

Hier soll keine Einführung in die Ökologie erfolgen; dafür gibt es gute Bücher. Es sollen nur einige wichtige Grundbegriffe der Ökologie auf die Schule projiziert werden (unter Verwendung von Joger 1989, Klötzli 1983, Tischler 1984).

Autökologie und Synökologie. Die Autökologie beschäftigt sich damit, wie die einzelnen Arten in ihren Lebensraum eingepaßt sind. Sie wird damit zum wichtigsten Arbeitsfeld zwischen Klasse 2 und 7. Wie ist ein Kaktus an den Wüstenstandort angepaßt, ein Nadelbaum an die Winterkälte? Wieso können die Geophythen die kurze Zeitspanne zwischen Winter und Laubaustrieb nutzen? Wie sind die Pflanzen und ihre Bestäuber aufeinander bezogen, wie die Samen auf ihre Verbreitung? Wodurch können Insektivoren an kalk- und stickstofffreien Standorten gedeihen? Welchen Sinn hat der Winterschlaf bei Igel und Fledermaus? Wie paßt sich das Hermelin dem Jahreslauf an?
Es geht in der Autökologie also immer um die Angepaßtheiten an bestimmte Lebensbedingungen, z. B. an Wasser, Luft und Boden. Die Autökologie ist das wichtigste Thema der Monographien (vgl. Beispiel Mistkäfer, Kap. 5), die sich dann später auf allgemeinere Aussagen ausweiten, z. B. die Torpedoform der Wassertiere, die Schutzfarbe der Bodentiere, die Warntrachten. Der Begriff Autökologie muß für Schüler nicht auftauchen.

Die Synökologie will Ökosysteme als Gesamtheit erforschen, ihr Funktionieren, das Zusammenwirken der Teile. Bis Klasse 10 kann auf diesen Begriff verzichtet werden. Die folgenden Grundbegriffe der Synökologie sollten die Schüler jedoch fachgerecht verwenden.

Ein *Ökosystem* muß sich deutlich abgrenzen lassen. So darf man einen Blumentopf, eine Blumenvase, eine Schale Dickmilch ebenso als Ökosystem benennen wie eine Regentonne, Wasserpfütze, einen Weiher, See, Wald, eine Mauer. Das Ökosystem ist die Einheit der Ökologie. Es ist durch einen eigenen Stoffkreislauf definiert. Von Klasse 7 an sollte die Vokabel mit Inhalt gefüllt werden. Über das Licht, die Luft und die Niederschläge ist nahezu jedes Ökosystem aber auch von außen beeinflußt.

Als *Biotop* wird der unbelebte Teil eines Ökosystems bezeichnet, also alles, was mit Klima, Boden, Temperatur, dem Substrat zusammenhängt. Der Begriff sollte ebenfalls ab Klasse 7 eingeführt werden.

Die *Biozönose* wird von allen Pflanzen und Tieren gebildet, die einen Biotop besiedeln. Sie werden in der Regel weiter gegliedert in Produzenten, Konsumenten und Destruenten. Während Schüler die Beziehungen zwischen Produzenten und Konsumenten über das Räuber-Beute-Verhalten schon ab Klasse 5 verstehen, kann ihnen die Rolle der Destruenten erst ab Klasse 7 verdeutlicht werden.

Die Begriffe *Nahrungskette, Nahrungsnetz* können ab Klasse 5 eingeführt werden. Es wird empfohlen, auf den noch immer gebräuchlichen Ausdruck Nahrungspyramide zu verzichten. Dieser Begriff gibt zwar gut die trophischen Niveaus wieder, bewirkt aber leicht die Vorstellung einer bestehenden statischen Ordnung – ähnlich dem von Haeckel geprägten unausrottbaren Begriff des Stammbaumes. Aufgabe des Unterrichtes ist es, in der Vorstellung der Schüler Nahrungsketten zu -netzen zu verknüpfen.

Eine *ökologische Nische* ist gar keine räumliche Nische. Sie gibt die Rolle (den Beruf) an, die ein Lebewesen in einem Ökosystem ausfüllt. Wenn z. B. verschiedene Arten die Blattoberseite, die Blattunterseite oder die Rinde der Eiche ausbeuten, so gehen sie drei verschiedenen Berufen nach und besetzen drei verschiedene ökologische Nischen. Dieser Begriff ist erst Schülern ab Klasse 9 deutlich zu machen, noch später der Zusammenhang zwischen Nischenbildung und Evolution.

Als *Sukzession* bezeichnet man sowohl die Reihenfolge im Auftreten verschiedener Besiedler wie auch die Veränderungen, die sie bewirken. Bis Klasse 8 etwa kommt man mit dem schlichten Ausdruck Besiedlungsreihenfolge aus. Der Begriff ist nicht so wichtig wie die Erfahrung und Erarbeitung von Sukzessionen überhaupt.

Stoffkreislauf, Energiekreislauf. Bis etwa Klasse 7 kommt man gut mit dem bildhaften Begriff vom Stoffkreislauf zurecht, danach muß der abstraktere des Energiekreislaufes eingeführt werden. In diesem Zusammenhang ist das Eingehen auf die Primärproduktion besonders wichtig. Von ihr hängen alle folgenden Verbrauchsebenen ab, die man als Sekundär- oder Tertiärstufen oder fachlich richtig als Trophiestufen bezeichnen kann. Besonders wichtig ist die Einsicht, daß von jeder Stufe zur nächsten ein Energieverlust von ca 90 % eintritt. Aus 100 % Primärproduktion werden nur rund 10 % Sekundärproduktion: 100 kg Algen ergeben also 10 kg Wasserflöhe, diese 1 kg Kleinfische, diese 0,1 kg Hecht, die maximal bei uns 0,01 kg = 10 g Biomasse bilden. Diese Trophiestufen, die natürlich nur angenähert gelten, sind ein zentrales Thema der Ökologie, das aber erst oberhalb von Klasse 7 verstanden wird. Die Vokabel wird bisher nur in den weiterführenden Schulen benutzt. Ab Klasse 12 müssen Energiebilanzen erstellt und Regelkreisläufe entwickelt werden. Das geht in Eigenforschung nur sehr schwer oder gar nicht.

Als *Biomasse* bezeichnet man die in einem Ökosystem vorhandene Gesamtmenge an organischer Substanz. Sie ist im Wald sehr hoch und kann in einem See sehr klein sein, wenn die Mineralisierung sehr schnell verläuft. Da die Biomasse gleichsam die Sparkasse eines Ökosystems ist und die Produktion der Biomasse gleichsam die Plattform auf der alles andere Leben gründet, sollte der Begriff ab Klasse 8 eingeführt werden.

Fließgleichgewicht, ökologisches Gleichgewicht. Das ökologische Gleichgewicht besagt, daß in einem Ökosystem Produktion und Verbrauch im Gleichgewicht sind. Dieses Gleichgewicht ist nicht statisch; es ist labil und entsteht in jedem Augenblick neu. Deshalb hat man es auch Fließgleichgewicht genannt. Die einzelnen Populationen leisten in jedem Augenblick dazu einen etwas anderen Beitrag. Sie können sich in Grenzen vertreten. Die Einregulierung des ökologischen Gleichgewichtes erfolgt durch die vorhandenen Populationen. Kleine und große Umweltkatastrophen sind für die Ökologie Regulationsversuche der Ökosysteme. Letztlich ist „ihr Ziel", für das Ökosystem Erde einen neuen Gleichgewichtszustand zu erreichen durch Regulierung des Gleichgewichtsstörers Mensch. Ohne ihn wäre tatsächlich bald auf unserem Planeten ein neuer Gleichgewichtszustand erreicht. Aber auch der Mensch ist nur ein Glied der Evolution.

Schwierigkeiten forschender Schülerarbeit im Bereich Ökologie

Auch die naturwissenschaftliche Arbeit muß erlebt und erfahren werden, wenn sie durchschaut werden soll. Seit der Reformbewegung der

Bei Wasseruntersuchungen werden Schüler oft wieder zu Jägern und Sammlern

Zwanziger Jahre wird dafür geworben. Viele Lehrer sehen es zwar ein, aber es geschieht wenig. Es ist ähnlich wie im Umweltverhalten: Das Bewußtsein hat sich wohl geändert, aber am entschlossenen Handeln fehlt es (vgl. Al Gore 1992).
Ich bin fest davon überzeugt, daß nur eine radikale Bevorzugung forschender und damit handelnder Schülerarbeit den Grund legen kann, den wir auch für einen handelnden Umweltschutz benötigen. Ein Projekt „Vom Brachland zur Wiese", engagiert durchgeführt, wird nachhaltigere Spuren hinterlassen, als der statistische Vergleich von Arthropodenpopulationen zwischen Hausrasen und Bergwiesen, bei denen die Schüler weder eine Beziehung zu den Bergwiesen haben, noch eine Vorstellung von den Arten. Vor allem das „Drumherum" schafft Beziehungen zum Handeln, nicht so sehr das Faktenwissen. Das ist abstrakt schneller zu sammeln (Hedewig u. a. 1986, Schmitt 1924, Wagenschein 1980). Die meisten Lehrer fühlen das alles, manche wissen es; was hält uns eigentlich ab, die Schule in eine forschende Schule zu verändern (vgl. Eulefeld u. a. 1991 und Eulefeld 1992)?

Die Kollegen sagen, sie hätten nicht die Zeit dazu. Das stimmt insofern, als wirkliche Selbsttätigkeit nur auf Kosten der Menge an Inhalten möglich ist. So lange der Stoff nur für den Test gelernt und dann vergessen und gleichsam weggeworfen wird, muß man jedoch diese Art der Pädagogik als „Wegwerf-Pädagogik" bezeichnen. Ganz gewiß ist hier weniger, aber eigenes, mehr. Es wirkt bis ins Erwachsenenalter, weil es den ganzen Menschen erfaßt. Das bestätigen alle Schüler, die Lehrer hatten, die ihnen forschendes Tätigsein ermöglichten.

Die Kollegen sagen, sie hätten in der Ausbildung diese Arbeitsweise nicht gelernt, sie hätten nicht gelernt, wie man Gruppenarbeit initiiert, wie man die Klasse zusammenführt, wenn einem die Zügel zu entgleiten drohen, wie man auf Schüler reagiert, die sich bis in ihre Freizeit mit dem Thema identifizieren, wie man solche Arbeiten öffentlich macht, und vor allem würde ihnen die Artenkenntnis fehlen.

Das ist alles verständlich. Aber ist der Notstand unseres Planeten nicht eine Aufforderung, alle – wirklich alle! – Kräfte zu mobilisieren? Es geht schließlich nicht um ein neues Auto, sondern in allem Ernst um die Frage, ob und wie diese wachsende Menschheit überleben kann. Wie hältst Du es mit der Religion, fragt Gretchen Faust.

Ja, wie halten wir Lehrer es mit dem Einsatz für die uns anvertrauten Schüler, die ganz gewiß die Probleme lösen müssen und nicht mehr aussitzen können wie wir. Nur unser eigener Einsatz kann bewirken, daß die nächste Generation ein wenig von unser aller ökologischen Schuld abträgt.

Kann unzureichende Ausbildung da zum Argument werden? Viele Kollegen sagen, ihnen fehle die Artenkenntnis für diese forschende Arbeit. Müssen wir wirklich auf jede Frage vorher die Antwort wissen? Das Nichtwissen ist doch gerade der Ansporn, sich mit den Arten zu beschäftigen. Es gibt heute gute Literatur und bei Fachleuten viel Hilfsbereitschaft, so daß auch dies eigentlich kein trifftiger Grund ist.

Von anderen Kollegen hört man, das Ergebnis ökologischer Freilandarbeit sei in der Regel mager, und man könne es nicht benoten. Beides ist richtig. Wir könnten diese Tatsache aber auch zum Anlaß nehmen, unseren Unterricht zu hinterfragen. Die Dürftigkeit der Ergebnisse kann man auch dahingehend deuten, daß wir gewöhnlich über die Köpfe der Schüler hinweg unterrichten. Diese Erfahrung kann unser oft überzogenes Niveau korrigieren, und die Tatsache, daß wir handelnde Schülerarbeit wohl beschreiben, aber nicht in eine Notenskala pressen können, sollte uns erinnern, daß wir als Fachlehrer in der Schule auch Erziehungsaufgaben haben.

Oft hört man, die Umgebung verhindere es. Der Hausmeister beklagt sich über den Schmutz, der durch Freilandarbeit entsteht, die Kollegen klagen darüber, daß die Schüler unpünktlich sind. Überhaupt stellt forschender Unterricht die ganze Ordnung in Frage: Da geht ein Lehrer mit einer Halbklasse ins Museum, verabredet sich außerhalb des Stundenplanes am Nachmittag mit einer Gruppe in der Schule, was den Hausmeister zu einer Beschwerde beim Rektor veranlaßt, oder die Geräte stören die Putzfrauen, kurz: Der Ärger wartet an allen Ecken und Enden, sobald die Schüler wirklich aktiv werden. Aber die Frage ist, ob man ohne wirkliches Leben überhaupt Schule halten darf. Wenn wir nicht für die Schule, sondern fürs Leben lernen, muß man dieses auch zulassen, mit aller Fülle und allen Konflikten und – Freuden (Göpfert 1988, de Haan 1989, Schmitt 1926, Wagenschein 1980).

Was ist daraus zu folgern? Naturwissenschaftliche Forschung durch die Schüler erschließt ihnen als verantwortlichen Personen gleichzeitig die Verfahren der Forschung, die Inhalte und den Aussagewert. Sie kann zum Erlebnis werden. Die Ökologie ist für solche Vorhaben besonders geeignet, weil sie als Freilandforschung den Bedürfnissen der Schüler besonders entgegenkommt. Die Aufgaben müssen natürlich den altersgemäßen Kräften angepaßt sein (vgl. Kap. 5 und Hedewig 1986).

Deshalb sollten kleine, lokale Themen gewählt werden, die die Schüler bewältigen können. So weit wie irgend möglich sollte man dabei den Schülerinteressen entgegenkommen. Hierzu werden im folgenden Abschnitt einige Beispiele für die verschiedenen Altersstufen gegeben. Ich möchte noch einen weiteren Sachverhalt geltend machen: Auch bei der Gestaltung von Kunst überwinden wir den Dualismus von Fühlen und Denken durch Handeln im Gestalten. Das ist auch in der Ökologie so. Wird sie handlungsbezogen betrieben, pendeln wir immer um die Pole Fühlen und Erkennen. Dabei ist ökologische Feldarbeit schon dann handlungsbezogen, wenn sie nur mit der nötigen Offenheit nach Methode und Ergebnis betrieben wird.

Aufgabenbeispiele und Anregungen

Wie fruchtbar ist der Bereich Ökologie für forschende Schulbiologie! Die Schilderung von 40 Jahren Erfahrung ergäbe ein ganzes Buch. Nimmt man die Argumente des vorigen Abschnittes ernst, so sollte vor

Suche nach Wassertieren.

allem das Schulgelände zum Ort der Forschung werden, weil dessen Ausstattung oft zwar ökologisch arm, aber in der gesamten Bundesrepublik doch einigermaßen vergleichbar ist mit Sportfläche, Gehölzschutzstreifen, einigen Bäumen, einem Schulgarten und einigen Schmuckanlagen.

Durch diese rigorose Eingrenzung fallen viele organisatorische Probleme weg, die Artenfülle ist begrenzt, ein Pausenbezug ist möglich. Allerdings widerspricht diese Eingrenzung der in Kapitel 4 vorgenommenen Alterszuweisung ökologischer Arbeit. Ab Klasse 9 wurde Freilandarbeit außerhalb des Schulgeländes vorgeschlagen. Das bleibt richtig und wird hier lediglich von einer selbstauferlegten Eingrenzung überlagert.

Kindergarten bis Klasse 2

Die nachfolgend skizzierten Anregungen sind für die Ökologie lediglich vorbereitende Aufgaben.

1. Geschichten erfinden. Die Schüler werden beauftragt, zu einer Pflanze oder einem Tier des Schulgeländes eine Geschichte zu erfinden. Ob Märchen, Legende oder Krimi ist gleich. Die Hauptsache soll sein, daß bestimmte Teile des Lebewesens – Blatt, Blüte, Same oder Fuß, Zähne, Schwanz – eine Rolle in der Geschichte spielen.

→ Arten, Ökosysteme, Landschaften
→ Mit Sprache gestalten
→ Naturwissenschaft – allgemeine Bezüge

2. Fühlen. Von zwei Partnern werden einem die Augen verbunden. Er wird im Kreis gedreht, damit er die Orientierung verliert. Sodann wird er an eine interessante Stelle geführt, die er nun mit den Händen erkunden soll. Nachdem er wieder weggeführt wurde und ihm die Bin-

→ Prinzip der Verfremdung
→ Tasten und Fühlen
→ Natur beobachten, erforschen

de abgenommen worden ist, soll er die Stelle wiederfinden und wenn möglich beschreiben (vgl. Cornell 1979).

3. Mit einem Areal vertraut machen. Man legt einen gut sichtbaren Faden, einen Bindfaden oder gar ein dünnes Seil durch ein Areal. Längs dieses Fadens sammelt der Schüler Blätter und andere markante Gegenstände (mit drei Gegenständen beginnen und langsam die Zahl steigern). Diese Gegenstände soll der Schüler einsammeln und bei der Wiederholung des Weges dann genau dort wieder ablegen, woher sie stammen. Man erschwert das Spiel, wenn ein Zuschauer die Dinge wieder an ihren Ort legen soll.

→ Gleichgewicht und Orientierung
→ Naturwissenschaft – allgemeine Bezüge

4. Naturgegenstände als menschliche Figuren auf der Bühne. Man sucht in einem abgegrenzten Biotop Steine, Zweige, Blüten, Blätter, Schneckenhäuser oder auch Abfall. Sodann sucht man einen kleinen Platz, der eine Bühne ist oder den man als Bühne eingrenzt. Nun werden alle gesammelten Dinge mit einer Bedeutung versehen, z. B. als Kind, Vater, Mutter, Bauer, Polizist, Burg, Kirche, Wohnhaus. Auf der Bühne wird alles so zusammengestellt, daß sich daraus eine kleine Szene ergibt, die vom Kind bzw. Schüler erzählt wird.

→ Prinzip der Verfremdung
→ Kunst als Ganzheitsprozeß und Beitrag zur Personwerdung
→ Naturgegenstände künstlerisch nutzen

5. Leben beobachten und davon berichten. Die Kinder/Schüler erhalten den Auftrag, sich eine Stelle zu suchen, wo „etwas los" ist. Das kann ein Blatt mit Blattläusen sein, der Eingang eines Ameisennestes, ein Stein, unter dem sich Asseln und Schnurfüßer bewegen. Sie sollen sich zunächst selbst ansehen, was da los ist, dann sollen sie es erzählen und schließlich den Mitschülern zeigen.

→ Mit Sprache gestalten
→ Natur beobachten, erforschen

6. Strauß aus Löwenzahn. Aus Löwenzahnblüten bindet man einen schönen Strauß. Wenn man am nächsten Tag nachsieht, sind alle Blüten geschlossen. Die Suche nach dem Sinn kann beginnen.

→ Natur beobachten, erforschen

7. Wettpusten mit Löwenzahnsamen. Von einer Startlinie (evtl. im Klassenzimmer) aus pusten die Schüler die Fallschirme weg und markieren ihre Landeplätze. Dies ist ein sehr variables Spiel: Man kann z.B. jeden Landeplatz durch ein Kreuz markieren oder auch eine richtige Löwenzahnrosette auflegen.

→ Naturwissenschaft im Lebensalltag, handwerkliche Betätigung

8. Raupen-Metamorphose. Von Brennesseln die schwarzen Raupen reinholen, füttern, beobachten und die gesamte Metamorphose verfolgen.

→ Vital- oder Lebenssinn, Zeitwahrnehmung
→ Natur beobachten, erforschen

9. Zweige zum Treiben bringen. Im Februar Forsythien, Kirschen und Kastanien (nur kleine Zweige nehmen!) reinholen und in Wasser treiben.

10. Herbstblätter. Herbstblätter sammeln und nach verschiedenen Gesichtspunkten ordnen, pressen und aufkleben (z. B. nach Arten, nach Rot-, Gelb-, Grünfärbern, nach dem Verfärbungsprozeß der Arten usw.).

→ Naturgegenstände künstlerisch nutzen
→ Beiträge zum Evolutionsdenken

11. Figuren. Aus Äpfeln, Eicheln, Kastanien, Hagebutten usw. Figuren machen.

→ Naturgegenstände künstlerisch nutzen

12. Vogelnester beobachten. Aus gehöriger Distanz ein Amselnest, einen Meisenkasten beobachten.

→ Natur beobachten, erforschen
→ Konfliktträchtige Themen und Situationen

13. Bienen markieren und beobachten. Das Folgende ist für Schüler/Kinder wirklich verblüffend: Man tupft Bienen und Hummeln einen kleinen Farbklecks auf den Rücken und beobachtet, ob sie am anderen Tag wieder auf den gleichen Blüten erscheinen (und kann sie in der Tat meistens wieder begrüßen).

14. Die Entwicklung von selbst gepflanzten Pflanzen verfolgen. Tulpen, Hyazinthen, Krokus pflanzen (evtl. in Töpfe) und ihre Entwicklung verfolgen, ebenso bei gesäten Samen oder selbstgepflanztem Salat. Auch das Legen einer Kartoffel ist empfehlenswert.

→ Vital- oder Lebenssinn, Zeitwahrnehmung
→ Natur beobachten, erforschen

Klasse 3 und 4

Auch für diese Altersstufe kommen noch keine Biotoparbeiten im strengen Sinn in Frage.

1. Gegensatzsammlung. Man läßt die Schüler im Schulgelände eine Stelle auswählen, auf der viele Pflanzen einer Art stehen: Lege von dieser Art eine Gegensatzsammlung an, indem du das größte, kleinste, verzweigteste, unverzweigteste usw. Exemplar sammelst. Vielleicht gehören dazu auch Pflanzen der gleichen Art, die in der Sonne oder im Schatten gewachsen sind. Presse die Pflanzen, notiere ihre Besonderheiten. Alle Pflanzen, die die Mitschüler gesammelt haben, kann man in einem Buch zusammenstellen, wenn man sie auf dem Fotokopierer ablichtet.

→ Pflege sozialer Bezüge
→ Naturgegenstände künstlerisch nutzen
→ Natur beobachten, erforschen

2. Pflanzenverfremdung. Es werden zwei Gruppen gebildet. Die Schüler der einen Gruppe suchen sich eine Pflanze und verfremden diese, indem sie falsche Blätter, Blüten, Dornen anmontieren. Dabei dürfen die anderen natürlich nicht zusehen. Nun muß die andere Gruppe die Fehler suchen. Danach wird das Spiel umgekehrt. Man braucht dazu Stecknadeln, schwarzen Zwirn und evtl. Tesafilm.

→ Pflege sozialer Bezüge
→ Prinzip der Verfremdung
→ Natur beobachten, erforschen
→ Konfliktträchtige Themen und Situationen

3. Benennung von Pflanzen. Man wählt ein kleines Gebiet aus, in dem sich die Schüler wie Adam nach der Schöpfung verhalten sollen: Sie sollen für jede Pflanze einen Namen erfinden. Aber sie sind ein moderner Adam, der schreiben kann. Sie notieren zunächst die Eigenschaften einer Pflanze. Darunter setzen sie den erfundenen Namen. Den Mitschülern nennen sie als erstes den Namen und danach die Eigenschaften, an denen man die Pflanze wiedererkennen kann. Mindestens für einen Schultag gebrauchen alle Schüler die neuen Namen.

→ Prinzip der Verfremdung
→ Gedankenwahrnehmung, Begriffs- und Vorstellungssinn
→ Menschwerdung durch Sprache und Sprechen

4. Samen zählen. Man wählt im Schulgelände eine gut erkennbare Wildpflanze und zählt ihre Samenproduktion aus. Das stößt natürlich auf Schwierigkeiten. Deshalb muß man Schätzmethoden entwickeln.

→ Natur beobachten, erforschen

5. Der „Ameisenweg". Man sucht sich eine Stelle im Schulgelände, an der man sich auf den Bauch legen kann und darf, nimmt sich eine Lupe und geht nun mit Hilfe derselben den Ameisenweg. Die Schüler müssen sich dazu in eine imaginäre Ameise hineinversetzen und unter dieser Vorstellung eine Wegstrecke von 20–50 cm Länge beschreiben – mündlich, besser aber später auch schriftlich.

→ Prinzip der Verfremdung
→ Konzentrationsübungen, meditative Elemente
→ Menschwerdung durch Sprache und Sprechen
→ Natur beobachten, erforschen

6. Ideale Wachstumsreihe. Man sucht sich eine gut erkennbare Wildpflanze z. B. von einem Gartenbeet und sammelt davon junge bis alte (kleine, mittlere und große) Exemplare, die man dann in eine ideale Wachstumsreihenfolge bringt. Die Reihe kann man pressen, ablichten oder durch Zeichnen weiterbearbeiten.

→ Vital- oder Lebenssinn, Zeitwahrnehmung
→ Naturgegenstände künstlerisch nutzen
→ Natur beobachten, erforschen

7. Weitere Anregungen: – Man legt mit den Schülern einen Jahreszeiten-Blütenkalender an. – Man sät im Schulgelände heimlich ein paar Samen aus, etwa Radieschen oder Getreide in ein Blumenbeet. Was wird daraus? – Man pflanzt auf dem Kompost einen Kürbis und verfolgt dessen Wachstum durch den Jahreslauf. – Wie in der vorigen Klassenstufe treibt man Zweige oder Zwiebeln, begleitet aber das Wachstum durch Zeichnungen. – Man geht der Frage nach, wer alles an den Apfelbäumen frißt und von ihnen lebt. Pilze muß man ausklammern. – Man stellt im eigenen kleinen Gärtchen Beobachtungen an, z. B. sammelt man Sonnenlämmchen und setzt sie auf Blattlauskulturen aus, oder man beobachtet Ameisen in Blattlausansammlungen. – In ein Blumenbeet mit Bienenflug setzt man einen zusammengebundenen Blütenstrauß mit einem daran montierten Schälchen mit Zuckerwasser. – Man pflückt Jahreszeitensträuße.

Klasse 5 und 6

In dieser Altersstufe kann und soll man die Schüler in die einfachsten Techniken ökologischer Arbeit einführen.

1. Aufnahme des Pflanzenbestandes. Man baut z. B. aus Leisten einfache Rahmen von 50 x 50 cm Kantenlänge. Diese legt man in einen Pflanzenbestand, der sich noch überschauen läßt, z. B. den Wildpflanzenbewuchs eines Gartenbeetes. Die „Aufnahme" des Bestandes kann in zwei Schwierigkeitsstufen erfolgen: (1) Jede Pflanzenart wird durch ein Symbol gekennzeichnet, ihr Wurzelpunkt wird auf dem Pa-

→ Natur beschreiben, ordnen
→ Natur beobachten, erforschen
→ Naturwissenschaft im Lebensalltag, handwerkliche Betätigung

Schüler gehen mit Hingabe „den Ameisenweg".

Schüler bei der Aufnahme eines Pflanzenbestandes. Die ökologische Arbeit führt oft auf Fragen der Evolutionslehre.

pier markiert. (2) Jede Pflanzenart wird durch eine Signatur gekennzeichnet. Auf das Papier wird aufgetragen, welche Fläche sie bedeckt. Die erste Methode führt lediglich zur Aufnahme der Arten, die zweite führt zum Schätzen der prozentualen Flächenbedeckung, ökologisch Artmächtigkeit genannt.

2. Pflanzenwuchs und Bodendichte. Man wählt z. B. im Schulrasen einen Trampelpfad, auf dem Sportplatz den Torraum: Gebiete, in denen bestimmte Bodenareale durch Tritt verdichtet sind. Nun baut man sich einen Bodendichtemesser: In einen Besenstil wird am unteren Ende ein möglichst langer Nagel eingepaßt (Loch bohren, von einem langen Nagel das Ende absägen, so einpassen, daß er fest sitzt und ca. 10 bis 12 cm aus dem Stiel herausragt). Man läßt diesen Stab aus je gleicher Höhe an verschiedenen Stellen fallen. Die Eindringtiefe ist das Maß für die Bodenverdichtung, die man aufzeichnet und mit dem Pflanzenwuchs in Beziehung bringt (Löwenzahn, Gänseblümchen, Wegerich, Vogelknöterich).

→ Natur beobachten, erforschen
→ Natur: Regeln finden, Theorien bilden und verstehen
→ Naturwissenschaft im Lebensalltag, handwerkliche Betätigung

3. Temperaturmessungen. Man wählt im Gelände einen Abschnitt, der sowohl eine schattige wie sonnige Fläche umfaßt – also große Temperaturgegensätze aufweist. Durch den Abschnitt legt man eine gedachte Linie, auf der man die Temperatur in drei Höhenschichten mißt: die allgemeine Lufttemperatur, die Temperatur unmittelbar auf dem Boden, die Temperatur in 10 cm Bodentiefe. Hierfür benötigt man als Geräte Luft- und Bodenthermometer. Am besten erarbeitet man die Unterschiede an einem sonnigen Tag. Vorsichtig stellt man Beziehungen her; wichtig vor allem ist jedoch das Erlernen der Meßmethode.

→ Natur beobachten, erforschen
→ Natur: Regeln finden, Theorien bilden und verstehen

4. Arbeit mit Pflanzenpressen. Auch die Arbeit mit der Pflanzenpresse muß erlernt werden. Gut wäre, wenn sich jeder Schüler selbst eine Pflanzenpresse aus zwei Spanplatten, die an den Ecken durchbohrt und mit vier Schloßschrauben versehen werden, baut. Der Lernprozeß sollte umfassen: das richtige Einlegen, Überprüfen nach einem Tag, evtl. das Festkleben oder Aufziehen und Beschriften.

→ Naturgegenstände künstlerisch nutzen
→ Natur beschreiben, ordnen
→ Naturwissenschaft im Lebensalltag, handwerkliche Betätigung

5. Ortsangepaßte Pflanzen. Jeder Schüler erhält den Auftrag, sich eine für ihn besonders auffällige Pflanze zu wählen und herauszubringen, warum sie gerade an ihrem Ort wächst. Das Warum meint die Angepaßtheiten. Gut geeignet sind: Löwenzahn, Wegerich, Vogelknöterich, Kleblabkraut, Brennessel ...

→ Natur beobachten, erforschen

6. Weitere Anregungen: Von verschieden alten Komposthaufen oder Stellen im Kompost eine Probe auf ein grobes Sieb geben, darunter eine weiße Schale stellen und beobachten, was alles in die weiße Schale fällt bzw. hineingefallen ist. – In einem Wasserbecken oder Regenfaß die Lebewelt untersuchen. Dazu muß man u. U. das Mikroskop zu Hilfe nehmen, was manchen Schülern dieser Altersstufe noch schwerfällt. – Wer lebt eigentlich von wem? Man beginnt mit irgendeinem tatsächlich gefundenen Tier und baut Freßreihen, die sowohl nach oben wie nach unten und seitlich verlängert werden. – Man füllt verschieden große Schalen mit gleicher Erde, stellt sie uneingegraben auf, beobachtet die Besiedlung unter der Frage, wodurch wohl in den einzelnen Schalen die Besiedlung begrenzt werde. – Man legt von ausgewählten Gebieten zunächst ganz naiv Artenlisten an, etwa vom Moor, vom Steinbruch, vom Strand (sowohl Pflanzen wie Tiere) und ordnet diese

Dieser Baumstubben ist eine Fundgrube für den Ökologieunterricht.

nach eigenen Kategorien. –Man läßt ein Gartenbeet von einem bestimmten Zeitpunkt an liegen und beobachtet die Sukzession. –Man sammelt von einer ausgewählten Pflanzenart (z. B. Springkraut, Hirtentäschel) Sonnen- und Schattenexemplare. –Wie in Klasse 4 stellt man einen Blütenkalender her und stellt Jahreszeitensträuße auf. Die Durchführung erfolgt lediglich anspruchsvoller. –Man erarbeitet in einem Ökosystem die Zahl der Pflanzen- und Tierarten. Das bedeutet, daß man die verschiedenen Arten irgendwie mit Ziffern, Symbolen oder dergl. bezeichnet. Dies ist dadurch eine Vereinfachung, als die richtige Bestimmung oft sehr schwer ist. –Von einer geeigneten Pflanze legt man die Blätter genau in der Reihenfolge ihres Wachstums auf, von den Keimblättern bis zur Blüte. Das Sichtbarmachen der Veränderung in einem Zeitverlauf ist eine Vorübung zur Reihenbildung bei Evolutionsprozessen. –Indianertexte und -gebete. Aus diesen Texten läßt man die uns gegenüber andere Art des Umganges mit den Gaben der Natur herausfinden.

Klasse 7 bis 9

In dieser Altersstufe treten handwerkliche und fachliche Gesichtspunkte in den Vordergrund. Die Arbeiten sind zeitaufwendiger als in den vorhergehenden Altersstufen. Sie sind auch ortsspezifischer und erfordern gründlich vorbereitetes Material und Werkzeug. Dann sind durchaus fachliche Aufgaben wie die folgenden zu bewältigen:

1. Standortbedingungen ermitteln. Man sucht sich im Schulgelände eine verhältnismäßig einheitliche Stelle aus, etwa am Rande des Schulrasens oder sogar ein Gartenbeet. Hier nimmt man zunächst den Artenbestand den Namen nach auf. Es ist nicht schlimm, wenn einige Arten fehlen, vor allem solche, die nur einmal vorkommen. Nun schlägt man in der Literatur (Ellenberg 1979 oder Dorn o. J.) die Zeigerwerte nach, also den Feuchtewert, die Reaktionszahl, Lichtwert, Temperaturwert, Stickstoffzahl. Die Werte aller Arten kann man addieren und mitteln und erhält so eine grobe Beschreibung der Standortbedingungen. In einer verbesserten Fassung kann man die Artendichte berücksichtigen (vgl. Schulgartenhandbuch 1990).

→ Natur beobachten, erforschen
→ Natur: Regeln finden, Theorien bilden und verstehen

2. Habitatbau. Genaue Anleitungen sind wiederum dem Schulgartenhandbuch zu entnehmen. Hier folgen nur Aufzählungen: – Der Bau von Nistkästen für Vögel sollte außer den nicht bedrohten Höhlenbrütern auch seltenere umfassen: Schwalben, Eulen, Baumläufer. – Sommerhöhlen für Fledermäuse, die von den Schülern gebaut werden, geben guten Anlaß für Beobachtungen. – Blumentöpfe mit Holzwolle sind Unterschlupf für die nützlichen Ohrenkäfer. – Konservendosen mit Strohhalmen sind für die verschiedensten Insekten geeignet. – Holzklötze mit Bohrungen in verschiedener Dicke locken Solitärbienen an, ebenfalls Lehmwände mit eingebrachten Bohrungen. – Reisighaufen, Steinhaufen, Benjeshecken sind weitere Beispiele solcher handwerklich-ökologischen Arbeit. – Selbstverständlich gehört auch die Anlage eines Feuchtbiotops zu den empfehlenswerten Anregungen.

→ Natur beobachten, erforschen
→ Naturwissenschaft im Lebensalltag, handwerkliche Betätigung

Der Fang eines kleinen Fischkutters stößt anfangs auf zögerndes Interesse. Das wird sich schnell ändern!

3. Forschungsanlaß Rhododendron. Sogar ein alter Rhododendronbusch kann zum Forschungsanlaß werden. Man bringt im Abstand von 50 oder 75 cm von der Verzweigungsstelle (muß jeweils erprobt werden) eine Erdbohrung mit Hilfe des Bohrstockes nieder. Nun entnimmt man aus verschiedenen Bodentiefen eine Probe und bestimmt die Reaktionszahl, den pH-Wert. Aus mehreren Bohrungen erhält man gleichsam plastisch die Reaktionswerte um den Busch. Dies ist eine Vorübung für Arbeiten an den Regenablaufrinnen der Waldbäume, durch die der Boden vom sauren Regen oft extrem angereichert ist.

→ Natur beobachten, erforschen
→ Naturwissenschaft im Lebensalltag, handwerkliche Betätigung

4. Den Zerfall, das Vergehen als Grundlage für neues Leben erfahren. Das bedeutet eine Beschäftigung mit vergehenden Baumstämmen, Stubben, Pflanzenresten, aber auch mit den „peinlichen" Resten wie Tierleichen, Kot usw. Die Erfahrung, daß das Vergehen Voraussetzung für den Kreislauf des Lebens ist, ist durch nichts zu ersetzen. Die heile Welt ist Werden und Vergehen (Goethe: Der Tod ist der Kunstgriff der Natur, viel Leben zu haben). Die Spannweite der Arbeit reicht vom einfachen Sammeln der Zerfallsreihen über die Fotodokumentation bis zur Untersuchung der Artenreihenfolge bei der Zersetzung.

→ Vital- oder Lebenssinn, Zeitwahrnehmung
→ Naturgegenstände künstlerisch nutzen
→ Natur beobachten, erforschen
→ Natur: Regeln finden, Theorien bilden und verstehen

5. Von möglichst vielen Dingen Werden und Vergehen dokumentieren. Das beginnt bei einem Stück Papier und reicht über die Coladose bis zum Auto oder anderen technischen Produkten. Die Forschung kann dadurch erweitert werden, daß die Auswirkung auf die Umwelt (Wasserverbrauch, Energieverbrauch, Belastung der Luft usw.) herausgearbeitet wird.

→ Rohstoffe, Vorräte Ressourcen
→ Vital- oder Lebenssinn, Zeitwahrnehmung
→ Naturgegenstände künstlerisch nutzen
→ Natur beobachten, erforschen

6. Einige weitere Anregungen: Mit Schülern dieser Altersstufe kann man durchaus eine ganze Reihe von Biotopwerten erarbeiten: Klimawerte (Makro- und Mikroklima), Bodenwerte und Bodenzusammensetzungen. – Wenn man den Begriff Nahrungskette eingeführt hat, lassen sich dazu im Schulgelände anschauliche Reihen bilden. Jedoch führt man sie immer noch am besten von einer Baumart oder Pflanze zu den anderen Gliedern. – Sukzessionsexperimente sind ganz besonders für diese Altersstufe wichtig. Obgleich das Interesse an Tieren immer größer ist als an Pflanzen, sind sie aus vielerlei Gründen an Pflanzen leichter zu erforschen als an Tieren, bei denen allein die Artbestimmung schon ein fast unüberwindliches Hindernis ist. – Mit Erfolg lassen sich schon in dieser Altersphase Biomassenbestimmungen durchführen, wenn man davon ausgeht, daß man die Pflanzen im frischen Zustand wiegt und nicht trocknet. Das ist deshalb eine wichtige Erfahrung, weil alle gestörten Flächen (als solche müssen wir unsere Äcker definieren) zunächst in der Produktion ihrer Biomasse explodieren und unsere Landwirtschaft auf diese Initialflächen eingestellt ist.

Ab Klasse 10

Hier können aus Platzgründen nur einige Arbeiten angedeutet werden, von denen bekannt ist, daß sie mit Erfolg durchgeführt wurden.

1. Nahrungsnetz Apfelbaum. Hat man im Schulgelände ein paar alte Apfelbäume, gibt es genug Hilfen, daß man wenigstens ansatzweise das komplizierte Nahrungsnetz Apfelbaum erforscht.

→ Vital- oder Lebenssinn, Zeitwahrnehmung
→ Arten, Ökosysteme, Landschaften
→ Natur beobachten, erforschen

Hierin sind die Pilzerkrankungen und einige von den vielen Apfelspezialisten einzubeziehen. Hingewiesen sei auf die Schrift „Apfelbäume im Schulgelände" von G. Becker aus dem Schulbiologiezentrum Hannover. Sie kann als kopierfähige Vorlage bezogen werden.

2. Anlegen einer Wiese. Ein anderes Projekt wäre die Anlage einer zweischürigen Wiese aus einer Brache oder einem Rasen. Das Anlegen und Verfolgen führt schon in einem Jahr zu schönen ökologischen Ergebnissen. Indem die Schülerforschungen buchartig dokumentiert werden, können sie für die Folgejahrgänge die Basis für die Ausgangsarbeit abgeben. Man kommt auf etwa 100 durchlaufende Pflanzenarten, Tierarten sind es mehr, aber man muß dabei ohnehin wegen der schweren Bestimmbarkeit vereinfachen.

→ Naturwissenschaft im Lebensalltag, handwerkliche Betätigung

3. Wassergüte bestimmen. Ist ein kleines Gewässer vorhanden, sollte man einmal ein ganzes Jahr hindurch eine chemische und biologische Wassergütebestimmung durchführen. Man wird auf Werte stoßen – insbesondere während des Laubfalls im Herbst –, die zu neuen Fragestellungen führen. Ist das Gewässer etwas größer, ergeben sich sogar Meßunterschiede in den einzelnen Regionen.

→ Beiträge zum ökologischen Ganzheitsprinzip

4. Das Schulgelände floristisch und faunistisch anreichern. Als Hilfe sei wiederum auf das Schulgartenhandbuch hingewiesen. Das wichtigste für diese Altersstufe ist die Dokumentation der Arbeit und der weiteren Verläufe.

5. Gesundungsprozeß verfolgen. Man stellt Maurerkübel auf, füllt sie voll Wasser, läßt sie vier Wochen lang besiedeln, bringt sie dann durch definierte Mengen Zugabe an Milch, Blut oder Kuhfladen zum „Umkippen" und verfolgt chemisch messend und mit Hilfe des Mikroskopes, wie sich sehr langsam wieder ein Gleichgewichtszustand einstellt.

6. Im Schulgelände von ausgewählten Tierarten die ökologische Nische, den Beruf in einem Ökosystem, erforschen und beschreiben. Die Aufgabe ist schwer und gelingt meist nur unter Beteiligung von Experten.

7. Methoden zum Erfassen der Natur. Sehr attraktiv ist ein Forschungsvorhaben, in dem man die verschiedenen Weisen des Umganges mit der Natur erprobt und zwar sowohl nach dem Ergebnis wie nach dem Erlebniswert. Beispiel sei eine Schale mit Gemüse und Früchten. Auf eine Phase der sinnlichen Wahrnehmung folgt vielleicht eine Meditation, ihr der Versuch der künstlerischen Darstellung der Früchte. Dem könnte eine Bestimmung des Vitamingehaltes oder auch nur die morphologische Untersuchung folgen.

→ Tasten und Fühlen
→ Sehen
→ Riechen
→ Schmecken
→ Konzentrationsübungen, meditative Elemente
→ Naturgegenstände künstlerisch nutzen
→ Natur beobachten, erforschen

Zu jedem Ergebnis soll beschrieben werden, was beim Lösen der Aufgabe im emotionalen Bereich passiert. Dies läßt sich zwanglos ausweiten auf ökologische Zusammenhänge und ist im Ergebnis beeindruckend. Unschwer ist hier zu erkennen, daß dieser Aufgabe das in der Einleitung beschriebene Ganzheitsmodell zugrunde liegt.

8. Odum-Reihe praktisch erforschen. Man kann die bekannte Reihe von Odum – Organell, Zelle, Organ, Individuum, Population, Art, Ökosystem, Landschaft, Region, Erde, – dergestalt praktisch erforschen, daß man fragt: Was sind auf der jeweiligen Ebene Teilstücke, also andere Organelle, andere Zelltypen, andere Organe usw. Danach kann man fragen, wodurch die jeweils übergeordnete Ganzheit gesteuert wird. Praktisch kann man so vorgehen, daß man an einem beliebigen Teil, z. B. der Blüte oder der Leber, beginnt und die Reihe nach oben und unten weiterbaut. Die Schüler sind damit wahrscheinlich zunächst überfordert, aber sie reagieren meistens sehr kreativ.

→ Natur beobachten, erforschen
→ Beiträge zum Evolutionsdenken
→ Beiträge zum ökologischen Ganzheitsprinzip

10

Die fast unlösbare Aufgabe: Der Umgang mit den Konflikten

Gern bemühte man vor dem zweiten Weltkrieg Heraklit mit dem Satz: Der Kampf ist der Vater aller Dinge. Was sich aus dem Mißbrauch dieser uralten Sentenz dann in eine Weltkatastrophe verwandelte, deren Tote uns heute noch nach der Sinnlosigkeit ihres Todes fragen, hinterließ eine tiefe Friedenssehnsucht und den Wunsch: Nie wieder Krieg! Eine harmonische Friedensgesellschaft sollte entstehen – aber der eine wollte sie so, der andere so erreichen. Und so ist weder ein Ende des Streitens noch ein Ende der kriegerischen Auseinandersetzungen abzusehen.

Sollte man diesen Satz vom Kampf als Vater aller Dinge anders übersetzen: Der Konflikt, der Streit, die Auseinandersetzung sind die Väter aller Dinge? Schon wird eine neue Dimension deutlich: In jedem Menschen gibt es schließlich Konflikte mit sich selbst, die er austragen muß. Ohne diese Konfliktbewältigung kann es keinen Fortschritt in der Biographie geben. Wo nur zwei Menschen zusammenleben, gehören infolge ihrer Andersartigkeit sowohl Gemeinsamkeiten als grundsätzlich auch Konflikte zu ihren Beziehungen. Es geht gar nicht anders. Ebenso ist es in Gruppen. Was auch die Mitglieder an Gemeinsamkeiten zusammenbindet, allein die Tatsache, daß es sich um verschiedene Persönlichkeiten handelt, bewirkt zwingend, daß zwischen Gruppenmitgliedern oder Teilgruppen Konflikte vorhanden sind. Wir Menschen schließen uns unserer Natur gemäß zu Gruppen zusammen. Sie sind nicht vorstellbar als völlig konfliktfreie Gruppen. Als wichtigste Eingangseinsicht kann deshalb formuliert werden, daß Übereinstimmung und Konflikt gleichermaßen zum Menschsein gehören (Esser 1975, Bühl 1972, Eberwein u. a. 1976) wie unser aufrechter Gang, die Fähigkeit zur Sprache oder die auf Lebensdauer angelegte Sexualität.

Schon bei der Schilderung der Sinne war beschrieben worden, daß bei der Wahrnehmung eines fremden Ich dies durch beständigen Wechsel zwischen Sympathie und Antipathie – also eine Art Konflikt in der Person – geschieht. Auch jede Evolution kann man ihrer Tendenz nach als einen Konflikt zwischen Beharrung und Fortschritt beschreiben, also durch gegenläufige Mechanismen, die einmal stabilisieren, ein andermal verändern. Es scheint sich um ein allgemeines Prinzip zu handeln. In der Tat ist der Konflikt der Vater des Fortschrittes. Er zeugt ihn, die Beharrungstendenz muß das Gezeugte austragen. Ohne ihn würde ein unerträglicher statischer Zustand eintreten, nichts würde sich ändern. So wird aus Kampf Wettkampf. Der

Wettkampf ist durch Regeln und faires, kalkulierbares Verhalten gekennzeichnet. Er kennt wohl Sieger und Besiegte, aber keine Unterworfenen, er kennt Gegner, aber keine Feinde (Calließ; Lob 1987/88). So muß bezüglich aller persönlichen, gesellschaftlichen und staatlichen Konflikte die Einsicht festgehalten werden, daß eine konfliktfreie Gesellschaft weder wünschbar noch möglich ist, weil wir in einigen Grundstrukturen unabänderlich so sind, wie wir sind: Gruppenbindung und Gruppenkonflikt gehören zu uns als Art. Das eine schafft Identität, Ruhe, Harmonie, Frieden, das andere ermöglicht Fortschritt, Evolution, Veränderung. Der Umgang mit den Konflikten heißt: Formen des Fortschritts zu suchen, ohne andere zu unterdrücken, zu unterwerfen, auszunutzen.

Feldmann untersuchte, wie dieses Phänomen sich bezüglich der Umweltproblematik im Fernsehen darstellt (Feldmann 1990). Diese Institution sei für die Meinungsbildung der Gesellschaft von zentraler Bedeutung (was viele andere Arbeiten ebenfalls ausführen, z. B. Buddemeier 1993), aber sie blende die eigentlichen Konflikte aus, indem sie die Probleme der Konsumenten betone, nicht aber die der Produktion. Wenn Katastrophen überhaupt auftauchen, sind es Naturkatastrophen, die höchstens in einem Nebensatz die Verursacher erwähnen. Wenn sich einzelne Schufte und Helden finden lassen, sei es förderlich für die Einschaltquoten, der Bürger selbst brauche sich dann nicht

Das Damokles-Schwert
Wildfütterung

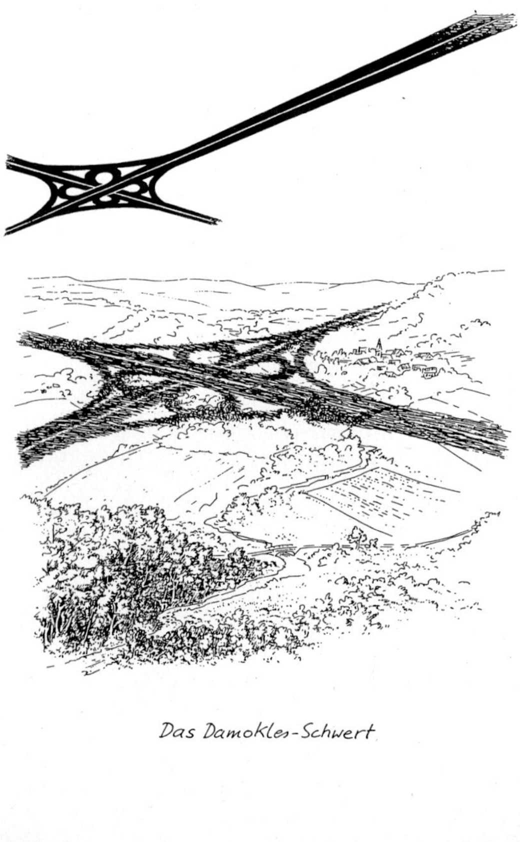

Das Damokles-Schwert

Wildfütterung

	Konflikt innerhalb des Systems	Konflikt zwischen Systemen
Individualebene	Konflikt der Person mit sich selbst	Konflikt der Person mit anderen Personen
Kollektivebene	Konflikt innerhalb einer Gruppe, Organisation, Kollektiv	Konflikt zwischen Gruppen, Organisationen, Kollektiven, Staaten

mehr betroffen zu fühlen. Wie in der Bekleidungsindustrie gibt es in der Öffentlichkeit thematische Moden. Derzeit hat das Waldsterben an Attraktivität verloren, obgleich es weitergeht. Das Ozonloch ist dran.

Zu den Konfliktthemen gibt es den emotionalen Ausgleich durch Tierfilme, die heile Natur zeigen. Auch die Werbung pflegt die Vorstellung von heiler Natur ebenfalls sehr gekonnt. Die wirkliche Natur kommt dann noch im Eigenheim und in der Gartenschau vor. Indem das Fernsehen Konflikte nicht auf den Zuschauer bezieht, trägt es dazu bei, daß der einzelne sich für sein Handeln nicht betroffen fühlt, es schützt ihn durch Programm und Art der Darstellung geradezu vor existentiellen Konflikten (Feldmann 1990).

Was nicht zu Konflikten wird, sackt aber eine Ebene tiefer und wird zu diffusen Ängsten. Wie Grefe und Jerger-Bachmann 1992 in einer Studie zeigen, gibt es geradezu ein riesiges Angstpotential unter Kindern und Jugendlichen: Vor dem Ozonloch, der Atombombe, der Wasservergiftung, dem Waldsterben, der ganzen Zukunft. Diese Hilflosigkeit aus Angst kann nur überwunden werden, wenn ihr Anlaß zum offenen Konflikt wird. Um eine Ordnung in das sehr komplizierte Thema zu bringen, schlägt Galtung 1972 eine einfache Matrix vor, die Konflikte innerhalb der Systemeinheit Mensch, Konflikte zwischen Personen und Konflikte auf der Kollektivebene unterscheidet.

Diese Aufteilung ist übersichtlich, erhellend, aber dennoch extrem grob. So unterscheiden andere Autoren sehr viel mehr Typen. Für die Schule kann zudem nicht einmal eindeutig ausgesagt werden, ob denn eine Klasse ein eigenständiges Gruppensystem ist oder werden kann und welche Bedingungen dazugehören. Andere Autoren unterscheiden Personen, Gruppen und Organisationen voneinander, wodurch eine viel kompliziertere Matrix zustande kommt.

Im Zusammenhang mit der Natur- und Umwelterziehung kommt es vor allem darauf an, wie mit Konflikten umgegangen werden soll. Deshalb sind Handlungsanleitungen stärker zu betonen als wissenschaftliche Positionen (vgl. auch Dulitz; Kattmann 1990). Für dieses Buch ist vor allem die Tatsache wichtig, daß es unterschiedliche Typen der Konfrontation gibt und daß ein Konflikt, den ein Schüler mit sich selbst hat, eine andere Strategie erfordert als ein Streit in der Klasse oder die Auseinandersetzung mit einer Baugesellschaft oder einem Gemeinderat, die das Patenbiotop bebauen wollen. Für die Auseinandersetzung stellt Esser 1975 eine Reihe praxisbezogener Hinweise zu-

sammen, die für alle Gruppierungen nützlich sind (vereinfacht):
1. Jeder Konflikt bedarf mindestens zweier Parteien, die Personen, Gruppen, Organisationen bis hin zu Staaten oder sogar Staatengruppen bilden können. Immer bilden Haltungen, Gefühle, Wertungen den Hintergrund, während im Vordergrund Handlungen oder soziale Interaktionen stehen.
2. Konflikte entstehen, wenn sich eine Person in ihrem Tun gehindert fühlt, wenn Personen oder Gruppen aneinander vorbeireden – aus unterschiedlichen Wertschätzungen, Überzeugungen und Interessen oder im Wettkampf um Ressourcen.
3. Das Gemeinsame dieser Situationen ist darin zu sehen, daß jeder Partei Kosten entstehen, ganz gleich, ob auf materieller, psychischer oder sozialer Ebene. Jede Partei ist bestrebt, ihren Nutzen auf Kosten der anderen Partei zu vergrößern. Deshalb ist Handeln im Natur- und Umweltschutz neuartig und so schwer: Nur Menschen haben ursprünglich untereinander Konflikte. Die Natur folgt Regeln und Gesetzen und wird erst durch die Parteinahme von Menschen Konfliktpartner.
4. Konflikte sind zunächst Spannungszustände, oft nur gefühlte, ehe sie sich entladen: explosionsartig oder in Verhaltensbeschränkungen, Aggressionen. Jeder Konflikt zeichnet sich durch eine konflikteigentümliche Toleranzgrenze aus.
5. In einem Konflikt geht es 1. um Werte, 2. um Anrechte auf einen erwünschten Zustand, auf Macht oder irgendwelche Mittel oder 3. um einen Kampf der Interessen (nach Coser 1965). Wenn in einer Person oder Gruppe der Standardmechanismus der Entscheidungen behindert wird, kommt es fast zwangsläufig nach einer Stauungsphase zu Konfliktsituationen. Hierfür liefern derzeit sowohl die Politik wie die Wirtschaft wie der Umweltschutz beredte Beispiele.
6. Es muß als Arteigentümlichkeit des Menschen angesehen werden, daß in seinem Zusammenleben Konflikte unvermeidbare und dauerhafte Erscheinungen sind. Konflikte sind keine Ausnahmesituationen, sondern etwas Normales. Deswegen darf man sie weder positiv noch negativ beurteilen. Allein die Art des Umgangs mit den Konflikten läßt sich zur Beurteilung verwenden.

Konfliktlösungsstrategien

Keine der Parteien nimmt an der Konfliktlösung teil

1. Zufallsmechanismen. Zwei Schüler streiten sich oder begehren etwas, z. B. ein besonders schönes Beet im Schulgarten. Soll man darüber diskutieren? Oft überläßt man die Lösung des Konfliktes dem Zufall: Man wirft ein Geldstück, würfelt, zieht verschieden lange Streichhölzer. Keiner der Beteiligten kann den Ausgang des Konfliktes beeinflussen; dennoch wird er gelöst. Bei jüngeren Schülern wird man diese Art der Konfliktlösung häufiger wählen als bei älteren. Sie setzt voraus, daß die Beteiligten sich dem Zufall beugen. Dennoch bleibt oft Unzufriedenheit zurück und wird zum Ausgangspunkt für neue Konfliktepisoden. Manchmal sind auch „große" Konflikte so komplex und verworren, daß die Würfellösung ebenso gerecht wäre wie jede mühsam gefundene.

2. *Orakellösungen.* Sie gehen davon aus, daß das Sichtbare mit dem Unsichtbaren verbunden ist. Die Befragung des Vogelfluges, der Eingeweide von Opfertieren oder auch die Stimme des Mysterienpriesters aus dem „Jenseits" sind bekannte Beispiele. Man sage nicht, diese Welt sei versunken. Viele unserer Mitmenschen bemühen für ihre Konfliktbereiche Liebe, Geld, Beruf und Ansehen eine große Schar von modernen Mysterienpriestern, die dann Astrologen oder Wahrsager heißen. Von Kindern, die sich noch in der märchenhaften, mythischen Altersstufe befinden, werden Orakellösungen (gern) angenommen. Zum Wesen des Orakelspruches gehört, daß sein Sinn erst herausgefunden werden muß. Er ist also vieldeutig: Erst das eintretende Ereignis bestimmt den Sinn. Man kann im Bereich der Natur- und Umwelterziehung wohl Zufallsmechanismen zur Konfliktlösung einsetzen, nicht aber Orakelsprüche. Deshalb soll das hochinteressante Thema nicht weiter ausgebreitet werden.

An der Konfliktlösung nimmt nur eine Partei teil

3. *Das Gottesurteil.* Es war über Jahrhunderte eine legitime Form der Konfliktlösung. Gott weiß alles und ist gerecht. Wo die Wahrheit also nicht von Menschen herausgefunden werden kann, wird ein gerechter Gott seine Kenntnisse nicht verbergen. So wurden Menschen ins Wasser geworfen, ins Feuer gestellt oder anderen Prüfungen ausgesetzt, die meist zum Schuldspruch durch den Tod führten. Aber: Wird manche Krankheit nicht auch heute noch als „Gottesurteil" angesehen? Wird in weiten Teilen Amerikas wirtschaftlicher Erfolg nicht auch mit „dem Wohlwollen Gottes" verbunden? Viele Menschen fragen auch heute noch, ob Krankheit nicht mit „Schuld" verbunden sei. Das „Gottesurteil" wetterleuchtet immer noch durch viele Konflikte.

Beide Parteien nehmen an der Konfliktlösung teil

4. *Der ungeregelte, totale Krieg.* Er bezieht Sachen ein, alle Unbeteiligten wie Frauen, Greise und Kinder, die er auszurotten nicht zurückschreckt. Es ist eine Konfliktlösung, die bestialisch ist, weil die primitivste Kriegsregel, die Schonung der Besiegten, nicht mehr gilt. Zahlreiche Konflikte sind in letzter Zeit und werden derzeit immer noch so ausgetragen. Da die Konfliktparteien in der Regel nicht ansprechbar sind, sondern stets nur Rache für eine vorangegangene „Rache" nehmen, die sie den anderen angetan haben (sollen), ist ein solcher Konflikt kaum zu beenden, vielleicht nur durch eine beide Parteien übertreffende Gewalt.

5. *Der geregelte Krieg.* Man scheut sich fast, diesen Begriff niederzuschreiben, der immer noch genug Unmenschliches umfaßt. „Geregelt" bezieht sich darauf, daß der Krieg nur von einer definierten Gruppe (Soldaten) mit definierten Waffen (kein Gas, keine Atomwaffen) durch-

geführt wird. Eigentlich dürfen Zivilisten in einen solchen Krieg nicht einbezogen werden. Auch Verwundete können sich auf Schonung verlassen, Gefangene auf menschenwürdige Behandlung. Ein geregelter Krieg steht heute immer in Gefahr, die allgemein akzeptierten Regeln zu verletzen und die Grenze zu einem totalen, ungeregelten Krieg zu überschreiten. Das war im zweiten Weltkrieg der Fall, das betrifft die Amerikaner im Vietnamkrieg, das zeigt Jugoslawien und zeigen sogar die „Stellvertreter-Vergeltungen" in Israel. Krieg gibt es in dieser Form als Phänomen nur unter Menschen.

Keinesfalls kann der Krieg in Zukunft als Mittel der Auseinandersetzung für unseren Kulturraum ausgeschlossen werden. Da Schüler die Konfliktmechanismen erst ab der Oberstufe verstehen können, ist die Einübung verbaler Konfliktstrategien das einzige Mittel, kriegerische Auseinandersetzungen für die Zukunft weniger wahrscheinlich zu machen. Wie aber z. B. die Asyldebatte zeigt, kann schon eine Minderheit ein latentes Konfliktpotential zu kriegsähnlichen Auseinandersetzungen steigern.

6. *Die Rauferei.* Sie ist eine Art geregelter Krieg zwischen Personen oder Gruppen ohne Waffen. In der Vorpubertät und der ersten Phase der Pubertät neigen vor allem männliche Jugendliche zur Bandenbildung und raufen gern.

Wenn Greenpeace z. B. ein Müllschiff an der Ausfahrt hindert, so ist das Kräftemessen Rauferei, ebenso, wenn Atomgegner Mutlangen blockieren oder eine Klasse einen Trupp Holzfäller behindert, die in ihrem Patenbiotop Bäume fällen wollen. Die Grenze ist haarfein: Bei einer Rauferei darf der Gegner keinen körperlichen Schaden nehmen, es darf keine verletzende Gewalt geübt werden, der Gegner muß Rückzugschancen haben, man selber muß rückzugsbereit sein. Das muß man mit Schülern gewiß besprechen, vielleicht sogar üben. Aber da versagt unser System völlig. Es redet von Einübung der Demokratie, verweigert aber einem Lehrer die Erlaubnis, eine solche „friedliche Rauferei" zu begleiten. Er muß mit einem Disziplinarverfahren rechnen, weil er seine „Treuepflicht" gegenüber dem Staat verletzt hat. Genau an dieser Grenze muß das Gewaltmonopol des Staates ständig hinterfragt werden, damit der Verzicht der Bürger auf eigene Konfliktlösungen den Staat in die Pflicht nimmt, die Interessen der Bürger zu verteidigen.

Wenn der Konflikt ein so allgemeines Phänomen ist, wie z. B. die Sexualität, muß es in der Schule genau so wie einen Unterricht in Sexualkunde einen in Konfliktkunde geben. Er wäre gewiß wichtiger und nützlicher als vieles andere, was wir in der Schule aus Tradition betreiben, und könnte dazu beitragen, aus den primitiven Konfliktstrategien unserer Gesellschaft endlich kultiviertere zu machen. Die reale Rauferei zwischen Schülern und Gruppen ist so etwas wie ein zentraler Anknüpfungspunkt einer sinnvollen Konfliktkunde.

7. *Duelle, Wortduelle, Zweikämpfe.* Diese Lösungsstrategien sind hier zusammengefaßt, weil sie im Kern mit zwei Personen zu tun haben. Während das Duell als Konfliktlösungsverfahren bis ins vorige Jahrhundert vor allem in Adelskreisen benutzt wurde, spielen Wortduelle

Ohne Worte

seit alters bis heute eine wachsende Rolle. Luthers Disput mit Eck ist ein berühmtes historisches Beispiel. Aber auch bei uns müssen die Kanzlerkandidaten neuerdings „in den Ring“, in Amerika die Bewerber um die Präsidentschaft. Dank der Medien werden Millionen Menschen zu Schiedsrichtern. Für den Ausgang zählen nicht nur rationale Momente, sondern ebenso Kleidung, Aussehen und Verhalten. Das Bemerkenswerte ist, daß sich die Vertreterrolle eines nationalen Binnenkonfliktes auf zwei Figuren konzentriert, also auf ein Entweder – Oder hinausläuft. Solche Wortgefechte sind bei den Eskimos z. B. regelrecht institutionalisiert. Bei ihnen sind auch Witze und Lieder zugelassen. Sieger ist immer derjenige, der die Lacher oder die meisten Sympathisanten auf seine Seite bringen kann.

Man kann auch den körperlichen Zweikampf in diese Gruppe rechnen. Gleichsam als Übung für Außenkonflikte sollten in der Schule körperliche Konflikte zwischen Individuen möglichst auf die verbale Ebene geführt werden und Wortduelle regelrecht geübt werden. Das kann etwa ab Klasse 7 geschehen, indem man entweder „die beiden Wortführer“ den Konflikt vor der Klasse austragen läßt, und die Klasse beobachtend, wertend daran teilnimmt (dabei wird dann auch deutlich, daß Konflikte immer neue gebären), oder es melden sich zwei Wortführer oder werden gewählt, müssen sich vorbereiten und dann das Rededuell austragen. Natur- und Umweltprobleme zeichnen sich dadurch aus, daß sie oft keinen Kompromiß zulassen. Es gibt nicht „ein bißchen Überleben einer Art". Es gibt für das Ozonloch auch nicht die Entscheidung, den Konflikt einfach „auszuhalten" oder „auszusitzen" wie man es z. B. bei Konflikten zwischen Personen ohne Folgen tun kann.

8. Debatten, Diskussionen, auch Podiumsgespräche. Sie werden gern als „Geschwätz" abgewertet. Sie haben Ventilfunktion. Wer sich im Verlaufe einer solchen Veranstaltung nicht in Widersprüche verstrickt, wer kognitiv aufbereitetes Beweismaterial vorlegt, wer evtl. Experten und ihre Meinung heranziehen kann und dies alles in eine publikumswirksame Form zu bringen weiß, hat alle Aussicht auf eine gute Position im anstehenden Konflikt. Daß sich bei uns eine Unkultur dieser Konfliktstrategie herausgebildet hat, liegt daran, daß jede Konfliktpartei ihre Beiträge von vornherein nur auf Wirksamkeit hin anlegt. Für eine zeitgemäße, argumentative Streit-Kultur ist also notwendig, daß

– die Motive des Streites aus den verschiedenen Gruppensichten freigelegt werden,
– die unterschiedlichen Werthaltungen zu dem Grundproblem des Konfliktes benannt werden,
– die im Konflikt wirksamen Machtpositionen und -ansprüche nicht verschleiert werden,
– die Parteien sich wenigstens Mühe geben, die Position des Gegners zu verstehen (das kann geschehen, indem sie sie formulieren) und
– die Parteien sich nicht emotional verunglimpfen.

Das sind hochgesteckte Ziele, die für die meisten realen Konfliktgespräche noch in weiter Ferne liegen. Es gibt für die Zukunft aber keine Wahl zwischen mehreren Optionen.

9. Vermittlung und Schiedsspruch. Bei dieser Art der Konfliktlösung tragen die Parteien ihre Argumente einem Vermittler vor, dessen Wahl beide zugestimmt haben. Er soll überparteilich sein oder sich darum bemühen. Seine Rolle kommt der des Moderators nahe, wie er später beschrieben wird. Entweder handelt er eine Lösung aus oder schlägt eine eigene Lösung vor. Seine Rolle ist die eines „Bewußtmachers" und eines „Verhinderers der Eskalation". Im Schulzusammenhang ist die Vermittlung durch einen Dritten auf allen Ebenen eine häufig geübte und erfolgreiche Methode. Vielfach fällt dem Lehrer die Rolle zu, zwischen zwei streitenden Schülern überparteilich zu vermitteln. Bei Konflikten zwischen Lehrern und Eltern wird dies Verfahren nur wenig angewandt. Es fehlt an geeigneten Vermittlern.

Etwa ab Klasse 7 sollte dies „Verfahren" verstanden und eingeübt werden mit folgenden Schritten: Der Vermittler

- versucht zunächst, beide Standpunkte zu verstehen, die die Parteien darstellen,
- sie zu verbalisieren (dies ist der entscheidende Vorgang),
- die Differenzen zu beschreiben,
- Kompromisse, Annäherungen oder Lösungen vorzuschlagen und
- ihre Differenzen zu den einzelnen Standpunkten zu beschreiben. Das schafft eine Vertrauensbasis, auf der Werturteile gemildert werden und

für beide Seiten die Annahme von Vorschlägen erleichtert wird.

10. Die Gerichtsverhandlung. Dieses Konfliktlösungsverfahren ist dadurch gekennzeichnet, daß es im idealen Fall zu den Konflikten, die zwischen Personen oder Gruppen entstehen, Rechtsnormen gibt. Sind diese nur von einer Partei verletzt worden, ist eine Konfliktlösung relativ einfach und doch oft problematisch. Denn ein Todesurteil z. B. stellt eine derart unkorrigierbare Lösung dar, daß ihr widersprochen werden muß. Immer steht also Macht, ja Gewalt hinter der Durchsetzung von Gesetzesnormen (vergl. Calließ/Lob 1987/88). In den verhandelten Konflikten wird die Schuld bewertet. Sie ist aber oft auf beide Seiten verteilt. Ehe ein Mensch zuschlug, weil ihm der Faden riß, kann er jahrelang seelisch mißhandelt und drangsaliert worden sein. Vor allem darum werden für beide Parteien Rechtskundige tätig, die Kenner der Materie sind und die die Aufgabe haben, durch Argumente die eigene Partei zu entlasten, die andere zu belasten. Das bringt gegenüber den anderen Konfliktlösungsstrategien ein völlig neues Element.

Das Besondere gesetzlicher Regeln liegt in ihrer Absicht, bestimmte Situationen und Tatbestände im voraus mit Vergünstigungen, Rechten oder Sanktionen zu belegen. So etwas kann auch eine Klasse verabreden, indem Regeln formuliert, Bußen für bestimmte Taten oder Unterlassungen verhängt werden. Hier interessieren natürlich vor allem Regeln, die die Umwelt betreffen: Wegwerfen von Brot, Verpflichtung zur Biotoparbeit, einer Tierfütterung, Essen von Vollwertkost, Rauchverbot usw. Es lohnt sich, so etwas zu üben (ab Kl. 3), weil nur so das von staatlichen Gesetzen ausgehende Gewaltmonopol zutage tritt und es die Schüler durchschauen lernen.

11. Die Wahl. Sie ist eine Sonderform der Konfliktlösung. Denn bei der Wahl muß die Person häufig zwischen zwei Übeln nur das geringere wählen. Die freie Auswahl ist ein unlösbares Angebot, das nur auf Jahrmärkten existiert. In Wirklichkeit ist das Wählen ein ständiger, alltäglicher Prozeß, der mit dem Aufstehen beginnt, den ganzen Tag durchzieht und mit dem Zu-Bett-Gehen endet. Schließlich ist jedes Verhalten die Wahl zwischen verschiedenen Möglichkeiten. Was sich im allgemeinen „Wahl“ nennt – der Klassensprecher, der Schulsprecher, die Partei, die Funktionäre – hat als Besonderheit nur, daß Personen dadurch zu Gruppenvertretern gemacht werden. Da stoßen häufig zwei Konfliktebenen zusammen: die persönliche und die sachliche. Wie wird „er“ oder „sie“ unsere Interessen vertreten? Unter dieser Perspektive werben die Kandidaten für sich. Wenn sie aber erst „in Funktion“ sind, werden sie oft von ganz anderen Sachzwängen gesteuert, als sie bei der Kür wußten. Nach meiner Meinung durchschauen Schüler aber die Mechanismen und Manipulationsmöglichkeiten nicht vor dem 7. Schuljahr. Von da an sollten Klassensprecherkandidaten auch ihre Grundsätze verbalisieren; in den Unterklassen werden in der Regel ohnehin die soziographisch dominierenden Schüler gewählt.

Ein Bereich ohne Konflikte: Natur und Umwelt

Es ist wahr: Diese Überschrift ist verwegen. Die Natur sollte mit uns Menschen keine Konflikte haben? Sie hat sie in der Tat deshalb nicht, weil sich in ihrem Bereich alles nach Regeln abspielt, über die sie nicht bestimmen kann, die nicht zur Disposition stehen. Tierarten, die in ihrem Lebensraum bedrängt werden, sterben ohne Schrei und Anklage einfach aus: Nach den Regeln der Evolution können sie den veränderten Lebensraum nicht mehr besiedeln, und eine Anpassung ist ihnen kurzfristig nicht möglich. Das Ozonloch gehorcht nicht Eurogesetzen oder aufgeschobenen demokratischen Entscheidungen, sondern breitet sich nach feststehenden Naturgesetzen aus. Wenn die Luft mehr Schwefeldioxid enthält, als unsere Waldbäume verkraften können, müssen sie krank werden. Wenn die Ökologie untersucht und beschreibt, was da vor sich geht, gibt sie vielleicht Verlaufsprognosen; das sind aber noch keine Konfliktbeschreibungen. Wenn ein gesundes, intaktes Gewässer umkippt, sagt uns die Ökologie, daß die Tubifex-Population eine Folge der Zehrungsprozesse sei. Die Natur wehrt sich nicht im Sinne eines Konfliktes, sie schlägt nicht zurück: sie folgt lediglich ihren unerbittlichen Regeln, indem sie einen neuen Gleichgewichtszustand anstrebt.

Nur wenn Menschen die Natur verteidigen, gibt es Chancen, für die Zukunft möglichst viel vom Leben unseres Planeten zu retten. Längst wird die neue Arche viel kleiner werden als die erste.

Was bedeutet diese Hervorhebung? Aubert (1972) unterscheidet zwischen Wertkonflikten und Interessenkonflikten, die aber in der Realität immer gemeinsam auftreten. Raub, Beutemachen, Krieg sind die einfachste Form der Befriedigung von Wünschen und Interessen. So mögen Beutezüge in der Urzeit erfolgt sein, indem die bestehenden Werte und Normen nur für die eigene Konfliktpartei verbindlich waren, alles andere war freies Beutegut. Mit dem Ansteigen der Erdbevölkerung wurden diese Binnenwerte offenbar mehr und mehr auch für die übrigen Menschen gültig. Aber die Interessenkonflikte bleiben. Die Vorstellung, mit möglichst wenig Einsatz an Kapital oder Arbeit eine möglichst große Beute zu erwirtschaften, ist immer noch verkleidetes Beutemacherverhalten. Wir merken es nicht, weil sich unser Alltag in diese Vorstellung nahtlos eingefügt hat.

Die Interessen der einzelnen Menschen müssen verändert werden! Erst wenn wir die vom Waldsterben bedrohte Buche beweinen, einen Welttrauertag um die jährlich ausgerotteten Tierarten einführen, Wasser für wertvoller als Gold halten, unsere Zinserträge freiwillig in die unterentwickelten Länder abführen, ein weggeworfenes Stück Brot als Schuldigwerden empfinden, den täglichen Ölverbrauch als Raub an der Erde und unseren Enkeln; erst wenn uns solche Gedanken kommen, erst wenn wir das, was wir der Natur antun, als Konflikt personalisieren, besteht Hoffnung, daß wenigstens der größte Teil der Menschheit noch den großen Katastrophen entkommen können wird. Nur wenn wir unsere Einsichten in die ökologischen und evolutionären Zusammenhänge zu Wertkonflikten machen, können wir auch We-

ge finden, die zum Interessenausgleich zwischen uns und der Natur führen. Für unsere Erde muß lebensnotwendig eine Gewerkschaft entstehen, die die Interessen der Arten, Populationen, Ressourcen, Landschaften vertritt. Sie kann nur global wirken und bedarf der Mitgliedschaft aller Menschen. Es bleibt keine Zeit zum Resignieren, die Entscheidungen sind dringlich, wir müssen sofort anfangen.

Ein scheinbar unerhebliches Konfliktbeispiel

Ausgangspunkt soll die Tasse Kaffee sein, die wir uns wohl alle ohne Skrupel gönnen. Gibt es da überhaupt Konfliktfelder, die die Natur und die Umwelt betreffen? Mehr als der einzelne glaubt! Sie sollen allerdings eher aufgelistet als ausführlich beschrieben werden.

- Jedem Bundesbürger ist es eine Selbstverständlichkeit, daß ihm jederzeit eine Tasse Kaffee zur Verfügung steht, wenn er Appetit darauf hat.
- Kaffee benötigt zum reichen Blütenansatz kühle Nächte, die in den tropischen Regenwaldgebieten nur in den Gebirgslagen auftreten. Hier gibt es auch geeignete Kaffeeböden, die allerdings auch als Ertragsböden für die Ernährung der einheimischen Bevölkerung geeignet wären. Im Konkurrenzfall siegen die kapitalkräftigen Eigner der Kaffeeplantagen.

VogelfreiLeitung
Erholungsgebiet

Vogelfrei Leitung

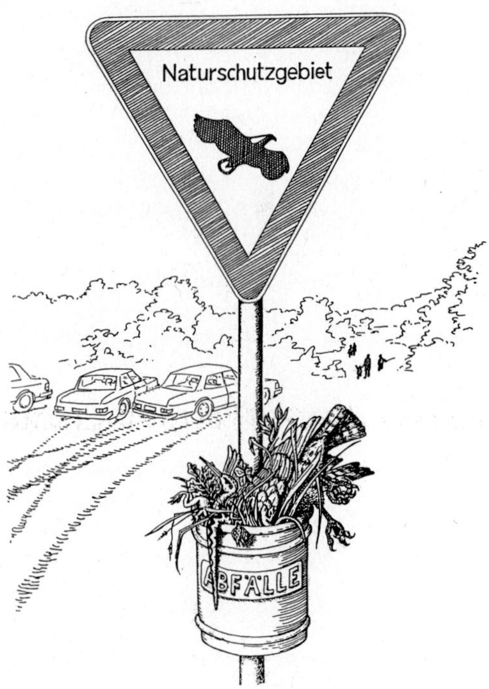

Erholungsgebiet

• Kaffee wächst als Halbschattenpflanze. Wenige Bäume beschatten die Plantagen. Der artenreiche tropische Bergregenwald muß weichen. So besteht die Gefahr der Bodenerosion, allerdings in etwas geringerem Maße als in Schwemmlandgebieten.
• Kaffeeanbau erfordert viel Handarbeit. Zwar hat man Sorten gezüchtet, die niedrig bleiben und gleichmäßig fruchten. Aber die Ernte ist immer noch arbeitsintensiv (wenn auch zunehmend Maschinenarbeit aufkommt) und für die Bevölkerung eine wichtige Verdienstquelle, allerdings mit erschreckend geringen Löhnen.
• Die Welternte an Kaffee übersteigt den Weltverbrauch, was zu einem Preisverfall führt. Die hohe steuerliche Abschöpfung des Kaffees bei uns verdeckt dies.
• Kaffee ist nicht nur ein Artikel, der Angebot und Nachfrage unterliegt, sondern ein wichtiger Artikel des weltweitenTerminhandels. Dadurch finden weitere Preisverzerrungen zu Lasten der Erzeugerländer statt.
• Die Bundesrepublik nimmt derzeit rund 2,125 Milliarden DM im Jahr an Kaffeesteuern ein. Diese Riesensumme ist im Grunde genommen von den „Kaffeeländern" erwirtschaftet und gehört ihnen. Die „geschenkte" Entwicklungshilfe an alle Entwicklungsländer zusammen betrug im gleichen Zeitraum 11,5 Milliarden DM.
• Die „Kaffeeländer" müßten dringend für ihre arme Bevölkerung die Infrastruktur und das Bodenrecht ändern. Sie sind aber mehr an Waffen und Monsterprojekten interessiert. Großgrundbesitzer und Kaffeehandel bringen wenigstens etwas in die jeweiligen Staatskassen. Würde man die Kleinbauernwirtschaft durch angemessene Preise fördern, ginge es wohl der Bevölkerung besser, aber das Steueraufkommen wäre geringer.
• Kaffee wird gelegentlich zu den Suchtmitteln gerechnet. Er hat Auswirkungen auf die Gesundheit: er soll Krebs fördern, das Herz belasten. Ganz gewiß belastet er bislang aber noch unbezifferbar das Nettosozialprodukt.
• Positiv muß man hervorheben, daß der Kaffee eine Reihe von Arbeitsplätzen schafft oder unterstützt (Niemitz 1991).

Mit dieser Auflistung sind sicher noch nicht alle wichtigen Informationen angesprochen, die für das Thema wichtig sind. Aber es wird deutlich, daß der Kaffee mehr ist, als eine harmlose Tasse eines schwarzen Getränkes, das man in aller Unschuld trinken darf. Es ergeben sich eine ganze Reihe von Konfliktfeldern:
• Das Konfliktfeld in der eigenen Person. Sie möchte Wünsche umsetzen, Gewohnheiten beibehalten. Sie fragt sich, wie sie sich in dem Wust von gegenläufigen Werten verhalten soll: Arbeitsplätze im Erzeugerland, harmloses Vergnügen, ...
• Das Konfliktfeld in den Anbauländern. Auch hier sind Gewohnheiten und Traditionen hinderlich, der Egoismus der Oberschicht ist zu überwinden, wenn alle Menschen gleiche Chancen haben sollen.
• Das Konfliktfeld, das aus der Komplizenschaft der Regierungsebenen entsteht, indem z. B. die eine Seite Waffen haben und die andere

welche verkaufen möchte. Solche Komplizenschaft geht immer auf Kosten der untersten Ebene (das sind die Armen und die Natur), die sich nicht wehren, sondern nach je anderen Regeln reagieren.

• Das Konfliktfeld, das durch Schweigen entsteht. In den Anbauländern sind die Bürger mit ihren primitiven Alltagssorgen beschäftigt, deren Ursachen sie nicht erkennen können; in den Verbraucherländern geht der Horizont der Kunden nicht über das Kaffeeregal und den Preis hinaus. Im Endergebnis bleiben also die Konflikte unausgesprochen und werden deshalb nicht gelöst, die unerbittlichen Folgen nehmen ihren Verlauf.

Konfliktlösungsmethoden für die Schule

In der Wirtschaft ist an vielen Orten längst erkannt, welche Kosten mangelhafte Konfliktbewältigung verursacht und welche Vorteile sich aus dem konstruktiven Umgang mit Konflikten ergeben können. Sie schult vor allem das mittlere Management (Klebert, u. a. 1987). Innerhalb der Schule sind dazu nur erste Ansätze auszumachen.

Aus Konferenzen, Schulparlamenten, Elternversammlungen kennt man die Probleme: Die eigentlichen Knackpunkte werden überhaupt nicht angesprochen; die anstiftenden Wortführer bleiben im Hintergrund, das Gespräch ist nicht offen; die Auseinandersetzung bleibt oder wird emotional; das Gespräch läuft im Kreise, weil es keinen Faden, kein Ziel gibt; Alpha-Typen drängen sich vor; dazu gehört, daß die Lehrer Lehrer bleiben, der Rektor Rektor, jeder seine Rolle verteidigt, aber nicht auf Wahrheitssuche geht und die Teilnehmer Nachteile wegen ihrer Äußerungen befürchten. Das Ergebnis solcher Auseinandersetzungen ist, daß die Konflikte weder offengelegt noch gelöst oder Kompromisse gefunden sind.

Deshalb folgen ein paar Praxishinweise aus vielen Streitstunden. **Der Konflikt benötigt einen Moderator** (nach Klebert u. a. 1987). Seine Rolle ist nicht die eines Richters über gut und böse, richtig oder falsch, sondern die eines Geburtshelfers etwa im Sinne der uralten sokratischen Gesprächstechnik. Er muß seine Meinung zurückstellen. Seine Aufgabe ist zunächst ausschließlich, den Konflikt ans Licht zu bringen. Seine ganze Inhalts- und Methodenerfahrung steht im Dienste dieser Aufgabe. In ihr darf er kreativ werden. Er hat also einen dienenden, entsagungsvollen Job.

Der Moderator kennzeichnet Emotionen, ungerechte Angriffe, dämpft und entspannt, sucht neue Gesprächsansätze. Er verbalisiert die Gegensätze (wichtigste Aufgabe), hält sich aber mit seiner eigenen Meinung zurück und ist so etwas wie der Organisator des Konfliktes. Er sorgt für eine Zielformulierung. Diese muß nicht am Anfang stehen, muß aber nach einer allgemeinen Vorlaufphase von ihm eingefordert werden. Die Zielformulierung ist immer kleiner als der Gesamtkonflikt.

Der Gesprächsverlauf muß sichtbar gemacht werden. Diese Erfahrung mußten wir schon vor 45 Jahren machen, als wir die Gesprächsmethoden von Gaudig und Otto übten. Heute heißt das Visualisierung. Das Konfliktgespräch muß als Spur aufgezeichnet werden, direkt und nicht durch ein schriftliches Protokoll, das den Inhalt immer individuell einfärbt. Es darf nichts Wesentliches verloren gehen. Dabei verlangt ein Konfliktgespräch zwischen drei Personen natürlich eine andere Aufbereitung als eines zwischen 30.

Eine Gesprächsspur anlegen. Man bereitet Kartonstreifen vor. Der Moderator, ein Gruppenmitglied oder die Gruppe befinden, ob eine Meinung, ein Argument, eine Tatsache notiert werden sollen. Ich habe gute Erfahrungen gemacht, wenn vor der Notiz deren Urheber steht. (Günter: Es ist gerecht, wenn auch die Lehrer in der Pause nicht rauchen.) Die einzelnen Streifen werden in ihrer zeitlichen Reihenfolge unter die Zielformulierung geheftet. Die Gruppe entscheidet am Schluß, ob versucht werden soll, die Streifen etwa nach pro und kontra zu ordnen.

Mind-Maps (Taferner; Unterbrunner 1993). Diese Form entspricht der Vorstellung, daß sich jedes Thema, jeder Konflikt in eine Baumverzweigung – als Projektionsbild von oben gesehen – bringen läßt. Die Zielformulierung, das Thema stehen in der Mitte, bilden also den Stamm. Die zugehörigen Hauptthemen bilden die Hauptäste, die sich immer weiter verzweigen. Das Verzweigungssystem bildet die Struktur des Sachverhaltes ab. Man benötigt neben dem Moderator meist eine zweite Person. Das Bild sollte auf einem großen Bogen Packpapier (Tapete) entstehen. Der Vorteil dieser Methode ist, daß Einfälle, Argumente, Tatsachen gleich eingeordnet werden können. Der Nachteil ist, daß immer zugleich zwei Ebenen – der Inhalt und die Zuordnung – beachtet werden müssen. Die Methode entspricht etwa dem, was wir als Lehrer „Feldanalyse eines Themas" (Strauß) nennen. Es ist empfehlenswert, die einzelnen Äste oder Zweige am Ende mit einer Wertung zu versehen. Zur Lösung von persönlichen Konflikten eignet sich diese Methode weniger.

Die Farbkartenmethode. Da wir oft wichtige Gesprächsbeiträge einfach aus dem Auge verlieren, sollten wir sie schriftlich festhalten und dadurch im Auge behalten. Ich habe mit Lehrern und Schülern gute Erfahrungen mit Farbkarten gemacht. Zunächst legt man mit der Gruppe die Bedeutung der Farbkarten fest. Beispiel: Zielkarte – weiß; Konfliktkarte – rot; Argumentkarte – gelb; Meinungskarte – orange; Karte für notwendigen Informationsbedarf – grün; Nebensachenkarte – rosa. Sind nach einer vorher abgesprochenen Gesprächszeit die Karten angeheftet, müssen sie gewichtet werden. Dazu muß man Kriterien überlegen und festlegen. Ich habe meistens durch eine Anzahl von Kreuzen das Gewicht markiert. Man kann auch verschiedene Punktdurchmesser verwenden. Es entspricht dies der Bewertungsphase innerhalb des Dreischrittes Zurkenntnisnehmen – Bewerten – Handeln. Eine große Styroporplatte ist für dieses Verfahren nützlich und preiswert. Handeln heißt dann: Folgerungen ziehen. Das ist aber jeweils konfliktspezifisch.

Flurbereinigung
Die letzten Höhlenbrüter

Parlamentarische Methoden. Oft wird versucht, Nachbildungen der parlamentarischen Demokratie für Konfliktlösungen einzusetzen. Ich habe damit keine besonders guten Erfahrungen gemacht, weil sie meistens an den Krankheiten unserer Demokratie leiden: Fraktionsbildung, Fraktionszwang, Emotionalität, Unoffenheit, Fensterreden usw. Meiner Meinung nach müßten die meisten politischen Gruppen Kurse zur Technik der Konfliktbewältigung absolvieren, denn die bei uns öffentlich praktizierte Streitkultur hat kein sehr hohes Niveau.

Aufgaben und Unterrichtsanregungen

Vielleicht muß zunächst an ein wichtiges psychologisches Phänomen erinnert werden. Jeder Mensch durchläuft in seiner Biographie bekanntlich drei unterscheidbare, aber ineinander verschachtelte Phasen: die Sozialisationsphase, die Enkulturationsphase und die Personalisationsphase. In der ersten wird die Einordnung in die Gesellschaft erzwungen. Das Gefühl der Geborgenheit wird durch die Fürsorge der Pflegepersonen erreicht und führt zunächst zu einer Bindung an die Kleingruppe, deren Umfang sich mehr und mehr vergrößert. Schon hier werden Werte gebildet. Im zweiten Prozeß werden durch Gewohnheiten, Erziehung und Sprache Werte übernommen oder gebildet. Sie wirken lebenslang. Wer Gruppenangehöriger ist (in group), genießt höhere Wertschätzung als ein Gruppenfremder (out group).

Hier scheint ein uraltes Erbe im Spiel, das alle Gruppenfremden zu potentiellen Feinden macht. Dieser Prozeß bildet sogar den Kulturraum ab, in dem ein Mensch heranwächst.

Erst im Personalisationsprozeß werden Eigenwerte entwickelt. Nur von hier aus können die eher ins Unbewußte absinkenden beiden Vorprozesse beeinflußt werden. Das Ziel der Erziehung ist bei uns eine autonome Persönlichkeit (Oerter; Montada 1987, Haeberlin u. a. 1978).

Dieser Einschub soll für die Konfliktproblematik einige Tatsachen ins Bewußtsein rufen: Wahrscheinlich ist allen Konfliktstrategien der Kultur- und Lebensraum vorgeordnet mit seinen gesellschaftlichen, wirtschaftlichen, politischen Verhältnissen. Man muß sich einmal nur vorstellen, wie der gleiche Konflikt unter den Verhältnissen des indischen Kastenwesens, der klimatischen Abhängigkeit der Eskimos, in einer streng katholischen Bauerngemeinde oder einer norddeutschen Großstadt gelöst würde.

Sicher sind die Konfliktfelder und -strategien auch heute noch schichtenspezifisch. Wer um des Alltags Notdurft kämpft, hat andere Konflikte als derjenige, der sich fragt, welcher Wein ihm zum Essen schmecken würde. Bestimmte Konfliktfelder sind an Altersphasen gebunden. Es sind die Lebensthemen, die im Verlauf der Biographie wie zwangsläufig entstehen und die auch eine geschlechtsspezifische Komponente haben. Um auch für dieses Kapitel eine gewisse Geschlossenheit zu bewahren, soll für die praktischen Aufgaben die eingangs geschilderte Matrix von Galtung zugrundegelegt werden. Innerhalb der sich ergebenden vier Gruppen werden die Beispiele dann jeweils grob nach den Altersphasen geordnet.

Die Konflikte werden vor allem in der Person ausgetragen

Mein Wunschtier. Schon ab dem ersten Schuljahr wünschen Kinder sich ein Meerschweinchen, ein Häschen, einen Wellensittich., später auch ein Pony, einen Hund, eine Katze. Fellwärme, Kontaktbedürfnis, Spieltrieb beleben das Interesse.

→ psychische Gesundheit
Arten, Ökosysteme, Landschaften
→ Natur beobachten, erforschen

Konflikte: Tiere haben ihre Eigenarten. Sie leben auch noch, wenn der Wunsch nach einem Tier längst nicht mehr besteht. Sie verlangen unerbittlich täglich volle Verantwortung, sonntags und auch in den Ferien. Die aufgebauten Bindungen sind unverrückbar.

Konfliklösungen sind nahezu ausgeschlossen und ergeben sich höchstens aus dem Tod des Pfleglings, was wieder zu Konflikten führen kann. Vor allem muß wohl zwischen Wunsch und Verwirklichung eine intensive Bedenkzeit, vielleicht sogar Übungszeit der Eigenverantwortung einbezogen werden.

Ich möchte ein Wildtier halten. In aller Regel entstehen solche Wünsche erst ab Klasse 6, vor allem bei solchen Schülern, die man als kleine Naturforscher bezeichnen möchte. Meist handelt es sich um Frösche, Kröten, Eidechsen, Singvögel, manchmal um Schildkröten, Papageien, kaum Wildente oder Graugans.

→ Arten, Ökosysteme, Landschaften
→ Natur beobachten, erforschen
→ Beiträge zum ökologischen Ganzheitsprinzip

Konflikte: Selbst Kaulquappen dürfen laut Naturschutzgesetz nicht mehr gefangen werden. Fast alle Wildtierkäfigungen stoßen auf Konflikte mit den Artenschutzgesetzen. Der zweite Konfliktbereich ergibt sich aus fehlenden Pflegekenntnissen. Auch hierfür gelten die Konflikte, die sich aus fehlender Zuverlässigkeit ergeben.

Da der Konflikt nicht lösbar ist, heißt die Strategie: Umleiten der Wünsche. Die Schüler werden ermuntert, sich auf Freilandbeobachtungen umzustellen (Fledermäuse, Vögel, Insekten). Anstelle eines Käfigs rüsten sie sich mit Lupe und Fernglas aus. Insbesondere sollte man sie anregen, den Wildtierbestand zu erweitern (Hautflügler, Käfer, Spinnen, Eidechsen) und ihn sich durch Beobachtung und Dokumentation zu eigen zu machen.

Trennen von Abfall. Dies wird schon in vielen Schulen praktiziert. Vor allem finden Schüler der Klassen 1 bis 4 viel Vergnügen an solchen Projekten. In den Oberklassen versandet das Thema leicht.

→ soziale Bezüge
→ Rohstoffe, Vorräte Ressourcen
→ Beiträge zum ökologischen Ganzheitsprinzip

Konflikte: Manchmal haben Schüler keine Lust dazu. Manchmal finden sie den Aufwand zu hoch. Sehr oft werden durch mangelnde Aufmerksamkeit Stoffe falsch eingeordnet. Manchmal wird ein solches Projekt von anderen Lehrern oder Eltern hintertrieben. Gelegentlich ermüdet die Anstrengung, man kehrt zum bequemen allgemeinen Papierkorb zurück.

Konfliktstrategien: Anstelle eines Dauerprogramms nur Entsorgungswochen durchführen. Schule lebt ihrer Natur nach vom Wechsel! Man kann auch Sonderwochen initiieren wie eine Kupferwoche, einen Tag der Leuchtstoffröhren, einen Monat der Kunststoffe. Das Thema sollte auch über Elternabende angesprochen werden, weil häusliche Aktionen mehr Dauerhaftigkeit versprechen.

Dauer statt Mode. Spätestens ab der Vorpubertät spielt die Mode auch bei Schülern eine wichtige Rolle. Vorher sind eher die Eltern die treibende Kraft. Mode schafft Arbeitsplätze, heißt es, steigert das Bruttosozialprodukt und – vergeudet viel an Rohstoffen und Energie. Bei diesem Thema werden Umweltfragen existentiell.

→ psychische Gesundheit
→ soziale Bezüge
→ Kultur und Tradition
→ Rohstoffe, Vorräte Ressourcen
→ Beiträge zum ökologischen Ganzheitsprinzip

Konflikte: Die Vorjahrsmode wird in der Öffentlichkeit als unmodern abgestempelt. Geflickte Kleidung wird von Mitschülern als Arme-Leute-Kleidung beschimpft. Tatsächlich schafft der Wechsel der Mode Arbeitsplätze. Auch verdienen viele Eltern als Verkäufer von Mode ihr Geld. Mode wird auch als Entwicklungshilfebeitrag dargestellt, weil sie in Billiglohnländern hergestellt wird. Dann sagen Schüler: Ich mag mich in meinen alten Klamotten nicht mehr sehen, und schließlich tragen die anderen das auch.

Die Konfliktstrategie ist schwierig. So kann man für sich den jährlichen Modeaufwand berechnen und überlegen, was man mit dem Geld anderes machen könnte. Oder man versucht, unter Zugrundelegung von Haltbarkeitszeiten den jährlich wirklich notwendigen Gebrauchsaufwand abzuschätzen. Oder man sammelt Kleidung, begutachtet ihre Lebensdauer und führt sie einer Kleidersammlung zu.

Es läßt sich auch abschätzen, wie lang die Laufleistung eines Schuhes, den man dreimal besohlen läßt, im Vergleich zu drei neuen Schuhen ist. Oder man untersucht einmal die Argumente der Modebranche auf ihre Stichhaltigkeit und ihren Verführungswert. Man bekleidet sich einmal probeweise mit guter, aber derzeit unmoderner Kleidung und erprobt die Wirkung. Oder man entwirft für sich selbst individuelle Mode, die man auch trägt (Pullover, Röcke). Man stellt im Unterricht das Modediktat bloß und überlegt, wie man sich ihm entziehen kann.

Man untersucht die sehr ambivalente Frage der Arbeitsplätze in Billiglohnländern. Unsere Mode schafft zwar dort Arbeitsplätze, vergeudet aber Unmengen an Material. Dies muß zu einem Wertekonflikt entwickelt werden, was sehr schwierig ist.

Was macht es schon, wenn ich nur meine Jeans in der Waschmaschine wasche! Waschmaschinen erleichtern wirklich das Leben und machen es möglich, so nebenbei – sogar im Sparprogramm – eine einzige Hose zu waschen. Das Bedürfnis nach Sauberkeit gerät in Konflikt mit dem Verbrauch an Wasser, Waschmitteln und Energie.

→ körperliche Gesundheit
→ Rohstoffe, Vorräte Ressourcen
→ Beiträge zum ökologischen Ganzheitsprinzip

Konflikt: Sauberkeit ist ein Wert an sich, der hier gegen Verbrauch steht. Bei der Konfliktstrategie kann man nur streng rational vorgehen: Was verbraucht eine Waschmaschine bei einer (Spar-)Wäsche an Wasser, Strom und Waschmitteln. Wie hoch wäre der Verbrauch, wenn alle Mitschüler unserer Klasse so handelten? Wieviel volle Waschmaschinen ergeben sich, wenn wir alle Jeans zusammen waschen würden? Gibt es eine Grenze, wo die Unsauberkeit nicht mehr zu tolerieren ist?

Waschen, duschen oder Vollbad? Es gibt heute Menschen, die duschen zweimal am Tag, waschen sich täglich die Haare. Dieses Verhalten wird durch die Werbung stark gefördert.

→ körperliche Gesundheit
→ Rohstoffe, Vorräte Ressourcen
→ Beiträge zum ökologischen Ganzheitsprinzip

Konflikt: Es steht der Wasser- und Energieverbrauch gegen das Gebot des Wasser- und Energiesparens. Es steht der Wunsch nach Sauberkeit gegen die Notwendigkeit von Hygiene. Es steht die Frage der freien Entscheidung, die keinen etwas angeht, gegen das Gebot, sparsam mit den Ressourcen umzugehen.

Wurst, Käse, Hamburger oder Vollwertkost? Dieses Thema ist hochbrisant. Es berührt Familiengewohnheiten und damit geheiligte Werte. Erst ab Klasse 7 ist es zugänglich. Dabei kann die Möglichkeit einer Indoktrinierung nicht ausgeschlossen werden; immerhin handelt es sich um die gravierende Frage, welche Ressourcen dieser Welt der einzelne durch seine Gewohnheiten verbraucht.

→ körperliche Gesundheit
→ Kultur und Tradition
→ Rohstoffe, Vorräte Ressourcen
→ Beiträge zum ökologischen Ganzheitsprinzip

Konflikte: Bei jeder sogenannten Veredlung beträgt der Sprung ganz grob 1:10. Das bedeutet, daß z. B. 100 Einheiten Korn 10 Einheiten Fleisch, Ei, Fisch produzieren. Das stimmt heute infolge der Züchtung so nicht mehr, ist aber ein guter, wenn auch grober Rechenwert. Die Ernährung durch Primärprodukte wie Kartoffeln, Korn, Früchte würde viel mehr Menschen auf der Welt die Ernährung sichern und wäre durch die Ballaststoffe gesünder. Aber Fleisch schmeckt besser, scheint höherwertig zu sein. Man hat mit dem Thema das gesamte Umweltproblem, durch die Ernährungsbrille gesehen, vor sich und dazu u. U. Schüler, Eltern, Kollegen gegen sich. Man kann als Konfliktstrategie nur empfehlen, zunächst die Trophiestufen der Ökologie zu bearbeiten. Dazu: Herkunft der Futtermittel, den Hunger in deren Produkti-

onsländern, die Probleme der Massentierhaltung wie Tierschutz, Gülle usw. Dagegen muß man ehrlicherweise den guten Geschmack ins Spiel bringen, den Sättigungswert. Bei Vollwertkost stellt man zunächst das Ungewohnte heraus, auch die Mühe bei der Herstellung, manchmal schmeckt sie auch völlig ungewohnt und erfordert beträchtliche Eingewöhnung.
Weitere Probleme sind: der Spott der Mitschüler, die Weigerung der Eltern, vom Gewohnten abzuweichen. Alle bisherigen Experimente mit diesem Thema haben gezeigt, daß man nur durch handelnde Aufklärung Boden gewinnen kann.
Es gibt natürlich viele, viele weitere Themen. Ein paar folgen: Der Kampf gegen den krankmachenden Zucker. – Die Folgen unserer Freizeitwünsche wie Skifahren, Segeln, Surfen, Drachenfliegen. – Immer dies verdammte Laub im Garten! – Warum eigentlich soll ich mich einschränken, wenn ich doch die Erfüllung meiner Wünsche reell bezahle? – Sparen mit Hochzinsen fördert die Umweltzerstörung!

Natur- und Umweltkonflikte zwischen Personen

Ein Konflikt in der Einzelperson berührt meistens auch andere Personen oder Gruppen. Sobald zwei Personen handelnd aufeinandertreffen, sind Wert- und Interessenkonflikte unausweichlich. Für die Konfliktstrategie ergeben sich hieraus im Grunde genommen zwei Formen:

Das Gespräch (der Diskurs) und der Kompromiß.

Das Gespräch (der Diskurs) dient zur Klärung von Positionen und zur Wahrnehmung übersehener oder zu wenig beachteter Argumente. Jeder verteidigt seine Wahrheit, möchte ihr zur absoluten Gültigkeit verhelfen. Aber ebenso notwendig wie das Recht auf Darlegung der eigenen Meinung ist das Recht und die Freiheit des anderen, auch eine eigene Meinung haben und auf ihr beharren zu dürfen. Ein Diskurs sollte in der Argumentation hart sein, aber die Kontrahenten sollten sich das gegenseitige Wohlwollen erhalten. Das ist ein schwieriges Unterfangen, dessen Strategien erst noch mühsam zu entwickeln sind. Wertekonflikte, um die es im Gespräch meistens geht, dürfen also ungelöst oder unentschieden bleiben.

Das ist bei Interessenkonflikten völlig anders. Die Kontrahenten müssen zu einer Entscheidung kommen. Zwar möchte auch hier jede Partei Sieger bleiben, kann sich aber mit dem anderen meistens nur durch einen Kompromiß einigen.

Ein Kompromiß ist eine Entscheidung, bei der es nur Sieger oder nur Besiegte gibt und bei dem eine Grenzlinie gefunden werden muß, die beide Parteien zum Geben und Nehmen führt oder zum Zurückstecken. Das ist allein eine Frage des Gesichtspunktes. Bei einem Kompromiß können beide Parteien das Gesicht wahren und ihre Entscheidung als Erfolg für ihre Auffassung darstellen. Sie haben zwar nicht ihre Meinung voll durchsetzen können, aber verhindert, daß das gegnerische Interesse obsiegte. Der Kompromiß ist schlechthin die Lösungsform zwischen ausgehandelten Interessenkonflikten in unserer Gesellschaft, das gilt für Konflikte zwischen Personen, Organisationen, Staaten.

Nur im Bereich von Natur und Umwelt gibt es bekanntlich keine Kompromisse. Die Meere kippen eben um, wenn der Dreck die natürlichen Regulationssysteme überfordert. Das geschieht auch, wenn die Anrainerstaaten Kompromisse über die Mengen aushandeln, die sie einleiten dürfen. Es gibt keine halben Polarfüchse, die als Kompromiß überleben, und über einen verwüsteten Wald läßt sich kein Kompromiß mehr abschließen. Es ist also zwingend notwendig, daß die Schüler lernen:

- Wertkonflikte müssen nicht gelöst werden.
- Interessenkonflikte sollten per Kompromiß gelöst werden.
- Konflikte, die wir als Anwälte der Natur vertreten, tendieren zu eindeutigen Lösungen.
- Es gibt Aussagebereiche (wieviele Beine hat ein Krebs?), wo es eindeutig richtige und falsche Antworten gibt und Konflikte nicht möglich sind (Hierzu Calließ; Lob 1987/88, Dulitz,Kattmann 1990).

Ich mähe unseren Hausrasen nicht; wir können daraus eine Wiese machen. Es handelt sich dabei meist um einen Konflikt zwischen Eltern und Kindern. Es ist eigentlich kein Interessen- , sondern ein Wertekonflikt, der dann ohne Lösung bleiben kann, wenn er durch elterliche Anordnung nicht zu einem Interessenkonflikt eskaliert.

→ soziale Bezüge
→ Arten, Ökosysteme, Landschaften
→ Beiträge zum ökologischen Ganzheitsprinzip

Der Konflikt: Soll der Rasen naturnah und artenreich sein oder das Ideal eines Garten-Center-Rasens erfüllen?
Um den Konflikt zu lösen, kann man den Eltern Artenlisten über verschiedene Rasenpflegetypen vorlegen, kann die Artenentwicklung im eigenen Rasen nach der Umstellung auf partielle zweimalige Mahd dokumentieren, kann einheimische Pflanzen im Rasen ansiedeln, sich verpflichten, die Wiese ganz allein zu pflegen. Es lassen sich sogar die Arbeitsstunden zur Pflege festhalten, wenn man jemanden findet, der diese Daten auf einer vergleichbaren Rasenfläche aufnimmt.
Ich möchte mich anders ernähren. Das ist tatsächlich ein brisantes Thema, das schon vorn unter Vollwertkost angesprochen wurde. Es werden ja eingefahrene Werte geändert, die Eßgewohnheiten der Familie werden kritisiert. Da kann auf beiden Seiten Frust aufkommen. Das Thema ist für die Klassen 8 –10 aktuell.

→ körperliche Gesundheit
→ soziale Bezüge
→ Rohstoffe, Vorräte Ressourcen
→ Beiträge zum ökologischen Ganzheitsprinzip

Konflikte: Die Eltern fühlen sich erzogen; beim Essen kommt es fortwährend zu Grundsatzdiskussionen, die von den Jugendlichen nicht immer sachlich geführt werden (können). Jeder schiebt jeden in die Rolle des Spinners und Sektierers. Kaum einem ist es zunächst möglich, emotionsarm zu argumentieren. Die Konfliktstrategie wird einfacher, wenn man sich durch wenige Grundsatzentscheidungen an die Sache herantastet: Viele Ballaststoffe essen, Zucker möglichst ganz meiden, auf versteckte Fette achten und fleischreduziert essen. Unter diesen einfachen Thesen prüft man Speisen und Gewohnheiten.

Weitere Problembereiche: Der Baum aus dem Nachbargarten wächst zu weit in unser Grundstück. – Die Hecke des Nachbarn ist zu hoch. – Mich stören vom Nachbarn: das Radio, der Hund, Hahn, die Kinder, Katze, Frösche. – Zwischen Kindern und Eltern kommt es zum Konflikt über den Wasser- oder Energieverbrauch, die Lautstärke der Musik, das Essen. – Jugendliche weigern sich, mit dem Auto zu fahren und benutzen nur noch das Rad. – Ich möchte in diesem Jahr ohne großen Energieverbrauch verreisen. – Die Raucherecke. Auch die Lehrer müssen das Rauchen einstellen!

Natur- und Umweltkonflikte zwischen Person und Gruppe (Organisation)

Diese Konflikte sind oft Interessenkonflikte. Der Schüler hat z. B. Konflikte mit der Klasse, der Schule, später mit seinem Verein. Meist handelt es sich um Kleinigkeiten: Lautstärke der Musik, Stricken im Unterricht, Unlust zu bestimmten Arbeiten, Rauchen.

Hier besteht die Konfliktstrategie meist darin, daß man ein Gespräch führt, die Standpunkte beschreibt und eine Kompromißlinie findet. Wirklich brisant werden Konflikte, wenn z. B. eine Person auf Kosten der Allgemeinheit Beute machen will: das können Zensuren ebenso sein wie materielle Güter. Hier ist die Strategie absolut von der Phantasie der Beteiligten abhängig.

Jemand wünscht eine Baugenehmigung zur Massentierhaltung. Solch ein Interessenkonflikt bewegt manchmal einen ganzen Ort.

→ körperliche Gesundheit
→ Rohstoffe, Vorräte Ressourcen
→ Beiträge zum ökologischen Ganzheitsprinzip

Konflikte: Der Fleischberg wächst weiter. Wohin mit der Gülle und dem Kot? Die ganze Gegend stinkt durch die Tierhaltung. Der Wert des Wohnens nimmt ab, die Grundstückspreise sinken. Diese Art der Tierhaltung ist Tierquälerei. Das verwendete Tierfutter wird den Erzeugerländern entzogen, wodurch dort Hunger herrscht. Es entstehen andererseits Arbeitsplätze. Nur durch moderne Bauten, die alle Möglichkeiten der Rationalisierung ausnutzen, bleibt die einheimische Fleischproduktion international konkurrenzfähig.

Konfliktstrategie – auch für die weiteren Beispiele: In allen Beispielen durchdringen sich kaum entwirrbar Wert- und Interessenkonflikte. (vgl. Dulitz; Kattmann 1990) Der eine Argumentationsbereich umfaßt immer das Thema Kapitaleinsatz: Rendite. Der zweite Argumentationsbereich bezieht sich stets auf das Thema der Arbeitsplätze. Der dritte schließlich argumentiert mit den Eßgewohnheiten der Bürger, die es zu befriedigen gelte und mit dem Hunger in der Welt. Schließlich bezieht sich eine Argumentationskette auf den Tierschutz und die Auslegung des Begriffes artgemäße Haltung. In alle diese Argumentationsbereiche sind die Beteiligten mehr oder weniger verwickelt: Neben dem Interessenten selbst der Verband der Hühnerhalter oder Schweinemäster, der Bauernverband, der Bürgermeister des Ortes, das Gemeindeparlament, die Landes- und evtl. Bundesregierung, die EG-Kommission, die beteiligten Handelsfirmen für das Futter und den Transport, der Schlachthof, der zuständige Tierarzt, die Pharmaindustrie. Es ist wirklich nicht leicht, alle Interessen aufzudecken. Deshalb ist die Schule in ihrer Möglichkeit begrenzt. Sie kann den oder die Wertkonflikte aufdecken und beschreiben, wenigstens einige wichtige Aspekte des Interessenkonfliktes erarbeiten und Werthaltungen formulieren, die übungsweise in der Realität erprobt werden, die dann später jedoch als individuelle Werthaltungen den politischen Willen bestimmen sollen.

Ein Fabrikant will mangelhaft geklärtes Wasser in die Vorflut einleiten.

→ Rohstoffe, Vorräte Ressourcen
→ Arten, Ökosysteme, Landschaften
→ Beiträge zum ökologischen Ganzheitsprinzip

Konflikte: Die Bevölkerung dieser Gegend lebt geradezu vom Vorhandensein dieser Fabrik. Ein fabrikeigenes Klärwerk ist zu teuer, führt zu Massenentlassungen wegen der anfallenden Kosten. Der Fabrikbesitzer droht damit, in ein Billigland auszuweichen, das keine Umweltauflagen kennt und legt sogar Pläne dazu vor. Zum Ausgleich verlangt er staatliche Zuschüsse oder verhandelt über Lohnsenkungen.

Eine Person möchte ein Wochenendhaus in ein Landschaftsschutzgebiet (z. B. an das Ufer eines Sees) bauen.

→ Arten, Ökosysteme, Landschaften
→ Beiträge zum ökologischen Ganzheitsprinzip

Konflikte: Für alle kann nur ein einziges Recht gelten, danach ist es verboten. Aber die Person kann der Region helfen durch Arbeitsplätze, hohes Steueraufkommen (der Hauptwohnsitz wird in das Wochenendhaus verlegt), durch eine bedeutsame Stiftung, durch hohe Spenden ... Der Schaden ist also gegenüber dem Nutzen für die Gemeinde gering.

Eine Person entdeckt, daß der Handel mit Tropenholz derzeit ein gutes Geschäft ist.

→ Arten, Ökosysteme, Landschaften
→ Beiträge zum ökologischen Ganzheitsprinzip

Konflikte: Er schädigt die tropischen Regenwälder, trägt zur Klimakatastrophe bei. Tropenhölzer werden aber derzeit noch mit geringerem Kostenaufwand produziert als einheimische; sie sehen schöner aus, lassen sich z. T. besonders gut verarbeiten, da sie keine Jahresringe haben. Sie eignen sich deshalb besonders zur Furnierherstellung. Außerdem werden durch ihre Gewinnung in den unterentwickelten Regionen Arbeitsplätze geschaffen. Aber für einen gewonnenen Stamm müssen unverhältnismäßig große Gebiete Regenwald zerstört werden, der sich nach der Holzentnahme erst in Jahrhunderten regeneriert ...

Eine Person handelt mit Waffen.

→ Rohstoffe, Vorräte Ressourcen
→ Arten, Ökosysteme, Landschaften

Konflikte: Es wird zwar gegen Gesetze verstoßen, aber durch Umwege werden immer wieder neue Handelswege gefunden. Im Bestellerland werden dem Volk durch den Waffenkauf Gelder für vernünftige Projekte entzogen. Da aber die Gegenpartei auch über Waffen verfügt, muß man mindestens ebenso stark aufrüsten. Die Kriegsindustrie sichert in den Herstellerländern Hunderttausende Arbeitsplätze, einschließlich der Forschung. Sie verbessert das Bruttosozialprodukt entscheidend. Die sozialen Aufgaben der Herstellerstaaten könnten (sagt man) ohne eine Kriegsindustrie nicht gelöst werden. Andererseits sind Waffen totgelegtes, nicht mehr arbeitendes Kapital. „Aber wenn wir nicht die Waffen herstellen und verkaufen, tun es andere."

Natur – und Umweltkonflikte zwischen Gruppen

Im Rahmen der Schullebens stoßen meist Wertkonflikte auf Interessenkonflikte. Im Rahmen der Öffentlichkeit – bis hin zu den Konflikten zwischen Staaten – sind es meist Interessen- und Machtkonflikte, die auf allen Ebenen heftige Kontroversen auslösen.

Beispiele auf Ebene der Staaten:

- Das Ozonloch und seine Verursacher.
- Nutzung der Arktis als Rohstoffquelle oder des Meeresbodens.
- Der Streit um Fischereirechte und Fangquoten.
- Zentrale Konfliktherde bilden die Ölvorkommen, die Lager von Uran, Kupfererzen und von Phosphaten. Der Konflikt um die Ausbeutungsrechte von Rohstoffen beherrscht die Menschheit durch ihre gesamte Geschichte.
- Die Nutzung von Wasservorräten, vor allem da, wo Flüsse in trockenen Gebieten mehrere Staaten durchqueren.
- Die Sicherung der eigenen Wirtschaft durch Einfuhrbegrenzungen oder Schutzzölle ist ein weltweiter Konfliktherd.

Setzt man die Ebene niedriger an, etwa beim einzelnen Staat, so stößt man auch hier auf zahlreiche Konfliktherde. So wird gestritten

- um Anteile staatlicher Förderungsmitteln (z. B. Stahl- und Kohleindustrie, Landwirtschaft);
- Vereine und Verbände fordern Gerechtigkeit und bessere Fürsorge für Behinderte, Großfamilien, Aidskranke ...

Klammert man die Ebenen wie Land und Gemeinde – bis hin zum Schulaufsichtsbezirk und der einzelnen Schule – als weitere Konfliktebenen einmal aus, so gibt es eine Fülle weiterer potentieller Konfliktgruppen und Konfliktherde:

- die Gewerkschaften und die Arbeitgeber als organisierte Gruppen;
- Wirtschaftsverbände, Naturschutzverbände und auch staatliche und halbstaatliche Organisationen;
- die Parteien;
- die verschiedenen Kirchen und Glaubensorganisationen.

Die Liste könnte jeder leicht über Seiten fortsetzen. Im Rahmen der Schule ist ein wirksames Eingreifen in diese Gruppenkonflikte kaum möglich. Vielleicht kann man zu unterschiedlichen Annäherungen an eigene Handlungsmöglichkeiten kommen wie: Gewinnen eigener Werte und Normen zu dem Konfliktthema – Werte und Normen öffentlich machen – werben für die Wahl geeigneter Volksvertreter – durch Wort, Schrift und Handlungsweise protestieren – sich als Person verweigern – zum Boykott aufrufen. Im Rahmen der Schule sind eher Konflikte in folgender Form zu erwarten:

Eine Klasse möchte ein Patenbiotop in Pflege nehmen.

→ Pflege sozialer Bezüge
→ Arten, Ökosysteme, Landschaften
→ Beiträge zum ökologischen Ganzheitsprinzip

Konfliktherde: Der für Jugendliche unabdingbare Lernprozeß wird von den Behörden nicht toleriert, es wird gleichsam sofort fertige Sachkompetenz und Handlungskompetenz erwartet. Die Schüler ärgern sich über unverständige Hundehalter und Menschen und resignieren. Die Schüler halten nicht durch. Oft kollidiert ihre spontane Handlungsweise mit Wünschen des Besitzers, der Naturschutzbehörde, der Eltern. Manchmal bringt ein Unfall die Öffentlichkeit auf den Plan.

Eine Klasse plant auf einem städtischen Friedhof eine Nistkastenaktion.

Konfliktherde: Besucher fühlen sich gestört. Der Zeitpunkt einer Nistkastenkontrolle und einer Beerdigung fallen zusammen. Die Friedhofsruhe nimmt Schaden. Eltern finden eventuell ein Friedhofsprojekt für junge Schüler einfach unpassend. Oder die Nistkästen werden zerstört. Die Friedhofsverwaltung macht Auflagen, die für Schüler nicht akzeptabel sind.

→ Pflege sozialer Bezüge
→ Arten, Ökosysteme, Landschaften
→ Naturwissenschaft im Lebensalltag, handwerkliche Betätigung
→ Beiträge zum ökologischen Ganzheitsprinzip

Eine Schule will den Schulkiosk auf gesunde Kost umstellen.

Konfliktherde: Einige Schüler, Lehrer, Eltern wollen nicht mitmachen und finden das Projekt blödsinnig. Der Hausmeister wehrt sich, weil er Verdienstausfall befürchtet. Die bisherigen Lieferanten laufen Sturm. Der Personalrat der Hausmeister greift ein. Die Schulverwaltung will die nötigen Umbauten nicht bezahlen. Vor der Schule macht ein Konkurrenzkiosk auf.

→ körperliche Gesundheit
→ Pflege sozialer Bezüge
→ Beiträge zum ökologischen Ganzheitsprinzip

Thema Raucherecke – Nichtraucherbeschluß.

Konfliktherde: Die Raucher unter Lehrern sehen sich bloßgestellt. Sie wollen sich nicht beteiligen. Die Schüler-Raucher fordern, daß sie in den Pausen das Schulgrundstück verlassen dürfen. Der Elternrat verschärft die Konflikte in die eine oder andere Richtung. Das Grundsatzthema der persönlichen Freiheit wird mit dem Rauchen verbunden. Es heißt, ein solcher Beschluß führe zur Lüge und Heimlichkeit. Andere weisen darauf hin, daß ältere Schüler für die Jüngeren Vorbild sein müßten.

→ körperliche Gesundheit

Viele künstlerische Aktionen wie das Aufstellen von Kunstbäumen, das Verfremden von Straßenbäumen oder das Aufstellen von Kunstgebilden in der Landschaft stoßen auf erhebliche Kritik und lösen Konflikte aus.

→ Pflege sozialer Bezüge
→ Bildende Kunst selber gestalten (in der Schule, Landschaft)

Es bestehen insgesamt noch zu wenige Erfahrungen, wie man in der Schule mit Konflikten umgeht. Das muß nicht in Form eines Faches Konfliktkunde gelehrt werden, obgleich ein solches sicher wichtiger wäre als manch anderer traditionell verankerte Lehrinhalt. Nein, das wichtigste ist wohl, daß Schüler und Lehrer miteinander und evtl. auch gegeneinander Erfahrungen im Umgang mit Konflikten machen und wenigstens an Beispielen Verhaltensstrategien einüben. Ein Großteil unserer Natur- und Umweltprobleme bleibt einfach deswegen ungelöst, weil die Personen und Gruppen nicht gelernt haben, mit Konflikten umzugehen. So früh, wie vom Alter her möglich, müssen die Schüler eine offene Streitkultur erlernen, erleben, erfahren und einüben. An all ihren Gliedern würde unsere Mutter Erde dies als Wohltat verspüren.

Literaturverzeichnis

Hinter jedem Buch ist in Klammern angegeben, in welchen Kapiteln es genutzt worden ist. Der Buchstabe „G" bedeutet, daß es für alle Kapitel von großer Bedeutung war. Der Buchstabe „V" sagt, daß es im Vorlauf zu diesem Buch für die Entwicklung der eigenen Praxis wichtig war.

Aeppli, W.: Sinnesorganismus, Sinnesverlust, Sinnespflege; Freies Geistesleben, Stuttgart 1967 (6)

Altner G. u. a. (Hrsg.): Jahrbuch Ökologie 1992; Beck, München 1991 (G und vor allem 1 u. 9)

Alt, F.: Frieden ist möglich; Piper, München 1983 (7)

Amery, C.: Natur als Politik. Die ökologische Chance des Menschen; Rowohlt, Reinbek 1980 (1)

Amery, C.: Das Ende der Vorsehung; Rowohlt, Reinbek 1972 (V)

Anderegg, J.: Wissenschaft und Wirklichkeit; als Manuskript gedruckt, 1991 (8)

Andresen, U.: So dumm sind sie nicht. Von der Würde der Kinder; Beltz, Weinheim 1986[2] (5, 7)

Arnold, H. (Hrsg.): Entwicklung. Interdisziplinäre Aspekte zur Evolutionsfrage; Urachhaus, Stuttgart 1989. (9) Hieraus folgende Beiträge:
Löw, R.: Evolution und Theorie; Suchantke, A.: Die Mutations- und Selektionstheorie in Konfrontation mit der Wirklichkeit; Knapp, A.: Leben ist mehr als Überleben; Koslowski, P.: Soziobiologie als Ontologie und als Theorie der Gesellschaft; Hettlage, R.: Evolutionstheorien in der Soziologie zwischen Moderne und Postmoderne

Beck, U.: Risikogesellschaft; Suhrkamp, Frankfurt 1986 (G und 1)

Behler. W. (Hrsg.): Das Kind; Herder, Freiburg 1970 (5)

Beiler, A.: Die lebendige Natur im Unterricht; Henn, Ratingen 1965 (V)

Benesch, F.: Apokalypse; Urachhaus, Stuttgart 1981 (2)

Berck, K. H. und Graf, D.: Begriffsbildung. Hypothesen über das schlechte biologische Grundwissen der Schüler und Vorschläge zur Abhilfe; aus: Biologie heute; Sept. 1991. Wissenschaftl. Verlagsanstalt, Stuttgart (9)

Berendt, J. -E.: Nada Brahma. Die Welt als Klang; Rowohlt, Reinbek 1989 (8)

Bertalanffy, L. v.: Aber vom Menschen wissen wir nichts; Econ, Düsseldorf und Wien 1970 (7)

Bethge, E.: Bonhoefer; Rowohlt, Reinbek 1976 (7)

Bettelheim: Kinder brauchen Märchen; dtv-Sachbuch, München 1982[5] (5 u. 7)

Bindel, E.: Die geistigen Grundlagen der Zahlen; Fischer, Frankfurt 1987 (7, 8)

Binder, A.: Wie christlich ist die Anthroposophie? Urachhaus, Stuttgart 1989 (7 u. 9)

Birk, K.: Siegmund Freud und die Religion; Vier-Türme-Verlag, Münsterschwarzach 1970 (7)

Bisset, E., Palmer, M.: Die Regenbogenschlange; bei WWF Schweiz 1985 (7)

Böhm, W., Lindauer, M.: „Nicht Vielwissen sättigt die Seele"; Klett, Stuttgart 1988 (G und 1, 2, 3)

Born, M.: Physik im Wandel meiner Zeit; Vieweg, Braunschweig 1966 (2)

Bothe-Stein-Walter: Ausländisches Umweltrecht; Schmidt, Berlin 1971 (4)

Botkin, J. W. u. a.: Das menschliche Dilemma; Wien 1979 (1)

Brandt, P., Thiersen, P.: Umwelt spielend entdecken; Beltz, Weinheim 1991 (G)

Braunbeck, W.: Die unheimliche Wachstumsformel; List, München 1973 (V)

Breitenbürger, G., Schnitzler, G.: Marx und Marxismus heute; Hoffmann & Campe, Hamburg 1974 (1, 2, 3)

Breuer, D., Deutsche Metrik und Versgeschichte; Fink, München 1981 (8)
Brockhaus, Enzyklopädie: Stichworte Biographie, Musik und Harmonie; Brockhaus, Wiesbaden 1979 (5, 8)
Stichwort Erfindungen, Entdeckungen: 1968 und dtv-Brockhaus 1989
Brodde, K.: Ahnensuche in Sprache und Genen; Die Zeit vom 3. Jan. 93 (8, 9)
Bühl, W. L. (Hrsg.): Konflikt und Konfliktstrategie. Hieraus: Simmel, G.: Der Streit; Galtung, J.: Institutionalisierte Konfliktlösung; Aubert, V.: Interessenkonflikt und Wertkonflikt: Zwei Typen des Konfliktes und der Konfliktlösung; Schelling, Th. C.: Versuch über das Aushandeln; Nymphenburger, München 1972 (10)
Bühl, W. L.: Theorien sozialer Konflikte; Wissenschaftliche Buchgesellschaft, Darmstadt 1976 (10)
Bühler, Ch, : Psychologie im Leben unserer Zeit; Knaur, München 1962 (5)
Buddensiek, W.: Die soziale Architektur einer ökologischen Schule; in: Schreier (Hrsg): Die Zukunft der Umwelterziehung; Krämer, Hamburg 1994 (G)
Buddemeier, H.: Leben in künstlichen Welten; Urachhaus, Stuttgart 1993
Bundesleitung des VCP: Spuren – Materialien für die Gruppe; Kassel 1984 (interner Druck) (5)
Bundesminister für Bildung und Wissenschaft: Zukunftsaufgabe Umweltbildung; Bonn 1991 (interner Druck) (1)
Chardin, Th. de: Der Mensch im Kosmos; Beck, München 1959 (2, 3, 4, 7)
Calließ, J., Lob, R. E.: Praxis der Umwelt- und Friedenserziehung, Band 1 – 3; Schwann, Düsseldorf 1987 – 88 (G)
Campenhausen, Chr. v.: Die Sinne des Menschen; Thieme, Stuttgart 1981 (6)
Capra, F.: Wendezeit; Scherz, Bern, München, Wien 1984 (7. Aufl.) (G)
Carson, R.: Der stumme Frühling; Biederstein, München 1962 (V und G)
Cavalli – Sforza, L.: Alle aus demselben Holz; in: Die Zeit vom 7. 2. 92 (7, 9)
Chargaff, E.: Erforschung der Natur und Denaturierung des Menschen; Kongreßtext „Geist und Natur" 88, später bei Scherz, Bern 1991 (9)
Coenen, R.: Alternativen zur Umweltmisere. Raubbau oder Partnerschaft; Hanser, München 1972 (V)
Colloquium 1992/93 : Kultur als Umwelt; Traum und Raum; Berlin 1993 (8)
Comenius, J. A.: Orbis sensualium pictus; Reprint: Harenberg, Dortmund 1978 (1, 6)
Cornell, J. B.: Mit Kindern die Natur erleben; Ahorn, Soyen 1979 (G)
Czihak, G., Langer, H., Ziegler, H.: Biologie; Springer, Berlin 1990
Dahl, J.: Auf Gedeih und Verderb. Kommt Zeit, kommt Unrat; Langewiesche, Ebenhausen 1979 (V und 1)
Darwin, F.: Leben und Briefe von Ch. Darwin (3 Bände); Schweizerbart, Stuttgart 1887 (9)
Darwin, Ch.: Die Entstehung der Arten (1859); deutsch: Reclam, Stuttgart 1963 (9)
Darwin, Ch.: Reise eines Naturforschers um die Welt; Nägele und Sproesser, Stuttgart 1910 (9)
Dasmann, R. S.: Bedrohte Natur. Der Mensch und die Biosphäre; Diedrichs, Düsseldorf 1974 (V)
Danielou, A.: Einführung in die indische Musik; Heinrichshofen, Wilhelmshaven 1975 (8)
Dehn, M.: Das Märchen als Lernmodell; Praxis Deutsch, Heft 47/81, Friedrich, Velber (8)
Diekmann, H. (Hrsg.): Schützt die Erdatmosphäre; Maximilian, Herford 1992 (9)

Dithfurth, H. v.: So laßt uns denn ein Apfelbäumchen pflanzen; Hamburg, 1985 (1)
Doczi, G.: Die Kraft der Grenzen; Dianus-Tricont, München 1981 (8)
Dorn, A., Pöhl, E.: Pflanzenzeigerwerte für den Schulbereich; Goltze, Göttingen o. J. (5, 9)
Drewermann, E.: Milomaki oder vom Geist der Musik; Walter, 1992 (8)
Drewermann, E.: Kleriker; dtv, München 1991 (7)
Drutjons, P.: Biologieunterricht. Erziehung zur Mündigkeit; Diesterweg, Frankfurt 1973 (9)
dtv-Atlas zur Psychologie, Band 2; dtv, München 1991² (5)
Duden: Das Herkunftwörterbuch (Band 7); Duden-Verlag, Mannheim 1963
Dulitz, B. Kattmann, U.: Bioethik; Metzler, Stuttgart 1990 (4, 9, 10)
Eberwein, W. D., Reichel, P.: Friedens- und Konfliktforschung – eine Einführung; Piper, München 1976 (10)
Ehrlich, P. R. und Ehrlich, A. H.: Bevölkerungswachstum und Umweltkrise. Die Ökologie des Menschen; Fischer, Frankfurt 1972 (V)
Eibl-Eibesfeld, I.: Liebe und Haß. Zur Naturgeschichte elementarer Verhaltensweisen; Piper, München 1970 (7)
Eibl- Eibesfeld, I.: Der Mensch, das riskierte Wesen; Piper, München 1988 (2, 3, 4)
Engelhardt, W.: Umweltschutz; Bayrischer Schulbuchverlag, München 1973 (4, 9)
Engelmayer, O.: Das Kinder- und Jugendalter; Ehrenwirth, München 1966 (3, 5, 8)
Erb-Vester: Unsere Städte sollen leben; dva, Stuttgart 1972 (4)
Erler, H.: Umwelterziehung im Schullandheim; Natur erfahren und verstehen, Dudweiler/Hamburg 1992 (8)
Ermet, K. (Hrsg.): Loccumer Protokolle 10/91; darin: Rumpf, H.: Schulkultur? Über einen nicht verschleißenden Umgang mit Räumen, Zeiten, Gesten und mit der Sprache (S. 203 – 215) (1)
Eschenhagen, D.: Anmerkungen zur Umwelterziehung; in: Unterricht Biologie, Heft 144, Friedrich, Seelze 1989 (1)
Eschenhagen, D., u. a.: Fachdidaktik Biologie; Aulis, Köln 1985 (G)
Eschenhagen, D. (Hrsg.): Evolution; in: Unterricht Biologie; Friedrich, Heft 3, Seelze 1976 (9)
Esser, W. M.: Individuelles Konfliktverhalten in Organisationen; Kohlhammer, Stuttgart 1975 (10)
Eucker, J.: Ästhetische Erziehung ist mehr als ein bißchen Zeichnen und Malen; in: Grundschullehrer, Heft 9/86, Friedrich/Klett, Seelze
Eulefeld, G., Bolscho, D., Seybold, H.-J.: Umweltbewußtsein und Umwelterziehung. Ansätze und Ergebnisse empirischer Forschung; IPN, Kiel 1991 (1)
Eulefeld, G. (Hrsg.): Empirische Studien im Bereich Umwelterziehung; IPN, Kiel 1992 (1)
Falazik, R., Romain, L.: Kunst – Landschaft. Neuenkirchener Symposien 74 – 87; Kunstverein Springhornhof o. J., Neuenkirchen (8)
Fechner, G. Th., Das unendliche Leben (1850); Reprint; Matthes Seitz, München 1984 (3 – 7)
Feldmann, K.: Die Natur- und Umweltproblematik und die Struktur des Fernsehens; in: Natur und Kultur, Nieders. Landeszentrale f. politische Bildung, 1990 (10)
Feuerbach, L. Das Wesen der Religion (1845); Deutsche Bibliothek, Berlin 1913 (7)

Fischer-Buck, A: Franz Fischer; Oldenbourg, Wien 1987 (G)
Flensburger Hefte Nr. 28: Naturwissenschaft und Ethik; Flensburger Hefte-Verlag, Flensburg 1990 (G und 9)
Floericke, Käfervolk; Kosmos, Franckh, Stuttgart 1924 (5)
Forrester, J. W.: Der teuflische Regelkreis; Deutsche Verlagsanstalt, Stuttgart 1971 (V)
Franz, L.: Religion und Kunst der Vorzeit; Prag, 1937 (8)
Freud, S.: Die Traumdeutung; Fischer, Frankfurt 1961 (5)
Frey, Chr. (Hrsg.): Verantwortung; Themenheft von Glaube und Lernen; Vandenhoeck & Ruprecht, Göttingen 1992 (4, 7)
Fromm, E.: Haben oder Sein; Deutsche Verlagsanstalt, Stuttgart 1976 (3 und 8)
Gadamer, H. G. Neue Anthropologie, Band 4: Kulturanthropologie. Hieraus: Gorsen, P: Kunst, Literatur und Psychopathologie heute; Alsleben, K.: Informationstheorie und Ästhetik; Lostrup, K. E.: Ästhetische Erfahrung in Dichtung und bildender Kunst; Grether, A.: Anthropologie der Musikinstrumente; dtv und Thieme, Stuttgart 1973 (8)
Gaedeke, W.: Anthroposophie und die Fortbildung der Religion; Flensburger Hefte-Verlag, Flensburg 1990 (7)
Gärtner, H. (Hrsg.): Ökologische Partizipation im Ballungsraum; Krämer, Hamburg 1992 (9)
Galilei, G.: Siderus Nuncius – Nachricht von neuen Sternen; Nachdruck; Insel, Frankfurt 1965 (2, 9)
Gallwitz, H.: Religion und Magie der Menschen der Altsteinzeit; Berlin 1960 (8)
Geiger, R. Märchenkunde; Urachhaus, Stuttgart 1991 (5, 7)
Gessinger, J., Raden, W. v.: Theorien vom Ursprung der Sprache; de Gruyter, Berlin/New York 1989 (6, 8)
Gill, D.: Elisabeth Kübler-Ross; Kreuz, Stuttgart 1991[7] (7)
Ginsburg, P., Opper, S.: Piagets Theorie der geistigen Entwicklung; Klett, Stuttgart 1978[2] (5)
Glas, N.: Gefährdung und Heilung der Sinne; Mellinger, Stuttgart 1976[2] (7)
Glast, F.: Konfliktmanagement. Diagnose und Behandlung von Konflikten in Organisationen; Haupt, Bern/Stuttgart 1980 (10)
Global 2000 – Zur Lage der Welt. Bericht an den Präsidenten der USA; Worldwatch Institute, Hamburg 1992 (1)
Goethe, J. W. von: Farbenlehre, Band 1; Freies Geistesleben, Stuttgart 1979 (2, 3)
Goethe, J. W.: Metamorphose der Pflanzen (1790); Freies Geistesleben, Stuttgart 1966
Goldsworthy, A.: (Kunst in der Natur, Buch ohne weiteren Titel); Zweitausendeins, Frankfurt 1991 (8)
Gollwitzer G.: Botschaft der Bäume; du Mont, Köln 1984 (7)
Göpfert, H.: Naturbezogene Pädagogik; Deutscher Studien-Verlag, Weinheim 1988 (G)
Gore, A.: Wege zum Gleichgewicht; Fischer, 1992 (G)
Grefe, Chr., Jerger- Bachmann, J.: Das blöde Ozonloch. Kinder und Umweltängste; Beck, München 1992 (10)
Gropengießer, H., Kattmann, U.: Biologieunterricht 2000; Biologie heute, April 1991, Wiss. Verl. Anst. Stuttgart (9)
Grupe, H.: Biologie-Didaktik; Aulis, Köln 1977 (V)
Haan, de: Ökologie-Handbuch Grundschule; Beltz, Weinheim/Basel 1989 (5)
Günzler, C., Teutsch, G. M.: Erziehen zur ethischen Verantwortung; Herder, Freiburg 1980 (7)
Haase, R.: Der meßbare Einklang; Klett, Stuttgart 1976 (8)

Haas, G.: Märchen heute. Praxis Deutsch, Heft 103, Friedrich/Klett, Seelze 1990
Haber, H.: Stirbt unser blauer Planet? Deutsche Verlags-Anstalt, 1973 (V)
Haeberlin, U., Niklaus, E.: Identitätskrisen; Haupt, Bern und Stuttgart 1978 (10)
Haeckel, E.: Die Welträtsel; Kröner, Leipzig o. J., ca. 1908 (2, 3, 9)
Hammerstein, R.: Die Musik der Engel; Francke, Bern und München 1962 (8)
Hansen, W.: Die Entwicklung des kindlichen Weltbildes; Kösel, München 1965[7] (5)
Haverbeck, W. G.: Die andere Schöpfung; Urachhaus, Stuttgart 1978 (G, 4)
Hedewig, R., Knoll, J.: Biologie außerhalb des Schulgebäudes; Aulis, Köln 1986 (G)
Hedewig, R., Staek, L. (Hrsg.): Biologieunterricht in der Diskussion; Aulis, Köln 1984 (G)
Heitler, W.: Der Mensch und die naturwissenschaftliche Erkenntnis; Vieweg, Braunschweig 1964 (G)
Henderson, H.: Die Entstehung postökonomischer Paradigmen und ihr Einfluß auf eine postindustrielle Welt; in: Geist und Natur, Scherz, Bern 1991 (2, 3 ,9)
Hensel, H.: Die Sinneswahrnehmung des Menschen in Wissenschaft und Anthroposophie; Urachhaus, Stuttgart 1989 (6)
Hetmann, F.: Die Göttin der Morgenröte; Fischer-Taschenbuch 1986 (7)
Hillers, F.: Heilung durch Begegnung mit dem Sinn; Manuskript 1989 (9)
Höhler, G.: Die Bäume des Lebens. Baumsymbole in den Kulturen der Menschheit; Deutsche Verlagsanstalt, Stuttgart 1985 (1 – 8)
Hoenisch, N., Niggemeier, E.: Heute streicheln wir den Baum; Maier, Ravensburg 1986 (5)
Hofer, H., Altner, G.: Die Sonderstellung des Menschen; Fischer, Stuttgart 1972 (7)
Hutten, K.: Seher, Grübler, Enthusiasten; Quell, Stuttgart 1989[14] (7)
Illich, I.: Entschulung der Gesellschaft; Kösel, München 1972 (9)
Illies, J.: Nicht Tier, nicht Engel. Der Mensch zwischen Natur und Kultur; Edition Interfrom A. G., Zürich 1975 (7)
Illies, J.: Für eine menschenwürdige Zukunft. Die gemeinsame Verantwortung von Biologie und Theologie; Herder, Freiburg 1972 (7, 10)
Immelmann u. a.: Psychobiologie; Fischer, Stuttgart 1988 (5)
Jaffé, A. (Hrsg.): C. G. Jung – Erinnerungen, Träume, Gedanken; Olten, Freiburg 1979 (G und besonders 2, 3, 5)
Joger, U. (Hrsg.): Praktische Ökologie; Diesterweg, Sauerländer, Frankfurt 1989 (9)
Jonas, H.: Das Prinzip Verantwortung; Insel, Frankfurt 1985[4] (2, 3, 4, 7)
Jordan, P.: Der Naturwissenschaftler vor der religiösen Frage; Stalling, Oldenburg 1972[6] (7)
Jüdes, U., Eulefeld, G., Kapune, G.: Evolution der Biosphäre; Hirzel, Stuttgart 1990 (9)
Jung, C. G.: Der Mensch und seine Symbole; Walter, Olten 1979[9] (7, 8)
Jungk, R.: Menschenleben. Der Aufstand gegen das Unerträgliche; Desch, München 1983 (1)
Jungk, R., Mundt, H. J.: Wege ins neue Jahrtausend. Modelle für eine neue Welt; Desch, München 1964 (V)
Kahle, W.: Nervensystem und Sinnesorgane; Thieme, Stuttgart 1979 (6)
Kaplan, R. W.: Ist Darwin überholt? In: Informationen des Verbandes Deutscher Biologen, Heft 9 und 10/1988 und 8/89; VCH Verlagsgesellschaft, Weinheim (9)
Kattmann, U.: Bezugspunkt Mensch; Aulis, Köln 1977 (G, insbes. 9)

Kattmann, U.: Evolutionstheorien (Hrsg.), Heft 179 und Soziobiologie (Hrsg.), Heft 185 Unterricht Biologie; Friedrich, Seelze 1992 und 1993 (9)
Keiter, F.: Verhaltensbiologie des Menschen auf kulturanthropologischer Grundlage; Reinhardt, München, Basel 1966 (3)
Killermann, W.: Biologie in Unterrichtsmodellen; Auer, Donauwörth 1980 (G)
Kelber, W.: Die Logos-Lehre von Heraklit bis Origines; Urachhaus, Stuttgart 1976 (2 – 7)
Kersberg, H., Lademann, K. (Hrsg.): Spiele zur Natur- und Umwelterfahrung, Hamburg 1994 (6)
Klages, L.: Mensch und Erde. Aus der Dokumentation des Freideutschen Jugendtages 1913 (Hrsg. W. Mogge und J. Reulecke); Diedrichs, Jena 1913 (1)
Kleber, W.: Grundzüge ökologischer Pädagogik; Juventa, Weinheim 1993 (1)
Klebert, K., Schrader, E., Straub, W. G.: Kurz-Moderation; Windmühle, Hamburg 1987 (10)
Klenk, G.: Manuskript 1992 (7, 10)
Klötzli, F.: Einführung in die Ökologie; Hallwag, Bern 1983 (9)
Klünker, W. U.: Johannes Scotus Eriugena: Denken im Gespräch mit dem Engel; Freies Geistesleben, Stuttgart 1988 (2, 3, 7)
Knirsch, R., Krüger, W.: Unsere Umwelt entdecken; Fischer, Frankfurt 1988 (5)
Koyré, A.: Galilei; Wagenbach, Berlin 1988 (9)
Krebs, J. R., Davies, N. B.: Einführung in die Verhaltensökologie; Thieme, Stuttgart 1984 (9)
Kreuzer, H.: Literarische und naturwissenschaftliche Intelligenz. Dialog über die „zwei Kulturen"; Klett, Stuttgart 1969 (4, 5)
Kubli, F.: Kosmosvorstellungen bei Kindern und die Astronomie im Unterricht; aus: Hameyer, U., Kaprune, Th.: Weltall und Weltbild; IPN, Kiel 1984 (7)
Kunst und Natur – Natur und Ökologie: Tagungsband der gleichnamigen Veranstaltung in Werningerode vom 4. – 6. Juni 1993 (8)
Kunst und Ökologie: Themenheft der Zeitschrift Kunst und Unterricht. Heft 125; Friedrich/Klett, Seelze 1988 (8)
Kühn, H.: Das Problem des Urmonotheismus; du Mont, Wiesbaden 1952 (7)
Kühn, H.: Die Felsbilder Europas; Kohlhammer, Stuttgart 1971³ (8)
Kühn, A.: Grundriß der allgemeinen Zoologie; Thieme, Stuttgart 1959 (9)
Kühnemund, H., Ewert, J. P. (Hrsg.): Wissenschaft und Lebenswirklichkeit (Tagungsband); DIFF, Tübingen 1991 (9)
Kükelhaus, H.: Organismus und Technik; Fischer alternativ; Walter, Olten 1971³ (G., insbesondere 6)
Kükelhaus, H., zur Lippe, R: Entfaltung der Sinne; Fischer, Frankfurt 1982 (6)
Küng, H.: Projekt Weltethik; Piper, München 1990 (G und 1 – 7)
Küng, H.: Wahrhaftigkeit; Herder, Freiburg 1968 (G und 1 – 7)
Kyber, M.: Märchen; Wegener, Hamburg 1953 (5, 7)
Lang, E.: Kind, Familie und Fernsehen; Herder, Freiburg o. J. (5, 7)
Langer, S., K.: Philosophie auf neuen Wegen. Das Symbol im Denken, im Ritus und in der Kunst; S. Fischer, Frankfurt 1965 (8)
Lauenstein, D.: Die vier Denkmodelle des Abendlandes; Urachhaus, Stuttgart 1976 (2 – 4)
Lay, R. Texte zum naturwissenschaftlichen Weltbild (Band 1 und 2); Bayrischer Schulbuchverlag, München 1984 (9)
Lehmann, F. R.: Religionsgeschichte des Paläolithikums und der Völkerkunde; Archiv für Religionswissenschaften 1935 – 58 (7)
Lehr, U. (Hrsg.): Altern – Tatsachen und Perspektiven; Bouvier, Bonn 1983 (5)
Lenz, F.: Bildsprache der Märchen; Urachhaus, Stuttgart 1971 (5)

Lethmate, J., Pfeiffer, D.: Sprache, Menschenaffen und der-Apfel-ist-orange; Unterricht Biologie, Heft 41; Friedrich, Seelze 1980 (8)
Lievegoed, B. C. J.: Entwicklungsphasen des Kindes; Mellinger, Stuttgart 1976 (5)
Lorenz, K.: Der Abbau des Menschlichen; Piper, München 1983 (2 – 4, 9)
Lorenz, K.: Die Rückseite des Spiegels; Piper, München 1975 (2)
Lovelock, J.: Gaia – Die Erde ist ein Lebewesen; Scherz, München 1992[2] (G)
La Rouche, L. H.: Es gibt keine Grenzen des Wachstums; Campaigner, Wiesbaden 1983 (1)
Maedows, D.: Die Grenzen des Wachstums; Rowohlt, Hamburg 1973 (G und 4)
Maedows, D. und andere: Wachstum bis zur Katastrophe? Pro und Kontra zum Weltmodell; Deutsche Verlags-Anstalt Stuttgart 1974 (V)
Märchen, Sagen, Mythen: Themenheft der Zeitschrift Kunst und Unterricht, Heft 81, Okt. 1983; Friedrich, Seelze (5, 7, 8)
Mc. Mann, J.: Rätsel der Steinzeit; Weltbild, Augsburg 1989 (7, 8)
Mainberger, G. K.: Von der Metaphysik zur Mechanik und zurück. Wasser im Spiegel der Vernunft; aus: I. A. W. R., 10. Arbeitstagung 1985 (8)
Mann, U.: Schöpfungsmythen; Kreuz, Stuttgart 1988[3] (2, 3, insbesondere 7)
Maringer, J.: Vorgeschichtliche Religion; Zürich 1956 (7)
Martinetz, D.: Weihrauch und Myrrhe; Wissenschaftl. Verl. Ges., Stuttgart 1989 (7)
Marx- Engels: Manifest der kommunistischen Partei; Dietz, Berlin 1980 (2, 3)
Matthies, K., Polzin, M., Schmitt, R. (Hrsg.): Ästhetische Erziehung in der Grundschule; Arbeitskreis Grundschule e. V., Frankfurt 1987 (8)
Meffert, E.: Nikolaus von Kues; Freies Geistesleben, Stuttgart 1982 (2, 3, 7)
Mertens, G.: Von der Schöpfungstheologie zur Umweltethik; Manuskript 1992 (7)
Mesarovic, M., Pestel, E.: Menschheit am Wendepunkt; Deutsche Verlags-Anstalt, Stuttgart 1974 (G)
Meschkowski, H.: Was wir wirklich wissen; Piper, München/Zürich 1984 (9)
Michelsen, G. (Hrsg.): Öko-Almanach; Frankfurt 1991 (9)
Mikelskis, H.: Goethes Farbenlehre heute; Goethegesellschaft, Kiel 1990 (8, 9)
ders.: Physiklernen heißt: Brücken schlagen zwischen toten Zahlen und sinnlichem Dasein; in: Häußler, P. (Hrsg.): Physikunterricht und Menschenbildung; IPN, Kiel 1992
ders.: Erdrotation – ein materieller Vorgang und seine geistigen Bezüge; in: Wiesner, H. (Hrsg.): Aufsätze zur Didaktik der Physik; Franzbecker, Salzdethfurth 1991 (alles zu Kap. 9)
Mitscherlich, A.: Thesen zur Stadt der Zukunft; Suhrkamp, Frankfurt 1972 (4)
Mörike, Betz, Mergenthaler: Biologie des Menschen; Quelle und Meyer, Heidelberg 1989 (6)
Mohr, H.: Die besondere Verantwortung des Wissenschaftlers; aus: Biologen in unserer Zeit, 2/93 ; VCH, Weinheim (9)
Monod, J.: Zufall und Notwendigkeit; Piper, München 1971 (2 – 4, 8)
Morf, E.: Ästhetisches im Biologieunterricht; aus: MNU-Veröffentlichungen Heft 29/81 (8)
Morris, D.: Biologie der Kunst; Rauch, Düsseldorf 1963 (8)
Mostler, G., Krummwiede, D., Meyer, G: Methodik und Didaktik des Biologieunterrichtes; Quelle und Meyer, Heidelberg 1973 (V)
Müller, E.: Ich spüre unter meinen Füßen das Gras; Fischer, Frankfurt 1990
Müller-Karpe, H.: Handbuch der Vorgeschichte (Band 1); Droemer, München/ Zürich 1966 (8)

Müller-Wiedemann, H.: Mitte der Kindheit; Verlag Freies Geistesleben, Stuttgart 1989 (5)
Musik und Natur; Themenheft der Zeitschrift Musik und Unterricht. Heft 4; Friedrich/Klett, Seelze 1990 (8)
Murray Thomas, R., Feldmann, B.: Die Entwicklung des Kindes; Beltz, Weinheim und Basel 1986 (5)
Mynarek, H.: Ökologische Religion; Goldmann, München 1986 (7)
Naturwissenschaftliche Fakultät der Universität Basel: Thesen zum Gymnasialunterricht in Naturwissenschaften vom 14. 6. 1988; Eigendruck der Universität 1988 (9)
Neuweiler, G.: Wissenschaft und gesellschaftliche Entwicklung – eine evolutionsbiologische Betrachtung; aus: Biologen in unserer Zeit, 6/93; VCH, Weinheim (9)
Niemitz, C.: Das Regenwaldbuch; Parey, Hamburg 1991 (10)
Niggemeyer, R.: Blinde und Sehbehinderte gestalten einen ungenutzten Park; Zeitschrift blind, Heft 2/89, Hannover (6)
Nitschke, A.: Verhalten und Wahrnehmung – eine umweltbezogene Anthropologie; in: Gadamer, H. G., Vogel, P. (Hrsg.): Neue Anthropologie (Band 4); dtv und Thieme, Stuttgart 1973 (2, 3)
Odum, E. P., Reichholf, J.: Ökologie; BLV, München 1980 (9)
Odum, E. P.: Ökologie; BLV, München 1972 (4)
Oerter, R., Montada, L. (Hrsg.): Entwicklungspsychologie; Psych. Verlagsunion, Weinheim 1987 (5)
Ohm, Th.: Die Gebetsgebärden der Völker und des Christentums; Brill, Leiden 1948 (7)
Otto, G., Wallrabenstein, W. (Hrsg.): Phantasie; Die Grundschulzeitschrift, Heft 28/89; Friedrich/Klett, Seelze 1989 (8)
Pascal, R.: Die Autobiographie; Kohlhammer, Mainz 1965 (5)
Petzold, H., Orth, J. (Hrsg.): Poesie und Therapie; Jungfermann, Paderborn 1985 (8)
Phänomena, Ausstellung in Zürich-Horn, Ausstellungskatalog 1984 (6, 8)
Picht, G.: Prognose, Utopie, Planung; Klett, Stuttgart 1971 (V)
Plötz, F.: Kind und lebendige Natur; Kösel, München 1963² (5)
Pörksen, U.: Plastikwörter. Die Sprache einer internationalen Diktatur; Klett-Cotta, Stuttgart 1988 (8, 9)
Portmann, A.: An den Grenzen des Wissens; Econ, Wien/Düsseldorf 1974 (G und 1 – 3)
Portmann, A.: Biologie und Geist; Herder, Freiburg 1956 (8)
Postmann, N.: Wir amüsieren uns zu Tode; Fischer, Frankfurt 1985 (1, 8, 10)
Praxis Deutsch; Themenheft: Sprache in der Sprache, Heft 110; Friedrich, Velber 1991 (9)
Prigann, H.: Ring der Erinnerung; Nishen, Berlin 1993 (8)
Prigogine, I., Stengers, I.: Dialog mit der Natur; Piper, München 1981² (G und 1 – 3)
Recheis, K. Bydlinski, G.: Freundschaft mit der Erde. Der indianische Weg; Herder, Wien 1991 (G)
Reichholf, J. H.: Comeback der Biber; Beck, München 1993 (9)
Reitter, E.: Fauna Germanica. Die Käfer des Deutschen Reiches; K. G. Lutz, Stuttgart 1912 (5)
Remane, A., Storch, W., Welsch, U.: Kurzes Lehrbuch der Zoologie; Fischer, Stuttgart 1974 (9)

Remplein, H.: Die seelische Entwicklung des Menschen im Kindes- und Jugendalter; Reinhardt, München 1967 (5)
Roth, G., Schwegler, H.: Der Geist in der Hirnforschung; in: Informationen des Verbandes Deutscher Biologen, Nov./Dez. 92; VCH, Weinheim (G)
Rousseau, J. J.: Emil (1762) (5)
Richter, H. E.: Der Gotteskomplex; Rowohlt, Reinbek 1979 (7)
Riemeck, R.: Glaube, Dogma, Macht. Geschichte der Konzilien; Urachhaus, Stuttgart 1985 (7)
dies.: Verstoßen, verfehmt, verbrannt. 12 Ketzerschicksale; Urachhaus, Stuttgart 1986 (7)
Rinne, O.: Der neue Entwurf der Welt. Ursprungsmythen (Band 1)
Der verlorene Himmel. Ursprungsmythen (Band 2); Luchterhand, Darmstadt 1985 (7)
Rumpf, H.: Die übergangene Sinnlichkeit; Juventa, München 1981 (5)
ders.: Die künstliche Schule und das wirkliche Leben; Ehrenwirth, München 1986 (5)
ders.: Unterricht und Identität; Juventa, München 1982 (G)
ders.: Schulkultur? In: Loccumer Protokolle 10/91 Hrsg.: K. Ermert; Evang. Akademie Loccum (G und 6)
Schad, W.: Biologisches Denken; in: Goetheanistische Naturwissenschaft; allgemeine Biologie (Band 1); Verlag Freies Geistesleben, Stuttgart 1982 (9)
Schär, H.: Religion und Seele in der Psychologie C. G. Jungs; Rascher, Zürich 1946 (7)
Schelsky, H.: Der selbständige und der betreute Mensch; Seewald, Stuttgart 1976 (4)
Scheuer, H.: Biographie; Metzler, Stuttgart 1979 (5)
Schmitt, E.: Indien Express; Berlin 1984 (8)
Schmitt, C.: Schulmeistereien abseits der Landstraße; Beltz, Langensalza 1926 (V und G)
ders.: Heraus aus der Schule; Beltz, Langensalza 1924 (V und G)
ders.: Wie ich Pflanzen und Tiere aushorche; Datterer, München o. J. (um 1925) (V und G)
ders.: Erlebte Naturgeschichte; Teubner, Berlin 1924 (V und G)
Schmitz, M.: Die Naturferne der Stadtkinder; in: Erziehungskunst, Heft Febr. 89; Verlag Freies Geistesleben, Stuttgart (5)
Schneider, M.: Einführung in die Physiologie des Menschen; Springer, Berlin/Heidelberg 1966 (6)
Schoenichen, W.: Naturschutz, Heimatschutz; Wissenschaftliche Verlagsgesellschaft, Stuttgart 1954 (1)
Schreier, H. (Hrsg.): Kinder auf dem Wege zur Achtung vor der Mitwelt; Agentur Dieck, Heinsberg 1992 (G, 1)
Schultz, H. J.: Auch Gott ist nicht fertig; Kreuz, Stuttgart 1969 (7)
Schweitzer, A.: Straßburger Predigten; Beck, München 1986 (4)
Seifert, Th.: Weltentstehung; Kreuz, Zürich 1986 (7)
Sheldrake, : Das Gedächtnis der Natur; Scherz, 1991[4] (1 – 3)
Sieferle, R. P.: Natur ein Lesebuch. Hieraus folgende Artikel:
Mittelstraß, J.: Die Kosmologie der Griechen (8)
Gurjewitsch, A. J.: Mensch und Kosmos im Mittelalter (2, G)
Krohn, W.: Wissen und Macht (3)
Kanitschneider, B.: Die statistische Physik und die Realität der Atome (2, 9)
Meyer-Abich, K. M.: Die holistische Alternative (G)
Spengler, O.: Der Mensch ein Raubtier (1); Beck, München 1991

Siegmund, W. (Hrsg.) Antiker Mythos in unseren Märchen; Röth, Kassel 1984 (7)
Sitte, P.: Evolution. Fakten, Faktoren, Konzepte, Konsequenzen; in: Biologen in unserer Zeit 3/93; VCH, Weinheim
Spengler, O.: Reden und Aufsätze Beck, München 1938 (1 – 3)
Spitz, R. A.: Vom Säugling zum Kleinkind; Klett, Stuttgart 1969² (5)
Spitzer, K.: Duft- und Tastgarten für Blinde, in: Zeitschrift für Blindenwesen, Heft 178, Hannover (6)
Sprachen in der Sprache; Themenheft der Zeitschrift Praxis Deutsch, Heft 110; Friedrich/Klett, Seelze 1991 (8)
Staek, L.: Zeitgenössischer Biologieunterricht; Metzler, Stuttgart 1982 (G)
Staudte, A.: Mit allen Sinnen lernen; Heft 87 der Zeitschrift Kunst und Unterricht; Friedrich/Klett, Seelze 1984 (6)
Stark, W.: Kindes- und Jugendpsychologie; Verlag Handwerk und Technik, Hamburg 1976 (5)
Stichmann, W.: Biologie-Didaktik; Schwann, Düsseldorf 1970 (V)
Störig, H. J.: Kleine Weltgeschichte der Philosophie; Fischer, Frankfurt 1987¹³ (2 – 4 und G.)
Strauß, E.: Vom Sinn der Sinne: Springer, Heidelberg 1978; Reprint von 1955 (5)
Straßburger, E.: Lehrbuch der Botanik; Fischer, Stuttgart 1983 (9)
Strey, G.: Natur in Wissenschaft, Alltag und Unterricht; Franzbecker, Salzdethfurth 1986 (9)
Stripf, R.: Evolution, Geschichte einer Idee; Metzler, Stuttgart 1989 (9)
Suchantke, A.: Partnerschaft mit der Natur; Urachhaus, Stuttgart 1993 (3, 9, 10)
Suchantke, A.: Biotoptracht und Mimikry bei afrikanischen Tagfaltern, in: Goetheanistische Naturwissenschaft, Band Zoologie; Verlag Freies Geistesleben, Stuttgart 1983 (9)
Schwab, G.: Der Tanz mit dem Teufel; Sponholz, Hannover 1958 (V)
Steinbuch, K.: Basiswissen für Probleme von morgen; Deutsche Verlags-Anstalt Stuttgart 1971
Taferner, F., Unterbrunner, U.: Pflanzen auf Schritt und Tritt; in: Unterricht Biologie, Heft 184; Friedrich, Seelze 1993
Tausch, R., Tausch A.: Erziehungspsychologie; Hogrefe, Göttingen 1971⁶ (5)
Taylor, G. R.: Das Selbstmordprogramm; Fischer, Frankfurt 1971 (V)
Theimer, W.: Altern und Alter; Thieme, Stuttgart 1973 (5)
Thomae, H., Lehr, U.: Altern – Probleme und Tatsachen; Akademische Verlagsgesellschaft, Frankfurt 1968 (5)
Thomae, H.: Die Motivation des menschlichen Handelns; Kiepenheuer & Witsch, Köln 1971⁷ (5)
Thoms, W.: Einleitung des Heftes 1 der Zeitschrift Religion heute; Friedrich/Klett, Seelze 1990 (7)
Timmermann, T.: Die Musen der Musik; Kreuz, Zürich 1989 (8)
Tischler, W.: Einführung in die Ökologie; Fischer, Stuttgart 1984 (9)
Trommer, G.: Natur im Kopf; Deutscher Studien-Verlag, Weinheim 1990 (G)
Trommer, G.: Wildnis – die pädagogische Herausforderung; Deutscher Studien-Verlag, Weinheim 1992 (4, 9)
Uschmann, G. (Hrsg.): Ernst Haeckel in Briefen; Prisma, Gütersloh 1984 (7 – 9)
Vahle, H. Chr.: Die Idee der Kulturlandschaft; Zeitschrift für Anthroposophie, Heft 78, Stuttgart 1991
Vollmer, G.: Evolutionäre Erkenntnistheorie; Hirzel, Stuttgart 1987 (2 – 4, 6, 9)
ders.: Die vierte bis siebte Kränkung des Menschen; in: Biologie heute, Aug. und Sept. 1992; VCH Stuttgart (9)

Verband christlicher Pfadfinder: Spuren; Eigenverlag, Kassel 1984 (5, 9)
Verband Deutscher Schullandheime e.V. (Hrsg.): Umwelterziehung im Schullandheim in: Fachzeitschrift „Das Schullandheim"
Heft 1: Modelle und Konzeptionen (s/h 146), Hamburg 1989(V)
Heft 2: Methoden und Initiativen für die Praxis (s/h 147), Hamburg 1989(V)
Heft 3/4: Reflexionen und Tips (s/h 155/156), Hamburg 1992
Vester, F.: Das Überlebensprogramm; Kindler, München 1972 (V und G)
Wagenschein, M.: Naturphänomene sehen und verstehen. Genetische Lehrgänge; Klett, Stuttgart 1980 (G)
Walter, H.: Einführung in die Phytologie (Band 1 – 4); Ulmer, Stuttgart 1960 – 62 (V)
Walter, H.: Das griechische Heiligtum, dargestellt am Heraion von Samos; Urachhaus, Stuttgart 1990 (7, 8)
Weizsäcker, Käthe v.: Psychotherapie und Anthroposophie; Urachhaus, Stuttgart 1989
Weizsäcker, C. F. v.: Aufbau der Physik; Hanser, München 1985 (2, 9)
Weizsäcker, C. F. v.: Die Zeit drängt; Hanser, München 1988 (G)
Weizsäcker, C. F. v.: Im Garten des Menschlichen; Hanser, München 1977 (2, 9)
Weizsäcker, Ernst v.: Humanökologie und Umweltschutz; Klett, Stuttgart/Kösel, München 1972 (V)
Wildung, D., Grimm, G.: Götter und Pharaonen: Roemer-Pelicaeus-Museum, Hildesheim 1979 (7)
Wickler, W.: Die Biologie der zehn Gebote; Piper, München 1971 (7, 9)

Folgende eigene Vorarbeiten fanden Verwendung:
Winkel, G., Gürtler, R., Becker, A.: Unterricht Umweltschutz; Aulis, Köln 1978 (G. und 9), hierin ausführliches Literaturverzeichnis des gesamten Themenkreises bis 1976
Winkel, G.: Leitlinien der Natur- und Umwelterziehung; Schulbiologiezentrum, Hannover 1990 (G)
ders. (Hrsg.): Humanethologie und Schulorganisation; Aulis, Köln 1979 (7)
ders.: (Hrsg.): Das Schulgartenhandbuch; Friedrich, Seelze 1990[2] (5)
ders.: Spuren der Engel; Urachhaus, Stuttgart 1993 (7)

Würzburger Erklärung der deutschen Natur- und Umweltschützer; in: Natur, Heft 7/86 (G)
Wuketis, F. M.: Evolution, Erkenntnis, Ethik; Wissenschaftliche Buchgesellschaft, Darmstadt 1984 (9)
Zillig, M.: Mädchen und Tier; Quelle und Meyer, Heidelberg 1961 (5)
Zimmer, D.: So kommt der Mensch zur Sprache; Hoffmann, Zürich 1987[2] (8)
Zippelius, H.-M.: Schlüsselreize – ja oder nein? In Informationen des Verbandes Deutscher Biologen, 5/92; VCH, Weinheim (3, 5)
Zippelius, H.-M.: Die vermessene Theorie. Eine Auseinandersetzung mit der Instinkttheorie von Konrad Lorenz; Vieweg, Wiesbaden 1992 (3, 5)
Zülch, M.: Kunst und Ökologie; Heftthema von: Kunst und Unterricht, Heft 125; Friedrich, Seelze 1988 (8)

Bildquellennachweis

(1) © Archiv des Verbandes Deutscher Landschulheime (Harald Johannson, Klaus Kruse, Christoph Weichberger)
Seite 28, 45, 47, 55, 61, 66, 68, 70, 83, 91, 92, 94, 95, 99, 100, 106, 112, 130, 133, 136, 138, 139, 145, 146, 154, 171, 177, 179, 199, 219, 255, 259, 272, 276, 278 o., 278 m., 286, 293, 308, 316, 327, 329, 334, 339, 357, 363, 371, 375, 381, 382, 383, 385

(2) © Archiv des Schulbiologiezentrums Hannover (Gudrun Becker, Ernst Gebauer, Renate Grothe, Thomas Fetke, Winfried Noack, Karin Peters, Volker Reese, Lothar Spengler)
Seite 13, 71, 75, 77, 102, 110, 149, 185, 189, 229, 238, 239, 241, 268, 295, 302, 305, 311, 378

(3) © Gerhard Winkel
Seite 120, 143, 152, 156, 174, 215, 223, 234, 235, 246, 252, 276 o., 278 u., 283, 291, 299, 307, 314, 315, 321, 347, 360, 361

(4) © Michael Seifert
Seite 165, 169, 193, 204, 205, 209, 210, 211, 262, 296, 300

(5) © G+J Fotoservice
Seite 9 (van Ravenswaay), Seite 37 (Wolfgang Filser),
Seite 41 (R. Schultheiss), Seite 337 (P. Thomann)

(6) © Solveig Böttger
Seite 331

(7) © Micha Bojanowski
Seite 39

(8) © Winfried Noack
Titelbild

(9) © Arnd Bockhacker
Cartoons im Kapitel „Die fast unlösbare Aufgabe: Der Umgang mit den Konflikten", Seite 389 - 412

(10) © Kasten Henke
Zeichnungen Seite 10, 20, 30, 52, 78, 158, 212, 248, 318, 388